창비신서 139

변화의 변증법

혁명적 개혁주의와 사회주의적 변혁

보리스 까갈리쯔끼 지음

송충기 옮김

창작과비평사

1995

Boris Kagarlitsky, *The Dialectic of Change*

한국어판 출간에 부쳐

내가 『변화의 변증법』(*The Dialectic of Change*)을 쓴 것은 소련에서 뻬레스뜨로이까(perestroika)가 기본적으로 막 준비되고 있던 1984~87년이다. 이 책은 1989년에 영어로 출판되었으므로, 책이 독자의 손에 들어간 것은 사실상 이미 베를린장벽이 무너지고 동구진영이 붕괴한 뒤의 일이었다. 2년 뒤에 소련은 붕괴했고, 그로부터 2년 뒤에 모스끄바에서는 서방 문명세계의 갈채를 받으면서 탱크들이 처음으로 자유선거를 통해 선출된 의회에 포격을 가했다. 1991년에는 바로 그 서방 사람들이 그 의회에 찬사를 보내지 않았던가?

간단히 말해서 아직 그리 많은 시간이 흐르지는 않았지만 세계는 변했다는 것이다. 또한 세계는 가까운 앞날에 더욱 많이 변할 듯하다. 1989~90년에 '역사의 종말'을 얘기했던 사람들은 90년대 중엽에 이미 웃음거리가 되었다. 90년대 후반은 전반 못지않은 놀라운 일이 기다리고 있다. 그러나 우리가 변화의 만화경(萬華鏡) 속에서 방향을 잡을 수 있다면, 닥쳐올 일들이 그렇게 뜻밖이지는 않을 것이다.

『변화의 변증법』이 나왔을 때, 이 책에는 맹렬한 비판이 쏟아졌다. 현재로서는 나는 긍정적인 비평은 하나도 기억하지 못하고 있다. 그러나 유감

4

스럽게도 비평가들 대다수는 이 책의 내용을 깊이 생각해볼 여유조차 갖지 않았다. 자유주의적 비평가들은 필자가 베를린장벽의 붕괴 후에도 여전히 사회주의적 변혁에 관해 말한다고 일제히 분개했다. 다른 한편으로 아주 상이한 지향성을 가진 몇몇 뜨로쯔끼(Trotsky)파 잡지들에서는 필자가 개량주의를 선전한다고 해서, 심지어는 좌파들에게 '물러설 방법을 배우라'고 호소한다고 해서 일제히 이 책을 비난하고 나섰다.

그러나 아주 여러 나라의 좌파 정당 활동가들 사이에서 이 책은 예기치 않은 호응을 얻었다. 영국이나 미국뿐 아니라 필리핀, 남아프리카, 남한에서도 이 책을 읽었다. 바로 이곳에서 나는 아주 주의깊고 생각이 깊은 독자들을 찾았던 것이다. 나는 1994년에 남아프리카에서 다양한 좌파 조류들 간에 벌어진 이행기 전략에 관한 논쟁을 연구하면서 전혀 뜻하지 않게 내 책에 대한 근거를 찾아냈다.

'이 좋은 세계가 점점 더 좋아지고 있다'고 믿는 자유주의적 현학자들이나 현실적인 정치적 작업보다는 판에 박은 공식의 반복을 더 즐기는 교조주의자들과는 달리, 수천에 이르는 전세계의 좌파 활동가들은 삶을 실제로 어떻게 변화시킬 것이며 지난날의 실패를 어떻게 되풀이하지 않을 것인가 하는 문제를 안고 있다. 나는 바로 그런 사람들을 위해 이 책을 썼다.

『변화의 변증법』에 관련된 작업을 시작한 뒤 흐른 10년 동안에 우리는 많은 것을 달리 볼 수밖에 없게 되었다. 이 책이 계속해서 '효력을 갖기' 위해서는 이 책의 장점과 단점을 당장 언급해야만 할 것이다. 만약 내가 이 책을 지금 써야만 한다면, 나로서는 그렇게 많은 것을 빼버리기보다는 많은 것을 덧붙여야 할 것 같다.

그렇다면 이 책에는 무엇이 부족한가?

『변화의 변증법』을 썼을 때 유럽의 사회주의 정당들은 이미 위기를 겪고 있었다. 하지만 이 위기는 공산주의 운동이 몰락한 뒤인 90년대 중엽에는 비할 바 없이 더 심각해졌다. 프랑스에서 미떼랑(F. M. Mitterrand)의 대통령직은 대단한 기대를 모으면서 시작되었지만, 오늘에 와서는 전반적인 환멸 속에서 막을 내리고 있다. 전후 서구의 역사에서 아주 진지했던 개혁주의 계획이 실패한 결과, 우리는 개혁주의의 가능성과 전망에 관한 문제를 새로이 재검토할 수밖에 없게 되었다. 소련의 뻬레스뜨로이까 또한 극히 짧긴 하지만 전세계 좌파 문화에 아주 강력한 영향을 끼친 하나의 독특한 개혁 계획으로 규정할 수 있는데, 이것이 난파한 것도 못지않게 인상적인 일이다.

프랑스의 사회주의자들은 의회의 다수 의석을 우파세력에게 넘겨주었을 뿐만 아니라, 우파가 권력에 복귀하기 이전에 이미 스스로의 개혁 계획을 사실상 포기했다. 그들은 우파가 승리할 토대를 마련했고, 우파는 사회주의 행정부의 첫 몇해 동안 도입된 새로운 제도들 가운데 대부분을 폐지했을 뿐 아니라 지난 수십년간의 수많은 사회적 성과를 깨끗이 없애버렸다. 소련에서 뻬레스뜨로이까는 소련의 국가 자체가 난파함으로써, 그리고 옛 노멘끌라뚜라(nomenklatura)의 가장 썩은 부분이 권력을 장악함으로써 끝이 났다. 이런 토대에서 형성된 체제는 '절도정'(竊盜政, kleptokratiia), 곧 절도범들의 권력이라는 말로 가장 잘 특징지을 수 있다. 나라의 약탈은 자본주의적 관계의 복원, 그리고 러시아를 서구의 이익에 종속시키는 것과 밀접한 관계를 맺으면서 벌어졌다. 이는 옛 소련을 이루던 공화국들에서 충실한 자본주의가 형성되었다거나 가까운 앞날에 형성될 수 있으리라는 뜻이 전혀 아니다. 오히려 문제는 전통적인 조합적·관료주의적 제도가 매판적·고리대금업적 권력과 독특하게 공생하는 형태에 관한 것이다.

'냉전'에서 서구가 승리를 거둔 뒤 러시아는 자본주의 세계의 주변부로 바뀌었지만, 러시아 자본주의의 탄생에 관해 말하는 것은 전혀 근거가 없다. 신자유주의적 개혁들은 그저 대규모 생산파괴와 자원약탈로 이어졌을 뿐이지, 그렇다고 해서 어느정도 진정한 국민자본의 형성이 확보되지는 않았던 것이다. 오늘날 러시아에서 자본주의적 근대화가 근거없다는 것은 80년 전에 비해 한결 더 뚜렷하다. 그리고 이는 앞으로 새로운 결전과 파란이 있으리라는 뜻이다.

1989년 이후 공세로 나온 반동은 스스로를 '진보'나 '근대화'로 선전할 수 있었다는 점에서 이전의 어떤 반동과도 달랐다. 이런 '진보'의 외양은 세계적 규모의 사회적 반동 시기가 기술혁신의 시기와 일치했다는 것으로 설명할 수 있다. 이런 상황 자체가 새로운 것으로 보이지는 않는다. 이와 비슷한 상황은 19세기 전반 산업혁명의 초기 국면에서도 일어났다. 이미 지난 일이지만 새로운 기술이, 승리를 거둔 반동적 엘리뜨들의 입장을 결국 강화해주는 게 아니라 훼손한다는 것은 뒤늦게야 명백해졌다. 그러나 바로 19세기 초 새로운 기계들의 도입에는 부르조아 공화주의의 와해, 임노동자들의 사회적 지위의 급격한 약화, 국제연합의 첫 선구인 '신성동맹'의 틀 안에서 이루어진 '새로운 세계질서'의 확립 등이 수반되었다.

반동은 나중에야, 곧 현대적 노동조합이 형성되고, 첫 사회주의 정당들이 출현한 데 힘입어 노동운동이 강화되었을 때에야 비로소 새로운 혁명적 고조에 의해 퇴장당했다. 뒤이은 1세기간의 경험은 노동운동의 독특한 신화를 강화시켰다. 문제는 극도로 위험한 두 가지 망상에 관한 것이다. 첫째, 노동자들과 그들의 이론가들은 어떠한 기술적·산업적 발전도 자신들의 입장을 강화시킨다고 굳게 믿었다는 것이다. 둘째, 그들은 사회주의자든 공산주의자든, 개혁주의자든 혁명주의자든 관계없이 역사를 더 '진보적인' 사회조직 형태를 향해 끊임없이 움직이는 직선적 과정으로 보았다는 것이다. 반동세력은 이 과정을 둔화시키거나 심지어 멈춰 세울 수 있었을지는 모르지만 노동자들의 '되돌이킬 수 없는' 성과를 훼손하려고 획책할 수는 없었다.

이 두 가지 명제는 1990년대에 이르러 모두 스스로의 결함을 드러냈다. 이런 의미에서 이 시기에 좌파세력들이 겪은 패배는 20세기에 겪은 이전의 어떤 실패보다 훨씬 더 심각하고 사기를 떨어뜨리는 것이었다. 역사는 직선적인 길을 가지 않는 것으로 드러났다. 실제로는 사회적 진보에 대한 기계적 환상에 바탕을 둔 직선적 전략들만이 실패를 겪었음에도 불구하고, 좌파 및 노동운동이 가졌던 역사적 환상의 파탄에는 일찍이 볼 수 없던 가치의 위기와 스스로에 대한 믿음의 상실이 수반되었다.

서유럽과 러시아에서 개혁주의가 패배한 것은 자유주의적 이데올로그들이 주장하듯이 사회주의 이데올로기나 계급투쟁의 종언을 의미하는가? 이젠 이미 그 반대임을 증명하기 위해 맑스주의자가 될 필요는 없다. 좌파 정당들은 신자유주의적 정치에 대한 대중의 불만이 절정에 이르면서 권력으로 돌아오고 있으며, 세계 곳곳에서 벌어지는 격렬한 파업투쟁은 노동자들이 스스로의 힘을 다시 느끼면서 더이상 물러서지 않으려 한다는 것을 입증해준다. 새로운 기술들은 새로운 노동관계뿐 아니라 새로운 형태의 계급적 자기의식과 '과학기술 프롤레타리아트'와 '화이트칼라층'의 자기조직을 탄생시키고 있다.

신자유주의의 신화는 근거가 없다는 게 드러났지만, 급진주의자들의 희망도 근거가 있다고 할 수는 없다. 신자유주의가 위기에 처했다고 해서 혁명적 분출이 시작되지는 않았던 것이다. 게다가 좌파정당들이 대중의 지지를 다시 누리고 때로는 정치적 주도권을 잡기도 하지만, 오늘날 그들은 혁명전략은 물론 개혁전략도 가지고 있지 못한 경우가 흔하다. 좌파가 권력을 잡는다는 것은 엘리뜨들의 위기를 입증해준다. 그러나 좌파세력들은 대안을 제시할 태세가 되어 있는가?

그리고 우리는 바로 여기에서 다시 급진적 개혁주의 문제로 되돌아가야만 할 것이다. 한편으로 급진적 개혁주의와 단순한 기회주의 사이의, 다른 한편으로 급진적 개혁들과 혁명 사이의 경계선은 어디인가?

내가 보기에 엄격하고 뚜렷한 경계선은 존재하지 않는다. 그러나 원칙상의 차이들은 있으며, 이 차이들은 명확히 정식화할 필요가 있다. 여러 나라에서 혁명조직들이 '개혁주의로의 전환'이라는 구호 아래 실제로는 어떻게 진정한 개혁을 거부하고 있는가를 볼 수 있는 오늘날에는 특히 그러하다.

지난 몇해 동안 개혁 계획 대다수가 실패한 것은 명백히 지도부의 성격 때문이다. 이런 의미에서 기술관료적 엘리뜨주의의 대변자였던 미떼랑이나, 소련 관료층의 '교양있는' 부분에 의존했던 고르바초프(M. S. Gorbachev)는 모두 자신들이 행복하게 만들어주겠다고 약속한 사람들과는 거리가 멀었다.

개혁주의 및 혁명주의 정당들을 '새로운 대중운동'으로, 곧 '위로부터의 정책'을 '아래로부터의 대안'으로 대체하라는 호소가 그 정당들의 실패에 대한 대책이 되었다. 1994년에 열린 좌파 이론가들의 부다페스트 회의에서는 심지어 신자유주의적 지구화의 경제적 대안으로서 '아래로부터 고리를 끊는 것'에 관해 말하기까지 했다.

이 모든 것이 이전의 환상들을 거울에 비춰주는 것에 불과하다는 것은 쉽사리 알 수 있다. 한 국가는 위계적이고, 세계체제는 수직적으로 통합되어 있다. 이들 구조는 아래로부터의 압력에 성공적으로 버틸 수 있도록 특수하게 창출되어 있다. 어떤 효과적인 대중운동도 자기 고유의 구조와 위계, 결국은 자기 고유의 '대항적 엘리뜨'를 생산한다. 쉽게 이해할 수 있듯이, 이 '대항적 엘리뜨'들이 일정한 조건에서는 '체제'에 통합될 수도 있겠지만, 그렇다고 해서 그들이 없어도 된다는 뜻은 전혀 아니다.

'아래로부터의 운동'과 '위로부터의 변혁'을 결합시키는 것만이 이런 도전에 대한 급진 개혁주의적 해답이 될 수 있다. 좌파는 국가기구의 장악이라는 전통적인 전략을 거부해서는 안된다. 그러나 이 문제의 성공은 국가기구 자체가 '아래로부터' 끊임없이 압력을 받을 경우에만, 자신의 지도자들을 통제할 수 있고 또한 그들 자신이 원하지 않거나 결심이 서지 않은 일들을 수행하도록 강요할 수 있는 대중조직이 있을 경우에만 의미를 가질 수 있다.

만약 좌파가 권력을 잡으면서 곧바로 국가기구를 민주화하지 않는다면, 이는 좌파 정부의 변질이나 치욕적인 붕괴로 끝날 것이다. 권력의 민주화나 결정을 내리는 데 대중이 참여한다는 것 자체가 개혁의 성공을 보장하지는 않는다. 그러나 이러한 조치들을 거부하는 것은 실패를 보장하는 길이다.

일반적으로 언급할 필요가 있는 것은 좌파 이론가들 사이에서 국가의 가능성에 관한 건강한 의심이 '국가 없는 사회주의'라는 분위기를 풍기는 완전히 의미없는 이론들로 아주 빨리 대체되고 있다는 것이다. 사회주의자들이 국유화 문제를 제기했던 50년대에 자유주의 이론가들은 소유권이 운영체계만큼 중요하지는 않다고 강조했다. 하지만 80년대에는 세계적 차원에서 국영부문의 파괴로 이어진 대규모 사유화가 시작되었다. 게다가 좌파의 상당한 부분이 사유화에 반대하지 않았을 뿐만 아니라 그 결과를 사실상 수긍했다.

국영부문, 심지어 80년대에 서구와 동구에서 존재했던 관료화된 형태의 국영부문조차 부르조아 엘리뜨들의 이익에 잠재적 위협이 되지 않았더라면, 처음으로 기회가 생기자마자 그들이 그토록 미친 듯이 그 부문을 파괴하는 일에 착수하지는 않았을 것이다. '냉전' 시기에 서구의 지배엘리뜨들은 사회적 안정과 꾸준한 성장을 위한 특수한 대가로서 몇가지 '사회주의 요소들'을 어쩔 수 없이 받아들여야 했다. 바로 여기에서 사회민주주의의 성공을 위한 객관적 전제조건도 창출되었다. '공산주의의 붕괴' 이후에는 그러한 전술적 양보가 필요하지 않게 되었다. '사회민주주의적 모델'에 대한 공격 차례가 되었던 것이다. 국영부문의 청산이 시작되었고, 이는 다른 구조, 곧 복지국가의 청산도 절대로 불가피하게 만들었다.

국유화의 거부는 사실상 진정한 사회변혁을 위한 진지한 시도의 포기를 뜻한다. 물론, 국가소유라는 것 자체가 사회주의를 뜻하지는 않는다. 그것으로써 국민소득의 좀더 공정한 분배나 좀더 조화로운 발전이 자동적으로 확보되지는 않는 것이다. 그러나 국영부문이 없다면 이 모든 문제들은 원칙적으로 해결할 수 없게 된다.

예전에 뜨로쯔끼는 이러한 의존성을 썩 잘 지적했다. 「혁명에의 헌신」에서 그는 국유화를 애벌레가 나비가 되기 위해서는 반드시 거쳐야 할 고치에 비유했다. 이 고치는 아직 나비가 아닌 것이다. 수백만의 고치는 죽기 때문에 나비가 되지 못하지만, 이 국면을 건너뛰는 것은 불가능하다. 바로 그러하기 때문에 우리는 '국가사회주의'의 한계를 명확히 인식하면서도 그것의 필요성을 인정하지 않을 수 없다.

탄력적인 사회적 경제통제 계획으로서 협동조합적 기업, 공동체적 기업, 집단적 기업 등을 창설하려는 수많은 계획들이 아주 매력적으로 보이기는 하지만, 강력한 국영부문이 없다면 이 모든 것은 분명히 작동하지 않을 것이다. 국영부문이 생산체계에서 '핵'의 역할을 할 수 없다면, '자율경영 기업들'은 투자를 받지 못하고, 결국은 금융자본에 예속될 것이기 때문이다.

국유화는 금융자본의 경제적 지배를 분쇄할 수 있는 유일한 수단으로 보인다. 그렇게 되어야만 근대화와 재조직화를 위한 대안적 전략들이 가능해지며, 국영부문이 출현함으로써만 투자과정에 대한 진정한 사회적 통제에 관해 말할 수 있을 것이다.

국영기업의 모델 자체가 국가의 모델처럼 급격히 바뀌어야 한다는 것은 명백하다. 그러나 급진적 개혁주의의 과제, 공산주의와 사회민주주의 분파들 가운데 독단적 조류들과 급진적 개혁주의의 차이점은 바로 이 점에 있다. 공산주의의 독단적 조류들이 '노동자들의 권력'과 '인민적 소유'의 허깨비를 재현하고 있다면, 사회민주주의의 독단적 조류들은 전자의 실패에 근거해서 더이상 어떤 변혁의 시도도 거부하고 있다.

개혁적 정부의 진지성을 가늠할 기준으로 간주할 수 있는 것은 전략적으로 중요한 경제부문이나 독점기업들을 국유화하려는 태세이다. 지배엘리뜨들이나 좌파 정치가들이나 모두 성공적인 국유화조차 자본주의적 사회관계의 파괴가 아니라는 것을 잘 알고 있다. 그러나 그것은 질적으로 새로운 기구들과 새로운 사회적 세력관계의 출현 가능성을 의미한다.

권력을 잡고 있거나 권력에 참여하고 있는 좌파 정치가들이 자신의 입장이 취약하다거나 국제통화기금(IMF)의 압력에 맞설 수 없다고 끊임없이 언급하는 것은 변명에 지나지 않는 것으로 보인다. 국제통화기금이나 다른 국제 금융기구들의 힘은 무엇보다도 그들이 스스로의 활동을 국제적 차원에서 조정하는 반면, 그들의 적대적 기구들은 고립되어 있다는 데서 나온다. 따라서 금융의 협박정책에 대한 해결책은 개혁을 거부하는 게 아니라, 명확한 변혁정책을 가지고 국내 대중운동을 뒷받침하는 동맹자들을 국제무대에서 찾는 것이 되어야만 할 것이다.

바로 국유화가 국제금융자본의 기회를 제한한다. 바로 소유권의 상실에 대한 두려움이 엘리뜨들로 하여금 진정한 양보를 하도록 강요한다. 달리 말하자면, 소유권 문제가 제기되기 전에는 더 작은 '개인적' 문제들은 해결되지 않으리라는 것이다.

1945~51년에 영국의 노동조합주의자들이 수행한 국유화 정책은 극히 제한적이었지만, 바로 그것에 힘입어 아주 종합적인 사회개혁에 유리한 토대가 마련되었다. 그와는 반대로 90년대 초에 지구적 차원의 과정으로 전환된 사유화는 동구나 서구에서 복지국가를 보존하려는 모든 시도를 의심할 여지 없이 무의미하게 만들었다.

이런 의미에서 현대 사회민주주의의 문제는 그것의 개혁주의에 대한 성실성이나, 심지어 접근법의 온건성이 아니라, 그것이 어떤 개혁적 계획도 모두 거부했다는 점이다. 사회민주주의의 개혁 잠재력이 침식되는 것은 사회에서 그것의 꾸준한 영향력 약화로 이어지는데, 80년대와 90년대 전반 동안에 서구에서 사회민주주의가 끊임없이 실패한 것도 바로 이것으로 설명할 수 있다.

그러한 패배 자체가 아직 치명적이지는 않다. 훨씬 더 위험한 것은 좌파 세력이 이들 패배에 대해 올바로 대응하지 못하고 있다는 사실이다. 내가 『변화의 변증법』에서 좌파들이 물러서는 방법을 배울 필요가 있다고 썼을 때, 이 말은 급진적 저술가들의 격렬한 분노를 불러일으켰다. 그러한 입장은 무엇보다도 제2차 세계대전 때 붉은 군대에서 모든 후퇴 계획이 비밀에 부쳐졌던 유명한 일화를 상기하도록 한다. 결국 붉은 군대는 조직적으로 퇴각할 수 없었다. 각각의 전술적 실패는 큰 재앙으로 이어졌고, 퇴각은 즉시 혼비백산한 도주로 바뀌었던 것이다.

정책상 후퇴할 줄 안다는 것은 전략적 목표를 위해 전술적 위치들을 희생할 줄 알고, 운동의 보존을 위해 권력을 거부할 줄 안다는 뜻이다. 그리고 이것은 궁극적으로 실패의 시기에 스스로의 원칙과 목표에 대한 성실성을 유지한다는 뜻이다. 이 시기가 끝나가고 있다는 것은 좌파를 권력에 되돌려놓고 있는 동유럽에서의 선거 결과, 남아프리카공화국에서의 인종분리 정책의 붕괴, 독일에서의 민주사회주의 당의 성공, 그리고 국제금융 중심지들에서의 무질서와 곤경 등이 입증해준다. 그러나 스스로의 실패로 투지를 상실하고 자신의 힘을 믿지 못하는 좌파 정치가들이 진정한 구조개혁 계획을 사회에 내놓겠다는 결의가 없다면, 그들은 곧 다시 파멸할 것이다.

새 세대의 좌파세력은 스스로를 위해 80년대의 교훈으로부터 필수적인 결론을 이끌어내야만 할 것이다. 이 새로운 세대는 오늘날 형성되고 있다. 패배를 두려워하지 않고 승리할 경우에 당황하지 않을 태세가 되어 있으며, 무익한 교조적 논쟁에 시간을 낭비하지 않고, 거리에서든 기업이나 의회 회의장에서든 또 국가기관 사무실에서든 한결같이 행동할 태세가 되어 있는 새로운 세대는 조만간에 스스로의 모습을 드러낼 것이다.

또 그런 일은 빠를수록 좋을 것이다.

1994년 10월
모스끄바에서

책머리에: 독자에게 보내는 글

이 책의 내용 가운데 대부분은 1983년부터 1985년 사이에 씌어졌는데 그 당시 소련 사회는 결코 좋은 상태였다고 할 수 없다. 그도 그럴 것이 경제적 상황은 점차 악화되고 있었고, 지배층 내부에서는 조용하지만 격렬한 투쟁이 벌어지고 있었던 것이다. 그런데도 겉으로 보기에는 이 나라 모든 것이 꽁꽁 얼어붙어 있는 것 같았다. 1970년대의 안정이란 이미 옛이야기가 되어버렸고 변화는 일어날 기미조차 보이지 않았다. 그렇지만 변화가 불가피하다는 것은 누구에게나 분명했다. 물론 이에 의구심을 품는 사람이 없지는 않았다. 예컨대 서방의 인기있는 잡지에다 소련에서 벌어지고 있는 사태에 대해 글줄깨나 써대던 소련학 전문가나 망명가만은 달랐던 것이다.

필자가 이 책을 쓰게 된 동기는 무엇보다도 장차 발생하게 될 정치적 갈등에 대비하고, 가까운 장래에 우리가 분명 겪게 될 위기상황을 분석하는 명확한 방법을 강구하고자 함이었다. 또한 이 책이 세계의 다른 어딘가에서 사회변혁을 위해 진력하고 있는 사람들에게 도움이 되었으면 하는 바람도 섞여 있다.

초고를 써둔 지 오래되었기 때문에, 이 책이 출간될 때는 상황이 이미 많이 바뀌었다. 그래서 필자는 새로운 사건이 터질 때마다 여러가지 사항을 덧붙이거나 내용을 바꾸는 등, 시대의 변화를 담고자 노력했다. 사실 5, 6년 전에 애써 주장했던 결론도 지금 와서 보면 진부하기 짝이 없는 경우가 많다. 그만큼 1980년대 후반은 온갖 정치적 위기와 혁명, 개혁으로 점철된 시기였다. 제3세계에서는 기술주의적 독재체제가 붕괴하여 많은 나라에서 다시 민주적 지배체제가 수립되었지만 이들 신생 민주정부는 정치적 자유의 확대와 발전을 보장하는 사회경제적 전략을 제시하지 못했다. 특히 동유럽 정권들이 가장 심각한 위기를 겪고 있는데 이곳에서는 정도는 다르지만 1956년 이래 처음으로 한두 나라에 그치지 않고 이 지역 전체가 온통 변화의 물결에 휩싸여 있다. 헝가리에서는 국가주의(statocracy)와 사회 사이에서 조심스럽게 수립되었던 역사적 타협체계가 무너져내리고 있다. 헝가리공산당 지도부는 '프라하의 봄' 시기에 체코슬로바키아에서 내려진 것보다 여러 면에서 훨씬 더 급진적인 결정들을 연달아 내리고는 있지만, 당의 권위나 사회적 신뢰가 회복될 전망은 아직 요원하다. 폴란드에서는 군사정부가 상황을 전혀 통제할 수 없는 지경까지 내몰리자, 솔리다리티(Solidarity, 자유노조)와 협상탁자를 사이에 두고 마주앉을 수밖에 없었다. 그동안 정부당국은 이 자유노조가 완전히 붕괴되었다고 의기양양하게 되풀이해서 떠들어댔는데도 말이다. 그런데도 폴란드와 헝가리 그 어느 곳에서도 그동안 정부가 실시하거나 제안한 것과 근본적으로 다른 사회경제 개혁안을 내놓을 수 없었다. 재야마저도 기적이 일어나서 시장이 모든 문제를 단숨에 해결해줄 것으로 기대하는 등 전통적인 기술주의적 도식에 빠져 있다. 정부당국이나 재야 할 것 없이 모두 서방 자본주의가 이룩한 성공에만 매달린 나머지 그 성공을 위해 치러야 했던 대가에 대해서는 애써 외면하고 있는 것이다. 이들은 자본주의적 경영방식에서 가능한 한 많은 것을 이용하려고 똑같이 애썼고, 이러한 자본주의적 방식을 적용해도 계속 문제가 악화될 뿐이라는 데 똑같이 놀랐다. 재야로는 정부의 실패를 모두 서투른 경영, 관료주의, 비일관성 등의 탓으로 돌릴 수 있었기 때문에 당분간 '변명거리'라도 있었다. 그러나 정부당국으로서도, 비로소 이룩한 사회의 이데올로기적 통일이 정말로 중요하다는 것을 깨달았기 때문에, 재야를 제도권 내로 끌어들임으로써 재야가 이론적으로 떠들면서 준비했던 행동을 문제삼아 책임의 일부를 그들에게 떠넘기려 애쓰고 있다. 제3세계와

14

동유럽은 놀랄 만큼 비슷한 광경을 연출하고 있다. 이들은 모두 민주주의에 대해 강한 집착을 보이고 있지 않은데, 이는 그 민주주의의 존립을 보장해줄 수 있는 사회경제적 변혁에 대한 프로그램이 없기 때문이다. 그 결과 독재체제의 위기가 민주주의의 위기로 이어지고 있다(또는 이와 연관되어 있다). 어느 사회든 정치적 개혁 자체만으로 최후의 사회적 고통까지 이겨낼 기회는 갖지 못하는 법이다.

근본적인 민주화 전략은 정치제도의 문제가 노동자들의 근본적인 욕구 및 이해관계의 문제와 깊은 연관을 맺을 때만 생겨날 수 있다. 따라서 중요한 것은 그저 법률을 바꾸는 것이 아니라 그 국가의 계급적 성격을 바꾸는 일이며, 또 국가가 특권 엘리뜨의 이익을 대변하지 않고 대다수 국민의 이익을 위해 기능하도록 그것을 탈바꿈시키는 일이다. 이것은 곧 많은 독단적 교리를 거부하고 아주 다양한 수준의 민주적인 정책결정 메커니즘을 갖춤으로써 발전의 최우선 과제를 재검토한다는 뜻이다. 이제 문제는 더이상 계획과 시장 사이의 '최선의' 상호관계(여러가지 특이한 상황에 따라 그 '최선의' 상호관계는 서로 다를 수 있다)를 찾는 것이 아니라, 그 사회가 과연 이러한 상호관계가 민주적 절차를 기반으로 기능할 수 있는 가능성을 갖고 있는가 하는 데 있다.

사회주의에 대한 맑스의 견해에서 핵심은 사회가 자체의 발전에 대한 전망을 의식적으로 결정할 수 있다는 점이었다. 이런 점에서 보자면, 민주주의적 정치와 사회주의적 정치는 서로 떼어놓고 생각할 수 없다. 민주화를 철저히 추진하는 것, 바로 그것이 사회주의를 향한 운동이다. 그런데 철저한 민주화를 위해서는 시장이나 계획에 대한 갖가지 형태의 물신주의, 엘리뜨 특권의 보존, 또는 노동자들의 희생 위에서 위기를 돌파하려는 갖가지 시도 등을 단호하게 물리칠 필요가 있다. 이를 위해서는 사회적 소유를 단호하게 지켜내야 하고, 또 경제 결정권의 집중 역시 단호하게 막아야 한다. '크면 클수록 더 좋다'라는 원칙을 '작은 것이 아름답다'는 원칙으로 바꾸고, 노동자들의 자주관리를 발전의 토대로 삼으며, 생태학적으로 해가 되지 않는 '대체'기술을 새로운 우선과제로 설정할 필요가 있다. 시장과 계획도 제각기 사회가 이들에게 부여한 목표에 기여해야 한다. 그런데 그 목표는 민주적으로 수립된 전략에 따라 시장과 계획이 사회 내에서 맡겨진 역할에 따라 주어진다. 이러한 변혁을 실현하는 데에는 과거의 독단적 교리를 탈피한 새로운 대중운동, 말하자면 개혁을 혁명적인 방식으로 수행하되 그 혁명과정에서는 개혁주의적 온건성을 보존할 수 있는 운동이 필요하다는 것이 문제이다.

어떻게 상황을 개선하고 더 높은 효율성을 보장하며 사회적 정의를 지킬 것인가 하는 문제에 대해 쓸모있는 제안이 수없이 많다고 해도, 이를 실천에 옮길 수 있는 힘이 없다면 그 자체로는 누구에게도 도움이 되지 않는다. 위로부터의 개혁은 그것이 제아무리 급진적인 형태를 띤다 하더라도 오늘날 그 역사적인 한계를 드러내고 있다. 중국의 기적이 우리의 눈앞에서 악몽으로 변하는바, 중국은 인플레이션, 빈곤, 식량부족 등으로 인해 제3세계 국가 가운데 가장 가난한 나라로 전락하고 있다. 서방 언론들이 열광해 마지않는 고르바초프의 개혁 역시 곤경에 빠지고 있다는 사실이 점점 더 분명해지고 있다. 1989년 3월 모스끄바에서는 공산당과 결별한 보리스 옐찐(Boris Yeltsin)을 지지하여 수천명의 군중이 시위를 벌였는데, 이들은 선거가 공정하게 치러져야 한다는 데 그치지 않고 노동자들의 사회적 권리와 평등, 그리고 노동자들이 정책결정 과정에 실질적으로 참여하는 문제까지 거론했다. 그럼에도 불구하고 고르바초프 지도부가 그 위기의 부담을 노동자들에게 떠넘기기 위해서 기술주의적인 해결책을 택하자, 다시 말해 자본주의적 방식을 최대한 이용하려고 하자 대중들은 훨씬 더 강력하게 자신들의 운명을 스스로 결정하려고 하고 있다.

지금 우리가 매일같이 부딪히는 문제들은 5년 전 필자가 연구를 통해 이론적으로 해결하려 애쓰던 것들이다. 소련의 좌익은 처음으로 자체 대중조직인 인민전선(Popular Front)을 결성하여, 이 개혁에서 단지 비판자와 논평자로서의 역할만이 아니라 적극적인 참여자로 발벗고 나설 기회를 얻었다. 그러나 이것은 우리가 위로부터의 개혁에서 아래로부터의 개혁적 혁명으로 가는 복잡하고 위험한 이행을 하고 있음을 뜻한다.

오늘날 세계의 이목은 러시아에 집중되어 있다. 러시아는 그 비극적 역사로 인해 주목받을 만한 가치가 있다. 그러나 세계가 호기심에 이끌려 '러시아의 드라마'를 따라간 것은 결코 아니며, 이로부터 무엇인가 교훈을 끌어내려고 했다는 것이 훨씬 더 타당할 것이다. 이런 의미에서 소련의 위기와 투쟁도 소련에만 영향을 끼치는 것이 아니다. 마치 제3세계의 고통과 서구 정치세력의 갈등이 일국가적인 중요성뿐만 아니라 세계적인 중요성도 지니고 있는 것처럼 말이다. 우리는 하나의 세계에 살고 있으며 세상을 변하게 하기 위해서는 공동의 노력이 절실히 요구된다.

바로 이것이 이 책에서 필자가 의도한 핵심이다.

서방에는 흔히 러시아인들은 외국인들을 가르치기 좋아한다고 알려져 있다. 1970년대에 소련을 떠났던 많은 망명자들의 어투에서도 이 점은 확인될 것이다. 필자가 처음부터 확실히해두고 싶은 점은, 필자는 최소한 누구를 가르치려는 의도가 전혀 없다는 사실이다. 우리는 이러저러한 사건을 좋아하든지 싫어하든지 할 수는 있다. 그러나 우리의 견해나 평가를 다른 사람들에게 강요해서는 안된다. 이 책에서는 몇몇 서방의 정책이나 집단에 아주 신랄한 비판을 가하기도 한다. 이러한 필자의 평가에 독자가 동의할 수도 그렇지 않을 수도 있지만, 필자는 단지 사태를 소련의 역사적·정치적 경험이라는 프리즘을 통해서 모스끄바에 나타난 대로 보여주고자 할 따름이다.

안타깝게도 필자가 자료를 수집하고 초고를 쓰는 데 도움을 준 사람들을 일일이 거명할 수 없다. 몇몇 영국 대학의 동료들과 로이 A. 메드베제프(Roy A. Medvedev)로부터 많은 도움을 받았는데, 메드베제프는 여기에 언급하지 않을 수 없는 유일한 사람이다. 우리가 디벤꼬(Dybenko) 거리에 있는 그의 안락한 집에서 토론을 벌이던 중에 필자는 처음 이 책을 쓰기로 작정하였으며, 작업이 한 단계 한 단계 진척될 때마다 그의 도움은 커다란 힘이 되었다. 그외에 다른 동료들과 친구들도 항상 기억하고 감사하고 있다.

1989년 3월 29일
모스끄바에서

차   례

서 론

    지난 1968년에는 혁명이 좌파의 이론적 논의에서 핵심 주제였지만, 1980
년 중반에는 개혁주의 문제가 전면에 부각되었다. 이딸리아공산당(Italian
Communists)은 스스로를 개혁주의 정당으로 부르고 있고, 헝가리 재야인
사들도 급진적 개혁정책을 거론하고 있다. 1985년 뻬루에서는 사회민주주
의자인 알란 가르시아(Alan Garcia)가 대통령선거에서 당당히 승리함으로
써 개혁주의가 제3세계에서도 한층 확고한 위치를 차지해감을 보여주었다.
    이런 상황에서 특히 중요한 것은 개혁주의의 전반적인 전략원칙을 살펴
보는 일이다. 개별적인 문제들을 다룬 저작은 많지만 이것만으로는 분명
불충분하다. 필요한 것은 이데올로기적 편견에서 벗어나 있는 포괄적이고
도 이론적인 분석이다. 서구 좌파의 이론적 논의는 대부분 개혁주의 문제
를 다루고 있지만, 거기에서는 전세계 사회주의자와 노동자 운동이 지난
50년 이상 쌓아온 방대한 역사적 경험을 외면하고 있다. 이론가들은 추상
적 개념에 빠져버렸고, 자신의 일에 급급한 현실적인 사람은 개별적인 문
제에 매달리고 있다. 이 때문에 혁명주의 신화는 점차 사라지고 대신 그
단점만을 고집하는 개혁주의 신화가 대두하고 있다. 이것은 1985년 이딸리
아사회당(Italian Socialist Party) 기관지 『몽드오뻬라이오』(*Mond Operaio*)

에 실린 ‘어떤 식의 개혁주의인가？’라는 논의에서부터 나타났다.

혁명주의 신화가 처음부터 개혁을 거부했던 것과 똑같이, 지금의 개혁주의 신화도 혁명의 문제를 이데올로기적 흐름에서 배제하려고 한다. 개혁주의를 진보정치에서 유일하게 가능한 형태로 간주하는 이론가들이 혁명의 문제를 안중에 둘 리 없다. 그러한 견해에서는 맑스주의 이론도 혁명에 대한 문제제기에도 불구하고 단지 역사적인 관심사에 불과한 듯하다. 그러나 이러한 유토피아와의 단절이라는 기치 이면에서 바로 또다른 유토피아적 의식이 형성되고 있다.

맑스주의는 혁명의 이데올로기가 아니라 사회발전에 대한 하나의 이론이다. 많은 혁명가들이 이를 이해하지 못했으며, 개혁가들도 이러한 잘못을 그대로 답습하고 있다. 이러한 편협한 시각을 가진 결과, 혁명가나 개혁가 그 어느쪽도 맑스주의를 자신들의 투쟁에 효과적으로 이용할 줄 몰랐다.

이 책은 서방과 동유럽 그리고 소련에서 나온 자료들을 통해 개혁주의 문제를 맑스주의적으로 분석하려는 시도이다. 물론 이것이 ‘모든 문제에 대한 답이 될’ 수는 없다. 여기서는 그보다는 그와 관련된 이론적인 문제들을 제기하고자 한다. 물론 이에 대한 명확한 답은 실천을 통해서 얻을 수 있을 뿐이다.

개혁주의란 단일한 개념이 아니다. 역사를 통해서 보자면 지배계급들의 보수적 개혁주의도 있는데, 그 본질에 대해서는 1830년 혁명 직전에 한 젊은 프랑스 귀족이 이렇게 근사하게 이야기한 바 있다. “모든 것이 똑같은 상태로 남으려면, 모든 것이 변해야 한다.” 자본주의 체제의 틀 안에서 이루어진 사회민주주의적 개혁이나 헝가리의 카다르(Janos Kadar)의 개혁은 이보다 더 근본적인 변혁을 꾀하는 것이지만, 이것들도 미리 설정해놓은 분명한 한계를 벗어난 것은 아니다. 그렇지만 그러한 한계를 의식적으로 뛰어넘거나 벗어난 더 급진적인 개혁주의 정치가 전혀 없지는 않다. 이러한 개혁주의는 결국 혁명으로 귀결된다.

전통적으로 개혁주의의 주된 적은 보수주의자였으며 혁명가는 개혁주의의 경쟁자로 알려져왔다. 그러나 20세기에는 체제를 합리화하고 조절하는 기술주의적 구상마저 개혁주의의 구상과 적대적인 것으로 인식되었다. 기술주의 이데올로기는 외견상 개혁주의의 일종으로 보이지만 생활의 민주

화, (부분적이긴 하지만) 사회적 메커니즘의 변혁, 사회에서 노동대중의
역할 증대 등 개혁주의와 맞지 않는 요소가 많다. 기술주의야말로 개혁주
의의 중대한 역사적 적대물이다. 온건한 개혁주의 집단들은 혁명가들을 고
립시키기 위해 때때로 기술주의자들과 협력하기도 했지만, 사회변혁을 위
한 효과적인 투쟁에서는 이와 정반대의 노선을 걸었다.

이 책을 쓰면서 필자는 갖가지 견해를 갖고 있는 세계 각지의 여러 사람
(자유주의자와 사회민주주의자에서부터 유로공산주의자들과 뜨로쯔끼주의
자에 이르기까지)들로부터 도움을 받았다. 필자의 생각에 대해 그들과 논
의하면서, 필자는 특수한 상황에 적용될 수 있는 여러가지 일반적인 견해
를 검증했을 뿐만 아니라 좌파 모두가 이데올로기와 지역적 차이를 떠나서
통합될 수 있으며 그것은 또한 필수적인 일임을 새삼 깨닫게 되었다. 필자
가 여전히 그러한 통합을 옹호하고 있다는 이유로 독자들은 필자의 입장을
현대 서방 사회의 어떤 이데올로기적·정치적 조류를 지지하는 것으로 오
해해서는 안될 것이다. 진정한 노선의 차이는 정당들 사이에서가 아니라
계급들 사이에서 나타난다. 결국 현실적인 역사적 선택은 이데올로기적 교
리 사이에서가 아니라 착취와 불평등을 존속시키려는 정치와 노동자들의
이익을 대변하는 정치 사이에서 이루어지는 법이다.

오늘날 좌파 가운데 이데올로기상으로 가장 경도된 사람들은 뜨로쯔끼주
의자들이다. 이들은 모든 급진적 경향 가운데에서도 가장 완강하게 개혁주
의를 거부하고 있다. 이들은 스스로를 노동계급의 혁명적 의지를 지지하는
사람 그리고 순수한 사회주의식 정책을 비타협적으로 고수하는 사람으로
자처한다. 필자는 이러한 자체 평가가 아주 잘못되었다고는 생각하지 않지
만 산업민주주의에서 노동계급이 진정한 혁명적 의지를 보여주지 않는 한,
뜨로쯔끼주의자들은 대중들에게 제한된 영향력만을 행사하는 소규모 집단
으로 남아 있을 수밖에 없다. 노동계급은 자신들의 혁명적 의지를 일으킬
만한 진정한 조건이 형성되어야 비로소 자신들의 전통적인 대중조직을 통
해서 그것을 표출하는데, 그러한 상황이 되면 대중조직들은 반드시 '좌경
화'한다.

뜨로쯔끼주의자들의 불행은 이들이 '너무' 혁명적이라는 데 있는 것이 아
니다. 필자가 보기에는, 혁명에 대한 변증법적인 인식이 모자란 데 있다.

이들은 우경화가 나타나거나 급진적인 주장이 패배할 때마다, 대중들은 변함없이 혁명적인데 노동운동에서 기회주의자들이 술책을 부려 그렇게 되었다고 설명한다. 그러는 사이에, 그러한 희망을 떠받들고 있는 프롤레타리아트는 사회민주주의적이며 개혁주의적인 정책을 계속 지지하게 되고, 혁명가들의 선동적인 요구에는 귀기울이지 않게 되는 것이다.

정통 뜨로쯔끼주의자들이 볼 때, 모든 개혁주의는 계급협조이며 모든 계급협조는 기회주의적 행동의 결과이다. 사실, 계급협조 없이는 자본주의적 생산과정은 전혀 가동되지 않을 것이다. 곧 착취사회에서는 계급협조가 계급투쟁처럼 어디서나 늘 존재하게 마련이라는 뜻이다. 개혁주의 정치란 이런 현실상황에서 나온다. 그러므로 급진 사회주의 세력이 해야 할 일은 그 상태를 비난만 할 것이 아니라 이것을 극복할 방법을 찾는 것이다. 그러나 혁명적인 슬로건만으로는 이러한 목표를 달성할 수 없다. 게다가 진정으로 혁명적인 강령이라면 개혁주의적 요소를 반드시 포함하게 마련인 것이다.

1980년대의 특징은, 개혁주의의 위기가 서방에서 혁명적 대안이 역력하게 퇴색한 것과 때를 같이하여 일어났다는 데 있다. 좌파의 임무는 혁명적 이상을 부활시켜 개혁주의적 행동에 신선한 자극을 주는 일이다. 좌파 모두가 힘을 합해 이 일을 성취해야 한다. 뜨로쯔끼주의자로부터 사회민주주의자에 이르기까지 모든 노선들이 그 나름의 가장 빛나는 전통적인 독창성을 잃지 않으면서도 공통의 대의에 기여하고, 서로 다른 노선들끼리 협력하며, 변화할 수 있다. 현재 공산권, 서방, 제3세계에 있는 좌파들을 한데 묶을 수 있는 몇가지 일반적인 전략원칙들을 세워보자는 것이 이 연구의 목적 가운데 하나이다. 그렇게 되면 이러한 원칙을 바탕으로 모든 급진세력들이 이데올로기적 내용과 지리적 차이를 떠나 함께 참여할 수 있는 국제적 대화가 가능할 것이다.

제 1 장
맑스주의와 개혁주의

"맑스주의는 사회혁명에 대한 과학이다." 이러한 정의는 너무나 진부한 것이어서 이것이 어떤 식으로든 되풀이되지 않은 책은 찾아보기 힘들 정도이다. 이 과학은 널리 퍼져 하나의 이데올로기가 되었기 때문에 '혁명'은 절대적인 선(善)으로, 이에 반대하는 것은 그 무엇이든지 절대적인 악(惡)으로 여겨졌다. 그렇다면 개혁은 무엇일까? 또 부분적인 변화는 어떨까? 이 문제는 예로부터 맑스주의자들을 괴롭혀왔다. 레닌(V. I. Lenin)은 다음과 같이 말했다.

개혁이란 지배계급들이 혁명적 투쟁을 저지하거나 약화시키고 또 잠재우기 **위하여**, 다시 말해 혁명계급들의 세력과 힘을 분열시키고 그들의 의식을 흐리게 하기 위해서 행하는 일종의 양보이다.[1]

사실 그는 나중에 개혁과 혁명 사이의 대립은 "절대적인 것도 아니며, 그 구분선도 죽은 것처럼 고정되어 있는 것이 아니라 살아 변화하는 것이고,

---

1) V. I. Lenin, *Collected Works*, 4th edn.(영어본), vol. 12, 237면(이하 *CW*로 약함).

24

사람들은 이것을 제각기 특수한 상황에 비추어 규정할 수 있는 것"[2]임을 인정했다. 문제는 20세기에 유럽에서, 적어도 서부유럽에서 지금껏 사회혁명에 성공한 경우가 단 한차례도 없었다는 점이다. 좌파 이론가들은 혁명을 목표로 삼은 나머지 실제 있지도 않은 것은 연구하면서 자신들의 눈앞에서 벌어지고 있는 것은 외면했다. 20세기에 접어들면서 한 프랑스 사회주의자는 "개혁주의는 전체 역사 가운데 짧은 국면의 산물이며", 특히 "모든 나라에서, 정도의 차이는 있지만 경제가 회복되던 1898년에서 1902년 사이"의 4년 동안에는 '개량주의적 환상'이 판을 쳤다고 말했다. 그러나 이러한 회복기가 끝나자 개혁주의도 끝이 나고 '혁명적 정신의 승리'가 시작되었다는 것이다.[3] 이러한 논법에 위안을 얻은 맑스주의자들은 이미 새로운 시대에 발을 들여놓았음에도 불구하고, 우리가 아직도 낡은 세상에 살고 있다고 그 자신과 다른 사람들을 확신시키는 데 진력하고 있다.

과장일는지 모르겠지만 개혁의 문제가 사회주의 문헌, 특히 맑스주의 문헌에서는 혁명의 문제보다 적게 논의되었던 것만은 분명하다. 그러나 어느 한쪽을 빼놓고 다른 쪽을 이해하기란 불가능하다. 크고 작은 사회적 갈등, 개혁과 혁명, 동의와 강제 사이의 변증법은 애초부터 맑스의 관심사였다. 만약 우리가 맑스 이론 가운데 어느 한쪽에만 관심을 둔 나머지 다른 쪽을 무시한다면, 그 책임은 『자본론』(Capital)의 저자가 아니라 바로 우리에게 있는 것이다.

이 대가(大家)의 말씀을 모든 문제의 해답인 양 되풀이하는 것도 유치한 짓이지만, 그럼에도 불구하고 19세기에 맑스가 행한 이러한 이론적 분석은 현재에도 계속해서 들추어보아야 할 만큼 방법론적인 패러다임으로서는 여전히 타당성을 갖고 있다. 그러므로 '맑스가 말한 것은 정말 무엇이었는가'는 비단 역사학자들뿐만 아니라 현실문제에 관심이 있는 사람들에게도 흥미로운 것이다.

분명 맑스의 정치저술에서는 사회주의로의 혁명적 전환이라는 개념이 중심적인 위치를 차지하고 있다. 그러나 『자본론』에는 개혁주의에 대한 논의

2) 같은 책, vol. 17, 116면.
3) P. Lui, *Budushchee Sotsializma*(사회주의의 미래), Moscow 1906, 192, 193~94면.

도 분명 들어 있는바, 이것을 무시하는 사람은 아마 자기가 읽은 것도 제대로 이해하지 못하는 사람일 것이다.

『자본론』에서 맑스는 무엇보다도 영국의 공장법에 대해 특별한 관심을 쏟았다. 그것은 공장법이 지난한 투쟁을 통해 이룩된 것일 뿐만 아니라, "생산과정의 자발적인 발전형태에 대하여 사회가 최초로 가한 의식적이고 방법론적인 대응"[4]이었기 때문이다. 맑스가 이런 식으로 영국의 개혁들을 특징지었을 때, 그가 강조하고자 한 바는 아주 명백하게도 이들 개혁의 사회주의적 성격이었다. '의식적이고 방법론적인' 사회적 규제가 생겨나 시장 자본주의의 자발적인 발전에 대응하게 되었다. 맑스가 『자본론』에서 '사회주의'란 용어의 사용을 꺼리고 그저 새로운 토대에서 사회적 생산을 재조직할 수 있다는 정도의 가능성만을 내비쳤던 것을 상기하면, 이러한 대응관계는 특히 중요하다.

이제 누군가가 서방 정부가 노동자들을 보호하기 위해 행한 조치들을 이와같은 식으로 특징짓는다면, 그는 곧 기회주의자라는 비난을 면키 어려울 것이다. 기껏해야 이것은 1일노동시간이 조금 줄어들었다는 문제에 불과하고, 따라서 이런 개혁이 자본의 위력을 조금도 손상시키지 못했을진대, 맑스는 그 점을 왜 그리 높게 평가했을까?

맑스는 전혀 기회주의자가 아니었으며, 슬로건이 아니라 현실을 출발점으로 삼았던 학자이다. 『자본론』에 서술되어 있는 영국 공장법에 대한 분석을 면밀히 검토하는 일은 일련의 요소들을 더욱 명확하게 규정하는 데 필요하기도 하지만, 맑스의 사상을 명확하게 해줄 뿐 아니라 현재 사회주의 운동에서 중대한 관심사이기도 하다.

개혁에 대한 최초의 요구는 노동자들에 의해서 초보적인 방식으로 자주 제기되었지만, 그 요구를 공식화시킨 것은 인뗄리겐찌야였다. 이들은 "유능하고 당파성과 개인적 관심사에 초연한"[5] 사람들 속에서 전계층의 지지를 획득함으로써 한 계급의 슬로건을 여론의 요구로 바꾸어놓는다. 이러한 요구는 사회체제의 토대를 위협하는 것이 아니기 때문에 사회주의나 노동계급과 거리가 먼 사람들까지도 공감할 수 있다. 그러나 민주주의 국가에

---

4) Karl Marx, *Capital*, vol. 1, London 1976, 610면.

5) 같은 책, 91면 참조.

서조차도 투쟁 없이 여론이 승리할 수는 없다. 구(舊)질서를 지지하는 공장주들은 완강히 개혁을 반대한다. 노동관계에 대해 공공의 통제를 도입하려는 이 최초의 법안은 문자 그대로 '자본의 반란'——그러한 개혁이 결국은 자본가들이 보기에도 산업능률을 높이는 결과를 가져왔기 때문에 이들의 반란은 무의미했다——을 야기했다. 착취하는 데 제한이 가해지자, 공장주들은 생산성이 높은 기계 그리고 노동력이 절감되는 기술을 도입하여 생산을 근대화하지 않을 수 없었다. 이처럼 사회적 진보는 기술적 진보를 촉진한다. 노동력 비용이 높아지면, 그에 따라 노동의 질도 좋아지고 설비도 개선되고 사회는 새로운 발전단계에 진입한다. [6]

아비네리(Shlomo Avineri)는 맑스에 대해 언급하면서, 공장법으로 인해 "공동체 지향의 사고"가 경제에 도입되었고, 이는 "더 나아가 사회적 변화에도 기여했다"고 했다. [7] 그러나 아직 혁명은 없었다! 노동과 자본 사이의 모순이 계속되고 있다. 의심할 여지 없이 그렇다. 그렇다면 개혁이 구체제의 모순을 해소시켜 혁명을 피함으로써 오히려 구체제를 강화시켰다고 볼 수도 있지 않을까? 레닌과 다른 많은 맑스주의자들은 이것을 사실로 알았다. 그러나 맑스 자신은 다르게 생각했다.

우선, 자본주의 사회는 "견고한 결정체가 아니라 변화가 가능한 유기체이며, 계속 변화하고 있다."[8] 이러한 발전과정 속에서 자본과 노동의 관계도 혁명이 일어나기 훨씬 전부터 반드시 근본적인 변화를 겪기 시작한다. [9] 개혁은 사회주의적 원칙의 승리를 의미했으며, 사회주의적 요소를 기존 체

---

6) 오늘날의 상황은 약간 다르다. 19세기에는 영국만이 유일하게 자본주의가 완전히 발전한 나라였다. 자본이 투자될 만한 다른 곳이 없었다. 20세기에 들어와 개혁이 일어나자, 처음으로 자본이 다른 나라로 유출되어 그곳에서도 똑같은 생산이 가능하게 되었다. 그러나 그곳에서도 역시 민주적인 노동개혁이 뒤따른다면, 자본은 기술혁신에 더욱 박차를 가하지 않을 수 없을 것이다. 다른 말로 하자면, 맑스의 논리는 오늘날까지도 장기적인 관점에서 여전히 유효하며, 1980년대 기술혁명의 의미를 파악하는 데 도움이 된다.

7) Shlomo Avineri, *The Social and Political Thought of Karl Marx*, Cambridge 1968, 159~60면.

8) Marx, 앞의 책, 93면.

9) 같은 책, 92~93면.

제 내에 도입했다. 뿐만 아니라 바로 그러한 원칙들의 실현 가능성과 그러
한 요소들의 진보성도 입증했다. 개혁은 노동하는 계급들에게 사회주의를
가르치는 학교가 되었으며, 혁명을 실질적으로 준비하는 것이었다. 개혁은
체제의 기본적 모순을 해결하는 것이 아니기 때문에 혁명을 대신할 수는
없지만, 그렇다고 아주 심층적인 변화를 피할 수도 없다. 맑스에 따르면,
사회구조의 몇가지 요소들이 변화해야 혁명의 평화적 진전과 새로운 체제
로의 순조로운 이행을 기약할 수 있는 조건이 마련된다.

　그런데 맑스는 결코 전반적인 타협을 새로운 체계로의 순조로운 이행인
양 받아들일 수는 없었다. 투쟁 없는 혁명이란 상상할 수 없지만, 계급투
쟁은 "노동계급 자체의 발전 정도에 따라 더 격렬한 형태를 띠기도 하고
더 순조로운 형태를 띠기도"[10] 한다. 부분적인 변화가 가져다 주는 효과란
노동계급의 수준을 끌어올리는 것이다. 그리고 여기에서 맑스의 이 말은
프롤레타리아트뿐만 아니라 그 계급적 적대자들――개혁을 위해 싸울 때
에는 가장 중요한 동맹자가 될 수 있는――에게도 해당된다.

　그러므로 어떤 숭고한 동기가 있어서가 아니라 자신들의 가장 기본적인 이익
때문에, 현 지배계급은 노동계급 발전을 저해하는 장애물 가운데 합법적으로
제거할 수 있는 것이면 제거해야 한다고 생각하고 있다. 바로 이런 이유 때문
에 나는 이 책의 많은 부분을 영국 공장법의 역사와 내용, 그리고 그 결과에
할애했다. 한 나라는 다른 나라에서 배울 수 있고 또 배워야 한다. 한 사회가
그 사회 변화의 자연법칙을 밝혀내기 시작할 때조차도――그리고 이 책의 궁
극적인 목표가 근대사회의 경제적 운동법칙을 밝히는 것이지만――법령으로
는 사회발전의 자연적 국면을 뛰어넘지도 못하고 그것들을 제거하지도 못한
다. 다만 그 산고(産苦)를 단축하고 경감시킬 수는 있다.[11]

　따라서 사회주의에 대한 준비는 구체제 내에서 시작되고, 이후의 투쟁
조건과 형태, 그 방법은 이 준비의 성패에 크게 좌우된다. 소련의 연구자
인 보돌라조프(G. G. Vodolazov)는 맑스에게는 "개혁활동을 혁명적 맥락에

10) 같은 책, 92면.
11) 같은 곳.

서 보려는" 욕구가 내재되어 있다고 썼다. 나아가 "단 하나의 정치적 행동, 단 하나의 사회주의적 투쟁활동이라도, 그 안에는 개혁과 혁명이 서로 유기적으로 밀접하게 결합되어 있다"[12]고 쓰기도 했다. 장 조레스(Jean Jaurès)는 1903년 보르도에서 열린 프랑스사회당 대회의 연설에서 이런 입장을 아주 명확히 규정하고 있다.

이 쟁점을 혼란에 빠뜨리고 싶어하는 사람들이 입증하려고 하듯이, 개혁과 혁명은 서로 배타적인 것처럼 대립시켜놓을 문제가 아니다. 개혁과 혁명은 서로 배타적이기는커녕 서로를 통해 성장하고 서로에 의해 제약받는다.

그렇지만 맑스의 원래 생각은 이보다 훨씬 더 심오한 것이었다. 조레스는 성공적인 개혁이 "노동계급에게는 비길 데 없는 자극제가 될 것이며, 노동계급의 해방을 앞당겨 성취하는 데 커다란 힘이 될"[13] 것임을 강조했다. 따라서 개혁이 갖는 전체적인 가치는 혁명을 준비하는 데 있다. 그러나 맑스는 개혁이 혁명뿐만 아니라 사회주의를 준비한다고 확신했다. 바꿔 말하면, 맑스는 개혁의 가치를, 그것이 구체제를 무너뜨린다——때로는 그것을 강화하기조차 하지만——는 점에서가 아니라, 구사회의 틀 내에서 새로운 체제의 요소를 창조한다는 점에서 찾았다.

그러나 혁명가나 개혁주의적 사회민주주의자 모두 맑스의 이러한 주장을 완전히 무시했다. 또 이러한 주장은 맑스와 엥겔스(Engels)의 후기 저작에도 들어 있지 않다. 맑스의 관점이 『자본론』 제1권 발간 이후 어느정도 변화되었다는 주장은 사실 그럴듯해 보인다. 그는 빠리꼬뮌과 유럽 대륙 내의 혁명적 투쟁에 고무되어 더욱 단호한 입장을 취했다. 혁명이 임박한 것처럼 보이자 개혁은 부차적인 문제로 밀려났던 것이다.

그렇지만 우리는 단 한가지 때문만이라도 맑스의 개혁주의적 사고방식을 간과해서는 안된다. 곧 이 『자본론』의 저자는 원래 '사회주의란 무엇인가'

---

12) G. G. Vodolazov, *Dialektika i Revoliutsiya*(변증법과 혁명), Moscow 1975, 197~98면.

13) R. Enzor, ed., *Sovremennyi Sotsializm*(현대 사회주의), Moscow 1906, 243면(원문 번역은 필자가 편집함).

라는 질문에 대한 답변이 될 수 있는 것은 다름아닌 구체제 내의 개혁주의
적 활동이라고 보았던 것이다. 이러한 규정은 다소 역설적인 것 같다. 아
니, 맑스는 사회주의가 무엇인지도 몰랐단 말인가? 여기에는 한가지 설명
이 필요하다.

　『독일이데올로기』(*The German Ideology*)에서 맑스와 엥겔스는, 사회주의
(또는 그들이 그 당시에 부른 '공산주의')는 "확립되어야 할 **상태**, 현실이
스스로 그에 맞춰 따라가야 〔할〕 **이상**이 아니다. 우리는 공산주의를 현 상
태를 극복하는 **현실적** 운동이라 부른다"[14]고 썼다. 그리고 의도적인 개혁
들도 이런 운동의 일부이다. 그러나 이것이 전체 모습은 아니다. 맑스는,
인위적으로 '모델들'을 만들지 않으려고 했기 때문에, 공상주의자들과는 달
리 미래사회를 미리 묘사하지 않았다. 추구해야 할 몇가지 사회적 '이상'에
대해 그가 논의하기를 꺼렸다는 사실은 그의 저작, 특히 1871년 이전 시기
의 저작들에서 명백히 드러난다. 맑스 사회주의의 과학적 특성은 오류를
범하지 않는다는 점에 있지 않다. 과학에도 오류가 있을 수 있고, 때로는
과학도 밝히지 못한 진리를 공상주의자들이 예리하게 생각해낼 수 있다.
과학과 공상의 차이는, 전자는 현실에서 후자는 이상에서 출발했다는 점이
다. 맑스는 사회주의가 단지 이상, 가설, 사상으로만 남아 있다면 미래의
체제를 묘사할 수 없다고 보았다. 그는 단지 자본주의의 결점을 정리하고
그 결과 해결해야 할 과제를 제시할 수 있었다. 그럼에도 불구하고 맑스가
사회주의의 문제를 검토하지 않으려고 했던 것은 아니다. 그 점에서는 오
히려 정반대이다. 이 『자본론』의 저자는 현재에서 미래의 요소를 찾고자
했고 자본주의에 대한 분석을 통해서 사회주의 이론의 원천을 이끌어내려
했다. 부르조아 사회에서 성취되거나 성취될 수 있는 개혁은, 그 자체로
사회주의가 저절로 창조되는 것은 아니지만, 사회주의 이론의 토양이 될
수 있기 때문에 사회주의에 대한 맑스의 생각은 더욱 구체화되었다.

　맑스주의자들은 항상 자유——"각자의 자유로운 발전이 모든 사람의 자
유로운 발전의 조건"[15]인 상태——를 변혁의 목표로 삼았다. 따라서 민주

---

14) Marx and Engels, *The German Ideology*, London 1970, 56~57면.
15) Marx and Engels, *The Manifesto of the Communist Party*, in *The Revolu-
tions of 1848*, David Fernbach, ed., London 1973, 87면.

주의를 확대하고 경제에 대한 사회적 통제를 강화하는 개혁은 사회주의에 대한 실험이기도 했다. 베른슈타인(Eduard Bernstein)은 이 점을 주로 자본주의에서 노동조합의 역할이 증대되는 것과 관련시켰다. 곧 "그러한 경향들은 자본의 절대주의를 타파하고 노동자들에게 산업경영에 영향력을 행사할 수 있는 기회를 제공했다."[16] 그러나 베른슈타인이 프롤레타리아트가 이런저런 개혁들로부터 어떤 이득을 볼 수 있을까 하는 문제에 주로 관심을 기울였다면, 맑스는 이것들로부터 얻을 수 있는 이론적 교훈에 더 관심을 쏟았다.

그렇지만 19세기에 개혁이 이루어놓은 결실은 그다지 풍부하지 않았다. 그래서 맑스와 엥겔스는 명확한 강령적 슬로건을 요구하는 노동운동 활동가의 압력에 못 이겨, 그들이 활동 초기에 대항해서 싸웠던 과거 공상적 사회주의에 더욱더 양보하지 않을 수 없었다. 훗날 베른슈타인에서 글래스고의 알렉 노브(Alec Nove)에 이르기까지 모든 맑스 비판자들은 이러한 양보에 주목하면서 맑스의 '공상적' 사회주의에 대항해 자신들의 과학적 이론을 내세웠다.

가장 비근한 예를 하나 들어보자. 맑스가 사회주의 사회에서의 시장의 중요성을 평가절하한 사실은 다들 익히 알고 있다. 이것은 이미 너무나 잘 알려진 사실이어서 그것을 반복한다는 것이 좀 창피할 정도이다. 물론 노브처럼, 오로지 맑스가 후기 저작에서 주장한 모든 원칙들을 다시 한번 부인하기 위해 거기에 나오는 잊혀진 인용문들을 다시 들추어낼 수도 있을 것이다. 그러나 이러한 일은 헛수고에 지나지 않는다. 이 스코틀랜드 교수는 헛수고를 하고 있는 것 같다. 다행인지 불행인지 모르지만, 맑스의 후기 저작에서도 사회주의에 대한 포괄적인 특성은 보이지 않는다. 맑스는 자본주의에 관심이 있었던 것이다. 그는 해결되어야 할 자본주의 체제의 모순들에 대하여 연구했다. 사회주의 체제란, 이러한 모순들을 제거하기 위해 취해진 조치들에서 자연스럽게 나오는 것이다.

노브가 맑스의 오류들(이것들은 그의 추종자들에 의해 오래 전에 발견되었던 것이다)을 계속 언급하기보다는 차라리 자신이 언급한 인용문 옆에

---

16) E. Bernstein, *Die Voraussetzungen des Sozialismus und die Aufgaben der Sozial-demokratie*(사회주의의 전제와 사회민주주의의 과제), Berlin 1923, 174면.

그와 **정반대되는** 다른 인용문들을 더 많이 덧붙여놓았더라면 훨씬 쓸모있는 저작을 낼 수 있었을 것이다.

맑스와 엥겔스는 초기에 사적 소유의 폐지에 대해서는 많은 이야기를 했지만 시장의 폐지에 대해서는 한마디도 언급하지 않았다. 『공산당선언』(*The Manifesto of the Communist party*)이나 『공산주의의 원리』(*The Principles of Communism*) 그 어디에서도 이에 대한 언급은 단 하나도 찾아볼 수 없다! 시장을 반대하는 슬로건도 없고, 상품생산의 철폐 등등에 대한 논의도 전혀 없다. 이것은 지극히 당연하다. 왜냐하면 맑스와 엥겔스는 그 시절로서는 아주 당연하게도 혼합경제가 오래 존속할 것이라고 생각했기 때문이다. 엥겔스는 사적 소유를 즉각적으로 폐지하는 것은 "마치 공동체 소유가 가능한 수준에까지 기존의 생산력을 **단숨에** 끌어올리려는 것과 마찬가지로 불가능할 것"이라고 썼다. 프롤레타리아 권력은 "기존의 사회를 단지 점진적으로만 변화시킬 수 있으며, 사적 소유의 폐지는 이에 필요한 양의 생산수단이 창출될 때 비로소 가능할 것이다."[17]

사실 엥겔스는 여기서 이것 모두가 언젠가는 결국 화폐·교환·상품생산의 소멸로 이어질 것이라는 점을 말하고 있지만, 그에게서 아주 분명한 사실은, 그러한 이상향은 아주 먼 장래의 일이지 실제적인 강령의 차원은 아니라는 점이다. 이제 완전히 색다른 무엇인가가 전면에 부상하게 되는데, 여기서 개혁의 정치는 혁명의 준비로서뿐만 아니라 혁명의 연장으로 제시되기 때문이다. 혁명은 개혁의 과정에서 나타나는 질적 도약, 곧 명확하고 필연적인 단계로 인식된다. 혼합경제의 상태에서 비상품생산이 존재한다는 것은 상상할 수 없다. 시장 그리고 상품-화폐 관계는 이 발전에서 필수적이다. 이런 의미에서 '시장사회주의'의 지지자들은 맑스와 엥겔스의 초기 사상에 전적으로 의존할 수 있었다. 그렇지만 이 『자본론』의 저자는 말년에 이르러 관점이 바뀌었다. 시장에 대한 적대적인 감정은 그의 걸작 제1권 이후의 저작들에서 더욱 분명하게 나타난다. 맑스 사후 엥겔스는 사회주의를 비상품생산 체제라고 간단히 특징지었다. 이 두 학자는 전통적으로 노동자들의 가슴속에 간직되어오던 이데올로기의 영향력에 압도당한 것이

---

17) Marx and Engels, *Sochineniya*(저작집), vol. 4, 332면.

다. 그러므로 맑스가 말년에 쓴 저작에서는 프루동(P. J. Proudhon) 사상
—— 맑스는 『철학의 빈곤』(*The Poverty of Philosophy*)에서 그의 사상을 혹
평했다 —— 의 향취를 물씬 풍기는 구절도 접할 수 있다. 맑스는 『고타강
령 비판』(*Critique of the Gotha Programme*)에서 미래의 생산과 분배 조직에
대하여 논의할 적에, 프루동주의에 공공연히 빠져들었다.

학자로서는 '초기' 맑스가 '후기' 맑스보다 더 일관되고 냉정한 자세를 취
했다고 말할 수 있다. 그러나 이것은 순전히 역사적인 의미에서이다. 서방
의 정통 뜨로쯔끼주의자들과 마오주의자 가운데 몇몇 낭만적인 사람이나
교조주의자들을 빼면, 이것은 본질적으로 그 누구에게도 문제가 되지 않는
다. 주지하다시피 중국의 마오주의자들은 아주 현실적인 사람들로 판명되
었지만, 만델(Ernest Mandel)과 같은 신뜨로쯔끼주의의 핵심 이론가들도
과거의 도그마에서 벗어났다. 이제 모든 사회주의자들이 시장의 필요성을
인정하고 있다. 논의해야 할 것은 다른 문제, 곧 전략의 문제이다.

맑스주의자들은 '개혁'이란 단어를 20세기로 접어들던 시점에서는 욕설로
받아들였지만, 이제는 더이상 그렇게 생각하지 않는다. 역사가 너무나도
준엄하게 입증하듯, 혁명적 언사와 선동적인 언약이 말장난에 불과한 것은
아닌지 더욱더 세심한 주의를 기울여야 한다. 결국에 가서는 '기회주의자
들'보다 극단주의자들이 입히는 해가 더 컸던 것이다. 레닌 자신은 1921년
에 다음과 같이 썼다.

진정한 혁명가에게 가장 크고 아마도 유일한 위험은, 혁명적 방법이 성공적이
고 적합하게 채택될 수 있는 한계와 조건을 무시하는 과도한 혁명주의에서 비
롯된다. 진정한 혁명가들은, 대부분 '혁명'이란 단어의 첫머리를 대문자로 쓰
기 시작하면서, 다시 말해 '혁명'을 거의 신성한 그 어떤 것으로 받들고 혁명
에 정신을 잃고 또 가장 냉철하고 공평한 자세로 사고하고 평가하고 확신할
수 있는 능력을 잃어버리기 시작하면서 실수를 저지르게 된다. …

레닌의 표현을 빌리면, 때이른 혁명주의는 특히 사회가 조용하고 '순조롭
게' 발전할 때 좌파에게 커다란 해를 끼칠 수 있다(그리고 끼쳤다). 레닌
은 계속해서 말한다.

진정한 혁명가가 사태를 냉철하게 바라보지 않은 채, '가장 위대하고 승리할 수 있는 세계적인' 혁명은 어떠한 상황, 그 어떤 행동양상에서도 혁명적인 방식으로 모든 문제를 해결할 수 있고 틀림없이 해결할 것으로 믿는다면, 그는 파멸의 길을 걷게 될 것이다.[18]

가장 곤란한 문제는 여전히 각국의 특수한 상황 속에서 어떻게 사회주의로 이행할 것인가 하는 것이다. 19세기에는 미래사회에 대한 혁명가들의 생각이 상당히 추상적이고 때로는 소박한 수준이었으나, 20세기를 거치면서 맑스주의자들은 사회적 재조직에 대해 더 구체적인 강령을 세울 수 있었다. 좌파는, 많은 실패를 거듭했지만, 여러 나라에서 많은 사회주의적 경험을 쌓아 이론적으로는 풍부해졌다. 오늘날 좌파들이 확실하게 느끼고 있는 것은 사회주의란 정치적 민주주의, 노동자들의 자주생산관리, 경제에서의 시장관계, 국유화와 계획경제 없이는 존재할 수 없다는 점이다. 그렇지만 낡은 사회에서 새로운 사회로의 이행은 여전히 심각하고 쉽게 해결되지 않는 문제이다.

풀란차스(Nicos Poulantzas)는 맑스가 이 문제를 직접 다루진 않았지만 "사회주의와 민주주의의 밀접한 관련성에 대해서는 포괄적인 견해이긴 하나 몇마디 남겼다"[19]고 썼다. 그러나 여기에서 이 유로공산주의 이론가가 염두에 두고 있는 것은 분명 맑스 사상의 내적인 역동성이나 역사적 의미가 아니다.

맑스는 사회주의를 향한 진보에 대한 전망 그리고 혁명적이거나 개혁주의적인 변혁을 항상 민주적 국가라는 틀 안에서 평가했다. 청년 맑스는 억압적인 프로이쎈 경찰체제라는 상황에서 언론의 자유를 지키는 것으로 시작했다. 그는 "언론의 자유는 사람들이 그것을 기꺼이 지키려고 나서야 할 만한 아름다움——여성적인 아름다움과 똑같은 것은 아니지만——을 지니고 있다"[20]고 했다. 언론의 자유를 제약하려는 시도는 곧 이성을 부정하

---

18) Lenin, *CW*, vol. 33, 111면. 이러한 언급은 레닌의 견해가 점차 변하고 있음을 보여주는 증거이다.

19) N. Poulantzas, "Towards a Democratic Socialism," *New Left Review*, no. 109, 1978, 75면.

34

는 것, 다시 말해 사고하는 존재로서의 인간 바로 그 본질을 침해하는 행위이다. 따라서 국가의 반민주적인 행위는 비인간적일 뿐만 아니라 자연에 위배되는 행위이다.[21] 그러나 비판적인 언론에 대한 탄압, 반대자에 대한 억압, 정부의 거짓말, 국민의 의지 부족 등은 자유롭지 못한 사회의 다른 단면일 뿐이다. 민주주의는 이러한 자유롭지 못한 상태를 제거하는 데 필요하다.

한쪽 팔다리가 다른 쪽까지 좌우하는 것처럼, 자유의 한 형태가 다른 자유를 좌우한다. 특정한 자유가 문제가 되면 자유 전체가 문제가 된다. 자유의 한 형태가 거부되면 자유 전체가 거부되고, 자유 전체는 껍데기만 남을 것이다. 왜냐하면 자유가 없는 곳에서는 순전히 운이 지배하기 때문이다. 자유가 없는 것이 원칙이고, 자유는 예외나 우연, 임의적인 사건에 불과하게 된다.[22]

---

20) Marx and Engels, *Collected Works*, vol. 1, 137면.
21) "언론통제는 그것이 비록 좋은 성과를 낳는다고 해도 역시 나쁜 것이다. 왜냐하면 그 좋은 성과는 언론통제 내에서나마 자유언론을 대변할 때 그리고 언론통제의 결과물이라는 특징을 나타내지 않을 때만 얻어지기 때문이다. 자유언론은 그것이 비록 나쁜 결과를 낳는다고 하더라도 역시 좋은 것이다. 왜냐하면 그 나쁜 결과라는 것도 역시 자유언론의 본질적 속성에서 나온 것이기 때문이다. 환관(宦官)은 비록 좋은 목소리를 가졌다고 해도 역시 온전한 인간은 아니다. 자연은 괴상한 것을 만들어내더라도 역시 좋은 것이다.
    자유언론의 본질은 자유의 특징적·합리적·도덕적 본질이다. 이에 비해 언론통제는 부자유한 특색 없는 괴물을 나타낸다. 곧 이것은 문명화가 부른 괴물이자, 유산(流産)이 내고 있는 향내이다."(같은 책, 158면)
    "언론통제는 사기를 저하시키는 효과가 있다. 언론통제와 떨어질 수 없는 가장 강력한 악습이 위선이며, 이 기본적인 악습으로부터 기본 덕목조차 결여된 다른 모든 결점과 미학적인 관점에서조차 역겨운 복종이라는 악습이 생겨난다. 정부는 **자신의 목소리만** 듣는다. 정부는 자신의 목소리만 듣고 있다는 사실도 스스로 알고 있다. 그렇지만 그것이 민중의 목소리인 것으로 착각하고 있다. 그래서 정부는 민중도 그러한 착각에 빠지기를 요구한다. 그러므로 민중의 편에서 보자면, 때때로 정치적 미신이나 불신에 빠지기도 하며, 정치생활을 완전히 외면하고 **사적인 개인집단**이 되기도 한다. … 마치 창조주가 여섯번째 날 피조물을 두고 '그리고 보라, 이것이 **바로** 선이었다'고 말했던 것처럼. 그렇지만 하루하루가 꼭 한결같은 것이 아니기 때문에, 언론은 계속 거짓말을 하고 심지어 거짓말한다는 의식까지 부정해야 하며 모든 수치심을 내던져야 하는 것이다."(같은 책, 167~68면)

서방측의 대부분 '민주주의 옹호자'들은 '자유세계'의 토대를 강화한다는 고결한 목적을 내세워 시민적 자유의 일부를 제한하는 것이 허용될 수 있다고 생각한다. 그런데 이 문제에 대해 분명 이들보다 훨씬 더 깊이 이해한 사람이 맑스이다. 이들과는 대조적으로, 맑스는 민주주의를 수호하고 자유를 구하기 위해서는 그것들을 더욱 확장해야 한다고 확신했다. 맑스는 이것을 사회주의적 강령의 출발점으로 삼았다. 그는 관료주의적 이데올로기와 '병영공산주의'가 사회적 변혁에 대한 자신의 견해와 대립된다면서 이를 신랄하게 비판했다. 한 영국인 저자는 "정치적 강령으로서의" 맑스의 사회주의를 "아주 쉽게 정의한다면, 그것은 단순히 정치적 형태가 아닌 **사회의 완전한 민주화이다**"라고 했다. [23]

자본주의 사회와 의회민주주의는 충분히 민주주의적이지 않기 때문에 변혁되어야 한다. 만약 자유를 확대하면서 전통적인 부르조아 제도의 한계를 뛰어넘지 못한다면, 우리는 그 자유마저 잃어버릴 위험성이 있다. 맑스는 민주주의와 시민적 자유를 "사적 소유라는 협소한 한계"[24]로 규정하는 데 분개했다. 엥겔스는 1845년 "오늘날 민주주의가 공산주의이다"라고 선언했다. 확고한 민주주의자가 된다는 것, 그것은 바로 사회주의의 옹호자가 된다는 것을 뜻했다.

민주주의가 프롤레타리아의 원칙, 곧 대중들의 원칙이 되었다. 대중들도 이것, 곧 가장 정확한 민주주의의 의미를 어느정도 깨달은 것 같다. 그러나 모두가 민주주의에는 권리의 사회적 평등까지 내재되어 있다는 것은 적어도 막연하게 느끼고 있다. [25]

지배계급은 자신의 이익을 위해 경제적인 억압뿐만 아니라 정치적인 제한

22) 같은 책, 181면.
23) Hal Draper, *Karl Marx's Theory of Revolution, Volume 1: State and Bureaucracy*, New York 1977, 282면(강조는 원문).
24) Marx and Engels, 앞의 책, 241면.
25) 같은 책, vol. 6, 5면.

36

과 탄압, 금지를 계속 자행해왔다. 이러한 계급들간의 적대감이 해소되어야 한다. 그래서 혁명은 필수적이다. 『공산당선언』에서 직접 밝힌 것처럼, 혁명의 과제는 "민주주의를 쟁취하는 투쟁에서 승리하기 위해"[26] 프롤레타리아트가 지배계급이 되는 것이다. 서독 정치학자인 렝크(K. Lenk)는 이 점에 대해서 다음과 같이 말했다.

> 맑스는 '민주주의'를 사회가 자신의 생산력 발전을 지배할 수 있는 상태라고 보았다. 그러한 질서는 경제적 장애물, 곧 노동과 자본 사이의 모순이 극복될 때 비로소 가능하다. 사회혁명의 과정에서 사회적 관계들이 변화되어 국가의 폭력과 그에 상당하는 강제기구들이 사라지고, 대신 자유롭고 평등한 사람들의 조직체가 들어설 것이다.[27]

그렇지만 현존하는 민주주의 제도들도 이미 미래의 요소이다. 맑스가 다음과 같은 취지의 이야기를 했다는 것은 주지의 사실이다. 곧 영국과 자유로운 다른 나라에서는 사회주의로의 이행이 평화적인 수단을 통해 이루어지겠지만, 대륙에서는 아마도 필연적으로 폭력에 호소하게 될 것이라는 점이다. 모든 것은 특정한 나라의 정치체제에 달려 있다. 그러므로 "여러 나라의 제도, 관습 그리고 전통을 두루 살펴보아야 한다."[28] 불행하게도 이 말은 종종 협소한 전술적인 의미에서 파악되었다. 맑스는 영국의 민주주의 제도가 사회주의로 이행해도 좋을 만큼 이미 성숙하고 안정되어 있다고 보았다. 물론 이러한 이행이 투쟁 없이, 부르조아지의 반대 없이 이루어진다고는 생각하지 않았다. 그러나 공장법과 보통선거권을 위한 운동이 이러한 투쟁의 일환이었다고 생각할 수 있다. 민주주의 제도는 이렇듯 어느 일정한 발전단계에 이르면 그 **자체로** 사회주의적 성격을 띤다. 또 이것들은 사회주의로 이행하는 과정에서 사라지는 것이 아니라 강화된다. 엥겔스는 말년에 다음과 같이 썼다.

26) Marx and Engels, *The Manifesto of the Communist Party*, 86면.
27) K. Lenk, *Politische Wissenschaft*, Stuttgart u.a. 1975, 123면.
28) Marx, "Speech on the Hague Congress," in *The First International and After*, ed. and introduced by David Fernbach, London 1974, 324면.

민중의 대표자가 모든 권력을 장악하고 있는 나라, 또는 민중 대다수의 지지
를 받는 사람이 옳다고 생각하는 일을 합법적으로 추진할 수 있는 나라는 낡
은 사회에서 새로운 사회로 평화적으로 이행할 수 있다고 볼 수 있다. 말하자
면 프랑스와 미국과 같은 민주공화제와 영국과 같은 군주제 국가가 그러한 예
이다. 영국은 군주제 국가이긴 하지만, 보상을 통해서라도 왕정을 즉각 폐지
하자는 여론이 날마다 들끓고 있고, 왕실이 민중에 비해 무력한 곳이다. [29]

20세기 초부터 모든 맑스주의자는 의회제도에 대한 이러한 평가에 원칙
적으로 동의했다. 어쨌든 이 논의는 한동안 영국을 둘러싸고 이루어졌다
(물론 엥겔스가 다른 나라들도 언급했지만……). 그러나 레닌은 "민주주의
를 위한 투쟁과 사회주의 혁명을 위한 투쟁을 결부시켜야 하지만, 이는 전
자보다는 후자를 **중시하면서** 이루어져야 한다"[30]는 결론을 내렸다. 이러한
규정에 따르면, 민주주의와 사회주의는 분리되고, 서로 전혀 다른 목표(정
치적 자유는 주로 사회주의를 위한 투쟁의 수단으로서 가치를 가진다)가
되고 만다. 사회주의 제도의 원형은 민주주의 제도에 있기 때문에, "민주
주의는 수단인 동시에 목표다"[31]라는 베른슈타인의 말은 맑스의 생각에 아
주 근접한 것이다.

이 민주주의를 통해서 개혁과 혁명은 계급투쟁이라는 하나의 전략 속에
서 통합될 수 있다. 바로 이 점을 이해해야만, 현재 서구 공산주의자들 사
이에서 그렇게 논란이 되고 있는 '프롤레타리아트독재'에 대한 맑스의 생각
이 무엇이었는지를 이해할 수 있다.

프랑스공산당(French Communist Party, PCF)은 제22차 당대회에서 '프롤
레타리아트독재'라는 슬로건을 공식적으로 폐기했다. 프롤레타리아트독재
는 낡았고 새로운 상황에도 맞지 않는 것으로 선언되었다.

노동자들이 권력을 장악하게 될 때, 민주주의는 단순히 통치이념을 만들어내

---

29) Marx and Engels, *Selected Works*, vol. 3, Moscow, 434면.
30) Lenin, *CW*, vol. 35, 267면.
31) Bernstein, 앞의 책, 178면.

는 것으로 끝나지 않는다. 민주주의는 그 권력의 결과이자, 그 기반 가운데 하나이다. 민주주의가 없다면 노동자권력은 승리할 수도, 세워질 수도 없다.[32]

훌륭한 말이다! 그러나 그럼에도 불구하고 프랑스 공산주의자들이 주장하기를, 소련의 권력은 비록 노동자들 수중에 있지만, 자신들이 볼 때 진정한 민주주의는 존재하지 않는다고 했다. 이러한 모순을 어떻게 해결해야 할지 아주 막막하다. 민주주의에 대한 이러한 놀라운 통찰이 왜 하필 1970년대에 와서 그렇게 현실감있게 느껴지게 되었을까 하는 것은 더욱더 고민해야 할 문제이다. 사회주의가 민주주의를 그 토대로 삼고 있다는 생각이 왜 50년 전에는 오늘날처럼 그렇게 당연하게 들리지 않았을까? 이렇게 프롤레타리아트독재에 대한 논쟁을 벌인 이유는——이것은 오늘날 누구에게도 비밀은 아니지만——서구 공산주의자들이 자신들의 과거, 곧 스딸린주의에서 벗어나고 싶어했고 또 자신들의 강령이 소련 국가의 정치적 관행과 확실히 다르다는 점을 보여주고 싶었기 때문이다. 이 모든 점은 명확하다. 그러나 더 분명한 사실은, 그들이 도덕적 또는 선전적인 이유로(사실은 둘 다이다) 이 문제의 핵심 그 자체에 대해서 침묵을 지키고 있다는 점이다.

프롤레타리아트독재라는 말은 맑스 저작에 직접적으로 나오는 것도 아니고, 나오더라도 아주 드물게 나온다. 그럼에도 불구하고 그가 이 말을 우연히 사용한 것은 아니며, '잘못 쓴 것'도 '잘못 말한 것'도 아니다. 로버트 터커(Robert Tucker)는 다음과 같이 썼다.

비록 말년의 엥겔스까지 포함하여 후기 사회민주주의적 맑스주의자들이 경시하는 경향이 있긴 했지만, 프롤레타리아트독재에 대한 가르침은 물론 고전적 맑스주의에서 중요한 위치를 차지했다. 그러나 이것이 레닌주의에서만큼 큰 비중을 갖고 있지는 않았으며, 맑스와 엥겔스도 프롤레타리아트독재를 프롤레타리아트를 대표하는 혁명정당의 독재라고는 생각하지 않았다. 이들은 권력을 일단 장악한 노동인민들에게, 사회주의 방식에 따라 새로운 삶을 꾸려가는 데 '교사, 안내자 및 지도자'와 같은 정당이 필요할 것이라고는 상상조차 못했

---

32) S. Goffard, "La question du pouvoir est à l'ordre du jour(문제는 권력이다),"
Nouvelle Critique, no. 93, April 1976, 19면.

다.[33)]

레닌은 프롤레타리아트독재에 대한 맑스의 가르침을 1917~22년의 볼셰비끼 정치노선의 이론적 토대로 삼음으로써 맑스주의를 러시어 인민주의의 전통과 러시아의 현실상황에 맞게 재해석해냈다.[34)] 마찬가지로 스딸린도 프롤레타리아트독재라는 슬로건을 테러의 이데올로기적 토대로 전환시킴으로써 레닌을 재해석했다.

맑스는 무제한의 사회민주주의를, 스딸린은 무제한의 개인권력을 요구했기 때문에, 언뜻 보기에 몇가지 이론적 모순은 피할 수 없을 것 같다. 맑스주의를 전면 부정한 스딸린과 그 추종자들(마오쩌뚱 毛澤東에서 폴 포트 Pol Pot 에 이르기까지)이 어떻게 예전의 혁명적 깃발에 대한 진정한 충성자로 남게 되었을까? 뜨로쯔끼는 스딸린을 수정주의자로 몰아붙임으로써 이 이단자의 죄과를 확정하고자 했다.

제아무리 상상의 나래를 펼친다고 해도, 맑스와 엥겔스 그리고 레닌이 노동자국가에 대해 가졌던 견해와 현재 스딸린이 움직이고 있는 실제적인 국가 사이보다 더 극단적인 대조를 찾기란 힘들 것이다.[35)]

그렇지만 사실 뜨로쯔끼의 주장을 반박하기란 아주 쉽다.

이스라엘 출신의 하비비(E. Habibi)라는 사람이 한 토론석상에서 스딸린의 견해를 훌륭하게 변호했다. 그는 다음과 같이 물었다. "권리와 자유를 제한하는 것이면 **어느 것이나** 민주주의를 침해하는 것 아닙니까?"[36)] 나는 이 말이 왜 나왔는지 —— 순진한 어리석음 때문인지 아니면 허세 섞인 냉소주의 때문인지 —— 알지 못하지만, 이것은 나름대로 논리가 있다. 곧 민

---

33) R. C. Tucker, *Stalin as Revolutionary*, New York 1974, 16~17면.

34) 이것은 소련에서 나온 Marx, Engels and Lenin, *On the Dictatorship of the Proletariat*, Moscow 1878에 사실적으로 묘사되어 있다. 여기에 나온 인용문의 수가 흥미를 자아낸다. 맑스와 엥겔스로부터는 인용구절이 25개, 레닌으로부터는 40개이다. 레닌의 인용문 수가 두 배에 가까웠던 것이다.

35) L. Trotsky, *The Revolution Betrayed*, New York, 51~52면.

36) *Revoliutsiya i Demokratiya*(혁명과 민주주의), Prague 1980, 51면.

주주의의 진정한 승리란 그 자체의 폐지에 있다. 바로 그렇다. 민주주의는 불안정하다. 곧 민주적 제권리는 기존 체제를 파괴하거나, '근거 없는 비난'을 퍼붓는 데 이용될 수 있다. 그 결과 자유는 민주주의를 안정시킨다는 미명 아래 억제된다. 자유를 제한하면 제한할수록, 민주주의는 더 안정된다. '민주'정부가 최고의 안정을 누릴 때는, 바로 자유와 시민적 제권리가 모두 폐지된 때다. 말도 안 된다고? 아니다, 나무랄 데 없이 훌륭한 논법이다. 그리고 스딸린주의자만이 이런 식으로 논리를 펼칠 것이라고 생각한다면, 그것은 오산이다. 다른 친서방 자유주의자들도 이와 아주 똑같은 논리를 펼친다.

그렇지만 여기에서 우리의 관심은 레닌, 스딸린 그리고 뜨로쯔끼가 맑스를 어떻게 해석했는가가 아니라, 맑스 자신이 무엇을 생각하고 있었는가 하는 데 있다. 이 문제는 원래 아주 간단했다. 맑스는 사회의 사회적 구조를 분석한 결과, 계급투쟁이 벌어지는 상황에서는 국가가 '공동선(共同善)'을 보장하는 기관이 될 수 없다는 결론에 도달했다. 국가는 지배계급의 의도에 따르고, 그렇게 해서 채택된 결정을 강제로 시행한다. 덧붙여 말하자면, 이러한 생각은 맑스 훨씬 이전부터 이미 알려져 있던 사실이다. 아테네의 크세노폰(Xenophon)이 쓴 『소크라테스의 회상』(*Reminiscences of Socrates*)이라는 책을 보자. 이 책은 『자본론』보다 최소한 2천년 전에 씌어진 것인데, 거기에는 다소 우리의 관심을 끄는 논쟁이 하나 있다. 알키비아데스(Alcibiades)가 아테네 민주주의 지도자인 페리클레스(Pericles)에게 다음과 같이 물었다. "민주정과 참주정의 차이가 무엇입니까?" 페리클레스는 답했다. "참주정은 무력에 의존하지만, 민주정은 법에 의지한다. 곧 참주정은 강제력에 의존하지만, 민주정은 설득에 의지한다." 이에 알키비아데스는 법을 지키는 데도 힘이 필요하고, 민주적 다수가 소수를 '설득하지 않은 채' 자신들의 뜻을 그들에게 강요하기도 한다고 응수했다. 그 결과 페리클레스는 "국가의 지배계급이 해야 할 일을 생각하여 적어놓은 것, 그 모두를 법이라 한다"[37]고 인정하지 않을 수 없었다. 이미 오래 전부터

---

37) Ksenofont Afinskii, *Socraticheskie Sochineniya, Akademia*(소크라테스 저작집), Moscow-Leningrad 1935, 34면; Xenophon Athenensis, *Memorabilia*(회상), I, 2, 43면.

분명히 법과 계급적 이익, 그리고 국가와 강제력은 서로 뗄 수 없는 관계를 지니고 있었다. 근대의 유럽 철학에서는 홉스(T. Hobbes)가 『리바이어던』(Leviathan)을 통해 후자의 사고를 더욱 발전시켜 설명했다. 맑스는 역사상 최초로 이러한 국가 및 법 이론에 이론적 토대를 세웠고, 홉스와 달리 사회경제적 기초를 제공했다. 그에게 분명한 사실은, 가장 민주적인 권력도 역시 권력이긴 마찬가지였다는 점이다.

유로공산주의 이론가들, 특히 에스빠냐의 이론가들은 민주주의에서 "사회주의적 변혁, 곧 강제력이 아니라 합의와 헤게모니에 바탕을 둔 사회주의적 변혁이 시작될 수 있다"[38]고 주장한다. 그러나 맑스가 제아무리 철두철미한 민주주의자라고 해도 이러한 주장에는 결코 동의하지 않을 것이다. 그는 지금의 서방 공산주의자들과는 달리 자신의 희망을 현실로 착각하거나 감정과 이론을 혼동하지 않았다. 맑스가 이해한 바에 따르면, **모든** 국가가 강제력을 사용하지만 민주주의 체제에서는 강제력이 권위주의적 체제와는 다르게 적용되고 그 형태도 완전히 다르다. 렝크는 맑스를 언급하면서, 비록 민주주의가 민주국가의 강제력을 없앨 수 없지만 "국가의 강제력이 합법적인 형태를 띠고 있고, 시민 대다수를 구성하는 통치받는 대중들에게는 합법적인 것으로 받아들여진다"[39]고 쓰고 있다. 다시 말해서, 민주주의가 계급투쟁을 없애지는 않지만, 모든 계급이 받아들일 만한 명확하고 합법적인 틀 내에서 이루어지도록 국가의 강제력을 제한한다.

물론 국가가 '중립적'이라고 말할 수는 없다. 프랑수아 미떼랑은 철저히 맑스주의 방식으로 프랑스 제5공화국 정권을 규정했는데 이에 따르면, 민주주의는 단지 '겉모습'에 불과하고 "자비로운 제도라는 가면 뒤에서 계급독재가 행해지고 있는"[40] 국가였다. 그가 이러한 결론에 도달한 것은 맑스의 책을 읽어서가 아니라 그 자신의 경험 덕분이었다. 원래 자유주의적 민주주의자였던 그가 훗날 사회주의 운동에 뛰어들게 된 것도 자유를 위한 투쟁에 대해서 맑스 및 조레스와 똑같은 논리를 갖고 있었기 때문이다. 미떼랑의 논리에서 프랑스인의 시민적 권리를 부정하거나 과소평가하는 구절

---

38) *Revoliutsiya i Demokratiya*, 68면.

39) Lenk, 앞의 책, 124면.

40) *Mitterrand, L'homme, les idées*(미떼랑, 그 인간과 사상), Paris 1974, 70면.

은 하나도 없다. 왜냐하면 민주주의의 형식을 갖춘 계급국가는 다수를 힘으로 억누르는 권위주의적 체제나 전체주의적 체제와 질적으로 다르기 때문이다.

맑스의 관점이 일방적인 것 같지만, 그의 견해가 옳다는 것은 대체로 역사가 증명하고 있다. 로이 메드베제프는 레닌이 "권력은 모두 독재나 마찬가지이다"라고 말할 정도였다고 그를 비판한다. 따라서 레닌이 국가에 대해 남긴 교훈은 "부정확하고 잘못된 것"[41]이었다는 것이다. 그러나 레닌이 국가체제란 항상 "사람에 대해 무력을 조직적이고 체계적으로 사용하는"[42] 것이라고 말한 것으로 보면, 그는 맑스와 엥겔스의 말을 되풀이하고 있을 뿐이다. 메드베제프는 도덕적·정치적 고려에서 출발하고 있다. 그래서 그는 말한다. "만약 우리가 모든 권력과 정부체제를 독재적이라 한다면, 우리는 논리적인 오류만이 아니라 정치적인 오류까지 범하는 것이다."[43] 이것은 논란의 여지가 없다. 그러나 여기에서 논의해야 할 것은 이론이 아니라 전술과 당의 수사(修辭)이다. 이론적인 분석은 또다른 문제이다.

경찰과 관료제는 가장 자유로운 나라에서도 역시 강제기구이기는 마찬가지이다. 만약 대다수 사람들이 세금을 국가에 자발적으로 납부하려고 하기 때문에 세금징수인이 필요없다고 생각한다면, 이같은 인간성에 대한 신뢰에 대해서는 경탄할 뿐이다……. 현대국가를 그저 강제력으로만 볼 수 없지만, 그렇다 해도 강제력 없는 국가는 힘없는 국가일 것이다.

칼 카우츠키(Karl Kautsky)는, 맑스가 프롤레타리아의 '독재'를 이야기할 때 염두에 두었던 것은 자유를 없애버리자는 것이 아니라 "정치권력을 프롤레타리아트만이 갖자"[44]는 것이었다고 옳게 강조했다. 레닌은 맑스를 완벽할 정도로 올바르게 이해했지만 그가 내린 결론은 달랐다. 우선, 레닌은 자신의 반대자들—— 카우츠키, 쁠레하노프(G. V. Plekhanov), 마르또프(Martov) 그리고 다른 사회민주주의자들—— 이 권력의 계급적 본질 문제와 권력형태의 문제를 서로 혼동하고 있다고 계속 추궁했는데, 그 역시 이

41) Roy Medvedev, *Leninism and Western Socialism*, London 1980, 44면.

42) Lenin, *CW*, vol. 25, 360면.

43) Medvedev, 앞의 책, 42면.

44) K. Kautsky, *Put'k Vlasti*(권력으로의 길), Moscow-Petrograd 1923, 18면.

와 똑같은 잘못을 매번 저질렀다. 예를 들어, 그는 프롤레타리아트독재가 노동자들을 위해 "민주주의를 폐지하자"[45]는 뜻이 아니라고 강조했다. 이것을 보면 그가 엥겔스와 같은 생각을 갖고 있는 것 같지만, 그는 여러 곳에서 다음과 같이 쓰고 있다.

독재는 직접 무력을 통해서 지배하는 것이며, 어떠한 법률에 의해서도 제한받지 않는다. 프롤레타리아트의 혁명적 독재란 프롤레타리아트가 무력을 써서 부르조아지에게서 승리하고 그것을 유지하는 지배체제로, 이러한 지배는 그 어떠한 법률로도 제한받지 않는다.[46]

무슨 민주주의가 이렇단 말인가! 레닌과 다소 생각을 달리하는 소련의 한 정부측 정치평론가조차 모든 법체계를 폐지하면 사회는 "완전히 무정부상태에 빠질 것"[47]이라고 말했다. 말이 나온 김에 덧붙이자면, 이 말은 사실 부정확하다. 왜냐하면 무법천지가 되어도 권위주의적인 독재국가는 질서를 잘 유지할 수 있기 때문이다. 그러나 그가 이치에 맞는 이야기를 했다는 데에는 축하해 마지않는다.

맑스가 프롤레타리아트독재를 해석할 때, 그는 분명 거기에 민주주의가 남아 있지 않으리라고는 생각하지 않았다. 레닌은 다음과 같이 말함으로써 이 모순을 해결하고자 했다. 프롤레타리아트독재라는 것은 "이 독재가 행해지는 대상 계급에 대하여 민주주의를 폐지(또는 아주 크게 제약하는 것, 이것 역시 폐지의 한 형태이지만)한다는 뜻이 아니다."[48] 그렇다면 적법성, 시민권, 자유가 노동자들을 위해서 보전되어야 할까? 비록 우리가 레닌 시대에, 심지어 스탈린 시대에 행해진 일을 잊어버리고 '순전히 이론적'으로만 생각한다고 하더라도, 우리는 분명 새로운 모순에 곧장 빠져든다. 부르조아 의회민주주의가 비록 형식적이긴 하지만 계급, 국적, 정치적 견

---

45) Lenin, *CW*, vol. 28, 235면 참조.

46) 같은 책, 236면.

47) Yu. Krasin, *Revoliutsiei Ustrashennye*(혁명에 겁먹은 사람들), Moscow 1975, 285면; Medvedev, 앞의 책, 48면에서 재인용.

48) Lenin, *CW*, vol. 28, 235면.

44

해에 관계없이 시민적 제권리의 평등을 보장하고 있다. 부르조아적 색채를
전혀 띠지 않았던 로자 룩셈부르크(Rosa Luxemburg)도, 서구 민주주의의
가장 큰 장점은 "모든 민중계층으로 하여금 정치생활에 참여하게끔 하는
것이다"[49]라고 했다. 만약 프롤레타리아트국가가 이것조차 보장할 수 없다
면, 어떤 점에서 더 발전된 형태란 말인가? 그러나 레닌은 새로운 권력이
"그 어떤 부르조아 민주주의보다 **백만배**나 더 민주주의적"[50]이라고 주장했
다. 문제는, 레닌이 주장하듯 그러한 국가가 발전한 것인가, 아니면 다른
맑스주의자들이 생각한 대로 후퇴한 것인가 하는 점이 아니다. 그런 식의
해결은 당연히 현실에서는 전혀 실현 불가능하다. 민주주의는 형식적인 보
편적 평등 없이 존재할 수 없다. 왜냐하면 사회주의와 민주주의를 연결하
는 기본 원칙이 바로 그 형식적인 보편적 평등이기 때문이다. 곧 시민적
권리의 완전한 평등이 없으면, 사회주의적 민주주의는 말할 것도 없고, 민
주주의 자체가 존재할 수 없다. 그렇지만 여기서 다시 『자본론』 저자의 말
을 들어보자.

　맑스는 국가의 일차적인 기능이 강제력의 조직화에 있다고 보았기 때문
에, 민주주의가 잘될수록 국가기구는 축소될 것으로 생각했음이 분명하다.
그래서 사회주의 사회에서는 강제력의 역할이 최소한으로 줄어들 것으로
보고, 이를 근거로 하여 그는 국가의 소멸(분명, 현대의 국가체계가 실제
로는 조직화된 강제력으로만 환원될 수 없는 이상, 국가의 기능 가운데 하
나가 소멸하거나 최소한 약화된다고 말하는 것이 더 정확하겠지만)에 대해
이야기했다. 그러므로 맑스의 생각에서는 프롤레타리아트독재와 자유를 위
한 투쟁 사이에 어떠한 모순도 없다. 이것들은 사실 서로를 전제로 하고
있다. 프롤레타리아트독재에 관해 자세히 서술한 『고타강령 비판』에서, 맑
스는 "자유는 국가를 사회 위에 군림하는 기관으로부터 사회에 철저히 종
속되는 기관으로 전환시킨다는 데에 그 의미가 있다"[51]고 강조했다. 로자

49) Rosa Luxemburg, "Social Reform or Revolution," in *Rosa Luxemburg Speaks*,
M. A. Waters, ed., New York 1970, 80면.
50) Lenin, *CW*, vol. 28, 248면.
51) Marx, *Critique of the Gotha Programme*, in *The First International and After*,
London 1974, 354면.

룩셈부르크는 이 생각을 올바로 이해했다. 그래서 로자는 프롤레타리아트독재가 실제 해야 할 일은 "민주주의의 폐지가 아니라 민주주의의 뚜렷한 신장"[52]이라고 썼던 것이다. 이론상으로는 이에 대해 어떠한 반대도 할 수 없었던 레닌은 결국 유보조항, 곧 '기본적으로' 민주주의를 신장하기 위해서는 '외형적' 권리와 자유에 제한을 가할 수밖에 없다는—이는 맑스와 근본적으로 다른 인식이다—유보조항을 달았다.

맑스는 프롤레타리아트독재를, 권력은 이미 부르조아지의 수중을 떠났지만 새로운 체제는 아직 명확히 세워지지 않은 상태, 말하자면 계급투쟁이 아직 진행되고 있는 이행의 상태로 이해했다. 그래서 그는 프롤레타리아트독재가 "**혁명의 연속성을 보장하여 계급차별을 모두 폐지시킬 것**"[53]으로 생각한 것이다. 사회경제적 변혁의 시기 가운데 초기단계에서는 사회주의 성향의 노동자계급이 권력을 장악한다는 것이다. 맑스에 따르면, 이러한 사회경제적 변혁은 일련의 급진적 개혁(영국을 논할 경우)이나 연속적인 혁명적 행동(프랑스의 경우)이었다. 혁명적 권력의 성격은 분명 투쟁의 성격에 따라 다르지만, 맑스와 엥겔스는 프롤레타리아트독재의 모델은 민주공화국이어야 한다는 점을 강조했다. 곧 "우리의 당과 노동계급은 (이러한) 형태로만 권력을 장악할 수 있다."[54] 이 때문에 프롤레타리아트독재를 실현하는 데 필요한 국가제도는 모두 과거의 체제 아래서, 그리고 부르조아 사회의 틀 내에서 마련될 수 있다. 결국 1970년대의 유로공산주의의 전략도 이런 식으로 귀결되었는데, 물론 여기에서는 '프롤레타리아트독재'라는 용어를 쓰지 않았다. 그 점은 충분히 이해할 만하다. 대신 "적극적인 노동자들의 참여와 통제"를 포함한 "새롭고 발전된 민주주의의 수립"이라는 슬로건이 나왔다. 스딸린 시대의 공산주의자들은 부르조아지 국가의 타도를 비민주적으로 이해했는데, 이제 그 의미가 새롭게 조명되었다. 프랑스 공

---

52) R. Luxemburg, *Gesammelte Werke*, Bd. 4, Berlin 1974, 363면.

53) Marx, "The Class Struggles in France, 1848~1850," in *Surveys from Exile*, ed. and introduced by David Fernbach, London 1973, 123면. 소련 출판사는 부끄럽게도 'permanent'라는 단어를 'uninterrupted'라는 말로 바꾸어놓음으로써, 그 말을 뜨로쯔끼가 맑스로부터 빌려왔다는 것을 아무도 눈치채지 못하게 만들었다.

54) Marx and Engels, *Selected Works*, vol. 3, 435면.

산주의자들의 이론지에 따르면, "국가를 타도한다는 것은 국가의 사회적 임무를 완전히 실현할 수 있는 민주적 국가체제를 발전시킨다는 뜻이다."[55] 에스빠냐의 공산당원들은 심지어 다음과 같이 말했다.

우리는 정치적 민주주의의 수립에 찬성하는데, 이 정치적 민주주의란 정의실현을 위해 경제생활에 간섭할 수 있을 뿐만 아니라, 생산관계를 발전시키고 지배계급을 대체하는 데도 도움을 줄 수 있다.[56]

그 결과, 민주주의의 신장은 근본적인 사회적 변혁의 출발점이자 그 중요한 수단이 된다.

이러한 사고에는 새로운 것이 아무것도 없다. 그런 점에서 좌파세력은 뚜렷한 성과 없이 20세기 마지막 4반세기를 맞이했다. 1960년대 학생시위 때 장 뽈 싸르트르(Jean-Paul Sartre)는 "고전적인 좌파정당들은 19세기 때의 모습 그대로이다"[57]라고 썼다. 그는 이들 정당이 낡은 개념들 때문에 새로운 문제들을 이해하지 못하고 있다고 했다. 그렇지만 사실 그들이 이렇게 '역사적으로 뒤처지게' 된 이유는, 금세기 전환기에 좌파들이 일련의 모든 문제들에 대해 만족스러운 해결책을 제시하지 못했기 때문이다. 과거의 문제가 아직도 해결되지 않은 채 남아 있었기 때문에, 새로운 문제들이 더욱 어렵게만 보였다. 그러므로 스딸린주의라는 이데올로기적 악몽에서 깨어난 서구 맑스주의자들이 스딸린 이전 시대로 돌아가, 그 당시 이론적 논의에서 중요했던 문제들을 다시 한번 들추어보게 된 것은 아주 자연스러운 현상이었다. 1970년대 후반의 이 논쟁은 20세기 초 서구 사회민주주의자들 사이에서 벌어졌던 사상투쟁을 생생하게 떠올리게 한다. 사용하는 용어만 변했을 뿐, 대체로 그 논쟁의 핵심적인 내용은 예전 것 그대로였다. 그렇지만 오늘날 우리에게는 역사적 경험이라는 강점이 있기 때문에, 과거의 그러한 개념들을 새로운 각도에서 조망할 수 있다.

20세기로 접어들 무렵, 모든 사회주의 정당들은 개혁과 혁명의 문제를

---

55) *Nouvelle Critique*, no. 93, April 1976, 19, 9면.
56) *Revoliutsiya i Demokratiya*, 68면.
57) J.-P. Sartre, *Situations X*, Paris 1976, 47면.

놓고 놀랄 만큼 열심히 토론했다. 동구 사회주의자들도 간접적으로나마 이 논쟁에 참여했지만, 러시아에서만큼은 선택의 여지가 없었다. 자유가 없는 나라에서는 모든 개혁주의적 활동이 불가능했기 때문에, 재야인사들에게는 혁명 이외에 별다른 도리가 없었다. 그렇다고 해서 개혁을 생각조차 할 수 없었다는 뜻은 아니다. 다만 민주적인 좌파세력이라 하더라도 혁명적 수단을 통해 '아래로부터' 당국에 압력을 가해야만 개혁을 진척시킬 수 있었다는 뜻이다. 하지만 서구의 민주국가에서는 문제가 다소 달랐다.

소련의 정부측 역사학자들은 개혁주의적 분위기가 자라난 것은 "프롤레타리아트 출신이 아닌 사람들이 사회민주주의 정당들에 대거 유입되었기 때문"[58]이라고 한다. 그러나 이것은 설명이라고 할 수 없는 일반론일 뿐이다. 왜냐하면 맑스와 엥겔스는 '프롤레타리아트 출신이 아니기' 때문이다. 러시아 볼셰비끼 가운데 지식인이 차지하는 비율은, 특히 1906년 이전에는 서구의 그 어떤 사회민주주의 정당보다 훨씬 높았다. 그런데 소련의 정부측 역사학자들에 따르면, 이들 서구 사회민주주의 정당들이 오히려 "철저한 개혁주의자들의 수중"[59]에 있었다. 서구에서 좌파들이 성장하고 강화됨으로써 금세기 전환기에 이르러서는 이미 새로운 계기와 새로운 정치적 상황이 조성되어, 전술 그리고 전략의 일부까지 검토할 것을 요구하는 시점이 되었다.

이에 대한 논의는 두 가지 '별개의 사건들'을 중심으로 전개되었다. 이미 자유를 고도로 누리고 있던 프랑스에서는, 사회주의자로서 부르조아 의회에 진출한 밀르랑(Millerand)의 실천적 활동이 격렬한 논쟁거리였다. 전통적으로 추상적 철학의 경향을 갖고 있고 가장 큰 사회민주주의 정당이 있었지만 사회주의자 탄압법으로 손발이 묶여서 실질적으로는 권력을 장악하지 못한 독일에서는, 베른슈타인과 폰 폴마르(von Vollmar)의 이론적 견해를 놓고 공허한 논쟁에 빠져들었다. 이 두 논쟁은 서로 차이가 있음에도 불구하고, 공통의 문제를 지니고 있었다. 곧 부르조아 사회에서 사회당은

---

58) 이 문제는 비록 해결되지 않은 채 있지만, 지난 50년이 넘도록 그 타당성을 잃지 않고 있다.

59) *Istoriya II Internatsionala* (제2인터내셔널의 역사), vol. 2, Moscow 1966, 42면과 다른 곳.

어떻게 활동해야 하는가? 혁명정당은 정권을 잡아, 민중 다수의 지지를 확보하여 사회를 변혁시켜야 한다. 그렇다면 그때까지는 무엇을 할 것인가?

우선 샤이데만(F. Scheidemann)은 사회민주당 중앙파의 공식적인 견해를 아주 정확하게 표현해주었다.

> 내가 확신을 갖고 말할 수 있는 것은, 10년이나 15년 —— 한 사람의 인생에서 15년이란 무엇일까! —— 이면 혁명정당이 거의 자동적으로 인민 대다수를 자기편으로 끌어들이고, 동시에 정치권력을 행사할 확실한 권리를 갖게 될 것이라는 점이다. [60]

그동안 필요한 것은 선전선동과 문화사업뿐이다. 이 정당은 국가 —— 언뜻 보기에 권력투쟁에서 결정적인 것 —— 를 민주화하려는 데 특별한 노력을 기울일 필요가 없다. 맑스와 엥겔스는 이러한 독일사회민주당의 강령을 비판하면서, 노동자당은 "오로지 … 민주공화정의 형태에서만"[61] 권력을 잡을 수 있다고 누누이 강조했다. '정통 맑스주의자'라는 추종자들도 이렇게 생각이 달랐다. 이들은 영국과 프랑스 민주주의의 우월성을 인정했지만, "설사 우리가 그것을 아무리 원한다고 해도, 그 때문에 골치를 썩이고 싶지는 않다"[62]는 단서를 붙였다. 이들에 따르면, 권력은 자연히 프롤레타리아트 수중에 떨어질 것이고, 사람들은 갈망해온 그날을 기다리기만 하면 된다. 이러한 왜곡된 이론이 나타난 이유는 독일사회민주당의 관료화 때문이기도 하지만, 좌파 사회주의자들 사이에서도 이와 비슷한 생각을 찾아볼 수 있다. 1910년 선거 직전에 쥘르 게드(Jules Guesde)는 다음과 같이 선언했다. "만약 800만 프랑스 노동자들이 4월 24일 선거에서 자기 계급에게만 투표해준다면 … 바로 그날 저녁 혁명은 성취될 것이다. "[63] 대혁명의 성공으로

---

60) F. Scheidemann, *Krushenie Germanskoi Imperii*(독일제국의 붕괴), Moscow-Petrograd 1923, 22면. 이것은 1922년에 씌어졌는데, 독일에서 '10년 내지 15년 후에' 권력을 잡은 것은 '혁명적인 사회민주주의'가 아니라 파시즘이었다.

61) Marx and Engels, *Selected Works*, vol. 3, 435면.

62) *Istoriya II Internatsionala*, vol. 2, 110면에서 재인용.

63) *Le Socialisme*, 28 May 1910.

모든 문제가 단번에 해결되고, 지긋지긋하고 낡아빠진 사회는 일거에 완전히 무너질 수 있다. 그렇지만 이런 식의 전술이 자살행위이며, 그 전술로는 대중들의 사기만 떨어뜨리고, 영원한 야당의 역할을 맡아온 당의 고립만 초래한다는 사실을 깨달은 사람도 있었다. '혁명적 사회민주주의' 관점에서 보면, 노동자들의 이익을 위한 어렵고 일상적인 투쟁이 자본주의에서 대중들의 상황을 개선시켜줌으로써 사회혁명을 지연시킬 뿐이지만, 노동자들은 이러한 투쟁을 준비하는 사람들을 더 따를 것이다.

좌・우파를 가릴 것 없이 노동운동의 대변자들 대부분이 보기에는, 이러한 노선은 비효과적이었다. 레닌조차도 "사회주의가 성취될 때까지" 보류할 수 없고 "민주적인 국가체제"를 이용하여 빨리 해결해야 할 문제가 있다고 썼다.[64] 그 당시에는 모든 국제사회주의 조류가 민주주의의 가치를 대체로 인정하던 분위기였음을 잊어서는 안된다. 그러나 '민주주의로 무엇을 할 것인가', 다시 말해 사회주의를 위한 투쟁에서 자유로운 제도를 어떻게 이용할 것인가 하는 점은 여전히 풀리지 않는 숙제로 남아 있었다.

베른슈타인이 민주주의와 사회주의의 연계를 강조했을 때, 이의를 제기한 사람은 없었다. 그가 20세기의 새로운 경제과정을 설명하기에는 『자본론』으로 이미 부족하다고 말했을 때, 로자 룩셈부르크나 레닌과 같은 좌파 대변자들도 우회적으로 그에게 동의했다. 유일한 차이점이라면, 이들은 그 책이 '시대에 뒤떨어졌다'는 식의 흔한 논의를 전개하기보다는 새로운 사실들을 일반화시킬 수 있는 새로운 이론들을 정립하고자 했다는 것이다.[65] 그러나 베른슈타인과 프랑스에 있는 그의 동지들이 사회민주주의 전술들을 재검토하자고 요구하자, 아주 치열한 논쟁이 벌어졌다.

베른슈타인이 자유주의적 부르조아지와의 협력을 통한 점진적인 개혁을 지향하면서 일관된 혁명주의를 거부하기를 권장하자, 아우구스트 베벨(August Bebel)은 이러한 그를 공격하면서 "승리로 가는 확실한 계급투쟁

---

64) Lenin, *CW*, vol. 22, 146~47면.

65) Luxemburg, *The Accumulation of Capital*; Lenin, *Imperialism, The Highest Stage of the Capitalism* 참조. 후자의 저서는 문제에 대한 접근방식이 아주 단순함에도 불구하고 자본주의적 사회와 생산의 구조가 변화하는 것을 보여주는 데 기여했다.

50

전술"은 거부될 수 없다[66]고 밝혔다. 카우츠키는 사회적 모순이 악화되었는데도 베른슈타인이 시대의 흐름을 잘못 파악하고 있다고 비판했다. 곧 그는 "혁명적 시기가 다가오고 있다"[67]고 거듭 주장했다. 이 말은 아무리 개혁을 논의해보았자 아무런 소용이 없다는 뜻이다. 개혁은 필요없을 것이었다. 베른슈타인이 자신을 정당화하기 위해 했던 다음과 같은 말들은 일고의 가치도 없었다. "정치혁명이 아직 이룩되지 않았다고 해서 혁명은 과거 속으로 후퇴했으며 더이상 혁명은 없을 것이라고 단정을 내릴 근거는 전혀 없다."[68] 쁠레하노프는 개혁주의자들이 "부르조아 민주주의의 관점으로"[69] 넘어가고 있다고 썼고, 룩셈부르크는 이들이 "프롤레타리아트의 독자적인 정치활동을 거부한다"[70]고 했으며, 레닌은 베른슈타인류의 기회주의자들을 "온 힘을 다하여"[71] 축출하라고 솔직히 요구했다.

그렇지만 그 반대편에서는 어떻게 말했던가? 국제사회민주주의 내에서는 베른슈타인의 사건이 크게 부각되었지만, 논쟁의 전체적 맥락에서 보자면, 그것이 가장 중요한 측면일 수 없고 단지 그 일부일 뿐이었다. 프랑스 사회주의자들 사이의 논의가 훨씬 더 관심을 끌 만했다. 독일 사람들은 이론적인 개념들을 논했지만, 프랑스 사람들은 현실의 실제적인 정책을 논했다. 독일 사회주의자들은 말로 했지만, 프랑스 사회주의자들은 행동으로 했다.

밀르랑은 다음과 같이 선언했다.

만약 우리가 폭력을 사용해도 효과가 없고 그것을 비난받아 마땅한 것으로 생각한다면, 그리고 만약 법률개혁이 우리의 당면과제이자 우리의 궁극적인 목적에 좀더 가까이 다가갈 수 있는 유일한 실천수단이라면, 우리는 과감히 우리 자신에게 걸맞은 명칭인 '개혁주의자'로 나서야 한다. 왜냐하면 우리야말로 진짜 개혁주의자이기 때문이다.[72]

66) *Istoriya II Internatsionala*, 43면에서 재인용.
67) Kautsky, *Sotsial'naya Revoliutsiya*(사회혁명), Moscow 1918, 60면.
68) Kautsky, *Put'k Vlasti*, 18면.
69) G. V. Plekhanov, *V Amsterdame*(암스테르담에서), Moscow 1923, 9면.
70) Luxemburg, *Izbrannye Sochineniya*(선집), vol. 1, ch. 2, Moscow 1930, 89면.
71) Lenin, *CW*, vol. 43, 397면.

밀르랑은 프랑스 정부에 입각(入閣)하여, 노동시간에 관한 법안과 공공사업을 청부맡는 자본가들을 규제하는 새로운 법안을 도입했다. 이 법으로 인해 노동자들은 자신들의 권리를 더욱더 쉽게 지킬 수 있게 되었다. 사회보장제도 또한 개선되었다. 다시 말해 밀르랑은 의회의 힘을 이용하여 프롤레타리아트의 물질적 상태를 개선했다. 그러나 분명한 것은 이러한 조치 가운데 그 어느 것도 체제를 위협하지는 않았다는 점이다. 이 조치들 가운데 부르조아지의 위치에 직접 영향을 끼치거나 착취를 근절시킬 만한 것은 없었다. 더욱이 그중 어느 것도 **그 자체로서 또 그것만으로** 사회주의로 이행하는 과도기적 성격을 갖고 있지 않았다.

독일사회민주당에 가능한 모든 수단을 동원하여 밀르랑의 활동상을 알리고 지지한 독일의 개혁주의자 폰 폴마르는 이 점에 대해서 다음과 같이 지적했다.

> 아니다. 질병, 노년, 재해를 대비한 보험은 그 자체로서 중요하다——그래서 우리 노력의 주된 목표 그리고 가장 중요한 목표라고 할 수 있는 것은 거의 없다——예를 들면, 최근 더 급격히 관심이 고조된 노동자들의 숙소 설비 문제만 해도 그렇다.[73]

여기에는 이견이 있을 수 없다. 사회개혁을 진척시키기 위해 부르조아 정부에 입각한 밀르랑의 결심은 좌파 사회민주주의자들의 분노를 자아냈지만, 죄의식을 느낄 만한 일을 한 것은 결코 아니다. 엥겔스도 생전에, 만약 다른 민주주의 정당들이 "경제발전이나 정치적 자유에 대해 진보적이면" 사회주의자들은 그들과 협력해야 한다고 했다. 게다가 그는 자신이 "이러한 수단조차 포기하지 않을 정도로 매우 혁명적이다"[74]라고 덧붙이기까지 했다. 진정한 혁명주의는 전술의 유연성과 타협할 태세를 전제로 한다. 문제는 어떤 상황에서 타협할 것인가 하는 점이다.

---

72) *Sovremennyi Sotsializm*, 106면.

73) 같은 책, 193면.

74) Marx and Engels, *Sochineniya*, 2nd edn., vol. 37, 275면.

여기서 우리는 아주 중요한 문제에 직면하는데, 이 문제는 제2인터내셔널의 개혁주의자나 혁명주의자 모두에게 분명 고민거리였을 것이다. 곧 개별적인 개혁을 어떻게 전체적인 요구로 전환시키는가, 다시 말해서 체제를 개선하는 것에서 어떻게 그 체제를 대신하는 것으로 전환시키는가 하는 문제이다. 입헌공화제 아래서 프랑스 우익 사회주의자들은 좌익의 비판에, 민주주의 그 자체가 모든 문제를 해결해줄 것이라는 취지의 일반론으로 대응했다. 곧 '민주주의가 분명 계급국가의 부정이다'라는 것이다. 마치 제2인터내셔널의 전통적 지도자들이 혁명을 이데올로기적 숭배물로 떠받들었듯이, 이들은 정치적 자유를 이데올로기적 숭배물로 떠받들고 있었다. 이쪽에서는 개혁 없이도 혁명이 모든 문제를 해결할 것이니 개혁은 필요없다고 선언하고, 저쪽에서는 의회주의적 기제(機制)가 자동적으로 작동할 터인데 무엇이 더 필요하냐고 똑같이 답하는 것이었다. 프랑스사회당 보르도 전당대회에서 싸로(Sarreau)는 다음과 같이 말했다.

> 국가가 민주화되고 자본가나 프롤레타리아 모두에게 평등한 권리가 주어졌는데도, 다시 말해 다수의 체제가 계급과두정이나 재산 자격에 따른 체제를 대신했는데도 계급국가 운운한다는 것은 이미 모순이며 어리석은 일이다. 정치적·사회적 제도들은 더이상 유산계급의 도구가 아니다. 이것들은 다수가 함께 해나가야 할 일이자 그 성과이다. 이것들은 전체 이익을 위해서 운용되고 작용될 수 있다.[75]

그렇지만 형식적 평등이 실질적 평등을 의미하지는 않는다. 평등한 권리가 곧 평등한 기회는 아닌 것이다. 만약 싸로의 견해가 받아들여진다면, 민주주의가 사회주의를 '대신할 것이기' 때문에 사회주의는 전혀 필요없는 것이 된다. 사회당원인 싸로가 스스로 이런 결론을 내릴 리 없겠지만, 그가 말한 바에 따르면, 결론은 분명히 그렇게 내릴 수도 있는 것이다.

로자 룩셈부르크도 바로 이런 점에서 우파의 약점을 지적했다. 그녀의 견해에 따르면, "민주주의가 절대적으로 필요한 것은 그것이 프롤레타리아트에 의한 정치권력의 장악을 필요없게 만들기 때문이 아니라, 이러한 정

---

75) *Sovremennyi Sotsializm*, 221면.

치권력의 장악을 **필요한 것으로 그리고 가능한 것으로** 만들기 때문이다."
계급투쟁이라고 해서 민주주의적인 길을 배제하지 않는다. 물론 궁극적으
로는 다른 모든 길을 버리고 계급투쟁에 나서야 한다. 왜냐하면 "민주주의
의 운명은 사회주의 운동에 달려 있기 때문이다."[76] 민주적 자유가 사회경
제체제 자체의 존립을 위협하면, 구(舊)지배계급은 언제고 노골적인 폭력
과 쿠데타를 동원하여 그것을 제거하려 들 것이다. 엥겔스는 만년에 "그들
이 먼저 총을 쏠 것이다"[77]라고 썼다. 이후의 모든 경험들이 이를 확인시
켜준다. 1973년 칠레에서 삐노체뜨(Pinochet)가, 그리고 1981년 폴란드에
서 야루젤스끼(Jaruzelski) 장군이 일으킨 쿠데타를 언급하는 것만으로도
충분하다. 로자 룩셈부르크는 엥겔스의 말에서 민주주의를 위한 투쟁이 사
회주의를 위한 투쟁의 핵심을 이루지만, 그렇다고 이것이 첨예한 계급투쟁
을 배제하고 있지 않다는 올바른 결론을 이끌어냈다.

전제정이라는 상황 아래에서 독일 개혁주의자들은 의회주의적 기제에 별
다른 희망을 걸지 않았다. 그러나 이들도 프랑스인들 못지않게 기본적 자
유를 쟁취하는 일이 아무래도 필요하며, 그렇게 되면 만사를 쉽게 처리할
수 있을 것이라는 신념을 갖고 있었다. 베른슈타인은 결국에는 의회민주주
의가 아니면 독재정이거나 "과두정 권력"[78]이라고 주장했는데, 이는 백번
옳은말이다. 그렇지만 그는 바로 이 이유 때문에 서구 정치제도를 이상화
하여, 그것의 많은 결점들을 변명하고 더이상의 민주화에 대한 가능성을
과소평가했다. 그럼에도 불구하고, 이것이 금세기 전환기에 있었던 우파
사회민주주의의 중요한 문제점은 아니었다. 이들의 문제점은 밀르랑, 폰
폴마르, 베른슈타인 모두가 자신들의 고유한 개혁전략, 곧 자유라는 조건
에서 사회주의를 위한 개혁주의적 투쟁의 전략을 세우지 못했다는 점이다.
그들은 상황 자체를 바람직한 방향으로 변화시키는 것은 외면한 채, 서로
연관이 없는 각각의 많은 변화들, 곧 어느 특정한 상황에서만 가능하고 필
요한 변화에 치중했다. 이것이 바로 개혁주의적 강령이 들어 있지 않은 개
혁주의적 이데올로기이다.

---

76) Luxemburg, "Social Reform or Revolution," 81, 76면.

77) *Neue Zeit*, vol. X, I, 583면.

78) Bernstein, *Parlamentarismus und Sozialdemokratie*, Berlin 1906, 59면.

장 조레스는 이런 모순을 명백히 인식하고 지적하기 시작한 최초의 인물 가운데 하나이다. 이 길을 가는 것은 "사회주의가 필경 부르조아지 정신에 어울리는 사업계획의 일부로 전락함을 뜻한다"[79]고 그는 밝혔다. 그는 밀르랑의 활동을 분석하면서 이렇게 강조했다.

이러한 정책에는 커다란 위험이 도사리고 있다. 곧 이것은 사회주의 강령을 두 부분으로 나눈다. 이것은 마치 우리 앞에 있는 어느정도 자란 나무를—— 이것을 강령이라고 치자—— 연상시킨다. 그런데 이 나무는 그 아랫부분만 현실과 연결되어 있다. 말하자면, 나머지 모든 부분—— 나무 윗부분——은 뿌리와 단절되어 있다. 그러므로 우리는 강령 가운데 윗부분에 해당하는 것은 더이상 발전시키지도 않고 우리 당의 일상활동에도 전혀 도입하지 않음으로써 이 부분은 활력과 생동의 생명수를 받지 못해 열매를 맺지 못하는 꽃, 말하자면 아무 쓸모 없는 잔재와 같은 것이 되고 만다.[80]

이 말은 앞날을 예견한 것이었다고 해도 과언이 아니다.

안또니오 그람시(Antonio Gramsci)는 '수정주의자들'에 대한 비판에서, "목표란 없다, 운동이 전부이다"라는 베른슈타인의 유명한 말을 상기시켰다. 이 훌륭한 이딸리아 맑스주의자의 견해에 따르면, 베른슈타인의 이 규정은 모든 '수정주의적' 접근방식의 방법론적 결함을 보여주고 있다. 그람시는 이후에 '수정주의적' 개혁주의가 퇴보하게 될 것임을 예견하면서, "특정한 목표에 대한 전망 없이는 어떤 운동도 존재할 수 없다"고 말했다.

단기적인 또는 장기적인 목표 가운데 어느 것을 성취하겠다는 전망이 빠져 있는 운동이라면, 과연 그러한 운동이 활력과 효력을 유지할 수 있을까? 운동이 전부이고 최종 목표는 없다는 베른슈타인의 신념은 … 삶과 역사과정을 기계론적으로 나누어 파악하고 있다. 인간의 힘을 수동적이고 의식이 없는 것, 말하자면 물질적 현상이나 다름없는 요소로 파악하고 있으며, 자연주의적 의미에서의 통속적 진화개념이 탄생과 발전의 개념을 대신하게 되었다.[81]

---

79) *Sovremennyi Sotsializm*, 232면.

80) 같은 책, 233~34면.

81) A. Gramsci, *Izbrannye Proizvedeniya*(선집), Moscow 1980, 329, 328면.

그람시가 약간 과장하긴 했지만(그리고 그는 나중에 스스로 베른슈타인이 "인간의 역할을 완전히 배제하지는 않았다"[82]고 정정했다), 우파 사회민주주의자들은 운동 그 자체를 목표로 삼았기 때문에, 의식적인 투쟁전략을 세울 수 없었고 그들의 '운동'도 약화되기 시작했다고 옳게 지적했다.

밀르랑이 일상적인 정치의 차원에서 이 문제에 접근했다면, 베른슈타인은 이론적인 차원에서 접근했다. 여기에 베른슈타인이 맑스주의를 왜 '수정하고자' 했는지를 이해할 수 있는 열쇠가 있다. 그가 맑스에 대해 행한 비판은 (맑스와 엥겔스가 그 자신들의 저작에서 헤겔 Hegel, 프루동 그리고 뒤링 Dühring 에 대해 행한 비판과는 대조적으로) 체계적이지 않다. 베른슈타인은 교조주의자의 공격을 받아넘기면서 맑스와 그 사상의 유산에 대해 다음과 같이 언급했다.

> 그러므로 이 이론의 오류는 이 이론의 추종자들 자신이 그 오류를 깨달을 때 극복될 수 있는 것이다. 잘못이라고 인정되는 것으로부터 벗어나기 위해서 —— 라쌀레(Lassalle)의 표현을 빌리자면 —— 바로 맑스 자신이 스스로를 부정하고 있다고 자신있게 말할 수 있다. [83]

원칙적으로 이것은 사실이지만, 베른슈타인의 비판방식은 그 자체가 '이론의 쇠퇴'를 드러내고 있다. 그의 '수정주의'에는 다양한 견해, 때로는 옳고 때로는 그르고 때로는 논쟁의 여지가 있고 때로는 오해에서 비롯된 다양한 견해들이 섞여 있다. 변증법을 부정하면, 곧 사고체계 전체를 부정하는 것이다. 그 결과, 베른슈타인은 통일된 이론적 개념이나 과학적 일반화 또는 전략적 계획을 갖고 있지 않다. 뚜간 바라노프스끼(Tugan-Baranovsky)와 베른슈타인에서 갤브레이스(J. K. Galbraith)와 포퍼(Karl Popper)에 이르는 이후 맑스 비판자들이 '사실에서' —— 말하자면 개별적인 각각의 이론에 개별적인 각각의 사건을 대응시킴으로써 —— 출발했음을 지적해야 한다. 그러나 이론은 일반화이므로 생생한 사실들의 완벽한 다양성을 반영할 수 없

---

82) 같은 책, 329면.
83) Bernstein, *Voraussetzungen des Sozialismus*, 51면.

다. 나의 친구들이여, 이론은 회색이고 늘 푸른 것은 삶의 나무일세 !

이론을 통해서는 일반적인 경향과 법칙을 알 수 있을 뿐이다. 맑스 비판자들이 맑스의 견해와 개별적인 사실에서 커다란 차이가 있다고 한다면, 그때 그들이 확인하는 것은 '기본적인 오류'이다. 일반적으로 그들 자신도 이러한 '기본적인 오류'를 범하고 있다. 따라서 이들 사이에도 결코 합의가 이루어질 수 없다. 그보다 필요한 것은 사실과 이론적 사고를 총체적으로 새롭게 해명한다든지 이데올로기적 오류를 밝힌다든지 그리고 그 원인을 찾는다든지 하는 것이다. 맑스의 비판적 방법론은 바로 이 점을 추구하는 반면, 그의 비판자들은 몇몇 기묘한 견해에 매몰되어버렸다. 이같은 비판은 맑스적인 비판적 철학과 달리, 대개 새로운 사상을 만들어내지 못한다. 랄프 다렌도르프(Ralph Dahrendorf)도 자신의 체계를 만들고자 맑스로부터 일부 빌려오기도 하고 그것을 약간 부인하기도 했으며 또 새로운 사회학으로부터 조금 덧붙이기도 했으나, 일반화된 이론을 만들어내는 대신 수많은 개별적인 사실들에 적용되는 설명집으로 끝을 맺고 말았다.[84]

이것의 결론은 칼 포퍼의 사상, 곧 진지한 역사철학을 만들어낼 수도 없고 따라서 사회발전에 대한 일반이론도 만들어낼 수 없다는 생각에 우리가 동의해야 한다는 것이다. 현실정치의 차원에서 보면 이러한 사고방식은 우연적이고 피상적인 개혁주의로 흘러가게 마련인데, 이러한 개혁주의가 서로 관계가 없고 우연한 여러 조치들을 통해 실행에 옮겨지면, 그 최종적인 결과는 '개혁주의자' 자신들조차 예기치 못하고 이해할 수 없는 것이 되고 만다. 포퍼는 이것을 "알려져 있지 않은 것, 결정되어 있지 않은 것, 안정되어 있지 않은 것으로"[85] 나아가는 운동이라고 불렀다. 사회적 진보를 겨냥한 모든 시도가 커다란 위험을 내포하긴 하지만, 거기에는 정당화될 수 없는 역사적 위험, 곧 목표 없는 운동이 아니라 하더라도 그저 제자리걸음만 할 위험이 존재하고 있다.

20세기 초 '수정주의자들'은 오히려 이론을 훨씬 더 신중하게 다루었지만, 이 문제를 피해갈 수 없었다. '새로운' 사실은 '과거' 사실과 분리된 채 분석될 수 없다——이것은 마치 언뜻 보기에도 이론에 맞지 않은 사실들

84) R. Dahrendorf, *Soziale Klassen und Klassenkonflikt*, Stuttgart 1957.

85) K. R. Popper, *The Open Sociey and Its Enemies*, London 1966, 201면.

을 가져다 이론과 그저 비교한다고 해서 설명이 되는 것은 아닌 것과 같다. 그런데 그러는 동안 새로운 사실들이 계속 늘어났다.

베른슈타인의 주장은 그 당시 제2인터내셔널 이론가들 사이에서 널리 퍼져 있던 교조주의에 일격을 가했다는 점에서 아주 유용하고 적절한 것이었다. [86] 로이 메드베제프가 말했듯이, "온건한 교조주의"가 때로는 "과학과 정치에 모두 필요하기도 하고 유용하기도 하다."[87] 물론 제2인터내셔널의 교조주의는 1930년대의 공산주의적 교조주의에 비하면 온건한 편이었지만 거의 쓸모가 없었다. 더욱이 스딸린주의화한 공산당의 공격적인 교조주의를 역사적으로 배태한 것이 바로 구사회민주주의의 '온건한 교조주의'였다.

그렇지만 베른슈타인은 이 문제에 대해 소극적인 답변으로 일관했을 뿐, 적극적인 답변을 회피했다. 더 정확히 말하면, 그는 교조주의자들이 일부러 무시하려고 한 몇가지 문제들을 지적했을 뿐이다. 보돌라조프가 올바로 지적했듯이, 베른슈타인이 지적했던 그러한 "정말 새로운 사회적 문제들"이 해명되었어야 했고 "이 새로운 문제들과 질문들에 대해 맑스주의적인 긍정적인 해답이 있었어야 했다."[88]

독일사회민주당에서는 두 분파가 한꺼번에 베른슈타인에게 공격을 가했다. 한편에서는 과거의 교리를 옹호하는 당지도부, 다른 한편에서는 당좌파가 '수정주의'와 '개혁주의적 환상'에 대해 반대의 목청을 높였다. 이 논쟁에서 반대파를 이끈 사람은 각각 카우츠키와 룩셈부르크였다.

베른슈타인을 겨냥한 카우츠키와 쁠레하노프의 저작들은 진실된 견해를 많이 포함하고 있고 —— 비록 지나칠 정도로 지루하지만 —— 아주 논리적이다. 카우츠키는 독일 교사 그 특유의 끈질김으로, 마치 다루기 힘든 학생들에게 가르치듯 진부한 내용의 전반적인 이론을 설명했지만, 아슬아슬한 구석은 피해가듯이 원래의 사상을 피하는 데 급급했다. 다른 모든 맑스주의자들과 마찬가지로 카우츠키도 사회주의를 향한 방법 가운데서 19세기

---

86) L. Kolakowski는 자신의 저서 『맑스주의의 주요 흐름』(*Main Currents in Marxism*, Oxford 1978)에서 현실상황을 완전히 무시하고서 이 시기를 이론의 '황금시대'라고 평가했다. 사실 이 시대는 형식적인 교조주의와 철학적 쇠퇴의 시기였다.

87) Medvedev, 앞의 책, 8면.

88) Vodolazov, 앞의 책, 160면.

부르조아 혁명가들의 격렬한 투쟁에 비하면 "극적이거나 강렬하지는 않지만 그만큼 희생이 적은" 민주주의의 길을 옹호했다. 사회주의는 민주주의 국가에서만 가능하다. 곧 프롤레타리아트가 "상당수의 대중으로 성장하여"[89] 투표권자의 다수를 차지하는 상황에서만 사회주의는 가능하다. 쁠레하노프는 약간 다른 관점을 표명했는데, 그것은 훗날 레닌의 입장을 예견한 것이었다. 1903년에 그는 혁명과 전혀 관련이 없는 형식적이고 민주적인 합법성은 굳이 존중할 필요가 없다고 밝혔다. 혁명의 성공을 확실히 보장받기 위해서는 "여러가지 민주적 원칙들의 적용을 일시적으로 중지할" 필요도 있다는 것이다. 그는 러시아 혁명가들에게 권력을 장악한 후 "만약 선거가 성공적으로 치러지지 않을 땐", "2년이 아니라 가능하다면 2주일 만에라도" 의회를 폐지하라고 충고했다. [90] 1918년, 레닌은 이러한 충고를 받아들여 제헌의회를 해산시켰음이 분명하다. 그때 쁠레하노프는 그저 거센 항의만 할 수 있었다. 그가 결코 민주주의의 반대자가 아니었다는 것은 1917년 혁명 동안 그가 취한 태도에서 입증된다. 그럼에도 불구하고 그는 카우츠키와는 달리 이 어려운 문제를 제기했고 이에 대한 답변을 꺼리지 않았다. 만약 혁명의 논리가 기존의 민주적 법질서의 한계를 뛰어넘기를 요구한다면, 우리는 무엇을 할 것인가?

여기에서 아주 중요한 다른 문제가 제기된다. 만약 혁명이 합헌적인 정치영역을 이미 대신했다고 한다면, 혁명 이후의 단계에서 민주주의의 복귀를 어떻게 보장할 수 있을까? 나중에 제3세계 좌익세력들은 이 문제를 첨예하게, 때로는 비극적으로 맞이했다. 러시아의 경험에 대해서는 이미 언급했는데, 비록 우리가 쁠레하노프와 입장을 달리한다고 해도, 이 달갑지 않은 문제를 처리하는 데에서 그가 보여준 결단력만큼은 높이 사야 한다. 카우츠키는 그러한 곤란한 문제에 대해서는 생각조차 하기 싫어했다. 그는 다음과 같이 썼다.

우리는 이제 국가기구와 국가권력을 놓고 투쟁하는 시기, 곧 수십년 동안 가

---

89) Kautsky, *Put'k Vlasti*, 46, 14면.

90) *II S'ezd RSDRP, Protokoly* (러시아사회민주노동당 제2차대회 회의록), Moscow 1959, 182면.

장 다양한 운명적 변화가 전개될 전쟁에 돌입했다. 아직 이 전쟁의 형태와 기간을 확정하기는 어렵지만, 그로 인해 아마도 아주 가까운 장래에 서구에 비록 프롤레타리아트의 절대적 지배까지는 아니더라도 권력의 중심이 프롤레타리아트 쪽으로 옮아가게 되는 중대한 변화가 일어날 것이다. [91]

이 새로운 세력판도가 어떻게 이용될 수 있는가, 그리고 그것이 어떻게 나타내게 될 것인가 하는 것은 카우츠키가 볼 때 순전히 말장난에 불과했다. 여하튼 그는 부르조아지와 타협을 하거나 사회주의자들이 부르조아 정부에 참여함으로써 개혁주의적 연립체제를 형성하는 것을 모두 거부했다. 그러한 정부라면 모두 "붕괴하고 만다"[92]는 것이다. 이러한 결론의 바탕은 다름아닌 계급투쟁에 대한 일반적 논의였다. 그렇지만 계급투쟁의 실제, 곧 계급투쟁의 변증법은 그 어떠한 도식보다 더 복잡하다. 타협하려고 하는 양쪽은 각자 목표를 갖고 있다. 서로 대립하는 세력간의 타협에는 반드시 승자와 패자가 있게 마련이다. 그러한 이유로 인해 사회주의자들에게는 지배계급과의 협상이 항상 불가능하거나 엄두조차 낼 수 없는 것(심지어 민주주주의를 지킬 때도?)이지만, 그러한 협상이 프롤레타리아트에게는 유익한 것이 되어야 하고 또 전반전인 전략의 일부여야 한다.

한 소련 전문가는 이 문제에 대해 "개혁주의적 활동이 그 나름의 논리를 갖고 있음은 아주 중요하다. … 여러가지 중대한 개혁은 그 실현과정에서 새로운 발전의 관성이 나타나 새로운 상황을 연출한다"고 썼다. 그러한 발전을 제한하거나 가로막으려는 시도는 오히려 "전반적인 체제의 균형"[93]에 좋지 않은 영향을 끼칠 것이다. 이러한 생각은 아주 중요한 것으로, 나중에 우리에게 유용하게 쓰일 것이다. 현재로서는 딱 한가지 측면만 이야기하면 된다. 지배계급 내의 개혁주의자와 자유주의적 집단들은 아주 제한된

---

91) Kautsky, 앞의 책, 52면.

92) 같은 책, 17면.

93) *Sotsial-demokraticheskii i Burzhuaznyi Reformizm v Sisteme Gosudarstvenno-Monopoliticheskogo Kapitalizma*(국가독점자본주의 체제에서 사회민주주의 및 부르조아지 개혁), Moscow 1980, 13면. 이 총서는 소련정치학의 가장 좋은 본보기이다. 이 책은 또한 이 책 저자들이 객관적이고 서구 좌파에 거의 동조하는 태도를 보인다는 점에서 흥미롭다.

목표를 추구하기 위해서 때로는 좌익과도 협력하지만, 이 개혁을 위한 투쟁이 그 논리상 가끔 애초의 의도를 벗어나 더 결정적인 결과를 낳기도 한다는 것이다. 그러한 상황이 벌어지면 노동운동으로 인해 모든 개혁주의 연합체가 좌파로 전환하거나(1936~37년에는 에스빠냐에서, 1956년에는 헝가리에서 그리고 폴란드에서는 부분적으로, 1968년에는 체코슬로바키아에서 그러한 예가 발생했다), 이와는 달리 (1930년대 프랑스와 1960년대 말 이딸리아에서처럼) 좌파가 위기를 맞아 지지기반을 상실하기도 한다.

물론 금세기 전환기에 카우츠키 및 '정통' 사회민주주의가 개혁을 철저히 거부했다고는 말할 수 없을 것이다. 그러나 이들은 이 문제를 아주 피상적인 수준에서 해결했다. 카우츠키는 모든 것을 개혁투쟁의 정치적 측면, 더 좁게 보자면 권력의 문제로 귀착시켰다. 그에게서 개혁과 혁명의 차이란 오직 '새로운 계급의 권력장악'에 있었다. 카우츠키는 '위로부터의 혁명'을 인정하지 않았으며, 또한 새로운 계급이 혁명을 위해서가 아니라 개혁주의적 강령을 실행하거나 시민적 자유들을 지키기 위해서 일시적으로 권력을 잡는 위기국면조차 인정하지 않았다.

> 법적 조치와 정부 조치가 만약 지배계급에서 나온 것이라면 그것은 **개혁**이다. 이것들이 지배계급에 의해서 자발적으로 취해진 것이 아니라 억압당하는 계급들 일부가 압력을 가하거나 상황의 힘에 의해 강요된 것일 때조차 개혁이다. 반면 그러한 조치들이 그 당시까지는 억압당했지만 이제 정치권력을 스스로 장악한 계급에서 나온 것이라면 그것은 **혁명**이다. [94]

이런 식으로 모든 것이 정치로 귀결되었다. 서구의 상황에서는 이처럼 계급투쟁의 정치적 측면이 비정상적으로 비대해지면서 '의회 크레틴병' 현상이 나타났다. 러시아의 상황에서는 이와같은 사고방식이 레닌과 뜨로쯔끼의 볼셰비즘을 낳았다. 1903년에 쁠레하노프의 입장은 '정통' 사회민주주의적 사고와 볼셰비끼의 반의회주의 사이의 분열을 이어주는 교량 역할을 했다. 다시 말해, 이들 사이에는 직접적인 연결점이 존재한다. [95] 로자 룩셈

---

94) Kautsky, *Sotsial'naya Revoliutsiya*, 3면.
95) 볼셰비끼는 국가 두마(duma)에 참여했지만, 그것을 체제를 폭로하는 기회로

부르크는 이 문제를 더 깊이 이해했다. 로자가 보기에 개혁주의자들은,

'사람의 식욕은 먹을수록 커지고', 노동계급은 아마도 사회주의적 변혁의 최종
목표가 실현될 때까지 개혁에 만족하지 않을 것이라고 생각한다. 이 후자의
전제는 아주 그럴듯하고, 자본주의적 개혁의 불충분성이 이를 더욱 뒷받침한
다. 그러나 이로부터 나온 결론이 진실일 수 있으려면 오늘날의 자본주의를
사회주의로 이끄는 일련의 개혁들이 계속 늘어나고 단단한 사슬처럼 서로 연
결될 수 있어야 한다. 이것은 물론 순전히 환상이다. 사슬의 속성이 그렇듯이
그 개혁의 사슬은 이내 끊어지고, 그 순간부터 소위 그 운동이 택할 수 있는
길은 수없이 많고 다양해진다. [96]

이 뛰어난 여성의 특징은 비논리적이고 기묘한 추리력과 화려하고 독창
적인 생각이 뒤섞여 있다는 것이다. 그렇지만 여기에서 로자는 이중으로
잘못을 저질렀다 —— 그러나 잘못치고는 아주 기발한 것이라 할 수 있다.
첫번째 잘못은 제2차 세계대전 이후 서구의 경험이 입증하는 바와 같이,
프롤레타리아트도 어떤 시기에 이르면 개혁에 완전히 만족할 수 있다는 것
이다. 두번째는 체제의 틀 안에서 이루어지는 개혁으로는 사회 내 프롤레
타리아트의 입지를 원칙적으로 변화시키지 못한다는 것이다. 그렇기 때문
에 개혁의 성공으로 혁명이 늦춰질 수는 있지만, 무한정 늦춰지지는 않는
것이다. 노동계급이 기존 체제에서 벗어날 가능성은 항상 존재하지만, 그
것은 일정한 조건에서만 실현될 수 있다.

그러나 이것은 우리가 알고 있는 바이다. 더 흥미로운 것은 다른 점이
다. 로자 룩셈부르크는 사회적 변혁의 단단한 사슬이라는 혁명적이며 반
(反)자본주의적인 개혁의 모델에 대한 기막힌 착상을 제시했다. 그런데 그
녀는 자신의 이 훌륭한 착상을 '환상'이라고 했다. 왜? '사회적 개혁의 내
재적인 한계'가 결국은 자본의 이해관계에 따라 결정되기 때문이다. 문제
는 이러한 한계를 극복하고 개혁투쟁을 혁명적 단계로 넘어가게 하는 일이

삼았다(짜리즘의 상황에서는 이것이 거의 옳았던 것 같다). 그렇지만 똑같은 방법
이 제헌의회의 해산에까지 이어졌다.
96) Luxemburg, "Social Reform or Revolution," 59면.

다. 그러나 로자 룩셈부르크는 이러한 문제를 해결하는 대신 "자본주의 세계에서 사회적 개혁은 항상 존재하지만 여전히 막다른 골목으로 남아 있다"[97]라고 말함으로써 개혁주의를 그저 비난할 뿐이다.

제2인터내셔널 활동가 중에서는 유일하게 조레스와 그 추종자들만이 이 문제의 깊이와 복잡성을 제대로 이해했다. 조레스는 혁명가 가운데 유일하게, 개혁주의적 작업의 가치를 알고 "출발은 개혁활동으로 하고, 이 개혁을 통해서 혁명활동을 시작하는 것"[98]이 필요하다고 말했다. 또 조레스는 제2인터내셔널 내의 개혁주의자 가운데 유일하게, 민주주의라는 조건에서 국가권력을 장악하는 공세적이고 사회주의적인 일반 전략을 세우려고 했다. 조레스의 추종자들이 주장한 대로, "우리의 무기는 두 개의 날, 곧 한쪽은 점진적 개혁으로 다른 한쪽은 혁명으로 이루어진 두 개의 날을 갖고 있다."[99]

'새로운 방법'이라고 불리던 조레스의 전략적 개념에서 그 출발점은 엥겔스의 사고방식이었다. 엥겔스의 생각에 따르면, 프롤레타리아트는 자유를 조건으로 한 상태에서 처음에는 권력을 나눠 갖기 위한 투쟁을, 그리고 "나중에는 기존의 법률들을 자신들의 이해관계와 요구에 맞게 변화시킬 수 있도록 하기 위해 그 권력 전체를 갖기 위한"[100] 투쟁을 할 수 있다. 민주국가는 다른 권력형태와 달리 부르조아지의 완전하고 집중된 지배를 허용하지 않는다. 부르조아 지배체제는 일정한 조건에 의해 제한되고 있으며, 따라서 민주주의의 계급적 본질은 서로 대립하는 세력간의 타협에 있다. 조레스는 우파 사회민주주의와의 논쟁에서 이렇게 말했다. 프랑스의 상황에서 계급투쟁은,

> 민주주의 내에서 존재하고 발전하며, 민주적 정부의 상황에 따라 달라진다. 두 적대계급들, 곧 서로 대립되는 이해관계를 갖고 있는 두 집단간의 투쟁이

---

97) 같은 곳.

98) *Les deux méthodes, Conference par J. Jaurès et J. Guesde*(두 가지 방법, 조레스와 게드의 강연), Paris 1925, 24면.

99) *Sovremennyi Sotsializm*, 218면.

100) Engels, *Selected Writings*, W. O. Henderson, ed., London 1967, 152면.

민주공화정에서나 전제국가에서나 똑같은 형태, 똑같은 특징, 똑같은 수단을
취할 수는 없다. 이것은 진실이고 논란의 여지가 없는 것이다. [101]

민주주의의 상황에서 부르조아지가 절대적인 지배권을 쥐고 있다는 생각
은 역사에서도 입증되지 않는다. 칠레 헌법의 폐기를 요구하는 극단주의자
들에 반대하여, 아옌데(Salvador Allende)는 정치적 자유가 "민중의 성취
물"이기 때문에 그것은 불가능하다고 주장했다. [102] 보돌라조프 또한 "표
현·양심·집회의 자유에서 특별히 부르조아적이라고 할 만한 것은 없
다"[103]고 일깨워준다. 이러한 권리들은 거저 '주어진' 것이 아니라 때로는
부르조아지의 뜻에 반대하여 싸워 쟁취한 것이다. 레닌도 1905년에는 프롤
레타리아트가 민주혁명의 담당자였다고 말했는데, 이것이 러시아의 경우에
만 적용되는 것은 아니다. 민주주의를 위한 투쟁에서 결정적인 세력은 항
상 바로 프롤레타리아트였지 부르조아지가 아니었다. 19세기에 프랑스에서
일어난 세 혁명의 역사가 이를 증명한다. 부르조아지는 자유주의적 군주제
에, 심지어 전제정에 완전히 만족했던 반면, 프롤레타리아트는 공화정을
선호했다. 보통선거제는 서구의 지배층들이 노동자들의 압력을 받아, 한
영국 역사가의 표현대로 "천천히 그리고 마지못해" 도입한 것이었다. 벨기
에에서는 이를 도입하는 데 총파업이 필요했다. "이 새로운 체제의 도입으
로 모든 국가의 자본가계급은 아주 곤란한 문제에 직면하게 되었다. "[104]
조레스가 민주주의의 쟁취를 사회주의를 향한 중요한 진전이며 사회주의
를 위한 투쟁의 출발점이라고 본 것은 지극히 정당하다. 에스빠냐의 맑스
주의자인 고메쓰 라우렌떼(L. Gomez Laurente)도 올바로 지적했듯이, 민주
주의만이 "사회를 변혁하는 활동의 정치적 공간"[105]을 만들어준다. 물론

101) *Sovremennyi Sotsializm*, 222면.
102) S. Allende, *Istoriya prinadlezhit nam*(역사는 우리의 것), Moscow 1974, 188
    면.
103) Vodolazov, 앞의 책, 197면.
104) *Obshchestvennye Deyateli Anglii v Bor'be za Peredovuyu Ideologiyu*(진보적 이
    데올로기를 위한 투쟁에서 영국의 사회적 활동), Moscow 1954, 69면.
105) Gomez Laurente, *Teoria socialista del Estado*(국가에 대한 사회주의 이론),
    Madrid 1978, 6면.

64

여기서 말하는 것은 의회활동이 아니라 대중들의 정치적 활동이다. 이것은 자유로운 나라에서나 가능하고, 그것 없이는 사회주의적인 삶의 재건이란 생각조차 못할 일이다. 그러나 이러한 사실을 받아들인다고 해서 의회주의와 기존의 서구 사회 형태를 이상화해서는 안된다.[106]

이러한 사실이 조레스에게는 아주 명백했다. "정치적 민주주의는 아직 민주주의적 요소가 들어가 있지 않은 경제적 형태와 모순되고 있지만, 마치 홀로 그럴 수 있는 것처럼 그 궁극적인 형태를 띠고 있다"[107]고 생각해서는 안된다고 그는 말했다. 그는 계속해서 사회주의 운동은 "부르조아지와 프롤레타리아트 모두가 정부의 권력을 동시에 쥐고 있게 될 과도기적 단계"[108]를 반드시 거쳐야 한다고 했다. 이러한 과도기적 단계에서 해야 할 임무란, 민주주의를 정교화하고 계급적 강제의 가능성을 약화시키고 무력하게 만들어 다음 투쟁단계에서 혁명의 평화적 성격을 보장하는 일이다. "민주정, 곧 보통선거가 시행되는 공화국에서는, 국가가 프롤레타리아트에게 난공불락의 요새로 비치지 않는다." 지배계급의 저항에도 불구하고, "사회주의와 프롤레타리아트의 영향력은" 혁명이 있기 훨씬 전부터 "국가에 부분적으로 스며들어간다."[109] 그 투쟁과정에서는 타협과 다수 지배에의 참여가 유용한데, 그래서 "우리 것 가운데 어떤 것은 부르조아 정부의 요새에 남아 있던 것일 수도 있는 것"[110]이다. 그렇지만 여기에서 환상을 가져서는 안된다. "우리는 민주주의 국가가 사회주의 국가로 완전히 동화되고 변형된다는 데에 당연히 기대를 걸 수 있고 걸어야"하지만, 동시에 다음과 같은 사실을 염두에 두어야만 한다. 곧 현재로서는,

106) 에스빠냐사회당 지도자인 곤쌀레쓰에 동의하지 않을 수 없다. 그는 자유가 제한되어 있는 자본주의하에서는 "형식적 또는 부르조아적 민주주의라고 불리는 것을 고려하지 않은 채, 사회주의가 있을 수 없다"고 몇번이나 되풀이했다(Der Spiegel, 7 May 1976, 137면).
107) Sovremennyi Sotsializm, 222면.
108) Istoriya II Internatsionala, vol. 2, 103면.
109) Sovremennyi Sotsializm, 225면. 그러한 상황에서는 국가권력의 주인이 사회주의가 끝내 승리할 때까지 몇번이고 바뀌지 않을 수 없다는 결론에 반드시 이르게 된다. 이것은 1980년대 서구의 사태가 입증하는 바이다.
110) Les deux méthodes, 20면.

민주주의 국가의 일부만 우리의 것일 뿐, 그것은 여전히 우리와는 적대적인 세력이다. 이러한 국가 내의 적대적인 세력에 대항하기 위해 우리는 그것을 중립화시킬 수 있는 다른 세력——그 주위에 프롤레타리아트를 결집하고 묶어내는 완전히 사회주의적 이상을 갖고 있는 세력——을 우리 쪽에서 키워야 한다.[111]

결국 이러한 관점이 현 좌파 사회주의자들 사이에서도 공감을 얻었다. 레즈니꼬프(A. B. Reznikov)는 정치적 투쟁에 대한 자신의 개념을 상세히 밝히는 가운데, "민주주의는 그 자체로 커다란 가치를 지니고 있으며 그 각각의 제도들——말하자면 의회, 보통선거, 언론과 출판의 자유 등—— 도 상당히 중요하다"[112]고 썼다. 그렇지만 민주주의란 단 한번에 만들어져 고착되는 그런 것이 아니다.

한편으로는 진정한 자유와 정의, 평등 그리고 우애를 보장하는 참된 민주주의가 아직 더 만들어져야 하며, 그렇게 되기까지는 아직 멀었다. 다른 한편으로는 참된 민주주의에 이르는 길에서는 아무도 기존의 민주주의 원칙을 거스를 수 없다.

만약 우리가 지금 갖고 있는 그 조그마한 성과라도 잃는다면, 한걸음이라도 더 앞으로 나아가기 어렵다. 민주주의 국가체제는 "장악해야 하는 것이지만, 어떠한 상황에서도 파괴되거나 해체되거나 위험에 처하게 해서는 안 된다."[113] 국가는 그 내부로부터 개조되어야 한다. 이것이 바로 조레스가 취한 입장이다.

그러므로 **개혁주의의 목표는 국가를 부분적으로 약간 손질하려는 데 있는 것이 아니라 그것을 변혁하는 데 있다.** 그러나 여기에서는 전략적인 측면에서 새로운 문제가 제기된다. 왜 개혁주의의 토대가 반드시 타협이어야

---

111) *Sovremennyi Sotsializm*, 226~27면.

112) *Sotsial-demokraticheskii i Burzhuaznyi Reformizm*, 19~20면.

113) 같은 책, 20~21면.

만 하는가? 루이(P. Lui)는 베른슈타인과 우파 사회주의자들을 비판하면서 "일상적인 타협으로는 폭넓은 개혁을 전혀 할 수 없다"고 썼다. 그러나 혁명적 성격의 사건들도 곧잘 위로부터의 개혁으로 귀결된다. 이는 벨기에에서 이루어진 보통선거권의 쟁취를 돌이켜보는 것만으로도 충분하다.

> 어디에서든지 프롤레타리아트의 노동시간, 위생, 보험, 기본적인 권리 들을 규정해놓은 일련의 여러가지 문헌들을 대충 훑어보면, 이것들이 외부로부터 지속적인 압력을 받아 성취되었음을 확신하게 된다. [114]

여기에서도 타협이나 협상이 아니라, 바로 **직접행동**이 주된 역할을 했다.

우파 사회민주주의자들은 '의회 크레틴병' 환자로 곧잘 비난받는다. 그들은 장외투쟁을 과소평가하거나 그것들을 순전히 선동적인 작업으로 축소시켜버린다. 그들의 견해에 따르면, 정치적인 문제들은 국가기구 체계를 통해서 해결될 수 있다. 사실, 베른슈타인은 그러한 관점의 한계를 알고 있었다. 그는 프롤레타리아트 투쟁의 무기인 파업을 다룬 책을 쓰기도 했다. 여기에서 그는 특히 우선, 파업의 목적이 경제적인 개선만이 아니라 "사회법제적인 개선까지 그리고 이 양자가 결합된 것까지를" 포함하는 것으로, 둘째는 파업이라면 그것이 정치적인 요구를 내세우지 않더라도 "단순히 경제적인 의미뿐만 아니라 정치적인 의미도 지니는 것"[115]으로 인식했다. 그렇지만 베른슈타인의 견해에 따르면, 민주적 형태의 권력이 발전하면 파업 행동은 저절로 불필요한 것이 된다. 의회 밖의 수단을 사용하게 되는 것은 의회가 불완전하거나 그 나라 민주주의에 결함이 있기 때문이다.

베른슈타인이 보기에는 장외투쟁은 본래 바람직하지도 않고 민주적이지도 않다. 그에게는 이것이 대단히 취약한 점이다. 민주주의에서 정치적 파업, 시위, 보이콧, 단식투쟁에 호소하는 측이 대체로 소수임은 물론이다. 이들은 주민 다수에 의해 선출된 정부에 대항하여 자신들의 권리를 지키고자 그렇게 한다. 그러나 이러한 항의행동에 반(反)민주적 요소는 아무것도

---

114) P. Lui, 앞의 책, 90~91면.

115) Bernstein, *Der Streik, Sein Wesen und Sein Wirken*(파업, 그 본질과 영향), Frankfurt am Main 1906, 210면.

없다. 또 다수가 항상 옳은 것도 아니다. 반정부인사들이 벌이는 직접행동 과 정치적 항의로 인해서 그 투쟁을 벌이게 된 원인에 대해 사회적 관심이 모아지게 된다. 그러므로 자유국가에서는 의회 밖의 정치가 의회정치만큼 이나 필수적이다. 의회 밖의 반정부세력은 선거에 참여하지 않으면서도 여 러번 그 목적을 달성했다. 1960년대의 교훈과 베트남전쟁 반대투쟁을 상기 할 필요가 있다.

정통 사회민주주의자들도 정치적 파업에 대해 의혹의 눈초리를 보냈는 데, 그 이유는 베른슈타인의 경우와는 아주 다르다. 이들은 정치적 파업 그리고 무엇보다도 총파업이라는 개념 자체에서 아나르꼬-쌩디깔리스뜨 (anarcho-syndicalist) 이론들의 반향(反響)을 들었다. 이러한 이론들은 원 칙적으로 의회투쟁을 거부하고, "자본을 해체시키는 과정이라고 할 수 있 는 파업의 혁명적 힘"[116]에 모든 희망을 걸었다. 조르주 쏘렐(Georges Sorel), 안또니오 라브리올라(Antonio Labriola) 등과 같은 이런 경향의 이 론가들에 따르면, 총파업은 "가만 내버려두어도" 구사회와 자본주의적 생 산양식을 파괴하기에 충분할 것이다. 총파업이 전반적인 파괴를 담당하고 그 투쟁과정에서 생겨난 노동자들의 자체조직이 건설적인 요소를 만들어낼 것이기 때문에, 정치적 요구와 당지도부란 그다지 중요하지 않다.

'어디에서나 일어나고 또 아무데서도 일어나지 않는' 이 혁명에는 생산수단의 장악이 뒤따른다. 블랑끼(Blanqui)와 같은 혁명가들의 예상과는 달리, 어떠한 '봉기(蜂起)정부'도 또 어떠한 독재체제도 생겨나지 않을 것이다. 각 빵가게의 제빵업자, 각 광산의 광부들은 자유로운 생산을 바탕으로 하여 자유로운 결사 체로 통합될 것이다. 노동조합과 직업상담소가 혁명의 주요 도구가 될 것이 다. 어느 날 시작된 파업이 보편화되면, 다시 말해 모든 노동자들이 모든 생 산부문을 장악하게 되면, 그 어떤 세력도 이를 방해하지 못한다.[117]

---

116) P. Strel'skii, *Novaya Sekta v Ryadakh Sotsialistov*(사회주의자 대열의 새로운 분파), Moscow 1908, 151면.

117) *Stachki: Istoriya i Sovremennost'*(파업: 그 과거와 현재), Moscow 1978, 211 면.

이 투쟁과정에서 무장한 노동자들은 성공리에 단결할 것이고, 자신들의 계급적 이익이 무엇인지를 완벽하게 깨달을 것이다. 곧 총파업의 '신화'가 대중들을 움직이고 내재되어 있는 그들의 열망과 힘을 이끌어낼 것이다. 쏘렐에 따르면, 이것이 프롤레타리아트가 "생산의 영역에서 자본가들을 몰아내고, 자본주의가 창출한 노동터전을 차지할"[118] 수 있는 유일한 길이다.

쏘렐이 볼 때, 부르조아지를 몰아내는 혁명의 사회적 측면만은 바로 이것을 통해 얻어진다. 여기에서는 도리어 혁명의 정치적·경제적 측면들이 아예 무시되었다. 쏘렐의 입장은 오히려 카우츠키의 입장과 유사하다── 강조점만 서로 바뀌었을 뿐이다. 왜냐하면 카우츠키에서는 계급투쟁의 국가정치적 측면만이 중요했는데, 쏘렐에서는 사회적 측면만이 중요했기 때문이다. '정통' 전략이 패배함으로써 그 '반대의 전략'이 부상한 것이다. 이 이론은 그 단순함에도 불구하고 진리의 요소를 담고 있다. 곧 1905년 러시아혁명에서 1970년대와 80년대 폴란드 사태에서처럼, 파업은 대규모로 조직되어 큰 힘을 발휘했고 대중들의 의식을 혁명화하는 데 역할을 했던 것이다. 그러나 이같은 경험은 **직접행동이 무한한 잠재력을 갖고 있는 것은 아니라는** 점 또한 보여주었다. 이 문제로 되돌아가보자.

우선, 아나르꼬-쌩디깔리스뜨들이 정치투쟁을 거부하는 것만큼이나 사회민주주의자들은 직접행동을 단호히 거부한다. 한 '정통' 사회민주주의자는 "모든 파업은 **기회주의적이지 않으면** 무기력하게 될뿐이다"라고까지 썼다── 곧 파업이란 정치적이고 혁명적인 투쟁의 기본 도구가 될 수 없다(！)는 것이다.[119] 그렇지만 사회주의자들은 진정한 노동운동을 경험하면서 이러한 견해를 수정하지 않을 수 없었다.

룩셈부르크는 직접행동의 교리 속에 담긴 합리적인 정수(精髓)를 파헤친 최초의 맑스주의자 가운데 한 사람인데, 그녀의 설명에 따르면, 파업은 그 특정한 목표에 상관없이 프롤레타리아트가 스스로를 조직하고 교육하는 수단이다. 그녀는 1905년 러시아에서 노동자들이 자신의 **계급적** 위치를 자각하는 데에는 파업이 도움이 되었다는 점을 강조했다.

---

118) *Le Mouvement Socialiste*(사회주의 운동), 15 March 1906, 297면.

119) Strel'skii, 앞의 책, 151면.

그리고 이처럼 계급적 감정이 커졌다는 것은, 수십년 동안 자본주의라는 족쇄를 끈기있게 버텨낸 수백만의 프롤레타리아트가 이제는 자신들의 사회적·경제적 생존이 위협받고 있다는 점을 예상 밖으로 분명하고 날카롭게 감지하고 있다는 것을 말해준다.[120]

그러므로 어떠한 파업에서도 "경제적·정치적 측면이 구분될 수 없으며", 따라서 파업운동은 정치적 행동의 수단이 될 수 있다. 룩셈부르크는 "노동계급의 정치적 투쟁을 의회투쟁에 국한시키는"[121] 우파 개혁주의자들을 강하게 공박했다. 우리는 이미 이러한 비난이 과장되었음을 살펴보았지만, 기억해야 할 것은 로자의 입장이 독일사회민주당 내에서 이단시되었으며, 따라서 논쟁을 벌일 때 그녀는 극단적인 표현을 골라 쓸 수밖에 없었다는 점이다. '정통'파들도 그녀를 기피했기 때문에, 파업에 대한 그녀의 생각이 당에 반영될 기회가 없었다. 혁명의 과정에서 **대중들의 자발적인 자체교육이 이루어진다면**, 맑스주의 정당을 조직하고 지도하는 역할, 계급의 의식 있는 전위대 등은 전혀 문제 될 것이 없다. 독일사회민주당이 중앙집중적이고 관료적인 조직이 되면서 이러한 이론은 당연히 받아들여지지 않았다. 게다가 룩셈부르크의 입장은 '수정주의자들'의 그것과 일맥상통한 측면이 있었다. 왜냐하면 그녀의 입장에 따르면, 당은 의회에서 계급의 대변자 노릇을 하는 것으로, 말하자면 '아래로부터' 자연스럽게 발전해온 혁명의 성과물을 입법활동을 통해서 강화하는 것으로 그 역할이 축소되기 때문이다. 비록 룩셈부르크 자신은——그리고 이것이 그녀의 강점이기도 했다——그녀의 사상에서 필연적으로 도출되는 이같은 결론을 거부했지만, 이것은 전도된 형태의 '의회 크레틴병'이었다.

사회민주당 간부도 이 룩셈부르크주의에 대항하는 논리를 만들어내지 않으면 안되었는데, 이들은 그들 특유의 중앙집중적이고 관료적인 사고를 파업에도 그대로 적용시켰다. 곧 그들은 파업이란 정해진 날짜와 시각에 당의 통제와 명령에 따라 실행되어야 한다고 주장했다. 이 점에 대해서 조레스는 얄궂게도 다음과 같이 말했다.

120) Luxemburg, *Politische Schriften*(정치저술), Leipzig 1969, 152면.
121) 같은 책, 171, 209면.

70

총파업이란 일종의 기계와 같은데, 그 기계는 이쪽 주머니에 들어 있고, 그 기계의 열쇠는 다른 쪽 주머니에 들어 있어서 경찰이 그 기계와 열쇠를 한꺼번에 잡을 수 없다는 사고방식이 널리 퍼져 있다. 그러나 이 기계가 나타나는 순간에는, 혁명의 시각이 울렸고 혁명이 준비된다.[122]

룩셈부르크와는 달리, 조레스는 파업의 과정에서 나타나는 노동자들의 자체조직과 자체교육은 "지속적이고 체계적인 노력을 대신할 수도 없고, 그렇다고 해서 노동자계급에게서 조직의 필요성을 덜 수도 없는" 것이라고 이해했다. 정치적 전위의 임무는 분산된 행동을 전체 투쟁전략에 맞게 하나의 전체적인 행동으로 통합하는 일이다. 파업 자체가 무슨 "기적적인 수단"이나 "놀라운 보물"이 되는 것은 아니다.[123]

조레스의 지지자들이 총파업을 과소평가한 것으로 의심한다면, 그것은 잘못이다. 아마도 그들만이 유일하게 사회주의를 위한 투쟁에서 직접행동이 해야 할 역할을 양 극단에 치우침이 없이 올바르게 평가했을 것이다. 그들에게는 맹목적 자발성에 대한 숭배나 사회민주주의자들의 초중앙집중주의적 경향 모두가 맞지 않았다. 룩셈부르크와 조레스의 차이는 혁명적 낭만주의자와 현실주의자의 차이였다. 조레스에게는 우파 사회민주주의의 조잡한 실용주의조차 맞지 않았다. 그는 원칙적인 사람이었으며, 어떻게 보면 이상주의자이기도 했다. 그러나 그의 이상주의에는 룩셈부르크한테서 빠져 있는 두 가지, 곧 냉정하고 실질적인 경향과 프랑스적 합리성이 결합되어 있었다.

이러한 민족적·문화적 특수성을 간과해서는 안된다. 이것들은 아마도 시기와 나라에 따라 서로 다른 역할을 하겠지만, 그렇다고 해서 문화적인 문제들을 배제하려고 하면 할수록 그러한 문제들은 더욱더 부각된다. 여하튼 프랑스 사회주의자들은 벨기에 당과 가까웠던 것을 빼면, 제2인터내셔널에서 고립되어 있었다. 벨기에 당도 그 당시에는 독특한 것처럼 보였다. 논평가들이 인정했다시피, "'개혁주의자들'과 '혁명가들'이 서로를 가로막고

122) *Sovremennyi Sotsializm*, 249~50면.
123) 같은 책, 251, 250면.

방해하기보다는 오히려 서로 보완했던 곳은 바로 그곳뿐이었다."[124] 조레스의 현실주의는 그의 개혁주의에서 명백히 드러났다. 자발적 혁명운동이라는 추상적인 이론을 만들어낸 룩셈부르크와는 달리, 조레스의 출발점은 **혁명과 개혁의 변증법**이다. 이 변증법은 당시 사람들이 전혀 생각하지 못했던 것이다. 제2인터내셔널 암스테르담 대회에서 좌파와 우파는 모두 프랑스 사회주의자들에게 호된 비난을 퍼부었다. 파업을 개혁주의적 목표를 달성하기 위한 혁명적 수단으로 보는 조레스의 견해가 좀처럼 먹혀들지 않았던 것이다. 조레스주의는 제2인터내셔널로부터 거부당했으며, 다른 사회주의 정당들의 소수파조차 이로부터 실질적인 영향을 받지 못했다. 프랑스만큼 노동자계급의 정치적 경험과 전통이 풍부한 곳도 없었으나, 바로 그 점 때문에 프랑스 좌파는 다른 나라 동지들보다 너무 앞질러 나갔던 것이다. 뜨로쯔끼는 조레스주의를 가리켜 "조직화된 기회주의"[125]라고 선언했고, 암스테르담 대회에서 프랑스 사회주의자들은 완전히 고립되었다(쥘르 게드가 분파적인 발언을 함으로써, 이 상황을 더욱 악화시켰다).

제2인터내셔널의 임무는 서로 다른 전략노선을 통일하고 그 운동을 하나의 중심축으로 묶어 총체적인 지도를 수행하는 것이었다. 실제로는 이것은 독일의 당관료 기구가 세계 사회주의 운동을 장악하는 것을 뜻했다. 독일 사회민주주의자들은, 제3인터내셔널 초창기에 소련 공산주의자들이 했던 역할에 비견될 정도로, 다른 나라 사회주의 정당들을 제압하는 독점적인 권력을 쥐고 있었다. 이렇게 해서 금세기 초에 독일사회민주당의 간부들은 노동운동 진영 내에서 우세를 점하고 있었다. 따라서 조레스주의자들의 실천적·이론적 경험들이 다른 당으로 전파되기는 사실상 어려웠다. 조레스주의는 일종의 금기로서 이데올로기상으로 금지되었으며, **집단적으로 비난**을 받았다. 아주 당연하게도 조레스와 그의 '새로운 방식'에 대해 그처럼 격렬히 비난을 퍼붓던 바로 그 사람들이 제1차 세계대전 때에는 부르조아지와 너무나도 쉽게 협상을 벌였다. 게드는——밀르랑처럼 사회적 개혁을 증진시키기 위해서가 아니라, 노동자들을 전쟁에 동원시켜 지배계급을 도와주기 위해——정부에 참여했다. 수치스럽게도 그는 자신이 변절한 대가

124) 같은 책, 7면.
125) *II S'ezd RSDRP, Protokoly*, 274면.

72

로 최소한의 양보조차 얻어내지 못했다. 이와는 대조적으로, 조레스는 생을 마감하는 날까지 평화를 외치다가, 안또노프 오브세옌꼬(Antonov-Ovseenko)의 말을 빌리자면, 1914년 8월 1일 "한 광신적 애국주의자에 의해 하필 그 순간에"[126] 살해당했다.

조레스의 죽음과 프랑스사회당의 분열 이후 이 '새로운 방법'은 프랑스 노동운동 내에 널리 퍼졌다. 사회당과 공산당 모두가 조레스의 직계 상속자로 자처하고 나섰지만, 번지르르한 말뿐이었다. 좌파 대다수를 결집한 공산당이 창당되자, 사회민주주의는 더욱더 우경화했고 따라서 제2인터내셔널 내 세력판도가 바뀌었다. 프랑스에서 특히 주목할 사항은 사회민주주의적 기회주의가 공산주의적 교조주의에 정비례하여 증가했다는 점이다. 프랑스사회당은 점점 더 자본주의 체제의 일부가 되어갔다. 1950년대 중반까지 모스끄바의 통제 아래 있던 프랑스공산당은 민주주의에 등을 돌렸고 (인민전선과 레지스땅스 시절의 짧은 기간을 제외하면) 좌익진영의 모든 반대파들에 대해 교조적인 비난을 가했다. 주목해야 할 점은 이때 숙청당한 많은 희생자들이 사회민주주의자들의 기회주의에 대한 전체적인 적대감이 얼마나 컸던지 오히려 자신들을 가해한 사람들을 기꺼이 용서할 정도였다는 사실이다. 씨몬 드 보부아르(Simone de Beauvoir)는 회고록에서 "부르조아화한 사회당"보다 공산당을 더 선호했다고 적고 있다. 사람들이 공산당을 지지할 수밖에 없었던 것은 "공산당의 도움이 있어야만 사회주의가 승리할 수 있다"고 보았기 때문이다. 공산당은 노동자 가운데 핵심적인 부분을 끌어가는 데 성공했지만, 사회당은 "그 지지자 다수를 쁘띠부르조아지"[127]에서 충원했다. 그러나 공산당은 사회주의의 승리를 보장할 수 있는 당이 결코 아니었다. 한 프랑스 평론가가 올바르게 표현했듯이, 공산당은 사회주의자 좌파가 아니라 그 동쪽(소련—옮긴이)에 기대고 있었다.

공산주의 인터내셔널은 1917년에 볼셰비끼가 얻은 경험을 보편적으로 적용하고자 만든 조직이었다. 볼셰비끼의 방법이 그 자체로 좋은 것이든 나쁜 것이든간에, 분명히 특정한 상황에서 형성된 것이며 서구의 상황에는

126) I. Feinberg, *1914-i*(1914년), Moscow 1934, 84면에서 재인용.
127) S. de Beauvoir, *La Force des Choses*(사물의 힘), vol. 1, Paris 1963, 18, 152면.

전혀 맞지 않는 것이었다. 그러나 공산주의자들은 러시아 볼셰비끼의 전술을 기계적으로 모방함으로써, 민주주의적인 길을 통한 권력장악에서 멀어지게 되었다. (1917년의 모델과 같은) 쏘비에뜨 형태의 직접민주주의는 대의제와 양립할 수 없다는 생각이 널리 퍼졌다. 전자의 이름으로 후자를 소멸시키는 것이 필수적이다. "선택의 여지가 없다. 프롤레타리아의 쏘비에뜨로 부르조아 국가기구를 해체하느냐, 아니면 부르조아 국가기구가 쏘비에뜨를 그 허울만 남기고 파괴하느냐, 둘 중 하나이다."[128] 이러한 논쟁은 서구의 상황에 전혀 맞지 않았다.

레닌 자신도 『좌익 공산주의: 소아병』(Left-wing Communism: An Infantile Disorder)이라는 소책자를 씀으로써 이 문제를 인정했는데, 이 책에서 그는 볼셰비끼의 방법과 서구의 방법을 동일시하려는 것에 반대했다. 그는 서구 맑스주의자들에게 나름의 고유한 투쟁노선을 힘써 찾아낼 것을 요구하면서 다음 사실을 상기시켰다.

혁명운동의 경험도 전술의 바탕이 되긴 하지만, 그보다는 특정한 국가의 (그리고 그 국가를 에워싸고 있는 다른 국가들, 그리고 전세계 모든 국가들의) **모든** 계급세력에 대한 냉정하고도 아주 객관적인 평가가 바탕이 되어야 한다.[129]

그는 '공산주의적 의회주의'에 대해서 그리고 개혁주의적인 노동조합과 연대할 필요성에 대해서 이야기했다. 호베시(M. Kheveshi)가 아주 바르게 지적한 대로, 레닌이 서구의 동지들에게 권한 것은 "책략과 타협의 이용"[130]이었다. 그렇지만 결국 레닌의 소책자에도 분명한 전략노선이 없고, 공산주의자들도 (서구) 국가의 민주주의 활동에 참여해야 한다는 일반론적인 사고만 있다.

이것이 올바른 길로 나가는 첫걸음이었다. 역설적일지 모르지만, 옛 사회민주주의나 스딸린주의 공산주의자 모두에게서 거부당했던 생각, 곧 사

128) G. Lukács, Lenin, London 1970, 63면.
129) Lenin, CW, vol. 31, 63면.
130) Voprosy Filosofii(철학의 제문제), no. 12, 1980, 116면.

회주의로 이르는 길은 여럿이 있을 수 있다는 생각이 맑스 이후 처음으로 다시 나타난 곳이 바로 모스끄바였다. 레닌이 서구의 추종자들에게 민주주의를 통한 사회주의에 이르는 길에 대한 구상을 힘주어 옹호했건만, 서구의 추종자들은 러시아의 경험에서 단 하나의 '교훈'만, 곧 무력적 방법의 '우월성'(다시 말해, '단순성' 또는 '순수성')만을 배웠다. 러시아에서 일어났던 사회정치적인 변화(지노비예프 Zinoviev 아래에서의 당 관료기구의 강화, 그 이후 반대파에 대한 스딸린의 승리, 그리고 집단화의 결과로 이루어진 새로운 질서의 구축)가 코민테른에 영향을 끼치지 않을 수 없었다. 소련의 정부측 역사학자조차 이 코민테른 조직이 더욱더 중앙집중화되면서 비민주주의적이고 비효율적으로 되어갔다는 점을 인정한다. 그러나 모든 것의 책임을 스딸린과 소련의 사태에 돌려서는 안된다. 이러한 경향은 이미 1920년대 서구 공산주의자들 사이에서 나타났던 것이다. 루카치(G. Lukács)는 공산주의자들에게는 합법성이 "순전히 전술적인 문제가 됐다"며, "민주주의, 그리고 사회주의로의 평화적 이행에 대한 환상"[131]을 모두 버릴 것을 주장했다. 그는 일찍이 1924년에 사회민주주의자들은 우익과 구별할 수 없는 사람들이라고 썼다. 곧 "기회주의란 프롤레타리아트 내부의 계급적 적대자이다."[132] 그 당시 서구 공산주의자들은 다른 좌파세력과의 협력을 뿌리치고 '부르조아적' 자유를 거부하면서 공격적인 교조주의를 내세움으로써 패배를 거듭했다. 사회민주주의자들이라고 해서 더 나을 것도 없었다. 이들의 정치적 강령은 갈수록 무기력해졌고, 그들의 행동은 더 우유부단하고 일관성이 없어졌다. 그나마 '우파가 제시한' 단편적인 개혁주의가, 당시 공산주의자들 사이에서 위세를 떨치던 편협한 교조주의에 대항해서 그 명맥을 유지해주었다. 독일에서는 좌파가 히틀러를 막지 못함으로써 이러한 과정이 절정에 달했다.

공산당의 완전한 패배에 뒤이어 독일에서 파시즘이 승리함으로써, 코민테른은 자기보전을 위해 사회주의자들과 화해하지 않을 수 없었다. 이를 관철시킨 주인공이 게오르기 디미뜨로프(Georgi Dimitrov)로, 그는 공산주의자들의 배타적 역할을 중시하는 스딸린의 교리를 직접 비난하지 않으면

---

131) Lukács, *Geschichte und Klassenbewuβtsein*, Berlin 1924, 260~70면.

132) Lukács, *Lenin*, 58면.

서 유럽의 모든 좌익세력으로 하여금 반파시즘 전선에 나서게 하는 구상을 제시했다. 1935년에 나온 이 새로운 방침에는 일련의 건설적인 요소가 모두 담겨 있었다. 서구의 공산주의자들은 사회민주주의자들과 동맹할 수 있는 명분을 얻었을 뿐만 아니라, "자본주의 국가에서 파시즘과 부르조아지의 반동에 침식당하고 있는 부르조아 민주주의적 자유를 철두철미하게 지키지"[133] 않을 수 없었다. 이때 처음으로 사회민주주의적 개혁을 비판적으로 지지한다는 슬로건이 나왔다. 사실 반파시즘 통일전선은 종종 아주 특이한 방식으로 파악되곤 했다. 1940년대에 에스빠냐 사회주의자들은 기묘하게도 프랑꼬(F. Franco) 독재에 맞서 공동투쟁을 벌이자는 공산주의자들의 제안을 하나의 위험으로 간주했다. "공산주의자들과의 관계는 다음과 같이 요약할 수 있다. 곧 한 사람은 배신자이고, 다음 사람은 아무짝에도 쓸모없는 사람이며, 세번째 사람은 범죄자이다. 우리는 그런 그들과 통합을 유지하고 있다."[134] 분명, 통일전선정책이 신중하게 시행된 곳에서는 이러한 접근방식이 거부당하게 마련이었다. 서구의 몇몇 공산당이 뒤늦게나마 민주적 사회주의라는 원칙으로 전환할 수 있게끔 그 발판을 마련해준 것은 분명 코민테른 제7차 대회였다. 여기에서 상당한 역할을 한 것이 레지스땅스와, 파시즘이 풍미한 이후 프랑스와 이딸리아에서 좌파-개혁주의자 연합에 공산주의자들이 참여한 경험이었다.

진정한 가치 재평가가 이루어진 것은 1970년대에 이르러서였지만, 민주주의라는 조건에서 프롤레타리아트의 개혁주의적 투쟁에 대한 총체적인 이론을 만들기 위해 노력한 사상가들에게는 공산주의 운동 그 자체가 하나의 가르침이 되었다는 점을 잊어서는 안된다. 우리가 여기서 염두에 두고 있는 사람은 안또니오 그람시이다. 그람시는 파시스트의 감옥에서 자신의 사상을 체계화했는데, 그의 사상은 오랫동안 대중에게 널리 알려지지 않았

---

133) G. Dimitrov, *Nastuplenie Fashizma i Zadachi Kommunisticheskogo Internatsionala v Bor'be za Edinstvo Rabochego Klassa protiv Fashizma*(파시즘의 대두와, 파시즘에 반대할 노동계급의 단결을 쟁취하기 위한 공산주의 인터내셔널의 과제), Moscow 1935, 33면.

134) J. Barras, *Politica de los Exilados Espanoles, 1944~50*(에스빠냐 망명정부의 정책, 1944~50), Paris 1976, 103면.

다. 어쩌면 그람시는 행운아일지도 모른다. 왜냐하면 그가 『옥중수고』 (Prison Notebooks)를 집필하던 1930년대에는 사회민주주의자들이건 공산주의자들이건 그의 이론을 이해할 수 있는 준비가 되어 있지 않았기 때문이다. 만약 『옥중수고』가 그람시 생전에 알려졌더라면, 그는 아마 수정주의자로 비난받았을 것이 뻔하고, 그러면 대부분이 그랬듯이 당에서 쫓겨났을 것이다.

프랑스 유로공산주의자(또는 유로스딸린주의자)인 앵께르(F. Inker)는, 나중에 서구의 자유국가들에서 존재한 사회주의 투쟁의 특이한 조건들을 언급하면서, "그람시는 이 문제를 정식화하여, 그에 대한 답변을 어느정도 한 최초의 사람이었다"[135]고 썼다. 물론 정확한 답을 제시한 것은 조르주 마르셰(Georges Marchais) 및 앵께르 동지가 이끄는 프랑스공산당이었다. 이미 우리가 살펴보았듯이, 그람시가 최초의 사람은 아니다. 앵께르는 맑스와 엥겔스 그리고 조레스의 공헌을 빠뜨림으로써 놀랄 만한 무지를 드러내고 있다. 그렇지만 프랑스공산당의 교과서도 이들의 공헌에 대해서 단 한 줄도 언급한 바 없으므로, 그의 무지는 봐줄 만하다. 더 심각한 사실은 프랑스와 에스빠냐의 유로공산주의 당 이론가들은 민주주의를 통해 사회주의에 이르는 길이라는 문제를 해결하는 데 있어 그람시보다 진전된 바가 전혀 없을뿐더러, 그의 사상조차 제대로 이해할 줄 몰랐다는 점이다.

맑스와는 달리, 그람시는 강제보다 동의에 주된 관심을 쏟았다. 그는 어떠한 국가체제든지 강제력만으로는 오래 존속할 수 없다는 점을 보여주었다. 지배계급은 억압도구뿐만 아니라 **"헤게모니 기구"**에도 의존한다. 맑스는 지배계급의 사상이 사회의 지배적인 사상이 된다고 하면서 이에 대해 몇가지 언급하긴 했지만, 그람시는 이 문제를 훨씬 더 자세하게 탐구했다. 지배계급은 사회의 다수로 하여금 자기들을 따르도록 할 줄도 알고 대중의 지지를 얻어낼 줄도 안다. 국가가 강제기구를 동원하는 것은 계급지배체제의 일부에 지나지 않는다. 국가와 함께 존재하는 것이 **시민사회**이다. 대중정당, 문화제도, 언론은 지배집단의 헤게모니를 실현하는 시민사회의 요소들이다. 시민사회의 특징은 다원주의에 있다. 당연하게도 시민사회는

---

135) *Nouvelle Critique*, no. 93, 1976, 7면.

잡동사니 같고, 모순적인 것 같고, 끊임없이 투쟁하는 장소와 같다. 이것
이 시민사회가 통일된 국가기구와 다른 점이다. 결국 지배계급의 의지는
바로 이 국가에서 실현되는데, 그것은 서로 대립하는 의지들을 조정함으로
써 가능하다. 지배적인 이데올로기는 그에 대립하는 이데올로기와의 상호
작용을 통해서 발전한다. 하나의 통일된 체제 내에서 이것들이 공존한다는
바로 그 사실이 지배계급에게는 유리하게 작용한다. 왜냐하면 지배계급이
이 체제의 핵심적인 자리를 통제하기 때문이다. 민주주의에서는 시민사회
와 국가에 동시에 속하는 제도들도 등장한다.

　의회는 시민사회와 훨씬 더 가깝게 연결되어 있다. 정부와 의회 사이에 존재
하는 사법권은 (정부에 대립할 때조차) 성문법의 지속성을 대표한다. 물론 이
세 가지 권력은 모두 정치적 헤게모니 기관인데, 그 정도만 다를 뿐이다. 곧
첫째는 입법권이요, 둘째는 사법권이고, 셋째는 행정권이다.[136]

　민주주의에서 좌익정당들──사회당, 공산당, 사회민주주의 정당──
은 시민사회 내에서 지배계급에 대한 이데올로기적 투쟁을 감행한다. 착취
자들이 **반(反)민주적인 무력**을 사용하거나(이 경우는 부르조아 전통이 약
한 것을 틈타 좌익의 문화가 시민사회 내에서 쉽게 지배권을 획득한 라틴
아메리카에서 빈번히 일어난다) 아니면 후퇴하지 않으면 안되었을 때, 프
롤레타리아트가 시민사회의 핵심적인 위치를 장악하면 그것은 지배체제 전
체의 위기라 할 수 있다. 좌익이 권력을 장악했다고 하더라도 시민사회의
핵심적 위치를 차지하지 못하면, 그 자체로서는 사회혁명의 조건을 만들어
낼 수 없다. 그러므로 그람시는 맑스주의의 두 형태, 곧 사회민주주의 형
태와 레닌주의적 공산주의 형태 모두가 뿌리박고 있는 두 가지 전제를 비
판했다. 그 두 전제란, 첫째 경제적 충격은 반드시 위기와 권력의 붕괴를
가져오며, 둘째 권력의 문제를 해결하면 모든 문제가 해결된다는 것이
다.[137] 그람시는 다음과 같이 썼다. 서구의 발전된 국가에서 시민사회는,

136) Gramsci, *Selections from the Prison Notebooks*, Quintin Hoare and Geoffrey
　　Nowell Smith, trans. and ed., London 1971, 246면.
137) 우리는 이 문제로 되돌아가겠지만 구체적인 예에 머물지 않을 것이다.

더 복잡한 구조를 갖고 있으며, 그때그때의 경제적 요소(위기, 불경기 등)의 파괴적인 '침입'을 견디어낸다. 근대사회의 상부구조는 근대적인 전쟁의 참호 체계와 같다. [138]

여기에서는 민주사회와 비민주사회의 차이가 아주 중요하다. 시민사회의 제도들이 거의 발전되지 않았거나 아예 존재하지 않는 비민주적인 통치 상황에서는 레닌의 전술이 유용하다. 곧 보수적인 억압체제가 와해되거나 혹은 어떤 식으로든 분열되어, 정치구조 전체가 붕괴되는 위기에서는 그렇다. 어떤 의미에서는 "비교적 기본적인 국가기구가 존재하고 시민사회가 국가활동으로부터 아주 자율적인" 특징을 갖는 민주적인 나라에서보다는 자유롭지 못한 나라에서 근본적인 변화를 이루기가 쉽다. 전자의 경우는 서구가, 후자의 경우는 러시아가 각각 그 예다.

러시아에서는 국가가 전부이고, 시민사회는 원시적이고 안정되지 않은 반면, 서구에서는 국가와 시민사회 사이에 독특한 관계가 있다. 국가가 흔들리면 시민사회의 튼튼한 구조가 곧 그 모습을 드러낸다. 국가는 단지 외부의 접근을 막는 해자(垓字)에 불과할 뿐, 그 뒤에는 강력한 체제의 성채와 성루(城壘)가 딱 버티고 서 있다. 그리고 국가도 어느정도는 각양각색이라는 것은 말할 나위가 없지만, 바로 그렇기 때문에 각 나라에 대한 정확한 탐구가 필요했다. [139]

그람시 이전에도 뜨로쯔끼가 영국에 대해 말하면서 이와 거의 똑같은 말을 했음을 짚고 넘어가야 한다. 그러나 그는 아주 다른 결론에 도달했다. [140] 더 정확히 이야기하자면, 뜨로쯔끼는 어떤 중대한 결론에도 이르지 못했다. 그람시는 동구에 —— 특히 국가권력에 대항하여 정면공격이 가능한 러시아에 —— 적합한 '기동전'과, 좌익이 참호를 하나씩 점령하여 시민사회를

138) Gramsci, 앞의 책, 235면.
139) 같은 책, 243, 238면.
140) Trotsky, *Kommunizm i Masonstvo* (공산주의와 프리메이슨운동) 참조. 뜨로쯔끼의 '영구혁명론'에는 서구 민주주의 상황에서 사회주의적 전술의 문제에 대해서는 답이 빠져 있다.

조직적으로 포위공격하는 서구에 적합한 '진지전'을 대비시켰다. 이 점에 대해 이딸리아의 공산주의자인 스뻬넬라(M. Spinella)는 새로운 형태의 혁명정당을 세울 필요성을 역설했다. 이제 투쟁의 목표도 "사회경제적인 의미에서만이 아니라, 지적이고 도덕적인 의미에서까지 현실에 근본적인 변화"[141]를 가져오는 것으로 크게 바뀌었다.

그람시는 『좌익 공산주의: 소아병』에 대해 언급하면서, 레닌은 이미 "1917년 동구에 적용되어 투쟁을 승리로 이끈 기동전으로부터 서구에서 유일하게 가능한 형태인 진지전으로 옮아가야 한다는 필요성은 이해하고" 있었지만, "그것을 스스로 정식화할 시간이 없었다"고 썼다.[142] 여기에는 또다시 약간의 과장이 있다. 레닌도 뜨로쯔끼처럼 러시아와 서구의 차이를 느꼈지만, 그 생각을 끝까지 밀고 나가지 않았다. 그람시는 레닌과 달리 비교적 자유로운 풍토에서 자라난 서구인이었다. 여기에서 더 중요한 것은 지식의 차원보다 문화형태였다. 이런 점에서 볼셰비끼와 그람시 사이의 차이는 원칙의 차이였다. 우리는 여기서 사고방식의 차이를 목격하고 있는 것이다.

그람시는 유럽의 문화적 전통과 역사에 대한 변증법적 접근을 바탕으로 하여 개혁주의와 혁명적 투쟁의 관계에 대하여 대단히 중요한 결론을 내릴 수 있었다. 그는 19세기 이딸리아의 통일과정(리쏘르지멘또 Risorgimento)에 대한 분석에서 개혁주의적인 까부르(Cavour)와 혁명적인 마찌니(Mazzini)를 비교하여 "까부르는 마찌니의 역할을 이해한 만큼 자신의 역할도 (최소한 어떤 점까지는) 잘 알고 있었지만, 마찌니는 자신이나 까부르의 역할을 잘 알고 있지 않은 것 같았다"고 썼다. 이로부터 당연히 나오는 결론은 개혁주의자와 혁명가가 공동으로 투쟁할 경우 서로를 강화시켜주어야 할 뿐만 아니라 서로의 입장을 이해해야 한다는 것이다. 이들은 맹목적으로가 아니라 의식적으로 서로 관계를 맺어야 한다. 개혁주의와 혁명주의 사이에 '중용'이란 없다. 서로 각자 "완전히 그 자체가 되려고 해야"[143]만 한다. 그렇지만 이런 모순을 해결할 수 있는 것은 좌파의 총체적

---

141) M. Spinella, "Preface(서문)," in *Elementi di Politica*(정치학 요강), A. Gramsci, Rome 1978, 16면.
142) Gramsci, *Prison Notebooks*, 237~38면.

인 혁명적-개혁적 실천이다.[144] '온건주의자'와 '급진주의자'는 새로운 형태의 관계를 정립할 수 있다.[145]

이딸리아 공산주의자들은 그람시의 사상에 비교적 쉽게 동화되었다. 1940년대까지 그들은 이미 스딸린주의를 외부에서 수입한 이데올로기적 토대로 보았고, 그것을 버릴 기회를 만나자마자 쉽게 버렸다. 프랑스와 에스빠냐 공산당은 사정이 달랐다. 그곳에서는 유로공산주의 이론가들이 그람시를 들먹이면서 자유주의 사상과 구(舊)교조주의를 절충하여 결합하려고 애썼다. 그들은 민주주의와 헤게모니는 어떠한 강제력도 배제한다고 말한다. 그러나 이것은 두 계급으로 나뉘어 서로 싸우고 있는 사회에서는 명백히 가당치 않은 일이며, 새로운 환상과 자유주의적인 안락함에 기반을 제공해줄 뿐이다. 그들은 분명히 그람시의 이름 뒤에 숨어서 맑스주의에서 19세기 자유주의로 넘어가는 이론적 전환을 꾀하려 했다. 이 때문에 이들의 실제 정책은 가끔 완전히 스딸린주의적인 색채를 띠기도 했다.

'고전적인' 스딸린주의에 비교하면 자유주의적 이데올로기가 커다란 진보라는 것은 두말할 나위가 없지만, 더 진지하고 냉정한 분석이 필요하다. 강제력이 완전히 사라지는 것은 계급 없는 사회에서만 가능하다. 바로 이때문에 그람시는 맑스의 '프롤레타리아트독재'론 대신 헤게모니 이론을 내세우려 했던 것이 아니라 이들 개념 사이의 직접적인 연관을 입증했다.

그렇지만 반대의 해석이 없는 것도 아니다. 시민사회 제도들의 전체계를 단순히 억압적인 권력기구의 연속으로, 말하자면 '국가의 이데올로기적 기

---

143) 같은 책, 108~109면.

144) 만약 필자가 급진적 철학가였다면, 이 상황에서는 주저없이 계급투쟁을 '총괄하고' '일반화하는' 행동에 대해 글을 쓸 것이다. 그러나 다행스럽게도 필자는 철학가가 아니다.

145) 이러한 '애증'관계는, 이딸리아에서 스딸린주의가 극복되고 난 이후 공산주의자들과 사회주의자들 사이에서 형성되기 시작한 것이다. (이딸리아사회당은 이딸리아공산당보다 훨씬 더 스딸린주의적이었으며, 이 제20차 당대회는 공산당원들보다 사회당원들에게 더 놀라운 것이었음을 잊어서는 안된다. 제20차 당대회 이후에도 이딸리아사회당 인사들은 스딸린 동지가 '오늘날의 소련이 있게 한 인물'이라면서 소련 사람들은 그에게 감사해야 한다고 주장했다.) 그러나 1960년대에 이딸리아공산당과의 새로운 관계는 진전되지 않았다.

구'로 묘사할 수도 있다. 그런 경우에는 시민사회의 자율적인 역할이 무시되거나 그 역할이 기술적인 기능, 예를 들면 노동력의 재생산에 국한된다. 알뛰쎄(Althusser)는 다음과 같이 썼다.

> 과학적으로 말해서, 노동력의 재생산에 필요한 것은 그 기술 차원의 재생산뿐만 아니라 기존 체제에 대한 복종의 재생산, 지배이데올로기에 대한 노동자들의 예속의 재생산

등도 필요한데, 이것들은 '지배계급의 지배'를 보장하기 위해서 필요하다.[146] 알뛰쎄는 터무니없는 사이비철학적 언어로 표현된 이러한 논의가 필요했다. 왜냐하면 그는 맑스와 그람시의 변증법적 사고를 코민테른 교과서의 원시적인 도식에 꿰맞추고자 했기 때문이다. 알뛰쎄에 훨씬 앞서서 루카치는 이데올로기가 사회의 경제적 조건들의 산물일 뿐만 아니라, "동시에 그것을 평화적으로 기능하게 하는 조건이기도 하다"[147]고 썼다. 이는 그 당시로서는 아주 진보적인 것이었다. 그러나 그람시 **이후에도** 이러한 1920년대 사고를 되풀이한다는 것은 퇴보를 의미한다.[148] 시민사회와 헤게모니 기구를 그저 단순하게 국가기구의 일부나 '국가의 이데올로기적 기구'로 여겨서는 안된다. 그들은 자율적이고 독자적인 생명을 영위한다. 헤게모니 기구가 정말로 '국가의 이데올로기적 기구'로 전환된 곳에서는(20세기 역사에서는 이에 대한 몇가지 예를 찾아볼 수 있는데) 시민사회가 쇠퇴하고 파시스트나 다른 형태의 전체주의적 독재체제가 수립되었다. 이러한 경우에는 대중의 동의와 헤게모니조차 강요당한다. 다른 말로 하자면 이데올로기적·정신적 영향력이 그 대립물로 전환하는 것이다. 테러와 위협을 통해 사회와 개인 모두에게 사상을 강요하지만, 그렇다고 해서 이러한 사상

---

146) *La Pensée*, no. 151, June 1970, 6~7면.
147) Lukács, *Geschichte und Klassenbewußtsein*, 266면.
148) 오늘날 개인적으로 깊은 슬픔을 겪고 있는 알뛰쎄를 공격하는 일은 거북스럽기 짝이 없다. 그러나 첫째, 필자는 그가 그런 일을 겪기 전에 이 장(章)을 쓰기 시작했으며 둘째, 문제가 되는 것은 알뛰쎄 자신이 아니라 그가 보여준 신교조주의(Garaudy의 표현에 따르면)이다.

이 승리했다는 것은 아니다. 미구엘 데 우나무노(Miguel de Unamuno)가 에스빠냐 공화국의 붕괴를 기뻐하는 프랑꼬주의자들에게 말했듯이, "당신들은 승리할 수 있지만 납득시킬 힘은 없다."

서구에서 맑스주의의 발전은 그람시의 저작으로 끝이 난 것은 아니다. 그럼에도 불구하고 에스빠냐와 프랑스의 공산주의자들이 그의 사상을 어느 정도나마 알게 되는 데는 거의 40년이 걸렸다. 왜 그렇게 뒤늦었는지가 우리의 관심사이다. 그러한 발전조차 때로는 아주 피상적이었다는 것은, 에스빠냐공산당의 전(前) 당수인 싼띠아고 까릴로(Santiago Carrillo)가 쓴 『유로공산주의와 국가』(Eurocommunism and the State)라는 책이 입증해주고 있다. 이 책이 출간되었을 때 까릴로는 극단적인 자유주의자였지만, 당수의 자리를 잃고 난 후에는 극단적인 교조주의자로 돌변했다. 피상적인 자유주의는 과거 교조주의를 숨기려는 가면에 불과했던 것이다. 대부분의 공산당이 스딸린의 유산에서 벗어나기 위해서는 내적으로 심각한 변화를 겪어야 했지만, 이런 과정은 이제 단지 시작에 불과하다.

그렇다고 해서 스딸린주의의 영향권에서 대체로 벗어난 사회주의자들이 자기들의 이론적·조직적 문제들을 해결할 줄 알았던 것은 아니다. 노동운동 우파는 스딸린주의와는 다른 사상의 지배를 받았지만, 그렇다고 그들이 항상 올바른 길을 간 것은 아니었다. 일관성없고 우유부단한 개혁주의 정치로 인해, 많은 정당들이 오히려 사회주의에 대한 전망을 잃기도 했다. 이러한 행동을 과학적이고 이론적인 방법으로 일반화하려는 시도가 생겨나 사회민주주의자들은 기술주의적 이데올로기를 발전시켰지만, 이것은 사실 사회주의와는 아무런 관련도 없었다.

사회민주주의의 활동은 당시 다른 정당들의 활동에 비해 다소 매력적이긴 하지만, 사회민주주의의 오류도 비판의 화살을 피할 수 있는 것이 아니다. 결국 미래로 가는 길은 자기비판의 길이다. 전세계의 좌익은 이제 내적인 혁신에 미래의 희망을 걸 수밖에 없다. 공산당이 민주주의 발전에서 무엇인가 적극적인 역할을 해야 하고 또 그렇게 하려고 한다면, 이러한 혁신이 공산당에 필요하다. 뿐만 아니라 이것은 사회민주주의에도 필요하다. 지금껏 우리는 '개혁주의적' 정책과 '혁명주의적' 정책에 대해 이야기했다. 이제 필요한 것은 사회주의적 정책과 현실주의적 정책이다.

제 2 장
기술주의

　지금 서로 대립하고 있는 계급들은 19세기 전통을 유지하고 있다. 이 말은 금세기 초에 그랬던 것과 같이 금세기 말에도 역시 해당되는 사실이다. 서로 대립하는 이들 정당의 기본적인 목표와 슬로건들은, 프롤레타리아트와 부르조아지가 서구에서 뚜렷이 그 존재를 드러냈던 바로 지난 세기 중반에 마련되었다. 사회가 근대적이고 발전하는 역동적인 상황에서, 이데올로기적 원칙들이 비교적 확고해졌다는 것은 역설적일 것도 같고 '부자연스럽게' 보일지도 모르지만 사실은 쉽게 수긍할 수 있는 일이다. 왜냐하면 중요한 문제들이 아직 해결되지 않은 채로 남아 있는데, 그런 문제들로 인해 이데올로기적 목표들은 여전히 모든 사회세력들과 관련되어 있기 때문이다. 또 별도의 문제이긴 하지만, 이 문제들은 그 자체로 더 복잡해진다든지 아니면 악화되거나 쉬워지기도 한다——요컨대 그 역사적 형태를 달리한다. 따라서 많은 사람들은 당연하게도 그에 맞는 새로운 원칙들을 완벽하게 만들어내려고 애썼다. 이러한 요구가 대체로 '불합리한' 것은 아니었다. 물론 이들 혁신가들은 실제적인 경험을 통해서 19세기 이념들이 아직 그 적합성을 상실하지 않았고 그것을 버리기는 아직 이르다는 것을 매번 깨닫고 있었다.

84

좌파의 이데올로기 원칙들이 견고하다는 데서 받는 인상은 일단 타성과 보수주의이다. 이러한 인상은, 이론적인 영역만 해도 좌파가 때때로 사실상 양분되는 경향을 보일 때 더욱 확실해진다. 예를 들어 영국노동당 좌파는 거의 20년 동안이나 똑같은 전략적 노선(유럽통합 거부, 경제의 국가화 statization 등등)에 완강히 집착했다. 이들은 그것을 새로운 상황에 맞추어 변경할 생각이 전혀 없다가, 1983년 선거에서 참패한 이후에야 자신들의 강령이 얼마나 시대에 뒤떨어진 것인지를 깨달았다.[1] 이처럼 주저하는 태도는 사상의 빈곤을 초래한다.

좌파들에 비하면, 기술주의자(technocrat)들은 언뜻 보기에 아주 자유로운 사상을 갖고 있는 신식 사람들처럼 보인다. 이들에게서는 어떤 '선입견'도——그들이 믿는 바대로——어떤 이데올로기도 찾아볼 수 없다. 이들은 철학적인 이론의 시대가 아니라 실제적인 문제의 세계에 살고 있음을 자각하고 있으며, 자신들은 이론적인 문제들과 무관하다는 식이다. 이들은 대개 사회주의·자본주의·관료제·독재의 문제들을 오로지 능률이라는 관점에서만 검토한다. 이들에게는 능률이 유일무이의 신이자 유일한 척도이고, 목표이다. 그러나 여기서 첫번째 혼란이 발생한다. 곧 능률이란 정확히 무엇인가 하는 것이다. 대개 그렇듯이 '능률'이란 성경에 나오는 신성(神性)처럼 정의하기 어렵다. 이것은 말로 표현할 수도 없고 설명하기도 어렵다. 필자는 능률에 대한 더 나은 정의를 찾을 수 없었다. 분명 우리는 이 신성을 우리 자신의 방식대로 이해할 수밖에 없다. 그렇지만 일반적으로 우리는 이것을 다음과 같은 것으로 받아들인다. 곧 능률적이라는 것은 낭비를 최소한으로 줄이고 빨리 그리고 완벽하게 원래의 목표를 성취하는 것을 뜻한다. 경제적 능률이란 상품을 최소의 비용으로 생산하고 이것을 가능한 한 가장 짧은 시간에 시장에 내놓는 것을 말한다. 정치적 능률이란 정부나 정당이 제시한 일을 계획된 수단을 통해 완벽하게 성취하는 것을 말한다 등등. 문제는 이러한 목표들이 다를 수 있고, 때때로 서로 배타적이기까지 하다는 데 있다. 경제적 능률조차도 연속되고 지속되는 것이 아니다. 똑같은 생산이라도 사회적 조건에 따라 능률적일 수도 있고 비능률

---

1) 더 상세한 것은 제3장 참조.

적일 수도 있다. 이것은 노동력 비용, 사회적 필요성, 규범·조건 그리고
결국은 사회적 문화와 심리에 달려 있다. 개발도상국의 국영부문은 때때로
그 상품가격을 낮추고, 이익의 일부를 희생하면서까지 경쟁력을 유지하곤
한다. 그러나 이와 비슷한 상황에서 사기업은 오히려 임금을 낮추거나, 심
지어 파산하는 쪽을 택한다. 자본가와 사회주의자, 관료와 노동자, 민주주
의와 독재가 제각기 서로 다른 목표를 설정하고 있는 것이 명백하다. 그러
므로 결국은 주요 정치운동은 각각 여러가지 형태의 '나름대로의' 기술주의
자들을 낳는다. 마찬가지로 기술주의자들은 사회정치 체제가 다르면 역시
다르게 행동할 것이다. 외부의 상황에 따라 좌파나 우파가 될 수도 있고,
중도파나 '중립파'가 될 수도 있다. 그러므로 기술주의(technocracy)가 이
데올로기를 거부하고 정당과 거리를 두기 시작했지만, 따지고 보면 마음에
드는 정당과 이데올로기가 있으면 항상 그 모두에 봉사했다.

　　그렇지만 '순수' 기술주의적 사상의 체계를 구축하려는 시도도 있었다.
능률을 위한 능률은 오히려 피해야 할 것 같지만, 그럼에도 불구하고 그것
이야말로 기술주의 자체의 순수성을 보존할 수 있는 유일한 방법이었다.
여기에서는 아주 다른 차원의 어려움이 발생한다.

　　'최대의 경제적 능률'이 무엇인지 정의하기란 아주 쉽다. 모든 일과 노력
은 이것을 추구해야 한다. 그러나 이것을 어떻게 달성할 것인가? 기술주
의자들의 답변은 간단하다. 곧 경제가 이데올로기와 정치로부터 해방되어
야 한다는 것이다. 실제적인 문제들은 그 자체로 해결되어야 하지만, 그
이외의 다른 모든 문제들은 공연히 골치를 썩이는 것들이다. "개인을 해방
시켜라" 또는 "인류를 구하라"고 외쳐대는 철학자와 이념가는 (비록 나쁘
지는 않다고 해도) 멍청이들이다. '실제적인 노동자'의 관점에서 보면, 성
직자나 좌파 행동가가 별반 다를 것이 없다. 기술주의의 지지자들에게는
전문가와 숙련가의 힘 —— 과학자들의 힘이라고 해도 좋다 —— 그리고 그
결과 나타나는 과학의 승리가 바로 기술주의의 법칙인 것이다. 그러나 엄
격한 의미의 경제학이나 사회학의 범주를 벗어나는 것도 있다. 20세기 가
장 위대한 학자인 아인슈타인(Albert Einstein)은 "우리가 인류의 문제를 이
야기할 때는 조심스러워야 하고 과학이나 과학적 방법의 가능성을 과장해
서도 안된다. 또한 전문가만이 사회의 조직화에 관련된 문제들에 대해 언

급할 수 있다고 생각해서도 안된다"[2]고 썼다. 누구나 그렇듯이 전문가적 편협성은 과학자와 경제학자가 본질적으로 갖고 있는 것이지만, 전문성을 지녔다 해서 진리를 안다고 할 수 없다.

'전문 경제학자들'은 '부차적인' 여러 요소들 —— 정치적·사회적·문화적·역사적·이데올로기적·종교적·도덕적 등등 —— 을 고려하지 않거나 그저 대충 보아 넘김으로써 삶 자체를 고려하지 않고 있다는 사실을 깨닫지 못한다. 그리고 삶을 떼어놓고는 경제학이 존재할 수 없다. 경제적 사고의 대상이 되는 사람들은 의식과 자유의지를 갖고 있다. 이것이 결국에 가서는 경제에 영향을 끼치게 된다. 그래서 경제적 문제의 경제외적 측면을 무시하려 든다면, 그 대가를 톡톡히 치르게 된다. 여기에서는 기술주의자에게 왕관을 내맡긴 이란의 마지막 왕의 딱한 운명이 교훈이 될 것이다.

물론 기술주의자들 모두가 그러한 불운한 종말을 맞이하지는 않는다. 본질적으로 기술주의 이데올로기의 힘은 아주 현실적이고 비교적 넓은 사회적 토대 —— 경영자, 행정기구 그리고 가장 역동적이며 교육받은 관료들 —— 를 갖고 있다. 이들 사회집단은 최근에 그 수에서나 중요성 면에서 상당히 성장했다. 기술주의 이론가인 갤브레이스(J. K. Galbraith)는 1960년대에 "이제는 주식을 전혀 소유하지 않은 사람도 큰 회사를 경영하고 있다"[3]고 썼다. 이보다 훨씬 앞서 번햄(James Burnham)은 현대사회에 '경영혁명'이 일어났다는 결론을 내리기까지 했다.[4] 서구에서 경영자들은 새로운 지배계급으로 올라서는 데 성공했다(그리고 이러한 이론의 지지자들에 따르면, 똑같은 일이 동구에서도 조만간 벌어질 것이다). 개별 자본가 대신에 그가 소유한 회사를 관리하는 기술주의자 집단이 생겨났다. 이 '자본주의의 탈개인화(depersonalization)'는 때때로 훨씬 더 진척되기도 했다. 진짜 이 회사 주인이 누구인지 결정하기 어려울 정도이다. (예를 들어 당신이 막스 앤 스펜서즈 Marks and Spencers 회사가 누구 소유인지를 알려고 해도, 이에 대한 명백한 답을 얻기는 힘들 것이다.) 주식회사를 소유한

---

2) Albert Einstein, *Why Socialism?*, Monthly Review Pamphlet Series, no. 1, New York 1960.

3) J. K. Galbraith, *The New Industrial State*, London 1972, 2면.

4) James Burnham, *The Managerial Revolution*, New York 1941 참조.

사람은 이제 개인이 아니라 익명의 집단, 말하자면 아마도 생전에 서로 모르고 지낼 일단의 사람들이 되었다.

맑스는 일찍이 19세기에 이러한 경향을 발견하고, 주식회사에서는 "기능과 자본소유가 분리되었다"[5]고 강조했다. 나중에 엥겔스는 "대규모 생산기업과 운송수단을 주식회사와 국가가 나누어 소유하게 되는 변화"를 목격했는데, 이로써 부르조아지는 일상적인 경영에서 더이상 과거처럼 중추적 역할을 담당할 수 없게 되었다. 곧 "자본가의 모든 사회적 기능을 이제 임금 고용인이 담당하게 되었다."[6] 경영혁명은, 번햄이 경영혁명이라는 말을 사용하기 훨씬 이전에 엥겔스와 맑스가 각각 『반뒤링론』(Anti-Dühring)과 『자본론』에서 이미 사용했다.

물론 이 말이 '자본주의의 종말'을 뜻하는 것은 아니다. 오히려 그 반대이다. 여기서 우리는 맑스의 『빠리 수고』(Paris Manuscripts)와 그의 소외이론을 반드시 상기해야 한다. 자본의 탈개인화——사회적 소외의 새로운 형태의 보편적 지배——는 많은 심리적인 문제들을 악화시킬 뿐이다. 과거에는 노동자들이 살과 피로 만들어진 인간을 상대했는데, 이제는 누구인지 정체를 알 수 없는 익명의 조직과 맞서게 되었다. 이것은 완전히 별개의 문제이다. 대규모 조직에서는 (비록 이 조직 안에 상대적인 공개성이 있다고 하더라도) 이러저러한 결정을 정말로 누가 내렸는지 판단하기 아주 어렵기 때문에, 책임의 문제 그리고 무엇보다도 무책임의 문제가 발생한다.

갤브레이스는 "권력이 소유주에서 경영자로 이동하고 있다"[7]고 쓰고 있지만, 이는 본질상 사소한 변화일 뿐이다. 왜냐하면 기술주의자들에게는 끔찍한 일이지만, 소유주나 경영자 모두 자본주의적 생산이라는 객관적이고 일반적인 법칙에 똑같이 종속되어 있기 때문이다. 결국 자본가가 자본주의를 발생시키는 것이 아니라 그 반대이다. 지배집단이나 조직의 틀 내에서 권력을 재분배하는 것으로는 그 조직의 성격이나 사회와 그 조직의 관계를 근본적으로 변화시키지 못한다. 사회적 차원에서 권력이 재분배될

---

5) K. Marx and F. Engels, *Capital*, vol. 3, London 1981, 568면.
6) 같은 책, vol. 20, 280면.
7) Galbraith, 앞의 책, 49면.

때만 결정적인 의미가 있는 것이고, 이런 점에서 서구는 맑스 시대와 비교할 때 정말 얼마간 변하기는 변했다. 전부가 아니라 얼마간 변했다. 따라서 사회의 본질을 바꾼 질적이고 혁명적인 변화라고 말할 수는 없다. 훨씬 더 의심스러운 점은 서구 자본주의 틀 내에서 일어난 이 '권력이동'이 '지속되고' 있다는 갤브레이스의 논지이다.[8] 물론 경영자 혹은, 갤브레이스가 말한 대로 기술관료구조(technostructure) 쪽으로 권력이 이동하는 것은 아주 중요하다. 이것은 사적 소유의 이데올로기적 기반을 모두 의심스러운 것으로 만들어버렸다. 다시 말해 자본가들이 자본주의 아래에서조차 쓸모없는 기생적인 인물이 되었다는 점에서 아주 중요하다. 그러나 실제의 경험에서 보자면, 기술관료구조도 기존의 사회적·경제적 관계에 의해 그 실질적인 기회를 제한받고 있다. 기술관료구조가 지배적인 '기생적' 집단들에 의존하고 있는 것이다. 물론 기술관료구조는 이 점을 인정하지 않으려 한다. 게다가 기술관료구조가 그들 '기생적' 집단들을 완전히 대신할 수도 없다. 갤브레이스의 견해에 따르면, 이 기술관료구조는 소련의 상황에서도 일반적으로 독자적인 실체로서는 존재하지 않는다. 말하자면 이 기술관료구조를 전통적인 관료기구와 명확히 구분할 수조차 없었으며, 그것은 여전히 관료기구의 일부로 남아 있다. 전문화된 생산조합의 창설이 기술관료구조의 탄생으로 이어질 터이지만, 그렇게 말하기에는 분명 이르다.

소련과 미국의 사회학자들이 공히 주장하는 바에 따르면, 이와 똑같이 중요한 사실은 자본소유주들이 "경영의 기능은 경영자들에게 넘겨주면서, 회사의 정책과 전략을 결정하는 데는 이들에 대한 통제권을 여전히 꽉 쥐고 있다"[9]는 점이다. 그러므로 '구(舊)' 부르조아지들이 일상적인 경영에서는 물러났지만, 권력에서 물러난 것은 아니다. 게다가 권력은 이제 **경영에 대한 통제**로 사용되고 있다. 막스 베버(Max Weber)는 "경영정책에 대한 폭넓은 통제권이 그 조직 외부의 사람들에게 주어질 것이다"[10]라고 썼다.

8) 같은 곳.
9) *Sotsiologicheskie Issledovaniya*(사회학 연구), no. 1, 1982, 82면. 소련에서 통제기능은 당기구가 행사한다.
10) M. Weber, *The Theory of Social and Economic Organisation*, Oxford 1947, 248면.

그러나 이것조차도 핵심적인 사항이 아니다. 정작 중요한 것은 이 체제에
는 나름의 일반적인 논리구조가 있는데, 이것이 일종의 객관적인 통제방식
으로 기능한다는 점이다. 말하자면 이 체제에 반대하는 사람은 누구나 '목
숨을 위협받게' 된다. 그러므로 기술주의자들은 각 체제의 틀 내에서 자신
이 고안한 법에 따라서가 아니라, 이 체제의 법에 따라 행동한다. 소련의
한 연구가는 "회사에 대한 통제는 경영자가 하는데도 불구하고, 이익은 그
회사 소유권자에게 돌아간다고 할 수 있다"[11]고 주장했다. 소유권자는 '인
사정책'을 최종적인 통제수단으로 사용할 수 있기 때문이다. 곧 말을 듣지
않는 사람은 쫓아내고, 말을 잘 듣는 사람은 남겨두는 것이다. 게다가 주
지하다시피 한 사람만 본보기로 처벌해도 다른 사람들은 정신이 번쩍 들
것이다(그래서 마음을 고쳐먹는다).

　그렇지만 그래도 이 기술관료구조가, 갤브레이스가 묘사하고자 한 것처
럼 동질적인 집단일 수 있다면, 사회에 끼치는 영향은 상당할 것이다. 그
러나 현실은 그렇지 못하다. 연구에 따르면, 이 기술관료구조 내에서도 심
한 사회적 계층화와 명백한 불평등이 존재한다. 최상층부에는 '구'지배계급
이 몰려 있고, 최하층부에는 프롤레타리아트가 모여 있다. 이 연구가 지적
하듯이, "경영자들은 소유주와 비슷하게 경제적 지위와 사회적 신분에서
우위를 점하고 있다. 이들의 보수는 … 거의 천문학적 수치에 가깝다."[12]
그 결과 기술관료구조는 통일된 단일체로서 기능하지 못한다. 이 집단 가
운데는 다른 사람을 억압하고 착취하는 사람도 있다. 이는 사회 그 자체와
마찬가지로 내적인 대립으로 분열되어 있다. 사회적·정치적 위기가 격심
할 때 이 구조는 이러한 모든 동질성을 잃어버리고 쉽게 분열한다. 비교적
'안정된' 발전을 하는 상황에서조차, 기술관료구조 내에서는 개혁을 수행하
려는 부문과 그러한 노력을 방해하는 부문이 상존하는 경우도 있다. 1965~
68년에 소련과 폴란드에서 일어난 경제개혁이 그 전형적인 예다. 정부의
전폭적인 지원에도 불구하고 경제기구 내의 여러 집단들은 이 개혁에 필사
적으로 반대했다. (폴란드에서는 이러한 반대가 너무 심해 그 첫번째 조치
조차 시행되지 못했다!) 집단이기주의로 인해 기술관료구조는 '수직적으

---

11) *Sotsiologicheskie Issledovaniya*, no. 1, 1982, 79면.

12) 같은 책, 77면.

로'뿐만 아니라 '수평적으로'도 분열된다. 각 부문들간 또는 각 분야들간의 이러한 갈등은 관료들에게서뿐만 아니라 생산관리기구의 최고위층에서조차 나타난다는 것은 주지의 사실이다. 이 모든 사실을 볼 때, 갤브레이스의 통일성에 대한 주장은 분명 환상이자 자기기만이다. 더 정확하게 말하면 **기술환상**(technoillusion)이다.

우리는 이제 '일선의' 기술주의자들을 분석해볼 것이다. 갤브레이스는 『새로운 산업국가』(*The New Industrial State*)라는 유명한 저서에서, 한 조직체를 움직이는 원칙을 상세히 설명하고 있다. 사실, 누구나 이처럼 기술에 매료되지는 않는다. 기술주의자들은 관료제의 작업방식과 자신들의 작업방식 간에는 엄청난 차이가 있다고 주장한다. 그러나 사실 이 양자에는 한가지 일반적인 원칙이 있다. 곧 "개인에 대한 조직의 우위이다."[13] 이러한 원칙에 항의한다는 것은 문제를 제기하는 것일 뿐, 그 문제를 해결하는 것은 아니다. 실제 문제는 누가 결정하느냐 곧 개인이냐 조직이냐가 아니라, 어떤 상황에서 누구의 이익을 위해 어떤 목표를 향해 이들이 움직이는가 하는 것이다. 말하자면 어떤 종류의 정책결정기구가 존재하는가, 다시 말해서 이 게임의 일반적인 규칙이 무엇인가 하는 것이다. 조직의 행위는 개인의 행위보다 훨씬 더 이러한 일반적인 규칙에 따라 결정된다. 내친김에 말하자면, 한 개인이 조직보다 우위에 있다는 것은 한 개인이 주관적인 판단을 내릴 수 있다는 사실, 다시 말해서 외부 자극에 대해 자동적으로 반응하는 비인격적인 조직보다 가능성의 범위가 어느정도 더 넓다는 데 있다. 주관적 판단은 항상 잘못 내려지는 것이 아니지만, 늘 많은 위험성을 안고 있다. 이때의 결정은 '게임의 규칙'을 직접 어기거나 아니면 이러한 규칙에서 벗어난다. 이 두 경우에 문제는 같다. 곧 영광이냐 수치냐 하는 것뿐이다. 그 규칙 위반이 너무 뻔뻔하거나 나쁜 의도에서 비롯된 것이어서 도를 지나치는 경우는 물론이지만 … 원칙적으로 '위반자'는 어쨌거나 벌을 받게 되어 있다. 축구선수가 우연히 공에 손을 대었다면 벌칙이 주어지지만, 럭비선수가 공을 잡아 상대편 골문을 향해 뛰어감으로써 완전히 새로운 규칙들이 생겨났다. 이것은 정치에서도 마찬가지이다. 1970년대 말부

---

13) Galbraith, 앞의 책, 59면.

터 독자적인 결정의 위험성을 무릅쓸 만한 강한 의욕을 지닌 개개인들이
좌익이나 우익 모든 정당에서 높이 평가받은 것은 우연이 아니다. 그런 의
미에서 마거릿 새처(Margaret Thatcher)와 프랑수아 미떼랑은 똑같은 원칙
을 구현했다.

　갤브레이스의 책은 평범함의 무한한 가능성에 대한 진정한 찬송이다. 그
의 견해에 따르면, 과학 연구의 체계적인 조직화로 인해 천재는 불필요하
게 되었지만, "전문화된 재능을 필요로 하는 산업체의 요구는 크게 늘어났
다."[14] 실제로 이 새로운 상황에서는 기존 사고방식을 깨뜨리고 과학 연구
에 새로운 이정표를 세울 수 있는 사람들이 특별히 필요하게 된다. 평범함
은 기존의 생각들을 정교하게 할 수는 있지만, 새로운 생각을 끌어내지는
못한다. 조직의 강점은 이러한 평균을 지향하는 경향에 있다. 곧 조직은
너무 어수룩할 수도 없지만, 그렇다고 대체로 뛰어날 수도 없다(만약 1930
년대 프랑크푸르트학파의 사회연구소와 같은 천재들의 학회가 아니라면).
게다가 대다수의 나라에서 경영자들의 문화수준이 그리 높다고만 할 수 없
다. 사회학자들은 "비록 지적 엘리뜨의 대표자들이 기술관료구조에서 나온
다 하더라도, 그들이 그 기술관료구조의 성격을 결정하지는 않는다"는 점
을 인정한다. 여기에는 정신세계가 빈곤한 사람들이 있게 마련이다. 직업
주의가 전인교육을 대신하기 때문이다. 암바르쭈모프(E. Ambartsumov)는
다음과 같이 썼다.

　이러한 사람들은 미미한 지식에 반한 사람들이며 교양 없는 전문가들이고 시
야가 좁은 지식인들이다. 이들은 고상함 대신 교묘함을 택하고, 정신적인 독
립 대신 순종을 택하고 있다. 그래서 이 글의 필자도 때로는 '사이비 인뗄리겐
찌야'라는 말을 사용한다. 이들은 바로 겉모습은 흉내내지만 정신적 가치의 창
조자로서의 기능에는 결코 따라가지 못하는 인뗄리겐찌야와 같은 사람들이
다.[15]

기술주의적 조직체는 고리니치 뱀(Gorynych Serpent)의 원칙에 지배당하

14) 같은 책, 62면.
15) *Literaturnaya Gazeta*(문학신문), 14 April 1971, 14면.

고 있다. 곧 머리가 하나면 좋지만 머리가 둘이면 더욱 좋다. 그러나 고대
의 이 원칙이 어느 곳에서나 또 어느 때나 맞아떨어지는 것은 아니다. 다
시 말해 이들 두 머릿속에 무엇이 들어 있는가도 중요하다. 조건만 갖추어
지면 백치 한 사람이 현명한 사람들로 구성된 위원회의 활동을 마비시킬
수 있지만, 아아 슬프게도 그 반대의 경우는 있을 것 같지 않다……

기술관료구조는 위로부터의 사사로운 감시를 피하고자 한다. 갤브레이스
의 말에 따르면, 외부로부터 오는 경영에 대한 간섭은 그 '신뢰성과 효율'
을 떨어뜨린다(그리고 이로 인해 소련의 상황에서는 기술관료구조가 독자
적인 조직으로 형성되지도 못한다). 외부의 간섭이 조직적으로 이루어진다
면 이것은 아주 나쁘다. 갤브레이스는 "이것은 한 개인이 취급할 때와 마
찬가지로 똑같은 무책임의 경향을 발전시킬 것이다"[16]라고 강조했다. 한마
디 더 하자면, 위에서 말한 모든 이야기에도 불구하고 그는 결국 문제가
되는 것은 집단과 '개인' 중 누가 결정권자인가 하는 것이 아니라, 그러한
행동이 나오게 된 상황이라는 점을 인정했다. 그러나 개인에게도 유리한
점이 있다. 주지하다시피 개인은 불리한 상황에서조차 외부적인 압력에 굴
하지 않고 (성실해서든 또는 멍청해서든, 또는 그 직업을 좋아해서 하기
때문이든간에) 그 어떠한 것에도 불구하고 활동을 계속할 수 있다. 그러한
경우 위로부터의 관료적 간섭은 아무런 영향을 끼치지 못한다. 동구의 경
제적 관행을 살펴본 사람이라면 누구나 그러한 예를 익히 알고 있다(몇가
지 이유 때문에 특히 독일에 그러한 개인들이 존재한다). 반면에 익명의
평균적인 집단이 관료적 간섭에 저항할 경우 그 목표를 직접 설정하지 않
는다면 그 간섭에 완전히 굴복하게 될 것이다. 따라서 집단적 무책임은 개
인적 무책임보다 훨씬 더 위험하다. 결속력이 강하면 어느 집단이건 그 나
름의 집단적인 안정성을 확보한다. 그리하여 누가 책임을 져야 하는지 무
엇을 추구해야 하는지 아는 사람이 없게 된다.

결국 갤브레이스의 출발점은 기술관료구조는 항상 집단적인 분석을 토대
로 그 최적의 결정을 내려야 한다는 생각이다. 그렇지만 이것은 단지 하나
의 가정, 내 생각으로는 논쟁의 여지가 많은 가정일 뿐이다. 우선, 그 오

---

16) Galbraith, 앞의 책, 68면.

류가 비록 줄어들지는 모르지만 완전히 없어진 것은 아니다. 두번째로 결정을 내리는 집단은 '위로부터' 전달되는 정보의 질과 '아래로부터' 받는 일반적인 방향성에 따라 좌우된다는 점을 잊어서는 안된다. 그러므로 아무리 노련한 전문가라도 정확하지 않은 정보를 받거나 지시내용을 이행하지 못하면, 단지 실패하는 정도가 아니라 명백히 엉뚱한 결정을 내리는 상황이 발생할 수 있다. 그리고 집단적 안정성의 원칙으로 인해 이러한 결정들은 실제 생활에서 지속적으로 이루어지게 마련이다…….

물론 어떤 집단이든지 개인들로 이루어져 있으며, 또 이 점을 망각해서는 안된다. 그러나 사람들은 서로 다르다. 갤브레이스는 기술관료구조와 관료제 모두에서 개개인의 자극이 되는 것은 출세에 대한 자극이라는 점을 지적했다. 그러나 기술주의자나 관료 모두에게 승진을 한다는 것은 정해진 임무의 이행와 분명히 관련이 있는데, 이러한 임무는 그들 스스로 정하는 것이 아니다. 이러한 일들은 그들에게 주어지는 것이다. 서구에서는 한 경영자의 경력을 보고 자본가들이 목표를 설정한다. 또 동구에서는 당이나 국가가 목표를 설정한다. 경영자들은 경력 자체를 중요시하고 이러한 목표에 대해서는 무관심할 수 있지만, 바로 이러한 무관심 때문에 이들은 진짜 이상적인 관리자가 될 수 있다.

기술관료구조가 이윤과 더 많은 부를 위해 특별히 노력하는 것은 아니다. 만약 기술관료구조가 자체의 사회적 목표를 갖고 있다면, 그것은 점진적이고 안정된 자체재생산 그리고 가능하다면 확대 자체재생산이다. 아, 그러나 그러한 목표는 관료기구에서도 전형적인 것이다. 기술관료구조는 자체의 목표를 달성하기 위해 **위험최소화**(minimalization of risk)의 원칙에 따른다. 갤브레이스는 "가끔 일어나는 일이지만, 소득을 극대화시키고 싶어도 그로 인해 손실의 위험성이 커진다면 기술관료구조는 기본적인 이익을 내야 하는 문제 때문에 그것을 포기한다"[17]고 썼다. 이런 특징은 매우 중요하다. 1970년대의 경험이 말해주듯이, 신기술 도입에서 중소기업이 대기업들을 능가한 경우가 비일비재했다. 이것은 소기업들이 훨씬 더 활력이 넘쳐서 그런 것이 아니라, 위험을 감수하는 데 더 주저하지 않았기 때문이

---

17) 같은 책, 168~69면.

다. 사실 기술혁명과 관련된 위험성은 대기업이 훨씬 더 적게 안고 있지만, '최소화 원칙' 때문에 대기업들은 더욱 현상유지 쪽으로 나가게 되고, 따라서 더 과감한 기업들에게 추월당해도 수수방관할 수밖에 없었다. 관료조직의 경우에는 위험최소화 원칙이 **책임회피**(avoidance of responsibility)의 원칙으로 전락하고 말았다. 말하자면 조그마한 위험이라도 뒤따르는 결정은 전혀 채택하지 않으려고 하는 것이다……. 그러므로 기술주의와 관료주의는 그 차이점에도 불구하고 아주 많은 점에서 같다. 이상적으로는 어떤 관료적 구조든 재조직되어 다소(오히려 덜) 효과적인 기술관료구조로 전환될 수 있지만, 실제로는 몇가지 이유에서 이것은 항상 거꾸로 되게 마련이다. 곧 기술관료구조가 전통적인 관료기구의 몇가지 형태로 전락한다. 기술주의는 관료제 '모델'의 이상이요, 관료제는 실제 기술주의의 풍자화이다.

그 이유야 많지만, 내 생각으로는, 기술주의에 비효율성이 만연하게 된 주된 원인이 이 모델에서는 인간 개개인의 존재를 고려하지 않는다는 데 있다. 기술주의자들은 인간을 기계인간, 곧 두 발 달린 컴퓨터쯤으로 생각하고 있다. 이에 대해서는 몇가지 객관적인 이유가 있다. 인공지능의 발달로 '인간'의 특정한 특징들을 보유한 조립기계의 가능성이 열렸지만, 그와 동시에 이것은 과거의 과학적 편견을 다시 끄집어냈다. 18세기에 라메트르(Lamaître)는 『기계인간』(*Man the Machine*)이라는 저서를 썼다. 현대의 기술주의자들은 컴퓨터인간(Man the Computer)이라는 책을 쓸 수 있을 것이다. 18세기 계몽주의 대변자들에게는 인간이 기계적인 기계처럼 생각되었다면, 20세기 기술주의자들에게는 인공지능을 가진 기계로 보인다.[18] 또한 만약 인간이 컴퓨터와 같다면, 컴퓨터공학은 신과 같다. 곧 컴퓨터공학은 무엇이든지 할 수 있다. 그러나 이것은 이중의 환상이다. 슈마허(E. F. Schumacher)는 "심각하고도 어려운 문제이다. 이것은 컴퓨터 프로그램을 짜서 해답을 얻을 수 있는 것이 아니다. 삶에서 정말 심각한 문제는 계산될 수

---

18) 이러한 의미에서 현대의 '인공지능주의'는 17세기 데까르뜨 합리론 전통의 연장선상에 서 있다고도 할 수 있다. 이러한 식으로 사고하는 사람들이 러시아에 없다고 하는 것은 안이한 생각이다. 예를 들어 투르친(V. Turchin)의 책 『공포의 관성』(*The Inertia of Fear*)을 보라.

없다"[19]고 말한다. 그런데도 기술주의자들은 이 목표를 끈질기게 추구하고 있다.

미국의 철학자 화 욜 중(Hwa Yol Jung)은 이 이론이 그 매력적인 일관성에도 불구하고 "인간 내면의 의식구조를 파악하지 못한다"고 말했다. 어쨌든 "이 기계는 초인(超人)이거나 인간 이하이지 결코 인간은 될 수 없다."[20] 인간은 자연적 존재이자 동시에 사회적 존재이다. 바로 이 점 때문에 다행스럽게도 인간은 기계라 할 수 없는 것이다. 반면 기술주의자들이 이해하는 개인에 대한 개념은 이데올로기적·도덕적·문화적·종교적 요소 및 그밖의 다른 요소들은 물론이고, 인간의 사고와 행동의 무의식적인 측면을 완전히 무시한다. 우리는 출발점으로 되돌아가고 있다. 인간은 자유와 의식을 지녔지만 무의식적인 콤플렉스, 알 수 없는 욕망, 충동적인 욕구 역시 가지고 있다. 결국 인간의 특징은 신념, 확신, 환상, 편견 등이다. 이것은 모두 **절대적으로 실재하는** 것이다.

와이스(M. Weiss)는 1977년 "이데올로기의 쇠퇴는 돌이킬 수 없다"[21]고 썼다. 그런데 이것이야말로 가장 전형적인 이데올로기적 환상이다. 그러한 선언은 근대사회의 구조와 인간 개성의 심리 모두에 대해 잘못된 생각을 갖고 있는 사람들만이 할 수 있다. 기술주의자들은 가끔 과학이 발전함에 따라 이데올로기는 무용지물이 되었다고 생각한다. 그러나 과학과 이데올로기의 기능은 서로 다르다. "과학은 우리가 살아가는 데 필요한 생각을 만들어내지 못한다"[22]고 슈마허는 말했다. 기술주의자들은 세상을 너무 단순하게 바라봄으로써, 일방적이고 유치한 결론을 얻게 되었다. 기술주의자들은 비경제적인 문제까지도 경제적인 처방으로 해결할 수 있다는 전제에서 출발했다고 앨빈 토플러(Alvin Toffler)는 말했다.[23] 이들이 살아가는 현실에서는 순전히 경제적인 문제까지도 정치적·사회적 모순, 그리고 순

---

19) E. F. Schumacher, *Small is Beautiful*, London 1973, 60면.
20) Hwa Yol Jung, *The Crisis of Political Understanding*, Pittsburgh 1979, 118, 121 면.
21) M. Weiss, *Systems of Thinking*, New York 1978, 374면.
22) Schumacher, 앞의 책, 78면.
23) Alvin Toffler, *Future Shock*, London 1970, 400면.

위는 밀리지만 이에 못지않게 중요한 도덕적인 모순과 밀접하게 연관되어
있다. 정보물신주의와 컴퓨터 크레틴병으로 인해 '현실적인 사람들'은 완전
히 왜곡된 세계상을 갖게 되었다. 기술의 전지전능함을 맹목적으로 믿는
계몽된 유럽인들은 결국 우상의 전지전능함을 확신하는 원시적인 사람과
다를 바 없다. 실용주의자들은 자신들이 이데올로기를 벗어난 것으로 생각
하지만, 사실 이들의 '반(反)이데올로기'가 바로 가장 나쁜 형태의 이데올
로기이다. 그들은 환상의 세계에 살고 있다. 왜냐하면 그들은 현실적인 문
화적·이데올로기적 사실들을 완전히 부정하려고 하기 때문이다. 게다가
당신은 그렇게 생각하지 않을지 모르지만, 그들 또한 인간이다. 그들도 다
른 사람과 똑같이 선천적인 약점을 갖고 있다. 기술주의적 실용주의는, 이
실용주의자들이 자신들의 이데올로기적 한계를 깨닫지 못하고 자신들의 환
상을 현실 자체보다 위에 놓고 있는 한, 바로 가장 나쁜 형태의 이데올로
기이다. 그들은 두비판적이다. 아킨(W. E. Akin)은 대공황 시절 초기 기술
주의적 이상에 공감하면서 그것을 분석한 사람인데, 그는 그때의 계획 가
운데 많은 것들이 분명 실용적이지 않다는 점을 인정한다. 그러나 이에 대
하여 기술주의자들은 의심이나 심지어 고려조차 하지 않았다. 냉정한 자체
평가가 이루어지지 않았던 것이다. "그들의 자화상은 합리적이고 경험적인
방법론으로 결론을 도출하는 기술자-과학자 상(像)이었다."[24] 이들은 자신
들의 결론에 담긴 주관성이나 인간 개성의 문제를 깨닫지 못했다. 저명한
프랑스 철학자인 무니에(E. Mounier)는 다음과 같이 썼다.

> 심리적·정신적 문제는 경제적 문제와 관련되어 있고, 장기적으로는 순수한
> 경제질서에 관한 결정에 나쁜 영향을 끼칠 수 있다. 가장 합리적인 경제구조
> 도, 만약 개개인의 기본적인 요구를 무시한다면 허물어지게 되어 있다.[25]

언젠가 케인즈(J. M. Keynes)가 정확히 지적했듯이, "전문 경제학자들"은
대체로 "자신의 이론적 결과와 관찰된 사실 사이에 어떤 연관이 없어도 겉
으로는 태연하다."[26] 그러나 "사실에 부합하지 않은 것을 그렇게 많이" 이

---

24) W. E. Akin, *Technocracy and the American Dream*, Los Angeles 1977, 133면.
25) E. Mounier, *Le Personalisme*(개성주의), Paris 1971, 27면.

야기한 이 사람들의 입장이 처음에 보았던 것만큼 그렇게 탄탄해 보이지
않는다.

알고 보면 실용주의자란 가장 현실적이지 않은 사람이다. '기술주의자'와
'실패'는 결국 마찬가지이다. 그렇지만 기술주의 옹호자들은 모든 기술주의
적 실험(이란의 실험이 가장 최근의 것이자 가장 처참한 경우이다)이 실패
한 이후에도, 기술주의의 방법에 무슨 문제가 있는 것이 아니라 그 실험의
순수성과 일관성이 부족해서 문제가 생긴다고 스스로도 그렇게 확신하고
또 동료들에게도 그렇게 설득한다. 그들은 새롭고 더 '순수한' 실험을 준비
하는데, 그것은 더욱더 파국적으로 그리고 **영원히** 붕괴할 것이다. 이들은
경제정책이 '이데올로기적 안전판'과 무관해야 한다고 요구하면서도, 자신
들의 정책이 완전히 이데올로기적 환상에 빠져 있음을 깨닫지 못한다. '순
수'경제학은 하나의 환상이다. 왜냐하면 경제학은 사회적 구조와 인간 심
리로부터 분리될 수 없으며, 환상을 토대로 한 정책은 조만간 좌절될 것이
기 때문이다. 이 '냉정한 사람들'의 실패, 그리고 현실과 어떤 조그마한 타
협도 거부한 채 자신들의 입장을 계속 고수하는 이들의 놀라운 순진성과
정말로 대담한 완고함은 놀랄 일이 아니다……".

앞서 말했듯이, 기술주의자들에도 좌파와 우파가 있다. 우파 기술주의자
들은 정치에서는 보수주의자요 이론에서는 통화주의자이다. 이들에 대해서
는 나중에 다룰 것이다. 좌파 기술주의자들은 정치에서는 자유주의자이거
나 사회민주주의자이고 이론에서 케인즈주의자이다. 이들은 서로 좋아하지
않는다. 그 양편에 극단주의자들도 있다. 때때로 극우파, 심지어 극좌파
기술주의자들까지도 있지만, 이러한 경우는 예외적이다. 여기서 우리의 흥
미를 끄는 집단은 사회자유주의적(social-liberal) 기술주의자들이다. 이들은
전후 시기에서 서구의 발전에 엄청난 영향력을 행사했다. 그리고 갤브레이
스가 이들에 가장 가깝다.

서구에 새로운 경제이론의 토대를 놓은 케인즈는 두말할 것 없이 뛰어난
사상가이다. 그렇지만 이 1960년대 기술주의 이론가들의 우상을 기술주의

---

26) John Maynard Keynes, *The General Theory of Employment, Interest and Money,
    Collected Writings*, vol. 7, Cambridge 1978, 33면.

자로 보기는 좀처럼 어렵다. 근대 실용주의자의 사상인 도식주의(schema-
tism)와 원시주의(primitivism)가 그에게는 없었을뿐더러, 오늘날 케인즈의
책들은 (그가 전문 경제학자라는 점을 생각할 때 특히) 다소 감상적이다.
정치적 견해에서 그는 무엇보다도 자유주의적인 입장을 취했고 사회민주주
의에는 결코 동조하지 않았다. 사실 케인즈는 버나드 쇼(George Bernard
Shaw)와 서신왕래를 하고 1918년 러시아에 대한 경제봉쇄에 반대의사를
표명하는 등, 때때로 좌파에게 동조하기도 했다. 그리고 그는 뜨로쯔끼에
게 영국 입국 비자를 마련해주려고 노력한 몇 안 되는 영국 지식인 가운데
한 명이기도 했다. 그러나 전반적으로 그는 사회주의와 거리가 멀었다. 그
는 가장 좋은 의미에서 계몽된, 인본주의적이며 자유주의적인 영국 부르조
아였지만, 그래도 역시 부르조아임에는 틀림없다.

그는 자본주의의 결함을 잘 알고 있었지만 자본주의 체제를 완전히 없애
려고는 하지 않았다. 그의 제자인 조안 로빈슨(Joan Robinson)은 그가 "도
덕적·미학적 이유에서는" 자본주의를 비판했지만, "사회주의자는 결코 아
니었다"고 썼다.[27] 1925년 케인즈는 "나는 내가 보기에 정의와 양식(良識)
이라고 판단되는 것에 영향을 받지만, 계급전쟁에 임한다면 나는 교양부르
조아지의 편일 것이다"[28]라고 말했다. 그가 러시아와의 경제관계를 회복하
자는 발언을 했던 것도 사실 그가 볼셰비끼를 좋아해서가 아니라(그들은
대개 그를 당황하게 했다), 상식을 존중했기 때문에 그러했다. 이런 점에
서 그는 버나드 쇼와 많이 닮았다. 케인즈는 러시아 봉쇄가 "어리석고 근
시안적인 조치이다. 우리는 러시아 못지않게 우리 자신을 봉쇄하고 있
다"[29]고 썼다. 다름아닌 당시 혁명정부를 누그러뜨리기 위해서라도, 러시
아와의 무역은 필요하다는 것이다. 왜냐하면,

쏘비에뜨로 대표되는 공산주의의 형태가 러시아인들의 기질에 영원히 적합한

---

27) Joan Robinson, *Problems of Economic Dynamics and Planning: In Honour of
    M. Kalecki*, Warsaw 1964, 340면 참조.
28) L. Lekachman, *The Age of Keynes*, London 1967, 41면에서 재인용.
29) Keynes, *The Economic Consequences of the Peace, Collected Writings*, vol. 2,
    London 1971, 186면.

것이든지 아니든지간에 무역의 부활, 곧 삶의 안락과 일상적인 경제적 동기의
부활이 그 극단적인 노선, 곧 전쟁과 절망의 산물인 폭력과 전제정치라는 극
단적인 노선을 조장할 것 같지는 않기 때문이다. [30]

특히 제1차 세계대전의 교훈이 케인즈 자신에게는 참으로 중요했다. 이 전
세계적인 분쟁이 던져준 의미는 단지 생산력의 파괴와 경제적 위기만이 아
니었다. 여러 국가들에서 국가가 경제생활을 규제하는 중요한 경험들이 축
적되기도 했던 것이다. 레닌조차 아마도 약간 성숙하지 못한 채이긴 했지
만 "자본주의의 엄청난 힘과 가공할 만한 국가의 힘이 결합하여 단일한 메
커니즘으로 된 국가통제하의 자본주의적 생산"[31]의 시작에 대해 이야기했
다. 케인즈로서는 이러한 경험을 평화시에 적용하여, 평화시에 닥친 위기
를 벗어나기 위해서는, "이전에는 전쟁과 파괴에만 허용되었던 이러한 전
면적인 수단에"[32] 의지해야 한다고 주장했다. 서구 사회는 세계전쟁이 끝
나자 과거의 경제적 조직형태에서 확연하게 탈피했다. 맑스는 『자본론』에
서 강력한 주식회사의 발전이 "어떤 분야에서는 독점을 야기하고 따라서
국가의 간섭을 가져온다"[33]고 예견했다. 그러나 케인즈는 이 문제를 현실
적인 말로 제기했다. 그가 관심을 기울인 것은 "실제 우리가 살고 있는 것
과 같은 체제에서", 말하자면 자본주의 체제 내에서 "중앙권력이 마음대로
통제하거나 관리할 수 있는" 다양한 경제적 요소들을 분석하는 일이었다. [34]

이러한 케인즈이론을 서구 사회에 적용한 것은 사실상 노동당들이었다고
한다면 약간 역설적으로 들릴 것이다. 그렇지만 이것은 아주 쉽게 설명된
다. 서구의 노동계급은 1930년대와 전후(戰後) 시기에 자본주의의 일소가
아니라 개혁을 바랐다. 레닌은 언젠가 노동계급 앞에는 두 가지 정치적인
길이 열려 있다고 말했다. 그 첫째는 자본주의와의 단절, 곧 사회주의 혁
명을 향한 길이고, 둘째는 자본주의 체제 내에서의 노동계급의 지위 상승

30) 같은 책, 186~87면.
31) Lenin, *CW*, vol. 24, 403면.
32) *New York Times*, 31 December 1933.
33) Marx and Engels, *Capital*, vol. 3, 569면.
34) Keynes, *General Theory*, 247면.

과 그 권리의 확대를 향한 길이다. 이것을 레닌은 "노동계급의 부르조아화 정책"³⁵⁾이라고 불렀다. 프롤레타리아트는 이 두 전략노선 가운데 하나를 선택하거나 둘 사이를 오락가락한다. 이 두 정책 모두가 노동계급의 이익과 일치하지만, 그 차원은 서로 다르다. 노동자들은 개혁주의를 선택함으로써 자본주의에 유예기간을 주었다. 물론 개혁주의를 선택한 것은 상황에 따른 것이다. 그러나 여하튼 전후 서구 사회의 운명을 결정지은 것이 바로 이 선택이었다. 부하린(N. I. Bukharin)은 자본주의는 노동계급이 그에 "암묵적으로 '동의'"³⁶⁾할 때만 존재할 수 있다고 썼다. 이 결론은 아주 단순하고 우리가 아는 한 이에 반대하는 사람은 없다(레닌은 부하린의 책 귀퉁이에 "옳은말이다"³⁷⁾라고 써놓았다). 그러나 두 가지 점이 지적되어야 한다. 하나는 프롤레타리아트가 동의할 때는 반드시 지배계급이 '이에 상응하는' 약간의 양보——이것이 때로는 중요할 수도 있지만——를 해야 한다는 것이다. 그리고 두번째는 서구 노동자들이 혁명적인 길을 거부한 것은 1930년대와 40년대의 역사적 사건들에 의해 미리 예정되어 있었다는 점이다. 이것은 자본주의를 좋아해서가 아니라 맑스주의 강령을 믿지 못해 그렇게 된 것이다. 동구에서 스딸린주의가 '사회주의'의 깃발을 들고 나오고, 수백만명의 서구 사람들이 맑스주의의 슬로건을 상기할 때마다 의식적이든 무의식적이든 떠오르는 것이 '수용소'(Gulag)였으며(이러한 불쾌한 사실도 인정되어야 한다), 유럽 대중들 눈에 사회주의가 그다지 탐탁지 않게 생각되는 상황에서, 자본주의 국가에서는 프롤레타리아트의 혁명적 열기가 분명히 식었다. 서구의 사회민주주의가 더 온건한 입장으로 선회하도록 만든 것도 바로 이것이었다. 신화가 되다시피 한 사회민주주의 지도자들의 '배신' 때문에 그런 것이 아니었다. 혁명적 길을 거부한 것은 아래로부터의 압력에 의한 것이었다. 이데올로그들은 이러한 압력에 대항하여 새로운 슬로건으로 막아보려 했지만 허사였다. 영국노동당에 투표한 사람들(그들 대

35) Lenin, "What Is To Be Done ?," in *CW*, vol. 5 참조. 이 저작에 나타난 몇가지 입장은 쁠레하노프와 룩셈부르크에 의해 올바르게 비판되었지만, 여기에서 우리의 관심은 노동계급의 두 가지 행동양태에 대한 그의 분석이다.
36) N. I. Bukharin, *Economics of the Transformation Period*, New York 1971, 54면.
37) 같은 책, 214면.

다수는 숙련노동자들이다)은 "보수당에 투표한 사람보다 단지 약간 더 '좌파적' 성향을 띠고 있을 뿐이다"[38]라는 사실이 연구조사를 통해 증명된다. 프랑스 사회학자인 모리스 뒤베르제(Maurice Duverger)는 "유권자들은 좌파정당으로 돌아섰지만, 좌파정당들은 오히려 중도 쪽으로 선회했던"[39] 경우가 여럿 있었다고 지적했다. 반면 강력하게 혁명적 입장을 고수하던 조직들은 1950년대와 60년대에 지지기반을 더 넓히지 못했다. 1970년대 위기조차 세력관계를 변화시키긴 했어도, 근본적으로 체제를 재건할 만한 대중운동을 가져오지는 못했다.

이것을 "지연된 혁명"[40]이라 부를 수 있다. 그러나 서구 프롤레타리아트의 혁명주의가 급속히 쇠퇴했다는 것이 자본주의에 저항하기를 그만둔 것으로 해석되지는 않는다. 자본주의에 대한 저항이 개혁에 대한 요구로 표현된 것이다. 1945년 이전에는 노동계급의 그러한 분위기를 대변하던 사회민주주의 정당들이 비록 실제로는 자유주의적 개혁주의를 지향하고 있었지만 공식적으로는 맑스주의로 남아 있었다. 전후에는 이 이데올로기적 원칙들에 대한 적나라한 재검토가 불가피해졌다. 독일 사회민주주의자들은 바트 고데스베르크(Bad-Godesberg)에서 당대회를 열었는데, 이 '바트 고데스베르크'가 하나의 상징이 되었다. 어떤 사람들은 이것을 배신으로 여겼지만, 또 어떤 사람들은 현명한 현실주의로 파악했다. 여하튼 사회민주주의의 구원에 나섰던 사람은 바로 케인즈였다. 그는 사회적 정의와 평등이라는 이름으로 기존 자본주의를 비판했지만, 이 체제의 전복을 요구하지 않고 자체 내에서의 개혁에 만족했다. 이것이 전후 서구에서 노동자정당들이 필요로 한 바로 그것이었다.

---

38) Jean Blondel, *Voters, Parties and Leaders*, 77면.

39) Maurice Duverger, *Les Parties politiques*, Paris 1971, 381면.

40) Boris Kagarlitsky, *Dialektika Nadezhdi*(희망의 변증법) 제1부 참조. 몇가지는 너무 단정적이고 과감하게 그리고 단순하게 서술된 것 같지만, 최소한 문제만은 확실하게 되었다. '지연된 혁명'이라는 말은 뜨로쯔끼에게서 빌려온 것이다. 그는 이 말을 1907~17년의 러시아 상황을 특징짓기 위해서 사용했다. 몇가지 단서를 붙인다면, 이 용어는 현대 서방 세계에도 적용할 수 있다. 마르쿠제도 용어만 달리했을 뿐 이 문제를 지적한 바 있는데, 내 생각으로는 그도 만족스러운 결론을 내리지 못했다.

케인즈는 1930년대 중반에 주요한 저작들을 저술하고 1946년에 세상을 떠났다. 그런데 역설적이게도 '좌파 케인즈주의'는 이보다 훨씬 전에 나왔다. 폴란드 경제학자인 깔레끼(M. Kalecki)는 이 영국의 경제학자보다 몇 년 앞서 유사한 이론을 발전시켰던 것이다. 19세기 '고전'정치경제학에 뛰어난 지식을 갖고 있던 케인즈가 『자본론』조차 읽으려 하지 않았으며, 그가 맑스주의에 대해서 단지 지엽적인 지식만 갖고 있었다는 것은 놀랄 일이 아니다. 깔레끼는 '고전'이론에 전혀 흥미가 없었다. "그가 연구한 유일한 경제학은 맑스경제학이었다"[41]고 로빈슨은 말했다. 케인즈는 맑스의 재생산이론을 재발견하는 데 많은 시간을 보냈지만, 깔레끼는 그것이 이미 『자본론』에 나와 있다는 것을 알았다. 로빈슨은 다음과 같이 썼다. "흥미로운 점은 정치적·지적 풍토가 완전히 다른 곳에서 출발한 두 사상가가 똑같은 결론에 도달했다는 것이다."[42] 이것은 아주 중요한 관찰이다. 깔레끼는 자본주의에 대한 명백한 반대자이고, 케인즈는 최신의 방법으로 이 체제의 결점을 고치려고 한 체제옹호자이다. 이에 대한 가장 간단한 설명은 과학적 진리가 당파성보다 앞선다는 것일 수 있다. 그렇지만 이 경우에는 이것도 부적절하다. 케인즈이론 자체에는 어떤 이중성이 존재한다. 곧 이 이론은 우파에서든 좌파에서든 사용될 수 있다는 것이다. 이 이중성은 일반적으로 개혁주의적 사고에도 내재되어 있다. 어떤 사람은 부분적인 개선이라는 수단을 이 체제를 강화하는 데 이용하지만, 또 어떤 사람은 이 체제 자체를 변화시키고 그 토대를 바꾸는 데 그것을 이용하기도 한다. '좌파 케인즈주의'는 조안 로빈슨, 삐에로 스라파(Pierro Sraffa), 폰 노이만(J. von Neumann)과 같은 현대 경제학자들로 이루어진 완전한 하나의 학파를 형성했다. 하지만 으레 그렇듯이 실제의 사회민주주의적 실천은 이러한 경향의 이론가들이 제기한 것보다 훨씬 더 온건한 경향을 띠었다. 만약 '좌파 케인즈주의자들'이 케인즈에서 맑스로 옮겨갔다면, 사회기술주의(social-technocracy)에 속하는 '현실적인 인물들'은 이와 반대편으로 옮겨갔다.

그러므로 우파 사회민주주의자들은 기존 체제의 범주를 벗어나지 않았

41) Joan Robinson, 앞의 책, 338면.
42) 같은 책, 337면.

다. 다른 한편 소련의 전문가들이 정확하게 관찰했듯이, 유럽의 상황에서
이 기존 체제의 근대화는 "사회민주주의 정당들이 정부의 통치과정에 다소
적극적으로 참여하지 않았던들, 실제로는 불가능했다."[43] 전통적인 정치지
배계급 집단들은 자신들의 이익을 위해서라도 변화가 필요할 때조차, 자신
들이 정권을 쥐고 있으면 기존 질서를 확고하게 고수했다. 보수주의의 이
데올로기적·심리적 논리가 바로 그런 것이었다. 그러한 상황은 20세기 유
럽 자본주의의 경우에서뿐만 아니라 다른 역사적 경우에서도 마찬가지로
찾아볼 수 있다. 소련의 한 정치평론가가 썼듯이, 보수주의자들은 "이 질
서를 변화시키는 것 못지않게 유지시켜 나가야 한다. 그러므로 이러한 정
당들은 그런 변화가 닥쳐오면 지연, 우유부단 그리고 비일관성 등으로 이
에 대처한다."[44] 그 결과 계급이라는 의미에서 보자면, 그 체제의 개혁에
반대해야 할 세력이 오히려 그것을 수행하는 일이 종종 벌어진다.

그 개혁은 비교적 성공적이었다. 유럽에서 우파 사회민주주의의 개혁은
경제에 대한 국가의 간섭을 증대시켰고, 국가예산을 통해 국민소득을 재분
배했으며, 사회주의적 경제관리 방식과 민주적 계획의 요소들이 얼마간 이
용되기도 했다. 미국에서도 이와 똑같은 조치들이 비록 그처럼 일관되게
진행된 것은 아니었지만 자유주의적인 민주당 행정부에 의해 취해졌다. 갤
브레이스가 지적했듯이, "이러한 케인즈 혁명의 결과"로 인해 1947년에서
1966년까지 "심각한 불황이 없었다." 또 이 새로운 원리의 승리는 전세계
적인 것이었다. 자본주의는 이제 변화했다. 1960년대에 이러한 케인즈의
견해는 "향수에 젖은 낭만적인 소수를 제외하고는"[45] 사실상 모든 경제학
자들의 공감을 샀다.

서방 사회는 완전히 안정된 것처럼 보였다. 케인즈식 국가규제 방식으로
다소간 완만한 경제성장이 가능했고 사회적 긴장도 줄어들었다. 사실 그러
한 정책의 부작용으로 비교적 높은 인플레이션이 나타나기도 했지만, 이것
은 이미 예상되었던 것이다. 국가지출의 확대는 가장 불합리하고 무의미한
짓으로 보였음에도 불구하고, 주민들의 구매력을 증가시킴으로써 경제를

---

43) *Sotsial-demokraticheskii i burzhuazny reformizm*, 5면.
44) 같은 책, 6면. 이 사실은 동구(예를 들면 폴란드)에서도 확인된다.
45) Galbraith, 앞의 책, 3, 9면.

다시 소생시켰다. 수요가 증가하자 가격이 상승했고, 생산 역시 팽창했다. 추가수요를 인위적으로 창출하여 단기간 존속시켰는데, 그것이 그 나름의 역할을 했다. 국가가 시장을 '속인' 것이다. 그러므로 서방 경제에서는 군비경쟁조차 긍정적 요소가 되었다. 다음과 같은 케인즈의 유명한 논법을 상기해야 할 것이다. "재무부는 빈 병을 지폐로 꽉 채워서 폐광 등에 적당한 깊이로 파묻어놓고, "사기업들은 그것들을 기존의 토지임대차법에 따라 파낸다는 꼴인데,

이제 실업은 더이상 존재할 필요가 없게 된다. 그리고 이러한 영향을 받아서 그 사회의 실질소득은, 그리고 이 사회의 자본액도 그렇지만, 아마 실제보다 훨씬 더 부풀려질 것이다. 집을 짓는다든지 하는 일이 실제로는 더 의미있는 일일 것이다. 그러나 만약 이같은 방식에 정치적 · 실질적 어려움이 따른다면, 앞서 말한 것들이 없는 것보다는 더 나을 것이다. [46]

케인즈는 주택건설이 땅에다 돈을 파묻는 등 명백히 멍청한 짓보다 더 많은 반대에 부딪히게 될 것임을 아주 잘 알고 있었다. 그러나 이것이 요점은 아니다. 그의 요점은 어떤 상태에서는 아주 엉터리 같은 국가행위조차 그것이 고용의 증대를 가져다 준다는 이유만으로 긍정적인 경제적 효과를 낳을 수 있다는 것이었다.

고용이 증가하면 실질소득 총액이 증가한다. 공동체의 심리에 따르면, 실질소득 총액이 증가하면 소비 총액도 증가한다. [47]

그리고 소비가 생산을 자극한다. 19세기 '고전'이론은 실업을 막는 주요 수단으로 임금의 하락을 들었는데, 그것은 임금을 하락시키면 노동자들을 추가로 더 고용할 수 있었기 때문이다. 그러나 케인즈가 반박하듯이, 이것은 총수요를 떨어뜨려 생산 역시 감소하고, 잉여생산물이 있게 되어 임금의 또다른 감소요인이 된다. 결론적으로 불경기에는 이러한 방식이 실업을 막

---

46) Keynes, *General Theory*, 129면.
47) 같은 책, 27면.

는 데 적절하지 않다. 국가는 어떤 수를 써서라도, 전혀 쓸모없는 일을 만들어서라도 사람들에게 일자리를 마련해주어야 한다.

그러나 이러한 쓸데없는 일에서 생겨난 소득이 의식주나 질병치료 그리고 여가에 쓰여질 것이다. 이러한 상품과 써비스를 창출하는 사람들의 소득이 늘어나면 그들의 지출액도 당연히 늘어날 것이다. 그러므로 비록 완전히 불필요한 고용이었지만, 그 결과는 쓸모있는 생산과 노동을 가져온다.[48]

바로 이 분야에서 사회민주주의 정부가 1960년대에 거둔 성공에 대해서는 친소련 공산주의자들조차도 인정했다. 피알(E. Fial)과 무라(F. Mura)는 "비록 매우 불충분한 구석이 있지만, 오스트리아 정부의 반경기순환(anti-cyclical)정책은 아주 효과적이었다"고 썼다. 오스트리아사회당은 국가예산에 변화를 가함으로써 위기를 막고 그것을 누그러뜨릴 수 있었다. "호경기일 때는 지출을 약간만 늘리고, 경제상황이 악화되면 '초과지출'을 통해 사회적 지출을 크게 늘렸다." 그래서 이 정부가 취한 정책은 케인즈의 방식에 꼭 들어맞는 것이었다. 그 결과 1960년대에는 실업이 거의 자취를 감추었고 생활수준도 향상되었다. 공산주의 저술가들은 "실제로 노동자들과 피고용인들은 이 시기에 달성된 높은 고용률로 인해 임금의 재분배를 둘러싸고 협상할 때 노동조합과 개인적 차원 모두에서 유리한 입장을 견지할 수 있었다"[49]는 점을 인정했다.

이같은 체제에서는 인플레이션이 필요악으로 등장하지만, 그것은 명백히 긍정적인 '역할'도 한다. 인플레이션은 부르조아지로 하여금 돈을 생산에 투자하지 않을 수 없게 하고, 또 노동자들로 하여금 소비할 수밖에 없게 만든다. 화폐는 '귀찮은 물건'(dead weight)이 되고 미회수된 돈은 그만큼 가치가 떨어진다. 그래서,

대부분의 케인즈학파 경제학자들은 1930년대 '대공황'을 진단한 결과를 가지고, 인플레이션의 상승이 심각하고 파국에 처할 정도까지 가는 일은 없을 것

---

48) Lekachman, 앞의 책, 89면.
49) *Problemy Mira i Sotsializma*(세계 및 사회주의의 문제), no. 3, 1965, 18면.

으로 생각한다. 그들이 보기에 약간의 '인위적인' 인플레이션은 경제발전에 활력을 불어넣는 데 유용하다.[50]

케인즈주의자들에게서 결정적으로 중요한 점은, 과잉생산이라는 고전적 위기는 어떻게든 피해야 한다는 것이다. 만약 그 대신에 새로운 형태의 재정적 위기가 나타난다 하더라도, 그것은 어떤 경우든 그 피해의 정도가 덜한 것으로 본다. 그리고 여기에는 그럴 만한 이유가 있다. 현재 미국의 케인즈 추종자들은 "미국에서는 인플레이션율이 하락하여 어느 순간 나쁜 결과를 가져왔고, 그것이 고용의 축소와 생산가동률 하락으로 인해 2천억 달러의 과소생산을 초래했다"[51]고 지적했다. 생산의 증가와 '완전고용'은 전략적 목표로서 어떠한 대가를 치르더라도 달성되어야 하는 것이다.

사실 여기에서 더 일반적인 문제가 제기된다. 성장전략에서는 착취당하는 계층의 물질적 상황이 개선되기는 하지만, 그들이 해방되거나 사회 내에서 그들의 종속적 역할이 바뀌지는 않는다는 점이다. 그렇다고 바로 이러한 목표를 경기가 후퇴하는 상황에서 추구하기란 어렵다. 여기서 하층민의 생활수준 향상은 상류층의 희생과 사회구조의 재조직이라는 대가를 통해서만 얻어질 수 있다. 그러므로 지속적인 경제성장은 어떤 사람들이 생각하듯 문명의 존속을 위한 필요조건이 아니라, 착취에 기반을 둔 체제의 사회적 균형을 잡기 위한 필요조건이다. 그러나 마침내는 국민총생산의 증가 그 자체가 필요하다는, 곧 그 자체가 목표라는 환상이 나타난다. 이러한 성장을 위한 성장의 경향은 자본주의적 체제뿐만 아니라 다른 나라의 관료주의적이고 국가주의적인(statocratic) 지배집단의 특징이다.[52] 이제 새

---

50) *Voprosy Ekonomiki*(경제학의 제문제), no. 7, 1981, 106면.

51) 같은 곳.

52) 필자는 '국가주의'(statocracy)를 다음과 같이 정의했다. 곧 "권력을 장악한 한 조직체가 재빨리 새로운 계급의 기반을 형성함으로써, 그 계급이 국유화된 경제분야와 국가기관에 대한 독점적인 통제권을 바탕으로 사회 전체를 움직이는 것이다. 이렇게 수립된 기구를 체슈꼬프(M. Cheshkov)는 '국가주의적'이라는 용어를 붙였고 그 지배계급을 '국가주의자'(statocracy)라고 했다. 이 체제의 특성은 '토대와 상부구조의 완전한 결합', 그리고 모든 국가권력과 소유물이 '하나의 사회집단'에 집중되어 있다는 것이다. 여기에서는 권력이 '결정적인 생산요소'이다"(M.

로운 문제와 모순들이 발생한다. 슈마허가 말했듯이, 20세기 전과정에서
지배적이었던 이러한 상황 아래에서는, "기회보다는 위험이 훨씬 더 커졌
다."[53] 자연환경의 파괴, 개인들의 소외, 경제의 불균등과 불균형, 해결되
지 않은 사회문제의 누적, 이것들이 그러한 '진보'의 직접적 결과이다. 게
다가 삶의 질을 높이는 데 쓰여야 했을 돈이 축적에, 더 나쁘게는 축적을
위한 축적에 충당되었다. 처음에는 더 높은 생활수준을 보장하기 위해 성
장이 필요했다고 하더라도, 나중에 어떤 단계에 이르면 바로 그와같은 정
책의 타성으로 인해 오히려 지배집단들은 고속성장이라는 명목으로 대중들
의 생활수준을 낮추려고 노력한다. 수단과 목적이 뒤바뀐 것이다. 굴렛(D.
Goulet)은 "발전에 대한 맹목적인 추진력으로 인해" 어떻게 "사람들이 갖
고 있던 원래의 이미지가 바뀌어가는지, 말하자면 목적 없는 진전, 자유
없는 권력과 풍요"에 대하여 썼다.[54] 우리가 기술주의적인 '성장전략'을 비
판하고는 있지만, 그렇다고 1960년대에 그것이 이룩한 진정한 성과까지 간
과하자는 것은 아니다.

  이처럼 국가의 규제가 인플레이션에는 심각한 문제를 야기하지만, 이것
은 또한 부단한 성장의 시기를 연장해주기도 한다. 이것은 자본주의 체제
의 사회적 안정성을 크게 증가시켰다. 갤브레이스는 "혁명 대신에 예산부
족이 나타날 것이다"[55]라고 썼다. 점진적인 경제성장으로 많은 부류의 노
동자들이 진정한 생활상의 개선을 맛보았다. 미국의 정부측 이데올로그들
도 "미국의 노동자 가운데 거의 84%가 자가용으로 출퇴근한다"[56]고 자랑
스럽게 밝혔다. 전쟁 이후 사회민주주의자들이 오랫동안 권력을 장악했던

  Cheshkov, "Metodologicheskie problemy analiza gosuklada: tip obshchestvennogo
  vosproizvodstva i sotsial'nyi nositel'(국가 자원 분석의 방법론적 문제들: 사회적
  재생산과 사회적 담당자의 유형)," in *Ekonomika razvivayushchikhsya stran:
  teorii i metody issledovaniya*(개발도상국의 경제 : 연구이론과 방법), Moscow
  1979, 333~34면). 그리고 B. Kagarlitsky, *The Thinking Reed*, London 1988, 80
  ~85면의 영어번역자 주 참조.
53) Schumacher, 앞의 책, 26면.
54) D. Goulet, *The Cruel Choice*, New York 1971, 330면.
55) Galbraith, *The Affluent Society*, 3rd edn., London 1977, 58면.
56) *Amerika*, no. 10, 1983, 19면.

서구에서는 생활수준이 미국과 비슷하게 되었으며 사회적 불평등은 미국보다 훨씬 더 작아졌다. 영국노동당의 한 논평가는 다음과 같이 썼다.

그토록 오랫동안 계급과 계급을 구분하던 벽이 전쟁으로 인해 드디어 금이 가고 허물어져내리기 시작했다. 이것은 그후 완전히 붕괴되지는 않고 대부분 오늘날에도 여전히 존재한다. 그러나 지독하게 계층화되어 있던 1939년 이전의 영국 사회가 1945년 이후에도 그대로 다시 등장할 수는 결코 없었다.[57]

그렇지만 1970년대에 이러한 상황은 극적으로 변했다. 스웨덴 사회민주주의자 지도자인 올라프 팔메(Olaf Palme)는 다음과 같이 썼다. "작고 짧은 위기들이 발전을 끊어놓는 것을 우리는 경험했다. 그리고 갑자기 우리가 그처럼 쉽게 대처할 수 없는 상황에 직면했다."[58] 위기들이 믿을 수 없을 만큼 빠르게 연이어 들이닥쳤다. 그것들은 모두 다 이전 것보다 훨씬 더 심한 것이었다. 전문가들은 경기변동상의 위기가 당시 악화되었지만, 이것이 1970년대와 80년대 초 미국경제가 겪은 세 차례——1970년, 1973~75년 그리고 1980~82년——의 '순수' 과잉생산 위기와는 관련이 없다고 지적했다.[59] 게다가 이러한 경기변동상의 과잉생산 위기 이외에도, 영국과 프랑스 같은 나라의 경제 전체를 붕괴시킨 구조적인 위기가 좀처럼 사라지지 않고 있었고, 또 산업자본주의의 주도적인 중심지들간의 모순 및 (동유럽을 포함한) '부유한 북반구(the North)'와 (중국을 포함한) '가난한 남반구(the South)' 사이에 존재하는 모순을 더욱 뚜렷이 악화시키는 세계경제 질서상의 위기도 있었다. 이 위기는 자유주의자들과 사회민주주의자들이 "눈치채지 못하는 사이에" 들이닥쳤기 때문에, 그들은 "이론적인 수준이나 실제적인 수준에서 이에 대한 대비를 전혀 하고 있지 않았다"고 소련의 전문가들이 말했다.[60] 불행하게도 이 말은 완전히 옳다. 신보수주의자들은

---

57) M. Fagg, "When the Lights Go On Again," *Times Educational Supplement*, 7 April 1978, 20면.

58) W. Brandt, B. Kreisky, and O. Palme, *Briefe und Gespräche, 1972 bis 1975*, Frankfurt-Köln 1975, 80면.

59) *SShA*(USA), no. 9, 1983, 25면.

60) *Sotsial-demokratiya i sovremennyi krizis kapitalizma*(사회민주주의와 자본주의의

케인즈이론에 도전장을 내밀었고, 밀턴 프리드먼(Milton Friedman)이 이끄는 화폐주의자들은 '고전적' 자본주의가 번성했던 옛 시절로 돌아가자고 요구했다. 이들은 그 이데올로기상의 불합리성과 순진함에도 불구하고 폭넓은 성공을 거두었다. 그들이 이길 수 있었던 이유는 케인즈이론의 무능력에 있었다. 이는 개혁주의의 패배에 따른 반응이었다. 그리고 나중에 살펴볼 텐데, 비록 케인즈에 대한 보수주의적 비판이 (19세기에 비교하여) 새롭게 내세운 것은 아무것도 없지만, 그래도 자유주의와 사회민주주의 이론들의 취약점만은 정확히 간파하고 있었다.

개혁된 자본주의 체제의 이러한 위기는 어디에서 오는가? 맑스주의 관점에서 보면, 개혁은 서구 사회의 모순들을 억눌러 그것들을 완화시키거나 이러한 모순들이 표현된 구체적인 형태들을 변화시킬 수는 있지만, 그것들을 해결할 수는 없다. 이 악마는 그 모습만 달리한 채 다시 나타난다. 그것은 마치 원죄와도 같다. 사회는 변하지만, 궁극적으로 그 토대는 그대로 유지되며 같은 모습인 것이다. 이 점이 가장 잘 나타나 있는 것이 맑스의 이윤율의 경향적 저하 법칙이다.

1958년, 갤브레이스는 "금세기에 이윤은 떨어지는 경향을 보이지 않고 자본축적도 계속 급속도로 이루어지고 있다"[61]고 썼다. 게다가 1958년부터 1965년까지 미국의 이윤율은 급속히 증가했다. 그렇지만 갤브레이스도, 그리고 다른 누구도 맑스가 어디에서 틀렸는지 정확한 설명을 하지 못했다. 왜냐하면 맑스는 이윤율이 계속적으로 떨어질 것이라고 말하지 않았기 때문이다. "이것은 항상 아주 복잡하고 개략적인 방식으로만 진행될 것이다. … 곧 일반법칙은 지배적인 경향으로서만 작용할 것이다."[62] 그리고 경험이 말해주듯이, 이러한 경향은 여전히 계속 존재한다. 한 소련 경제학자는 다음과 같이 썼다.

독점자본주의 이전의 시대에는 한 국가의 전체 이윤율이 대다수 기업들과 각 부문이 실제 얻어낼 수 있는 이윤 수준을 나타내주었다. 왜냐하면 평균이윤율

당면 위기), Part I, Moscow 1983, 5면.
61) Galbraith, *The Affluent Society*, 63면.
62) Marx and Engels, *Capital*, vol. 3, 261면.

에서 벗어나 있을 경우라도 각 부문간 또는 각 부문 내 경쟁으로 인해 점차 그러한 편차는 곧 사라질 것으로 보았기 때문이다. 자유경쟁하의 자본주의에서 독점자본주의, 그리고 국가독점자본주의로 전환함에 따라 평균이윤율이 나타내주는 내용도 달라졌다. 제한된 경쟁, 독점적 가격형성의 관행, 그리고 국가의 재분배활동으로 인해 현대의 대기업들은 자기자본의 평균이윤뿐만 아니라 높은 초과이윤까지 얻지만, 비독점 경제부문의 기업들은 대부분 비교적 낮은 이윤에 만족할 수밖에 없다. 그러한 차이로 인해 이제 국가 전체의 이윤율은 더이상 그 나라 자본주의적 기업 대다수의 이윤을 측정하는 보편적인 도구가 될 수 없다.

개혁된 자본주의 체제에서는 "이윤율의 저하를 막는 요소들이 특히 보강되었다."[63] 그런데도 이윤율이 여전히 떨어지고 있다! 1965년에 그것은 가장 높은 수준인 16.6%를 기록했다. 그후 장기간에 걸쳐 점차적으로 떨어지기 시작했다. 전후 시기를 총괄해서 보면 이윤율의 가치는 대략 3분의 1로, 곧 1948~53년은 14.7%였는데 1975~79년은 9.9%로 떨어졌다.

서구와 동구에서 가장 중요한 맑스주의자들이 제시한 통상적인 설명은 어느정도 일방적이긴 하지만 분명히 옳다. 사실 케인즈식 경제모델이 위기를 맞이하게 된 것은 구래의 자본주의 모순이 새로운 형태로 악화되었기 때문일 뿐만 아니라, 모델 자체에 내재한 일련의 문제가 완전히 새롭게 나타났기 때문이기도 했다. 만약 우리가 1960년대에는 개혁된 자본주의의 장점을 보았다면, 1970년대에는 이 동전의 반대 측면을 보았던 것이다.

갤브레이스로 되돌아가자. 그는 현대 서방(서방뿐만 아니다)의 특징을 두 가지로 들었다. 그 첫번째는 과학 및 기술 연구의 생산적 역할·비용·시간이 늘어났다는 것이고, 두번째는 생활수준이 향상되었다는 것이다. 따라서 "많은 비용과 오랜 발명기간이 소요되는 현대 과학기술에는 더욱 확실한 시장이 필요하다." 만약 10년 후에나 성과를 기대할 수 있는 과학 연구를 시작한다면, 10년 후에 그 성과가 빛을 볼 만큼 시장성이 좋을 것이라는 확신을 갖고 있어야 하는 것이다. 그렇지 않다면 비용이 많이 드는 그러한 과학 연구를 정말이지 감히 하려고 하지 않을 것이다. 그러나 다른

63) SShA, no. 9, 1983, 20~21면.

한편, "가난한 층보다 아주 부유한 층의 지출을, 따라서 수요를 더 예측할 수 없다."[64] 사람들의 소비양상이 점점 다양해져서, 수요는 더욱 예측할 수 없다. 이렇게 해서 시장의 '가변성', 가격변동 그리고 위기의 순환이 모든 것을 망쳐놓을 수 있다. 시장이 국가의 통제를 받거나 무엇인가 다른 방식에 의해 규제되어야만 한다. 다시 말하면, "시장의 행태는 어떤 계획적인 수단을 통해 변모해야 한다."[65]

한 소련 전문가는 다음과 같이 썼다.

케인즈주의자들은 '성숙한' 자본주의 경제도 그 본연의 내적 메커니즘의 작용으로는 위기상황을 독자적으로 극복할 수 있는 능력을 갖추지 못했다는 점에서 출발한다. 이 때문에 경제발전의 과정을 가속화하고 안정시킬 수 있는 수단, 곧 어떻게든 '도움이 되는' '정확한' 수단을 위해서는 국가를 계속 이용할 필요성이 있다는 결론에 이른다. 그러므로 그들도 자본주의 경제체제가 내적으로 아주 모순되며 역사적으로 그 운명이 지어진다는 것을 간접적으로 인정한 셈이다.[66]

다시 말해서 자본주의가 새로운 상황에서 살아남기 위해서는 최소한의 사회주의 요소가 보충되어야 하는 것이다. 사실 새로운 모순이 나타나고 있지만, 그것은 어디까지나 특수성의 문제이다.

기술주의자들은 이데올로기상으로 계획을 선호하는 경향이 있다. "기술주의자들은 무계획적인 것이면 그 어떤 것이든 비합리적이라는 생각을 갖고 있다"고 아킨은 썼다. 이들의 생각에 따르면, 산업 전체는 "상호 연관된 거대한 기계와 같고", 사회적 생산은 "복잡한 기계적 과정"이다.[67] 게다가 사회 전체는 단일하고 거대한 기술적 메커니즘, 다시 말해 모든 문제가 행정적·기술적 수단을 통해 해결되는 '하나의 커다란 공장'으로 볼 수 있다. 유일한 문제점이라면 이러한 수단들을 기술공학의 요구와 연결시켜

---

64) Galbraith, *New Industrial State*, 6면.
65) 같은 책, 24면.
66) *Voprosy Ekonomiki*, no. 7, 1981, 106면.
67) Akin, 앞의 책, 147, 73면.

야 한다는 점이다(그러한 연계가 어떤 단계에 들어서면 원칙적으로 완전히 불가능한데, 이들 기술주의자들은 이를 전혀 인식하지 못하고 있다).

따라서 우리가 필요한 것은 단순한 계획이 아니라, 곧 시장메커니즘의 '변덕'을 대신하고 시장으로부터 독립된 아주 명확한 형태의 계획이다. 계획과 시장은 하나로 묶이지 않으며, 서로 보완적인 것이 아니라 서로 대립적이다.

미국에서는 1960년대에 독점자본가들이 '수직적 통합'(한 회사가 원료공급원을 장악하고 자체 내의 판매망과 과학적 토대를 구축하여 다른 회사에 대한 의존도를 낮추어간다)을 통해 계획경제의 방식을 상당히 진척시켰다. 그렇지만 관료체제에서는 이것이 비참한 결과를 낳는다. 여기서 우리는 과다한 중앙집중화의 위험성을 보게 된다. 흥미로운 사실은 소련의 산업관련 부처들도 1960년대와 70년대에 각양각색의 생산보조자를 창출함으로써 '수직적 통합'의 과정을 겪었다는 점이다. 이러한 다양한 생산보조자의 창출로 인해 '관청할거주의'(vedomstvennost')가 널리 유포되어 어떤 기능의 경우 여러 관청에서 동시에 수행하는 등 비효율성이 나타났다. 미국의 '수직적 통합'의 결과가 더 나쁘지 않았다고 한다면, 그것은 아마도 그 통합이 불완전했기 때문일 것이다. 문제의 핵심은 그러한 '사적인 계획'도 그것을 누가 운영하느냐에 상관없이 —— 사기업이든 아니면 국영부서이든 —— 그 국가의 경제 전체에 영향을 끼친다는 점이다. 그 결과, 그러한 사적인 계획이 비록 효율적이라고 해도, 만약 사(私)이익이나 집단이익이 사회적 이익과 동떨어져 있을 경우에는 그 나라에 극히 위험한 것일 수 있다. 그것이 사회적 목표와 모순되기 때문에, 이것이 성공하면 할수록 그만큼 그 피해 역시 크다.

아주 역설적인 예를 하나 들 수 있다. 1930년대에 스딸린은 전국에 걸쳐 '수직적 통합' 정책과 유사한 것을 실행했다. 독점체들이 내부시장의 제약으로부터 벗어나려고 애쓴 것과 똑같이, 스딸린도 소련 경제가 세계시장과 국제적 노동분화로부터 절대 영향을 받지 않게끔 하려고 했다. 한 소련 경제학자는 다음과 같이 썼다.

그래서 예컨대 1928년에는 이 나라에서 소비하는 기계공학 생산물의 69.6%를

자체생산으로 조달하였으나, 1932년에 이 비율이 87.3%에 이르렀고, 1933년에
는 95.6%, 1937년에는 99.1%에 이르렀다. 고무소비량의 순수 수입비율은
1932년에 95.6%였으나, 1937년에는 23.9%였다. 알루미늄의 경우는 그 수치가
각각 92.9%와 4.9% 등이었다. [68]

해외에서 산업기자재를 수입하는 것은 기껏해야 불가피한 필요악 정도로
간주되었다. 이것은 "국가경제를 수입자재로부터 벗어나게 하는"[69] 과정이
라고 선언되었다. 그 이상도 그 이하도 아니다! 그리고 이러한 임무는 실
제로 스딸린에 의해 어느정도 달성되었다.

최대한의 경제적 자립을 이룩하고 세계시장으로부터 독립한 시기(소련
경제의 거의 철저한 자급자족 상태는 1930년대 말에 완성되었다)가 소련공
산당이 가장 잔인하게 내적 억압과 숙청을 가한 시기와 일치한다는 것은
우연이 아니다. 이들은 서로 분리될 수 없는 스딸린 정책의 양 측면이다.
이 나라가 외부세계와 '단절'되어 있는 동안에 그는 자기 마음대로 할 수
있었다. 1930년대의 봉쇄사회는 봉쇄된 경제에 그 토대를 두고 있었다. 다
행스럽게도, 1960년대 그리고 특히 70년대에 소련 경제에는 개방과 중요한
개혁이 일어났다. 기술도입과 원자재수출이 경제발전에서 중요한 역할을
하기 시작했다. 이것은 (비록 흐루시초프 Khrushchev하에서 이미 변화가
시작되었지만) 브레즈네프(Leonid Brezhnev)의 유일한 성과, 중요하고 논
의의 여지가 없는 성과로 볼 수 있다. 대외무역이 서서히 늘어났다. 이러
한 경향은 1980년대 초 데땅뜨에 위기가 감돌고 소련과 미국 사이의 분쟁
이 첨예화하던 시절에도 돌이킬 수 없었다. 1983년 12월, 『더 타임즈』
(The Times)지는 "얼어붙은 정치적 분위기에도 불구하고" 소련의 서구산
물품 구입은 "계속 증가하고 있다"고 보도했다. [70]

우리는 1930년대 스딸린의 행동과 기술주의 이론(특히 그것의 초기 형

---

68) E. D. Kaganov, *Sotsialisticheskoe Vosproizvodstvo i Rynok* (사회주의적 재생산과
    시장), Moscow 1966, 40면.
69) *Istoriya Sotsialisticheskoi Ekonomiki v SSSR* (소련 사회주의 경제사), vol. 3, Mos-
    cow 1977, 298~99면.
70) *The Times*, 14 December 1983, 13면.

114

태) 사이에 놀랄 만한 유사성이 있다는 점을 주목해야 한다. 아킨은 기술
주의 '운동'의 창시자들은 "기술자들이 사회를 이끌어가는 지도자로 유일하
게 적합한 사람들"[71]이라는 독특한 믿음을 지니고 있었다고 썼다. 스딸린
도 바로 이와같이 생각했다. 1930년대 소련의 당간부정책을 분석한 구로프
(G. Guroff)는 "전문기술을 지닌 엔지니어들에게 새로운 정치적 지도력을
훈련시키자는 결정은 그 전례를 찾아볼 수 없는 것이었다"[72]고 서술했다.
스딸린 아래에서 공산당의 주도적인 핵심인사들은 사실상 거의 엔지니어로
구성되었다. 그렇지만 이 새로운 당간부정책은 기술주의적 도그마를 실행
에 옮긴 것뿐이었다. 기술주의와 스딸린주의 사이의 유사성은 여기에서 명
백하다.

기술주의자들이 옹호한 또다른 계획경제의 형태는 수요를 통제하는 것이
다. 이로부터 갤브레이스는 "소비자 수요의 통제"가 필요하다는 당연한 결
론을 이끌어냈다. 그러나 이것이 전부가 아니다. "수요관리의 목적은 생산
된 것을 사람들이 사도록——통제가격으로 판매될 양을 정해놓은 계획이
실제로 수행되도록 보장하는 것이다."[73] 경제적 강제가 강화된 것이다.
'고전적인' 자본주의 체제에서는 노동자가 착취자를 위해 노동할 수밖에 없
었지만, 소비자로서는 여하튼 자유로웠다. 기술주의자들은 마지막 남은 이
경제적 자유마저 박탈하려고 노력한다. 암바르쭈모프는 이를 두고 "소비자
통제권"이라 불렀다. 이러한 정의는 완벽하게 맞아떨어지는 것이다. "꼭두
각시처럼 사람을 조종하는 일이 소비의 영역에서 정치적·정신적 영역으로
퍼지고 있다."[74] 이것 역시 1930년대 스딸린이 이룩해낸 눈부신 성과였다.
이것은 계획적인 부족(planned shortage) 정책으로 성취됐다. 그후 1960년
대에 몇몇 소련 경제학자들은 이를 '절대적인 부족' 체제라고까지 말했다.
사실 거의 모든 종류의 생산량을 계획적으로 부족하게 만들려는 이러한 정
책은 애초에는 소비재뿐만 아니라 원료와 설비 및 생산수단에까지도 실행

71) Akin, 앞의 책, 26면.
72) G. Guroff and F. Carstensen, *Entrepreneurship in Imperial Russia and the Soviet Union*, Princeton 1983, 202면.
73) Galbraith, *The Affluent Society*, 201, 204면.
74) *Literaturnaya Gazeta*, 14 April 1971, 14면.

하려고 구상되었다. 비록 생산이 100% 실현되었음에도 불구하고, 주민들의 요구는 완벽하게 충족되지는 못했다. 이로부터 스딸린주의자들의 환상, 곧 쏘비에뜨 체제에서 "시장의 문제는 없다"[75]는 환상이 나왔다. 1934년 교과서에는 "소련 경제에는 가치의 범주가 적용될 수 없다"[76]고 나와 있다 ──그 이상도 그 이하도 아니었다. 1960년대에 흐루시초프와 그의 뒤를 이은 사람들이 노동자들의 요구를 더 많이 충족시켜주려고 했을 때, 이들이 직면한 많은 문제는 바로 스딸린과 그의 '성공적인' 정책이 물려준 것이었다.

그렇지만 기술주의적 사고방식에는 원래부터 반(反)민주적인 경향이 내재되어 있음을 기억해야 한다. 이것은 스딸린주의와 굳이 비교하지 않더라도 자명하다. 전쟁기간중에 기술주의 창시자 중 한 사람인 월터 로텐스트로스(Walter Rautenstrauch)는 의회"민주주의는 아무짝에도 쓸모없다"[77]고 주장했다. 후에 서구의 기술주의자들은 그렇게까지 극단적으로 이야기하지는 않았지만, 그러한 잘못된 발언은 우연이 아니다. 아킨은 다음과 같이 썼다. "새로운 질서를 유지하기 위해 경찰국가 방식을 채택하지 않겠다고 주장했지만, 그들이 갈구하는 질서는 그러한 방향으로 진행됐다."[78] 물론 계획이라는 슬로건은 좌파나 우파 모두의 다양한 정파들이 사용한 것이다. 미국 '뉴딜'(New Deal) 정책의 창시자인 프랭클린 로즈벨트(Franklin D. Roosevelt) 대통령도 1933년에 "위대한 우리의 경제적 기제가 계획적인 생산과 부의 분배를 해낼 수 있다는 점은 아주 중요하다"[79]고 했다.

그렇지만 문제는 계획 자체가 아니라 그 성격이다. 전체주의 체제에서 계획은 항상 사회정의를 실현하는 수단이 아니라, 경제에 대한 정치적 통제력을 획득하는 수단이다. 대부분의 경우에 경제적 자립, 곧 외부세계와

75) Kaganov, 앞의 책, 23면 참조.
76) *Ekonomika Sovietskoi Torgovli, Uchebnoe Posobie*(소련 무역의 경제학, 교과서), 1934, 383면; A. G. Shchelkin, *V Plenu Novykh Illiuzii*(새로운 환상의 노예가 되어), Moscow 1983, 17면에서 재인용.
77) Akin, 앞의 책, 52면.
78) 같은 책, 141면.
79) F. Freidel, *Rol' Gosudarstva v Ekonomicheskoi Zhizni Strany*(국가 경제생활에서 국가의 역할), Moscow 1970, 11면에서 재인용.

단절된 봉쇄경제를 지향하는 것은 외부적으로는 침략을, 내부적으로는 공포를 준비하는 것과 관련이 있다. 예를 들어 1930년대 이딸리아에서 파시스트 국가는 전쟁을 준비하기 위해 경제에 대한 간섭을 급격히 증대하였다.

과거와 같이 현재에도 사용되는 이러한 방식은 경제적 압력의 수단뿐만 아니라 정치적 압력의 수단이기도 하다. 그러므로 경제적 자급자족과 경제의 군국주의화라는 틀 내에서 특별위원회가 소집되어 특정 산업분야에 대해 전반적인 지침을 만들고 원자재와 외국 통화를 각 기업들에게 할당한다. 농업에서는 생산의 조달체계가 중앙집중화된 가운데 자발적인 조달에서 강제적인 조달로 바뀐다. [80]

히틀러의 지배 아래 있던 독일에서도 "경제가 봉쇄될 사태를 대비하여 제국의 '굳건함'을 유지하기 위해"[81] 폐쇄경제에 대한 방침이 선언됐다.

케인즈 역시 생전에 "상품생산은 한 국가의 내적인 문제로 남아 있을 것"[82]이라는 희망을 피력하면서, 경제관계가 점차 국제화되는 추세에 반대했다. 이로 인해 그는 아주 당연하게 국가계획이 어떤 방식으로든 대외무역을 통제할 수 있어야 성공할 수 있을 것으로 생각했다. 그러나 폐쇄적인 경제체제와 강제로 소비자의 선택을 제한하는 것에 대해서는 일언반구도 없었다. 그렇지만 이러한 문제들은 역사를 통해 가장 첨예하게 제기됐다. 통제란 민주적인 제도들이 있는 곳에서는 유연한 방식으로 행사될 수 있지만, 관료조직이 있는 곳에서는 잔인한 독재수단을 통해 행사될 수 있을 뿐이다. 역사가 보여주듯이 기술주의자들은 점차 후자, 곧 더 간단한 방식을 선호하게 되었다. 기술주의가 타락했던 것이다. "지배엘리뜨는 점점 더 관료적 모델을 만족스럽게 생각하고 있다"고 슈만(D. Schuman)은 썼다. [83] 그

---

80) B. P. Lopukhov, *Istoriya Fashistskogo Rezhima v Italii*(이딸리아 파시즘 역사), Moscow 1977, 195면.

81) A. Yudanov, *Teoriya 'Otkrytoi Ekonomiki': Doktriny i Deistvitel'nost*(개방경제이론: 이론과 현실), Moscow 1983, 16면.

82) *New Statesman and Nation*, 8 July 1933, 37면.

83) David Schuman, *The Ideology of Form: The Influence of Organizations in*

러므로 한 소련 저술가가 이론상으로나 실제상으로 관료층의 "전체주의적인 발상"이 종종 드러난다고 쓴 것은 그리 잘못은 아니다. [84]

여하튼 소비자를 생산의 노예로 만들고자 하는 경제정책은 반민주적이고 반인간적이다. 만약 국가가 그러한 정책을 조장한다면 그것은 나쁜 일이다. 그렇다고 자본주의적 독점체가 이와 똑같은 일을 한다 하더라도 더 나을 게 없다.

미국 자유주의자들과 달리, 서구의 사회민주주의자들은 계획업무를 사기업에 맡기려 하지 않는다. 그들의 견해에 따르면, 경제의 운영은 국가기관의 수중에 집중되어야 한다. 그러므로 노동운동 우파 쪽을 지지하는 정당들조차 경제의 국영부문에 커다란 관심을 쏟았다. 이 국영부문을 수중에 넣으면 '유리한 고지'를 어느정도 장악한 것처럼 여겨졌다. 주지하다시피 이러한 생각은 비록 맥락은 다르지만 1920년대에 이미 레닌이 주장했던 바이다.

1960년대와 70년대에 중부유럽에서 고전적인 사회민주당 정권의 국가는 오스트리아였다. 그곳에서는 국가가 광범위한 경제부처를 마음대로 주물렀다.

1946년부터 철 및 비철 야금산업, 석탄업, 해운업 들은 거의 완전히 국유화되었다. 국가는 전자·화학·기계제작 산업에서도 일련의 주요 기업들을 소유하고 있다. 신용기관의 주요 부분도 국가가 장악하고 있다. 예컨대 가장 중요한 은행 셋이 국유화되었다. 이들 은행은 산업체를 소유하고 있다. 다시 말해 이들은 산업체의 대주주가 되거나, 아니면 소주주라고 해도 그 산업체의 이해관계를 조정할 수 있을 정도의 적당량의 주를 갖고 있다. 게다가 1947년부터 거의 모든 전력산업이 국유화되었고, 철도·우편·연초 산업과 암염생산이 국가 소유로 되었다. 결국 국가, 지방관청, 자치단체가 상당히 많은 기업에서 대주주인 셈이다. 공공써비스 부문 노동자를 포함한 모든 노동자와 피고용자의 약 30%가 국가기관에 고용되어 있다. [85]

America, Lexington 1978, 17면.

84) Shchelkin, 앞의 책, 17면.

85) *Probiemy Mira i Sotsializma*, no. 3, 1965, 16면. 1980년대 오스트리아 경제에 대해서는 *Malye Strany Zapadnoi Evropy*(서유럽의 약소국들), Moscow 1984, 139~

사회민주주의에 비판적인 태도를 견지하던 소련 경제학자들 조차 오스트리아의 이러한 경험을 분석하고 나서는, "국유화된 부문은 좀처럼 위기와 경기후퇴를 겪지 않고, 설사 위기가 닥쳐와도 고도성장을 계속하는 경우가 많다"는 점을 인정했다. 오스트리아에서는 국유화로 전사회적 일련의 변화가 일어났는데, 이 국영부문에서도 "1970년대 중반에는 노동인력의 90%가 참여하는 노동조합이 창설되고 생산위원회가 구성되었으며 자율감독 체제의 개선과 임금인상 등이 이루어졌다."[86] 이 나라에서 전통적으로 적었던 실업도 그대로 유지되었다.

영국에서는 실제로 노동당 정부가 들어설 때마다 국유화를 실시했고, 보수당조차 롤스로이스 자동차회사를 구제하기 위해 이같은 치유책에 매달리지 않으면 안되었다.

과학기술혁명이 일어나는 상황에서, 국가예산을 통한 근대화의 가능성과 과학적 진보의 도입이 국영기업 부문을 팽창시키는 주된 요소가 되었다. 그러므로 만약 첫번째 국유화의 물결(1946~51)이 기본적으로 생산적인 하부구조——철금속, 영국은행——의 자본집약적인 부분에 국한되었다면, 두번째 물결(1971~77)의 결과, 조선업과 우주항공산업뿐만 아니라 자동자, 공작기계, 전자, 기타 다른 제조업 기술분야의 독점체들까지도 처음으로 국영경제 부문에 포함되었다.[87]

에스빠냐에서 강력한 국영부문이 등장한 것은 프랑꼬 독재체제 아래서였는데, 그때 정부는 국내 사기업 자본이 효율적으로 기능하지 못하는 분야를 도맡아 발전시켰다. 부르조아지는 그러한 국유화가 갖는 장점을 십분 이해했던 것이다. 1982년 사회주의자들이 권력을 장악하자, "파산에 직면했던 사기업들은 그 기업들을 공공부문으로 전환시키고자 했는데"[88] 새로

50면과 그외 참조.

86) *Voprosy Ekonomiki*, no. 1, 1984, 114면. 고용문제에 대해서는 Göran Therborn 이 *Marxism Today*(June 1985)에 쓴 뛰어난 논문 "West on the Dole" 참조.

87) *Velikobritaniya*(영국), Moscow 1981, 108면.

88) *El Pais*, 28 April 1984, 42면.

수상이 된 펠리뻬 곤쌀레쓰(Felipe Gonzalez)는 정부가 이를 막아야 한다고 말할 정도였다. 좌익 쪽에서는 전체 경제의 발전을 좌우하는 가장 현대적이며 진보된 생산부문을 전략적으로 국유화해야 할 필요성을 거론하기 시작했던 것이다.

마지막으로, 우파 사회민주주의가 정권을 잡은 독일연방공화국 및 스칸디나비아에서는 광범위한 국유화가 시행되지 못했다. 그렇지만 경제에 대한 국가의 간섭은 일련의 조치들을 통해 늘어났다. 독일과 스칸디나비아의 좌파-중도 연립정부는 국유화할 필요성을 크게 느끼지 못했는데, 그것은 그곳 부르조아지가 훨씬 더 기꺼이 협력에 응하고 더 많은 자제심을 보여주었기 때문이었다. 영국 공산주의자들은 독일에 대하여 다음과 같이 썼다.

> 이곳 자본가계급은 사업에 대한 정력과 전문지식, 그리고 조직화된 노동조합과의 협상과정에서 보여준 상대적인 유연성이란 측면에서 영국 자본가계급에 비하여 뛰어났는데, 이들은 크고 작은 일련의 양보를 거듭했다. … 이러한 양보를 통해 독일 노동자들은 대체로 다른 곳과는 비교할 수 없는 수준의 생활을 영위하게 되었다.[89]

서유럽의 사회민주주의는 자본주의를 폐기하지도 못했고 폐기할 의도도 갖고 있지 않았다. 국유화의 목적은 사기업의 토대를 약화시키려는 것이 아니었다. 국유화만이 국가의 경제적 기회를 넓힐 수 있고 계획의 추가수단을 얻을 수 있었다. 그러나 바로 이것이야말로 프롤레타리아 대중들이 원하는 바였다. 소련 학자들조차 1946~51년에 애틀리(Attlee) 노동당 정부가 도입한 조치들이 조직화된 영국 노동계급의 여망을 표현한 것이었다고 인정했다. 그뿐만 아니라 이것은,

> 보수당이 해낼 수 있는 것(그리고 이들 역시 국가소유 부문에서 일련의 조치들을 반드시 취했을 것이다)을 훨씬 능가할 뿐만 아니라, 영국 자본주의의 발전이라는 당면한 경제적 요구를 뛰어넘는 것이었다.[90]

---

89) *Marxism Today*, December 1980, 18면.

『공산당선언』에서 맑스와 엥겔스는 자본주의에서 실현해야 할 예비적인 개혁강령의 내용을 대강 밝혀놓았다. 이런 개혁들은 사회주의의 토대를 준비하는 것이고 '가장 발전된 나라에서' 사회주의에 앞서 해야 하는 것들이다. 사회주의자들이 권력을 잡고 나서 바로 자본주의 체제를 대신할 수 있는 것은 아니라는 점이 강조되었다. 이러한 개혁들은,

> 처음에 … 소유권과 부르조아적 생산조건을 독재적인 방식으로 제한하는 수단을 사용하지 않으면 시행되기 어렵다. 그래서 이러한 조치가 경제적으로 불충분하고 얼마 못 갈 것 같지만 운동이 진행되면 그 자체를 뛰어넘어 틀림없이 과거의 사회질서를 더 많이 제한하게 된다. 따라서 이러한 수단은 생산양식을 완전히 변혁하는 수단으로서는 불가결한 것이다. [91]

소련의 공식 교과서는 비록 자본주의의 요소들이 봉건제의 틀 속에서 자라났지만 사회주의 요소는 자본주의에서 생겨나고 자라날 수 없다는 점을 강조한다. 그렇지만 맑스는 이와 정반대 입장을 취했다. 그의 생각에 따르면, 노동자정당이 처음으로 정권을 잡는 것은 자본주의를 일소하기 위해서가 아니라, 단지 과거 사회 속에서 사회주의의 전제조건을 만들고 새로운 사회를 준비하기 위해서이다. 오늘날 『공산당선언』에 나오는 이런 뛰어난 생각을 기억하는 사람은 몇 안 된다. 그러나 맑스와 엥겔스는 어떤 특정한 조치들을 제안했을까? '토지소유의 폐지', '소득에 대한 엄중한 누진과세', 신용 및 운송수단의 국유화, '국가소유의 공장 및 생산도구의 확대', '공립학교를 통한 모든 어린이의 무상교육', '농업과 제조업의 결합' 등등이다. [92] 이러한 예비적인 최소강령은 분명 이미 서구의 사회민주주의에 의해 상당히 실현되지 않았는가! 물론 맑스가 최소강령으로 본 이러한 조치들이 우파 사회민주주의자들에게는 틀림없이 최대강령을 의미한다. 문제는

---

90) *Sotsial-demokraticheskii i burzhuazny reformizm*, 391면.

91) Marx and Engels, *The Manifesto of the Communist Party*, in *The Revolutions of 1848*, David Fernbach, ed., London 1973, 86면.

92) 같은 책, 86~87면.

사회민주주의적 개혁주의의 조치들이 사회주의 사회로 이행하는 데 불충분하다—— 충분할 것이라고 생각하는 사람은 아무도 없었다—— 는 점이 아니라, 기술주의적 길을 따라가다 보니 사회민주주의가 그 전략적 전망을 잃고 중도에서 난관에 봉착했다는 것이다. 소련의 정치평론가들은 "개혁주의에는 기술주의적 요소가 많아, 근본적으로 효력을 발휘하지 못할 것"[93]이라고 올바르게 관측했다. 그래서 1960년대에 영국의 윌슨(H. Wilson) 노동당 정부는 사회적 변화에 대한 강령을 경제성장과 근대화에 대한 강령으로 점차 바꾸었는데, 이 역시 실패하고 말았다. 이같은 접근방식은 모든 정치적·사회적 작업을 조직적·기술적 작업으로 전락시킨다.

사회민주주의는 기술주의적 방식을 "자체의 변혁안을 수행하기 위한 강력한 수단으로" 채택했지만, "그렇게 된 곳에서는 언제나 그 방식이 아예 사회민주주의까지 덮어씌워서 변형시켜버렸다. … 경제적·조직적 수단이 사회민주주의적 정치와 이데올로기를 대신하게 된 것이다."[94] 관리운영에 대한 의기양양한 환상은 사회적 문화까지를 남김없이 파괴한다.

여하튼 혼합경제는 이제 서구의 많은 나라에서 하나의 현실이다. 그러나 사회민주주의의 경험에서 볼 때, 소련 체제와 제3세계에서와 같이 국유화로 인해 국가가 경제에 간섭하는 기회가 많아지기 때문에 해결해야 할, 그리고 많은 경우 잘 해결하지 못하는 새로운 문제가 생기고 있다. 그저 형식상의 소유주를 바꿨다고 해서 기업업무가 재편되지는 않는다. 서구의 사회학자들은 다음과 같은 점을 강조했다.

> 소유의 본질은 소유권과 소유물이 아니라, 참여하고 행사하는 **권리**이다. 소유 개념 자체는 어떤 소유권력 없이도 온전한 삶을 누리도록 정치권력에 참여하는 것으로 확대된다. 본질적으로 소유란 정말로 인간다운 생활을 누릴 수 있는 수단에 대한 권리이다.[95]

맑스는 자본주의적 사적 소유가 "사회의 수많은 사람들은 어떠한 소유물도

---

93) *Sotsial-demokraticheskii i burzhuazny reformizm*, 76면.
94) 같은 책, 77면.
95) Jung, 앞의 책, 142면.

갖고 있지 않아야 한다"[96]는 것을 전제하고 있음을 강조했다. 그러나 비록 국가가 자본가들로부터 재산을 몰수하여 국가소유로 만든다고 하더라도, 그것이 실질적으로 사회화가 이루어졌다는 뜻은 아직 아니다.

맑스는 법적 소유관계란 생산 (그리고 분배) 과정에 있는 사람들 사이의 사회적 관계를 표현하고 있을 뿐이라고 밝혔다. 생산의 사회적 관계에 관련된 전체 체계를 재조직하지 않은 채 법적 관계만 변화시킬 뿐이라면, 생산양식에서 혁명적인 전환은 결코 일어나지 않는다(이는 카우츠키나 스딸린 식의 속류 '맑스주의'에서는 결코 이해할 수 없었던 것이다). 생산수단의 형식적인 사회화란 아직 실제적인 사회화를 의미하지 않는다. 이것은 단지 시작일 뿐이다.[97] 국유화는 아직 사회주의가 아니라고 스코틀랜드 좌파 노동당원인 우드번(A. Woodburn)은 썼다. 곧 "국유화는 자본주의하에서 독재치하에서 민주주의하에서 또는 사회주의하에서 통치의 한 방식일 수 있다."[98] 진정한 사회주의적 소유란, 노동자들이 모든 경제정책 결정과정에 민주적으로 폭넓게 참여하지 못하는 한 존재할 수 없다. 그리고 사회적 관계를 진정으로 재조직하려면, 형식적인 법적 소유관계에 대한 재검토도 이와 동시에 이루어져야 한다. 다른 말로 하자면, 기업의 국유화는 사회주의의 필요조건일 뿐이지만, 그것 없이는 사회주의도 불가능하다. 그러므로 경영의 구조가 소유의 구조보다 더 중요하다고 보는 기술주의적 개념에는 해결할 수 없는 내적 모순이 포함되어 있다. 전자와 후자는 서로 떼어놓을 수 없다.

대부분의 우파 사회민주주의자들이 이러한 기술주의적 이론으로부터 내린 결론은 국유화 없이도 경제에 대한 국가의 간섭이 실현될 수 있다는 것이다. 비록 자본주의적 사적 소유가 신성불가침으로 남아 있다고 하더라도, 생산의 경영구조가 정부기관에 종속되어 있다는 것이다. 이것은 결국 케인즈의 개념과 일치한다. 그리고 실제로 모든 것을 경제과정을 규제하는 것으로 환원해버린다면, 국유화란 절대적으로 필요한 것이 아니다. "생산도구의 소유가 국가가 담당해야 할 중요한 업무는 아닌 것이다."[99]

---

96) Marx and Engels, *The Communist Manifesto*, 82면.
97) W. Brus, *Socialist Ownership and Political Systems*, Oxford 1975 참조.
98) A. Woodburn, *An Outline of Finance*, 4th edn., London 1947, 172면.

이러한 모델은 스웨덴에서 아주 성공적으로 실행에 옮겨졌다. 그러나 '온건한' 사회당 정부는 소유구조가 사회구조와 밀접하게 관련되어 있다는 사실에는 관심을 두고 싶지 않았다. 근대 서구의 상황에서 소유권의 문제는 일반적으로 경제적인 것만은 아니며, 그보다는 오히려 사회적인 것이다. 개별 부르조아가 경영자로서 본의아니게 기생적인 어떤 존재가 되고 국가가 그의 통제권을 빼앗아갔음에도 불구하고, 자본가계급은 모든 특권을 유지하고 있다. 그리고 국가는 부르조아가 '살찌지' 않도록 세금을 통해 그의 재산을 체계적으로 거둬들인다. 이것이 그 유명한 스웨덴식 "재분배 사회주의"[100]의 기원이다. 그 결과는 변하지 않은 자본주의 사회구조에 인위적인 국가-'사회주의'의 상부구조를 얹어놓은 꼴이다. 이러한 체제는 아주 복잡하며, 더 중요한 사실은 이것이 모순적이라는 점이다. 계급투쟁을 계속하다 보면 다음 둘 중 하나가 발생한다. 부르조아지가 '사회주의적' 국가제도의 억압을 뿌리치고 '정상적인' 조직적 자본주의를 되살리든가, 아니면 프롤레타리아트가 자본가의 재산을 몰수함으로써 아래로부터 사회주의 체제의 건설을 완성시키든가, 둘 중 하나이다.

부르조아지가 정치적 수단을 통해 노동자정부를 전복할 수 있는 상황은 아니라고 할지라도, 사회민주주의적 개혁을 저지할 만한 확실한 수단은 갖고 있다. 부르조아지는 직접적인 태업, '투자파업', 자본의 해외유출 등과 같은 방식을 사용할 수 있다. 칠레에서는 이러한 행동이 나타나자, 좌익은 국유화에 대해 더욱 혁명적인 조치를 취했다. 그 결과 이미 긴장되어 있던 상황이 더욱 악화되어 1973년에 사회주의 정부는 몰락하고 말았다. 상황이 그 지경까지 이르지 않는 경우도 있다. 그러나 그 위험성은 항상 존재한다. 케인즈는 한때 "'자본의 유출'로 알려진 이러한 현상을 통제할"[101] 것을 주장했다. 그렇지만 어떠한 좌파 개혁주의적 정부도 이러한 일을 완전

99) Keynes, *General Theory*, 378면.
100) '스웨덴 사회주의'에 대해 여기서 이야기한 것은 과장된 것일 수 있지만, 필자는 다만 스웨덴 사회민주주의자들의 강령상 목표로부터 논리적인 결론을 끄집어내고 싶었을 뿐이다. 프랑스사회당의 한 이론가는 이들의 정책을 '분배사회주의를 생산자본주의에 심으려는' 노력이라고 적절하게 정의했다.
101) *New Statesman and Nation*, 8 July 1933, 37면.

124

히 성공적으로 처리해내지는 못했다. 자본주의 체제의 틀 내에서는 이 문제와 관련해서 단지 부분적인 성공만이 가능한 것이다.

반면, 국유화의 이념에 아직도 충실한 사회민주주의 정당들이 직면하게 되는 문제는 새로운 차원의 관리문제이다. 영국 사회주의자들이 1946년에 일군의 기업을 국가소유로 전환시켰을 때, 그들은 아직도, 알렉 노브의 말을 빌리자면 "어떠한 기준으로 그 기업들을 운영해야 할지"[102] 몰랐다. 국유화된 영국 회사들은 '이익도 손해도 안 본다'는 원칙에 따라 운영되기 시작했다. 그러나 이윤은 하나도 없고 손실만 있었다……. 1960년대에 국영부문의 관리는 '사기업 방식에 따라' 재조직되었다. "국영부문의 경영진은 우선 더 많은 국민들이 이용하는 제품의 가격과 써비스 요금을 인상함으로써 수익성을 맞춰보고자 했다." 그 결과, 국영부문의 효율성과 투자가 사적 부문의 몇몇 분야보다 좋아졌다. 이로 인해 "철도, 운송, 가스 및 석탄 등 사양산업 분야에서조차 노동생산성이 높아지고 생산가격이 하락했다."[103] 사적 자본으로서는 이러한 일을 해낼 수 없던 분야에서 역시 국유화가 "근본적인 구조적·기술적 재조직화"[104]를 용이하게 했던 것이다. 그러나 이와 동시에 국유화된 산업의 전경영체제가 급속히 관료화되기 시작했다.

부르조아지와의 갈등을 완화하고자, 노동당은 자본가 기업을 직접 몰수하는 쪽보다는 '표나지 않는 국유화' 정책, 곧 다른 말로 하자면 국가가 사기업을 폭넓게 간섭하는 쪽을 택했다. 이는 자본의 위력을 약화시켰다기보다는 국가 자체를 부르조아화한, 곧 지배도구와 지배계급을 통일시킨 것이다.

그러므로 국유화된 산업이 추구해야 할 목표가 자본주의적 생산의 목표처럼 그렇게 좁은 것, 곧 제한된 것이라면, 다시 말해서 수익성 이외에는 아무것도 아니라면 정말 공공소유라고 할 만한 것은 사실 없다. 현재 영국의 국유화가 안고 있는 위험성은 바로 이 점에 있는 것이지, 사람들이 상상하는 바대로 비

102) Alec Nove, *The Economics of Feasible Socialism*, London 1983, 168면.
103) *Velikobritaniya*, 112, 113면.
104) 같은 책, 113~14면 참조.

효율성에 있는 것이 아니다. [105)]

사회주의는 "더 민주적이고 품위있는 산업경영체제, 더욱 인간적인 기계의 사용, 그리고 인간의 창의력과 노력의 결실을 더욱더 지적으로 이용하는 것"[106)]을 보장해야만 한다. 영국의 좌파는 점차 "국유화만으로 이 문제를 풀 수 없다. 다음에 국가가 무엇을 해야 하는지에 대한 내용이 담긴 강령을 작성하는 것이 필요하다"[107)]는 결론에 이르렀다.

1972년 프랑스 좌파세력들의 공통된 강령, 즉 나중에 미떼랑 사회당 정부의 활동지침이 되는 강령은, 국영부문의 확대에는 '민주적 형태의 경영'의 발전이 그 안에 수반되어야 한다는 점을 인정했다. 이 강령 작성자들은 "정치적 민주주의와 경제적 민주주의는 서로 분리될 수 없으며", [108)] 모든 노동자들은 이에 직접 영향을 끼치는 결정들에 참여할 권리가 있다고 강조했다. 비록 이 강령에는 정확히 어떠한 형태의 참여방식을 염두에 두고 있는지, 그에 대해서는 아무런 언급이 없지만 그래도 이것은 중요한 선언이었다. [109)]

엥겔스는 사회주의자들의 순진성, 곧 국유화를 모든 자본주의 해악의 만병통치약으로 믿는 데 대해 다음과 같이 비판했다. "생산력의 국가소유는 갈등의 해결책이 아니라, 그 안에 그 해결책의 요소가 될 만한 기술적 조건들이 포함되어 있는 것이다."[110)] 실제의 경험을 들추어보아도, 국영기업

---

105) Schumacher, 앞의 책, 242면.
106) 같은 책, 243면.
107) *Rabochii Klass i ego Revolutsionnyi Avangard*(노동계급과 그 혁명적 전위), Prague 1983, 64면.
108) *Programme Commune de Gouvernement du P.C.F. et du P.S.*(프랑스공산당 및 사회당 정부의 공동강령), Paris 1972, 105면.
109) 현실에서 문제는 기업 내에 민주적인 통제위원회를 형성하는 것이었다. 그러나 많은 사람들은 이것으로는 부족하다는 것을 1975년에 이미 깨달았다. "본질적인 것은 노동자들로 하여금 모든 차원에서 그리고 모든 활동 영역에서 결정 및 실행 과정에 적극적으로 참여하고 책임을 질 수 있도록 하는 일이다"(F. Chevallier, *Les Entreprises Publiques en France*, Paris 1975, 235면).
110) Engels, *Anti-Dühring*, Moscow 1947, 320면.

들은 사기업과 똑같이 기능하거나(자본가 없는 자본주의), 관료화되었다(동유럽 모델). 관료적이고 자본주의적인 형태의 국유화는 좌파의 희망을 실현해주지 않는다. 그러나 선택의 길이 이 두 가지 형태만 있는 것은 아니다.

내 생각으로는 가장 좋은 제3의 해결책이 있다. 관료화를 막기 위해 국영기업에 자율성을 부여하되, 사기업과는 달리 그것이 전반적인 계획 아래에서 운영되도록 하는 것이다. 이것이 바로 '경영상의 자율'(autonomie de gestion)이라는 프랑스 사회주의자들의 원리로 요약되는 것이다. 그렇지만 미떼랑 정부의 조치는 우리가 논하고 있는 정상적인 사회민주주의적 개혁의 범위를 이미 벗어났다. 게다가 (얼마간은 예견된 것이긴 하지만) '자율성'의 한계를 정의하는 일이 실제로는 쉽지 않다는 점도 기억해야 한다.

프랑스에서 지난 1930년대에 진행되었고 독일인들이 물러간 이후인 좌파노선의 시기(1944~46)에 또다시 도입되었던 국유화는 아주 효과적이었다. 1970년대 말 지스까르 데스땡(Giscard d'Estaing) 정부조차 일련의 기업을 국유화했다. 프랑스에서는 1970년대 중반까지 산업피고용인 가운데 15.6%가 국가에 소속되었다. 한 프랑스 경제학자는 국가가 "담배와 성냥의 생산에까지"[111] 관여한다고 말했다. 그 결과, 국유화된 분야의 상품가격이 상대적으로 안정되어 시장의 균형을 유지하는 데에도 도움이 되었다.

1981년 사회주의자들이 정권을 장악했을 때, 그들은 이러한 과거의 경험을 이용할 수 있었다. 국영기업의 경영형태로는 오랫동안 유명한 '르노 모델'(modèle Renault)을 채택해왔다. 르노 회사는 전쟁 후 국유화되었으며, 완전한 경쟁력을 갖추고 있었다.[112] 그러나 1980년대 초가 되자 '르노 모델'은 거의 과거의 유물이 되다시피 했다. 수년 동안 국가재정의 중요한 몫을 담당하던 이 회사가 적자를 기록하기 시작했던 것이다. 르노 자동차는 국내와 세계 시장에서 모두 인기를 잃었다. 자본주의적 위기상황에서 기술의 전환은 필연적으로 대중들을 불안에 떨게 했다. '모델'도 '항상 변화하면서' 재발전되었어야 했다.

---

111) Chevallier, 앞의 책, 9면.
112) *L'Etat Entrepreneur, Le Cas de la Régie Renault*(국영기업, 르노기업의 예), Paris 1971 참조.

미떼랑이 국유화한 회사에서는 재조직화 과정이 아주 힘들게 진행되었다. 그러나 이 국유화 과정은 점차 결실을 맺기 시작했고, 몇몇 자본주의적 기업(예를 들면 크레쏘 뢰아르 Creseau-Luard)이 비참한 상태에 빠져 있는 동안에도 공공부문의 효율성은 증가했다. 런던의 보수주의적인 『이코노미스트』(*Economist*)지조차 이 점을 인정하지 않을 수 없었다. 이 잡지에 따르면, 국유화된 기업의 관리자들은 "프랑스의 경영자들이 받을 수 있는 최대한의 자율성을 부여받았다. 여기에서 새로 도입된 유일한 제한은 노동자들도 국가소유 기업의 정책결정에 참여할 권리가 있다는 법"[113]이었다. 지난 1977년 미떼랑은 다음과 같이 선언했다.

공기업은 계획이라는 논리에, 사기업은 시장이라는 논리에 따라야 한다고 주장하여, 자본의 소유주가 누구냐에 따라 계획과 시장을 분리시키는 것은 순진한 생각이다.[114]

구조적인 개혁이라면 경제의 모든 분야에 영향을 끼쳤어야 했다. 곧 국영기업의 계획과 경영이 시장에 반하는 성격을 지녀서는 안되었다. 그런데 이 사회주의자들은 혼합경제에서 국영기업과 사기업이 지녀야 할 내적 관계에 대해서는 올바른 결론을 내렸지만, 이것들 사이에 존재하는 첨예한 갈등과 국유화된 회사에 대한 사적 자본의 영향력을 과소평가했다. 몇몇 경영자들은 자신들에게 부여된 자율성을 이용하여 자본을 수출한다든지 사회주의자들의 경제정책을 거부하여 부르조아지의 정책에 도움을 주기도 했다. (르노를 포함한) 국유화된 회사의 경영진 역시 해외에 투자를 하기 시작함으로써 프랑스 내 고용에 타격을 주었다. 경제적 발전이 계급투쟁의 과정과 밀접한 관련을 맺고 있음이 증명되었다. 분명히 사회주의자들은 이 점을 예견하지 못했다. 경영상의 자율성은 경영의 민주화에 의해 보완되지 않으면 안된다는 점이 분명해졌다.[115] 경영자들이 관료제적 통제를 받지

---

113) *Economist*, 16 February 1985, 70면.
114) *Nouvelle Revue Socialiste*, no. 22, 1977, 10면.
115) 1917~18년 러시아에서는 자주관리 실험이 노동자위원회의 역부족으로 실패로 끝나고 말았는데, 여기에서조차 효과적인 참여가 이루어진 놀라운 예가 있다. 보

않으니까, 아래로부터의 민주적 통제를 사용해서라도 이들이 사회의 경제적 목표와 잘 조화될 수 있도록 해야 한다. 프랑스공산당은 "경영의 자율성에는 사회적 측면이 있는데, 그것은 곧 민주화에 관한 법령의 완전한 시행과 노동자 200명 이상을 고용하고 있는 국유화된 모든 기업에 자문위원회를 설치하는 것이다"[116]라고 강조했다.

그러므로 노동자들이 정책결정에 집단적으로 참여하는 것은 사회적 효율성에 대한 필수적인 보장책으로, 그것이 없다면 국유화의 성공은 장담할수 없다. 이 산업민주주의 정책은 프랑스사회당이 일관성 없게 지지부진하게 시행했던 것이지만, 그래도 사회당의 강령 가운데에서는 가장 급진적인요소였다. 뜨로쯔끼는 생전에 "경제상의 이중권력",[117] 곧 자본주의적 생산관리에 노동자의 참여를 확대하기 위한 투쟁을 가리키는 말을 만들어냈다. 노동자집단에 경영상의 결정에 참여할 권리를 쥐여줌으로써 (국영부문과 사기업부문에서) 사실상 사회주의 요소를 아래로부터 도입하는 것이다. 그러나 뜨로쯔끼가 올바로 말했듯이, 경영에 대한 참여라는 문제는 계급투쟁의 문제가 된다. 곧 이러한 조치들이 비록 혁명을 일으키는 것은 아니지만, 혁명적인 방식으로 실행되어야 한다. 그렇지 않으면 산업민주주의의강령은 실패하고 만다. 프랑스사회당은 "자본주의와의 늦춰진 결별"이라는개념을 내세움으로써, 다시 한번 체제 내의 개혁과 반자본주의적 투쟁을결합했고, 그럼으로써 지난 1848년에 맑스가 제시한 원칙으로 되돌아갔다. 좌파세력의 정부는 "'변화의 첫번째 단계를 실현하고' 다음 단계인 사회주의로의 이행으로 나아가기 위해서는 정치권력을 이용해야만"[118] 했다.

문제는 급진적인 강령적 슬로건이 반드시 성공을 거두는 것은 아니라는점이다. 만약 혁명적인 또는 혁명적 개혁주의의 진정한 전략이 없다면, 급진적 슬로건은 자기기만에 지나지 않는다. 그러는 동안 미떼랑 정부는 그

로네슈(Voronezh)에 있었던 '주식회사'(1918~25)가 그 예인데, 이 산업협동조합은 전시공산주의와 신경제정책(NEP) 기간을 잘 버티다가 1925년 국가에 귀속되었다.

116) *Economie et Politique*, no. 75~76, 1983, 5면.

117) *Biulletin' Oppozitsii*, no. 24.

118) *Paese Sera*, 23 October 1983.

첫번째 조치에서부터 사회당 전략가들이 예상치 못한 수많은 문제들에 직면했다. 이러한 문제들을 해결하기 위해 이들은 별수없이 '미봉책'에 의존하지 않으면 안되었다. 그리고 이러한 미봉책의 바탕이 된 것은 대체로 언제라도 쓸 수 있는 기술주의적 개혁주의의 처방이었다.

여하튼 경제의 국가화에는 관료화의 위험성이 따라다닌다. 그런데 이 위험성은 '보통의' 기술주의적 해결책으로는 안 되고, 그것을 뛰어넘는 일관되고 사회주의적이며 민주적인 정책을 기반으로 해야만 극복할 수 있다. 우리가 보아온 대로, 국가화와 국유화가 반드시 결합되어 있는 것은 아니다. 다만 그 핵심은 "모든 산업의 계획경제에서는 … 전략상 가격통제가 필요하다"[119]는 점이다. 그러나 통제는 유연해야만 하고, 동유럽에서 그랬듯이 기껏해야 시장가격 변동을 무시하거나 관료적인 방식으로 그것을 억누르고자 할 뿐이라면, 이것은 불가능하다.

경험이 말해주듯이, 전체적으로 보면 시장의 문제가 기술주의적 계획경제를 지지하는 모든 사람들에게는 장애물이다. 이것이 그들의 최대 약점으로, 계획경제를 거부하는 보수주의적인 기술주의자들은 바로 이 점을 공격한다. 갤브레이스의 시장에 대한 비판은 지나칠 정도로 순진한 편이다. 우리가 이미 보았듯이, 그는 그 자체로 하나의 유토피아라고 할 만큼 기술관료구조의 절대적 능력을 전제로 하고 있다. 그러나 주된 논점은 **객관적인 통제기제, 그것은 시장이 될 수밖에 없는 것인데**(여하튼 그 대안을 제시할 수 있는 사람은 아직 없다), **그것이 없는 상황에서는 모든 계획이 제 기능을 발휘하지 못하거나 효과가 없다**는 것이다. 비록 오류가 발견되지 않을 수도 있고 또 지금의 조치들로 그것을 바로잡을 수 있겠지만, 상당한 기간(때로는 스딸린의 산업화 전략에서 그랬던 것처럼 2, 30년 후)이 흐른 뒤에 결국 오류가 드러날 수밖에 없다고 한다면, 사태는 그리 간단하지 않다. 오히려 그 반대이다. 그러한 상황에서는 잘못된 결정이 가져다 주는 장기적인 결과는 언제나 매우 고통스러우며, 심지어는 파국적이기조차 하다.[120]

---

119) Galbraith, *The Affluent Society*, 198면.

120) 여기서 문제는 민주사회주의라는 조건에서 시장과 계획을 결합시키는 것이 아니다. 이 문제는 브루스(Brus), 시끄(O. Sik), 노브(Nove), 아딸리(Attali) 등에

산업화의 재원(財源)을 농촌으로부터 강제공출한다는 스딸린의 결정이
그 적절한 예이다. 까가노프(E. D. Kaganov)는 이처럼 "공업과 농업 사이,
경공업과 중공업 사이에 축적할 양을 할당하는 것, 그리고 국가 총수입을
축적과 소비로 나누는 것"이 처음에는 분명한 효과를 보았지만 나중에는
이것이 경제의 불균등을 낳았고, 이 불균등은 또다시 1960년대와 70년대에
가장 어려운 문제를 가져왔다고 썼다.[121] 스딸린 정책은 도시의 노동력을
값싸게 유지하기 위해, 농산물가격을 임의로 낮추어 계속 동결할 필요가
있었다. 그 결과, 농업은 수십년 동안 정상적으로 발전할 수 없었다. 바로
1967년까지 농업생산의 수준은 스딸린 이전 시기보다 전반적으로 낮았다.
그러므로 스딸린 후계자들은 거의 해결할 수 없는 심각한 어려움에 직면하
였다. 그들로서는 농업부양책으로 일련의 임시조치를 취하지 않을 수 없었
다—— 그리고 그 결과는 예상보다 훨씬 나빴다. 까가노프가 썼듯이, "시
장의 수요를 고려하지 않을 수는 없다."[122] 시장은 그만한 대가를 치르게
한다.

스딸린주의자들과는 달리, 케인즈주의 기술주의자들은 발전한 시장체제
가 이미 존재하는 그러한 상황에서의 계획경제를 선호한다. 그럼에도 불구
하고 시장의 결과와는 상관없는 몇가지 계획을 세우는 이러한 노선 역시
… 실제 그 계획이 성공적으로 시행된다 하더라도, 아주 심각한 결과를 낳
게 된다. 기술주의자들이 1950년대와 60년대에 자신들의 목표를 완전히 달
성할 수 있었다면, 70년대와 80년대 위기는 아마도 훨씬 더 비참한 결과를
낳았을 것이다. 갤브레이스의 권고를 지금 주의깊게 다시 읽어본다면, 이

의해서 충분히 다루어졌다. 어떤 식으로든 계획이 시장을 대치할 수 없다면, 시장
도 계획을 대치할 수 없다는 것은 자명하다. 에스빠냐의 좌파 이론가들은 사회주
의적 계획은 시장을 폐지하지 않고 장기적인 발전전략을 지향함으로써 '경제활동
의 유일한 원칙인' 이윤을 거부해야 한다고 주장했다. 계획은 '사회의 변화'를 결
정한다는 점에서 필요하다(*Economia y Socialismo*〔사회주의와 경제〕, Madrid
1978, 199면). 이러한 입장은 아딸리가 더 명확하게 제시하였다. 곧 "계획은 시장
의 구조에서 개혁을 제시하고 조직할 수 있다"(*Nouvelle Revue Socialiste*, no. 22,
1977, 10면).

121) Kaganov, 앞의 책, 40면 참조.

122) 같은 책, 27면.

는 아주 명백해진다.

갤브레이스는 계획경제를 도입하여 시장을 규제하는 전략뿐만 아니라, "시장을 없애는"[123] 전략까지 제시했다. 그의 견해에 따르면, "시장은 다른 것으로 대치되어야 한다."[124] 사실 그러한 정책이 비록 성공적으로 시행된다 하더라도, 그것은 행정적·관료적 통제체제만 만들 것이다(1920년대에 소련에서는 그러한 제도가 여러 부서의 '총관리국' glavnykh upravlenii 이 갖고 있던 막강한 권력 때문에 총괄주의 glavkism or glavkocracy라는 기묘한 이름이 붙어 있었다). 갤브레이스는, 계획 그 자체에는 시장과 같이 "균형을 맞춰주는 기제"가 없다는 점을 인정했다. 그의 견해에 따르면,

> 계획담당자는 자신이 계획하고 있는 공급과 수요를 일치시켜야 한다. 만약 그것이 실패하면, 흑자나 적자가 생길 것이기 때문이다. 만약 시장이라는 기제를 이용하지 않는다면——가격이 오르거나 내리지 않는다면——공급이 초과할 경우 그 초과분은 쌓아두든지 혹은 없애야 하는 난처한 문제가 생긴다. 그렇지 않으면 공급이 부족하면 불충분한 것을 놓고 서로 차지하려고 다투는 볼썽사나운 꼴이 생기게 된다. 이것은 계획의 결과 빚어지는 일로서, 그 계획담당자의 명성이 하루아침에 금가는 것은 예사이다.[125]

이것이 실제로 어떻게 일어났는지에 대해서는 나중에 살펴볼 것이다. 지금 우리의 관심은 기술주의자들이 어떻게 그러한 상황을 피하려고 하는가 하는 점이다. 갤브레이스의 견해로는 모든 것의 귀결점이 애초부터 잘못을 범하지 않도록 계획을 세워야 한다는 것인데, 그러나 이를 위해서는 정확하고 철저한 정보를 재빨리 받아야만 한다. 이러한 생각은 더할 나위 없이 옳지만, 문제는 객관적인 정보의 원천이 바로 그들이 폐지하려고 하는 시장이라는 점이다.

계획경제는 시장관계의 존재를 고려해야만 하고, 그것에 바탕을 두어야

---

123) Galbraith, *The Affluent Society*, 38면.

124) 같은 책, 27면.

125) 같은 책, 41면. 독자들이 이 책 2부를 읽을 때에는 이러한 일반적인 입장들을 기억하기 바란다(이 번역서에서는 2부를 생략했음. 이에 대해서는 옮긴이의 말을 참고하기 바람 — 옮긴이).

132

만 한다. 1950년대와 60년대 사회민주주의의 반(反)시장정책은 모순을 확연히 드러냈고, 자본주의 체제의 틀 안에서 몇몇 사회주의적 제도를 만들려는 시도도 어느정도 성공을 거두긴 했으나 역시 몇가지 문제를 야기했다.

이 신자본주의적 개혁정책은 처음부터 우파 부르조아계급의 저항에 직면했는데, 이 체제의 구조적 위기가 악화되자 그 저항도 거세어졌다. 서구 경제에 사회주의적 요소와 자본주의적 요소가 결합되어 있다는 사실은 양자 사이에 지속적인 투쟁이 있었다는 것을 의미하는데, 그 투쟁에서 자본주의적 경향이 지배적으로 되고 이러한 경향에 의해서 계획에 관한 조치들은 미리부터 효과없는 것으로 치부되어버리고 만다. 반면 이렇게 강화된 사회주의적 '하위체제'(subsystem)는 어느정도까지 구질서의 '버팀목'으로 보이지만, 그럼에도 불구하고 구질서에 대한 계속적인 위협으로 남아 있다.[126] 만약 1960년대에 케인즈주의, 곧 타협적인 해결책을 반대하는 사람들이 적고 그 영향력도 미미했더라면 1970년대 말까지는 다른 상황이 전개되었을 것이다. 조안 로빈슨이 쓴 대로 "변종 케인즈주의 시대가 전반적인 환멸감 속에서 마감되고 있다."[127] 1980년대 초까지도 그러한 비관적인 견해를 문제삼을 수 있었던 사람은 몇 안 되었다. "1970년대의 사회경제적 위기 그 자체가 기술주의적 교조주의의 완전한 종말을 알렸다"[128]고 소련의 한 정부측 저술가는 썼다. 1960년대의 기술주의 모델은 대부분 '낡은

---

126) 이러한 상황은 튜더 시대 영국이나 초기 부르봉왕가 시대 프랑스의 부르조아들이 처했던 애매한 입장과 비교할 수 있다. 역사의 어느 단계에서는 절대주의가 부르조아지와 그에 상응하는 생산양식 없이 존재할 수 없었던 것처럼, 근대 자본주의도 몇가지 사회주의 요소 없이 존재할 수 없다. 구체제가 위협받는다는 것은 구체제가 새로운 관계를 제대로 통제하고 있지 못하다는 증거이다. 이에 따라 종속적인 위치에 있었던 것이 지배적인 위치로 올라서게 되는 것이다. 이러한 투쟁은 부르조아와 프롤레타리아 사이에서뿐만 아니라, 자본주의적 구조 및 제도 그리고 사회주의적 구조 및 제도 사이에서도 벌어진다. 자본주의는 사회주의적인 하위체제를 어떠한 한계 이상으로 성장하도록 내버려두지 않는다.

127) Joan Robinson, "What has become of the Keynesian Revolution?" in *Essays on J. M. Keynes*, Milo Kenyes, ed., Cambridge 1975, 131면.

128) Shchelkin, 앞의 책, 9면.

것이 되었지만', 그것은 역사의 변덕 때문에 그렇게 되었다고도 할 수 있었다. 상황이 좋은 경우에조차 이 낡은 해결책은 시대에 뒤졌다. 기술주의적 접근방법이 처음에 거둔 성공이 크면 클수록 거기에서는 더 빨리 그 한계와 모순, 단순성이 드러났다. 케인즈식의 절충안도 한계를 드러냈고, 새로운 사고가 지배적인 것이 되었다. '고전적' 자본주의로 복귀하든가 아니면 케인즈주의의 한계를 뛰어넘은 개혁정책을 계속 밀고 가든가 해야 할 상황이었다. 우익 정당과 정부——미국의 로널드 레이건 Ronald Reagan, 영국의 마가렛 새처, 독일의 기민당원——들은 자연스럽게 첫번째 전략을 자신들의 주된 무기로 선택했다. 두번째 전략은 좌익——프랑스의 미떼랑, 영국의 노동당——이 채택한 것이다. 북유럽에서도 사회민주주의는 연달아 명백한 패배를 맛보았다. '로망쓰 유럽'(뽀르뚜갈·에스빠냐·프랑스·이딸리아·루마니아 지역—옮긴이) 국가에서는 모두 사회주의자들이 권력을 잡았다. 1960년대 말과 70년대 초에 들어서면서 내각이 좌파와 우파로 서로 바뀌더라도, 예를 들자면 영국에서처럼 본질적으로 '케인즈식 절충안'이라는 틀 내에서 같은 종류의 경제조치들이 시행되었다. 이것은 중도노선은 견지하되, 권력이 그저 중도좌파로 약간 기울 것인가 아니면 중도우파로 약간 기울 것인가 하는 문제였다. 그러나 1970년대 말이 되면서 사태는 달라졌다. 중도파가 모든 곳에서 패했다. 스칸디나비아 사회민주주의도 어려움을 겪었고, 특히 1979~83년의 위기 때에는 그 입지가 취약해졌으며, 서독과 오스트리아에서도 사회주의적 자유주의 정부[129] '모델'이 선거에서 실패했다. 이 모든 것은 절충안 시대의 종말을 보여주었다.

1979년에서 1982년까지 유럽은 외견상 두 지역, 곧 보수주의 시대가 시작되던 북부와 좌파가 승리하던 남부로 나누어졌다. 사실상 양 지역에서는 모두 중도블록이 해체되는 동일한 과정이 일어나고 있었다. 북부의 국가들

---

129) 오해를 피하기 위해, 필자가 '사회적 자유주의 정부'라는 용어를 쓸 때는 독일 사회민주주의자와 자유주의자들의 연립정부만이 아니라 이 정부가 수행한 정치노선까지 의미한다는 것을 밝혀둔다. 오스트리아에서 사회민주주의자들은 자유주의자들의 참여 없이 나름대로 똑같은 노선을 수행했다. 다른 말로 하자면, 크라이스키(Kreisky)와 슈미트(Schmidt)는 모두 사회민주주의자라기보다는 사회자유주의자들이었다. 조건을 단다고 해도 이들을 좌파로 분류하기는 어렵다.

에서는 사회민주주의가 중도노선의 주된 지지자이자 당시 위기의 주된 희생자였다. 남유럽에서는 부르조아정당이 아주 급진적인 프롤레타리아트로부터 압력을 받아 중도정책을 실시하려고 했다. 영국에서는 중도블록이 해체됨에 따라 노동당이 분열했지만, 에스빠냐에서는 정권을 쥐고 있던 부르조아의 민주중도연합(Union of the Democratic Centre)이 붕괴했다. 서독의 사민당과 자유당(the Liberals)의 연합도 깨졌는데, 이는 자유당 지도자들의 '배신' 때문이 아니라 대중적 기반을 한쪽은 좌익 쪽으로, 다른 쪽은 우익 쪽으로 옮겨감에 따라 공통된 정강을 계속 견지할 수 없었기 때문이다. 이러한 상황에서 생겨난 정치적 공백을 메우는 것은 항상 가장 강력한 야당의 몫이다. 북유럽에서는 보수주의자들이, 남유럽에서는 사회주의자들이 이러한 역할을 했다.

새로운 상황이 전개된 것이다. 이전에는 보수주의자들이 변화에 반대했지만, 이제는 스스로 변화를 만들어가기 시작했다. 한 소련 학자는 "경제・사회정책・이데올로기" 영역에서 이루어지는 "보수주의적 개혁의 시도"라고 썼고,[130] 서구 좌파는 "우파가 체제를 변화시킨다"[131]고 언급하기까지 했다. 불행하게도 사회민주주의자들은 이러한 공세에 맞서 무엇인가 새로운 사고를 전개하지 못했다. 서독 중도좌파 정부의 경험을 분석한 한 학자는 독일의 한 맑스주의 잡지에 실린 글에서, 개혁주의자들이 1970년대에 어려움에 직면했을 때 그들은 스스로 우익으로 선회하여 과거의 경제방식으로 복귀하기를 희망했다고 썼다. 곧 "사회민주주의 스스로가 보수주의 정책의 발견자들이었지만, 단지 온건한 방식을 택한 것뿐이었다."[132] 사회민주주의자들은 조만간 그러한 정책을 더욱 확고하고 이데올로기적으로 일관되게 실행에 옮길 사람들, 곧 진정한 보수주의자들에게 양보하게 될 것이었다. 한 소련 학자가 정확히 보았듯이, 독일 사회민주주의는 "점차 독자적인 정치세력, 곧 부르조아 개혁주의의 대안으로서는 효력을 상실하는 한계에 다다르고 있었다."[133] 이러한 상황에서 선거에서의 패배는 대다수

---

130) Shchelkin, 앞의 책, 3면.

131) *Sozialismus*, no. 4, 1983, 2~3면.

132) 같은 책, 3면.

133) L. I. Piyashcheva, *Mezhdunarodnaya Ekonomicheskaya Teoriya i Praktika*

그 지지자들에게까지 유익한 경험이 되었다. 꼬뻴레프(Lev Kopelev)는 1983년에 "독일사회민주당은 여당으로서는 '낡았고', 정치적으로 도덕적으로 강력한 야당으로만 남을 수 있다"[134]고 썼다.

서독에서는 중도블록의 붕괴로 인해 사회민주주의가 지지층 가운데 상당 부분을 잃게 되었다면, 프랑스에서는 우익이 기대를 걸고 있던 젊은 기술주의 세대 가운데 상당 부분이 예기치 않게도 사회주의자들을 지지했다. 특권적인 고등행정학교의 많은 졸업생조차 미떼랑의 사회당을 지지했으며, 더욱이 사회당 내 좌파를 지지하곤 했다. 1978년 사회당이 정권의 문턱에 다다랐을 때, 당의 한 지도자는 "모든 방면에서 협력의 제의가 들어오고 있다"[135]고 밝혔다. 중도주의에서 환멸을 느낀 젊은 기술주의자들은 점점 더 좌파의 이념에 흥미를 느끼고 있었다.

중도블록의 몰락은 기술관료구조 자체에 내적인 갈등이 있음을 보여주기 때문에, 기술관료구조는 더이상 통합된 하나로 여겨질 수 없었다. 많은 나라에서 젊은 관리자들이 노동조합에 가입하기 시작했다. 사회학자들은 "그들의 이익과 임금노동자들의 이익을 동일시하는 것이 보편화되었다"[136]고 했다. 그 반면에, 나이 먹은 기술주의자들은 대부분 보수주의자를 지지하여 전통적인 부르조아지와 친화성을 갖고자 했다. 비록 이전에는 기술관료구조의 핵심자들이 자본가들을 경영의 지렛대에서 떼어놓으려고 했지만, 이제는 이 두 집단이 합세하여 하층 사회계층에 맞섰다. 지배층 내에서 권력의 재분배가 서로 인정할 수 있는 타협에 의해 일단락됨으로써 지배집단이 강화되었다. 기술주의자들은 개혁에 대해 관심을 잃었다.

개혁주의의 위기는 모든 당——예를 들어 독일의 자민당원(the Free Democrat)들——과 헤아릴 수 없이 많은 개개인들이 '우익으로 돌아서는' 결과를 낳았다. 시첼낀(A. G. Shchelkin)은 신보수주의자들 가운데는 이전에 진보주의자였던 사람들도 많다고 썼는데, 이들은 "자유주의적 기술주의

Sotsial-Reformizma(국제경제론과 사회개혁의 실천), Moscow 1983, 205면.

134) *Tribuna*, no. 2, April 1983, 13면.

135) *Nouvel Observateur*, 27 November 1978, 31면.

136) *Rabochii Klass v Mirovom Revoliutsionnom Protsesse*(세계혁명 과정의 노동계급), Moscow 1983, 124면.

자들을 꼼짝못하게 만든, 풀리지 않는 모순의 결과로 인해 보수적 입장으로 넘어갔다. "[137] 그렇지만 그럼에도 불구하고 기술주의적이고 반인간적인 일반적 사고방식은 그대로 남아 있었다.

신보수주의 이념들은 어떤 의미에서든 새로운 것이라고는 말할 수 없다. 하이에크(F. A. Hayek)는 지난 1940년대에 『농노제로의 길』(The Road to Serfdom)이라는 책을 썼는데, 이 책은 현대 반동가들의 성서가 되었다. 이 책은 진부하고 속된 편견들에 영합함으로써, 계획은 "독재로 귀결되고", 민주주의는 "사적 소유에 대한 자유로운 처분권에 기반을 둔 경쟁체제"가 지배적인 사회에서만 가능하다는 결론을 내렸다.[138] 이후의 사회민주주의적 계획경제의 경험은, 그 기술주의적 한계에도 불구하고 하이에크의 이러한 단정적인 결론에는 아무런 근거가 되지 못했다. 따라서 좀더 세세한 논의가 필요했는데, 이 논의는 나중에 밀턴 프리드먼과 시카고학파 경제학자들에 의해 정교화되었다.

이 집단이 1970년대 말 우익의 공격을 주도했다. '시카고사람들'은 케인즈식 규제정책이 점점 효과를 상실하고 있다는 점에 관심을 집중했다. 서구는 케인즈식 조치들에 익숙해져 있었다. 시장규제는 작동을 멈추었고 지쳐버렸다. '인플레이션 기대감'이 사회에 만연해 있었다. 그 결과,

'예상치 못한'(뜻하지 않은) 인플레이션 상황, 곧 물가가 너무나 큰 폭으로 올라서 집단협상과 장기계약을 체결할 때 이 점을 고려하지 않으면 안될 경우에만 '수요창출'을 목표로 했던 정부의 조치들이 고용에 영향을 끼칠 수 있었다.

그러나 슬프게도 이것은 일시적인 효과일 뿐이다. 왜냐하면 균형은 새롭고 더 높은 차원에서 다시 생겨나기 때문이다. 곧 "또다시 고용을 늘리려는 새로운 시도가 생겨나고 물가가 다시 상승하는 등의 과정이 무한히 계속된다."[139] 인플레이션은 끊임없이 가중되고 이전에 내린 조치의 효과는 감소한다.

---

137) Shchelkin, 앞의 책, 4면.

138) F. A. Hayek, *The Road to Serfdom*, London 1944, 52면.

139) *Voprosy Ekonomiki*, no. 7, 1981, 111면.

많은 좌파 이론가들도 이에 동의한다. 인플레이션이 생산을 자극하지 못하면, 그것은 사회적 입장에서 더이상 수용할 만한 방법이 될 수 없다. 왜냐하면, 미셸 로까르(Michel Rocard)의 말에 의하면, 그것은 "그 나라에 새로운 불평등을 야기함으로써 국가수입을 힘있는 자들에게 유리하게 재분배하려는"[140] 시도로 바뀌기 때문이다. 유산자들이 승리자가 되고 임금노동자들이 패배자가 되는 것이다.

'시카고학파'의 이론가들은 국가의 간섭이라는 수단 대신에 자신들의 고유한 이론인 '통화주의적' '신고전파' 이론을 내세우고 있다. 이 이론은 본질적으로 1830년대 서구 자유주의의 진부한 문구를 반복하는 것에 다름아니라고 할 수 있다. 그들의 주장에 따르면, 정부정책은 발전을 가로막고 시장의 정상적인 과정을 복잡하게 할 뿐이다. 프리드먼은 "중앙의 계획경제는 제한된 성공을 거두거나 아니면 정해진 목표를 성취하는 데 명백히 실패했다"고 비판했다. 만약 케인즈 시대의 경제적・정치적 결과를 따져본다면, "그 계산표가 비관적이라는 것은 의심할 여지가 거의 없다."[141] 계획경제는 "경쟁과 가격형성이라는 메커니즘을 통해 경제를 교정하는 자연스러운 순환과정"[142]을 침해한다. 계획경제를 폐지하여 모든 일이 다시 '자연스럽게' 흘러가도록 해야만 모든 문제를 해결할 수 있다. 곧 시장과 자유경쟁이 모든 모순을 스스로 해결할 것이다. 국가의 유일한 임무는 시장메커니즘이 정상적으로 기능할 수 있도록 안정된 통화를 유지하는 것이다.

이러한 사고에는 나름의 장점이 있다. 시장은 실제로 자발적인 자기규제를 통해 종국에 가서는 모든 문제를 풀어준다. 그러나 문제는 어떤 가격에서 그렇게 하는가 하는 점이다. 예를 들어, 만약 앓고 있는 한 어린아이가 치료받지 못한다면 결국은 죽거나 저절로 치유되는 수밖에 없다. 이 두 경우 모두에서 질병이란 문제는 신체기관에서 일어나는 자연스러운 치유과정에 의해 어떤 식으로든 해결된다……. 그러나 슬프게도 '자연적인' 해결을 기다릴 때까지 사회가 치러야 할 사회적 대가는 아주 엄청나다. 프리드먼은 개인의 문제를 완전히 무시하고 있다는 점에서, 갤브레이스와 같은 일

140) M. Rocard, *Parler Vrai*(진실을 말한다), Paris 1979, 100면.

141) M. Friedman, *Capitalism and Freedom*, Chicago 1962, 11, 199면.

142) *Voprosy Ekonomiki*, no. 7, 1981, 107면.

138

종의 기술주의자이다. 그리고 각 개인은 자신이 경제적 필요성의 단순한 희생물로 전락하는 것을 가만히 보고만 있지 않는다. 각 개인이 이에 항의하고 저항하며, 또 자주 큰 성공을 거두곤 한다. 맑스는, 바로 프리드먼이 되돌아가기를 꿈꾸는 고전적 자유주의의 원칙에 기반을 둔 체제를 분석함으로써, 폭력적인 혁명이 분명 가능하리라는 결론에 도달했다. 도스또예프스끼(Dostoevsky)는 『지하생활자의 수기』(*Notes from Underground*)에서 개인의 이해관계와 그에게 강요되는 '객관적인' 질서, 곧 전체의 풍족함으로 이해되는 전체의 번영이라는 미명하에 강요되는 것은 서로 양립할 수 없음을 입증했다. 이 두 가지 예언이 뇌리에서 좀처럼 사라지지 않는다.

서구가 19세기 모델로 복귀하면(아니면 더 높은 차원으로 복귀하려 하면) 할수록, 사회적 붕괴의 가능성은 점점 더 커진다. 새처 정부 아래에서 영국은 이미 차티즘 이후──아니 엔클로저 이후라 해도 된다──이 나라가 경험해보지 못한 엄청난 대중소요 사태를 겪었다. 경찰과의 격렬한 충돌로 번진 광부들의 장기파업은 또다시 계급평화의 시기가 끝나고 있음을 보여주었다. 외국인들까지 크게 칭찬해 마지않는 영국의 좋은 전통은 어디로 갔을까? 파업이 진행되는 지역에서 나온 신문보도는 약식 군사행동을 연상시켰다. 이 신문보도에 따르면, 수많은 사람이 체포되고 부상당했으며 심지어 사망했다. 대치하고 있던 양쪽의 직간접적인 물질적 피해를 정확히 산출하기란 불가능하다. 일단 광부들이 패하자 신문기자들은 정부의 확고한 결의나 노동자들의 영웅적 행동과 군건함에 대해 칭찬을 해댔지만, 아무도 다음과 같은 질문을 던질 수는 없었다. 300년 전에 민주혁명을 성취한 가장 오래된 민주주의 국가에서, 이 모든 일이 어떻게 가능했을까?

경제에 대한 정부의 간섭은 피할 수 없는 일이지만, 이제는 이것이 전혀 다른 목적을 추구하고 있다. 전에는 지출을 증가시켰지만, 이제는 삭감하고 있다. 전에는 국유화였지만 이제는 사유화이다. 전에는 실업과의 투쟁이었지만, 이제는 실업자와의 투쟁이다. 인플레이션을 잡는 것이 주된 목표가 되었고, 노동자들은 그 미명하에 정부가 요구하는 어떠한 희생도 감수해야 한다. 프리드먼은 "인플레이션과 실업 사이에서 일시적인 취사선택은 항상 존재한다. 그러나 영원한 선택이란 없다"[143]고 강조한다. 이로부터 이전의 정책을 완전히 거부하고 그와 관련이 있는 모든 사회제도를 폐지할 필요성이 나오는 것이다. 물론 노동조합은 제1의 적이 되었다. 정부는 노동운동 조직과 직접적이고 공공연하게 계속적인 투쟁에 돌입했다. 새로운 슬로건은 명백히 반(反)노동자적 성격을 띠었다. 즉 "소유주가 공장의 주인이 되어야 한다"[144]라든지, 국가의 임무는 "노동조합의 명령으로부터 소유주를 보호해주는 것"이라든지 하는 것이 새로운 슬로건이었다.[145] 이러한 사태진전은 19세기를 연상시킨다. 그러나 20세기의 상황에서 노동운동은 강력해서 이러한 정부의 노선을 막고, 소유주에게 임금상승을 강요하여 인플레이션의 증대를 조장하는 등을 충분히 할 수 있을 정도이다.

영국, 일본, 서독 그리고 심지어 일련의 개발도상국에서도 국영기업을 싸게 팔아치우는 일이 광범하게 전개되고 있다. 보수적인 기술주의자들은 효율을 높이는 일이 필수적이라고 주장하며, 국영부문의 관료주의와 과도한 집중화까지 성토했다. 불행하게도 자본주의적 대기업들도 이러한 해악에서 면제될 수 없다. 심지어 보수주의적인 『이코노미스트』지조차 "사기업 독점체들이 국유화된 독점체보다 반드시 효율적이진 않다"[146]는 점을 인정했다. 게다가 자본가들은 싸게 팔려고 내놓은 국영기업을 사거나 그에 관련된 문제를 떠맡기를 꺼렸다. 1983년 12월, 『더 타임즈』지는 "씨티(City, 런던의 금융·상업 중심지─옮긴이)의 전문 투자가들은" 적자기업의 경우가 아닌데도 "일년에 거의 두 번이나 나온 정부의 주식판매에 등을 돌렸다"고 보도했다. 정부는 자본가들의 그러한 '어울리지 않는' 행동에 충격을 받아, 정부측 대표가 당황스러움을 다음과 같이 표현할 정도였다. "왜 그 주식발행이 성공하지 못했는지 정확히 판단하기 어렵다."[147]

국유재산을 매각하는 일이 순수한 상업적 견해에서조차 꽤 복잡한 문제임이 증명되자, 영국 보수주의자들은 국영기업을 미리 민영화하려면 수익

143) Friedman, *The Optimum Quantity of Money and Other Essays*, Chicago 1969, 104면.
144) *Mondo Economico*, no. 32~33, 1981, 86면.
145) *Il Giornale*, 18 April 1981.
146) *Economist*, 23 February 1985, 15면.
147) *The Times*, 3 December 1985, 21면.

성 좋고 아주 효율적인 기업으로 재조직해야 한다는 결론을 내렸다. 몇몇 경우에는 이러한 재조직화가 성공을 거두어, 국가소유와 효율성은 양립할 수 없다는 정부의 주장을 뒤집기도 했다. 그후 멀지않아 이렇게 시행되던 정책의 계급적 본질은 명백해졌다. 이것은 영국 경제의 활력을 복원하는 것이 아니라 전통적 부르조아지의 입장을 강화하는 사례였다.

신보수주의의 진로에 어려움과 모순이 증대되자 많은 슬로건이 폐기되었다. 신보수주의자들은 19세기 고전적 자유주의의 후계자로 자처함으로써 민주주의의 수호자 역할을 자임하고 나섰다. 그러나 바로 이러한 '고전적 유산'의 요소들이야말로 그들이 가장 관심을 보이지 않던 것임이 점차 명백해졌다. "그렇지만 우리에게는 민주주의를 맹목적으로 숭배할 의도가 없다"고 주장한 사람이 바로 또 하이에크이다. 그는 정치적 권리 역시 그다지 높게 평가하지 않았다.

민주주의는 본질적으로 내적인 평화와 개인적인 자유를 보호해주는 수단, 곧 공리적 고안물이다. 그것은 그 자체로 전혀 오류가 없거나 확실한 것은 결코 아니다. 우리는 문화적·정신적 자유가 때로는 몇몇 민주정에서보다 전제정에서 훨씬 더 많이 있었음을 잊어서는 안된다.[148]

그의 제자들은 스승보다 한술 더 떴지만, 스승이 가리킨 방향은 그게 아니었다. 미국의 신보수주의자인 새뮤얼 헌팅턴(Samuel P. Huntington)은 "민주주의에는 훨씬 더 많은 온건함이"[149] 필요하다고 썼다. 서방 사회에는 …… 자유가 너무 많이 있음이 판명되었다. 비록 우익이 이전에는 관료주의를 퍼뜨린다고 자유주의자들을 비판하고 관료주의 대신 자본주의적 탈집중화 모델을 채택했지만 이후 이들의 강조점은 강력하고 집중화된 정부, 말하자면 노동조합 및 좌익과 투쟁하는 데 필수적인 정부에 두게 되었다. 이론상 신보수주의자들은 완전히 개방된 경제를 선호하지만, 실제로는 일련의 국내 경영체들이 외국 상품과 치열한 경쟁에 돌입하면 그 노선은 그

148) Hayek, 앞의 책, 52면.
149) Samuel P. Huntington, "The Democratic Distemper," in *The Public Interest*, no. 41, 1975, 36면.

들의 이해관계와 대립된다. 그럴 때 이 정부는 보호주의에 의존한다. 서방
의 전문가들이 인정했듯이, 신보수주의 정책이 "인플레이션을 줄이기보다
는 더 조장하는"[150] 사태가 벌어진다. 그러므로 인플레이션 기대감에 대한
논거는 정당화되지 못했다.

  프리드먼은 시장자본주의와 민주주의의 관계에 대해서도 이야기했는데,
독재자들이야말로 그의 가장 충실한 제자들임이 판명됐다. 칠레에서는 삐
노체뜨가 '시카고사람들'의 처방에 따라 단기적으로 경제적 성공을 거둘 수
있었지만, 군사정권 지배의 그 궁극적인 결과는 대다수 주민들에게, 심지
어 부르조아층에게조차 쓰라린 것이었다. 1980년대 중반에 이르면 아옌데
좌파정부의 실패는 이 독재체제의 경제적 서투름에 비하면 아무것도 아니
었다. 10년간의 군사통치 이후 산업생산의 수준은 "쌀바도르 아옌데가 정
권을 잡고 있던 1972년보다 낮아졌다."[151] 경제활동인구 중 30%가 실업상
태에 있었고, 인플레이션이 다시 한번 급속히 증대되었다. 시장메커니즘이
작동하지 않거나 작용한다 하더라도 더뎠다. 이 나라는 '자발적인' 발전에
그렇게 많은 사회적 대가를 지불할 수 없었다. 삐노체뜨는 칠레 경제가 파
산에 이르지 않도록 하기 위해 일련의 회사들을 국유화하지 않을 수 없었
다. "그의 경제정책이 붕괴되고 있다"[152]고 꽤나 보수적인 『뉴스위크』
(Newsweek)지는 사실대로 보도했다. 사람들은 거리로 뛰쳐나왔다. 데모대
가 군대 및 경찰과 충돌했다. 부르조아지조차 이 정권에 등을 돌렸다. 이
것은 정치노선의 실패 그 이상의 어떤 것이었다. 영국의 언론인 리처드 고
트(Richard Gott)의 말에 따르면, 수용되었던 경제모델 전체가 "완전히 불
신당했다."[153] 아르헨띠나, 브라질 그리고 우루과이의 군사정부는 커지는
민중운동에 직면해서 자발적으로 정권을 내놓는 길을 택했다.

  다른 경우에서 보자면 신보수주의 정책의 결과가 그래도 덜 비참했던 것
은 오로지 우익의 인물들이 일관성이 없었다거나 —— 또는 민주주의 상황
에서는 칠레의 삐노체뜨가 누렸던 무제한적인 '실험의 자유'를 이들은 누리

---

  150) *Newsweek*, 15 June 1981, 42면.
  151) *Latinskaya Amerika*, no. 9, 1983, 29면.
  152) *Newsweek*, 22 August 1983, 21면.
  153) *Latinskaya Amerika*, no. 9, 1983, 35면.

지 못했다는 단순한 이유 때문이다.[154] 실업의 증가와 사회적 긴장의 고조
는 신보수주의 세력이 정권을 잡고 있는 곳이면 어디서나 볼 수 있는 현상
이었다. 이로 인해 프리드먼의 일부 추종자들은 강조점을 바꾸었다. 이제
는 19세기 노선에 따라 재편된 경제 전체에 문제가 있는 것이 아니라, 단
지 그 내부에 어떠한 법으로도 제한받지 않는 일종의 사기업부문이 형성되
었다는 것이 문제라는 것이다. 한 이딸리아 우파 기술주의자는 다음과 같
이 썼다. "어느 날 갑자기 신자유주의가 나타나 국가간섭을 끝낼 것으로는
믿지 않는다. 국가간섭은 이딸리아 경제의 구성요소이다."[155] 이제 문제는
국유화된 부문도 아니고 다소간 정부의 통제를 받는 사기업도 아닌, 이 모
두와 대립하는 중소기업들이다. 소련의 전문가들은 다음과 같이 지적했다.
이딸리아에서,

> 이러한 기업집단은 종종 정부조직으로 등록되지도 않고, 세금과 사회부과금의
> 납부를 포함한 그 어떤 종류의 국가규제로부터 '자유로울' 뿐만 아니라 노동조
> 합 조직과 관계를 맺고 있지 않다.[156]

---

154) 유럽의 신보수주의자들은 미국의 우익노선이 비교적 성공을 거두었다는 사실을
지적한다. 사실, 미국 경제는 1979~82년에 심각한 위기를 겪은 후 새로운 일자
리를 많이 창출할 수 있었고 유럽보다 일찍 불황으로부터 빠져나올 수 있었다. 그
러나 이것을 성취하는 데 미국의 노동생산성 성장은 유럽의 수준에 못 미쳤고, 실
업수당이나 새로운 일자리의 임금은 얼마간 낮았다. 다시 말하면, 미국은 유럽에
비해 일자리가 많았지만, 그만큼 질은 떨어졌다(그리고 내포적인 요소에 비해 외
연적인 요소가 우세한 형태이다). 또 이러한 미국 경제의 '호황'에도 불구하고 해
결하지 못한 구조적인 문제들(예산증가와 무역적자, 세계시장에서의 미국 역할의
약화, 달러화의 지나친 하락)이 많이 남아 있다. 그러므로 불황을 타개하기 위해
레이건 대통령이 수행한 정책은 새로운 위기의 시발점이 되었다. 1984년에 미국은
노동자 1만 명당 로봇의 수가 유럽보다 평균 2배나 많았지만, 일본보다는 3배나
적었고 스웨덴보다는 4배나 적었다. 미국은 제2차 세계대전 후 모든 면에서 유럽
에 앞서 있었지만, 1945년부터 80년까지 서유럽의 생활수준은 미국보다 빠르게 향
상되었다는 점을 상기해야 한다. 일본은 그 성공에도 불구하고 유럽보다 생활수준
이 낮고 노동시간이 길며 휴일이 짧다. 그 결과 자본주의의 '유럽식 모델'(그리고
우리는 자본주의적인 유럽에 대해서만 이야기하고 있다)은 미국이나 일본, 이 두
모델보다 많은 이점을 갖고 있다.

155) *L'Espresso*, no. 28, 1979, 159면.

미국에서 소기업은 훨씬 더 성공적인 대기업의 과학적·기술적 재원을 이용한다. 곧 "일련의 자료에 따르면, 이들은 1달러 지출비용으로 따져볼 때 대기업(1만 명 이상을 고용한 회사)에 비해 17배가 넘는 혁신을 일으켰다."[157] 이들 '젊은 기업군'에는 다른 선택이 없다. 이들이 살아남는 유일한 방법은 모험을 감행하는 것이다. 그러나 이에 반해서 갤브레이스가 스스로 인정했듯이, 대기업에서는 바로 위험을 최소화하는 것이 법칙으로 작용한다. 그렇지만 중소기업이 비교적 높은 수준의 효율성을 내는 것은 이 때문만이 아니다. 현대의 상황에서는 초집중적인 관료체제가 전혀 맞지 않는다(그리고 이런 의미에서 미국의 기업은 소련의 총관리국 glavki과 같은 해악을 경험하지 않았다). 1980년대에 서방에서는 전체 경제메커니즘을 분산시키는 중대한 전환이 있었다(한마디 덧붙이자면, 이것은 또한 몇몇 '공산주의' 체제 국가의 특징이기도 하다. 곧 헝가리, 유고슬라비아, 중국은 서방보다 훨씬 앞서 그러한 전환을 시작했다). 소기업의 역할을 강화하는 것은 이러한 경향의 반영일 뿐이다.

그럼에도 불구하고 같은 동전의 다른 측면도 있다. 소기업은 자율적으로 움직이는 것 같지만 실제로는 결코 완전히 독립되어 있지 않다. 이들 소기업의 "예기치 않게 높은 경쟁력"은 "정확히 말해 비록 그들의 사장은 아닐지라도 고용주나 다름없는 강력한 국제기업들이 보이지 않게 보호해주기 때문인 것으로 풀이된다"[158]고 꼬롤레프(Yu. Korolev)는 『라찐스까야 아메리까』(*Latinskaya Amerika*)라는 잡지에서 지적했다.

새로운 기술의 전파로, 비록 마이크로컴퓨터 산업과 그와 관련된 부문에서일 뿐이지만, 자유로운 기업가의 재등장이라는 환상이 나타났다. 위험최소화 원칙에 따라 운영되는 대기업으로서는 이러한 분야에서 수많은 기회를 놓쳤다. 정말이지 19세기의 시기로 되돌아간 것처럼 보였다. 다시 말해 "영웅적인 자본주의, 초국가적인 거대한 것에 대항하여 자신의 힘을 시험하기로 한 개인의 승리, 구조에 대한 '나'의 승리, 경제메커니즘에 대한 의

---

156) *Voprosy Ekonomiki*, no. 4, 1983, 127면.

157) *SShA*, no. 4, 1983, 89면.

158) *Latinskaya Amerika*, no. 8, 1983, 29면.

지의 승리"[159]였다. 그러나 이것은 모두 환상이었다. 서방 경제의 특징인 자본의 집적과정이 이들 새로운 분야에서는 아직 초기단계였을 뿐, 생산이 발전하면 할수록 그 규모도 커지고 더 강도있게 진행되었다. 다른 분야에서 이미 일어난 것처럼, 상당 부분의 소기업이 아예 사라지거나 아니면 대기업과 중간기업의 규모로 성장하고 있다(그리고 이것은 이미 일어나고 있다). 점진적인 구조적 분산화를 이루는 것은 오직 사회주의 아래에서만 그리고 스스로 관리하고 계획하는 시장경제 아래에서만 가능하다.

자본주의 '황금시대'의 관행을 부활하고자 하는 꿈은 유토피아로 남아 있다. 케인즈주의는 많은 문제를 야기했지만, 빌리 브란트(Willy Brandt)가 지적한 대로, "초기 자본주의 시기의 원시적인 경제 이데올로기는 … 이러한 문제를 악화시켰을 뿐 해결하지는 못했다."[160]

그렇지만 실제의 문제는 브란트와 다른 사회민주주의 이론가들이 생각한 것보다 훨씬 복잡하다. 신보수주의자들의 공세가 부르조아 이데올로그들에 의해서는 19세기 자유시장으로의 복귀로 나타났지만, 이들이 객관적으로 추구한 목표는 전혀 다른 것이었다. 현재의 생산력 구조에서 19세기로의 복귀는 그저 불가능할 뿐이며, 라틴아메리카 군사정부가 원숭이 재주 부리듯 아주 단순하게 추구한 시도는 애초부터 실패하게 되어 있었다. 이스라엘에서도 비슷한 과정을 겪었다. 그러나 고도로 발전한 나라에서는 문제가 달랐다. 근대경제는 일반적으로 계획 없이는 존재할 수 없다. **누가 어떻게** 계획하느냐의 문제일 뿐이다. 신보수주의자들은 시장으로의 복귀라는 슬로건 뒤에 숨어서 실제로는 민주적 조직의 통제 대신에 초국가적 기업의 사적 계획에 맡겨버림으로써 계획을 제거하려고 했다. 그러나 이것은 사실상 노예제로 향하는 길이다.

국가의 '전능함'을 제한하려는 신보수주의자들의 바람은 증가하는 그들의 권위주의와 맞아떨어지는 것일 뿐만 아니라, 노동자들의 정치적 자유를 공격하는 것과도 밀접하게 관련되어 있다. 이러한 '19세기로의 복귀'란 부르조아지의 자유주의적 독재는 선호하면서도 진보된 민주주의는 거부하는 것을 뜻한다. 왜냐하면 '자유시장 자본주의'의 시대가, 서구에서 인구의 상당

---

159) *L'Esprit*, no. 2, 1985, 10면.
160) *Latinskaya Amerika*, no. 8, 1983, 142면에서 재인용.

부분이 투표권을 갖고 있지 않고 정치생활에 참여할 수 없었던 때(영국 사회학자의 통계에 따르면, 하층계급은 1642~48년의 스튜어트 왕조의 전복 직전보다 19세기 초에 정치적 권리를 더 적게 갖고 있었다)였다는 것은 우연이 아니기 때문이다. 신보수주의자들의 이러한 정책은 그 나름의 논리가 있다. 국가의 사회적·경제적 기능이 제한되면 될수록, 그 억압적 기능이 차지하는 특수한 비중은 늘어날 것이다. 국가기구 내 관료적 분파들 사이에는 여전히 투쟁이 전개되고 있다. 비록 군경(軍警) 관료가 그 자체로는 강화되지 않는다고 할지라도, 그 기구와 경쟁하는 다른 기구가 약화되면 자연히 군경 관료의 입지가 강화되고 세력판도가 그것에 유리하게 작용한다. 물론 군경 복합체는 쇠퇴하고 있는 다른 사회적인 국가제도 대신에 추가자원을 받아서 상대적으로뿐만 아니라 절대적으로도 실지로 증가하고 있다. 군사적 억압조직의 영향력이 커지면 커질수록 노동자의 권리에 대한 탄압의 기회도 그만큼 더 많아진다. 이 과정은 그 나름의 역동성도 지닌다.

그러나 신보수주의자들의 공격은 사회 민주세력들의 늘어나는 저항에 계속 부딪히고 점점 더 서구 문명의 전통과도 모순되게 된다. 밀턴 프리드먼이 표현했듯이, "서로 얽혀 짜여져 있는 자유제도들의 그물망은 많은 것을 버텨줄 것이다."[161] 우파정부는 그들이 직면한 저항을 이겨내기에는 완전히 무력하다는 것이 입증되었다. 신보수주의적인 기술주의적 반(反)개혁은 한걸음을 떼어놓을 때마다 새로운 어려움에 직면한다.

그렇지만 '케인즈적 타협'으로의 복귀가 불가피한 것으로 이해해서는 안된다. 우파 기술주의자들이 사회민주주의 정치가들보다는 어쨌든 일관성이 더 있다. 우익은 사회주의가 섞이지 않는 '순수한 자본주의'를 선호한다.

---

161) Friedman, *Capitalism and Freedom*, 202면. 여하튼 프리드먼류의 저자들에 대한 논쟁은 건설적이어야 한다. 좌파들은 신보수주의자들의 논거를 거부하고 그들과 정치적인 논쟁을 벌이면서 자신들의 입장도 함께 잘 생각해보아야 한다. 이것은 까딸루니아의 맑스주의 잡지에 아주 잘 나타나 있다. 국유화를 옹호하는 것은 필수적이지만 "우리는 공공부문에 대한 맹목적인 숭배자가 되서는 안된다." 이제 공공부문을 옹호하면서 해야 할 일은 "공공기업의 문제를 해결하는 데 대중들이 정치적으로 개입하도록 함으로써" 그것을 변화시키는 것이다(*Nous Horitzons*, no. 94, March-June 1985, 15면).

만약 자본주의를 근대사회의 '유일하게 정상적인' 형태로 간주한다면, 그들의 올바름을 인정해야만 한다. 다행히도 사실은 이와 다르다. 완전히 실제적인 사회주의적 대안이 존재한다. 그러나, 진짜 어려움은 근대 산업사회의 상황에서 사회주의에 이르는 효과적이고 전략적인 길을 고안해내는 데 있다. 기술주의적 해결책은 이러한 목표에 도달하는 데 도움을 줄 수 없다. 그것은 기술주의자의 관점에 그러한 목표가 들어 있지 않기 때문에 더욱더 그러하다.

제 3 장

구조적 개혁들

서구의 좌파들에게는 1970년대 말과 80년대 초가 아주 견디기 어려운 시기였다. 어디에서나 우익의 이데올로기적 반격이 유례없이 전개되었다. 또한 많은 나라에서 보수주의자들의 정치적 입장이 강화되었다. 그렇다고 우익이 자신들의 목표를 모두 다 성취했다고는 말할 수 없다. 왜냐하면 바로 1980~82년에 사회주의자들이 잇따라 권력을 장악하거나 되찾는 데 성공했기 때문이다. 그렇지만 어떤 의미에서 좌파는 이로 인해 어려움만 가중되었다. 새로 제기된 많은 문제들을 아주 짧은 기간에 그리고 아주 불리한 상황에서 해결해야 했기 때문이다. [1]

그럼에도 불구하고 좌파가 위기를 맞게 된 주원인은 거세어진 부르조아

---

1) "최근 서구의 사회주의는 지적인 흐름에서나 정치적인 실천 면에서 쇠퇴하는 세력처럼 보인다"(*British Book News*, December 1984, 722면). 이에 대해서는 정치학자들이 모두 동의한다. 그러나 이들 대부분은 이 사회주의의 위기가 좌파세력이 성공을 거두는 가운데 생겨난 산물이라는 생각은 좀처럼 하지 않는다. 좌파세력은 자본주의 체제에서 많은 것을 변화시킬 수 있을 뿐만 아니라 그 체제에 협조하여 타협하기도 한다. 따라서 정치학자들은 이 자본주의 위기를 주의깊게 살펴야 한다.

지의 공세나 경제적 후퇴가 아니라, 사회주의 운동 자체의 내적 모순이었
다. 과거의 원칙과 체계는 분명 '작동되지 않고 있었으며', 가치의 재검토
가 바람직했을 뿐만 아니라 긴요하기까지 했다. 이것은 사회민주주의자,
사회주의자, 공산주의자 그리고 여러 '신좌파' 경향들 모두에 똑같은 영향
을 끼쳤다. 물론 이러한 상황이 모든 나라에서 똑같았던 것은 아니지만,
프랑스사회당, 이딸리아공산당 그리고 영국노동당이 같은 문제에 자주 부
딪히고 있었고, 심지어 비슷한 해결책에 도달했다는 사실을 어렵지 않게
알 수 있다.[2] 이 위기가 모든 사람들에게 영향을 끼쳤지만, 이밖에도 공동
연구나 전략적 재조직화 그리고 좌파의 사회적 역할에 대한 재검토에도 좋
은 계기를 마련해준 셈이었다. 사실 따지고 보면, 좌파들 사이에서 점차
새로운 전략적 블록을 형성할 수 있다는 희망도 바로 이때의 어려움 때문
에 생겨난 것이다. 유럽의 좌파운동은 신보수주의자들의 총체적인 반격에
맞서 통합되고 개선되어야 했다.

노동자정당의 내부에서 아무런 변화가 일어나지 않는 한, 이같은 변화의
노력은 성공을 거둘 수 없다. 새로운 사상과 방법을 요구하는 목소리는 오
래 전부터 있었다. 이 위기는 단지 이러한 문제의 절박성을 입증하고 있을
따름이었다. 이 새로운 정치전략은 이론과 실천의 통합으로써만 세워질 수
있다. 그때까지 좌파의 최대 약점이 바로 이것이었다. 에스빠냐사회당 이
론가인 쏘뗄로(I. Sotelo)는 서구 사회주의자들은 타고난 이데올로기적 '정
신분열증'에 시달리고 있다고 썼다.[3] 이론가들은 맑스주의 혁명 개념을 발
전시켜온 반면, 실천가들은 일상적인 개혁주의적 노력에 힘을 쏟았다. 혁
명적 이데올로그들, 공산당 및 사회민주주의 좌파는 우파들이 보여준 기회
주의 및 변절을 비난하고 나섰지만, 사실상은 '제2의 11사도'와 같은 역할

2) 정보와 사상이 자유롭게 교환되는 곳에서 이데올로기적 원칙은 결국에 가서는 일
반화된 하나의 형태를 취하게 마련이다. 우리가 살펴야 할 것은 특정한 나라나 특
정한 정당이 아니라, 이러한 보편적인 형태이다. 정치학자들이 말했다시피, "서구
에서는 정치형태와 정치적 요구, 그리고 이데올로기가 이것들이 기능하는 토대인
사회구조나 경제적 조건보다 종종 더 유사하다"(R. Grew, ed., *The Crisis of
Political Development in Europe and the United States*, Princeton 1978, 9면).
3) *El Sistema*, no. 15, October 1976, 9면.

을 했다. 좌파의 발언으로 사회민주주의가 좀더 철저하고 과감한 면모를
보여주긴 했지만, 그것이 실패하거나 정권을 내놓은 시점에서 이들 좌파는
후방에 남은 전략예비군이었다. 사회민주주의는 정권을 잃고 나면, 급진적
인 집단에 속하는 사람과 이념을 끌어들여 자신들의 정치적 조직체에 신선
한 피를 수혈하는 등 재충전의 기회를 가졌다. 이전에 좌파였던 해럴드 윌
슨(Harold Wilson)도 잇따라 패배를 맛보고 나서, 다시 노동당의 통합을
이룩해낼 수 있었다. 1950년대에 여러 나라(특히 영국)에서 이전에 공산주
의자였던 사람들이 사회민주주의 활동가 대열에 많이 합류했다. 여하튼 혁
명적 조류는 사회주의적 이상의 관리자로 남게 되었고, 개혁주의자와 실용
주의자들도 이같은 사실을 계속 염두에 두고 있었다. 그러나 바로 이 점이
이들 정치적 역할의 한계였다. 이같은 '업무분담'을 양쪽 모두에서 받아들
이긴 했지만 이것은 사회민주주의적 개혁주의가 활기차고 외부의 자극을
소화해낼 수 있을 때에만, 그리고 객관적 조건이 유리하게 돌아갈 때에만
효과적이었다. 1960년대와 70년대에 개혁주의적 공세가 점차 약화되고 여
기에 당 이데올로기가 기술주의로 채색되자, 상황은 달라졌다. 사회민주주
의 지도자들은 개혁주의자에서, 서구 맑스주의자의 표현에 따르면, "자본
주의 사회의 단순한 관리자"로 바뀌었다. 4)

아담 셰보르스끼(Adam Przeworski)는 『신좌파평론』(*New Left Review*)에
서 다음과 같이 썼다.

개혁주의는 항상 구조적 변혁을 지향하는 점진적인 진보를 뜻했다. 전통적으
로 개혁주의를 정당화해온 믿음이 있다면, 그것은 개혁이 축적된다는 것, 말
하자면 계단처럼 구성되어 있어서 어떤 방향으로 일정하게 나아간다는 믿음이
었다. 바로 이러한 논리에 따르면, 사회민주주의자들의 현 정책에서는 개혁의
축적이 더이상 이루어질 수 없다. 5)

---

4) *El Socialista(especial XXVII Congress)*, no. 1, 4면.
5) *New Left Review*, no. 122, July-August 1980, 54면. 이러한 개혁이 실시되지 않
   는 한, 계급투쟁은 새로운 단계에서 다시 시작된다. 왜냐하면 계급투쟁이 성공을
   거둘 때마다, 그 얻은 것을 지키기 위한 새로운 투쟁이 곧 필요하기 때문이다. 사
   회민주적인 개혁은 **되돌릴 수 없는 것**이지만, 노동운동이 그 개혁주의의 추진을
   늦출 때마다 그 개혁은 원점으로 되돌아가기 시작한다. 이것을 순수한 방어적인

그동안 급진좌파는 주도권을 잡을 수 없었을 뿐만 아니라, 약화된 사회민주주의에 대한 '압력집단'으로서도 크게 성공을 거두지 못했다. 그러므로 이 개혁주의의 위기는 '혁명적 조류들'의 입장을 강화시켜주기는커녕, 그것들의 정치적 모순만 보여주었다.

에릭 홉스봄(Eric Hobsbawm)은 1973년에 다음과 같이 썼다.

안정된 산업사회에 사는 혁명적 좌파의 문제는 그 기회가 결코 오지 않는다는 데 있는 것이 아니다. 이들이 활동하는 평상시의 상황 때문에 이들은 이 운동을 아마도 자신들이 혁명가로 행동해야 할 그러한 드문 순간을 맞이할 때까지 발전시켜야 함에도 불구하고 그러지 못한다는 것이 문제이다. … 바로 우리와 같은 나라에서 혁명가가 되기란 어려운 일이다.[6]

그렇지만 그저 이렇게 말한다고 해서 그러한 어려움들의 진정한 이유나 그것들을 극복할 수단이 발견되는 것은 아니다.

맑스주의는 그 자체로 그리고 저절로 '혁명적'으로 되거나 '개량적'으로 되는 이론은 아니다. 맑스주의는 역사에서 개량적 단계와 혁명적 단계가 갈마드는 가운데, 결정적으로는 이것들의 상호유기적 결합에서 **실천의 이**

행동만으로 저지하려고 하면 불가능하지는 않지만 아주 어렵다. 따라서 이렇게 대립할 때는 노동조합이 노동자들의 최후 거점이 될 수 없다. 한 프랑스 논평가가 옳게 지적했듯이, 그렇게 되면 노동자들로서는 "위기 때에는 일자리를 방어하는 것이 모든 것이 걸린 문제이기 때문에 그 투쟁은 효과적일 수 없다"(*L'Esprit*, no. 2, 1985, 2면). 이 상황에서 전략적 주도권을 놓치게 되면 일련의 실패를 야기하고 이전에 차지했던 자리까지 내어주게 된다. 영국에서 1984~85년에 일어난 광부파업과 1926년의 총파업도 모두 방어적 슬로건만 고집했기 때문에 패배할 수밖에 없었다. 양자의 경우에서 노동조합은 모두 석탄산업의 전환이라는 대안적인 투쟁계획을 사회에 제시할 수 없었다. 다른 부문의 노동자들이 광부들을 위해 자신들의 일자리를 걸고 단합하지 않는 한 성공은 불가능했다. 이런 일을 예상해서 다른 슬로건이 필요했던 것이다. 그럼에도 불구하고 광부들의 실패는 좌파나 노동계급에 전반적인 파국의 신호는 아니었고, 다만 새로운 투쟁의 단계와 새로운 전략적 요구가 시작되었음을 알리는 것일 뿐이었다.

6) E. Hobsbawm, *Revolutionaries*, London 1973, 14~15면.

론으로서 태어난다. 그런데 이 후자의 특징을 우파 사회민주주의자나 좌파
비판가 모두가 완전히 무시해버렸다.[7] 홉스봄조차 이것을 언급하지 않았
다. 맑스주의 이론만이 아니라 가장 초보적인 이론이라도, 상황이 다르면
대응을 다르게 해야 할 것이다. 게다가 레닌이 만들었고 다른 맑스주의자
대다수가 받아들였던 **혁명적인 상황**(revolutionary situation)이라는 바로 그
개념에서도, 혁명적 활동의 성공은 오로지 어떤 사회경제적·심리적 조건
에서만 가능하다고 상정한다. 문제는 맑스주의자들이 세계의 혁명적 변혁
이라는 개념을 끌어냈다는 것이 아니라, 그러한 사고를 절대화했다는 것이
다. 이들은 '진정한 변화'는 혁명적인 바탕 위에서만 가능하다는 결론을 내
리고 그것을 절대화했다. 이들은 개혁주의 정책의 장점을 아주 깔보는 특
유의 도덕적 독선을 갖고 있었다. 물론 맑스주의가 나타나기 훨씬 전에도
'혁명적 윤리'는 존재했다. 그러나 우리가 살펴본 대로, 맑스 자신은 결코
이러한 입장을 취하지 않았다. 그런데 무슨 운명의 장난인지, 20세기에 맑
스의 추종자로 자처하는 사람들이 그러한 원리를 전파했다. '기회주의적
개혁주의자들'의 실천에는 정말이지 타협하는 경향이 있는데, 이는 선동적
인 미사여구로 전락한 지 오래인 좌파의 공허한 '혁명주의'를 오히려 자극
함으로써 이러한 사고를 확인시켜주는 경향을 지녔다. 1968년에 빠리의 대
학생들이 "모든 개혁주의는 전략의 차원에서는 공상주의와 다르고, 전술의
차원에서는 기회주의와 다르다"[8]고 밝혔던 것도 얼마간 맞는 이야기이다.
노동운동의 일상적인 경험이 이를 확인시켜줄 것이다. 우파 쪽에서는, 좌
파가 혁명적 슬로건을 내걸었지만 아주 사소한 변화조차 성취하지 못했다
는 점을 확실히 입증했다.

---

7) 1920년대에 우파 사회민주주의자들은 맑스주의 자체는 '사회발전' 이론인데 '혁명
   의 부수물'에 의해 왜곡되었다는 점을 들먹임으로써 수정주의라는 비난에서 벗어
   나고자 했다(R. Abraham, ed., *Die Theorie des modernen Sozialismus*, Berlin 1923,
   112~13면).

8) "Les murs ont la parole(벽들은 말한다)," *Journal mural, Mai 1968*, Paris
   1968, 23면. 빠리의 한 학생지도자는 1968년에 다음과 같이 밝혔다. 전통적인 노
   동운동의 결과 "개혁주의자들은 약간 현명해서 몇가지 사회개혁을 다소나마 수행
   할 수 있었지만, 사회적 구조를 문제삼을 줄은 몰랐다"(*La révolte étudiante: Les
   animateurs parlent*〔학생들의 저항: 활동가들이 말한다〕, Paris 1968, 50면).

급진이론가들은 싸르트르처럼 추상적인 철학에서 사소한 정치문제로 옮아가거나, 아니면 아도르노(T. Adorno)처럼 정치활동에 냉소를 퍼부음으로써 자기 사고의 순수성을 유지하기도 했다. 그렇지만 이러한 방식으로는 이론의 발전을 장담할 수 없었다. 아도르노 사상은 그 천재성에도 불구하고 여전히 무한한 추상의 연속에 묻혀 있다고 많은 저술가들이 올바로 지적했는데, 그 추상은 비판과 자기비판의 끊임없는 순환 속에 갇혀 있기 때문에 아도르노의 사상은 '부정적인 변증법'(negative dialectic)이 되고 말았다. "이런 식으로 아도르노의 맑스주의는 '실천의 거부'로 귀착했다"[9]고 아도르노의 비판가들이 올바르게 말했다. 그의 철학사상이 얼마나 심오한 것이든간에, 그 정치적 의미와 사회에 끼치는 직접적인 영향력은 무시해도 좋을 만하다.

사실 어떤 대가를 치르고서라도 혁명적 정신의 '순수성'을 보존하려는 바로 이러한 노력으로 인해, 오히려 그 혁명적 정신이 파괴되고 활동가들은 환멸에 빠지거나 이탈하고 말았다(이전에 공산주의자나 좌익이었던 사람들이 우익으로 자꾸만 넘어간다). 그러나 그렇다고 개혁주의의 필요성만 역설한다고 해서 문제가 풀리는 것도 아니다. 개혁주의적 활동과 혁명적 활동이 함께 가능한 이데올로기와 정신적 분위기가 필요하다. 구체적인 상황에 따라 개혁주의 정책이 혁명적 정책으로 무리없이 바뀌고, 또 그 반대로 혁명적 정책이 개혁주의 정책으로 무리없이 바뀔 수 있는 이데올로기적·도덕적 원칙이 세워져야 한다.[10] 이것을 이룩하기란 그리 수월치 않음이 분명해졌다.

1950년대 말과 60년대 초에는 개혁주의가 분명 기술주의화했음에도 불구하고, 우파 사회민주주의가 여전히 위세를 떨치고 있었다. 따라서 이때 이에 대한 어떤 급진적인 대안을 내놓기란 불가능했다. 노동운동에서 사회민주주의에 맞설 수 있는 유일한 세력은 스딸린주의 공산당이었다. 그럼에도 불구하고 노동자정당의 지도자들이 부르조아화하고 사회주의적 전망을 상

---

9) *Présences d'Adorno. Revue d'Esthétique*(아도르노의 면모. 미학잡지), no. 1~2, Paris 1975, 39면.

10) 물론 개혁주의가 혁명보다 지루하다. 개혁주의적 열정을 일으키려면 정말 인상적이고 혁명적 특징을 담고 있는 그런 변혁안이 필요하다.

실했다는 것은 좌파 인텔리겐찌야 가운데 상당수가 차라리 공산주의자들과의 협력을 희망했을 만큼 아주 명백했다. 싸르트르는 사회민주주의와 스딸린주의자들 간의 혁명적 민주주의 연맹(Revolutionary-Democratic Association)을 세우려다 실패한 후, "공동활동의 효과적인 수행을 보장"하기 위한 유일한 수단으로 공산당과의 화해가 필요하다는 결론에 도달했다. 이로 인해 좌파 지식인은 "공산당의 편을 들면서도 거기에 당적을 두지 않은 채"[11] 스딸린주의를 비판할 수 있었다. 싸르트르의 생각에 따르면, 다른 상황이었다면 공산주의 운동 내부의 반대파가 맡았어야 할 역할을 그들이 했던 것이다. 그러나 대부분의 공산당 지도부는 그러한 협력을 받아들일 태세가 아니었다. 오직 이딸리아 지식인들만 일련의 공동투쟁에서 어느정도의 자율성을 확보할 수 있었다. 프랑스에서는 독자적인 좌파 이론가들이 공산당의 볼모가 되었다. 스딸린 '교화'수용소가 실제로 있다는 사실이 서방에 알려진 1952~54년에, 이들 좌파 이론가들은 항의하긴 했지만, 알베르 까뮈(Albert Camus)가 이러한 자신의 친구들을 겁쟁이라고 조롱할 만큼 —— 그들은 "공산당과 국가에 대해서만이 아니라, 모든 것에 대해서 반기를 들"[12] 준비가 되어 있었다 —— 무기력하고 애매한 태도를 취했다.

소련공산당 제20차 당대회에서 호루시초프가 스딸린의 실체를 폭로하자, 스딸린의 신화만이 아니라 이들 급진적 인텔리겐찌야의 세계관도 큰 타격을 입었다. 대체로 공산당의 입장은 훨씬 더 유연해졌지만, '비판적 협력'이란 구상은 깨지게 되었다. 곧 이러한 구상을 했던 사람들은 자신들이 스딸린 범죄에 본의 아니게 공모됐다고 생각하고 공산주의자와 결별했다. 바로 이 때문에 혁명적 사회주의의 대안을 갖고 있던 사람들도 무엇보다 공

---

11) Jean-Paul Sartre, *Situations IV*, Paris 1964, 155, 228면.

12) *Les Temps Modernes*, no. 82, 1952, 328면. 1952년에 있었던 이 수용소논쟁은 특히 흥미롭다. 그러나 여기서는 지면부족 때문에 그것을 논할 수 없다. 싸르트르가 표현한 생각——'위대한 사상 아래에서는 수용소마저 용납될 수 있다——은 두렵기까지 하다. 그러나 강제수용소를 끌어들여서 자본주의 세계가 만들어낸 추악함을 정당화하려는 현대 '신철학가'의 입장을 대하면 이에 못지않게 아연해진다. M. Contat and M. Rybalka, *Les écrits de Sartre*(싸르트르의 저술), Paris 1970; S. de Beauvoir, *La force des choses*, vol. 1; Sartre, 앞의 책; A. Camus, *L'Homme révolté*, Paris 1951; H. Lottman, *Camus*, London 1979 참조.

산주의 운동을 '피해서' '좌파로' 가려고 했던 것이다. 이러한 행로가 아주 매력적인 것으로 보였던 까닭은 이 길을 통해 가는 것이 사회민주주의에 굴복하지 않으면서도 자신의 모습을 갖추어 스딸린주의와 거리를 둘 수 있는 기회라고 생각되었기 때문이다.

까뮈는 1951~52년에 있었던 싸르트르와의 논쟁에서, 공산주의자들이 노동운동의 '자유와 자발성'을 신뢰하지 않은 채 그것을 군대식 규율에 종속시켜 "먼 장래의 자유를 위해서 오늘날의 자유"[13]를 희생시키려 한다고 비판했다. 그의 견해에 따르면, 맑스주의가 스딸린주의에 의해 훼손되었기 때문에, 그는 '비맑스주의적 사회주의' 전통, 무엇보다도 아나르꼬 쌩디깔리슴으로 돌아갈 것을 요구했다. 까뮈는 맑스이론 대신에 "역사적 모험의 도덕"[14]을 내세웠다. 싸르트르는 예전의 동지인 그가 분명 맑스주의에 대해 아는 바가 전혀 없으면서도 맑스주의를 비난했다고 아주 올바르게 반박했다. 스딸린주의 활동과 맑스의 이론을 동일시할 수는 없는 일이다. 그러나 까뮈의 입장을 잘 드러내주는 『반역자』(The Rebel)라는 책은 그 순진함에도 불구하고 예언적이었다. 이 책은 사태의 흐름을 앞질렀다. 1950년대에는 그의 주장을 귀담아듣는 사람이 아무도 없었지만, 까뮈가 죽고 난 10년 뒤에는 새로운 혁명적 이데올로기를 찾던 급진좌파 운동의 맹아가 바로 그 길을 밟았던 것이다.

1960년대에는 사회적·정치적 상황이 변해 공산당들과 무관한 반(反)자본주의 운동이 대규모로 등장했다. 이와 동시에 인뗄리겐찌아들도 점점 프롤레타리아트의 일부로 편입되었고, 그 수나 중요성으로 볼 때도 사회에서 차지하는 비중이 커졌다. 중요한 개혁을 추진했던 사회민주주의는 분명 지쳤고, 공산주의자들은 제20차 당대회, 1956년 헝가리혁명 그리고 중소 국경분쟁 등의 여파로 생긴 내부의 어려움을 감당해내지 못했다. 그러한 가운데 이 새로운 프롤레타리아트는 더 과감한 태도를 취하면서 자신들의 정치운동을 요구했다.[15]

---

13) Camus, 앞의 책, 261면.
14) *Les Temps Modernes*, no. 82, 1952, 327면.
15) 소련의 정부측 정치평론가들은 이 학생운동을 '소부르조아적'인 것으로 평가했다. 이것은 현실과 동떨어진 것으로, 진지한 연구가들은 검열받는 가운데에서도

이 운동은 1967~69년에 있었던 학생시위 때 등장했다. 이때의 저항이데 올로그들은 까뮈와 달리 맑스주의를 부정하려 하지 않았고 싸르트르, 마르 쿠제(H. Marcuse), 블로흐(E. Bloch) 그리고 때로는 알뛰쎄와 같은 맑스주 의 철학자들의 저작에서 응원군을 찾기도 했다. 그런데 이 신좌파는 실천 활동이라는 측면에서는 아나르꼬 쌩디깔리슴을 아무 거리낌 없이 받아들였 다.

물론 학생시위의 이데올로기가 몇몇 통일된 이론에 근거하고 있는 것은 아니었기 때문에, 그것을 명확히 정의하기란 다소 어렵다. 낭뜨 대학의 벽 에 씌어 있는 슬로건 가운데 하나는 "혁명적인 사상이 아니라, 오직 혁명 적인 행동만이 있을 뿐이다"[16]였다. 그런데 바로 여기에서 교조적인 사회 주의적 전통으로의 복귀가 나타나고 있었다. 이 신좌파의 가장 중요한 전 술적·조직적 원칙은 자발성이었고, 전략적 목표는 자주관리였다. 이들 두 원칙은 서로 떼어낼 수 없고, 그 기원은 바로 아나르꼬 쌩디깔리슴으로 거 슬러올라간다. 자발적인 운동이 자주관리 사회의 토대를 '순식간에' 쌓는다 는 것이다. 자주관리제도란 이미 획득한 자유를 공고히하고 조직하는 것이 다.

물론 자주관리라는 이 개념이 아나르꼬 쌩디깔리슴에서 말하는 배타적 소유권은 아니다. 이 개념은 맑스에게서도 발견할 수 있다. 카우츠키는 사 회주의가 강제노동을 일소하려면, 작업장에서 프롤레타리아트 자체의 규율 이 강제노동을 대체하도록 해야만 한다고 썼는데, 이를 위해서는 "민주적 토대 위에서 생산을 조직하는 일"[17]이 필요했다. 영국노동당 이론가인 콜 (G. D. H. Cole)은 산업적 자주관리의 문제들에 대해 수많은 연구를 했다. 그람시도 튜린(Turin)의 파업 기간중에 결성된 노동자위원회가 장래 사회

이에 반대했다. 그중 한 사람은 "학생들의 저항을 소부르조아적인 반(反)사회적 반항으로 묘사하는 것은 공공연히 반동적인 목적에 기여한다"고 썼다(*Levoe studencheskoe dvizhenie v stranakh kapitalizma*〔자본주의 국가의 좌파 학생운동〕, Moscow 1976, 5면). 만약 소부르조아지를 '소멸하는' 계급이라고 할 수 있다면, 인뗄리겐찌야는 노동자 가운데 가장 빨리 성장하는 부분이라고 할 수 있다.

16) "Les murs ont la parole," 96면.

17) K. Kautsky, *Na drugoi den'posle sotsial noi revoliutsii*(사회혁명이 지나간 후 에), Petrograd 1917, 23면.

조직의 원형이라고 보았다. 마침내 유고슬라비아 공산주의 개혁주의자들은 스딸린주의 이상 대신에 자신들의 독특한 사회주의적 이상을 내세우는 노력을 기울인 결과, 자주관리를 공식 슬로건으로 선언했고, 체코슬로바키아에서는 1968년에 개혁주의 신봉자들이 자주관리와 정치적 자유의 관련성을 거론하기 시작했다.

그렇지만 신좌파는 이 자주관리를 사회적 변화를 꾀하는 전략 가운데 중심 과제로 삼았다.

우리가 볼 때 계급 없는 사회로의 이행은 자주관리를 통해 가능하다. 노동자들이 일터로 복귀할 때, 그들은 다음과 같은 물음을 던질 것이다. 어떻게 그리고 누구를 위해 복귀해야 하는가? 경영자들이 없어도 공장이 잘 돌아갈 수 있을까? 자본주의를 폐지하기 위해서는 자주관리가 확립되어야 한다.[18]

프랑스에서는 학생시위가 정말로 대중파업을 일으켰지만, 이 파업이 자본주의의 종말이나 자주관리의 승리로 귀결된 것은 아니었다. 노동자들은 사회의 전복을 바라지 않았고 따라서 혁명은 뒤로 미뤄졌다. 그 결과, 사회변혁에 나섰던 학생들이 성취한 것은 고등교육의 개혁이었다. 정말이지 빠리의 5월사태는 개혁주의적 요구를 실현하려는 투쟁에서 혁명적 활동이 효과적일 수 있다는 점을 보여주었다. 이 경우에 혁명적 환상이 객관적으로는 개혁주의에 유리하게 '작용했지만', 시위 참여자 스스로가 이러한 결론을 이끌어낸 것은 아니었다.[19]

---

18) *La révolte étudiante*, 63면.

19) 처음에 이 신좌파 활동가들이 내건 한 쌍의 깃발은 반(反)개혁주의와 반(反)의회주의였다. 서독에서 이들은 아예 처음부터 "선거 같은 구경거리"에는 참여하지 않았다(*Die Zeit*, 30 May 1968). 이딸리아에서는 대학을 "개혁주의를 거부하는 지뢰밭"으로 전환시키고자 했다. 이같은 입장은 혁명적 공세의 시기에나 적당한 것으로, 그 투쟁이 한풀 꺾이게 되면 정치에 흥미를 잃고 우익으로 경도되는 활동가도 생기고 가장 단호한 사람들은 테러에 의존하기도 한다. 그런데도 이 운동에 참여했던 사람들이 나중에 사회주의 정당에 가입함으로써 스스로 개혁주의를 '발견했다'. 사회민주주의자들이 훨씬 우익 쪽으로 경도된 서독에서는 이러한 일을 생각할 수 없었다. 그래서 이것을 대신한 개혁주의적이면서도 의회주의적이었던 녹

1968년 사태는 그 직접적인 결과라는 측면에서는 미미했지만, 장기적인 여파를 고려하면 아주 중요했다. 1968년에서 1972년 사이에 사회민주주의적 개혁주의는 최초의 위기를 맞기 시작했다. 이 위기는 부분적으로 학생운동과 관련이 있기는 하지만, 사회민주주의의 발전이 갖고 있던 내적인 역동성에 의해서 발생한 것이었다. 영국에서는 노동당이 기술주의적 '사회주의'를 도입하려고 노력했으나, 그것이 무위로 끝나자 정권을 내주어야 했다. 윌슨의 승리로 한때 혁신에 대한 기대감이 일기도 했지만, 그것도 헛일이었다. 프랑스에서는 구사회당인 프랑스사회당(SFIO)이 처음에는 드골주의자들에 의해 정부 참여에서 배제되었고, 그 다음에는 이데올로기적으로 '매장당했다'. 이들은 1968년 사태의 결과로 사망선고를 받았던 것이다. 그때를 틈타 중도파 부르조아 정당들이 곳곳에서 사회민주주의자들의 슬로건과 방법을 전용함으로써, 다시 주도권을 빼앗고자 시도했다. 사회보장제도와 혼합경제가 이미 어디서나 필수적으로 실시되고 있었기 때문에, 서구 개혁주의자들은 더이상 중요한 목표가 없었다. 반면 '프라하의 봄'은 이와 다르고 진정으로 급진적인 개혁주의의 생생한 예를 제공했다.

신좌파의 출현으로 젊은 활동가들이 노동당에서 대거 이탈했다. 청년운동의 공세가 훨씬 더 강력하던 프랑스에서는, 프랑스사회당이 사실상 분열하여 1968년 12월 그 해산을 발표하기에 이르렀다. 그러나 신좌파는 이 정치적 공백을 메울 수 없었으며, 공산주의자 스스로도 소련군 탱크가 프라하 거리에 등장하면서 심각한 위기에 빠져들었다. 대다수 저술가들이 인정하는 바와 같이, 청년들 사이에서 급진적인 집단이 성공을 거둔 것은 "사회민주주의 정당 지도부의 기회주의에 대한 반발"[20] 때문이었다. 그러나 이 성공은 또한 공산주의자들의 교조주의와 '혁명적 보수주의'에 대한 보복

색당에서 신좌파의 '재판'을 발견했던 것이다. 한 보수적인 영국 잡지도 다음을 인정하지 않을 수 없었다. "60년대 '재야' 출신의 녹색당 활동가들은 의회제도를 통해서 얻을 것을 얻어가면서 즐겁게 일할 줄 알았다. 이들은 분명 독일 정치를 지루하지 않게 만들었다"(*The Spectator*, 27 October 1984, 13면).

20) *Levoe studencheskoe dvizhenie v stranakh kapitalizma*, 25면. 미국에는 여전히 다른 요소가 있었다. 곧 케네디의 집권과 연관되어 있는 이러한 희망이 수용되지 않았지만, 곧 여기에서 생겨난 변화에 대한 갈망으로 인해 젊은이들이 좌파로 넘어갔다.

이기도 했다. 이딸리아공산당 지도자인 루이기 롱고(Luigi Longo)는 자신들이 "고립되고 혼란에 빠졌음"[21])을 솔직히 시인했다. 프랑스의 공산주의 학생연합도 위기에 빠져들자 그 입장을 포기했다. 이처럼 좌파가 혼란에 빠지고 방향감각을 상실하자, 이를 틈타 우파 사회민주주의가 최소한 몇몇 나라에서 이 위기를 극복했을 뿐만 아니라 새로운 활기까지 불어넣을 수 있었다. 1969년 9월 서독에서는 사회민주주의자들이 자유주의자들과 연합, 주로 학생소요로 인해 분출된 사회적 열망을 이용함으로써 정권을 잡았다. 맑스주의 저술가들조차 이 새 정부가 처음으로 "비판적인 젊은 세대들과 대화를 갖고자"[22]) 시도했다는 점은 인정했다. 스웨덴에서는 1969년부터 올라프 팔메가 사회민주주의를 이끌게 되면서 사회민주주의가 그 기반을 더욱 공고히했다. 이 새 지도부는 의회에서 공산주의자들과 협력하기 시작했으며, 개혁의 도입을 가속화함으로써 '좌파노선'을 실현시키고자 했다. 새롭고 더욱 급진적인 강령이 준비되기도 했다. [23]) 오스트리아사회민주당에서도 지도부의 교체가 있었는데, 새로 당권을 장악한 브루노 크라이스키(Bruno Kreisky)는 이 나라 역사에서는 처음으로 부르조아 정치가의 참여 없는 정부를 구성했다.

그러나 그 어느 곳에서도 사회민주주의의 진정한 부활은 일어나지 않았다. 개혁주의의 변질과 당지도부의 우경화 바람이 순식간에 다시 시작되었다. 이것은 사회민주주의 정책에서 더욱 심각하고 피할 수 없는 두번째 위기를 야기했다. 그러나 이때 사회민주주의를 위협한 것은 좌파에서 나오는 떠들썩하지만 효과적이지 못한 공세가 아니라, 우파가 가한 심각한 타격이었다. 계급투쟁은 첨예화하였고, 타협에 바탕을 둔 개혁정책은 실행에 옮길 수도 없었다. 크라이스키는 다음을 인정했다.

---

21) *Rinascita*, no. 18, 3 May 1968, 14면.

22) *Sozialismus*, vol. 4, 1983, 27면.

23) 스웨덴 지방선거에서는 경제정책 및 국유화 문제 때문에 사회민주당 후보가 "보수당 지도자보다는 공산주의자에 더 가까운 것"이 일반적이다(Charles F. Andrain, *Politics and Economic Policy in Western Democracies*, North Scituate 1980).

이러한 상황에서 사회민주주의자들과 보수주의자들 사이의 견해차가 심해지고
있다. 나는 사회민주주의자들이 그러한 상황에서 일시적으로나마 그 힘을 잃
게 되리라는 점을 부인하지 않는다. 그러나 이 과정은 곧바로 새로운 힘을 가
져다 줄 수 있을 것이다. 왜냐하면 이 문제가 보수주의적 경제정책으로는 해
결될 수 없기 때문이다.[24]

그렇지만 이때에 분명했던 것은 전통적인 개혁주의 구상의 단순한 혁신,
그 이상의 어떤 것이 포함되어 있다는 점이다. 노동자정당 자체에서 심각
한 변화가 일어난 것이다.

1968년까지는 우파 개혁주의가 그 한계에도 불구하고 사회의 민주적 재
편을 보장할 수 있는 유일한 세력으로 보였다. 그러나 1968~72년의 사태
로 이러한 상황은 변했다. 롱고가 올바르게 지적했듯이, 이 사태로 인해
"이딸리아 좌파진영의 가장 다양한 층이" 정치판에 들어왔다.[25] 똑같은 일
이 다른 나라에서도 일어났다. 1970년대에는 공산당이 먼저 진지한 재편작
업에 들어갔다. 그 결과가 바로 '유로공산주의' 현상이었다. 다른 한편, 신
좌파 참여자들은 단 한번의 혁명적 공세를 통해 이 체제를 끝장내려는 자
신들의 노력이 수포로 돌아갔음을 깨닫고, 중대한 정치적 작업이 필요하다
는 결론에 도달했으며, 개혁을 훨씬 더 관대하게 대하기 시작했다. 이들은
당지도부의 방침에 불만을 느낀 좌파 사회주의자들과 공산당 공식조직에서
탈퇴한 맑스주의 지식인들 사이에서 자신들의 동조자를 발견했다. 그러므
로 새로운 정치적 구상은 거의 모든 곳에서 나타났던 것이다. 비록 1968년
에는 이같은 움직임의 방향이 공산주의자보다는 좌파가 되려는 데 힘을 쏟
은 것이었다면, 이제는 사회민주주의와 공산당 사이의 중간 입장을 취하는
것이 문제였다. 싸르트르가 혁명적 민주주의 연맹 시절에 제안했던 '제3의
길'에 대한 구상은, 그의 평가에 따르자면, '정치적 현실'에 맞지 않는 것
이었지만,[26] 1960년대 말에는 상황이 변했다. 1968년 이전에는 좌파 사회

24) *New Hungarian Quarterly*, no. 83, 1981, 111면; *Nepszabadsag*, 22 March 1981.

25) *Rinascita*, no. 18, 3 May 1968, 15면.

26) Contat and Rybalka, 앞의 책, 192면. 싸르트르의 정치적 복안은 미성숙한 것
    이었지만 그런대로 예언적이었다. 1970년대에 사회당 그리고 부분적으로는 공산당

주의 정당들이 이딸리아, 에스빠냐, 프랑스 그리고 이보다 훨씬 전에 노르웨이와 덴마크에서 나타났다. [27] 주로 예전에 사회민주주의자였던 사람들(덴마크에서는 예전 공산당원들)이 세운 이 정당들은 급진적 개혁을 지지하는 사람들을 아주 신속하게 주위로 끌어모았고, 그 이후에는 학생운동에 참여했던 많은 사람들을 끌어모았다. 이 신좌파가 자체조직을 만들거나 일상적인 활동으로 전환을 꾀할 수 없었다. 프랑스에서는 1960년부터 존재하던 통합사회당(Unified Socialist Party, PSU)이 '5월혁명' 이후 급속히 성장하기 시작했다. 한 소련 연구가는 신좌파가 "통합사회당을 자신들의 당으로 여기고 그리로 몰려갔다"[28]고 지적했다. 그러나 통합사회당의 정치강령은 학생운동의 슬로건과 달랐다. 젊은 반항자들이 이 당으로 몰려간 것은 좌파 사회주의 세력의 급진화와 성장을 의미하지만, 혁명가들이 개혁의 필요성을 인정했다는 뜻이기도 하다.

통합사회당은 프랑스와 서구의 좌파역사에서 중요한 역할을 했다. 이 당은 초창기부터 "자기 나름의 독특한 스타일"[29]을 만들어내는 데 성공했다.

까지도 그것의 주요한 특징들을 수용했다. 이 논의에서 중심이 된 것은 '자유의 조건에서 혁명'이라는 슬로건, 피를 흘리지 않고 근본적인 변혁을 꾀하는 것, 그리고 '사회민주주의의 취약점과 쇠퇴, 스딸린식의 공산주의의 한계'를 극복하려는 시도 등이었다(*Combat*, 27 February 1948).

27) 프랑스에서는 통합사회당(1958~60년에 결성), 이딸리아에서는 프롤레타리아트연합사회당(1964년 결성), 덴마크에서는 사회인민당(1959년 결성), 노르웨이에서는 사회인민당(Socialist People's Party, 1961년 결성) 등이다. 프랑스의 통합사회당은 나중에 둘로 쪼개져 다수는 혁신된, 미떼랑의 사회당에 들어갔다. 이딸리아 프롤레타리아트연합사회당은 공산당에 합류했고, 덴마크와 노르웨이의 사회인민당은 근본적으로 유로공산주의 세력과 같은 역할을 수행했다. 노르웨이의 사회인민당은 1970년대 중반에 좌파 사회민주주의자들과 결합하여 좌파 사회당을 결성했다. 에스빠냐에서도 띠에르노 갈반(E. Tierno Galvan)의 사회인민당이 존재했는데, 갈반은 프랑꼬 독재가 무너진 뒤 에스빠냐사회노동당에 합류했다. 네덜란드의 평화사회당(1959년 결성)과 핀란드사회노동자당(1973년 결성)도 빠뜨릴 수 없다. 우리의 분석은 프랑스통합사회당에 국한하기로 하자.

28) *Razmezhivaniya i sdvigi v sotsial-reformizme*(사회개혁주의 내의 분화 및 변화), Moscow 1983, 42면.

29) *Critique socialiste*, no. 38~39, 1980, 102면.

이 당은 사상을 추구하는 당, 곧 이론학교가 아니었다. 프랑스사회당의 주요 지도자들, 곧 미떼랑 정부의 각료 대부분은 통합사회당원 출신이었다. 그 가운데에는 미셸 로까르(Michel Rocard), 쥘르 마르띤(Jules Martine), 싸바리(A. Savary) 그리고 삐에르 브르고부아(Pierre Beregovoi)가 끼여 있었다. 그럼에도 불구하고 이 당은 정치조직으로서는 완전한 실패를 맛보았고, 바야흐로 1970년대 말에는 몰락의 길로 들어섰다. 이런 이유에서 소련의 정치평론가들은 통합사회당이 "그 출발 때부터 갖고 있던 임무"를 완전히 성취하지 못했으며 "독립적인 좌파 사회당으로서 완전히 자리잡지" 못했음이 입증됐다고 주장한다.[30] 그러나 사실 통합사회당은 **혁명적 개혁주의 전략**에 대한 토대를 마련함으로써, 그보다 더한 것을 이루어냈다.

물론 새로운 길을 모색하는 일이 그들만의 전유물은 아니었다. 이딸리아공산당(Italian Communist Party, PCI) 지도자들도 똑같은 문제를 아주 똑같은 시기에 제기했다. 빨미로 똘리아띠(Palmiro Togliatti)는 서구에서는 혁명이 늦춰졌다고 이례적으로 명료하게 답했다. 사회민주주의자들은 이러한 사실에 수동적으로 따라갈 것이지만, 공산주의자들은 다른 길을 모색해야 한다.[31] 1963년에 똘리아띠는 다음과 같이 선언했다.

사회주의를 향한 진보와 새로운 사회의 건설이 다른 방식으로 실현되어야 하고 또 동구나 식민지 세계에서 일어났던 것과도 달라야 한다는 사실은 이제 우리가 보기에 너무나도 자명하다. 그러나 만약 이러한 사실을 그저 사회민주주의의 그 파국적 경험을 되풀이하자거나 그 경험을 정당화할 필요성 정도로만 이해한다면 슬픈 일이다.[32]

---

30) *Razmezhivaniya i sdvigi v sotsial-refomizme*, 57면.

31) 대다수 이딸리아공산당 지도자들은 지연된 혁명을 논의한 바 없지만, 그것을 받아들였다. 이들의 전술은 모두 바로 이것으로부터 나온 것들이며, 이들은 이러한 원칙을 1960년대부터 아주 공공연히 표방했다. 영국 좌파는 다른 곳보다 늦은 1980년대에 이르러서 비로소 이 지연된 혁명이라는 문제를 논의하기 시작했다 (*Socialist Register 1982*, London 1982에 실린 Stuart Hall의 글을 보라).

32) P. Togliatti, *Izbrannye stat' i i rechi*(연설 및 논문 선집), vol. 2, Moscow 1965, 897면.

162

똘리아띠는 이것이 혁명을 기다리기 위해서 필요한 것이 아니라 사회의 구
조를 변혁시키기 위한 투쟁에 필수적인 것으로 생각했다. 문제는 자본주의
상황에서 몇가지 반(反)자본주의적인 수단을 도입하는 것이었다. 이것은
공산주의자들이 정부에 참여하고 있지 않더라도 그들의 활동을 성공적으로
이끌 수 있었다. 이 후자의 측면이 이딸리아의 상황에서는 아주 중요했는
데, 많은 사람들이 생각할 때 이딸리아에서는 "공산당이라는 간판을 내걸
었다는"[33] 이유만으로 가장 강력한 정당 가운데 하나는 되더라도 여당은
될 수 없었다. 그러므로 변혁과정에 공산주의자들이 참여하는 길은 막혀
있지만, 그럼에도 이것은 필요하고 가능한 일이다. 똘리아띠가 선택한 길
은 **아래로부터의 개혁주의**로 정의할 수 있다.

첫째, 공산주의자들은 정부에 혁명적인 압력을 가함으로써 개혁을 도입
하도록 했다. 둘째, 이들은 지방권력체를 장악함으로써 자신들의 통제 아
래 있던 도시에서 변혁정책을 추구했다. 좌파 지방자치단체의 활동이 "이
딸리아 공산주의자들의 전반적인 전략"[34] 가운데 일부가 되었다는 것이 평
자들의 지적이었다.

'지방자치체 사회주의'(municipal socialism) 정책은 강력한 반(反)자본주
의 정당들이나 집단들이 존재하던 이딸리아 외에 다른 나라에서도 추진되
었다. 『파이낸셜 타임즈』(*Financial Times*)지는 볼로냐의 공산주의자들과
셰필드의 사회주의자들이 "사회주의 정책의 실용적이고 효과적인 시행"이
특징적으로 나타나는 "좌파적 운영의 본보기"를 창출할 수 있었다는 점을
인정했다. [35] 아래로부터의 개혁주의는 중요한 이점을 지니고 있다. 무엇보
다도, 가장 급진적인 개혁강령을 갖고 정권을 잡은 사회주의 정당은 자본
주의를 혁명적으로 파괴하자는 제안을 결코 내놓을 수 없으며 자본주의 사
회를 관리하는 책임을 떠맡아야 한다. 이때는 좌파의 능력을 입증하고 권
력을 유지하기 위해서라도 자본주의 사회를 잘 운영해야 한다. 미떼랑 정
부의 가장 인기있는 각료 중 한 사람인 자끄 들로르(Jacques Delors)는 "좌
파도 잘 관리할 수 있다는 것, 곧 미래의 일을 해결할 수 있도록 프랑스

33) *Cambio 16*(변화), no. 647, 23 March 1984, 67면.
34) *Der Spiegel*, no. 13, 1975, 97면.
35) *Financial Times*, 8 October 1983, 28면.

경제를 잘 떠받칠 수 있음을 보여주는 것이 좌파의 의무이다"[36]라고 선언
했다. 그렇지만 그렇게 함으로써 이 운동은 그 혁명적 정신을 잃을 수도
있고 이 체제와 너무나 가까운 관계를 맺을 수도 있다. 좌파정부는 부르조
아지의 저항을 이겨내야만 하고 동시에 그 모든 내적 결함—— 사회주의자
들은 이에 책임을 질 수도 없고 이것을 우선 당장 제거할 수도 없다——
에도 불구하고 자본주의 경제를 조직해야 하는 의무를 지니고 있다. 그렇
기 때문에 정권을 쥐고 있는 이 정당 내부에서 도덕적 위기, 무능력, 심지
어 부패가 생겨날 수도 있다. 언뜻 보기에는 아래로부터의 개혁주의가 이
러한 위험성을 피해갈 것처럼 보인다. 그러나 때로는 정권을 쥐고 있지 않
은데도 혁명적 정신이 사라지기도 하고, 지방자치단체 구성원들이 이러한
부패에 물들기도 한다. 이딸리아에서 1984년에 시장과 시 공무원 260명이
권력남용 혐의로 체포되었는데, 그들 중 77명은 기독교민주당원이었고, 71
명이 사회주의자, 30명이 공산주의자였다. 볼로냐에서는 1985년에 지방자
치단체 구성원 23명이 체포되었다. 비록 이들 중 공산당 후보로 출마하여
당선된 사람은 없었다고 하지만, 언론인들은 이를 "공산주의자들의 긍지를
손상시킨 것"[37]으로 보도했는데, 이는 전혀 근거가 없는 것이 아니었다.

  그렇지만 중요한 문제는 좌파에서는 드문 일인 부패가 저질러졌다는 것
이 아니라, 아래로부터의 개혁주의에 대한 가능성이 제한되어 있다는 점이
다. 이딸리아공산당 지도자들은 1970년대 말에 자신들의 당이 권력에 아주
가까이 다가갔지만, 공산주의 운동이 변혁에 대한 총체적인 강령을 갖고
있지 못함으로 해서 권력을 잡을 수 없었다는 점을 인정했다. 이딸리아공
산당의 주요 활동가 중 한 사람인 라마(L. Lama)는 이 때문에 당이 "개혁
주의 세력의 역할"[38]도 수행할 수 없었다고 지적했다. 1972년에서 1984년
까지 이딸리아공산당을 이끌었던 저명한 지도자 엔리꼬 베를링게르(Enrico
Berlinguer)가 사망한 후, 당내에서는 '개량자본주의'의 사회민주주의적 노
선을 지지하는 사람들('개량주의자')과 자본주의와 결별할 것을 요구하는
좌파('결별파') 사이에 격렬한 논쟁이 시작됐다. 양쪽 가운데 어느쪽도 일

  36) *L'Esprit*, no. 12, 1984, 117면.
  37) *The Economist*, no. 7382, 23 February 1985, 60면.
  38) *L'Espresso*, no. 50, 16 December 1984, 14면.

관련 전략안을 제시하지 못했다. 그 이유는 분명 이딸리아공산당 문화의 내적인 모순——권력을 잡을 기회가 전혀 없는 개혁주의 정당으로서의 모순성——에 있었다. 아래로부터의 개혁주의가 벌인 활동으로는 정부의 개혁에 대한 전략을 수립하는 데 크게 유리한 상황을 만들어내지 못한 것이다. '개량파'는 당의 명칭에서 '공산주의'를 떼어냄으로써 이 문제를 해결하고자 했으나, 실질적인 성공은 그저 명칭만 바꾼다고 될 일이 아니었다. 사회적 민주화로 유로공산주의는 본래의 제 모습을 잃었고, 여기에서 생겨난 정치적 공간을 1980년대 이딸리아에서는 이미 사회당원들이 가득 메우게 되었다.

지난 1960년대에 이딸리아사회당은 중도세력과 손을 잡기 위해서 급진노선에 반대했다. 소련의 한 연구자는 다음과 같이 썼다.

이러한 전략의 토대는 서로 밀접히 관련된 일련의 사회경제적 개혁을 수행하기 위한 강령이다. 이 일련의 사회경제적 개혁의 자극으로 인해 자발적인 변화가 연속적으로 생겨난다. 뒤따라나오는 개혁들은 매번, 우선 기존의 균형을 무너뜨린 다음 한 차원 높은 새로운 균형을 세우고, 그런 다음 새로운 문제를 야기하여 또다른 개혁의 시행을 요구한다. 개혁의 결과가 이처럼 누적된 과정을 거치면 이 체제에 질적인 변화가 생기고 사회주의 사회로 넘어가게 되는 것이다.[39]

그렇지만 이러한 강령을 실현하는 수단으로 사회당 지도부는 부르조아지의 협력을 선택했다. 이것은 매우 위험한 길이었다. 1970년대에 공산주의자들도 좌파의 정부 참여가 그 정치적 능력을 입증해줄 것으로 기대하면서 중도세력과의 '역사적 타협'을 거론했다. 다시 말해 사람들은 서독에서 '대연정' 시기(1966~69)에 사민당과 기민당 사이에 있었던 연정과 같은 구실을 해줄 것으로 기대했던 모양이다. 이 '대연정'은 일시적인 해결책이었는데, 그 결과 기민당이 권력장악에서 패했다. 이러한 경험을 익히 알고 있는 이딸리아기민당은 공산당을 연정에 참여시키지 않기로 했다. 대신 이들은 그보다는 힘이 약한 사회당을 볼모로 삼아 연정체제를 구축했다. 물론 가장

---

39) *Sotsial-demokraticheskii i burzhuaznyi reformizm*, 174~75면.

영향력있고 인기있는 이딸리아 수상 가운데 한 사람이 된 베띠노 끄라시
(Bettino Craxi)라는 사회당 지도자가 개인적인 성공을 거두었지만 말이
다. [40] 끄라시가 마피아와의 투쟁에서 커다란 성과를 거두었고 이딸리아의
국제적 위신을 세웠지만, 사회당은 정부정책에 지극히 제한된 영향만을 끼
쳤을 뿐이다. 그것은 이딸리아 정부정책이 연정에 참여한 정당 가운데 가
장 강력한 정당에 의해 좌우되었기 때문이다. 이딸리아사회당 좌파 이론가
들의 급진적 사고도 탁상공론에 그쳤고, 끄라시가 추구하는 노선도 개혁주
의적이었다기보다는 기술주의적이었다. 끄라시가 성공을 거둔 분야도 정치
가 아니라 행정이었고, 정치가로서 그의 개인적인 인기가 높았다고 해서
사회당의 정치적 구상이 승리했다고는 볼 수 없다. 게다가 사회당만 하더
라도 위기에 처해 있었다. 한 지도적인 기민당원이 사회당원들에게 퉁명스
럽게 선언했다. "당신들은 이 연정에 남아 대안에 대해 이야기할 수 없
다."[41] 사회당 원내총무인 포르미까(R. Formica)도 끄라시가 수상이 되는
순간부터 이딸리아사회당은 "지도자가 없는 정당"으로 변했고 그 정책도
기민당의 "강령상 및 전략상 개편을 그저 도와줄" 따름이었다고 불만을 토
로했다. [42]

프랑스에서 통합사회당에 가까웠던 좌파 이론가들은 더 깊이있는 전략적
분석을 내놓았다. 앙드레 고르즈(André Gorz)는 혁명적 개혁주의는 다음과
같은 일련의 특징으로 보아 사회민주주의적 형태와 다를 수 있다고 썼다.

⑴ 서로 다른 개혁들 사이의 조직적인 연관의 존재 여부, ⑵ 개혁을 실현하는
리듬과 수단, ⑶ 첫번째 변화로 인해 생기는 균형의 혼란을 그 다음의 조치들
에 이용하고자 하는 생각(아니면 그것의 부재). [43]

---

40) 이딸리아사회당을 떠난 프롤레타리아트연합사회당의 좌파 사회주의자들은 '의회
주의와의 결별'이라는 급진적인 요구를 통해 제도권 당과 더이상 협력하지 않겠다
는 태도를 보였다(*Mirovaya ekonomika i mezhdunarodnye otnosheniya*[세계경제와
국제관계], no. 3, 1969, 121면을 보라). 이에 대해 공산당원들은 그러한 노선은
국가 및 모든 제도 내에서 이루어진 긍정적인 활동, 곧 세력판도를 바꾸고 권력구
조를 뚜렷하게 변화시키는 것을 거부한다는 뜻이라며 이를 비판했다.
41) *L'Unita*, 16 January 1984.
42) *Panorama*, no. 1017, 13 October 1985, 55면.

이러한 원칙에 상응하는 전술은 혁명적 압력이어야지 타협과 상호양보를 추구하는 것이어서는 안된다. 이러한 상태에서만 궁극적인 상황이 나타날 수 있을 것이다.

'정통 맑스주의자'인 카우츠키와 쁠레하노프(그리고 어느정도까지 레닌)의 견해와는 반대로, 서구 사회에서 사회주의로의 이행은 혁명이 있기 훨씬 전부터 시작되었다. 사회주의적 요소들은 자본주의 체제 내에서 노동운동의 성공으로 등장했고 또 발전했다. 혁명은 이러한 과정을 야기하는 것이 아니라 그것을 완성한다. 고르즈와 통합사회당 주변의 다른 이론가들이 이해하는 혁명적 원칙이란 바로 이러한 상태와 꼭 맞아떨어진다.

이러한 상황에서 계급투쟁은 단순히 부르조아지와 프롤레타리아트(물론 온갖 형태의 임노동자를 포함함) 사이의 갈등이 아니라, 사회주의화한 제도와 자본주의 제도 사이의 충돌임을 이해해야 한다. 또한 이것은 사회 내의 서로 다른 구조들끼리의 투쟁이다. 왜냐하면 이 구조들이 대개는 동일한 성격을 갖고 있지 않기 때문이다. 그러므로 국유화는 국가관료제를 강화시키는 데 이용될 수 있고 사회주의와 아무런 관련도 없지만, 사회주의적 산업분야를 발전시키는 데에는 하나의 기반이 될 수도 있다. 바로 이 때문에 자본주의 체제를 완전히 바꾸지 않고도 국영기업에서 노동자의 자주관리를 위해 (아니면 산업민주주의나 의사결정에 대한 참여를 위해서라도) 투쟁할 필요가 있다.[44] 바꿔 말하면 이 전략은 지금 당장 '사회주의의 섬'을 만들어내고 그것을 공고화하자는 것이다. 사회민주주의의 기술주의적 과정도 가만 내버려두면, 이러한 '섬들'이 성장하는 데 도움이 되겠지만, 현재의 경기규칙을 따르다 보면 그것이 그 이상의 발전을 가로막고 사

43) A. Gorz, *Socialisme difficile*, Paris 1967, 71면.

44) 프랑스 좌파의 영향을 크게 받은 벨기에청년사회주의자(Belgian Young Socialists)는 자주관리가 "장기적인 사회주의의 목표"이긴 하지만, "부분적으로는 노동자들이 자신들에게 직접 해당되는 결정은 자기 스스로 내리도록 권한을 계속 확대하는 쪽으로 밀고 나감으로써" 그러한 방향으로 움직이는 것이 "지금 가능하고 필요하다"고 썼다. "사회주의는 대개 혹은 오로지 '위로부터'만 세워지는 것이 아니라 주로 '아래로부터' 세워진다"(*Le Socialisme*, no. 126, 1974, 558면)는 것을 알아야 한다.

회주의화한 제도들이 다시 급속히 부르조아지화하는 것을 허용한다. 그래서 더 일관되고 급속한 과정이 필수적이다.

프랑스통합사회당 이론가들이 인정했듯이, 개혁으로 사회 밑바탕의 변혁을 대신할 수 없다. 그러므로 "혁명의 필요성, 곧 전반적인 구조를 파괴할 필요성"을 주장한다. "그와같은 변화가 생기다 보면 이러한 파괴가 불가피한데, 그것은 부분적으로 변혁된 구조들이 과거의 사회적 메커니즘과 맞지 않기 때문이다. 그것들이 재편의 과정을 재촉한다."[45] 그러나 여기에서 혁명적 개혁주의를 특별히 공세적인 전략으로 다듬어놓은 이 이론가들에게 장애가 될 중요한 문제가 등장한다. 만약 이러한 변화가 자본주의의 균형을 깨뜨릴 것이라면, "강요해서 얻어낸 양보가 되돌이킬 수 없는 것이 되고, 빼앗은 자리는 새로운 공격을 위해서 이용되어야 한다"[46]는 점이 필수적이다. 그러나 이러한 변화의 지지자들이 개혁과 혁명을 구분하고 있는 선에 가까이 다가가면 갈수록 사회적 갈등의 강도는 그만큼 더 커진다. 이 변화들은 이 체제의 균형을 깨뜨림으로써 경제를 불완전상태로 몰고 가고, 그러한 변화를 수행하는 정부를 오히려 위험에 빠뜨린다. 고로 이 개혁의 불충분함이 새로운 변혁을 위한 논거가 될 수도 있지만, 구질서의 지지자들도 이것을 이용할 수 있다. 1979년에서 1983년에 이르는 동안 있었던 우익의 반격이 이것을 뚜렷이 입증해준다. 혁명적 상황에서 대중은 체제와의 단절을 선택하지만, 서구 좌파들이 순전히 개혁을 확대함으로써만 혁명적인 상황을 조성할 수 있다는 데에는 여전히 회의를 품고 있다. 그러한 일이 벌어지려면 세계적인 규모의 전환이 필요하다. 서유럽의 통합경제 때문에 한 국가 내에서 노력을 통해 급진적인 강령을 실현하려는 시도는 번번이 무산되고 있다. 그러므로 혁명적 개혁주의도 사회민주주의적 변형처럼 똑같은 문제에 부딪힌다. 개혁주의자들은 어느 순간에 이르면 멈추거나 후퇴할 수밖에 없다. 그렇지 않으면 우익이 그렇게 하도록 강요할 것이다.

주기적으로 나타나고 비교적 성공적인 이러한 부르조아지의 반격은 불가피하다. 그리고 이것은 이미 개혁주의의 성격에 의해서 결정되어 있다. 그런데도 과거의 사회민주주의는 앞서 얻어낸 것을 지키고자 모든 것을 희생

45) S. Mallet, *La nouvelle classe ouvrière*(새로운 노동계급), Paris 1963, 19면.
46) *Razmezhivaniya i sdvigi v sotsial-reformizme*, 35면.

해가면서까지 권력을 유지하려고 했다. 그러나 바로 그 시점에서, 랠프 밀리반드(Ralph Miliband)가 말한 바 있는 "목적의 점진적인 변질"[47]이 시작되는 것이다.

사회민주주의자들은 대체로 강령 가운데 단기적인 것은 잘 성취해냈지만 이것을 중장기적인 것으로 바꾸어 성취해내지는 못했다. 그런데 이와 똑같은 문제가 급진 개혁주의자들에게도 해당된다. 설령 좌파세력이 이 문제를 잘 처리한다고 해도 새로운 임무에 따라 또다시 재편되고 재결집되기 때문에 일시적인 약화 현상을 면치 못할 것이 뻔하고, 그때 필시 반동이 시작될 것이다.

만약 이처럼 개혁주의의 주기적인 위기가 불가피한 것이라면, 그 개혁을 돌이킬 수 없는 것으로 만들어놔야 한다는 맑스주의 이론가들의 요구는 아주 다른 의미를 띠게 된다. 그래서 **공세적 전략뿐만 아니라 수세적 전략도 필요한 것이다.** 비록 좌파가 권력에서 물러나는 한이 있더라도, 부르조아지가 어쩌지 못하는 그런 변화가 필요한 것이다. 이러한 강령의 핵심적 요소가 바로 자주관리이다. 공장에 새로운 절차가 도입되면, 가능성이 전혀 없는 것은 아니지만, 공장을 비국유화(denationalization)하기란 극히 어려울 수 있다. 그렇지만 자주관리만으로는 불충분하다.

프랑스의 통합사회당은 이 돌이킬 수 없는 개혁에 대해 문제는 제기했지만, 그 해답은 내놓지 못했다. 해답을 찾지 못한 다른 문제도 있다. 곧 어떠한 종류의 정치세력이 이 혁명적 개혁주의 계획을 성취할 수 있을까 하는 것이다. 자발적인 발전에 대한 기대는 1968년 그 정당성이 입증되지 못

---

47) R. Miliband, *Parliamentary Socialism*, 2nd edn., London 1972, 318면. 만델이 벨기에사회당원이었을 때 주장한 것은 구조적 개혁이 "이중권력의 시기"를 만들어내며 그 구조적 개혁은 "프롤레타리아트가 권력을 쟁취하고 노동자들 스스로가 민주적인 바탕 위에서 생산수단을 사회화함으로써" 사라지거나 강화된다는 것이었다 (*La Gauche*, 30 April 1966). 사회적인 민주개혁에 대해서도 똑같이 이야기해도 무방할 것이다. 이 개혁의 개념에서는 혁명적인 것이 아무것도 없다. 진정한 혁명적 개혁주의에서 실현해야 하는 변화란 지배계급이 그것을 피하려고 하다가는 체제 전체가 위험에 빠지는 그런 것이어야 한다. 자유주의적이며 기술주의적인 신·구 개혁주의에서 나타난 주된 차이점이 바로 이것이다. 개혁은 되돌릴 수 없는 것이어야 한다.

했고, 앞으로도 입증되지 못할 것이다. 후기자본주의 상황에서 좌파의 전망을 분석한 급진주의 철학가 위르겐 하버마스(Jürgen Habermas)는 "그러한 작업에는 매우 지적인 정당이 필요하기 때문에 아주 어려운 것이다"[48]고 올바로 지적했다.

혁명적 개혁주의의 대중정당을 세우려는 통합사회당의 시도는 좌절되었다. 그렇지만 그것이 실패했다고 해서 그러한 조직을 만드는 것 자체가 불가능하다는 뜻은 아니다. 1970년대에 통합사회당이 약화된 것은 그 전략이 실패했기 때문이 아니라, 이 말이 모순적이지 않다면, 바로 그 성공 때문이었다. 통합사회당의 이 이념은 좌파의 주요 정당들──다시 활기를 찾은 미테랑의 사회당뿐만 아니라 공산당까지도──대다수에 의해 받아들여졌다. 자주관리라는 슬로건은 모든 당강령에 구체화되었다. 사회당원들은 "위아래를 막론하고 노동자 자신이 직접 경영자와 지도부를 선출하는"[49] 체제를 지지했다. 지난 1972년에 자주관리가 "경제적 무정부상태"[50]를 낳는다고 주장했던 공산주의자들도 1977년에는 이에 대한 충실한 지지자로 돌아섰다. 이러한 구조적 개혁이라는 개념이 많은 인기를 끌게 되면서, 통합사회당은 독자적인 정당으로서의 존재의미를 상실하고 지도자와 이론가 대부분이 미테랑의 사회당에 합류했다.[51]

그러므르 프랑스 좌파의 이 경험이 보여주는 바는, 새로운 사회주의 운동은 '공산주의자 좌파'나 '사회민주주의 좌파'를 따라서가 아니라 제자리에서 그리고 그 정치적 공간에서 형성될 수 있다는 것을 보여준다. 그래서 문제는 새로운 정치세력을 만들어내는 것이 아니라 내부로부터 변혁과 혁신을 꾀하는 것, 곧 좌파의 주요한 두 흐름 **모두를** 정치적으로 완전히 재

---

48) *New Left Review*, no. 115, May-June 1979, 82면.

49) *L'Uaité*, no. 25, 1974. 25면.

50) *Politique aujourd'hui*, no. 1~2, 1972, 14면. 공산당원들처럼 지스까르 데스땡은 자주관리가 '무질서와 무능력'을 야기한다고 생각했다(V. Giscard d'Estaing, *Démocratie française*, Paris 1976, 88면).

51) 소련의 한 저술가는 프랑스통합사회당이 "끊임없는 비판자의 역할과 간부 및 이념을 제공"함으로써 혁신된 사회당이 '지적인 모습'을 갖추게 되었다고 썼다(A. M. Salmin, *Promyshlennye rabochie Frantsii*〔프랑스 산업노동자〕, Moscow 1984, 236면).

편하고 이데올로기적으로 무장시키는 것이다. [52] 그러한 혁신이 가능하다는
것은 이딸리아공산당과 프랑스사회당의 경험이 확인시켜준다. 이 두 당은
모두 똑같은 방향으로 변화했다. 아마도 조레스와 그람시의 전통이 영향을
끼쳤을 것이다. 어쨌든 1970년대 말에 이르러서는 이 두 정당은 이웃나라
의 그 어떤 '형제'조직의 동지들보다도 서로 닮기 시작했다.

이딸리아 좌파에서 일어난 이러한 변화는 예외적인 것이 아니다. 좌파를
내부적으로 변혁시키려는 이러한 작업은 그 어느 곳에서도 완성되지 않았
지만(심지어 프랑스나 이딸리아에서도 마찬가지이다), 이와 비슷한 과정이
거의 모든 서유럽 국가들에서 일어났다.

프랑스 사회민주주의가 완전히 쇠퇴의 길로 접어든 1965년에 한 급진적
인 이론가집단이, 통합사회당 활동가들이 그랬던 것처럼 프랑스사회당을
포기하는 대신, 사회주의연구소(Centre for Socialist Research, CERES)를 세
웠다. 이들이 스스로 밝힌 바에 따르면, 목표는 사회당의 쇄신이었다. "만
약 사회당 없이 아무것도 이루어지지 않는다면, 사회당 내의 근원적인 변
혁 없이는 아무것도 이루어질 수 없다."[53] 이 사회주의연구소 창립자들은
처음부터 일반 사회당원의 변화를 구하면서 그와 동시에 공산주의 운동의
재편에 착수하여 양자를 서로 연결시켰다. 이들 정당은 모두 공동의 정치
투쟁을 진행하면서, 무엇보다도 "생산하는 곳에서의 공동활동"[54]을 발전시

52) 이딸리아사회당 좌파 이론가인 루폴로(G. Ruffolo)는 기존의 노동당을 기반으로
'새로운 개혁주의'를 구체화하는 '새로운 정치세력'이 필요하다는 것을 역설했다
(*L'Espresso*, no. 41, 13 October 1985, 139면). 그의 견해에 따르면, 이것이야말로
우익의 공세를 차단하고 그에 반격할 수 있는 유일한 길이었다. 많은 이딸리아공
산당 사람들은 이러한 노선이었다. 흥미로운 사실은 대체로 좌파 사회주의 경향에
가까운 쪽은 공산당 내의 주류 쪽보다는 좌파 비주류 쪽이었다는 점이다. 『공산주
의 신문』(*Tribune communiste*) 쪽 사람들도 프랑스공산당을 떠나 1960년 프랑스
통합사회당 결성에 참여했다. 이딸리아에서도 이딸리아공산당에서 떨어져나온 『선
언』(*Il Manifesto*) 집단이 좌파 사회주의자들과 활발한 논의를 전개했다. 이 집단
과 이딸리아프롤레타리아트연합사회당의 수많은 인물들이 이딸리아공산당 내에서
는 좌파로 활동했다.
53) *Le Parti pour la gauche*(좌파를 위한 정당), Paris 1965, 28면.
54) M. Charzat and G. Toutain, *Le CERES: Un Combat pour le socialisme*, Paris
1975, 1면.

킴으로써 변혁되어야 할 것이었다. 이러한 새로운 활동이 필요로 한 것은 예외적일 정도의 이데올로기적·조직적 쇄신이었다.

이딸리아공산당원들도 이와 똑같은 노선을 생각하고 있었다. 이딸리아공산당 지도자인 루비(A. Rubbi)는 다음과 같이 썼다.

> 공산주의자들이 제안한 것과 똑같은 방식으로, 사회주의자, 사회민주주의자 그리고 진보세력이 자신들의 모순을 극복하리라고 기대할 수는 없는 노릇이다. 곧 공동강령이란, 각자 자신들의 정체성을 지키는 가운데 공동의 노력을 통해 결실을 보게 되는 것이다.[55)]

결국 이딸리아공산당 지도자들이 내린 결론은 진보세력의 통합에는 일련의 문제들에 대한 각자의 입장을 재검토하는 일이 필수적이라는 것이다.

사회주의연구소의 활동가들과 이론가들에게는 프랑스사회당의 분열이 하나의 계기가 되었다. 곧 이들은 이것을 계기로 삼아서 자신의 일에 전력을 쏟고 이 새로운 조직이 "사회민주주의의 혁신으로 치장하는 정도가 아니라" "진정으로 사회주의적인 정당이" 될 것이라는 확신을 얻었다.[56)] 대체로 이들은 자신들의 상황을 개척하는 데 성공했다. 소련 정부측 전문가조차 "명백히 반(反)자본주의적인 성격의 내용들"이 당강령에 포함되었다는 점을 인정하지 않을 수 없었다.[57)] 그 새로운 지도부, 곧 프랑수아 미떼랑과 같이 프랑스사회당에 속하지 않았던 대다수 사람들도 사회주의연구소의 이러한 정치적 구상에 동의했다. 프랑스통합사회당에서 나와 혁신된 사회당에 합류한 후, 온건파를 이끌었던 미셸 로까르는 다음을 강조했다. 곧 사회민주주의적 기회주의의 "최악의 형태 가운데 하나였던" 프랑스사회당의 경험을 되풀이할 수는 없다.[58)] 미떼랑은 "급진적인 구조적 개혁을 위한 일상적인 투쟁이 전환의 지름길"이며, 그렇게 생각하지 않는 사람은 어느

---

55) A. Rubbi, *I partiti comunisti dell'Europa Occidentale*(서유럽 공산당), Milan 1978, 23면.

56) *CERES par lui-même*(사회주의연구소 회보), Paris 1979, 55면.

57) *Razmezhivaniya i sdvigi v sotsial-reformizme*, 70면.

58) *Faire*, no. 41, 1979, 11면.

누구도 "사회당원이 될 수 없다"고 선언했다. [59] 구조적인 개혁을 통해 기존 질서와 점차 거리를 두자는 것이었지, "자본주의의 개별적인 결과"[60]를 바로잡자는 것이 아니었다. 프랑스사회당이 채택한 이러한 변혁전략은 사회의 개별적인 제도들만이 아니라 사회를 움직이는 논리 자체를 바꾸자는 것이었다.

그럴 경우에는 급진주의가 현실주의의 거부가 아니다. 이렇게 제시된 개혁이 모든 문제를 해결해줄 것이라는 생각은 애시당초 없었다. 좌파의 권력장악은 사회주의로의 이행을 의미하는 것이 아니라, 단지 "그 이행기로의 이행"[61]을 의미할 뿐이었다. 이런 식으로 **이 사회당 전략은 지연된 혁명의 현실 상황에 맞게 고안된 것이었다.**

주지하다시피 사상이란 국경을 초월한다. 서구 대다수 국가에서도 이와 유사한 계획을 지지하는 좌파의 흐름이 곧바로 형성되었다. 이 새로운 노선의 지지자들은 "우리를 억압하는 자본주의 체제에 대해" 그리고 "우리의 활동을 무의미하게 만들지 모르는 우리 자신의 조직에 대해" 동시에 투쟁을 전개할 필요가 있다고 선언했다. [62] 좌파정당의 근본적인 쇄신이 불가피한 곳에서는 어디에서나 그러한 구상이 당의 공식노선으로 아주 쉽게 구체화되었다——우리가 나중에 살펴볼 것처럼, 그 변화의 실질적인 정도는 나라마다 다르지만 말이다.

프랑스의 경험은 이딸리아·벨기에·그리스·뽀르뚜갈·에스빠냐의 좌파에 영향을 끼쳤다. 남부유럽에서는 구 사회민주주의 정당이 연달아 독재체제에 의해 붕괴되었고, 사회주의 운동은 사실상 무(無)에서 출발해야 했다.

---

59) *Mitterrand, l'homme, les idées*, 78~79면.

60) P. Joxe, *Parti socialiste*, Paris 1973, 10면.

61) G. Defferre, *Si demain la gauche … Réponses a P. Desgraupes*(만약 내일 좌파가 … 데그로뻬에 대한 응답), Paris 1977, 77면. 사회주의 전략은 오랜 기간——10년에서 20년——을 내다본 것이었다. 민주주의 사회에서도 "그러한 때가 예외적인 것으로 보이지 않는다"(같은 곳).

62) M. Pedro Caro, *Las escesiones del PSOE y las intentas de reunificacion*(에스빠냐 사회노동당의 본질과 재통합의 목적), Barcelona 1980, 62면.

자본주의와의 '단절'이라는 슬로건, '자주관리 사회주의'라는 모델의 개진, 좌파세력 블록의 일환으로서 가능한 한 권력을 장악하려는 노선, 게다가 사회주의자들과 공산주의자들 사이의 연립정부 구성 등, 뽀르뚜갈과 에스빠냐 사회주의자들은 당이 형성되던 무렵부터 아주 생생한 사례들을 제공받았다. 특히 이것이 선진자본주의 국가의 사회주의자들에게서 나왔다는 점에서 의미가 더 크고 매력적이었다.[63]

군부(Colonels)가 붕괴한 이후인 1974년에는 그리스도 비슷한 상황이었는데, 그 당시 사회당은 문자 그대로 아무것도 없는 상태에서 세워졌다.[64]
  이들 나라의 부르조아지는 독재자에게 지지를 보내는 등 타락상을 보여주었기 때문에, 이미 1970년대 중반부터 남부유럽의 민주화는 좌파의 승리와 분리될 수 없음이 분명해졌다. 그 결과 사회주의자들이 승리하면 틀림없이 사회도 혁명적 전환을 꾀할 수 있을 것이라는 환상이 설득력을 갖게 되었다. 노동운동 이론가들과 전략가들은 민주화가 바로 "사회주의 사회의 건설"[65]을 가져다 줄 것으로 기대했다. 그리하여 좌파정당의 혁명적 성격이 계속해서 강조되었고, 많은 경우에, 특히 에스빠냐에서, 맑스주의의 혁명적 전통과의 연계가 강조되었다. 많은 사람들이 "광범위한 임노동블록"에 기반을 둔 "새로운 계급전선"의 틀 안에서 행동통일을 기할 것을 주장

63) *Razmezhivaniya i sdvigi v sotsial-reformizme*, 117면. 확실한 우익의 입장을 견지했던 에스빠냐사회노동당의 망명지도부는 에스빠냐 내 활동가를 장악하는 데 실패하고 나중에 쫓겨나(1974) 당을 떠났다. 새 사회노동당 이념가들은 당을 지하조직으로 재건하는 일이 "극히 어렵다"고 말했다(*El Socialista*, no. 76, 1976). 그러나 실제로는 이 상황에서 그 일을 하는 것이 더 쉬웠다. 그것은 급진파도 이에 대처할 만한 이데올로기적이며 관료적 기구를 갖고 있지 않았기 때문이다.
64) 1967년 군사쿠데타가 일어나기 전까지 그리스의 사회주의자들이 활동했던 곳은 '통합민주당'(EDA)이었다. 1963년 통합민주당은 14.3%를 득표하여 최고의 성공을 기록했다. 새로운 사회당(PASOK)은 1974년에 13.58%, 1977년에 25.32%를 기록했고, 1981년에 48.06%를 얻어 의회에서 절대다수를 차지했다. 따라서 사회당은 사회주의적 전통이 약한 이 나라에서 빠른 성장을 보였다. 유권자 대부분은 (프랑스와는 달리) 사회주의 운동에 참가해본 경험이 없었다. 이것은 사회당 주요 활동가들도 마찬가지였다.
65) *El Socialista*, no. 58, 1976, 2면.

했다. [66] 민주주의를 위한 투쟁이 한창 전개되던 가운데 열린 에스빠냐사회당 제28차 당대회는 경제의 근본적인 재조직, 국영 및 사기업을 망라한 자주관리 분야의 창출, 그리고 주요 산업부문 및 민간은행의 국유화를 강령으로 채택했다. [67] 이러한 강령으로 사회주의자들은 1977년 의회선거에서 제2정당의 위치에 올라섰다. 이 당의 지도자인 펠리뻬 곤쌀레쓰는 이를 가리켜 사회주의자들이 필시 "에스빠냐의 주도적인 정치세력" [68]으로 부상할 수 있는 '승리'라고 평가했다. 그러나 사실 이 좌파가 그 전략적인 목표를 달성하기란 요원한 일이었다. 이 좌파의 급진주의는 정치체제의 재편과 프랑꼬 독재의 신속한 청산에는 도움을 주었다. 에스빠냐 사회학자인 마라발 (J. M. Maraval)은 다음과 같이 썼다.

> 만약 아래로부터의 압력이 존재하지 않았다면 이 개혁정책이 프랑꼬주의 추종자들의 저항에 맞서 성공할 수 있었을지 극히 의심스럽다. 아래로부터의 압력으로 말미암아 민주화의 전과정이 개혁과 단절을 병행할 수 있었다. [69]

좌파의 이러한 급진적 슬로건은 부르조아지로 하여금 겁을 집어먹게 하여, 그 스스로도 제 나름의 개혁을 추진하지 않을 수 없도록 압력을 가했다. 그러나 민주화의 과정이 충분히 진행되어 사회주의자들이 압력을 가하는 정도가 아니라 아예 권력을 쟁취하려는 것으로 옮겨갈 수 있었을 때는, 우선 전술부터 바꾸지 않으면 안되었다. 모든 논평가들이 인정하듯이, "여당으로 바뀌게 되면서부터 더욱더 온건하고 조심스러운 노선을 추구하는 경향이 생겼다." [70] 이와 관련하여 소련의 한 전문가는, 에스빠냐 사회주의자들을 가리켜 "강령과 이데올로기상으로는 급진적인 태도를 취하지만 실제 행동은 아주 온건한데, 이 양자가 공존하고 있는 것" [71]이 그들의 특징이라

---

66) *El Sistema*, no. 15, October 1976, 58면.

67) 국유화는 에너지, 철강, 식품 그리고 제약 분야 등에서 이루어졌다.

68) *Cambio 16*, no. 289, 1977, 17면.

69) *El Sistema*, no. 35, 1980, 10면.

70) *Sovremennaya Ispaniya*(현대 에스빠냐), Moscow 1983, 130면.

71) *Voprosy Istorii*(역사학의 제문제), no. 4, 1983, 56면.

고까지 밝혔다. 권력에 도달하면 비로소 이러한 모순이 드러난다.

현실은 분명 이와 전혀 달랐다. 사회주의 혁명으로의 이행에 대한 기대가 꺾였고, 또 그것이 서유럽 전역에서와 마찬가지로 에스빠냐에서도 진정한 혁명이 뒤로 미뤄졌음을 의미하게 되자, 좌파는 다시 개혁주의에 매달릴 수밖에 없었다. 그렇지만 에스빠냐와 다른 남부유럽 사회주의자들이 자신들만의 고유한 급진적 개혁 전략을 수립하려는 노력을 무위로 돌아가게 했던 것은 바로 1970년대 초부터 나타난 그들의 혁명에 대한 환상이었다. 상황이 그렇게 되자, 이들은 다시 사회민주주의적인 방법으로 되돌아갔지만, 프랑스에서와는 달리 여기에서는 이 개혁주의로의 전환이 혁명적 환상을 거부했다는 것뿐만 아니라 그 전략적 전망까지 상실했음을 의미했다. 선거의 성공과 권력장악도 이 운동의 내적인 위기를 드러냈을 뿐이다.

에스빠냐사회당은 그 전략노선의 애매함과 당강령에 대한 재검토의 필요성 때문에 이미 권력을 장악하고 있음에도 격심한 이데올로기 및 이론 논쟁에 휘말렸다. 당지도부는 '맑스주의'라는 단어가 불필요하다는 이유로 당강령에서 이를 삭제할 것을 제안했다—— 왜냐하면 사회주의를 지지하는 사람은 누구나 확신에 찬 맑스주의자이기 때문이다. 어떻게 당 활동가대중에게 모두 맑스주의의 전문가가 되어야 한다고 요구할 수 있었을까? 거기에는 그들말고도 그저 믿고 따르는 사람들도 많았을 텐데 말이다. 맑스주의의 상투어를 피상적으로 이해하면, 그것은 하나의 이데올로기로 전락하고 궁극에 가서는 이론문화의 쇠퇴를 가져온다. 이와는 달리 '맑스주의 정당'이라는 딱지가 붙으면 많은 사람들이 지레 겁을 집어먹고 따라서 사회주의적 슬로건을 내거는 데에도 좋을 것이 전혀 없었다. 로이 메드베제프는 '관용주의 및 다원주의' 견해가 좌파에게서 갖는 엄청난 의미를 올바로 지적한 바 있다.[72] 남부유럽 사회주의자들의 반자본주의적 입장이 형성된 것은 대부분 급진기독교, 개인주의 철학, 그리고 "맑스주의만큼이나 심오하게 된 사회주의적 가톨릭"[73]의 영향을 받아서였다. 그러므로 이 당의

---

72) Medvedev, *Leninism.* 그렇다고 해서 에스빠냐사회노동당 지도자들이 자신들의 조직에 합류한 뜨로쯔끼주의자들이 "잘못을 저질렀다"고 선언하지 않았던 것은 아니다.

73) E. Diaz, *Notas para historia del pensamiento espanol actual, 1939~1973*(현대

176

지도부가 강령을 변경하자고 제안한 것은 그 자체로는 현명한 일이었다. 그러나 운동이 갈림길에 놓여 있던 이 시기에, 좌파 활동가들은 그것에서 사회민주주의로 복귀하려는 징후를 보았다. 당내 극우파 이데올로그인 쏘뗄로도 "'맑스주의'라는 단어를 버리면서 사회주의적 전망까지 버려서는 안 된다"[74]고 말한 것으로 보아, 그조차 많은 이들의 이러한 우려를 인정하고 있었던 것이다.

맑스주의에 대한 이러한 논의가 더 중요한 논쟁의 대리전이었다는 사실을 알아차린 사람은 그리 많지 않았다.[75] 강령을 둘러싼 이 격심한 투쟁은 좌파의 패배와 그들의 당권 상실로 귀결되었다. 당지도부는 그렇다고 해도 혁명적 이상을 거부한다든지 사회민주주의적 입장으로 전환하려는 뜻은 조금도 없다는 점을 강조했다. 그것은 사회민주주의적 개혁주의가 "에스빠냐의 상황에 전혀 맞지 않기"[76] 때문이라는 것이다. 정말이지 에스빠냐사회당은 온건한 북유럽 좌파의 전략을 모방하지 않았지만, 그렇다고 그들이 자신들의 고유한 전략을 세운 것도 아니었다. 이들은 깊이있는 전략적 구상 없이 권력을 장악했던 것이다. 그들은 사회민주주의의 수준에도 못 미쳤다.

곤쌀레쓰 정부가 이 나라의 가장 큰 독점기업 가운데 하나인 '루마싸'(Rumasa) 회사를 국유화했지만, 국영부분을 재편하는 일은 거의 하지 않았다. 또 수익성이 좋지 않아 사기업으로 되돌아간 기업들도 많았다. 상호

에스빠냐 사상사에 대한 일고찰, 1939~1973), Madrid 1974, 152면.

74) *Vida y obra de Marx y Engels*(맑스와 엥겔스의 삶과 그 양식), Madrid 1979, 40면.

75) 마라발(J. M. Maraval)은 "우리는 이데올로기적 원칙보다 정치전략에 대해 더 많이 고민해야 한다"(*Cambio 16*, no. 391, 10 June 1979)고 말했다. 곤쌀레쓰 스스로도 맑스주의에 대한 논의가 "해결이나 실질적인 문제와는 멀어지고" 있는 것 같다고 인정했다(*El Socialista*, 27 February 1979). 그러나 한 소련 학자가 정확하게 지적했다시피, 이렇게 "이론적이고 이데올로기적인 문제에서 맑스주의에 관심을 보인 사람들은" 바로 당지도자들이었다(I.V. Danilevich, *Sotsialisticheskie partii Ispanii i Portugalii*[에스빠냐 및 뽀르뚜갈 사회주의 정당], Moscow 1984, 203면).

76) *El Socialista*, 28 October 1981.

연관된 개혁들에 대한 뛰어나게 잘 짜여진 강령이란 눈을 씻고 봐도 찾을
수 없었다.[77] 『이코노미스트』지는 "곤쌀레쓰는 보수적인 정부조차 엄두를
내지 못할 방식으로 에스빠냐 산업과 노조를 대대적으로 개편하기 시작했
다"[78]고 만족스런 논조로 썼다. 그의 사회당 각료들도 별 거리낌 없이 시
장에 기반을 둔 경제정책을 옹호했다. 비록 객관적으로는 생산의 근대화가
필요했다고는 하지만, 거기에는 구조적 개혁이 수반되지 않았고 평상시의
자본주의적 행태가 계속되었다. 노동자들의 경영참여도 거론하긴 했지만,
그것이 공장조직의 구조적 개편으로 이어지지는 않았다. 사회당원들은 여
전히 이 나라의 주된 정치세력(여하튼 우익이 대안을 제시할 수 없었으니
까)이었지만, 이 집권당 내에 심각한 위기가 발생했고 각 노선과 각 분파

---

77) 에스빠냐 유로공산주의의 지도자인 이글레시아(J. Iglesias)는 "1982년 10월 28
일 선거에서 광범위한 사회연합세력만 구축했으면 승리는 따놓은 당상이었는데",
에스빠냐사회노동당의 정책은 "애초부터 이러한 변화에 대한 희망을 저버린 것이
었다"고 주장했다(El Pais, 17 May 1984). 이글레시아가 옳게 보았듯이, 그렇지
못한 대가는 좌파 전체가 치러야 했다. 공산당 쪽에서도 분파투쟁에 휩쓸려 구체
적인 대안을 제시하지 못했다. 1985년 무렵 에스빠냐에는 공산당 및 그 조직이 무
려 24개나 있었지만, 이전에 공산당 지지자였던 사람들이 그나마 지지한다고 할
만한 당은 세 개('기존의' 공산당, Gallego 당, 그리고 Carrillo 집단)뿐이었다.
과거 공산당 지도자였던 따마메스(R. Tamames)는 "미래의 혁신과 진보를 위한
신좌파"라는 기치를 내걸고 '진보연합'을 결성했다. 이러한 분파의 난립 속에서도
기존의 공산당은 지도적인 자리를 구축하고 있었지만, 이 위기를 극복할 수는 없
었다. 그 지도자들도 '명확한 강령'이 없음을 솔직히 시인했다(El Pais, 21 December
1984).

78) The Economist, 27 October 1984, 23면. 1985년 공식 여론조사는 대체로 에스빠
냐사회노동당의 승리를 점치고 있었다. 이후의 선거에서도 많은 유권자들이 이 당
을 지지했다. 그럼에도 불구하고 많은 에스빠냐인들은 이들 사회주의자들이 실제
할 수 있는 만큼 일을 하지 않았다는 점을 강조하면서, 정부의 활동에 불만을 표
시했다. 곤쌀레쓰의 정책을 평가하는 조사에서는 지지도가 39%로 나타났는데, 이
는 좋지도 나쁘지도 않은 것이었다. 그의 정책은 한마디로 특징이 없는 것으로,
프랑스의 미떼랑과 달리 심각한 실패도 없었지만, 사회주의적 개혁에서 역사에 한
페이지를 장식할 만한 중요한 성과도 없었다. 많은 에스빠냐 유권자들이 또다시
에스빠냐사회노동당을 지지하기로 한 것은 "정부가 잘해서가 아니라 그보다 나은
정당이 없었기 때문이었다"는 지적은 옳다(Cambio 16, no. 726, 28 October 1985,
43면).

사이에 공공연한 투쟁이 시작되었다.

그리스에서는 상황이 훨씬 더 나빴다. 사회주의 운동의 지도자인 안드레
아스 파판드레우(Andreas Papandreou)는 야당 시절부터 많은 사람들이 심
각한 위기라고 잘못 인식할 정도로 급진적인 요구를 했다. 톰슨(E. P.
Thompson)은 "만약 그가 승리한다면, 그는 그에 앞선 아옌데와 같이 안정
화를 깨뜨릴 만한 사람이며, 전유럽의 지지를 필요로 할 것이다"[79]라고 썼
다. 그러나 실제로는 아주 달랐다. 권력을 쟁취한 파판드레우와 그 추종자
들은 전처럼 과격한 언사를 늘어놓기는 했지만, 그 나라의 사회정치적 구
조를 바꾸려는 진지한 시도는 전혀 하지 않았다. 이 새 정부는 국가기관이
면 어느 곳에나 당활동가들의 자리를 마련하는 데 급급했다. 범그리스사회
주의운동(Pan-Hellenic Socialist Movement, PASOK)은 점점 더 파판드레우
와 그 동료들의 사적인 권력기관으로 전락했다. 당대회조차 열리지 않았
다. 많은 사회당원들은 이 정부가 무능력하고 기회주의적이라고 성토하고
관계를 끊었다.

> 이 정부는 야만인들에 의해 운영되고 있다. 장·차관 16명이 미국에서 갑자기
> 나타났다. 이들은 아테네의 거리조차 제대로 모르고 있다. … 국무회의에서 약
> 간의 문제들을 거론하지만 시간이 얼마 걸리지 않는다. 개혁은 말뿐이다.[80]

이에 덧붙이자면, 파판드레우는 폴란드 노동운동을 억압한 야루젤스끼의
군사쿠데타를 지지했다. 그는 폴란드 노동자들이 "현존하는 역사적인 흐름
에서 벗어나지 않은 채" 행동해야 하는데 그렇지 않았다면서 그들을 비난
했다. 그러한 성명은 그리스 지도자들이 폴란드 노동자들과의 연대를 거부
하겠다는 뜻만이 아니라 국내정치에서 파판드레우 자신의 기회주의를 정당
화하겠다는 것으로 풀이될 수 있었다. 그렇지만 원칙의 부재와는 관계없이
이런 식으로 '객관적인 어려움'을 거론하면 어느 것이나 제 마음대로 정당
화시킬 수 있다. 『르 몽드』(Le Monde)지는 파판드레우가 약속된 변화 대
신 전반적인 환멸만 가져다 주었다는 점을 인정했다. 아무것도 변한 것이

79) E. P. Thompson, *Zero Option*, London 1982, 116면.
80) *Panorama*, no. 917, 14 November 1983, 105면.

없었다. "파업도 여전하고 경제적 위기도 마찬가지다."[81] 그럼에도 불구하고 1984년 선거에서 파판드레우의 당은 다시 승리를 거두고 권력을 ´장악했다. 그리스 사람들은 우익정부가 **훨씬 더 나쁠 것으로** 생각했던 것이다.[82] 에스빠냐에서도 곤쌀레쓰가 똑같은 카드, 곧 뻔뻔한 반동가들보다는 개혁 없는 개혁주의자들이 차라리 낫다는 카드를 사용했다.

뽀르뚜갈사회당은 공산당에 대한 공포로 인해 점차 우경화하고 있었는데, 이들의 경험은 더이상 어떤 시사점도 주지 않는다. 1974년 극우 권위주의 정권을 타도한 4월혁명 이후 뽀르뚜갈사회당은 유럽에서 가장 급진적인 반자본주의 세력 가운데 하나였지만, 1984년이 되면 국제 사회민주주의에서 우익 쪽에 속해 있었다는 것은 분명한 사실이었다. 혁명적 전통의 지지자들은 이 당을 떠나 '사회민주주의좌파세력연합'(Union of Left Forces for Socialist Democracy)을 결성했다. 이 연합체의 강령은 분명하게 프랑스 사상에서 영향을 받았다. 1980년, 일반 여론은 이들이 "대중적인 기반이나 영향력이 없다"[83]는 것이었지만, 어쨌든 의회에 진출하는 데에는 성공했

---

81) *Le Monde*, 23 March 1985.

82) 파판드레우 정부는 정권을 쥐고 있었던 시기 내내 그랬던 것처럼 그 몰락도 수치스러운 것이었다. 1989년, 정부가 부패에 대한 비난를 제대로 수습하지 못했기 때문에 선거는 정치스캔들로 어수선한 가운데 치러지게 되었다. 그 결과는 예상했던 대로 사회당의 패배였다. 그러나 이러한 상황에서도 우익은 선거에서 정권을 장악할 만큼 충분한 지지를 받지 못해서, 공산당원과 함께 정부를 구성해야만 했다!

83) *Razmezhivaniya i sdvigi v sotsial-reformizme*, 141면. 뽀르뚜갈에서는 많은 사람들이 '좌파연합세력'이 있는지조차 모르고 있었다. 그런데도 기존 사회당의 좌파가 유권자들의 인기를 얻어 권력을 장악할 가능성은 민주재건당(Party of Democratic Renewal)의 승리로 증명되었다. 사회당의 15.68%, 공산당의 2.3%가 이 당에 지지를 보냈다. 최고의 승리자는 선거에서 근 30%를 획득한 사회민주주의자들이었다. 이 당이 승리한 것은 기본적으로 똑같은 정책을 추구했지만 더 능력이 있었기 때문이라고 풀이할 수 있다. 그러므로 에스빠냐에서와는 달리, 뽀르뚜갈에서는 위신이 떨어진 사회당을 대신할 만한 인기있는 세력이 있었던 셈이다. 사회당은 소심할 정도로 신중하고 무능력까지 겹쳐, 뽀르뚜갈 정계에서 주도적인 자리를 잃었다. 이러한 이전 정부의 특징 없는 정책 대신 사회민주당은 윤리성이 가미된 기술주의 정책을 공공연히 표방했다. "이들은 청렴성과 근대화를 약속함으로써 뽀르뚜갈인들의 지지를 얻었으며, 더 중요한 유권자와 폭넓은 사회계층을 자기편

180

다. 1985년 선거에서 눈부신 성공을 거둔 당은 전임 대통령인 에아네스(R. Eanes) 지지자들이 결성한 민주재건당(Party of Democratic Renewal)이었다. 진정한 변화를 바라는 더 광범위한 뽀르뚜갈 사회층의 고조된 열망을 담아낸 것은 기존 사회당의 좌파 비판가들로 구성된 이 집단이었던 것이다. 그러나 이 당은 급진적인 저항운동을 벌이긴 했지만, 사람들에게 전략적 구상이나 일관된 강령을 제시하지는 못했다. 이 당은 사회당원들의 기회주의적 관행에 대한 근본적인 대안의 가능성만을 입증했을 뿐, 스스로 그 대안이 되지는 못했다.

비록 에스빠냐사회당원들은 기술주의 노선을 채택했지만, 최소한 그들은 유능한 행정가들이었다 —— 뽀르뚜갈과 그리스 사회당원들에 비하면 그 이상의 말도 가능하다. 그들이 정권을 내어주게 된 것은 그들의 경제정책이 실패했기 때문이라기보다는 그들에게는 체계화된 경제개혁안 같은 것이 눈을 씻고 찾아보아도 없었기 때문이었다. 그러한 전략 대신에 일관성도 없고 조화되지도 않으며 자주 모순되는 결정이 있었을 뿐이다.

결국 뽀르뚜갈·에스빠냐 그리고 그리스의 교훈은, 사회주의연구소 이론가들의 생각이 옳았음을 확인해주었다. 그들은 사회주의 정당의 개편과 일반 공산주의자들 사이에서 일어나고 있는 변화 사이의 관련성을 지적했다. 이러한 내적 연관성은 또한 서독이나 영국을 포함해서 공산주의자들이 극히 취약한 나라들에서조차 존재했다는 것이 아주 분명하다.

뽀르뚜갈공산당은 민주적인 게임규칙을 받아들일 수도 없었고 그 지도자들 역시 스딸린주의 도그마에 집착하고 있었기 때문에, 사회주의 운동에서는 우파의 입지가 강화되었다. 사회당 지도자인 마리우 수아레스(Mario Soares)는 "우리 동맹체 가운데 몇몇은 이상스러운 눈으로 볼 테지만, 자유로운 뽀르뚜갈을 유지하기 위해서는 부르조아지와의 협력이 필수적"[84]이라는 점을 인정했다. 다른 경우에서는 공산주의자와 사회주의자의 관계가 훨씬 더 좋았던 것을 생각하면, 뽀르뚜갈의 상황은 모든 것을 다시 한번 생각해보게 한다. 1974~75년에 뽀르뚜갈공산당은 유로공산주의의 몇가지 원칙들 —— 의회민주주의와 선거 존중, '프롤레타리아트독재'라는 용어의

을 끌어들였다"(*Tiempo*, 21 October 1985, 116면).

84) *Le Monde*, 8 October 1975.

폐기 등등——을 공식적으로 인정했다.[85] 거의 공산당원이나 다름없는 군사지도자들, 예를 들어 임시정부 수반인 군잘베스(V. Gonsalves)는 자신들이 "뽀르뚜갈에 인민민주주의와 일당(一黨)국가를 세우려고 하지 않는다"[86]고 주장했다. 실제로 스딸린주의 슬로건을 거부했다고 해서 공산당과 그 동맹자들의 정책이 변한 것은 아무것도 없었다. 대다수의 관측가들(좌파 관측가를 포함하여)에 따르면, 공산당은 "전체주의적이며, 반대의견에 관용을 베풀지 않는" 정당이었다. 뽀르뚜갈공산당원들의 이러한 말과 행동의 불일치가,

> 유럽인들의 공포, 곧 공산당이 권력에 다가가거나 권력을 나눠 가질 기회를 잡게 되면, 모든 반대파를 쓸어버릴 것이고, 공중(公衆)의 염원을 거역하면서까지 엄격히 통제되는 국가자본주의 체제를 만들 것이라는 공포를 현실화시켰다.[87]

이러한 우려는 다른 나라에서 일어나고 있던 사태로 인해서 더욱 커졌다.
1970년대 초에는 공산주의 운동 내에서 가치와 민주화에 대한 재평가가 거의 모든 곳에서 이루어졌다면, 1970년대 말과 80년대 초에는 스딸린주의 경향이 다시 한번 활력을 얻기 시작했다. 스웨덴·에스빠냐·영국 공산당은 분열되기도 했다. 제22차 당대회에서 유로공산주의를 열렬히 선전했던 프랑스공산당 지도부는 1978년부터 노선을 바꾸었다. 핀란드에서 스딸린주의자들과 유로공산주의자들은 공식적으로는 단일정당을 유지하고 있었지만, 오랫동안 공공연한 투쟁을 벌였다. 심지어 개편과 좌파통합을 지지하

---

85) 그밖에도 몇몇 스딸린주의 집단이 1970년대에 독자적인 유로공산주의의 슬로건을 강령에 도입했다. 오스트리아공산당의 강령에 따르면, "사회주의에 이르는 길은, 만약 그것이 따를 수 있는 것이라면(!) 어느 것이나 민주적일 수밖에 없다" (*Sozialismus im Oesterreichs Farben: Programm der KPO*〔오스트리아식 사회주의: 오스트리아공산당 강령〕, Vienna 1982, 43면). 여기에서 분명하게 느껴지는 것은 스딸린주의와 유로공산주의 사이에 다리를 놓으려는 시도이다.

86) *Der Spiegel*, no. 15, 1975, 102면.

87) Diana Smith, "The Alternative: Portuguese Communism," in *Eurocommunism: Myth or Reality*, Paolo Filo della Torre and others, eds., London 1979, 189면.

는 사람들에게 하나의 본보기가 되었던 이딸리아 공산주의자들 사이에서도 꼬쑤따(A. Cossuta) 상원의원이 이끄는 스딸린주의적 경향이 등장했다.[88] 그리스에서는 유로공산주의자들이 투표에서 스딸린주의자들을 앞서지 못해, 정치적 혼란에 빠져들었다.[89]

유로공산주의자들은 시민적 자유와 개혁주의 방식의 가치를 받아들임으로써, 이제 사회주의자들에게는 협력자로서뿐만 아니라 사회주의자들이 구축한 이데올로기의 독점을 위협하는 막강한 경쟁자로 떠올랐다. 그러자 각 사회주의 정당들은 진보적인 유권자들에게 사회당만이 **민주**사회주의를 위한 투쟁에서 지도적인 역할을 할 수 있는 유일한 세력이라는 점을 납득시켜야 했다. 그러므로 유로공산주의 현상이 대체적으로는 세계 사회민주주의에서 급진적 경향을 강화시켜주었다고 하겠다. 그렇지만 구체적으로는

---

88) 대부분의 관측가들이 보기에 그저 놀라운 사실은 이 분파의 비중이 "크지 않았다"는 점이다(*L'Espresso*, no. 6, 12 February 1984, 47면). 그럼에도 불구하고 이들이야말로 알짜배기 야당이었다. 1983년 이딸리아공산당 대회에서 꼬쑤따의 지지자들은 9%의 지지를 얻었고 중도파는 약 15%를 얻었다.

89) 영국에서 스딸린주의자들의 구심점이 된 것은 신문 *Morning Star*였고, 유로공산주의자들은 잡지 *Marxism Today*를 중심으로 모였다. 전자의 신문은 계속 독자들을 잃어가는 데 비해 후자의 잡지는 발행부수가 늘어나고 광범위한 인기를 얻고는 있었지만, 스딸린주의자들은 이 당의 활동에 분란을 야기하는 데 성공했다. 결국 1984년 이 신문 편집자인 Tony Chater와 부편집자인 D. Whitehead는 영국공산당에서 쫓겨났다. 핀란드에서도 당지도부는 스딸린주의자들에 대한 조직상의 조치를 취하지 않을 수 없었다(1984~85). 스웨덴 스딸린주의자들은 1977년에 좌파정당(스웨덴공산당)에서 탈퇴하여 노동자당(스웨덴공산당)을 결성했다. 비슷한 분열이 에스빠냐에서도 일어났는데, 이미 이야기한 것처럼, 이로 인해 세 정당이 모습을 드러냈다. 갈레고가 이끄는 명백한 스딸린주의 당 이외에도, 이전 에스빠냐공산당 총서기인 싼띠아고 까릴로를 중심으로 한 반(半)스딸린주의 집단이 과거 조직을 통해서 등장했다. 이에 반해 프랑스에서는 소수파인 유로공산주의자들 상당수가 공산당에서 나올 수밖에 없었고, 이들은 자신들만의 조직을 결성하는 데 실패하자 결국 사회당에 합류했다. 그리스에서 유로공산주의자들의 운명은 비극적이었다. 파판드레우와 스딸린주의적인 지도자들 때문에 망명길에 올랐던 유로공산주의자들은 지하투쟁에 들어갔다. 1968년 이들은 '그리스국내공산당'을 결성하지만 1974년 군사독재가 무너진 뒤에도 스딸린주의자들과 사회당의 강력한 국가기구에 눌려 제대로 뜻을 펴지 못했다.

기본적으로 좌파인 이 두 정당 사이의 상호작용이 나라마다 서로 다른 결과를 낳았다. 이 과정은 사회주의연구소가 예상했던 것보다 훨씬 더 복잡했다. 몇몇 경우에서 두 정당 가운데 한쪽이 쇄신에 성공하게 되어, 다른쪽은 스스로를 변혁하려는 노력을 그만두었다. 예를 들어 이딸리아에서는 사회당이 훨씬 더 매력적인 공산당에 뒤질 수밖에 없었고, 이내 전통적으로 개혁주의 정책을 지지해왔던 좌익 유권자들 대다수가 "지난 20~25년 동안에 점차 공산당으로 넘어갔다"[90]는 점을 인정하기에 이르렀다. 이러한 상황에서 사회당 급진파는 선전을 통해 당을 쇄신하기보다는 공산당의 입장을 강화하여 그들로 하여금 자신들에게 부여된 개혁까지를 실행에 옮기게 했다. 이러한 태도는 공산당의 노선이 옳다는 것을 확인시켜줄 따름이었다. 그러자 이러한 상황이 공산당과 사회당 사이에 상호적대감을 낳았고, 결국 사회당 내에서 우파의 입장이 자연스럽게 강화되었다.[91] 1980년대 중반이 되자 이딸리아 좌파를 이끌던 이 두 정당이 모두 위기에 처하게 되었다. 에스빠냐에서는 사회당이 승리함으로써 대중들이 그들의 깃발 아래 모여들었고, 공산당은 약화되었다. 유로공산주의의 민주주의 슬로건과 개혁주의적 요구는 곤쌀레스의 당에 이익을 안겨주었는데, 곤쌀레스의 당만이 이러한 개혁을 실현할 수 있었던 것이다. 그 자연스러운 결과가 유로공산주의의 위기요, 스딸린주의 경향의 부활이었다.

처음에 스딸린주의자들은 유로공산주의가 일시적인 유행에 그칠 것으로 생각했다. 반면 쇄신을 지지하는 사람들 쪽에서 보면, 서구에서는 스딸린주의가 역사적 전통과 사회적 조건 모두에 맞지 않기 때문에 반드시 사라질 것으로 믿었다. 유로공산주의자들은 다음과 같은 사실을 지적하면서 선거에서 자신들의 승리를 점쳤다. 이딸리아공산당은,

---

90) *Panorama*, 11 April 1978, 55면.

91) 1976년, 젊은이들은 A. Petrini(장래 사회당 당수)를 열광적으로 지지했다. 그가 이러한 청중들에게 감사해하자, 청중들은 다음과 같이 답했다. "우리는 당신이 한 말에 대해 찬사를 보내지만, 투표는 공산당에 할 것입니다"(*Paese Sera*, 9 July 1976). 이딸리아공산당과의 투쟁을 시작했던 끄라시는 개혁주의적 성향의 유권자 일부를 되찾는 데 성공했다. 1970년에 9.6%의 지지율을 보였던 이딸리아사회당은 1980년대 초 12%로 올라갔지만, 그 대신 이로써 좌파통합은 물건너 갔다.

184

서유럽 전체 공산주의자 가운데 거의 60%를, 그리고 서유럽 전체 공산당 득
표수의 54%를 독차지한다. 이딸리아, 프랑스 그리고 에스빠냐의 세 공산당은
이른바 '유로공산주의' 경향을 기반으로 하고 있는데, 이 세 정당이 서유럽 전
체 공산당 득표수와 당원의 86~87%를 차지하고 있다.[92]

실제로는 그 두 가지 견해 모두 다 틀렸다. 유로공산주의는 서구의 정치
활동에서 빼놓을 수 없는 요소가 되었고, 많은 정당들이 이러한 노선을 그
이상으로 따랐다. 이딸리아공산당이 제16차 당대회 이후, 프랑스사회당이
이전에 그랬던 것처럼, "정말 실질적인 유전적 변화"를 겪었음은 주지의
사실이다. "이딸리아에서 우리는 미떼랑이다"[93]라고 당의 한 활동가가 선
언했다. 이와 동시에 우리가 살펴보았듯이, 스딸린주의는 사라진 것이 아
니라 때때로 강화되었다. 1978년 이후 프랑스공산당은 점점 더 스딸린주의
로 변했고, 잇따른 정치적 실패와 선거에서의 대중들의 이탈을 경험했음에
도 이 과정은 멈추지 않았다. **유로스딸린주의가** 전반적으로 자리잡기 시작
했고, 그후 안정된 사회적 기반까지 갖추게 된 것은 분명하다. 이 점을 명
확하게 하기 위해서는 프랑스와 이딸리아 공산주의 운동을 비교하는 것으
로 족하다.

비록 이 두 나라의 공산주의자들이 1978년 이후에는 정반대방향으로 돌
아섰지만, 그 이전에는 공통점이 많았다. 우선 이들 두 당 모두에는 똑같
이 비주류가 존재했다. 또 이들은 정치적으로 패하고 있을 때조차 노조 내
에서만은 여전히 강력한 영향력을 행사했다. 게다가 이들 두 정당은 민주
적 전통이 있는 나라에서 활동했고 많은 노동자로부터 안정된 지지를 받았
다. 또 이들은 모두 사회당으로부터 저항을 받기도 하고 그들과 협력을 하
기도 했으며, 정부에 참여도 했다. 그리고 1968년 이후에는 모스끄바와 거
리를 두기도 했다. 그런데 이들이 왜 다른 길을 걷게 되었을까?

물론 서방에서 가장 강력한 이 두 공산당은 처음부터 아주 달랐던 점도
있었다. 장 뽈 싸르트르는 1960년대의 프랑스공산당은 "노동자들의 신뢰"

92) A. Rubbi, *Partiti Communisti*, 10면.
93) *L'Espresso*, no. 9, 6 February 1983, 8면.

를 받고 있으면서도 이미 "프랑스 최대 보수정당"이었다고 말했다. 반면
이딸리아공산당의 특징은 "자신들의 신념이나 결정을 감추지 않는 표현의
자유, 활기찬 사고 그리고 가벼운 자기풍자"였다. 그들은 맑스의 말은 간
간이 인용했지만——예를 들어 동유럽 사태에 대한 그들의 비판적인 분석
에서 볼 수 있듯이——'그의 원칙과 방법'은 자주 적용했다. 싸르트르는
이를 이딸리아 민족성·문화 그리고 역사의 특성으로 설명했다. 그의 결론
에 따르면, "이딸리아공산당은 이딸리아였다."[94] 더욱 심오한 설명은 씨몬
드 보부아르의 회상에서 나온다. 그녀는 이딸리아에서는 외국의 침략에 대
해서뿐만 아니라 내국의 파시즘에 대해서도 저항이 심했다고 썼다. 이러한
저항은 프랑스에서보다 훨씬 더 동질적이었으며, 대부분 사회운동의 성격
을 띠었다. 그러므로 반파시즘 통일전선이 붕괴된 이후에도 거기에 참여했
던 사람들은 공통된 가치를 많이 간직하고 있었다. 전반적으로 "이딸리아
공산당의 상황은 프랑스공산당보다 나았다."[95] 냉전시대에 프랑스 공산주
의 운동의 전형이었던 포위된 요새 심리(psychology of the besieged for-
tress)가 이딸리아 맑스주의자들의 특징은 아니었다. 바로 이 점과 그람시
전통으로 이딸리아공산당은 쇄신의 길을 비교적 쉽게 찾아갈 수 있었다.[96]

　프랑스와 이딸리아 공산주의자들 사이의 이 모든 차이에도 불구하고, 프
랑스공산당이 1970년대 말에 다시 스딸린주의로 돌아선 것을 설명하는 데
에는 이 당의 역사만 가지고서는 안된다. 프랑스공산당의 발전이 더딜 수
는 있지만, 왜 후퇴까지 해야 했을까? 그 사태의 진상을 이해하기 위해서
는 서구 공산주의 운동의 사회적 기반을 검토해야 한다.

---

94) Sartre, *Situations IX*, Paris 1972, 128, 137~38면. 잊어서는 안될 것은 항상 그
　람시의 사상이 이딸리아공산당의 전략을 결정했다는 점이다. 일반적인 견해에 따
　르면, 그람시와 똘리아띠에서 베를링게르와 나띠(Natti)로 넘어가는 이딸리아공산
　당의 정책에서 특징적인 점은 "변하지 않는 연속성"이다(*Panorama*, no. 981, 3
　February 1985, 45면).
95) de Beauvoir, *La force des choses*, vol. 1, Paris 1963, 147면.
96) 프랑스공산당 지도부는 탈스딸린주의의 시기에도 스딸린의 정신에 따라 행동했
　다. 제22차 당대회에서도 혁신을 공언했지만, 영국공산당 잡지가 지적했던 것처
　럼, 그것조차 "역설적이게도 완전히 '쏘비에뜨' 방식으로 이루어졌다"(*Marxism
　Today*, August 1978, 268면).

　모든 공산당의 공식문서들은 공산당이 노동계급, 프롤레타리아트 그리고 결국에는 모든 노동자들의 이익을 대변한다고 강조한다. 노동자대중이건 프롤레타리아트건 동질적인 집단은 분명 아니다. 비록 맑스가 '프롤레타리아트'가 '노동계급'보다 더 넓은 개념이라고 지적했을망정, 그래도 19세기 프롤레타리아트, 곧 임노동계급은 노동계급 전체와 일치했다. 20세기에는 노동을 하긴 하지만 생활양식, 직업 그리고 전통에서 노동자와 전혀 거리가 멀었던 사람들이 대거 프롤레타리아트화되었다. 프랑스에서는 1961년에서 1981년까지 경제활동인구 가운데 임노동자가 차지하는 비율이 62%에서 82%로 올랐다. 이것을 사회학자들은 "생산의 집중으로 소기업은 소멸되고 프롤레타리아트는 증가한다고 본 맑스주의 이론을 경험적으로 확인시켜주는 것"[97]이라고 올바로 지적한다. 임노동에 대한 보수는 어디서나 개선되었지만, 그 사회적 본질은 전혀 변하지 않았다.[98] 그러므로 좌파정당들이 전통적인 노동계급의 범위를 뛰어넘어 광범위한 사회적 기반을 만들 수 있는 기회를 맞이한 것이다.

　이와 동시에 자본주의 사회 내의 노동계급 자체도 동질성을 잃어갔다. 몇몇 사회학자들은 "노동계급에는 두 가지가 있을 수 있다"[99]고까지 말했다. 전통적인 노동자 직업 이외에도 새로운 직업들이 등장했는데, 이 양자는 필요한 숙련도에서뿐만 아니라 노동 그 자체의 특성에서도 차이를 보였다. 새로운 전문분야는 육체적인 기술만 아니라 명백한 지적 자질까지 요구한다. 과거의 노동계급은 노동조합을 통해 자신들의 권리를 보호받고 직업을 유지하는 데 많은 관심을 보였다. 노동계급이 국유화를 자주 지지했던 것도 사회주의적 계획의 일환으로서뿐만 아니라 자신들의 자리를 유지하는 수단으로 여겼기 때문이기도 했다(국영부문에서 잉여노동자들을 양산

---

97) *Français, qui êtes-vous. La Documentation française*(프랑스인, 당신들은 누구인가. 프랑스 참고자료), Paris 1981, 40면.

98) 노동자들의 생활수준 향상으로 인해 프롤레타리아트가 소멸되었다고 하는 공산주의자도 있다. 이것은 무식한 말이다. 노동력의 가치와 프롤레타리아화는 서로 다른 문제이다. (고전적 의미의) 노동계급이 계속 줄어들고 있음에도 지금 그 이면에서 프롤레타리아트가 증가하고 있다는 것은 기묘한 일이다.

99) *Français, qui êtes-vous*, 67면.

하는 것은 극히 난감한 문제다). 이 새로운 노동계급층은 구조적 개혁과 산업상의 자주관리를 위해 훨씬 많은 노력을 경주한다. 구노동계급이나 신노동계급이나 부르조아지와 투쟁하는 것은 마찬가지이지만, 구노동계급이 훨씬 더 보수적이다. 대체로 이들은 자본과 노동 사이의 모순을 훨씬 더 첨예하게 인식하고 있지만, 이들은 항상 순전히 방어적인 자세만을 취한다. 1984～85년에, 영국에서 우익정부에 대항해 광부들이 일으킨 파업이 보여주었듯이, 아주 단호한 이 전통적 노동계급의 행동에서 특징적인 것은 바로 그들이 보여준 협소한 정치관과 역동성의 부족이었다.

구노동계급과 신노동계급은 장기간 공존하게 될 터이다. 왜냐하면 신기술이 등장했다고 해서 과거의 기술이 사라지는 것은 아니기 때문이다. 사실, 임금률이 낮다는 것이 때때로 신기술보다 이윤을 더 남길 수 있다는 것을 의미할 수도 있다. 강력한 두 좌파정당이 나란히 존재하는 나라에서는 대체로 구노동계급은 공산주의자로 기울고 신노동계급은 사회주의자로 기운다. 그러한 경향은 프랑스 사회학자들도 언급한 것이지만, 이것이 프랑스에서만 전형적으로 나타나는 것은 아니다. 핀란드에서는 "유권자들의 정치성향과 사회의 계급구조 사이에는 아주 고도의 상관관계가 존재하는데" 여기서도 이 점은 훨씬 더 두드러진다. "공산주의자들은 주로 노동계급 내의 전통적인 집단에 기반을 두고 있고, 사회민주주의자들은 새로운 층, 특히 젊은 층에서 지지를 받고 있다."[100] 공산주의자들이 구노동계급층에 쏠리게 되면서부터 이들은 개혁주의 활동을 희생시키고, 대신 노동자들의 경제적 이익을 수호하는 투쟁에 머무르는 경향을 보이게 된다. 그러므로 서방에서 레닌주의적 전통에 반대하여 오히려 일종의 노동조합의 정치적 대변자처럼 자주 활동하는 사람들이 바로 공산주의자들이다.[101]

---

100) *Problemy sotsial-demokratii v issledovaniyakh uchenykh sotsialisticheskikh stran. Vypusk I. Referativnyi sbornik*(사회주의 국가 학문 연구에서의 사회민주주의 제문제, 연구보고서 모음집 1권), Moscow 1984, 150～51면. 프랑스에서는 공산당이 가장 '젊지만', 젊은 유권자들은 사회당을 오히려 더 많이 지지했다. 네덜란드에서는, 잡지 *International Viewpoint*가 지적한 대로, 공산당이 "위기로 큰 타격을 입었던 조선과 철강 등 구산업에만 집중했다"(*International Viewpoint*, 11 February 1985, 21면).

101) 에스빠냐 노동자위원회에서 스딸린주의자들의 입장은 전형적이었다. 레닌은 노

경제적 위기가 닥칠 경우, 실업의 증대와 생활수준의 하락으로 가장 먼저 피해를 보는 쪽은 바로 구노동계급이다. 설상가상으로 이러한 직업의 경우 사양길에 접어드는 것도 돌이킬 수 없었다. 1930년에서 75년까지 프랑스 광부의 수는 5분의 1로 줄었고, 직물제조업 노동자 수는 7분의 1로 줄었다. 1979~83년에 닥친 위기는 새로운 기술혁명의 시작과 동시에 발생한 것이었다. 이것은 구노동계급의 많은 부분이 필연적으로 사회적 쇠퇴를 겪게 됨을 의미했다. 유일한 탈출구라면 대규모로 재교육을 받는 길인데, 이것이 경제적 위기 때 시행되기란 매우 어렵고, 기업들이 이 문제에 특별한 관심이 없을 경우에는 더더욱 어렵다. 이같은 상황은 구노동계급의 교육수준이 비교적 낮기 때문에 그리고 이같은 사양산업이 주로 일자리가 아주 귀한 '빈민지역'에 집중되었기 때문에 더욱더 복잡해졌다.

프랑스에서는 사회당 정부가 재교육을 준비하는 데 많은 노력을 기울였지만 이곳에서조차 이 모든 문제를 해결하기란 지극히 어려웠다. 사회주의자들이 인정하고 있다시피, 그것은 과거의 기술을 지닌 노동자 스스로가 '무엇인가 다른 일을 할' 수 있다고 믿지 않았기 때문이었다. 로따랭지아(Lotharingia)의 강철노동자들은 "강철산업과 함께 도태될"[102] 처지였다. 이러한 집단에서 사회적 기반을 갖출 계기를 잡은 공산당은 비록 실패했긴 하지만 처음에는 이들의 입장을 지지할 태세를 갖추고 있었다. 공산당이 이 문제에 대한 접근방식을 변화시키게 된 것은 바로 그러한 입장으로 전환하자 다른 분야의 사람들(노동계급 내의 많은 집단을 포함하여)이 더이상 지지를 보내지 않는다고 느꼈기 때문이었다. 이러한 동요는 공산당 자체의 이중성을 반영한 것이다. 곧 프랑스공산당은 한편으로 바로 구노동계급의 지지에 의존하는데 이들 가운데 많은 층이 사회적 쇠퇴를 겪고 있고, 다른 한편 오로지 이들만 바라보고 있다가는 전국적인 대중운동으로서 살아남을 수 없다는 것이다.

이딸리아공산당의 상황은 이와 완전히 달랐다. 전후(戰後) 전기간을 통

동조합이 정치화할 것을 요구했지만, 갈레고가 이끄는 당의 스딸린주의자들은 "최저임금에 대한 토론만" 준비하고 있다(*Cambio 16*, no. 641, 12 March 1984, 43면). 이는 공세적인 개혁주의를 의도적으로 회피하는 짓이다.

102) *Le Monde*, 7 April 1984.

해서 이들은, 한 소련 전문가의 말대로 "좌파에서 가장 강력하고 권위가 있었으며 앞날이 기대되는 세력"[103]으로 부각되었다. 이 나라의 주요한 좌익정당으로서 이딸리아공산당은 다른 정당들보다 모든 노동자들의 공통된 이익을 위해 아주 잘 투쟁할 수 있었다. 이딸리아는 가톨릭국가이다. 그런 점에서 아주 후진적인 노동자들은 기독교민주당을 지지할 것이었다.[104] 이는 선거에서 공산당의 입장을 약화시켰지만, 당내에서는 진보적인 사회층의 비중을 늘리는 역할을 했다. 이딸리아 부르조아지들이 후진노동자들을 흡수해감에 따라서 그것은 이딸리아공산당의 혁신에 도움을 주었고, 당내의 전통주의자와 스딸린주의자들의 사회적 기반을 약화시켰다고 말할 수 있다. 1968년 이후 이딸리아공산당의 핵심 간부와 일반 당원 그리고 선거인들의 면모가 바뀌었다. 연구자들이 인정했다시피, 노동계급의 새로운 층이 '주도적인 위치'를 차지하게 된 것이다.[105]

이러한 프랑스와 이딸리아의 경험을 언뜻 비교해보면, 유로공산주의 경향과 스딸린주의 경향의 상관관계는 그 당의 사회적 기반 가운데 신노동계급과 구노동계급이 차지하는 비율이 얼마인가에 달려 있다는 것을 알 수 있다. 그렇지만 그렇다고 해서 구노동계급이 스딸린주의에 대해 '원초적인' 친화성을 지녔다는 것은 아니다. 이와는 반대로 1970년대 초반에 프랑스공산당은 그 사회적 기반에 어떠한 변화도 일어나지 않았음에도 스딸린주의에 비판을 제기할 수 있었다.

서구의 스딸린주의는 그 계급적 기반이나 이데올로기에서 동구의 그것과

---

103) *Italiya*, Moscow 1983, 298면.

104) *L'Espresso* (no. 50, 16 December 1984)의 수치에 따르면, 노동자들 사이에서 기독교민주당(6.6%)의 인기는 이딸리아공산당(43.6%)과 사회당(13.5%)에 이어 세번째였다. 그렇지만 18.8%는 어떤 당을 선호하는지 대답하지 않았다. 이 잡지의 통계(no. 41, 13 October 1985)에 따르면, 선거지지자 가운데 노동자 및 농민이 차지하는 비율은 기독교민주당이 23.7%, 이딸리아공산당이 35%였다. 공산당 지지자 가운데 노동자들의 비율이 높은 것(기독교민주당에서는 연금생활자의 비율이 높게 나타났다)은 분명 사실이지만, 그렇다고 이것을 압도적이라고는 말할 수 없다.

105) S. Vasil'tsev, *Rabochii klass i obshchestvennoe soznanie*(노동계급과 사회인식), Moscow 1983, 134면.

다르다. 서구에서는 그 특권을 유지시켜주는 당관료제가 없다. 유로스딸린 주의는 유로공산주의와 마찬가지로 특이한 서구적 상황에서 탄생한 것이다. 본질적으로 이것은 자본주의 위기상황에서 노동계급 가운데 도태해가는 집단들의 이데올로기라고 정의할 수 있다. 바꾸어 말하자면, 이것은 단순히 구프롤레타리아트의 문제일 뿐만 아니라, 사회적 발전의 전망이 결여된 계층의 문제이기도 하다. 심리학적으로 보자면, 이러한 현상은 맑스가 지난 1848년에 묘사한 몰락하는 계급의 '반동적 사회주의'를 떠올리게 한다. 여기에서는 모든 것이 거꾸로 된다. 현실적인 대안이 아무것도 없기 때문에 기술적 진보 가운데 자본주의적 형태에 저항한다는 것을 구실로 진보 전체를 향한 투쟁을 감행하는 것이다. 프랑스 사회학자인 뒤베르제는 다음과 같이 썼다.

> 다음의 주장은 결코 진지한 것이 아니다. 가령 산업에 필요한 원자재와 에너지를 이와 똑같은 가치의 수출품으로 그 대가를 치르지 않은 채 해외에서 구입하는 일이 현재와 같은 토대에서 가능할 것이다, 가격을 낮추거나 품질을 향상시키지 않은 채 수출을 늘릴 수 있을 것이다, 생산도구를 근대화하지 않고서도 이와같은 일이 가능할 것이다, 초기단계의 직업을 그대로 유지한 채 근대화를 성취할 수 있을 것이다, 공공보조금의 도움으로 석탄산업, 철강 및 조선업을 보호할 수 있을 것이다, 비용을 고려하지 않은 채 노동자들의 요구를 들어줄 수 있을 것이다 등이다.

만약 공산주의 지도자들이 이러한 주장을 편다면, 그것은 바로 그들이 경제가 불안정하기를, 그래서 '혁명'이 일어나기를 바라기 때문이다.[106] 실제로 프랑스공산당은 그러한 혁명적인 강령을 갖고 있지 않을뿐더러 그 지도자들도 미치지 않았다. 뒤베르제의 말과는 달리 그들은, 설사 그러한 어리석은 생각을 갖고 있다손 치더라도, 경제를 불안정하게 만들 만큼 충분한 수단을 갖고 있지 않다는 사실을 잘 알고 있다. 사실 그러한 비논리적인 요구는 아주 간단히 설명된다. 곧 이 당의 목표는 기술적인 진보에 반대하여 투쟁하는 데 있다. 혁명적 슬로건이 이러한 정책의 (비록 반동적이지는

---

106) *Le Monde*, 24 October 1984.

않지만) 보수적인 본질을 감추고 있다. 도덕적 측면에서 보자면, '좌파에서 나온' 이러한 반개혁주의가 이와 비슷하게 우익에서 추진하는 것보다는 더 매력적이다. 1983~84년에 프랑스의 많은 유권자들은 공산주의에서 신파시즘인 민족전선(National Front)으로 옮아갔지만, 그럼에도 불구하고 반자본주의적 보수주의가 노동자들에게는 명백히 우익성향을 지닌 그 어떤 이데올로기보다 더 호소력이 짙다. 그렇다고 스딸린주의를 오늘날의 상황에서 유일하게 가능한 '반동적 사회주의' 형태라고 말할 수는 없지만, 공산주의 전통이 발전한 나라들에서는 이것이 기술적 진보에 대항하는 가장 자연스런 형태이다.

이같은 경향이 배태될 수 있는 조건이 마련된 것은 지속적인 기술혁명 덕분이었다. 유로스딸린주의가 지배계급에게 나쁠 것은 전혀 없었다. 혁명적 문구로는 도저히 설명할 수 없는 이러한 개혁주의적 변혁의 거부는 결국 모든 변화를 부정하는 것이나 다름없었다. 왜냐하면 근대사회에서 혁명에의 길은 오직 개혁을 통해서 가능하기 때문이다.[107] 유로스딸린주의자들은 자본주의 체제에 등을 돌렸지만, 자본주의 체제에는 그것이 더할 나위 없이 좋았다. 우익 자유주의의 이념가인 레이몽 아롱(Raymond Aron)은 말년에 프랑스 부르조아 정치가들에게 조언하기를, 사회주의적 개혁주의와의 투쟁에서는 '실질적인 동맹자'나 다름없는 공산당이 강화되도록 가능한 한 모든 방법을 찾아내어 도와주라고 했다.[108]

그렇지만 아롱이 부르조아 정치가들에게 말했던 이러한 내용이 1970년대 말부터는 사회당원들에게도 그대로 적용되었다. 그리고 1981년 대통령선거 이전에도 공산당원들은, 자신들을 제외한 나머지 좌파의 노력이 부르조아 정부를 유지하는 데 도움이 될 뿐이라며, 드러내놓고 그들과 대립했다. 이러한 태도는 공산당을 지지하는 많은 사람들에게 불쾌감을 안겨주었으며, 그 때문에 공산당은 결정적인 패배를 당했다. 그 이후 공산당은, "자본주의적 위기를 조절하는 데는 내심 끼여들고" 싶지 않았지만, 좌파 연립정부

---

107) 영국 유로공산주의 계열의 잡지는 스딸린주의 정당들에는 대부분 "사회주의로 가기 위한 상세한 전략"이 없다고 올바르게 지적했다(*Marxism Today*, August 1978, 239면).

108) R. Aron, *Le Spectateur Engagé*(목격자), Paris 1981, 338면.

에 참여하는 데 동의했다. 그런 다음 1984년에 공산당원들은 우파의 공세가 특히 심해지자 다시 연립정부에서 탈퇴했다. 사회당에 대한 공격은 보수주의적 언론보다 공산당이 훨씬 더 신랄했다. 정책 면에서 볼 때, 프랑스공산당은 이 시기에 반동의 실질적인 동맹자로서 활약하여 기본적으로 아롱의 말이 옳았음을 확인시켜주었다.

1984~86년에 프랑스공산당이 사회주의자들에게 가한 이러한 비난을, 그저 계급적 이해관계보다는 당의 협소한 이해관계를 앞세우려는 시도였다든지, 아니면 단지 배신의 경향 때문이었다든지 하는 식으로 바라봐서는 안된다. 사회당을 지지하다가 갑자기 태도를 바꿔 그들을 신랄하게 공격하는 등 갈팡질팡하는 프랑스공산당의 모습은 그들의 사회적 기반에 모순이 있음을 말해주는 것이다. [109] 스위스와 에스빠냐의 스딸린주의적 정당들처럼 오히려 정당이 작았다면 더 일관성이 있을 수 있었다. 또는 그리스와 뽀르뚜갈과 같은 비교적 후진적인 국가의 정당이었다고 한다면 역시 그랬을 것이다.

강력한 공산주의 운동이 존재하지 않는 나라에서도 역시 이처럼 소멸되어가거나 쇠퇴해가는 일부 노동계급이 문제이긴 문제이다. 이 경우에 이 문제를 떠맡아 처리해야 할 사람은 사회주의자들이나 사회민주주의자들이다. 사회민주주의 정당들에는 분명 스딸린주의 분파가 있을 수 없지만, 비슷한 경향은 역시 그곳에도 존재한다. 이런 점에서 보자면 영국노동당 강령(Labourism)의 경험이 특히 전형적인 것이다. 우파가 노동당을 떠난 후, 이 당은 통합을 이룰 수가 없었다. 노동당원 사이에서 시작된 이 논쟁은 —— 그 논쟁에 참여한 당사자들이 스스로 인정했듯이 —— 유로공산주의자들과 유로스딸린주의자들의 논쟁을 상기시킨다. 우리가 그저 (이 양 분파의) 공산주의자들이 높은 수준의 이론적 지식을 지녔다고 —— 이 때문에 조그만 공산당 내의 이념투쟁이 영국 좌파 전체에 영향을 끼쳤던 모양이다

---

109) 프랑스공산당은 스딸린주의화함에도 불구하고 유로공산주의의 영향을 지속적으로 받고 있었다. 이 당지도부의 스딸린주의에 대해서는 지식인들 쪽에서뿐만 아니라 당 내부에서조차 반발이 있었던 것이다. 1983년 10월, 프랑스의 한 우익계열의 신문은 "사회당보다 공산당이 훨씬 더 잘 분열한다"고 놀라움을 표시했다(*Le Point*, no. 585, 1983, 35면).

―― 만 언급해서는, 어떤 일이 벌어졌는지 제대로 알 수가 없다.[110] 문제
는 이것이 아니다. 스딸린주의적 성향의 『모닝스타』(*Morning Star*)지가 노
동당 주간지 『트리뷴』(*Tribune*)의 지원을 받은 것은 결코 우연이 아니다.
심각한 구조적 위기를 겪고 있는 영국에서는 그같은 이념이 쉽게 대중들의
지지를 얻었다.

거의 20년 동안이나 노동당을 이끌던 윌슨과 캘러헌(Callaghan)의 중도
정책의 붕괴, 우파의 위기 그리고 지도적인 인물의 당 탈퇴로 인해 좌파가
상황의 주도권을 쥐게 되었다. 그렇지만 동시에 그들에게도 어떤 뾰족한
대안이 있었던 것은 아니었다. "실용주의가 실패했지만, 그를 대신할 만한
철학에 대해 어떤 합의도 끌어낼 수 없었기 때문에 그것이 다시 살아남았
다"[111]고 한 영국 언론인은 말했다. 이 당은 혁명적 이념에 충실할 것을
표방했지만, 실제 그것은 슬로건만 더 급진적이 되었다는 것을 의미했다.
노동당 좌파는 우파의 비일관성을 비난하면서, 지리멸렬하고 마지못해 하
는 개혁은 사회주의로의 전환에 별반 도움이 되지 않는다는 점을 올바로
지적했다. 그러나 좌파가 당의 장래를 맡게 되었을 때, 그들도 처음에는
합의가 안 된 급진적인 호소 이외는 그 어느 것도 제시할 수 없었다. 과거
의 요구사항을 기초로 작성된 경제강령도 그저 더욱 급진적인 형태만 띨
뿐이었다. 그러므로 새롭고 정말 대신할 만한 전략은 나오지 않았다――
있다면 그저 과거 전략을 새로운 문구로 바꾸는 정도였다. 전략상의 본질
적인 미비점은 모두 그대로 남아 있었고, 정말이지 점점 더 명확해졌다.
이전에도 전략의 비일관성은 있었지만, 사람들이 내키지 않아했기 때문에
좀처럼 눈에 띄지 않았을 뿐이다. 노동당 내의 '강경좌파'는 이 점을 거들
떠보지도 않았을 뿐만 아니라, 그러한 문제에 대해 노골적으로 경멸을 표

---

110) Jon Bloomfield의 논문을 보라(*Marxism Today*, April 1984, 25~29면). 스딸린
   주의라는 주제는 노동당원들 사이에서도 자주 논의되었고 서로들 스딸린주의자라
   고 비난했다. 스딸린주의를 방어하려는 노력도 없지는 않았다. 그러므로 Arthur
   Scargill과 같은 광부지도자는 생전에 오히려 의도적으로 유로공산주의와 거리를
   두려고 했다. 그는 J. Mortimer와의 인터뷰에서 "스딸린의 유해를 무덤에서 빼내
   다른 곳으로 옮기고 스딸린그라드라는 이름을 바꾸려고 하는 것에 대해 반대한다"
   고 밝혔다(J. Mortimer, *In Character*, London 1984, 66면).
111) *The Listener*, 1 March 1984, 13면.

시했다. '강경좌파' 지도자인 토니 벤(Tony Benn)은 말도 안 되는 논거를
들이대면서 "사회주의의 진정한 힘은, 우리가 옹호하는 비경제적인 가치에
있다. 다시 말해 우리가 경제적인 측면들을 잘 다룰 수 있는데도 그것을
거부하는 데 사회주의의 진정한 힘이 있는 것이다"[112]고 했다.

이 '강경좌파'의 주된 생각은 '올바른' 반자본주의적 입장을 상정하고 "영
국민들이 이에 동의하기만을"[113] 기다리는 것으로 귀결되었다. 구체적인
전략으로 유일하게 내세운 것이 유럽경제공동체(European Economic Com-
munity, EEC)에서 탈퇴하자는 것이었다. 이 요구는 비현실적일 뿐만 아니
라 서구 좌파의 전반적인 방향과도 어긋나는 것이었다.[114] 서구 대다수 국
가의 좌파는 현재 자본주의 형태인 공동시장(Common Market)을 비판했지
만, 그것을 자신들의 제도로 변혁시키고자 했다. 1970년대 중반부터 이딸
리아공산당원은 유럽공동체를 "사회주의 부흥을 위해 필수적인 전쟁터"[115]
로 바라보았다. 프랑스와 에스빠냐 사회당도 이와 비슷한 관점을 항상 고
수하고 있었다.

단일시장에 대한 노동당 좌파의 적대감은 이해할 만했다. 자본주의적인
통합이 이루어지면 한 국가에서 계획으로 세워야 할 일이 복잡해지기 때문
이다. 유럽 국가들의 경제통합은 객관적으로는 필요하다. 그런데 한 국가
의 계획으로 모자라면 지역의 계획을 연구해야 하고, 그러다 보면 기존 유
럽의 제도들을 모조리 변혁시키는 것 이외에 다른 길이 없다. 프랑스사회
당 이론가인 자끄 아딸리(Jacques Attali)는 "사회를 변화시킨다는 것은 재

---

112) *Marxism Today*, January 1985, 14면.

113) *The Listener*, 1 March 1984, 14면. Tony Benn은 이러한 논리에서 출발하여,
1983년 선거에서 노동당이 붕괴하긴 했지만 그것도 "놀라운 성과"임을 지적하려고
했다. 노동당은 "1945년 이래 처음으로" 올바른 슬로건을 들고 나왔는데, 그럼에
도 불구하고 몇백만표나 얻었던 것은 놀라운 일이라는 것이다(*The Guardian*, 10
June 1983 참조).

114) '강경좌파'는 반(反)유럽적 입장 때문에 우익 보수주의자들과 가까워졌다.
*Tribune*지의 한 독자가 지적한 대로, 이들은 "반유럽적 편견이 가져올 계급적·
사회주의적 결과에 대해서는" 전혀 생각도 하지 않았다(*Tribune*, 6 April 1984, 10
면).

115) *Socialismo reale e terza via*(현실사회주의와 제3의 길), Roma 1982, 25면.

생산과정을 변화시키는 것이다"[116])라고 썼다. 서유럽 국가들의 경제적 특
징이 개방적이어서 고립주의로 복귀하는 것은 파국이나 다름없기 때문에,
그러한 일은 지역 단위에서만 성취할 수 있다. 영국의 좌파는 영국에서 사
회주의 정부가 "살아남을 수 있는" 유일한 길은 "유럽 다른 나라 및 제3세
계의 좌파정부와 손잡는 일이며, 그것이야말로 유럽이 갖고 있는 엄청난
잠재력"이라는 사실을 점차 깨닫기 시작했다. [117]

1983년 선거에서의 패배로 노동당은 그것의 가치를 재평가하지 않을 수
없었다. 그들은 반유럽적인 편견을 버렸다. 그리고 이념가와 활동가들은
일관된 개혁주의 전략이 필요하다는 사실에 합의했다. "슬로건 갖고는 안
된다. 장래의 노동당 정부가 부딪힐 문제는 1960년대나 70년대 문제보다
훨씬 크다."[118] '강경좌파'의 저항에도 불구하고, 영국 사회주의자들은 유
럽 대륙의 사회주의자들처럼 구조적인 개혁 정책을 펴기 시작했다. 그러나
이러한 노선을 따라 계속해나가는 것이 그들로서는 아주 벅찼다. 그도 그
럴 것이 이 중대한 문제는 무슨 분파적인 고집 때문이 아니라 많은 구노동
계급이 사회적인 위기를 겪었기 때문에 빚어진 현상이었던 것이다. 영국은
경제적 후진성과 보수당의 악독한 반노동자정책으로, 유럽 다른 어느 곳에
서보다 위기가 더 심각했다.

영국의 이 경험이 다시 한번 강조하는 바는, **과학기술적 진보의 이해관
계와 쇠퇴하는 일부 노동계급의 문제를 동시에 똑같은 비중을 두고 고려한
개혁전략이 필요하다는 점이다. 그렇지 않으면 수백만명이 그 형태가 어떻
든간에 '반동적 사회주의'를 선택할 수밖에 없을 것이다.** 1960년대의 실용
적인 기술주의적 유토피아는 사라졌다. 이것을 대신할 수 있는 것은 혁명
적 개혁주의나 과거 공산주의 이데올로기의 정신인 '혁명적 보수주의'이다.
후자가 승리한다면 좌파는 파멸의 길을 가게 될 것이다. 그러나 그렇지 않
을 것이라고 생각하는 데에는 그만한 이유가 있다.

북유럽의 우익 사회민주주의 정치가들은 여전히 다른 어떤 것보다 옛 원
칙에 집착하고 있었다. 그러나 스웨덴 사회민주주의도 더욱 근본적인 노선

---

116) J. Attali, *La nouvelle économie française*, Paris 1978, 17면.

117) *New Left Review*, no. 140, July-August 1983, 32면.

118) *New Socialist*, November 1984, 41면.

의 문제를 제기하지 않을 수 없었다. 사회민주주의의 경제전략에는 해마다 이윤의 일부를 떼어내 '노동자기금'을 장만하는 것이 포함되어 있었다. 이렇게 만들어진 공공기금은 기업의 주식으로 전환되었다. 그러므로——소련의 정부측 연구가들조차 인정하는 바이지만——"이 구상의 핵심은 소유권과 권력의 문제였다." 오래간만에 처음으로 "체제변화의 성격을 지닌" 개혁들이 전면에 부상했던 것이다.[119] 여기에서는 위기의 시기에도 더 급진적인 슬로건보다는 더욱 과감한 개혁 쪽으로 방향이 잡혀졌다. 좌익 경향은 여전히 소수였지만, 사회민주주의 정당의 정책에 건설적인 영향을 줄 수 있었고, 또 그 정당의 쇄신을 위해 투쟁할 수도 있었다.

서독의 사회민주주의도 정권을 잃고 난 후에 이와 비슷한 평가를 시작했다.[120] 여기에서는 그 위기가 영국에서만큼 그리 심각한 것은 아니었다(개혁주의자들이 오랜 기간 동안 권력을 쥐고 있었기 때문에 그것이 가능했다). 공산당은 공공연히 스딸린주의로 남아 있었지만, 스딸린주의를 지지하는 사회적 기반은 좁았다. 이로 말미암아 공산주의는 이제는 더이상 이 나라 정치권에서 중요한 요소가 아니었다. 1970년대 전기간을 통해 좌파에서는 사회민주주의에 필적할 만한 중요한 세력이 없었다. 동독이라는 경찰국가를 이웃에 둔 덕분에, 노동자운동에서 반공산주의적 경향이 강화되는 것은 불가피했다. 이 모든 결과로 사회민주주의자들은 정권을 쥐고 있는 동안에 점차 우경화했다. 그러던 것이 이번에 위기를 맞자, 상황이 변했다. 1982년 가을 보수세력이 정권을 장악하자, 좌파적 경향이 돌연히 되살아났다.

엄격히 말해, 이 좌파적 경향은 사회민주주의 안팎에서 오랫동안 존재해 있었다. 이 당의 청년조직인 청년사회주의자(Young Socialists)는 지도부를 공개리에 비판하면서 당 내부의 개혁에 힘을 쏟아 반자본주의적 세력으로 또다시 변신하려고 했다. 이 청년사회주의자는 사회주의적 원칙들을 "공격적으로 그리고 우익을 염두에 두지 않은 채" 규정할 필요성을 주장했

---

119) *Razmezhivaniya i sdvigi v sotsial-reformizme*, 256∼57면.

120) 1970년대에 독일 사회민주주의가 겪은 기술주의화는 초보적인 것으로, 완전한 것은 아니었다. 따라서 실용주의의 위기가 이들에게 심각했지만 그렇게 치명적이지는 않았다.

다.[121] 간단히 말해, 이들은 독일 사회민주주의가 계급협조의 당에서 계급
투쟁의 당으로 전환하기를 바랐다. 이들 중 몇몇은 '혁명적 보수주의'로 기
울었지만, 많은 사람들은 유로공산주의의 이론적 입장에 끌렸다. 공식적인
개혁주의적 노선이 퇴보하고 또 당을 좌경화하려는 노력도 무위로 끝나자,
이들 중 많은 사람들은 자본주의에서는 개혁이 불가능하다는 쪽으로 생각
이 굳어졌다.

> 부르조아 국가가 추진하는 그 어떠한 개혁정책도 자본의 근본적인 이해관계를
> 건드리게 되면 곧바로 중지되고 만다. 이러한 이해관계를 건드리는 시도들만
> 이 심각한 위기, 곧 드물게 그리고 전면적인 노동계급투쟁이 있을 때 사회당
> 정부보다는 자본주의를 겨냥해서 나타나는 위기를 낳는다.[122]

청년사회주의자 조직의 이론가들은 아주 현실적인 문제를 제기했지만, **이
러한 위험들을 고려한** 유연하고 공세적인 개혁전략을 발전시키기보다는 대
체로 그 어려움들을 나열하는 데 그쳤다.

청년사회주의자와 공산당의 스딸린주의가 실패로 돌아가자, 서독 사회의
급진세력들은 녹색당(Greens)으로 몰릴 수밖에 없었다. 예기치 않게도 핵
무기와 환경오염에 대한 투쟁이 당에 환멸을 느끼고 있던 사회민주주의자
들, 성장하고 있던 신좌파, 그리고 정치적 피난처를 찾지 못하고 있던 유
로공산주의자들을 한꺼번에 통합시켰다. 지금은 다양한 생태학적 평화주의
운동이 유럽 전역을 휩쓸고 있지만, 이것이 독일의 경험과 융합하여 녹색
당들로 결집하기 시작했을 때는, 도처에서 실패를 맛보고 있었다.[123] 독일
녹색당(German Greens)이 성공한 비밀은 그들의 이념이 강했기 때문이기
도 하지만, 사회민주주의의 취약함에도 그 원인이 있었다.

환경문제와 평화를 위한 투쟁도 아주 중요하지만, 여기에서도 어쩔 수

---

121) *Der Spiegel*, no. 35, 26 August 1974, 44면.

122) *Razmezhivaniya i sdvigi v sotsial-reformizme*, 209면.

123) 에스빠냐녹색당의 전당대회를 보고 나서 언론인들이 내린 결론은 이들이 "뚜렷
한 인상을 남기지 못했다"는 것이다(*Mundo obrero*, 28 February 1985, 14면). 이
딸리아, 프랑스 그리고 영국도 비슷한 경우였다.

없었던 것은 급진적 당에서도 광범위한 사회경제적 강령을 세우는 일이 필요했다는 점이다. 녹색당원들은 가장 절박한 문제를 전면에 부각시켰지만, 이것들이 항상 가장 결정적인 것은 아니다. 자연보호에도 깊은 구조적 개혁이 필요하고, 그래서 생태계보호운동이 자본주의적 독점체와 국가관료제와 충돌할 것은 뻔하다. 그러나 개혁주의적 전략은 광범위한 분석에 바탕을 두고 있어야 하는데, 그러한 분석에 따르면 생태학적·군사적 위험성은 더 일반적인 모순의 부분적 표현물일 따름이다. 녹색당 지지자들도 몇몇은 이 점을 간파했다. 그 가운데 한 사람은 이렇게 말했다. "녹색당의 성공이 크면 클수록, 그들이 진정으로 원하고 있는 것에 대한 문제는 그만큼 더 날카롭게 제기된다."[124] 부분적인 문제를 둘러싼 이러한 투쟁을 새로운 방식으로 표현할 수 있었다는 것이 녹색당의 강점이었다. 그들의 요구를 그 자체로 보면 아주 개혁주의적이었지만, 그 운동의 정신은 분명 혁명적이었다. 녹색당원들의 목표는 환경보존 및 미국 핵미사일의 폐지에 관한 법률을 엄격히하자는 것이었다. 이러한 요구들은 그 어느 것도 자본주의의 토대를 건드리진 못하지만, 한편으로 녹색당원들은 "이 체제가 썩었다", 자본주의는 "많은 인민대중의 기본적 요구마저" 내팽개치고 있다, 그래서 "인간의 얼굴을 한 사회주의"가 반드시 부르조아 민주주의를 대신해야 한다는 주장을 되풀이했다.[125] 이러한 급진적 슬로건들이 처음에는 개혁주의자와 혁명가들을 통합하는 데 기여했지만, 녹색당원들이 스스로 언론과 조직을 갖추고 연방의회에 의원을 내보내는 등 커다란 정치세력으로 부상하게 되자, 그러한 접근방식이 유지되지 못할 것임이 분명해졌다. 녹색당 의원 자신들의 말을 빌리면, "'물품목록'이 전략을 대신하지 못한다."[126] 커다란 재편 없이 저항운동이자 동시에 의회정당으로 남아 있기 어렵다는 것이 입증되기 시작했다. 노동계급과의 연계도 미미했다. 녹색당은 분명 지식노동자들의 사회적 이익을 지키는 인텔리겐찌야 정당으로 점차 변화했다. 한 녹색당 저술가는 당강령 가운데 경제부분에 따르면, 당원들은 '특정 분야', 곧 연구기관의 직업만 가질 수 있다는 점을 솔직히 시인했다.[127]

124) *Grünes Info*, no. 12, 1984, 9면.
125) P. Kelly, *Fighting For Hope*, London 1983, 11~14, 70, 56면.
126) *Tribune*, 23 March 1984, 10면.

 젊은 정치가 오스까 라퐁뗀(Oskar Lafontaine)은 1985년에 반전(反戰)과 생태학적 요구 몇가지가 포함된 새로운 좌파 개혁주의적 강령을 중심으로 자르 지방의 사회민주주의자들을 통합했다. 그는 보수주의자들과 녹색당원 모두를 가볍게 눌렀다. 그런데 서베를린에서는 유권자의 상당 부분이 이 지방 좌파-급진연합인 '대안'(Alternative List)을 지지해버리자, 아펠(G. Apel)은 성공을 거두지 못했다. 라퐁뗀은 구조적인 개혁, 위기에 처한 산업의 국유화, 노동자의 경영참여를 내세움으로써 유권자를 끌어모았다. 생태학적 원칙을 위해 싸울 때는 그는 그것들을 구체적인 개혁강령과 연계시키고자 했다. 한 영국 언론인은 "사회민주당은, 경쟁자인 녹색당의 위협이 없었더라면, 이러한 문제 그 어느 것에도 그처럼 빨리 옮겨가지 못했을 것이다"[128]라고 말했다. 그러나 녹색당도 이러한 사태로부터 교훈을 끌어낼 수 있었다. **기존 사회민주주의의 쇄신 없이는, 급진적 개혁주의적 제안으로는 서구 다른 나라에서는 물론 서독에서조차 불가능하다.** 녹색당 활동이 빛을 보게 되는 것은 이들이 이 점을 깨닫고 그러한 쇄신을 도울 때뿐이다.

 우리가 보아온 것처럼, 급진적 슬로건을 내세운다고 해서 진정한 쇄신이 보장되는 것은 아니다. 좌파에게 필요한 것은 전략이지 슬로건이 아니다. 지난 1960년대에 일본공산당은 "혁명에 더욱 유리한 상황을 조성하기 위해"[129] 개혁주의적 활동으로 전환했다. 공산당으로 하여금 이러한 노선을 걷지 못하도록 하려는 시도들이 생겨나 심각한 위기를 맞이했지만, 그러한 시도가 되레 실패했다. 역설적이게도 일본공산당은 가장 일관된 유로공산주의 정당 가운데 하나였고, 급진적인 경향을 유지한 쪽은 오히려 사회당이었다.[130] 그럼에도 불구하고, 1970년대 좌파가 제안한 변화에 대한 '첫단

---

127) *Grünes Info*, no. 12, 1984, 8면. 바로는 녹색당의 경제정책을 옹호하면서, 그것이 바로 좌파 사회민주주의 강령이라고 밝혔다(R. Bahro, *From Red to Green*, London 1984, 171면). 그러나 만약 좌파 사회민주주의자들이 이미 존재한다면 이것이 왜 필요할까? 사실 녹색당 문건에는 '근본적'인 급진적 슬로건과 온건한 실용적 제안이 서로 연관되지 않은 채 섞여 있을 뿐이다. 바로와 같은 이론가들은 이러한 절망적인 상황에 대해서는 일말의 책임도 지지 않는다.
128) *Tribune*, 23 March 1984, 10면.
129) *VIII s'ezd KPYa*, Moscow 1961, 294면.

계' 구상은 온건한 사회민주주의적 노선에서 벗어나지 않았다. 경영민주화
를 후속조치로 하는 국유화도 구상되었지만, 이것은 오로지 권력통제의 차
원이었다. 한 소련 저술가가 아주 올바르게 지적했듯이, 일본 공산주의의
구상은 "기존 체제의 틀 안에 존재하는 그리고 그 토대에 영향을 주지 않
는"131) 변화를 제안했다. 사회주의자들 및 사회민주주의자들의 제안과 매
우 유사했다.

일본의 번영은 공산주의 운동이 스탈린주의를 벗어나는 데 큰 도움이 되
었다. 이곳의 노동계급도 과학기술혁명기에 유럽에서 부딪힌 것와 똑같은
문제에 직면했다고 보면 안이한 생각이다. 몇몇 직종이 그 중요성을 크게
잃어가고 있다는 문제 말이다. 경제가 급속히 발전하는 곳에서는 다른 기
술을 습득하기도 쉽고, 새로운 직업이나 실업이 생겨나는 것도 그리 큰 문
제가 되지 않는다. 많은 회사들이 나서서 임노동자를 평생토록 고용하는
이런 체제가 유럽 사람들에게는 봉건적으로 보이지만, 이로써 수많은 사람
들의 직업이 보장되고 또 이로 인해 자본가들은 노동자들의 재교육에 스스
로 관심을 쏟지 않을 수 없다. 이러한 상황에서는 과학기술이 재편되더라
도 많은 프롤레타리아들이 사회적 쇠퇴를 겪지 않는다. 이러한 현상은 일
본 자본주의뿐만 아니라, 고도의 조직화와 현실주의가 특징인 좌파에게도
어느정도 유리하게 작용했다. 그럼에도 불구하고 이처럼 가장 역동적인 자
본주의 국가에서조차 급진적인 개혁 전략을 세우기란 아주 어려운 일이었
다. 자본주의의 일반적인 모순이 다른 나라와 마찬가지로 일본에도 물론
존재하지만, 전체적으로 보아 이곳의 체제가 다른 어떤 곳보다 더 잘 '움
직였다'. 다른 한편 일본은 대규모 경제적 성공에도 불구하고 유럽이나 미
국에 비해 생활수준이 아직도 낮다. 또 선진국 가운데 가장 긴 노동시간과

---

130) 1970년에 일본공산당은 사회주의가 승리한 이후에도 반대자들과 공존할 수 있
　　다는 사실을 받아들이는 다원론적 원칙을 공표했을 뿐만 아니라, 쿠릴 열도 남부
　　의 주권 문제로 1960년대부터 소련과 마찰을 빚기도 했다. 사회당에서 가장 강력
　　한 영향력을 행사하는 사람들은 맑스주의자였다. 사회당의 '사회주의협회'는 일본
　　판 사회주의연구소였다.

131) I. Tsvetova, *Bor'ba demokraticheskikh sil Yaponii za formirovanie edinogo
　　fronta*(통일전선의 형성을 위한 일본 민주세력의 투쟁), Moscow 1984, 69면.

가장 짧은 휴일제를 유지하고 있다. 일본 사람은 유럽인들에 비해 노동력의 값이 아주 싸다(때문에 일본 상품이 값싸고 경쟁력이 있다). 이러한 상황에서는 구조적인 개혁보다 노동자 생활수준의 향상이 최우선 과제이다. 다른 말로 하자면, 스웨덴 사회민주주의자들이 택한 길——잘 돌아가는 경제구조를 재편하지 않은 채 소득의 재분배를 보장받는 것——이 일본 좌파에게는 가장 매력적인 것이었다. 비록 일본 사회당과 공산당이 종종 반자본주의적이며 맑스주의 원칙들을 언급하긴 했지만, 그들의 실용적인 제안들에서 사회민주주의적인 경향을 찾아내기란 그리 어려운 일이 아니다.

급진적인 변화를 기대할 수 있는 곳은 당연하게도 가장 번영한 국가가 아니라, 다른 나라보다 이러한 문제들이 심각한 나라들이다. 바로 그렇기 때문에 상대적으로 후진적인 국가도 때로는 가장 선진적인 국가가 될 수 있는 것이다. 반면 이러한 변혁의 최종적인 성공은 구질서의 위기뿐만 아니라, 이미 성취한 발전의 정도에도 달려 있다. 그러므로 좌파에게 가장 좋은 기회가 주어지는 나라는, 자본주의적 경쟁에서 앞서가는 것도 그렇다고 뒤처지지도 않는 중간 정도의 위치에 있는 나라이다.

기술혁명은 계급투쟁의 성격을 크게 변화시켰다. 이 점은 특히 서구에서 두드러진다. 벨기에공산당 기관지에 게재된 한 논문은 다음과 같이 말한다.

새로운 문제에 직면한 노동운동이 결정해야 할 사항은, 새로운 기술이 산업에 급속도로 도입되는데 그것을 어느 정도 도와줄 것인가, 또 이 일을 국가가 재정적으로 뒷받침해주어야 하는가, 그리고 그렇게 된다면 어떠한 형태의 노동자통제가 실시되어야 하는가 하는 것들이다. [132]

132) *Cahiers marxistes*, no. 111, 1983, 10~11면. 과학기술혁명과 관련해서 생각해 봐야 할 사항은 잉여가치가 어떻게 될 것인가 하는 문제이다. 어떤 사람들은 자동화 및 이윤으로 이것이 사라질 것이며 자본주의도 그 뒤를 따를 것이라고 주장한다. 이윤과 잉여가치는 서로 무관한 것이라고 주장하는 사람도 있다(*New Left Review*, no. 151, 1985 참조). 사실 맑스가 이야기한 대로, 과학은 간접적인 생산력이다. 잉여가치의 상당 부분이 과학 및 기술노동에 의해서 만들어지고 분배된다. 모든 직업의 소멸, 대규모 실업, 그리고 노동조합의 약화를 수반하는 과학기

물론 진짜 문제는 새로운 기술을 도입할 것인가 말 것인가가 아니라 **어떻게 그리고 무엇을 위해** 그 일을 해야 하는가이다. 로봇과 마이크로컴퓨터를 이용하여 가장 소외된 노동형태(노동의 분화)에서 벗어날 수도 있고, 또 개인적 자유를 신장하고 노동시간을 단축할 수도 있다. 그것들을 이용하면, 구조적 개혁의 과정에 있는 탈집중화, 자주관리, 노동자들의 정보이용, 계획경제, 생산의 사회화에 더 유리한 조건을 조성할 수 있다. 그러나 이것들이 노동자들을 더욱더 속박시킬 수도 있으며, 노동조합을 약화시키고 실업을 증가시키며 노동자들의 이익을 빼앗아갈 수도 있다. 새로운 기술은 모두 사회적 관계에서 '두 얼굴'을 지녔고, 바로 그래서 계급투쟁의 대상이 되는 것이다.

20세기 말의 급진적 개혁주의는 사회주의적 원칙을 기반으로 하지 않는다고 하더라도 최소한 그러한 원칙을 고려하는 선에서, 기술적 구조를 재편하는 데 착수해야 한다. 구조적인 경제적 재편에 대한 객관적 필요성 때문에 동시에 사회도 변혁시킬 기회가 늘어난다. 이러한 의미에서 보자면 프랑스 미떼랑 정부의 활동이 크게 흥미롭다. 이러한 문제가 항상 성공적으로 해결된 것은 아니지만 무엇보다도 진지하게 제기되었다는 점에서, 그 정책은 다른 좌파정부의 행동과 달랐다.

1980년대 중반까지 프랑스는 모든 유럽인들이 "불안 속에서 또는 희망에 차서" 바라보는 서구 혁명적 개혁주의의 유일한 시험장이었다. [133] 1981년부터 1986년까지 사회당 정부의 조치를 평가할 때, 대다수의 평가자들은 그 조치들이 많은 오류로 점철되었으며 실질적인 성과도 그 지지자들이 예상했던 것보다는 적었다는 점을 강조한다. 분명 이 시기 좌파가 행한 모든

술혁명으로 인해 일부 좌파들 사이에서는 공포와 '신기계파괴운동'과 같은 분위기가 번지고 있다. 사실 인류는 증기기관의 도입 이후 일어난 19세기 대규모 산업혁명 시기에 이미 비슷한 과정을 경험했다. 새로운 과학기술혁명의 시기에 부르조아지가 19세기 고전적 자본주의 방식으로 되돌아가려고 하는 것도 우연은 아니다. 그러나 그때처럼 이번에도 일시적인 후퇴를 강요당한 프롤레타리아트가 상황의 주도권을 되찾고 영향력을 재확립할 것이다.

133) F. Borella, *Les partis politiqus en Europe*(유럽의 정당들), Paris 1984, 134면.

일이 성공했던 것은 아니었으며, 피하지 못한 잘못도 있었다. 그러나 만약 이 위기의 심각성, 곧 20년을 넘게 정권을 잡지 못한 채 지낸 사회당원들에게는 실질적인 관리경험이 없었다는 사실, 좋지 않은 외적 상황, 그리고 그들 임무의 생소함을 고려한다면, 그들의 잘못은 실제 거의 없었다──미리 예상할 수 있었던 것보다는 적었다는 점을 인정해야 한다. 이보다 훨씬 더 중요한 사실은, 이 프랑스의 실험이 이후 새로운 개혁주의의 실질적인 가능성, 곧 직면한 어려움을 극복하는 방법의 전망과 그 한계를 살피는 데 도움을 주었다는 점이다. 이런 의미에서 미떼랑의 실패는 성공 못지않은 가치가 있었다.

프랑스의 이 개혁이 체제 전체의 변화를 겨냥한 것은 아니었지만, **변혁이 이루어지는 영역에서는 일관되고 근본적이었다.** 전후(戰後) 역사에서 가장 심각한 위기의 순간에 정권을 잡은 프랑스사회당은 분명 '급류를 거슬러'올라가고 있었다. 국가의 지출을 삭감하고 인플레이션을 잡는 것을 목표로 삼은 우익정부와는 달리, 프랑스 좌익은 경제적 성장을 자극하는 정책을 펴기 시작했다. 이것이 생산과 고용 면에서는 바란 만큼의 성장을 이룩하지 못했지만, 프랑스는 그래도 불황에서 벗어날 수 있었다. 1982년에 미국의 생산량은 1.7%, 서독은 1.0%, 영국은 1.4% 하락했지만, 프랑스 국민총생산은 1.9% 상승했다. 이와 동시에 수많은 민영은행과 사기업들이 국유화되었고, 그 결과 국영부문이 생산량은 32%, 생산능력과 산업 고용은 3분의 1을 차지했다. 금융부문의 85~90%가 국유화되었다. 특히 중요한 것은 (철강과 같이) 위기에 처한 분야만이 아니라 그 발전이 경제의 장래를 좌우할 주도적인 산업까지 국유화했다는 점이다. 비록 공산주의 경향의 노동조합은 이같은 정부의 강령을 "수용될 수 없는 것"[134]이라고 비판했지만, 국유화로 인해 기술혁신에 대한 합의된 정책이 실행 가능했고 철강산업은 노동자들의 손실을 최소로 줄인 가운데 현대화될 수 있었다.

---

134) *Le Monde*, 7 April 1984를 보라. 프랑스 언론은 사회당의 지배 시기에 "산업을 재편하는 데 있어" 로따랭지아와 같은 "도움과 지지를 받았던" 지역이 한곳이 아니었다는 점을 나중에 시인했다(*Le Monde*, 5 April 1985, 24면). 프랑스에서는 과학기술에 따른 재편의 문제를 논의하면서도, 유럽공동체의 과학기술계획인 Eureka──바로 미떼랑 정부가 추진했던 계획──를 취소했다.

국영부문들이 과거에는 각자 아무런 관련이 없었으나 이제 유기적인 조직
체로 탈바꿈했다. 국유화된 기업들은 고통스럽고 힘든 재편과정을 거친 후
이윤을 내기 시작했다.[135] 일본과의 순조로운 협력을 통해 프랑스 산업은
기술상의 체질개선을 가속화했다.

국유화는 사회당 정부의 개혁강령 가운데 한 부분일 뿐이지만, 거기에
핵심적인 중요성이 있다. 훨씬 강력한 국영기업을 만들어내는 것은 다음
사회주의적 변혁에서 교두보가 될 수 있다. 전통적인 사회민주주의적 개혁
주의가 분배영역에서의 변화 그리고 경제의 간접적 규제에 국한되어 있었
다면, 혁명적 개혁주의의 전략에서는 반드시 **소유의 영역과 생산의 조직화**
에까지 손을 뻗쳐야 했다. 국유화는 일련의 과업을 성취해냈다. 이것은 생
산의 계획화와 민주화를 위한 상황을 만들어냈고, 독점체들의 위상을 깎아
내렸으며, 그럼으로써 이 나라 계급세력의 판도가 달라졌다. 국영기업을
운영하는 효과적인 모델도 마련될 수밖에 없었는데, 그것은 "되살아난 시
장과 민주적 계획의 상호작용"[136]을 전제로 하고 있었다. 노동자들이 경영
에 참여할 수 있는 가장 좋은 형태 그리고 기술상의 재편을 가장 인간적인
방식으로 할 수 있는 방식을 모색했다.

복잡한 이 모든 문제를 한꺼번에 풀어낸다는 것은 불가능하며, 프랑스의
자원도 제한되어 있었다. 위기시에는 성장정책을 일정한 한계까지만 시행
할 수 있었다. 1982년 여름에 프랑스 국민의 53~58%가 이 개혁의 시행을
'중지'시킬 것에 찬성했다. 그러자 이 정부 활동의 무게중심이 기술근대화
에서 반(反)인플레이션 조치로 옮겨졌다. 실업이 다시 증가하기 시작했다.
사회당은 경제계획을 검토했고 많은 개혁안이 철회되거나 연기됐다. 학교

---

135) 이에 대한 수치에 관해서는 MEMO, *Ekonomicheskoe polozhenie kapitalisticheskikh i razvivaiushchikhsya stran; prilozhenie. Obzor za 1982~83. Sotsialdemokratiya i sovremennyi krizis kapitalizma*(자본주의의 국가와 개발도상국가의 경제상황;
부록. 1982~83년 개관. 사회민주주의와 현대자본주의의 위기), Moscow 1983,
2부를 보라. 그리고 *The Economist*, 16 February 1985도 참조. 역설적이게도 이
국유화의 성공으로 좌파 사회주의자들은 오히려 혼란에 빠졌다. 이들은 이윤을 남
기는 회사는 더 쉽게 민영화될 것이라고 생각했던 것이다. 이것은 명백한 패배주
의이다.

136) *Nouvelle revue socialiste*, no. 22, 1977, 9면.

를 개혁하려는 시도는 우익의 격렬한 저항과 교회의 불만에 부딪혀 실패했
는데, 이들은 모두 사교육을 옹호했다. 정부의 명백한 후퇴는 공산주의자
들뿐만 아니라 미떼랑 지지자들에게서도 비난을 받았는데, 이들은 이 새로
운 노선이 자본주의와의 단절을 모색하던 원래의 방향과 다르다고 주장했
다. 다른 몇몇 당활동가들은 미셸 로까르에게 기대를 걸었는데, 그가 당의
전통과 이데올로기를 해치지 않으면서도 당을 다시 온건한 개혁주의 노선
으로 되돌려놓을 수 있을 것으로 그들은 믿었다. 많은 점에서 로까르는 프
랑스판 곤쌀레쓰 —— 과거에는 사회민주주의에 대항한 투사였고 이제는 온
건노선의 옹호자이다 —— 였다. 그는 또한 개인적인 매력과 급진적 언사와
기술주의적 절충주의를 절묘하게 결합시키는 능력으로 상당한 인기를 끌었
다. 그에게서 일관된 이론적 혹은 이데올로기적 발상 같은 것을 찾아볼 수
없다는 점이 오히려 그가 교조주의에 벗어나 있는 인물처럼 느껴지게 했
다. 미떼랑의 정책이 성공하지 못할 때는 자연히 당내에서 로까르와 그 추
종자들의 주가가 크게 올라갔다.

좌파나 우파 모두가 이 급진적 실험의 '실패'를 거론했다. 사회당원들이
"진정한 자신들의 임무"를 잊어버렸으며, 자신들의 이념을 재고하기보다는
"그것을 미루었다(혹은 잊어버렸다)"고 비난하는 사람까지 있었다.[137] 과
거의 뜨로쯔끼 이념에 사로잡힌 몇몇 공산주의자들은 이러한 어려움의 극
복 방식으로 급진적 조치를 내놓았는데, 그런 방식은 혁명의 시기에나 성
공할 수 있다는 점을 그들은 망각했다. 미떼랑의 비판자들은 좌파든 우파
든 현실적인 대안을 내놓지는 못했다. 그러는 동안 1985년이 되자 경제적
상황이 느리긴 했으나 분명히 회복되는 추세를 보이기 시작했다. 실업문제
가 좀 수그러들었고, 프랑화는 안정되고 수출도 증가했다.

초기의 정책은 일정한 단계가 되면 폐기해야 함은 당연하고도 필요한 일
이다. 그렇다면 첫번째 나온 조치들이 잘못되었다는 식으로가 아니라 1982
년 말에는 급진적 노선의 가능성이 사라졌다는 식으로 설명해야 한다. 그
상황에서는 그 정책으로 성취할 수 있었던 것은 모두 성취했다. 혁명과 같
은 것은 프랑스에서 전혀 일어나지 않았다. 사회당은 부르조아국가를 관리

---

137) *L'Esprit*, no. 12, 1984, 93, 61면. *Le Monde*, 7 April 1984와 비교하라.

해야 했고 또 잘 관리했다. 당연히 자본의 이해관계도 고려되었다. [138] 그 상황의 책임은 당지도자들에게 있는 것이 아니라, 노동자 자신들에게 있었다. 그들은 좌파에 투표했지만, 사회주의로의 혁명적 이행을 요구하지 않았다. 그에 반해서 사회당 정부는 처음 두 해 동안에 실시한 급진적 조치로 인해, 현대화 정책이 시행되는 두번째 단계에도 성공할 수 있는 기반을 닦았다. 1981~82년의 개혁이 실제로 실패했다면, 차후의 발전은 생각지도 못할 일이었다.

이러한 프랑스 경험이 입증해보인 것은, 뜨로쯔끼가 올바로 주장했듯이, 일국사회주의가 원칙적으로 불가능하다는 사실만이 아니다. 한 나라에서는 개혁에 대한 전망도 극히 제한되어 있다는 사실이 이로써 또한 입증되었다. 좌파정부 각료 중 한 사람인 자끄 들로르는 외적 상황, 특히 유럽의 위기로 인해, "운신할 수 있는 폭이 좁았다"[139]는 점을 인정했다. 전략적 개혁은 다른 나라에서도 비슷한 과정을 일으키도록 해야 한다. 좌파 비판가들이 이에 대해서는 그저 침묵을 지키고 있을 뿐이지만, 프랑스사회당의 주된 잘못은 그들이 서구의 다른 좌파정부와 통일전선을 마련하고 이웃나라의 개혁주의적 경향을 강화시켜줄 국제적인 정책을 수립하고자 노력하지 않았다는 점이다. 이것은 복잡하고 아마도 어려운 일이지만, 그러한 방향에 온갖 노력을 아끼지 않는 것이 매우 중요하다.

혁명을 뒤로 밀쳐놓은 상황에서는 개혁주의의 입지가 더욱더 좁아진다. 개혁의 성공은 무엇보다도 그것이 혁명으로 발전할 가능성을 계속 갖고 있는가에 달려 있다. 왜냐하면 그렇지 않을 땐 좌파가 여기에서 발을 뺄 것은 물론이고, 지배계급은 필시 반격을 해올 것이기 때문이다. 사회주의 세력은 이러한 예측 못할 사태에 미리 만반의 준비를 해야 한다. **그러한 상황에서 전략적 목표는 권력을 장악하는 것뿐만 아니라, 아니 그것보다는 오히려 시행된 개혁을 되돌이킬 수 없도록 못을 박는 일이다.**

이를 위해서는 대중운동을 일으키는 것이 긴요하다──이것은 정당의 한계를 넘어서는 것으로, 정당의 일상적인 지시로부터 독립되어 있고 따라

---

138) 핵심적인 문제는 이렇다. 곧 좌파정부가 어떤 수단을 써서 노동자들을 희생시키지 않고 자본주의를 현대화할 수 있는가 하는 것이다.

139) *L'Esprit*, no. 12, 1984, 115면.

서 그러한 지도부의 전술적 실패와 사소한 오류에 구애받지 않는다(이런 의미에서, 1980~81년의 폴란드 노동자운동의 경험이 관심사가 아닐 수 없다). 프랑스사회당의 두번째 중대한 잘못은 바로 그들이 대중들의 자발적인 지지를 과소평가하고, 모든 것을 당과 국가라는 매개체를 통해 '위로부터' 시행하고자 했다는 점에 있다. 정부의 인사들도 "좌파는 권력의 성을 차지하자, 성밖으로 통하는 다리를 올려서 스스로를 성안에 가두어버렸다"[140]는 점을 인정했다.

그럼에도 불구하고 미떼랑은 그 개혁을 돌이킬 수 없는 것으로 못박아두기 위해 많은 노력을 했다. 우파언론이 인정했다시피, 국영부문의 민주화는 "정말로 '사회주의적'인 수많은 조치들과 관련이 있었다."[141] 노동자집단이 국유화된 기업의 경영에 참여함으로써 생산관계의 토대가 많이 바뀌었다. 이런 식으로 좌파는, 비록 제한된 사회적 공간 내에서이지만, 부르조아지와 직접적인 충돌을 피하면서 새로운 사회체제의 요소들을 발전시킬 수 있다.[142] 게다가 공장위원회가 설치되어 있고 노동자들이 정책결정에 참여하는 그런 기업을 민영화하기란 쉬운 문제가 아니다. 노동자집단은 그러한 사태전환을 허락하지 않을 수단을 갖게 되는 셈이다. 위기시에 사회민주주의자들은 자기 자신들의 개혁안을 항상 보류해둔다. 프랑스에서는 주로 국영부문을 관리하는 영역에서 그러한 변화가 계속되었다. 심지어 로까르를 지지하는 사회당 우파조차도, 개혁주의적 계획 모두가 성공하고 안하고는 여기에 달려 있으며, 공공기업들의 민주화는 "현시기의 어려움에도 불구하고 앞으로 이 운동의 성공에 반드시 결정적인 요소가 될 것"[143]으로 파악했다.

1980년대에 시작된 부르조아지의 급진화는, 노동계급의 성과뿐만 아니라 사회 전체에도 하나의 위협으로 등장했다. 왜냐하면 우익의 반(反)개혁주의는 반(反)사회적 성격을 띠기 일쑤이기 때문이다. 자본가계급의 존재가

---

140) *Le Monde*, 12 July 1983.
141) *Daily Telegraph*, 16 March 1984.
142) 자끄 들로르는 이를 가리켜 "활기찬 새로운 타협"이라고 했다(*L'Esprit*, no. 12, 1984, 123면).
143) *Le Monde*, 13 December 1984.

경제적 필수요소가 아닌 지 오래지만, 사회의 근본적인 재편이 없이 이 계급이 사라진다는 것은 불가능하다. 이것이 현재로는 서구의 대다수 노동자들에게조차 너무 위험한 도박으로 비치고 있다. 그러므로 혁명이 뒤로 밀쳐진 동안, 부르조아지는 이미 룸펜부르조아지로 바뀌고 있으며, 그들의 정치적 대표성은 점점 그 책임성을 잃고 있다. 그래서 역설적으로 바로 우익세력이 이러한 상황에서 기존의 질서, 곧 전후 40년이 넘게 형성되어온 '서유럽 발전모델'을 깨뜨리려고 한다. 그러한 정책은 성공해봤자, 기껏해야 사회에 어떠한 책임도 지지 않는 초국적(超國籍)기업들의 경제적 독재이고, 최악의 경우 사회적 혼란이다. 부르조아지의 이러한 극단적인 준동에 대항하여, 좌파는 이 체제를 옹호하는 싫은 역할을 하게 된다. 바로 이때문에 사회당과 공산당이 중도로 쏠리는 것처럼 보인다. 그러나 이것이 1960년대의 안전 위주의 평범한 중도주의(centrism)를 뜻하는 것은 아니다. 왜냐하면 이 시기 개혁주의는 우익의 급진적 위협을 막아내야 했고, 이와 동시에 자신들의 사회적 기반을 넓혀 새로운 계급블록을 형성하는 작업을 시작하여 미래의 토대를 닦아야 했기 때문이다.[144]

이러한 좌파의 방어정책이 수동적이고 평범해서는 안된다. 온건한 것이든 혁명적인 것이든 슬로건이 전략을 대체할 수는 없다. 진지하고 근본적인 연구가 필요하고, 이제 막 그것이 시작되고 있을 뿐이다.

전략적인 방어의 효율성에 따라, 새로운 공세의 가능성과 그 임무가 결정된다.[145] 좌파의 새로운 공세가 있을 때마다 최종적인 승리에 대한 희망

144) 미떼랑은 그의 비판자들이 주장하듯이 비례대표제를 도입하고도 좌파와 우파 사이의 극단화를 막지 못했다. 그러나 그는 급진적인 변화를 꾀하기 위해서는 선거에서 근소한 차이로 다수를 차지하는 것만으로는 안 되고 적어도 사회의 3분의 2가 동의해야 가능하도록 만들어놓았다. 이것은 우파의 무책임한 반(反)개혁주의를 막는 중요한 조치였다. 그럼으로써 좌파는 이 문제를 후일에 다시 도모하려고 했던 것이다. 변화를 가져오기란 아주 어려운 일이지만 그 결과를 제자리로 돌리는 것 또한 아주 어려운 일이다.

145) 소련 정치학자 꾸라슈빌리는 좌파의 대성공이 있고 나면 언제나 반동의 반격이 뒤따르는 법이라고 보고, 이를 공격과 방어가 교차하는 정치투쟁의 법칙으로 보았다(B. P. Kurashvili, *Politicheskaya bor'ba i ee zakonomernosti Ezhegodnik Sovietskoi assotsiatsii politicheskikh nauk*〔소련정치학협회의 정치투쟁과 그 합법성〕, Moscow

이 생긴다. 혁명적 개혁주의는 이러한 희망을 구체적인 전략, 곧 일관된
정치적・경제적 조치들의 강령으로 바꿔야 한다. 그러나 향후 개혁주의적
공세가 혁명적인 사회변화의 출발점이 될지, 아니면 이전처럼 제한적인 것
으로 드러날지는 세계의 정치적 상황에 달려 있다. **서구에서 좌파의 승리
란 발전도상국들과 동유럽의 변화 없이는 생각할 수도 없거니와,** 그곳에서
전개되는 정치적 투쟁도 역시 개혁과 혁명의 일반 변증법에 달려 있다.

1979를 보라). 스칸디나비아 학자인 Göran Therborn은 이러한 우익의 반격으로
인해 좌파는 이 사회민주주의의 성과를 더 높이 평가하지 않을 수 없게 되었다는
점을 지적했다. 말하자면 소득재분배와 사회법안은, 1960년대 급진이론가들의 견
해와 달리, 노동자들이 자본주의 체제에 최종적으로 통합된 것을 의미하는 것은
아니었으며, 이러한 법안에 대한 부르조아지의 공격이 이를 입증하고 있다. "이
투쟁의 성패가 크고 중대한 것이지만, 노동당 좌파는 이에 대한 싸움에 임하면서
훌쩍거릴 것이 아니라 강자의 입장에서 공격당하고 있음"을 알아야 한다(G.
Therborn, "Classes and States: Welfare State Development, 1881~1981," in
Studies in Political Economy —— A Socialist Review, no. 14, Summer 1984, 36면).

제 4 장

폴란드: 개혁주의적 혁명

지배자들이 보수적이면 보수적일수록 저항세력도 그만큼 더 단호하고 공격적이 된다는 것은 분명 보편적인 역사법칙이다. 보수적인 흐름이 오래감에 따라 사회적 긴장도 쌓여가는데, 이것은 항상 훗날 언젠가는 누그러지게 마련인 것은 아니다. 시간이 한참 흐른 뒤에 자유주의적인 미봉책이 시행되더라도 그 폭발은 더이상 피할 수 없게 된다. 또끄빌(De Tocqueville)은 적절한 시기에 개혁이 이루어지지 않으면 혁명이 일어난다고 지적했다. 사실 개혁주의 세력조차도 어떤 때는, 가령 별다른 방법이 없을 경우에는 혁명적인 방식으로 행동하기 시작한다. 1956년 헝가리 사태, 그리고 1968년 체코슬로바키아 사태가 이것을 선명히 드러내 보인 예들이다.

전반적으로 동유럽의 대중저항운동은 이데올로기나 정치적 실천 모두에서 항상 혁명적-개혁주의적 성격을 띠고 있었다. 개혁이 혁명으로 발전하게 된 것은, 개혁을 성공적으로 성취하기 위해서는 혁명적인 방식이 필요했기 때문이다. 그러나 대중운동의 편에서 보자면, 그것은 자신의 고유한 역사적 과업을 뛰어넘는 것이어서 패배를 겪게 된다. 동유럽의 객관적 조건 때문에 '작은 나라'에서 민주사회주의가 완전히 승리를 거두기는 아직 불가능하다. 세계 중심지에서 심층적인 사회정치적 변화가 일어나는 그러

한 시기까지는 말이다. 소련공산당 제20차 당대회야말로 이러한 변화의 환
상을 만들어내어, 폴란드와 헝가리가 자유화운동을 일으키는 데 한몫했다.
그러나 대체로 동유럽 국가들은 상호관계와 상호의존의 성격이 강해서 그
후 30년이 지나도록 도무지 변화할 기색을 보이지 않아서, 단일국가에서
혁명이 성공을 거두기란 아직 요원하다. 여기서 실질적인 과제는 개혁을
위한 투쟁이었다. 그러나 대부분의 경우, 국가주의적 지배집단들은 극히
보수적이어서, 개혁주의자들이 혁명적 행동의 길로 나서지 않으면 안되게
되었다. 하나의 악순환이 만들어진 것이다. 정말로 비극적인 상황이었다.
그럼에도 불구하고 동유럽의 노동대중들은 때때로 상당한 성공을 거두기도
했다. 실패했지만 1956년 헝가리 봉기가 없었던들, 1960년대와 70년대에
카다르의 개혁주의 노선은 가능하지 않았을 것이다. 그 투쟁은 비극이었지
만, 쓸모가 없었던 것은 아니었다.
　　이 점에 대해서는, 헝가리 국내외를 막론하고 모든 전문가들이 거의 한
결같은 견해를 보이고 있다.

　　그 봉기가 그렇게 격렬하고 또 그에 따른 인명의 손실까지 생기자, 헝가리인
　　들은 모두 헝가리에서 그러한 비극이 두번 다시 일어나지 않도록 해야 한다는
　　데 의견의 일치를 보았다. 어떻게 나온 것이든 결국 합의가 형성되어, 거의
　　모든 사람들이 자신들의 요구를 자제하기로 마음먹고 타협을 받아들였다. [1]

헝가리의 국가주의적 통치체제를 강화하기 위해, 카다르는 흐루시초프, 안
드로뽀프, 브레즈네프의 양해를 얻어 1956년의 혁명적 강령의 몇몇 요구들
을 실행에 옮겼다. 복고가 혁명의 연장이 되기도 했던 것이다. 여기에서
그람시의 말, 곧 '수동적 혁명'이니 '혁명적 복고'니 하는 말들을 떠올리게
되는데, "이것은 실제로 기존 세력의 구성을 점차 변화시켜서 새로운 질서
의 모태가 된다. [2] 그 성공적인 개혁들이 1956년 혁명적 사태에서 처음 자
극을 받았다는 점이 여기에서는 그 무엇보다 중요하다.

---

　1) Marshall I. Goldmann, *U.S.S.R. in Crisis: The Failure of an Economic System*,
　　New York 1983, 175면.

　2) Gramsci, *Prison Notebooks*, 109면.

그렇지만 가장 흥미로운 경우는 헝가리가 아니라 폴란드이다. 서유럽의
프랑스처럼, 폴란드는 동유럽에서 항상 전형적인 계급투쟁의 국가였다.
1980~81년의 폴란드혁명은 전세계의 이목을 집중시켰지만, 그에 대한 평
가와 연구는 피상적인 수준에 그친 것이 많다. 이러한 연구는 그 당시 폴
란드에서 벌어진 일 모두를 충분히 연구하고 이해한 것 같지 않다. 그 당
시의 사태를 분석하고 무엇인가 필요한 역사적 교훈을 이끌어내기 위해서
는, 이 혁명의 전사(前史)부터 살펴야 한다. 1980년 사태는 오랜 시간에
걸쳐 형성되었던 것이다. 동유럽을 완전히 뒤흔들어놓게 될 이 폭발이 준
비되기 시작한 것은 1956년으로, 약 25년 전의 일이다.

아마도 이 지역에서는 폴란드만큼 제2차 세계대전 후에 성립한 세계질서
에 저항했던 나라도 없을 것이다. 저명한 폴란드 맑스주의자인 브루스
(Wlodzimierz Brus)의 말을 빌리면, 정부에 대한 무장투쟁이 "내란을 연상
케"3) 했을 정도이다. 가장 심각한 저항은 농촌에서 발생했는데, 농민들이
집단화에 반발하여 투쟁을 벌였던 것이다. 동유럽에서 집단화의 결과는 소
련만큼 심각하지도 않았고 그것을 시행하는 조치도 그만큼 엄격하지 않았
지만, 영국 맑스주의자 하먼(Chris Harman)이 강조한 것처럼, "어느 곳에
서나 그 결과는 마찬가지로, 농업의 전체 생산량이 그대로이거나 아니면
감소되기까지 했다."4) 불가리아만이 분명 예외였는데, 그곳에서는 집단화
가 심각한 저항에 부딪히지 않았을뿐더러 순수히 경제적인 측면에서 따져
보아도 성공적이었다. 그 반면, 폴란드에서는 정부정책에 순순히 따르지
않으려는 농민들의 저항이 거세어, 1955년에 국영협동농장이 농업 전체에
서 차지하는 비율은 고작 34%였다.

그럼에도 불구하고 폴란드 '인민민주주의' 정부는 이러한 인민들의 저항
뿐만 아니라 객관적인 사회경제적 요소들까지 무시하면서, 1930년대 스딸
린 정책을 그대로 베끼고자 갖은 노력을 다했다. 브루스가 지적하듯이,

3) Wl. Brus, *Storia economica dell'Europa orientale: 1950~80*(동유럽경제사: *1950~
80*), Rome 1983, 12면.
4) Ch. Harman, *Bureaucracy and Revolution in Eastern Europe*, London 1974, 63
면.

더 높은 수준의 경제발전 상태에 있었던 이 인민민주주의자들은 무에서 출발
한 것도 아니었으며, 그 결과 가속화된 산업화 시기에서조차 더욱더 완벽하고
효과적인 계획방법을 이용할 수 있었고, 더 균형잡힌 농업정책을 시행할 수
있었으며, 당 출신이 아닌 전문가들도 끌어들일 수 있었다. [5]

실제로, 폴란드 정부는 스딸린이 경제분야에서 저지른 많은 잘못을 반복하
는 데 그치지 않고 그것을 능가하기까지 하려고 했다. '폴란드식 사회주의'
를 지지한 폴란드통합노동자당(Polish United Workers' Party, PUWP)의 몇
몇 인물은, 유고슬라비아 수정주의자에 동조한다는 혐의로 탄압을 받았다.
추방되고 체포된 지도자들 가운데 당 총서기인 고물까(Wladislaw Gomul-
ka)도 끼여 있었는데, 그는 집단화 문제에 대한 견해차 때문에 3년을 감옥
에서 보냈다.

　비록 폴란드는 동유럽에서 가장 발전하지 못한 나라 중 하나였지만 후진
국가라고 말할 수는 없었다. 일찍이 1930년대에 소련의 전문가들은 폴란드
를 "자본주의적 발전의 평균수준"에 도달한 국가 가운데 하나로 지목했다.
1937년에 노동계급은 85만 8800명이었지만, 프롤레타리아트는 노동운동의
연속성이 유지되던 전통적인 몇몇 산업분야에 집중되어 있었다. 제2차 세
계대전 전에 이미 도시인구가 국가 전체인구 가운데 30%를 차지했다.

　전쟁기간중에 폴란드는 아마도 유럽의 다른 어느 나라보다 심각한 타격
을 입었다. 그러나 보상을 통해, 폴란드는 선진 지역인 동프로이쎈, 씰레
지아(Silesia)와 동(東)뽀메라니아(East Pomerania), 그다니스끄(Gdańsk)를
얻었다. 이로써 폴란드는 급속한 산업성장을 할 수 있게 되었다. 1953년에
기계공구의 생산량은 전쟁 전 수준에 비해 거의 7배로 늘었고, 노동자 수
도 250만명에 달했다. 산업생산량만 보더라도 폴란드는 유럽에서 다섯번째
였다.

　그러나 생활수준은 여전히 아주 낮았고, 경제적 비효율성도 유지되었다.
폴란드가 동유럽공동체 가운데 독특했던 것은 무엇보다도 관료제가 기묘할
정도로 무능력했다는 점 때문이었다. 이 관료제 때문에 계획이 완전 익살
극으로 변할 지경이었다. 생활비도 급격히 올랐다. 1950년부터 55년까지

---

5) Brus, 앞의 책, 29면.

소비재가격은 평균 80%(헝가리는 70%, 체코슬로바키아는 20%, 루마니아는 17%였다)가 올랐다. 물론 가격상승이 1956년 헝가리와 폴란드 위기의 원인이 되었던 것은 결코 아니지만, 노동자들의 생활수준에 전혀 관심을 보이지 않는 바로 이러한 나라들에서는 이것이 자연히 사회적 긴장을 고조시킬 수밖에 없었다. 게다가 폴란드의 불평등은 다른 나라에서보다 훨씬 더 두드러졌다. 당 기관원과 다른 국가주의 특권기관을 위한 '비공개' 상점들은 노동자들의 허리띠를 졸라매게 하여 원성이 특히 자자했던 곳이었다. 더 한심한 것은 폴란드 지배집단이 자신들의 부를 감추기보다는 과시했다는 점이다.

소련공산당 제20차 당대회 이후 폴란드통합노동자당 지도층 내부에서는 스딸린주의자와 개혁주의자 사이에 격렬하고 공공연한 투쟁이 시작되었다. 자유화의 길을 내딛는 이 첫번째 시도는 아주 조심스러웠다. 대부분의 대중들은 그것을 전혀 눈치채지 못하고 있었지만, 인뗄리겐찌야 내부에서는 얼마간의 희망이 싹텄다. 중간층에서도 변화가 일기 시작하여 정치에 더 적극적이게 되었다. 위기는 더욱 고조되었다. 처음에는 이 개혁에 무관심했고 심지어 의혹의 눈초리까지 보냈던 노동자들도 정치에 뛰어들었다. 상층집단 내부의 갈등이 하층집단에까지 번진 것이다. 1956년 여름 뽀즈나니(Poznań)에서 봉기가 발생하여 노동자들이 군대와 경찰에 의해 잔인하게 진압당했다. 가을까지 사실상 전국이 파업의 물결에 휩싸였다. 정권을 쥐고 있던 국가주의자 내부의 분열이 너무 심각한 상태로 번져나가자, 스딸린주의자들은 군사쿠데타를 준비했다. 군대가 바르샤바에 진주했다. 감옥에서 풀려난 뒤 폴란드통합노동자당의 개혁주의자들을 이끌었던 고물까로서도 군대를 풀어 노동자와 대치하지 않을 수 없었다. 그것은 내전이나 다름없었다. 당-국가기구는 명백히 산산조각이 났다. 모스끄바에서도 뚜렷한 사회적 불안이 감돌았다. 『쁘라브다』(Pravda)지는 폴란드의 이러한 '반(反)사회주의적' 움직임에 관한 기사를 내보냈다.

마지막 순간에 고물까는 스딸린주의자들의 항복을 받아내는 데 성공했다. 마음을 정하지 못하고 얼마간 갈피를 못 잡던 흐루시초프는 이 새로운 폴란드 지도부를 승인했다. 파업은 서서히 수그러들었고, 정부는 사태를 완전히 장악했다. 노동계급은 조직되지 않았고, 그들의 정치적 의식도 약간만 발전했다. 이러한 때에는 "정부측 이데올로기, 아니 달리 말하면, 공산주의적 어휘가 여전히 설득력이 있는 것 같다"[6]고 뽀미안(K. Pomian)은 말한다. 사회적 요소도 그에 못지않게 중요한 역할을 했다. 숙련된 노동계급은 그 수가 적었고, 노동자 다수는 농촌 출신이었던 것이다. 고물까는 가톨릭 주교단과 합의를 이끌어낼 수 있었다. 서유럽 관측통들은, 고물까가 "당내 위상에서는 그렇지 않았을지 모르지만 국민 사이에서 자신의 입지를 강화하는 데에는 가톨릭이 큰 도움이 되었다"[7]고 올바르게 평가했다. 정부측에서는 그 대신 학교에서 신의 계율을 가르치는 것을 허용하고 1956년 이후 새로운 교회건물 220채를 인정했다. 신문이나 라디오보다는 신부의 말을 더 잘 따르는 농촌 출신의 사람들에게는 그것이 아주 좋은 설득책이었다.

그러나 좌익집단과 언론기관——이 격동의 시기에는 언론기관이란 사실 좌익집단의 통제하에 있었다——쪽에서는 가톨릭에 격렬한 논쟁을 걸어왔다. 청년잡지인 『뽀 쁘로스뚜』(Po Prostu, 곧바르게)는 스딸린주의자들과 교회 모두를 한꺼번에 공격했고, 정부기관지로부터 수정주의 및 다른 죄목으로 비난을 받았던 '10월좌파'(October Left) 이데올로그인 꼴라꼬프스끼(Leszek Kolakowski)도 반(反)종교적인 선전에 적극 가담했다. 폴란드 사회주의 이론가인 미흐니끄(Adam Michnik)는 나중에, 좌파들에게서 전형적으로 나타나는 것이 "사회생활에서의 교회의 역할"과 "민족문화에서의 가톨릭의 역할에 대한 이해 부족"이라는 점을 인정했다.[8] 고물까와 교회의

---

6) *Pologne, Le Dossier de Solidarité, Par L'Alternative*(폴란드, 솔리다리티 문건, 랄터나티브 편찬), Paris 1982, 7면(이하 *Pologne*로 약칭).

7) *The World Today*, August 1957, 347면.

8) A. Michnik, *Pol'skii Dialog: Tserkov' — Levye*(폴란드에서의 대:교회—좌파), London 1980, 76면.

   1957년 2월 고물까는 선거를 치렀는데, 이 선거에서는 공식 출마한 사람의 수가 의회의 정원을 넘어섰다. 교회는 이러한 반(半)자유선거를 환영했다. 주교단은 신자들에게 선거에 참여해 "자신의 의무를 다"할 것을 호소했다. 한 이딸리아 논평가가 정확하게 지적했듯이, 이것은 정부, 곧 "국민전선의 후보에게 투표하라고 요구하는 것이나 진배없었다"(F. Bertone, *L'Anomalia Polacca*[폴란드의 비정상], Rome 1981, 207면). 이 선거로 의회에 '즈나끄'(Znak)라는 가톨릭집단이 결성되

화해로 노동자들 사이에서 고물까의 영향력은 강화되었던 반면, 사회주의적 재야(socialist opposition)는 자신들 특유의 도그마에 사로잡혀 대중들과의 모든 연계를 상실했다.

좌파와 우파 모두의 반대자들을 물리치고 교회 및 모스끄바와의 관계를 개선한 고물까와 그의 막후에 있는 국가주의자 내의 개혁주의 집단은 자신들의 강령을 시행할 수 있게 되었다. 그렇지만 실제 변화는 아주 온건했다. 애초에 고물까는 대중들의 자발적인 요구에 답하는 일련의 조치들을 염두에 두고 있었다. 경제적 개혁이 입안되었고, 몇몇 기업들에서는 노동자위원회가 '시험적으로' 설치되었다. 사실 이들 위원회는 파업기간중에 노동자 스스로에 의해 갑자기 조직되었던 것으로, 고물까는 이를 단지 합법화했을 뿐이다. 정부의 입장이 강화되면서, 노동자 자주관리의 권한은 점점 약화되어 결국 그 위원회는 유명무실해졌다.

고물까의 가장 중요한 개혁조치는 농촌의 집단농장을 사실상 해체한 일이다. 농민들이 협동조합을 탈퇴할 권리를 갖게 되자, 집단농장의 90%가 해체되었다. 게다가 당기구에서도 스딸린주의자들이 숙청당했다. 자유주의 정치평론가인 베르블란(A. Werblan)은 나중에 이를 "당간부들의 1956년 혁명"[9]이라고까지 불렀다. 이것 모두가 스딸린주의에서 진정으로 탈피하는 인상을 심어주었고 고물까의 입지는 더욱 강화되었다. 브루스는 "1956년 말까지 폴란드는 다른 나라보다 스딸린주의에서 훨씬 더 벗어나게 됐으며, 잠시 동안 새로운 길을 가고 있는 것처럼 보였다"[10]고 썼다. 이 환상은 머지않아 곧 깨어졌다. 1957년에 이미 노동자들의 성과물에 대한 공격이 시작됐다. 『뽀 쁘로스뚜』는 노동자위원회가 "노동계급이 어찌해볼 수 없는 중앙기구"[11]에 종속되어 있다고 놀라움에 차서 지적했다. 얼마 지나지 않

았다. 그렇지만 이들과 주교단은 여전히 아주 복잡한 관계였는데, 그것은 '즈나끄'에는 좌파 가톨릭인들이 많았기 때문이다. 폴란드 교회 대주교인 비신스끼(Wyszinski)는 "교회는 정치를 필요로 하지 않지만, 독실한 신자와 옹호자는 필요하다"고 말했다(A. Micewski, *Wspolrzadic czy nie klamac*, Paris 1978, 493면).

9) *Zycie Warszawy*(바르샤바의 삶), 13 January 1981.

10) Brus, 앞의 책, 75면. 헝가리혁명이 비극적인 결말을 맺음에 따라, 상대적으로 고물까는 자기가 할 수 있는 한계를 잘 아는 온건한 현실주의자로서 명성이 높아졌다.

아 이번에는 인멜리겐찌야들이 공격을 받을 차례였다. 『뽀 쁘로스뚜』는 폐간당했고, '10월좌파'의 또다른 본거지인 『노바 꿀뚜라』(Nowa Kultura, 신문화)지 편집진도 해체되었다. 1960년에서 62년까지 이 신문은 다시 국가기관에 완전히 종속되었다.

폴란드 좌파가 1956년 사태에서 이끌어낸 핵심적인 결론은, "조직되지 않은 사회세력들"이 국가에 대해 일시적인 승리는 거둘지 모르지만, 정부에 대해 "계속적이고 전반적이며 조직적인" 대응을 갖추지 않으면 상황을 전혀 변화시킬 수 없다는 점이었다.[12] 이러한 평가는 분명 옳지만, 아직 답하지 못한 중요한 문제도 많다. 우선, 왜 1956년에 지배엘리뜨 내에서 자유주의 분파가 생겨났을까? 그 당시 지배엘리뜨들은 스딸린주의자들에 대항하여 단호한 조치를 준비하고 있었다. 둘째, 바로 그렇게 했던 그 자유주의자들이 일단 권력을 장악하자마자 왜 스딸린주의자들과 그렇게 쉽게 타협을 보았을까? 마지막으로, 1956년 헝가리와 1968년 체코슬로바키아에서는 왜 그러한 화해가 성립하지 않았을까?

지배엘리뜨가 통일되지 않았던 것은 분명하다. 비록 기본 모델은 똑같다고 할지라도, 지배계급 사회의 구조는 나라마다 그 나름대로 독특한 특수성을 만들어낼 만큼 꽤나 복잡하다. 어떤 의미에서 국가주의라는 말 자체는 당-국가기구의 특권적인 고위층집단을 의미한다. 그러나 국가기구 내에도 모순은 존재하며 집단들 사이의 세력균형도 시시각각 변화한다. 폴란드의 모든 역사가 이를 증명한다. 고위 당관료들은 책임은 거의 지지 않으면서 권리만 많이 갖고 있으며, 이 때문에 몇몇 경제관료 부류들은 더욱 공평한 권력분배를 주장하기에 이르렀다. 게다가 당기구 내의 중앙기관 스스로가 점점 개혁주의 성향을 띠게 되는데, 폴란드의 재야문건 하나가 지적한 바대로, 이들은 "이러한 개혁들이 자신들의 권력에 어떤 장애가 되리라고는 아예 생각하지 않았다. 대신 이들은 개혁이 이루어지면 자신들이 구태여 식량과 생필품을 주민들에게 공급하지 않아도 된다고 생각했다."[13]

11) *Po Prostu*, 6 January 1957.
12) *Poly'sha 1980: 'Solidarnosti' god pervyi*(1980년 폴란드: 솔리다리티의 첫해), London 1981, 19면(이하 *Poly'sha 1980*으로 약칭).
13) 같은 책, 27면.

중앙기구에는 가장 교양있고 능력있는 관료들이 포진하고 있었기 때문에, 바르샤바에 있는 이러한 중앙기구와 폴란드통합노동자당의 지역위원회들 사이에는 주기적으로 갈등이 빚어지게 되었다. 어쨌든 중앙은 국가 전체의 이익을, 지방의 입장에서는 지방의 이익을 우선시하게 된다. 그 때문에 지방관료라도 만약 통합만 되어 있다면, 중앙의 정치인들과 사회 전체 모두에 저항하면서까지 전국적 차원에서 자신들의 집단이익을 지킨다. 지방에 이런 '배신한' 개혁주의자들이 있는 것과 마찬가지로, 중앙기구에도 그런 사람이 있게 마련이다. 따라서 국가기구가 획일적인 단일체라는 것은 환상이다. 실제로 이것은 서로 다른 각각의 집단들을 한울타리 내로 묶어주는 구조에 불과하다. 위기의 순간을 만나면 이들 각각의 집단들은 서로 싸우기 시작한다.

이러한 사소한 충돌들이 심각할 경우에는, 그것들이 대중들에게 아무런 영향을 끼치지 않는 그 기구 내부의 일로 끝나지 않는다. 약자로 밀려난 개혁주의자들은 멀지 않아 자신들의 지지를, 비록 당기관의 일선 하급자들이긴 하지만 외부에서 구하지 않으면 안된다. 비록 1956년 폴란드 경우가 그랬던 것처럼, 개혁주의자들이 용케 핵심적인 자리들을 차지한다 하더라도, 지방 소수 지배층의 저항은 격렬한 투쟁을 겪지 않고는 순순히 분쇄되지 않는다. 게다가 개혁이란 이데올로기적인 토대가 필요한 것이기 때문에 인텔리겐찌야의 도움이 필요하다. 여기에다가 또 더 광범위한 층이 이 투쟁에 끼여드는 것이다. **결국에는,** 정치적 사건에 노동계급이 가담하게 되는 것이다.

정치판에는 노동자들이 가장 늦게 뛰어들지만, 이들의 출현으로 사태의 성격이 완전히 바뀐다. 곧 이전에는 당파투쟁이었던 것이 이제는 계급투쟁이 되는 것이다. 이 운동은 그 선동자들이 원래 원했던 것보다 더 광범위하고 근본적으로 전개된다. 여기서 위협받는 것은 보수적인 집단만이 아니라, 계급관계의 전반적인 구조이다. 이러한 상황에서는 많은 개혁주의자들이 보수주의자들의 대열에 합류하기도 한다. 어제는 서로 대립하던 사람들이 오늘은 자신들을 침해하는 세력에 대항하여 통일전선을 형성한다. 이미 시작된 과정을 멈추게 하기란 그리 간단치 않다. 마귀들이 병 속에서 이미 나와버린 것이다. 산꼭대기에서 굴러내려온 돌멩이 하나가 거대한 산사태,

곧 그 앞에 있는 모든 것을 쓸어버리는 산사태로 발전한다. 혁명이 시작되는 것이다. 뜻밖의 사실은 많은 사람들이 두려워하고 있다는 것이 아니라, 임레 나지(Imre Nagy, 헝가리 개혁운동을 일으킨 인물―옮긴이)와 같은 많은 개혁가들이 민중과 함께 앞으로 나아가려는 용기와 명예를 갖고 있다는 점이다. 여기서 우리는, 지배계급 이념가들이 프롤레타리아트의 편에 가담하는 것은 돈을 벌기 위해서가 아니라 그 자신들의 논리적 사고가 그랬기 때문이라는 맑스의 말을 상기해봄직하다. 달리 표현하면, 만약 개혁주의자들이 '완벽한 사회주의' 이념을 지지하고, 그리고 어떤 식으로든 맑스주의, 인민민주주의 또한 사회주의 이상을 거론한다면 (비록 그들이 그 체제를 '인민민주주의'나 '사회주의적'이라는 이름을 갖다 붙이지 않는다고 해도) 아마도 결국에는 진실로 사회주의와 민주주의를 위해 투쟁하는 사람들의 편에 설 것이다. 개인들에게는 일신상의 명예가 계급적 이기주의보다 더 강력한 자극이 되는 것도 당연하다.

1956년 폴란드 10월사태가 갖는 특이성은, 관료제가 그 이데올로기적인 헤게모니를 행사하여 혁명적인 개혁주의 과정이 대변혁으로 발전하는 것을 막을 수 있었다는 점이다. 그러나 1956년의 위기란 그저 시작일 뿐이었다. 다시 말해 그 뒤로 더 큰 충격을 잇따라 가져다 줄 사태의 시작일 뿐이었다. 1956년에 제기된 이 문제는 (헝가리처럼) 타협에 의해서 해결되지 않았고, 그렇다고 (체코슬로바키아에서처럼) 보수주의 세력이 완전한 승리를 거둔 것도 아니었기 때문에, 위기가 간간이 발생하는 것은 불가피했다. [14] 정치노선의 변화란 항상 고통스러운 법이다. 베르블란은 "케케묵은 정책을 바꾸려는 시도는 언제나 미루고 미루다가 안 될 때나 그리고 될 수 있으면 대충 하는 법이다"[15]라고 썼다. 극단적인 타성에 젖어 있기 십상인 대규모 관료조직은 일반적으로 현실생활에 둔감하게 마련이다. 표현의 자유와 언

---

14) 처음에는 이 대립하는 계급들 사이에 화해가 이루어지리라는 환상이 있었던 것도 사실이다. 극우파 폴란드 망명가인 마츠끼에비치는 고물까가 "아마도 다른 공산주의 지도자가 이루어놓지 못했던, 주민들과 당 사이의 광범위한 결합"을 획득했다는 점을 시인했다(J. Mackiewicz, *Pobeda Provokatsii* [관제선동의 승리], London [Canada] 1983, 164면).

15) *Zycie Warszawy*, 13 January 1981.

220

론의 자유가 없는 곳에서, 난감한 문제를 제때에 제기하고 논의하기란 불가능하다.

폴란드 인뗄리겐찌야는 1956년의 이상을 계속 추구하고 옹호했지만, 대중들과 공동의 언어를 찾지 못했다. 잇따른 실패로 지식인들 사이에서도 혼란과 무관심이 나타났다. 많은 사람들이 재야 좌파를 떠났고, 맑스주의자들은 보잘것없는 소수가 되었다. 좌파 지도자인 꾸로니(Kuroń)와 모젤레프스끼(Modzelewski)는 「당에 보내는 공개서한」으로 구속되었지만, 학생들과 대학강사들은 누구도 그들을 지지하지 않았다. 이 사건에 가담했던 사람 둘이 지적했듯이, "이들의 견해는 모든 사람들에게서 비난받았다."[16]

이러한 상황은 1968년 3월 체코슬로바키아 사태의 영향으로 변하기 시작했다. 사회주의 역사가 미흐니끄는 학생들 사이에서 믿을 수 없을 정도로 인기가 있었다. 그러던 그가 탄압당하자, 이에 항의하여 4천명이 운집한 강력한 시위가 조직되었다. 학생들의 강령은 '10월좌파'와 '프라하의 봄'에서 그 이념을 빌려왔다. 그 기본 맥락은 "민주사회주의로의 일관된 변화"[17]였다. 그렇지만 특별한 사회적·경제적 요구가 제시되지 않았고, 학생활동가들에게는 노동계급의 일상적인 문제가 불가해한 일이었을 뿐이다.

---

16) N. Karsov and S. Szechter, *Monuments are not Loved*, London 1970, 285면. 그렇지만 서방에서는 꾸로니와 모젤레프스끼의 「공개서한」이 유명해졌고 몇개 언어로 번역되기도 했다. 서방 좌파에게는 꾸로니가 "혁명운동의 이론가이자, 주요한 기획가의 한 사람"이며, "자주관리 사회주의를 위한 투쟁전략"의 창시자로 비쳤다(Y. Craipeau). 그러나 실제로 꾸로니와 모젤레프스끼의 「공개서한」이 담고 있었던 것은 그 당시 지하출판물에 널리 퍼져 있던 그 체제의 국가자본주의적 성격에 대한 논의뿐이었다. 이 당시 이들이 의회주의에 부정적 태도를 보였다는 것은 민주주의의 문제에 아주 단순히 접근했다는 증거이다. 폴란드 좌파가 정부 주도의 개혁주의를 지지하는 것에 만족하지 않고 독자적인 노선을 수행해야 한다는 이러한 주장은 아직 미지수로 남아 있다. 왜냐하면 이것이 구체적으로 어떻게 표현될지 불분명하기 때문이다. 「공개서한」의 작성자들은 이미 1968~70년에 자신들의 사상을 재검토했다. 그러므로 꾸로니와 모젤레프스끼의 글이 동구를 맑스주의적으로 분석하는 데 중요한 공헌을 한 것으로 평가한 페르난도 끌라우딘의 글은 잘못이다(F. Claudin, *La oposicion en el 'socialismo real'*〔현실사회주의 내의 반대〕, Madrid 1981, 294면).

17) *Le Monde*, 16 March 1968.

진압에도 불구하고, 시위는 로지(Lodź), 뽀즈나니, 브로츨라프(Wro-
claw), 까또비체(Katowice), 치라초프(Cracow) 등의 도시로 번지면서 거
의 일주일간이나 계속됐다. 감옥에서 풀려난 지 얼마 되지 않아, 꾸로니와
모젤레프스끼는 다시 체포되었다. 정부측 언론은 노동자들과 인뗄리겐찌야
사이를 이간질하기 위해 반유대운동을 전개했다. 당기관지 『뜨리부나 루
두』(*Trybuna Ludu*, 민중의 처리)는 이러한 항의시위가 시온주의자들에 의해
사주된 것임을 보여주기 위해, 유대인 '선동가'의 명단을 발표하기도 했다.
이에 그 당시 폴란드에 남아 있던 2만 5천 명의 유대인(전인구의 0.01%)
가운데 절반 이상이 1968년 여름 이스라엘로 강제이주되었다.[18]

전반적으로 볼 때, 고물까가 다시 한번 승리를 거두었다. 학생운동은 노
동자들의 지지를 얻지 못했고 진압당했다. 노동자와 지식인들 사이의 차이
로 말미암아 이제 훗날을 기약할 수밖에 없었다. 그럼에도 불구하고 사태
는 결코 정부에 유리한 쪽으로 진행되지는 않았다. 사회적 긴장이 고조되
었던 것이다. 폴란드통합노동자당은 그 이름에도 불구하고 실제로는 전혀
노동자당이 아니었고, 노동계급을 효과적으로 통제하지도 못했다. 밖으로
표출된, 프롤레타리아트와 '그들의' 당 사이의 이러한 갈등은 '평온한' 시기
에서조차 결코 사그라들지 않았다. 이러한 불만을 해소하는 해결책으로 고
물까가 내놓은 유일한 방안은 당위원회의 산하에 '민원처리위원회'(com-
plaints commissions)를 설치하는 것이었다.

---

18) 반유대인 운동을 조직한 사람은 모차르(Moczar) 장군인데, 그는 1981년에 조
정자 역할을 맡았으나 더 젊은 후계자인 야루첼스끼 장군에 의해 밀려났다. 이 반
유대인 운동이 고물까에게는 좋은 결과를 가져다 주지 못했다. 서방에서도 그는
자유주의자로서의 명성을 잃었다. 애서슨(Neal Ascherson)의 말에 따르면, "세계
는 이 '반유대주의' 운동을 경악스러운 눈으로 주시하고 있다"(N. Ascherson, *The
Polish August: What Has Happened in Poland*, London 1981, 91면). 가톨릭교회
또한 이에 침묵을 지켰다는 점 때문에 그 명성이 실추되었다. 폴란드의 많은 가톨
릭 작가들은 주교단의 입장을 정당화하려고 일찍부터 시도했다(예를 들어, 끼실레
프스끼 Kisilewski). 그러나 치라초프의 보이띠와(Wojtyla) 추기경만이 젊은이들
을 지지했다는 것은 사실이다. 베르또네는 "교회가 중요하지 않은 다른 일에는 자
주 항의하면서도 유독 이에 대해서만은 침묵을 지켰다"(Bertone, 앞의 책, 237면)
고 얘기했다.

222

경제적 상황도 계속 악화되고 있었다. 1951~63년에 자본산출계수 (capital-output coefficient)는 0.373에서 0.201로 떨어졌다. 비록 이러한 문제가 소련을 포함한 동유럽 모든 국가에 해당되는 것이지만, 폴란드에서 특히 심했다. 계속 떨어지고 있는 자본의 효율성을 보충하기 위해서는, 총 투자규모를 계속 늘려야만 했다(1955~58년에는 2710억 즐로띠에서 1959~63년에는 5010억 즐로띠로 증가했다). 일정한 역사적 단계에 이르면 중앙집권화된 모든 관료체제가 그렇듯이, 폴란드의 계획경제도 그와같은 함정에 빠졌던 것이다. 늘어나는 투자계획안을 재정적으로 뒷받침할 수 있는 유일한 길은 주민들의 생활수준을 떨어뜨리는 것이었다. 대통령 비에루뜨 (Bierut)는 '집단화된' 농촌에서 착취를 강화함으로써 중공업을 창출하고 도시의 생활수준도 유지할 수 있는 재원을 마련할 수 있기를 기대했다. 집단화의 거부로 그러한 정책은 실현될 수 없었지만, 중공업 창출은 여전히 목표로 남아 있었다. 고물까로서는 노동자들의 희생 위에서 산업화 계획을 추진하는 것 이외에 다른 대안이 없었다. 그러나 문제는 그러한 정책이 노동자 규율을 흐트러뜨리고, 노동생산성을 제자리걸음하게 하며, 정치적 불만을 야기한다는 것이었다. 한 연구자가 밝혔듯이, "안정이 정체(停滯)로 돌아섰다."[19] 1966~70년의 5개년계획은 완전한 실패로 끝났다. 투자가 불충분했고 적자는 커졌으며, 수출은 답보상태였고, 생산량은 아주 느리게 증가했다. 1956~64년에 실질임금은 해마다 평균 2%로 증가했지만, 1960년대 말에 이르면 오히려 떨어지기 시작했다. 물가는 일제히 오르고 있는데(5년 동안 41%까지 올랐다), 정부는 노동자들의 소비를 제한하기 위해서 임금을 동결했다.

농업분야는 차마 눈뜨고 못 볼 지경이었다. 한 전문가는 농담삼아, 폴란드 지배자들은 농업정책에서 "사회주의와 자본주의 중 가장 나쁜 점만 골라 섞어놓을 수 있던 사람들이다"[20]라고 말했다. 사적 소유지는 엄격한 중앙의 통제를 받고 있었는데, 계획상의 잘못으로 자주 손해가 발생해도 그것을 책임지는 사람은 없었다. 모든 투자는 극히 비효율적인 국영기업에 집중되었고, 농업부문은 점차 쇠퇴해갔다. 젊은 사람들이 농촌을 떠나 도

19) Bertone, 앞의 책, 235면.
20) *Problemy Vostochnoi Evropy* (동유럽의 제문제), no. 11~12, 1985, 166면.

시로 이주하자, 도시에서는 식량문제가 악화되었다. 한 영국 역사가가 적
고 있듯이, "흉작이 닥치자 이러한 불균형, 즉 되풀이되는 전후 폴란드 경
제의 재앙이 1970년에 위기로 발전했다."[21] 지배집단 스스로도 자신들의
이념에 대해서 그리고 자신들이 무엇인가 실질적인 성과를 이루어낼 수 있
을지에 대해서도 믿음을 잃었다. 사실 이 나라는 1968년 학생시위가 진압
된 후 조용해졌다. 그러나 이것은 어디까지나 폭풍전야였다.

1970년 12월 12일 토요일, 정부는 식료품가격을 20% 올렸다. 이에 대한
'보상'의 한 형태로 아주 비싼 몇가지 품목의 가격은 내렸다. 이와 동시에
새로운 임금률 체제가 생산분야에 도입됐다. 발끈해 연안의 그다니스끄와
그 주변 도시의 노동자들이 처음으로 정부의 이러한 조치에 대해 불만의
목소리를 터뜨렸다. 다음 월요일에 그들은 작업을 중단한 채 항의집회를
열고, 지방 당위원회 건물로 행진했다. 경찰은 시위대를 공격했고 시가전
이 벌어졌다.

이 투쟁은 며칠간 계속되었다. 경찰은 총까지 동원했다. 시체친
(Szczecin) 노동자들도 「인터내셔널가」를 부르면서 그다니스끄 노동자들과
연대시위를 벌였다. 이들 노동자들은 총을 맞아 공식적인 발표에 의하더라
도 17명이나 사망했다. 그런데도 이들은 저항을 멈추지 않았다. 씰레지아,
노바 후따(Nowa Huta) 그리고 다른 지역에서도 파업이 시작되었다. 바르
샤바의 여러 공장에서는 12월 21일 월요일부터 파업하자는 결정이 내려졌
다. 그러나 이것은 더이상 필요치 않았다. 고물까 정부가 무너진 것이다.

지배집단은 모든 책임을 회피하기 위해 고물까와 그 측근들을 희생양으
로 삼을 수밖에 없었다. 이러한 의미에서 고위층의 대응방식은 1956년과
똑같았다. 그렇지만 이때의 노동자운동은 훨씬 더 광범위했다는 점에서,
그리고 더욱 중요한 점으로는, 투철한 계급의식을 지니고 있었다는 점에서
특기할 만하다. 1970년에는 "노동자들에 대한 폭력사용의 배제"[22]가 핵심
적인 요구로 등장했다고 베르블란은 인정했다. 폴란드통합노동자당의 새
지도자인 기에레끄(Edward Gierek) —— 그는 (1956년의 고물까처럼) 자유
주의자이며 당의 기술주의적 경향에 기반을 둔 인물로 보였다 —— 는 노동

21) Ascherson, 앞의 책, 97면.
22) *Zycie Warszawy*, 31 December 1981.

자들에게 요구사항을 들어주겠다고 약속했다. 취임식에서 그는 다음과 같
이 선언했다.

> 우리의 경제정책 및 다른 모든 정책에 적용되는 철칙(鐵則)은, 항상 현실을
> 고려하고, 노동계급 및 인뗼리겐찌야와 광범위한 협의를 거치며, 당생활과 그
> 주요 기관의 활동에서 집산주의(collectivity) 및 민주주의 원칙을 지키는 것이
> 어야 한다.

그는 "노동자들과의 공동의 언어"를 찾을 것을 약속했다. [23]

고물까 정부의 붕괴 이후 파업은 일시적으로 수그러들었지만, 1971년 1
월 새로운 위기가 나타났다. 기에레끄는 직접 그다니스끄를 찾아가 노동자
들에게 작업에 복귀할 것을 설득하고 개혁을 약속했으며 결국 그렇게 했
다. 그는 '재정 및 경제 개혁'과 함께, 계획과 경영에 관한 개혁도 조속한
시일 내에 실시할 것이라고 발표했다. [24] 그러나 정부조차 이러한 개혁안을
어떻게 해야 한다는 명확한 생각이 없었다. 정부측 신문은 주로 "국가기구
가 국민들에게 더욱더 효과적으로 기여할 수 있기 위해서는 국가기구에 대
한 효율적인 정밀조사"와 공공여론을 연구할 필요가 있다고 썼다. 정부의
한 선전원은 "진리란 사치가 아니다. 진리를 말하는 것은 사회적 필요이
다" [25] 라고까지 말했다.

폴란드에서의 생활은 (1956년 이후 그랬던 것처럼) 1970년 이후 의심할
나위 없이 더 자유로워졌다. 어떤 의미에서 새로 등장한 폴란드 정부는 매
번 그 이전의 정부보다 더 나았다. 그러나 자유화는 여전히 극히 제한된
채로 남아 있었으며, 정부가 주안점으로 삼은 것도 자발적인 과정을 억제
하고 공공생활에 대한 통제를 다시 확립하자는 것이었다. 기억해야 할 것
은 폴란드의 지배계급이 경제에서는 무능했지만 정치에서는 뛰어난 수완을
발휘했다는 점이다. 이들이 통제력을 잃었을 때에는 인물과 강령을 교체함
으로써 그것을 다시 회복했는데, 그람시의 말을 빌리자면, "종속계급이 성

---

23) *Pol'skoe Obozrenie*(폴란드 평론), 22 December 1970, 3면.
24) 같은 책, 7~8면.
25) *Zycie Warszawy*, 22 December 1970.

취한 것보다 더 빠르게"[26] 그것을 이루어냈다. 노동자의 지도자들은 몇가지 요구사항에 대해서는 기에레끄와 합의를 보았지만, 노동자들이 독자적인 조직을 갖고 있지 않았기 때문에 자신들의 성과를 굳힐 수 없었다. 기에레끄로서는 의도적으로 노동자들을 속이려고 한 것은 아니었던 것 같지만, 그러나 결과적으로 그는 자신이 속한 계급의 볼모 노릇을 한 셈이 되었다. 그의 자유주의적인 성명은 무책임한 것이 되고 말았는데, 그것은 그가 의지하고 있던 기술주의자들이 진정한 자유주의자와는 거리가 멀었기 때문이다. 국가기구의 구조 자체가 민주주의와 적대적이기 때문에, 정상적인 상태에서는 그것의 도움을 받아 어떤 자유주의적인 조치를 취하기란 실제 불가능했다.

새로운 개혁안들로 인해 이 나라는, 꼴라꼬프스끼가 말한 "지배계급의 부분적 착취"[27]가 시작되는 지점에 이르게 되었다. 국가기구는, 마치 부르조아지가 자신들의 소유권을 자발적으로 포기하지 않았던 것과 같이, 투쟁이 없는데 자신들의 권리를 스스로 내놓으려고 하지는 않았다. 이러한 특권을 빼앗는다는 것도 극히 어려운 일이지만, 국가기구 스스로가 먼저 그렇게 할 것이라고 기대하는 것은 정말 어리석은 짓이다. 그러니 아래로부터의 압력이 시들해지기 시작하자마자, 당연하게도 이러한 개혁안이 폴란드에서는 더이상 실현될 수 없었다.

기에레끄는 정말 변화를 원했다. 브루스가 인정했듯이, 1970년 이후 새로운 경제방식을 찾고자 하는 시도는 "더욱더 주도면밀하게 이루어졌다."[28] 이 새 지도자는 지방 당지도부 19명 가운데 10명, 그리고 정치국·중앙위원회·국회(Sejm)의 구성원 가운데 3분의 1을 갈아치움으로써, 개혁에 반대하는 최고위 관리들을 제거했다. 불행한 것은 이들을 대신한 사람들도 같은 국가기구의 출신이었다는 점이다. 베르블란이 썼듯이, "그러므로 인민주의적 경향과 지방의 시야를 갖춘 지배엘리뜨가 등장했다."[29] 이 새로운 지도부는 지속적인 산업화를 추구하는 방식에서 인민의 생활수준을

---

26) Gramsci, 앞의 책, 210면.

27) L. Kolakowski, *Pokhvala Neposledovatelnosti*(모순 찬양), Florence 1974.

28) Brus, 앞의 책, 196면.

29) *Zycie Warszawy*, 31 January 1981.

낮춘다든지 아니면 급진적인 개혁을 시행하려고 하지 않았다. 그렇다고 해서 이들이 소련의 브레즈네프 집단과 다른 방식을 택했느냐 하면, 그것도 아니었다. 말하자면 이들은 다 같이 사회구조의 안정화라는 목표를 선택했던 것이다. 따라서 기에레끄는 외국차관에 기대지 않을 수 없었다. 이를 가리켜 스위스공산당 신문은 "성장 수입의 전략"(a strategy of imported growth)[30]이라고 했지만, 재야에서는 이에 대해 당지도부가 "이 체제의 비능률성과 경제정책의 비효율성"을 "자본주의 은행가"에게서 빌려온 차관으로 메우려 하고 있다고 항의했다.[31] 처음 당분간은 만사가 잘되어가는 것처럼 보였다. 1970년대 초반에는 차관도 쌌다. 기에레끄의 구상은 큰 희생 없이 좋은 결과를 가져다 줄 것으로 여겨졌다. 국민들의 생활수준이 향상될 수 있을 정도였던 것이다.

차관을 들여옴으로써 서방으로부터 최신 기술도 가져올 수 있었다. 최신 산업제품의 수출을 계속 늘려감으로써, 경화(硬貨)보유고를 늘리고 부채를 갚아나가자는 안이 제기되었다. 처음에 이것은 하나의 모험처럼 보였지만, 그래도 매력적인 모험이었다. 8년이 지나자, 국가 총수입은 60%까지 늘어났고 노동생산성도 증가했으며, 산업기계의 3분의 2가 새것으로 교체되었다. 서방 전문가들이 인정했듯이, "그러한 상황이 유럽에서는 예전에 미처 없었던 일이었다."[32] 게다가 고물까가 시행한 가격인상 정책을 철회하여, 가격은 거의 1967년 수준을 유지했다. 몇가지 통계에 따르면, 실질임금은 기에레끄 정부 출범 첫해에 40%까지 늘어났다. 유일한 문제라면 노동자 소득과 상품이 조화를 이루지 못했다는 점이었다. 생산량이 주민들의 구매력보다 상당히 느리게 증가했던 것이다. 1980년까지 소비재가 국민총생산(GNP)에서 차지하는 양은 26%로, 정부측 경제학자들에 따르면 이것은 "1970년대 초보다 낮은"[33] 것이었다.

이 상황에서 정부가 사회적 동원을 할 수 있는 기회는 제한되었다. 가령

30) *Vorwärts*, Basle, 18 December 1980, 10면.
31) *Kierunki dzialania zwiazku w obecnej sytuacji kraju, Texy do dyskusji*, Solidarnosc, 17 April 1981.
32) *Cahiers du communisme*, 1980, no. 10, 92면.
33) *Zycie Gospodarcze*, 24 August 1980.

새로운 가격인상이 불가피했지만 연기되었다. 서방의 공산당 신문이 올바르게 지적한 대로, 동유럽의 식품가격은 '정치적 가격'이었다.[34] 여기에서는 농산물 생산이 크게 늘어날 수가 없었다. 왜냐하면 우선 모든 투자가 산업의 재설비에 투입되었고, 둘째 특히 이 부문에 이 체제의 비능률이 집중되어 있었기 때문이었다. 인플레이션이 일시적으로 잡히기도 했지만, 이 문제는 해결되지 않은 채 남아 있었다. 게다가 애서슨(Neal Ascherson)이 지적한 대로, "서독이나 스웨덴에서 공작기계를 들여올 때마다" 서방의 인플레이션도 함께 수입되었다.[35]

예상보다 뒤늦었지만 이 체제 내에도 사업체가 도입되었고 수입이 수출보다 훨씬 빠르게 증가하고 있었다. 폴란드가 서방에 진 부채는 눈덩이처럼 불어나 1980년에는 200억 달러를 넘어서고 있었다. 또한 자본주의 위기가 폴란드를 호되게 강타했다. 외국시장은 움츠러들었고 수입품과 차관은 훨씬 비싸졌다. 폴란드의 공장에서 서방의 기술로 만든 물품들도 그 질이 상상외로 낮았다. 산업의 경쟁력 부족으로 경화(硬貨)는 식료품 수출로 축적되었는데, 이것이 국내시장의 사정을 더욱 악화시켰다.[36]

객관적인 상황이 모두 그렇게 나빴던 것은 아니다. 폴란드의 군사비 지출은 이웃나라인 소련이나 동독에 비하면 훨씬 적었고, 소련에서 수입하는 원자재로 인해 1976~80년에는 35억 달러를 절감할 수 있었다. 흐루시초프는 "과거의 부당한 행위에 대한 보상"이라는 명목으로 추가지원을 했다.[37] 그럼에도 불구하고 기에레끄 행정부는 커져가는 이러한 어려움에 대처할 수 없었다. 관료제 상부는 자신감을 잃었다. 이러한 국가기구의 사기저하로 인해 기에레끄의 체제는 '절도정'(kleptocracy)이라고 불리기 시작할 정도로 부패가 만연하게 되었다.

이러한 기에레끄의 새로운 노선이 고물까의 정책과 똑같이 무력했던 것

34) *Vorwärts*, Basle, 31 July 1980, 8면.
35) Ascherson, 앞의 책, 109면. 수입가격이 상승하는 것은 폴란드 내에서는 구성비가 낮아 추가지출을 부담해야 하는 것과 관련이 있다.
36) 수출기업들은 처음에 추가적인 권리를 인정받았으나, 경화부족으로 인해 상황이 변했다. 그러므로 그들의 노동으로 생기는 생산자의 이익은 감소되었다.
37) Brus, 앞의 책, 113면.

은 필수적인 구조적 개혁이 빠져 있었기 때문이다. 사실 몇가지 개혁은 실시되었다. 1973년에는 부분적인 분권화 계획이 시행되었고, '새로운 경제 및 재정 제도'도 공표되었다. 그러나 이러한 조치들은 기본적인 경제원리에 영향을 주지 못했다. 다시 말해, 이들 조치들은 지역 당위원회가 전적인 주도권을 발휘하는 계기가 되었을 뿐이다. 분권화 과정에서 생겨난 이러한 권력공백으로 경영관리자들의 실질적인 기회가 확대된 것이 아니라 지방 당관료의 전횡이 판을 쳤다. 이 문제를 해결하기 위해서, 기에레끄는 49개로 되어 있는 지방행정구역을 17개로 확대 개편하는 등 행정개혁을 실시했다. 그러나 이것마저도 상황을 악화시켰을 뿐이다. 정책수립에서 지방의 이해관계가 전국적인 이해관계보다 우선시되었던 것이다.

생산조합의 독립성을 키워주려던 시도도 마찬가지로 실패로 끝났다. 이 새로운 권리가 효율적인 관리에는 미흡했지만, 가격의 부당한 상승이나 인플레이션 증가를 일으키기에는 더할 나위 없이 충분했다. 이제는 생산가격이 시장의 수요공급 및 생산비용의 상관관계에 따라 정해지는 것이 아니라, 조합 지도자들의 정치적 권위와 행정관료집단 사이의 세력판도에 따라 정해졌다. 브루스가 지적한 대로,

이러한 개혁을 서서히 실시한다는 전략은 그 개혁의 파멸만을 재촉할 뿐이다. 우선, 점진적이고 부분적인 변화에는 철저히 조직화된 이론적인 준비가 필요하지 않기 때문에 밀어붙이는 정도가 약할 수밖에 없다. 둘째, 새로운 규정이나 과거의 규정 모두 계획·분배·지원책 등에 관한 조항을 담고 있는데, 이들 신·구 조항 사이에 연결성이 부족하다는 점이 나타나게 마련이다. 셋째, 구체제가 완전히 사라지지 않은 상태에서는, 처음에 닥친 고비에서 뒤로 후퇴할 가능성이 있는데, 이러한 가능성은 개혁의 진전으로 이 정권의 정치적 문제가 악화되면 악화될수록 더욱 커진다.[38]

이 계곡을 두 번의 도약으로 뛰어넘으려는 이같은 시도(위로부터의 개혁에서는 이런 경우가 허다하다)는 실업계 전체를 붕괴시켰다. 마지못해 하는 개혁이란 결국 경제의 분란을 초래할 뿐이다. 일종의 **관료적 무정부상태**가

---

38) 같은 책, 270면.

도래했다. 국가기구 내 각 부문들 사이의 갈등은 경제적 파멸뿐만 아니라 정치적 파멸까지를 초래하여, 항상 이 체제의 파국을 불러일으키는 원인이 되었는데, 이 개혁의 결과 그것이 악화되었다. 이 체제는 손을 대지 못할 정도로 복잡해지고 흐트러졌다.

생산력이 생산관계를 앞지르고 있는데, 체제의 토대 자체를 과감하게 재편하지 않은 채 이러한 모순을 완화시키려는 시도는 반드시 실패하게끔 되어 있었다. 이와 똑같이, 폴란드의 사회구조는 점점 더 동질적이고 성숙한 모습을 띠게 되어, 국가주의적 국가기구와 양립하기 어렵게 되었다. 집단화가 이루어지지 않고 주민들이 농촌으로부터 도시로 대거 유입되면서, 제2세대 도시프롤레타리아트의 핵심층이 빨리 형성되었다. 1960년대 초에는 산업노동자의 절반 이상이 농촌 출신이었지만, 60년대 말에는,

산업 중심지에는 이미 안정된 전통이 구축되어 있었다. 곧 도시로 이주한 사람들은 단신으로 와서 도시 거주자 가운데서 결혼상대자를 물색하여 도시생활에 정착한 사람들이었다. 이들 이주자들은 교육이나 직업 그리고 문화 면에서 그 수준이 높아졌다. [39]

1970년대에 폴란드는 믿어지지 않을 정도로 활기차게 발전했다. 그러나 1960년대에 세워진 사회구조가 이로 인해 파괴된 것은 아니었다. 오히려 강화되었다. 세습노동자들이 핵심을 이룬 이 새로운 노동자세대는 1979~80년에 노동현장에 뛰어들었다. 사회가 급속히 발전함에 따라, 낡은 국가와 그 정치적 방법도 그만큼 빠르게 그 효력을 상실했다. [40]

국가가 기존의 소비수준을 유지하는 동안에는 공개적인 대립은 피할 수 있었다. 그러나 일은 자꾸만 복잡하게 꼬여갔다. 1979년 가을의 흉작으로 도시의 식량공급에 커다란 지장이 생겼다. 국민소득은 원래 계획한 3% 성

39) R. Chernotsova, "Osobennosti demograficheskoi situatsii v evropeiskikh stra-nakh-chlenov SEV(유럽국가-코메콘 회원국의 인구학적 상황의 특성)," in *Regional'nye osobennosti vosproizvodstva i migrastii naseleniya v SSSR*(소련 주민의 재생산 및 이동의 지역적 특성), Moscow 1981, 113면.

40) 이딸리아공산당원 A. Guerra는 그러한 모순이 "폴란드에서만 전형적인 것이 아니다"(*L'Unità*, 23 August 1980)라고 올바르게 썼다.

장 대신 2%로 떨어졌다. 1980년 계획안도 크게 수정될 수밖에 없었고, 한 폴란드 경제학자가 인정한 대로, 결국 이것이 "8월 정치적 격변의 직접적인 원인"이 되었다.[41] 수정된 계획안으로는 주민들의 희생을 피할 수 없었던 관계로, 오랫동안 누적되어온 모순과 갈등이 일시에 표출되는 상황이 벌어졌던 것이다.

1980년 폴란드 사태는 지노비예프(Alexander Zinoviev)의 심리적 이론을 경험적으로 논박했다. 지노비예프는 어떤 체제든지 그 체제의 목적에 가장 적합한 사회유형을 자동적으로 만들어낸다고 주장했다. 사실 어느 것에나 양면성은 존재하게 마련이다. **국가주의**는 시민들이 수동적이고 사회적으로 활발하지 않다는 점에서 정치적으로 유리할지 모르지만, 이러한 시민들의 수동성이 경제적으로는 불리하고 심지어 체제에 위험하기까지 하다는 점에서 **근본적이고 심리적인 모순**을 안고 있다. **무관심은 사보따주나 다름없다.** 이 경제는, 특히 개혁의 시기에, 진취적이고 활동적인 시민들 —— 아마도 정치적으로는 의지할 수 없겠지만 —— 을 필요로 한다. 공포정치 상황에서 이러한 모순을 제거하려면 최근까지 국가시책의 수행에 참여했던 사회적으로 활동적인 인사들을 정기적으로 숙청하고 추방하면 된다. 그러나 대중이 공포를 느끼지 않을 때에는 이러한 모순은 해결되지 않는다.

복잡한 근대사회는 몇가지 (그리고 자주 크게 변화하는) 사회적 형태를 동시에 재생산한다. 그런데 국가주의에서 문제는, 어떤 단계(정착된 산업사회의 상황)에 이르면, 국가의 필요에 걸맞은 사회형태를 재생산할 수 없다는 데에 있다. 폴란드의 기에레끄 정부 아래에서도 저항의 한 세대가 자라났다. 이 체제는 그 효력을 다하고 나면, **이 체제와 양립할 수 없는 사람들 —— 곧 이 체제의 무덤을 파는 사람들 —— 을 양산해내기 시작한다.**

1976년 6월, 기에레끄는 처음으로 식료품가격을 인상하고자 했다. 이에 노동자들은 대중파업으로 맞섰다. 6월 25일 바르샤바 전지역이 파업의 소용돌이에 휩싸였다. 그 당시 이러한 움직임의 심장부는 수도에서 가까운 산업도시 라돔(Radom)이었다. 정부로부터 양보를 얻어내는 데에는 하루로 족했다. 한 프랑스 신문의 기사에 따르면, 폴란드 노동자들은 "경제정책의

---

41) W. Kuczynski, *La seconda Polonia*(제2의 폴란드), Rome 1981, 199면.

분야에서 거부권을 얻어냈다. "⁴²⁾ 게다가 1976년 사태는 당지도부의 입지가
얼마나 취약한지를 잘 보여주었다. 기에레끄는 많은 것을 약속함으로써 노
동자들에게 커다란 희망을 안겨주었다. 그러나 이번에는 약속을 지키지 못
했다. 그가 대중들의 희망을 끝내 저버리자 대중들의 정치의식이 고양되어
혁명적 상황을 만들어낼 심리적인 기반이 마련되었다. 1970년대 중반부터
이 나라는 사회정치적인 양보보다는 경제적인 양보를 통해서 불안정한 균
형을 유지할 수 있었다. 그러나 이러한 전략은 당면문제를 심화시키고 다
음 위기를 예비하고 있었다. 순수히 경제적인 양보가 더이상 불가능했기
때문에, 정치적인 균형이 무너졌다.

꽤 오랫동안 정부는 자신들의 약속을 지킬 수단을 갖고 있지 않았다. 정
부는 1976년 사태 이후 노동활동가들을 탄압하고 수백명을 체포하는 수단
을 썼다. 해고당한 사람들만도 수천명에 달했다. 그러나 바로 이 억압책이
야말로 산업프롤레타리아트와 좌파 인뗄리겐찌야 사이를 다시 묶는 기반으
로 작용했다. 1976년 9월 꾸로니, 미흐니끄, 모젤레프스끼, 그리고 노련한
폴란드 사회주의 운동가 리삔스끼(E. Lipinski) 등이 포함된 일단의 진보적
지식인들이 이러한 탄압에 저항하기 위해 '노동자보호위원회'(Workers'
Defence Committee, KOR)를 창설했다. 나중에 그들은 지하신문인 『로보뜨
니끄』(Robotnik, 노동자)도 발행하기 시작했다. 경찰의 저지노력에도 불구
하고, 이 신문은 사업장을 파고들면서 노동자들 사이에 퍼지기 시작했다.
노동자보호위원회는 사회주의 인터내셔널(Socialist International)에서 옵써
버 자격을 획득했고, 몇몇 공산당의 지지도 받았다. 프랑스 공산주의자인
에스따제(J. Estager)는 노동자보호위원회의 활동가들이 "폴란드 사회의 노
동자 대다수"가 생각하고 있는 바를 말해주고 있다고 인정했다. ⁴³⁾

이딸리아공산당 신문은 이 위원회의 강령이나 이론적인 문건에서는 "사
회주의적 논제"가 지배적이라고 썼다. ⁴⁴⁾ 그러나 그렇다고 해서 공식 선전

---

42) *Le Monde Diplomatique*, July 1977.

43) J. Dimet and J. Estager, *Pologne: une révolution dans le socialisme ?* (폴란드: 사
회주의에서의 혁명 ?), Paris 1981, 69면.

44) *L'Unità*, 23 August 1980. 꾸로니와 미흐니끄는 좌파 사회주의자로서 정치생활
을 시작했고, 노동자보호위원회는 처음부터 폴란드 인뗄리겐찌야 가운데 가장 진

물에서 노동자보호위원회를 '반사회주의적 집단'으로 부르는 것을 막지 않았다. 사실 노동자보호위원회의 정치적 실천은 1970년대의 유럽 좌파운동의 일반적인 구도와 잘 맞아떨어졌다. 노동자보호위원회의 핵심전략은 꼴라꼬프스끼의 새로운 개혁주의 이념이었다. 그것은 곧, 체제에 대해 개혁주의적 압력을 가하면 지배집단도 자신들의 의사에 반하는 변화를 실시할 수밖에 없으리라는 것이다. 만약 폴란드 우익의 출발점이 "공산주의의 개혁 불가능성", 그리고 개혁적 행동은 어느 것이나 '체제전복'의 필요성에 대한 관심을 막고자 한 것일 뿐이라는 생각이었다고 한다면, 자신들에게 닥친 이 어려움을 잘 알고 있던 좌파로서는 혁명적인 조치와 개혁적인 조치를 결합함으로써 변화를 이루어내고 폴란드의 계급세력의 균형을 바꾸고자 했다.

헝가리 사회학자인 키쓰(Janos Kiss)는 훗날 폴란드의 재야권은 "정부당국과는 무관하게 행동하는 대신 자발적인 조직들에 의지해서 제한된 변화를 성취하고자 했다"[45]고 썼다. 실제로 이것은 학술과정의 연구원들과 결합하여 만든 '이동대학'(flying university, 1885년 러시아가 폴란드를 지배하던 때 젊은이들에게 비판적인 안목을 길러주기 위해 장소를 옮겨가면서 세웠던 일종의 교육모임 — 역자)의 출현을 가져왔다. 1978년 4월에는 자유노조 설립을 위한 첫 노동자위원회가 등장했다. 이 두 경우에서 노동자보호위원회의 영향력은 절대적이었다. 많은 노동활동가들이 노동자보호위원회의 '예비'회원이었는데, 그 가운데에는 바웬사(Lech Walesa)나 그비아즈다(Andrzej Gwiazda)와 같이 장래의 혁명을 담당할 저명한 인물들도 끼여 있었다. 1980년까지 탄압에도 불구하고 새로운 노조 지지자들의 위원회가 이미 전국 몇몇 지역에서 적극적으로 활동하고 있었다. 1976년에 체포되었던 노동자들도 석방되

보적인 부분을 통합했다. 노동자보호위원회 기관지가 Robotnik(노동자)라고 불리는 것도 결코 우연은 아니다(스딸린에 의해 숙청당한 구사회당 이름과 같다). 그러나 다른 한편, 1970년대까지 꾸로니와 미흐니끄의 견해가 1966~68년 시기에 비하면 많이 변화했다는 점을 잊어서는 안된다. 꾸로니는 1970년대 말에 다음과 같이 말했다. "나는 내가 실현하고자 했던 기본적인 가치에 대해서는 아직도 노력하지만, 그것을 성취하는 방식에 대해서는 생각이 변했다"(Praxis: Una rivista politica per una nuova sinistra〔실천: 신좌파 정치평론〕, no. 13, 1977, 15면).

45) *Pologne*, 117면.

었다. [46]

노동자보호위원회의 활동으로 부득이 인뗄리겐찌야와 노동자들은 서로
단결하지 않을 수 없었다. 1970년 12월에는 인뗄리겐찌야가 노동자들을 지
지하지 않고 수치스럽게도 침묵만 지켰다. 꾸로니와 그와 가까운 친구들은
예외였지만, 그들은 아주 소수에 불과했다. 1968년과 1970년에 분명히 드
러난 노동자들과 지식인 사이의 분열은 갈수록 심해졌다. 상호이해에 도달
하기란 쉬운 일이 아니었다. 1981년 여름 솔리다리티(Solidarity) 대회에서
조차 몇몇 노동자 대표들은 반(反)지식인적 태도를 거리낌없이 나타냈다.
대중들의 반유대인 편견도 이에 영향을 주었다(좌파들 사이에는 유대인들
이 비교적 많았다). 그러므로 '민중과 인뗄리겐찌야'라는 문제는 다른 나라
에서보다 폴란드에서 훨씬 더 심각하게 나타났다. 그러나 경험상 이 통합
은 필수적이었다. 노동자들은 강력했지만 강령도 조직도 없었다. 지식인들
은 사회에서 실질적인 힘은 없지만, 중요한 정치적 경험이 있었다. 노동계
급은 경제적인 문제에서 그들만의 독특한 '거부권'을 가졌다. 곧 이들은 정
부가 제시한 어떤 특정한 해결책을 파업을 통해 거부할 수 있었던 것이다.
그러나 노동자의 힘이 실질적인 권력으로 바뀌기 위해서는 적극적인 강령
이 필요했다. 노동자보호위원회의 성공이 말해주는 것은 이 위원회가 노동
자들에게 실제로 필요했던 것을 마련해줄 수 있었다는, 다시 말해 노동자
들의 의식 속에 이미 자리를 잡아가던 생각들을 분명하게 규정해줄 수 있

---

46) 기에레끄의 '자유주의' 정부는 유명한 반정부인사에게는 얼마간 관용을 베푸는
척 했지만, 알려지지 않은 노동자와 학생활동가들은 무자비하게 다루었다. 지방경
찰이 처벌받지 않은 채 폭정을 일삼은 것도 바로 이러한 관료적 분권화의 한 귀결
이었다. 이러한 상황에서는 '일반대중' 활동가를 노동운동으로부터 분리시키려고
했던 노동자보호위원회의 노력이 인뗄리겐찌야에게는 정치적으로나 도덕적으로 필
요했다. 붙잡힌 사람들이 풀려나오자, 노동자보호위원회는 명칭을 '사회자위위원
회'(Committee for Social Self-Defence, KOS)로 바꾸었지만, 옛날 명칭에 익숙한
사람들은 그 명칭을 그대로 사용했다. 그래서 이 조직은 KOR-KOS 혹은 간단히
KOR로 불렸다. 기묘하게도 몇몇 동유럽 국가의 정부측 신문들은 1980~81년에
TsRU가 두 지하조직인 KOR와 KOS를 합쳤다고 썼다. … 이에 대해 덧붙이자면,
1978년 폴란드검찰청은 KOR 지도자들에 대한 기소를 중지하지 않을 수 없었다.
"조사 결과 조사대상들이 폴란드에 적대적인 외국 조직과 직접적인 관련이 있는
지를 입증할 만한 충분한 증거가 없었기 때문이다"(Pol'sha 1980, 206면).

었다는 사실이다. 그렇지 않았다면 대중에 대한 이들의 호소가 (1960년대 소련에서 몇몇 청년집단이 했던 것처럼) 그러한 결과를 낳지는 못했을 것이다. 레닌의 저작에도 불구하고, 사회적 의식은 혁명적인 인뗼리겐찌야에 의해 노동계급에 그냥 '주입되는' 것이 아니다. 계급의식의 **기본**은 생활 그 자체로부터 나온다. 지식인들은 노동운동에서 자동적으로 제기되는 문제들에 대해서 정확한 답을 제시할 수 있을 뿐이다. 이것이 그들의 역사적 임무요, 책임이다. 만약 산업프롤레타리아트가 조직을 필요로 한다면, 인뗼리겐찌야의 참여 없이는 강령과 최상의 구조가 만들어질 수 없다. 그러나 만약 노동자들의 조직을 세우는 여건이 성숙되지 않았고 자발적인 운동도 그러기에 충분치 않다면, 제아무리 좋은 방식도 이론에 그치고 만다. 때로는 지식인들의 의식이 "앞질러가기도 한다."그러므로 새로운 혁명가 세대에 영감을 주는 영웅이나 순교자가 나타나기도 한다. 또 때로는 지식인들이 자신들의 능력에 환멸을 느껴 사태의 추이를 따라잡지 못하고 자신들의 역사적 과업을 그르치기도 한다. 노동자보호위원회의 장점은 바로 그들의 활동이 시기적으로 적절했다는 데에 있었다.

인뗼리겐찌야와 노동대중의 이데올로기적·심리적 발전이 동시에 이루어지는 것은 아니지만, 결국에는 비슷한 과정을 밟게 된다. 왜냐하면 이 양자는 모두 같은 사회에 살고 있기 때문이다. 물론 정신적인 삶을 아주 완벽하고 정확하게 표현하는 것은 지적인 분위기에서 가능하지만, 그렇다고 해서 사상이 지식인들만의 전유물인 것은 아니다. 물론 서로 다른 사회계층들 사이에서 일어나는 이데올로기적 과정에서는 피할 수 없는 부조화가 있게 마련이다. 그렇지만 사회구조가 성숙해가고 있는 시기에는 이들 과정마저도 서로 조화롭게 된다.

대중 스스로가 경험을 통해 정확히 어떤 이념의 필요성을 절감하기 시작할 때 비로소 그 이념이 대중을 사로잡고 물리적인 힘이 된다는 것을 폴란드의 경험은 다시 한번 일깨워준다. 의도적인 선전을 하지 않았는데도 새로운 사상이 폴란드 노동자들 사이에 퍼져가고 있었다. 이러한 '사상전파'의 원래 경로를 추적하는 것도 아주 흥미로운 일이겠지만, 이 문제는 순수한 이론적인 분석으로는 해결할 수 없다. 그러나 여하튼 사회주의자들의 활동이 프롤레타리아트의 계급의식의 원천은 아니지만, 노동자와 지식인 사이에 견실한 연계를 놓은 수단임에는 분명하다. 이러한 연계는 다음과 같은 점에서 훨씬 더 필수적이다. 곧 정부의 선전은 여러가지 이데올로기 대용물이 그만그만하게 난립하는 정신적인 공백을 초래하기 때문이다. 폴란드에서는 민족주의적 감정이 널리 퍼져 있었고, 노동자들도 여기에 상당히 동조하고 있었다. 노동자보호위원회의 임무는 노동자들에게 그들의 실질적 이해관계가 더 잘 반영된 사상을 불어넣는 것이었다. 어떻게든 그렇게 함으로써, 노동자보호위원회는 재야의 다른 조류들을 밀어내고 대중적인 성공을 거뒀다. 그렇지만 그렇다고 해서 좌파의 이데올로기가 '순수한 형태'로 대중들에게 이식된 것은 아니다. 이데올로기상 부차적인 것으로 잠시 밀쳐놓았던 민족주의가 여전히 사회의식의 중요한 요소로 남아서, 이데올로기적·종교적 사상과 뒤섞였다. 좌파 인뗄리겐찌야 자체도 민족주의적 환상으로부터 자유로울 수 없었다. 지난 300년의 폴란드 역사가 오로지 독립투쟁으로 일관되어왔기 때문에, 그러한 입장은 자연스럽게 되었다. 엥겔스조차 폴란드 민족은 "그들이 진정으로 민족적일 때 바로 가장 국제주의적으로 되며" 그들은 이것을 "모든 혁명적 투쟁에서 보여주었다"고 썼다. [47] 동우럽에서는 독립과 사회적 변혁을 위한 투쟁이 필연적이라고 할 만큼 아주 밀접하게 결합되어 있었다. 폴란드에서 민족주의의 위험성은 그것이 사회적 문제를 무시했다는 점에서가 아니라 그것의 존재를 흐리게 하여 사람들로 하여금 사회생활에 대한 올바른 균형감각을 갖지 못하도록 했다는 점에 있다. 그렇기 때문에 우상이 생겨났고 때로는 정치투쟁의 계급적 성격을 망각하기도 했으며, 무엇보다도 '역시 폴란드인'인 적대자들을 과소평가했다. 맑스는 예언처럼 다음과 같이 말했다. "헝가리인, 폴란드인, 이딸리아인들은 그 노동자들이 노예로 존재하는 한 자유로울 수 없다! "[48]

이러한 정부측 이데올로기의 위기는 가톨릭교회의 입장에 의해 더욱더 심화되었다. 노동활동가들은 기독교의 도덕적 가치가 곧바로 정치적 강령을 대신할 수 없다는 점을 너무나 잘 알고 있었다. 바로 이 때문에 이들 활동가들은 교회의 권위에 의존한 것이 아니라 맑스주의를 배운 노동자보

---

47) Marx and Engels, *Sochineniya*(저작집), vol. 35, 222면.
48) Marx, "The Class Struggles in France," 61면.

236

호위원회의 지식인들에게 의존했던 것이다. 그럼에도 불구하고 이들 교회가 폴란드 노동운동에 상당한 기여를 했음은 부인할 수 없다.

서유럽의 가톨릭교회는 오랜 안정된 전통을 지니고 있지만, 동유럽에서는 폴란드만이 진정 가톨릭 국가이다. 가톨릭은 이웃국가들에도 존재하지만, 국가의 운명에 역사적이고 실질적인 영향을 끼칠 정도는 결코 아니었다. 미국의 한 논평가는 "일반적으로, 소련의 영향권에 속한 동유럽 국가들은 말할 것도 없고, 세계 그 어느 가톨릭 국가보다 폴란드에서 가톨릭 교회가 더 큰 역동성을 발휘했다고 할 수 있다"고 지적했다.[49] 러시아정교회는 소련에서 우익 반정부인사를 고무시켰지만, 완전히 다른 전통을 지니고 있었다.

> 정교회는 가톨릭교회보다 경제적으로나 정치적으로 국가와 황실의 혜택에 더 기대고 있고, 중앙집권화된 국가체제와 경제적으로 더 밀접하게 관련되어 있다. 서방 교회와 동방 교회 사이의 이러한 정치적 관계의 차이 그리고 교회 내적 구조상의 차이는 분명히 밝힐 수 있다. … 봉건적으로 분권화된 유럽, 곧 초기의 고전적 중세시대에, 교황의 권위는 보편적인 신정적(神政的) 이념을 설파하고, 세속세계보다 정신세계가 우위에 있음을 확인하며, 국가와는 별개이고 그보다는 우위에 있는 가톨릭 세계의 중심이 되었다. 이에 반해 중앙화된 국가의 상황에 존재했던 비잔틴의 정교회는 보편주의 성향의 보고(寶庫)가 아니라, 반대로 교회와 국가의 통일을 옹호했다.[50]

가톨릭은 국가에 저항했고, 정교회는 국가와 불가분의 관계에 있었다. 가톨릭 세계에서는 교회 그 자체가 중앙집권화되어 있었지만, 정교회 국가에서는 주교좌가 총대주교보다 우위에 있고 각 국가 내 교회는 자치가 보장되었다. 그렇지만 결국에 가서 이것은 각 개별 국가 내의 세속권력에 종속되고 말았다. 정교회가 더 개방된 체제를 갖추고 있다지만, 그것은 무엇보다도 주로 정부의 영향력에 대해서 '개방'되어 있음을 뜻했다. 이러한 국가와 교회 사이의 오래된 갈등으로 여러가지 형태의 반체제활동은 얼마간의

49) *Problems of Communism*, January-February 1982, 3~4면.
50) *Vizantiiskie ocherki*(비잔틴 논문집), Moscow 1977, 54면.

자유를 얻었다. 거기에다가 폴란드에서는 민족주의적 갈등까지 겹쳤다. 가
톨릭교회는 신앙이 다른 노예주에 대항하는 민중투쟁의 버팀목이 되었다.
폴란드의 적은 항상 프로테스탄트인 프로이쎈과 정교회의 러시아였다. 독
립을 쟁취한 이후인 20세기에는 교회 지도자들이 극단적인 반동정책을 추
구함으로써 크게 신망을 잃었다. 그러나 제2차 세계대전, 독일의 점령, 그
리고 스딸린의 탄압을 계기로 가톨릭은 다시 체면을 찾게 되었다. 교회는
당국의 통제를 받지 않는 유일한 조직이었고, 재야에는 최후의 안식처이자
보루였다. 신자들이 처형되었을 때도 그 권위는 강화될 따름이었다.

1956년 이후 주교단은 정부와 직접적인 대립을 피하면서 기회만 있으면
인권문제에 대해 불만의 목소리를 냈다. 가톨릭 인뗄리겐찌야는 국가와의
투쟁에서 교회의 지원을 받았다. 재야권에는 그 노선에 상관없이 항상 가
톨릭 신자가 끼여 있었다. 기에레끄 정권의 관리들이 매수당하고 방종했던
것에 비해 교회사람들은 다행히 서로 뭉쳤다.

다른 곳과 마찬가지로 폴란드에서도 가톨릭 신자들 사이에서 다양한 정
치노선이 존재했다. 공식적인 인정을 받은 종교정치집단인 '빡스'(Pax)는
극단적인 민족주의와 반유대인 입장을 표출했고, 미흐니끄의 말을 빌리자
면, "국가에 대한 전체주의적 숭배"[51]를 고백했다. 좌파 가톨릭을 대변한
것은 의회집단인 '즈나끄'(Znak, 표시)와 잡지 『비아즈』(Wiaz) 지지자들이
었다. 검열이 있을 때는 이 조류들 사이의 차이점이 항상 명확하게 드러나
보이지 않았지만 위기가 닥치면 유감없이 드러났다. 우리가 이야기한 대
로, 민족주의적 가톨릭도 어느정도 권위를 갖고 있었지만, 1980년 사태에
서 실질적으로 중요한 역할을 한 것은 서구 기독교의 사회개혁주의적 전통
이었다. 바로 여기에서 엥겔스조차 "노동운동과의 연결점"[52]을 보았다. 치
라초프의 추기경인 보이띠와(Wojtyla)가 교황 요한 바오로 2세로 선출됨으
로써 폴란드에서는 민중가톨릭이 크게 부흥했다. 이것은 "불가능한 것이
가능하게 된 새로운 시기의 출발"[53]로 여겨졌다.

---

51) Michnik, 앞의 책, 18면.
52) Marx and Engels, 앞의 책, vol. 22, 467면.
53) *Pologne*, 9면. 보이띠와 추기경은 스스로 자신은 아주 보수적인 폴란드 대주교
    비신스끼 추기경과 달리, 가톨릭주의의 사회적 경향을 대표하는 것으로 자처했다.

좌파 인뗄리겐찌야와 가톨릭교회의 영향은 혁명의 첫 단계에서 노동자들
이 어떤 형태로 자신들의 요구를 표출할 것인가를 크게 좌우했다. 그러나
이들 요구는 우선 무엇보다도 폴란드 프롤레타리아트의 역사적·사회적 경
험과 그 계급의 발전수준에 따라 생겨난 것이다. 하먼이 올바르게 지적하
듯이, 동유럽의 혁명운동은 선동의 결과도 아니요 "경제적 위기의 단순한
기계적 반응"도 아니었다.[54] 그것들은 긴 역사적 시간에 뿌리를 두고 있었
고, (말하자면) 축척된 경험의 소산이었다. 이 자발적인 운동은 바로 그
출발부터 정확한 슬로건과 전술적·조직적 방법을 찾아냈다. 다양한 이데
올로기 및 정치적 조류는 나중에, 곧 새로운 정치적 상황 속에서 세력재편
의 문제가 나타난 이후에야 비로소 그 영향력이 중요하게 되었다. 처음 몇
개월간 노동자들은 좌익 이데올로그들 및 교회와의 제한된 협력만으로도
주어진 임무를 수행하는 데 전혀 지장이 없었다.

1980년 7월 1일 재차 가격을 올리려는 정부의 시도가 도화선이 되어 노
동자들은 폭발하고 말았다. 철도노동자들 사이에서 파업이 시작되고, 나중
에는 루블린(Lublin) 지역의 산업노동자들에게까지 퍼졌다. 그곳에서 파업
은 전국으로 퍼져나갔다. 이 움직임은 정부당국조차 분명 갈팡질팡할 정도
로 그 규모가 컸다. 예컨대 바르샤바에서는 7월 1일에 새로운 가격이 공표
되었음에도 불구하고, 7월 3일 오전 10시부터 정오까지는 옛날 가격이 다
시 적용되었다가, 정오부터 오후 2시까지는 새로운 가격이 실시되었고, 또
그날 오후 2시 이후와 7월 4일 내내는 다시 옛날 가격이 적용되었다. 그런
다음 7월 5일 아침부터 다시 새로운 가격을 적용했다. 이와같은 일이 폴란

1968년에 보이띠와 추기경은 봉기에 나선 젊은이들을 옹호하고 반유대주의에 반대
하는 발언을 했다. 그렇지만 교황이 되고 난 후에는 서방에서 보수주의자로 명성
을 쌓았다. 그는 라틴아메리카 좌파 기독교인의 기수인 해방신학과 벌인 논쟁에서
도, 몇가지 긍정적인 면모를 보이긴 했지만 바티칸을 명백한 보수세력으로 위치지
었다. 필자가 보기에 이것은 그가 이전 치라츠프 추기경일 때도 그랬듯 신앙의 문
제를 전통적인 입장에서 접근하기 때문이기도 하지만, 그의 세계관이 어느정도 편
협되었기 때문이기도 하다. 보이띠와 추기경은 언어에 대한 해박한 지식에도 불구
하고 최초의 '폴란드 교황'으로 남아 있으며, 라틴아메리카의 사태를 평가할 때도
폴란드에서의 경험이라는 시각에서 보았다.

54) Harman, 앞의 책, 255면.

드 전역에서 일어났다. 정부는 정치적 결단뿐만 아니라 상식조차 잃어버리고 있었다. 최상층부의 위기가 극명하게 드러난 셈이다.

사회 하층에서도 마찬가지로 다양하고 때로는 모순된 요구를 내걸었다. 자유노조에 대한 슬로건은, 이 운동이 어느정도 힘을 얻고 난 이후의 투쟁 과정에서 제시되었다. 처음에는 임금인상을 요구한 부류도 있었고, 또 가격인하를 요구한 부류도 있었다. 그리고 바르샤바의 한 공장에서는 이 양자를 모두 요구하기도 했다. 파업은 누가 조직한 것이 아니었다. 항의행동이 시작된 루블린 지역에서도 노동자보호위원회의 활동은 없었다. '주모자'를 처리하는 과정에서 정부당국은 파업 때 지도자처럼 앞장섰던 사람들을 잡아가두기 시작했다. 이로써 파업이 수그러들기는커녕 오히려 파업에 정치적 요소가 가미되었다. 노동자보호위원회는 '사업장 내의 자체조직'과, 정부와 협상할 수 있는 힘을 가진 파업위원회의 창설을 요구했다. 6월 11일, 노동자보호위원회는 이 위기를 타개할 제반 조치를 제시했다. 그 내용은 경제개혁과 검열완화에 대한 것이었을 뿐, 자유노조에 대해서는 일언반구 언급하지 않았다. 그러는 사이에 노동자들은 날이 갈수록 급진화되었다. 그들에 비해 노동자보호위원회의 강령은 이미 너무나 온건했다. 사태는 전국으로 퍼져가고 있었는데, 혁명을 위해 살다시피 한 인텔리겐찌야 가운데 가장 진보적인 부류조차 얼마 동안은 사태를 전혀 파악하지 못한 것처럼 보였다.

노동계급의 정치화로 인해, 아래로부터 제기된 제안들이 —— 지배계급의 개혁주의적 집단들은 말할 것도 없고 —— 재야에서 예상한 것보다도 더 대담해지는 상황이 벌어졌다.[55] 8월 중순, 발띡해 연안의 조선소와 다른 공장에서 파업에 돌입했을 때, 파업자들은 이미 자유노조의 창설, 탄압받아온 정치범과 노동활동가들의 석방, 그리고 모든 공공생활의 민주화를 요구하고 있다. 그 제안자가 이미 알고 있었듯이, 그러한 강령은 지배엘리뜨가 받아들일 수 없는 것이었다. 기에레끄는 "우리가 넘어서지 못할 분명한 한계가 있다"고 선언했다.[56] 노동자보호위원회의 지도자들도 스스로 인정

---

55) 그후 정부측 개혁주의자들은 당지도부가 "잘못된 길에서 빠져나오기 위한 아래로부터의 요구와 현실주의적인 평가를 무시했던" 사실을 들어 자신들을 정당화하려고 했다(*Trybuna Ludu*, 11 December 1980).

했다시피, 노동자들이 승리할 것으로는 믿지 않았다. "우리는 이 파업들로 부터 자유노조가 탄생할 것이라고는 생각하지 못했다"고 그들 중 한 사람이 밝혔다. 폴란드 사회주의자들은 처음부터 자유노조를 지지했지만, 그러한 목표가 성취될 수 있기까지는 아직 멀었다고 생각했다. 사업장 내의 노동자보호위원회 전문가들은 8월에 모순된 입장에 빠져들었다. 곧 그들은 노동자들을 제지하고 있었던 것이다. "이러한 의미에서 우리는 이들 파업 노동자들에게 영향을 줄 만한 충분한 시간조차 갖고 있지 않았다. 우리가 입장을 밝힐 수 있기도 전에, 그들은 이미 자신들의 입장을 밝혔던 것이다. 우리와는 아무 상관 없이 말이다. 성공은 위기로부터 나왔다."[57]

자유노조의 슬로건은 재야의 지식인들이 찾아낸 것이 아니었다. 여기에는 이전 25년간에 걸친 폴란드 프롤레타리아트의 역사적·사회적 경험이 모두 농축되어 있었다. 노동자들이 보기에 독자적인 조직 없이는 1956년, 1970년 그리고 1976년에서처럼 승리의 성과를 잃어버릴 것이 뻔했다. 동시에 자유노조 이념은 세계 사회주의 전통과 국제노동운동의 경험에서 빼놓을 수 없는 것이었다. 처음에는 정부측 신문에서조차 노동자들의 이런 요구를 감히 '반(反)사회주의적'이라 부르지 않았고, 오히려 그다니스끄 노동자들의 "대다수 제안과 요구, 그리고 슬로건"이 "당에 활기를 불어넣기 시작한"[58] 것으로 보려고까지 했다. 서구의 좌파세력 쪽에서 보자면, 자신들의 투쟁과 폴란드의 혁명운동 사이에는 분명히 유사성이 존재했다. 주요한 사회민주주의, 사회주의, 공산주의 정당들은 성명을 내고 그들을 지지했다.

이들 파업노동자들은 1970년 피의 사건에서 중요한 교훈을 얻었다. 정부측 언론도 인정하다시피, 그 당시 그다니스끄에서 유혈사태를 막을 수 있

---

56) *U.S. News and World Report*, 1 September 1980, 17면.

57) *Pologne*, 51면.

58) *Trybuna Ludu*, 11 December 1980. 스위스공산당 신문은 다음과 같이 썼다. "폴란드 노동자들이 투쟁하고 있는 것은 조선소를 이전 소유자들에게 돌려주기 위해서가 아니라 사회주의적 개혁을 하기 위해서이다"(*Vorwärts*, Basle, 4 September 1980, 8면). 바로 이 점 때문에 그다니스끄조선소의 파업이 공산당에 그처럼 위험스러웠던 것이다.

었던 것은 오로지 파업노동자들의 자제력과 규율 때문이었다. 당기관지
『뜨리부나 루두』의 관심을 끌었던 것도 "자발적 노동자들이 믿기 어려울
정도로 높은 수준의 조직성과 단호함, 그리고 정치적 성숙"을 과시했다는
점인데, 바로 그것을 통해 이들은 "긴장된 순간에서까지도 평온과 질서를
유지"[59]할 수 있었던 것이다. 이때에는 시위도 없었다. 파업노동자들은 사
업장을 점령하고 매일 출근하다시피 모습을 드러냈다. 실제로 정부측 조직
들이 상황의 통제력을 잃고 있었기 때문에, 파업위원회는 권력의 몇가지
기능을 맡아서 그 해안지역의 정상적인 생활을 유지시켜나갔다. 노동자들
은 거의 휴일과 같은 분위기를 느꼈다. 음주는 파업위원회에 의해 금지되
었는데, 파업노동자들 쪽에서는 이에 대한 조그마한 항의조차 없었다. 이
해안지역의 통신이 두절되었지만, 노동자들은 효과적인 지하정보체계를 갖
추었다. 그러한 조직과 규율은 정부당국이나 많은 외국 논평가들 모두가
전혀 예상치 못한 것이었다. 『렉스프레스』(L'Express)지는 다음과 같이 썼
다.

폴란드 사태에 비추어보건대 '과학적 사회주의'의 고전은 읽히고 또 읽혀야 한
다. 레닌이 말한 저 유명한 프롤레타리아트독재가 그다니스끄에서 그 구체적
인 형태를 띠었다. 유일한 문제는 이 독재가 자본주의 체제를 겨냥했던 것이
아니라 사회주의라 이름할 수 있는 체제를 겨냥했다는 것이다. [60]

---

59) *Trybuna Ludu*, 11 December 1980. 1980년 그다니스끄의 파업행위는 모든 점에
   서 하나의 '본보기'였다. 한 서방 관측가는 이 폴란드 노동운동이 "마치 맑스의 책
   을 그대로 옮겨놓은 듯이 진행되고 있다"(Claudin, 앞의 책, 368면에서 재인용)고
   정확하게 지적했다.

60) *L'Express*, no. 4522, 1980, 50면. 실질적인 권력의 기능이 지방조직에서 파업노
   동자들의 수중으로 이전된 사실(혁명적 프롤레타리아트독재의 전형적인 표시)은
   발띠해 연안의 당조직들도 인정했다(*Solidarnosc*, SBI, no. 4, 25 August 1980 참
   조). 여기에서는 계급적 요소 이외에도 일반적인 슬라브 전통인 자치조직이 중요
   한 역할을 했다. 1941년 10월 16일, 모스끄바에 있었던 사람들은 정부나 치안조
   직이 전혀 없었는데도 놀라울 정도로 질서가 잘 유지되었던 사실을 기억할 것이
   다. 이런 점에서 슬라브인들은, 예를 들어 독일인들과는 크게 다르다.

1980년 8월 폴란드 프롤레타리아트는, 맑스의 용어를 빌리자면 '즉자적 계급'에서 '대자적 계급'이 되었다. 노동자들이 높은 수준의 사회적 자기의식을 지닐 수 있는 것은 오로지 가장 고도의 그리고 아주 '광범위한' 계급투쟁의 형태에 의해서이다. 하먼은, 계층이 다르면 자신의 계급적 이해관계를 의식하는 "속도도 그 특유의 경험과 전통에 따라 다르다"[61]고 올바르게 지적했다. 폴란드 노동자들은 1956~76년의 사태 덕분에 더이상 정치초년생이 아니었다. 그러므로 프롤레타리아트 가운데 아주 선진적인 분대라 할 그다니스끄 조선소 노동자들은 믿을 수 없을 정도로 쉽게 노동자 대다수를 자기편으로 끌어들였다. 노동계급은 이 투쟁의 과정에서 계속 배워나갔다. 대중들은 역사를 만들고 있었지만, 바꾸어놓고 보자면 역사적 사태가 대중들의 의식을 바꿔놓고 있었던 것이다.

8월투쟁 기간에 노동자들의 독자적인 신문도 등장했다. 신문인 『로보뜨니끄』의 발행부수도 크게 늘었고, 소식지인 『솔리다리티』(Solidarity)는 그다니스끄에 있는 레닌조선소에서 창간되었다. 이 명칭은 나중에 새로운 노동조합의 이름으로 채택되었다. 노동자들은 오래간만에 자신들을 표현할 기회를 비로소 얻게 되었다. 노동자들의 요구 21가지가 발표되었다. 그들은 독자적인 노동조합의 조직, 정치범의 석방, 검열의 폐지 그리고 경제개혁을 염두에 두고 있었다. 며칠 뒤에 정부측 신문들조차 이 요구사항들을 신문에 싣지 않을 수 없었다(처음으로 그렇게 한 신문은 『슈딴다르 므워디흐』(Sztandar Mlodych, 젊은이의 깃발)였다). 파업노동자들을 분열시키고 그들과 개별적인 접촉을 하려는 시도들은 무위로 돌아갔다. 1980년 8월 마지막 날에 정부는 노동자들과의 협상에 서명했다. 이것은 폴란드뿐만 아니라 유럽 전체로 보아 새로운 시대의 시작이었다.

물론 정부당국은 협상의 내용을 이행하려는 자세가 아니었다. 그러나 이제 와서 노동자들을 속이기란 불가능해졌다. 정부당국이 그다니스끄 협의사항을 발띡해 연안지역에 국한시키고자 했을 때, 새로운 파업물결이 전국을 휩쓸었다. 특히 기에레끄의 고향인 씰레지아에서 이러한 노동자들의 행동은 크게 늘어났다. 가을에는 정부당국이 선전활동을 펴고 공안당국을 통

---

61) Harman, 앞의 책, 113면.

해 노동자들에게 위협을 가했음에도 불구하고, 방방곡곡에서 새로운 노동
조합이 조직되기 시작했다. 이들은 솔리다리티라는 전산업적 조직으로 발
전했는데, 여기에는 약 1천만명(이 나라 산업프롤레타리아트의 95%에 달
하는 숫자이다)이 가입했다. 그 솔리다리티의 간부로는 가장 인기있는 지
도자였던 바웬사, 그비아즈다, 리스(Bogdan Lis) 등이 있었다. 아주 작기
는 하지만 공식 노동조합의 잔재로부터 만들어진 전향한 '부문'노조도 있었
다. 여기에 가담한 사람은 주로 과거 직업별 조직의 간부, 당원노동자들,
관료들, 퇴직 전에 노동조합 경력을 상실할까봐 두려워하는 나이든 몇몇
사람들, 그리고 소규모 사업장 내의 일부 노동자들이었다(덧붙여 말하자
면, 여기서 우리는 대공장노동자들의 계급의식이 더 확고하다는 레닌의 유
명한 정언을 떠올리게 된다).

11월 들어 정부가 이 새 노동조합의 정관에 '당의 지도적인 역할'이라는
구절이 빠져 있다는 이유를 들어 이 새 노동조합을 인정하지 않으려 함으
로써, 새로운 갈등이 발생했다. 그러자 노동자들은 총파업을 벌이겠다고
위협하고 나섰다. 대법원은 노동자들이 옳다고 판결을 내렸고, 솔리다리티
는 등록을 마쳤다. 이처럼 모든 형세는 힘으로 결정되었다. 그럼에도 불구
하고 1980년 말까지 혁명의 첫 전투에서 이들은 승리했다. 역사가이자 재
야활동가인 홀쩌(Jerzy Holzer)는 "1980년 11월 폴란드 상황의 특징은 솔리
다리티가 강세를 보이고, 공산당은 내적 통합력을 해치는 약점을 갖고 있
었다"[62]고 썼다. 이제 문제는 향후 혁명의 진전에 대한 전략과 그 방향성
이었다. 우리가 다음에서 살펴볼 것처럼, 바로 이 문제가 솔리다리티에는
중대한 것이었다.

어느 혁명에서든지 그 첫번째 승리는 아주 쉽게 얻어진다. 역사가 보여
주는 것처럼, 혁명적 사태는 항상 불시에 들이닥치는 것이어서 국가는 당
황하게 된다. 지배계급은 사회적 갈등이 심상치 않다는 것을 알 수 있지
만, 그래도 그 갈등이 혁명으로 발전할 때는 그것을 예기치 못한 상태에서
맞이하게 된다. 한편, 혁명은 최상층부의 위기와 반드시 연관되어 있는데,
그럴 때면 지배집단들은 분열하고 사기를 잃어 확고하고 단호한 행동을 할

62) J. Holzer, *Solidarität*(솔리다리티), München 1985, 162면.

능력을 상실한다. 그들은 이전에 자신들이 실시한 정책의 희생자가 된다. 말하자면 이전의 실패와 오류가 운명처럼 그들을 따라다니는 것이다. 이런 때에는 정부가 군대와 경찰을 형식적으로 통제하고 있다는 사실도 별반 도움이 되지 않는다. 왜냐하면 국가는 사실상 그럴 기회를 잡아서 자신의 의지를 관철시킬 능력이 없기 때문이다. 혁명이란 "점진적이기를 그만둔" 발전상의 도약을 의미하며, 혁명에 참여하고 있는 사람에게조차 충격적이다. 그러나 그 충격이 지배집단한테는 훨씬 심각하다.

중앙집권화된 관료체제에서 정치상황을 '위에서' 제대로 평가하기란 사실상 원칙적으로 불가능하다. 이 점에 대해서, 맑스는 "위에서는 상세한 파악을 아래로 미루고, 반면 아래에서는 총괄적인 파악을 위에다 미루기 때문에, 모두 서로 속고 있는 것이다"[63]라고 썼다. 게다가 사태의 겉모습만 보면 대체로 깜박 속아넘어가기 쉽다. 만약 '정상적인' 상황이었다면 위기를 몰고 오지 않았을 그러한 비교적 '사소한' 문제도 혁명적인 상황에서는 폭발할 가능성이 많다. 레닌이 올바로 지적했듯이, 그러한 상황에서는 아주 조그만 갈등이 "가장 큰 중요성을 띨 수도 있다."[64] 국가가 그러한 갈등을 피할 수도 없고 올바로 평가할 수도 없다면, 붕괴될 것이 뻔하다.

노동하는 계급들도 사태파악을 항상 제대로 하는 것 같지는 않다. 이 최초의 승리로 인해, 승리자들은 위험한 환상에 빠졌다. 1789년 프랑스에서 삼부회(三部會)를 소집하고 무장상태가 허술한 바스띠유 감옥을 탈취하기란 어려운 일이 아니었다. 1905년에도 노동자들은 무장투쟁 없이도 니꼴라이 2세의 10월칙령을 재빨리 이끌어내었다. 그러한 상황에서 혁명은 이미 보장된 것이나 다름없어 보이지만, 실제로 투쟁은 비로소 시작일 뿐이다. 지배계급은 후퇴하여 사태를 더 신중하게 파악하고 난 뒤 세력을 재규합하기 시작한다. 그리고는 반드시 반격을 개시한다. 뛸르리궁(Tuileries, 프랑스혁명 당시 왕궁—역자)은 바스띠유 감옥보다 장악하기 힘들었다. 폴란드혁명도 이러한 법칙에서 예외는 아니었다.

폴란드 지배집단은 기에레끄를 사임시키고 그 대신 까니아(Stanislaw Kania)를 앉혔지만, 이전의 정책을 포기할 생각은 전혀 없었다. 폴란드 노

---

63) Marx and Engels, *Collected Works*, vol. 3, 46~47면.
64) Lenin, *CW*, vol. 15, 276면.

동자들은 혁명에 도취해 있었다. 대중들은 분명 승리한 것으로 여겼으며, 이 운동의 지도자들까지 어느정도는 이러한 일반적인 환상에 빠져들었다. 이제는 새로운 단계의 정치적 대결을 준비하고, 복잡한 조직적 과제들을 해결하며 새로운 상황에 맞는 전략과 전술, 강령을 다듬을 필요가 있었다.

1980년 여름에 효과적이었던 방식도 상황이 질적으로 변화된 그해 가을에는 이미 맞지 않았다. 노동조합인 동시에 사회운동이었던 솔리다리티는 새로운 형태의 활동을 전개하지 않으면 안되었다. 1980~81년 혁명은 노동조합으로서 할 수 있는 정치적 가능성, 곧 이전에는 과소평가되었던 커다란 정치적 가능성을 입증해 보였다. 이것은 영국의 노동조합주의나 공산주의적 모델과는 질적으로 다른 노동조합투쟁의 한 모델을 제공했다. 맑스주의자나 사회민주주의자가 볼 때, 노동조합이란 '더 고차원적인' 과제들은 당에 맡기고 그 자신은 주로 경제투쟁을 행하는 조직이었다. 폴란드혁명은 노동조합이 아주 총체적인 이해관계, 곧 경제적인 것과 정치적인 것이 함께 고려된 이해관계를 바탕으로 전계급을 결집하는 조직도 될 수 있음을 보여주었다. 이것이 노동조합이 당보다 나은 점이다. 노동조합은 이데올로기적 목적이나 특정 강령에 제약받지 않는다. 노동조합은 가장 일반적인 계급목표를 제시하고 대중이 자발적으로 주도하는 공간을 마련해준다. 이것이 솔리다리티, 곧 "전후 유럽의 역사상 가장 의미있는 혁명운동의 하나"[65]가 이룩해낸 성과이다.

솔리다리티는 노동자들의 자발적인 행동으로 탄생했다. 사회민주주의적인 전통이나 레닌주의적인 전통은 자발성을 과소평가했다. 그 대신 이들은 당이 지도하고 조직한 운동을 강조했다(공산주의자들과 사회민주주의자들의 차이는 노동계급과의 관계에서 당이 어떤 역할을 하느냐보다 당의 구조와 원칙에서 비롯되었다). 폴란드의 경험이 보여주는 바는, 혁명이 어느 단계에 이르면 노동자들의 자발적인 운동이 스스로 가장 올바른 길과 최선의 투쟁수단을 찾아낼 줄 안다는 것이다.

1980년 사태를 보면 로자 룩셈부르크의 사상을 떠올리게 되는데, 그녀는 카우츠키와 레닌의 중앙집중주의에 반대하여 혁명적 총파업에서 나타나는

---

65) *Pologne*, 195면.

대중들의 자발적인 자체조직에 대한 이론을 내세웠다. 폴란드 노동자들의
행동은 정말로 즉흥적인 것이었고, 파업노동자 스스로도 이러한 이론을 전
혀 몰랐으며 단지 자신들의 계급적 본능에 따라 행동했다. 테일러(J.
Taylor)는 솔리다리티 활동가들이 이론의 문제에 무관심했다는 데 놀랐다.
곧 서구의 현대 사회사상에 대해 "그들은 모르고 있었다."[66] 바웬사에게
로자 룩셈부르크에 대해 물었을 때, 그는 그러한 대화에 "시간을 낭비"할
만한 가치가 없다고 답했다.[67] 그러나 이론가들이 폴란드 노동자들의 행동
에 주목하는 것은 바로 이들 노동활동가들이 워낙 준비성이 없었다는 점이
다. 솔리다리티의 사례를 보면서 우리는 자발적인 노동자들의 활동을 '실
험실의 순수한 형태'로 연구할 수 있다. 18개월간의 폴란드혁명의 경험은
자발성의 강점과 약점, 그 개혁적 잠재력과 혁명적 잠재력을 모두 살필 수
있는 기회를 제공한다.

　1980년 9월부터 11월까지 솔리다리티는 나름의 정관과 지도체계를 갖춘
조직으로 발돋움했다. 그러나 이것은 일반 노동자들의 자발적인 분위기로
부터 크게 영향을 받고 있었다. 이것이 바로 총파업 과정에서 솔리다리티
의 구조가 형성되어가는 과정이었다. 노동자들은 과거 직업에 따라 결성하
던 전문노동조합의 원칙을 거부하고, 계급을 바탕으로 산업 전체에 걸친
노동조합을 결성했다. 이들은 정치적 투쟁과 경제적 투쟁 사이의 차이를
느끼지 못했기 때문에 영국 노동조합주의의 유산을 거부했고, 역설적으로
보일지 모르지만 혁명적 맑스주의(볼셰비즘을 포함하여)가 가르쳐준 길을
정확하게 따랐다. 말하자면 그들은 공통된 직업적 이해관계를 대변하는 조
직으로부터 탈피하여 노동조합을 모든 생활공간에서 가장 총체적인 계급이
해를 대변하는 투쟁조직으로 변모시켰다.[68]

　노동조합과 대중의 자발적인 자체조직이 갖고 있는 엄청난 가능성을 보

---

66) J. Taylor, *Five Months with 'Solidarity'*, London 1981, 36면.

67) *Pol'sha 1980*, 234면.

68) 소련의 정부측 연구가들은 영국 노동조합의 구조는 바로 이 각 부문별 원칙 때
　　문에 "진정으로 투쟁적인 노동조합"이 형성되기 더 어렵게 되었다고 항상 그 구조
　　를 비판했다(N. Matkovskii, *Kratkii ocherk profsoyuznogo dvizheniya v Anglii*〔영
　　국 노조운동에 대한 단상〕, Moscow 1954, 15면).

여주었던 솔리다리티는 그 가능성들의 한계 또한 입증했다. 이 운동의 취약점은 아주 빨리 드러났다. 첫 주간의 열정으로는 충분치 못했던 것이다. 또 협조와 공동행동을 유지한다는 것도 아주 어려웠다. 게다가 이 새 조직은 전국적인 기관이 아니었다. 수백개에 달하는 지방의 홍보물이나 공장의 소식지가 그것을 대신할 수도 없었으며, 게다가 이들이 솔리다리티 위원회의 통제를 항상 기꺼이 따랐던 것도 아니었다는 점에서 더욱더 그러했다. 올셰프스끼(J. Olszewski)는 노동조합의 약관을 만들면서 "상황에 점점 문제가 생기고 있다"고 불평했다. [69]

사람들은 과거의 중앙집권화된 관료제로 복귀하기를 원치 않았다. 그 대신 그들은 직접민주주의를 바랐다. 그래서 바르샤바 솔리다리티의 뛰어난 활동가인 끄나프(J. Knap)은 모든 결정은 지도자가 아니라 일반 조합원들이 내려야 한다고 밝혔다. 이같은 일을 성취하기란 아주 어려웠고, "불행하게도, 몇몇 결정들은 아직도 위에서 이루어질 수밖에 없었다."[70] 이같이 민주주의를 해석하는 것은 무정부(無政府)와 거의 다를 바 없었고, 주도적인 조직의 역할이라는 것도 애매하기 짝이 없었다. 민주주의는 중앙지도부, 즉 일반 조합원들을 책임지고 그들의 이해관계를 대변하는 지도부 없이는 운용될 수 없다. 대중은 지도자를 통제해야 하지만, 이는 지도자가 실질적인 힘을 갖고 있을 때에만 비로소 그 의미가 있는 것이다. 직접민주주의는 대의민주주의를 확대할 수 있지만, 그것을 대체할 수는 없다.

솔리다리티의 지도부는 자신들이 미묘한 상황에 빠져들었음을 알았다. 지방기관들은 종종 솔리다리티를 따르지 않고 있었다. 그비아즈다는 "우리는 잠잠해져 설명하고 있는데", 그동안에도 "살쾡이 파업(wildcat strike, 노동조합 지도부가 주관하지 않는 비공인 파업—옮긴이)은 여전히 계속되고 있다"[71]고 불평했다. 부문별 이해관계를 지역적·전국적 조직의 이해관계와 일치시키기란 어려웠다. 그러니 이 노동조합 기구의 중간층이 발전할 리 없었다. 과거에는 지도자들이 대중들에게 지시하고, 노동조합의 권위를 이용하여 중요한 결정을 내릴 수 있었다. 그러나 이제 이 노동조합은 정상적

---

69) *Pologne*, 131면.
70) 같은 책, 92면.
71) 같은 책, 83면.

인 일상업무를 수행할 수 없었고, 실제로 이 노동조합이 이미 채택된 노선을 따를 것이라고 보장할 수도 없었다. 과거 폴란드 젠트리(gentry) 사이에 존재한 무정부주의 경향이 이 노동운동에서 더욱더 분명해진 것이다. 18세기에 '제츠뽀스뿔리따'(Rzeczpospolita, 폴란드를 일컫는 또다른 말—역자)를 붕괴시켰던 바로 그 무정부주의에 의해서 솔라다리티도 붕괴되었다. 자유에 대한 폴란드인들의 염원은 복돋워졌지만, 이 나라는 그 값을 호되게 치러야 했다. 위대한 국민의 약점도 역시 약점은 약점이었다.

그리하여 나타난 상황의 주된 결과는 솔리다리티가 정치적 동원을 할 수 없게 되었다는 점이다. 이것이 혁명적 공세의 시점에서는 그렇게까지 중요하지 않았지만, 개혁주의적 작업으로 전환되자 문제는 달라졌다. 폴란드의 상황, 이 나라의 지정학적인 위치, 그리고 1980년대 초의 상황까지 겹치면서, 자제와 신중함이 필요한 시점이었다. 게다가 어느 혁명에서든지 세력을 재규합하고 숨을 돌릴 시간이 필요한 단계가 있다. 솔리다리티는 조직상의 구조로 인해 그러한 과제를 성공적으로 수행할 수 없었다.

이러한 폴란드혁명의 경험은 투쟁의 어느 단계에서는 자발성 대신 조직이 필요하다는 것을 보여준다. 조직을 만들다 보면 불가피하게 '노동자들의 관료제'가 생겨난다. 물론 노동조합이나 노동자정당의 기구는 민주적 기관의 통제를 받아야 하고, 그 조직은 자발성의 요소를 완전히 배제해서도 안되고 또 너무 엄격해서도 안되며, 마지막으로 그러한 기구는 **이데올로기가 아닌 계급에 기반을 두고** 세워져야 한다는 사실이 맞기는 맞다. 그러나 이 기구는 항상 이 조직의 모든 계층의 효과적이고 조화로운 행동, 즉 다수 의사를 결집해낼 수 있어야 한다. 특정한 문제나 전략에 대한 토론에서는 이견이 없을 수 없지만, 행동은 통일되어야 한다.

폴란드 사태를 통해 노동운동이 전세계에 줄 수 있는 이러한 교훈을 마법에서 외는 주문처럼 사용해서는 안된다. 중앙집중주의와 자발성 사이의 최선의 상호관계도 실제에 있어서는 각 개별 국가의 특정한 상황에 따라 달라질 수 있다. 불행하게도 폴란드인들은 이 문제의 중요성은 더없이 좋은 방법으로 입증했지만, 그 문제를 해결하지는 못했다. 이로부터 솔리다리티의 다른 약점이 많이 등장했는데, 이것은 결국 노동자들의 패배를 예정해놓고 있었다.

이 민중운동이 사람들을 유연하게 동원할 수 없었던 까닭은 조직구조의 약점 때문이기도 하지만, 또 한편 노동자들의 정치 지도부가 혁명의 이론적·전략적 문제들을 해결하기 위한 만반의 준비를 갖추지 못했기 때문이기도 했다. 이에 대해서는 전세계 혁명투쟁이 남겨준 아주 풍부한 역사적 경험이 있건만, 그것은 '불가해한 일'로 남아 있었다. 비록 동유럽의 특정 상황이 전반적인 문제에 대한 특별히 주의깊고 유연한 접근방식을 요구하고 있었지만, 구체적인 상황에 대한 분석은 극히 낮은 수준에 머물러 있었다.

최근에는 어느 혁명이든지 외부적인 요인을 고려해야 하지만, 동유럽 국가들 가운데에서는 두번째로 크고 중요한 폴란드의 지정학적 상황으로 볼 때 이러한 요인이 특히 중요했다. 1980년 여름과 81년 가을, 서방 언론들은 소련의 개입 날짜를 추측하고 심지어 가상 시나리오까지 보도했음에도 불구하고, 서방 관측통들의 예상(과 희망)과는 반대로, 소련은 폴란드에 개입하지 않았다.[72] 그러나 어쨌든 소련 정부는 그 상황으로 인해 동맹국 —— 인접국가 —— 들까지 불안해하는 것을 보고는 무관심하게 관망할 수 없었다. 인내가 한계에 도달한 것이 분명했다.

솔리다리티와 노동자보호위원회는 이런 폴란드 상황을 고려한 혁명전략을 수립하는 문제에 직면했다. 레닌은 어느 혁명에서든지 중요한 문제는 권력이라고 말했다. 폴란드 상황에서 이 문제는 원칙적으로 해결될 수 없었다. 곧 브레즈네프가 거듭 솔직하게 밝혔듯이, '빅 브라더'(Big Brother)의 인내는 무한정 계속되는 것이 아니었다. 1980년 10월에 꾸로니는, 외부 상황만 아니었더라면 "우리는 이 체제를 오래 전에 폐지하고 이제는 자유선거를 했을 것이다. 이것은 2 더하기 2가 4인 것처럼 틀림없는 사실이다"[73]라고 아주 올바르게 지적했다. 그러나 외부의 상황은 사라질 것 같지 않았다. 노동자보호위원회 이론가인 스몰라르(A. Smolar)는 '제한된 혁명'

---

72) 콕번은 소련 지도부 내에서 이 폴란드 문제를 둘러싸고 벌어졌던 첨예한 갈등에 대해서 썼는데, 그의 견해에 따르면 폴란드에 간섭하자는 쪽이 우세한 때도 있었다(A. Cockburn, *The Threat: Inside the Soviet Military Machine*, London 1983, 8, 109면 참조).

73) *Pologne*, 54면.

을 이야기했다. 만약 무엇인가 얻으려고 한다면 이 혁명운동은 개혁으로 만족해야 한다는 것이다. 그러면 좌파 인뗼리겐찌야는 다른 역할을 맡을 수밖에 없었다. 꾸로니는 되풀이하여 말했다. "우리는 이 운동을 멈출 수 없지만, 우리가 확신할 수 있는 것은 이 운동이 이 체제의 정치적 토대까지는 공격하지 않는다는 점이다. 우리는 '빅 브라더'가 이에 만족해서 무력 개입의 사용을 자제하기 바란다."[74] 미흐니끄는 재야도 "국가와 공존할" 줄 알아야 한다고 말했다.[75]

다른 상황이었다면 이 말은 절망에 찬 기회주의의 증거로 여겨졌겠지만, 이 상황에서는 고도의 혁명적 책임성을 나타냈던 것이다. 이 말 뒤에 숨어 있는 것은 기회주의나 '사회적 평화'에 대한 갈구가 아니라, 계급투쟁의 비극적 교훈들을 제대로 본 통찰력이다. 동유럽의 혁명운동들은 너무 앞질러 감으로써 연달아 실패하고 말았다. 폴란드에서 민주사회주의는 전세계적인 역사과정을 통해 적절한 상황이 마련되지 않는 한 불가능하다(이러한 의미에서 폴란드와 니까라과 두 혁명이 안고 있었던 한계는 양자 사이의 근본적인 차이에도 불구하고 꽤나 비슷하다). 소련의 연구가 보돌라조프는 1975년에 다음과 같이 썼다.

> 만약 혁명가들이 자신들의 주요한 당면임무가 협소한 한 국가의 문제들을 결정하는 것이 아니라 자신들의 나라를 둘러싼 폭넓은 경제적·정치적 체제의 기능과 연관된 문제들을 결정하는 것이라는 사실을 의식하고 있지 않다면, 만약 그들이 이 점을 이해하고 있지 않았다면, 만약 그들이 그러한 문제들을 자신들의 국가적 틀 내에서 이해하고 그들이 말한 대로——당신들도 당신네들하고 싶은 대로 살 수 있듯이, 우리도 우리가 원하는 대로 살게 내버려두라——이웃나라의 일은 껄끄러운 일이어서 포기하기로 결정했다면, 만약 그들이 이러한 협소한 일국적 관점에서 출발한다면, 그들은 혁명의 대의를 잃어버린 것이다. **그들은 자신들이 원하는 방식대로 살지 못할 것이다.**[76]

---

74) 같은 책, 55면.
75) 같은 책, 65면. *Problemy Vostochnoi Evropy*, no. 2, 1981, 41면도 보라.
76) Vodolazov, *Dialektika i Revoliutsiya*(변증법과 혁명), Moscow 1906, 43면.

바웬사, 대다수 솔리다리티 지도자, 미흐니끄, 꾸로니 등은 세계적인 요소
의 중요성을 간파하고 있었다. 그러나 제한된 혁명을 말하는 것과 알맞은
전략을 세우는 것은 별개의 문제다. 주지하다시피, 진리는 구체적이다. 인
간은 자신의 잠재력과 그 잠재력의 한계를 알아야 한다. 공자(孔子)가 말
한 것처럼, 어디가 시작이고 어디가 끝인지를 진실로 이해한 사람은 진리
에 가까이 다가가 있는 것이다.

　모든 것을 고려할 때, 솔리다리티 지도자들에게는 그러한 이해가 없었
다. 미흐니끄는 노동자보호위원회가 정확한 전략을 갖고 있지 않았다는 점
을 인정했다. 그들은 1980년 8월 이후에 새로 제기된 문제들을 깨닫지 못
했다. "나도 그 답을 몰랐고, 노동자보호위원회의 누군가가 그것을 알았다
고도 생각하지 않는다"[77]고 그는 말했다. 그런데도 대중운동은 그 나름의
논리에 따라 되살아나고 있었다. 1980년 8월과 11월의 성공이 민중을 고무
했던 것이다. 노동자들은 더 많은 것을 요구했다. 솔리다리티 지도부는 구
체적인 행동강령을 제시할 수 없었고 일반 노조원들의 조직을 모두 통제할
수 있는 처지도 아니었기 때문에, 실제로 대중은 자발적으로 움직이고 있
었다. 이 운동의 지도자들은 혁명적 물결에 휩쓸려 사태의 흐름에 몸을 맡
기고 있었을 뿐 그것에 어떠한 영향력도 행사하지 못했다. 그들은 기껏해
야 충돌을 완화시킬 수 있었을 뿐, 그것을 막을 수는 없었다.

　과거 제한된 혁명이 성공을 거둘 수 있었던 것은 오직 민중운동이 어느
단계에서 개혁주의적 방어태세로 넘어간 때뿐이었다. 이러한 사실을 안 바
웬사는 자신의 막강한 권위를 이용하여 대중들을 말리고자 했다. 그러나
그러한 방식은 실패하게 마련이었다. **개혁주의적 전략 없이 온건함과 신중
함을 요구하는 것은 아무것도 얻을 수 없다. 이들 온건한 지도자는 무엇을
해서는 안되는지는 아주 잘 알고 있었지만, 대중을 어떻게 이끌어야 할지
는 모르고 있었다.** 대중과 개혁주의 지도부 사이에 심각한 갈등이 생겨났
다. 이로 인해 일상적인 활동이 훨씬 더 복잡하게 되었고 그렇지 않아도
난관에 빠져 있던 솔리다리티는 더욱 약화되었다.

　1980년 말까지 정부측 신문들조차 "노동자들 사이에 급진주의가 강화되

---

77) *Pologne*, 71면.

고 있다"[78]고 썼다. 노동자들의 요구가 계속 커지는 것을 막기란 이미 불가능했다. 솔리다리티 지도부가 할 수 있는 일이라고는 노동자집단에게 파업하지 말 것을 종용한다든지 아니면 '효과적인 협상전략'을 보여줄 것이라고 약속하는 것뿐이었다.[79] 그러나 그러한 전략은 실제로 없었다. 국가와 어떤 관계를 취할 것인지조차 결정되지 않았다. 바웬사는 정부와의 관계를 '투쟁-협상'이라는 원칙으로 설정해두고 싶어했다. 문제는 국가기구가 해체될 경우 국가와 안정된 상호관계를 사실상 가질 수 없다는 점이었다. 꾸로니가 지적했다시피, "중앙집권화된 정부체제는 이미 붕괴되었고, 그 자리에 새로운 것이 들어서지 않았다."[80] 정부가 진심으로 맡은 바 임무를 다하려고 했던 곳에서조차, 그렇게 하기란 항상 불가능했다. 지방의 당기구는 중앙의 지도부가 동의했던 양보조치에 대해서 아무런 책임이 없었고, 갖은 수단을 다 써서 모든 협상제의를 거부했다. 경찰이 비드고시치 (Bydgoszcz)에서 솔리다리티 활동가들을 구타한 사건도 그러한 수많은 도발 가운데 하나일 뿐이었다. 중앙기구 쪽에서도 대중과의 대화를 수용할 태세가 전혀 아니었다.

홀쩌가 올바르게 지적했듯이, 합리적인 협상에 임할 수 없었던 지배집단이 어떻게든 노동자들의 성과를 무위로 돌리려고 하는 상황에서 "유일하게 남아 있는 길은 혁명적 과정 —— 급진화 —— 뿐이다."[81] 기존의 변화를 강하게 밀고 나가려면 새로운 변화가 필요했다. 정부와의 합의를 성공적으로 이끌어낼 수 있었던 것은 오로지 정부에 대한 강력한 압력 덕분이었고, 그러기 위해서는 그때마다 이 나라 정치세력의 판도가 솔리다리티에 유리한 쪽으로 작용했어야 했다.

---

78) *Literatura*, 1 January 1981. 서독 일간지 *Süddeutsche Zeitung*(7 October 1981)에 따르면 많은 사람들이 폴란드에서는 노동자들이 실질적인 지배계급이 되었다고 생각하고 있었다. 이것은 명백한 환상이었다.

79) *Pologne*, 82면.

80) *Robotnik*, no. 68~69, 23 November 1980.

81) Holzer, 앞의 책, 213면. 정부당국의 양보는 항상 뒷북을 쳤다. 루블린 철도국 노동자들이 새로운 공장위원회를 요구했을 때 비로소 정부당국은 일년 동안 육류 가격의 동결을 약속했다. 발띠해 연안에서 자유노조를 요구했을 때, 기에레끄는 공장위원회의 새로운 선거를 약속했다.

훌쩌가 강조하기를, 폴란드 노동자운동의 목표는 "되돌릴 수 없는 체제 내 변화를 실현하는 것"이었다. 이러한 의미에서 솔리다리티의 혁명적 개혁주의에서는 확실히 프랑스 및 라틴아메리카의 사회주의적 개혁주의가 급진전된 면모를 보게 된다. 이번 사태를 자기 나라에만 있는 아주 예외적인 현상으로 바라보는 폴란드인들의 환상과는 반대로, 그러한 유사성은 이번 사태 곳곳에서 두루 발견된다. 그러나 "배신도 안 되고 죽음도 안 된다"는 구절을 좌우명으로 삼고 있던 프랑스사회당의 좌파 이론가들과는 반대로, 훌쩌는 솔리다리티가 처음부터 비극적인 선택, 곧 "항복 아니면 패배"에 직면해 있었음을 강조했다. [82] 말하자면 그의 생각에 따르면, 배신을 피하는 유일한 길은 죽음이었다(여기서 똑같은 선택의 기로에 직면했던 칠레혁명의 마지막 한 달간과 비교해보게 된다).

그렇지만 훌쩌도 잘못을 범한 것 같다. 그 자신이 인정하다시피, 이번 혁명의 목표는 그저 타협이 아니라 구조적 개혁이었다. 그 내용은 기본적인 국가원칙들——주로 '당의 지도적 역할'——은 그대로 두지만, 정부의 체제 내에 대중의 민주적 참여 요소를 그리고 정치생활에 다원주의 요소를 도입하는 것을 보장하는 것이다. 솔리다리티가 이미 확보해둔 많은 이점을 포기하는 것임이 분명하지만, 그렇다고 그러한 구조적 개혁이 원칙적으로 불가능한 것이었다는 뜻은 아니다. 문제의 관건은 선택된 전략 내에서 어떠한 제도가 변혁이 가능한지 그리고 그것이 어느정도로 가능한지 정확히 아는 것이었다. 일정한 정치적 공간을 이미 확보한 솔리다리티로서는, 수세국면으로의 전환이 긴요해지는 다음 투쟁의 단계에서 그것을 아주 잘 이용할 수 있었다. 그러나 솔리다리티는 무엇보다도 조직적 구조가 취약하고 명확한 행동강령이 없었기 때문에, (그람시의 표현에 따르면) 공세적인 기동전으로부터 진지전으로의 전환을 확보할 수 없었다.

제한된 혁명의 상황에서 자유노조는 실현될 수 있는 수많은 요구들에 관심을 기울다고 그것들을 단호하게 주장했어야 했다. 다른 요구들은 희생시킬 수도 있었던 것이다. 여하튼 솔리다리티 지도자들은 한편으로 노동자들이 자발적으로 제기했던 여러가지 요구들을 똑같이 옹호하고, 구체적인 경

---

82) 같은 책, 213, 214면.

우에는 매번 협상할 준비까지 하고 있었다. 지방의 솔리다리티 지부들이 지방 당기구들보다 협약을 더 존중했다고도 할 수 없었다. 많은 활동가들은 바웬사가 '방어적인' 정책을 취하고 있다고 비난했는데, 이것은 얼마간 정당하다.[83] 지도부는 자기들 나름의 생각을 발전시키지 않은 채 변화하는 외부 상황과 일반 노조원들의 생각에 수동적으로 대응했다.

폴란드혁명과 니까라과혁명을 비교하면 흥미로울 것이다. 많은 상이점에도 불구하고 사람들이 깜짝 놀라는 부분은, 양자의 경우에서 기본적인 차이점이 드러난 때가 바로 혁명에 그 나름의 한계가 생겨서 개혁으로 전환되는 시점이었다는 사실이다. 니까라과의 싼디니스따 지도자들은 노동계급이 자발적인 주장을 펼칠 수 있는 공간을 넓혀주지 못했던 반면에, 폴란드의 솔리다리티 지도부는 노동자들의 주장에 완전히 좌우되고 있었다. 역설적이게도 그 결과는 거의 같았다. 곧 정치적인 유연성의 결핍이었다.

혁명적인 상황에서 대중들을 자제토록 하려면, 오직 다음과 같은 방법만이 가능하다. 곧 투쟁의 목표를 성취 가능한 요구들에 국한시키는 한편, 이와 동시에 정부에 대해서 공세적인 행동을 취해야 한다. 그러면 기본적인 전략의 문제가 틀림없이 떠오를 것이고, 모든 세력들이 이에 집중함으로써 모두가 받아들일 만한 해결책을 만들어야 했다. 이러한 상황에서는 노동자들의 공세가 전선(戰線) 전체에서 먹혀들어가지는 않지만, 이런 노동자들의 상승세를 꺾으려는 시도는 생각할 수도 없고 심지어 위험스럽기까지 하다. 타협에 나섰어야 할 세력은 미적거리고 노동자 지도부는 수동적인 자세를 견지하자 재야에는 새로운 조류, 곧 바웬사와 그 지지자들을 타협자로 보는 젊은 급진주의자들(위르치끄 Jurczik, 룰레프스끼 Rulewski, 또 어느정도는 부야끄 Bujak)이 생겨났다. 이들 급진주의자들은 일반 노조원들 사이에서 자연스럽게 생겨난 분위기, 곧 지도자들의 행동에 대한 불만을 표시했다. 이 급진주의자의 입지는 다달이 강화되어갔다. 그럼에도 불구하고 그들 역시 자신들의 강령이나 전략을 제시하지 못했고, 그러한 시도조차 하지 않았다.

대다수 급진주의자들 사이에서 이론을 무시하는 태도는 인뗄리겐찌야에

---

83) *Osteuropa-Info*, no. 3, 1981, 76면.

대한 혐오와 그리고 때로는 반유대주의와도 관련이 깊었다(여기서 대중민
주주의 운동에는 반드시 반동적인 경향이 있게 마련이라는 카우츠키의 말
을 상기해봄직하다). 솔리다리티를 연구한 사회학자들이 강조한 바에 따르
면, 이 급진적 조류의 특징은 노동계급의 문제는 노동계급 자신들만이 해
결할 수 있다는 솔리다리티의 신념 및 "지도자들과 특히 노동계급 출신이
아닌 전문가들에 대한 불신이었다. 노동계급은 심지어 1980년 이전에 결정
적인 역할을 했던 노동자보호위원회의 활동가들조차 어느정도 의심했으며
그들을 위협하기까지 했다."[84] 대다수 일반 노동자들 역시 그러한 편견에
사로잡혀 있었고, 노동계급 출신이라는 것이야말로 노동계급의 이익을 지
켜내는 충성심의 주요한 보증서였다. 새로운 상황에서 대중을 동원할 이념
을 만들어낼 수도 없고 프롤레타리아트의 새로운 문제들에 대하여 답할 수
도 없던 좌파 인텔리겐찌야들도 이 새로운 급진주의의 젊은 대변자들의 공
세를 당해내지 못하고 실제로 후퇴하고 말았다.

　이 급진주의자들은 이론에 별다른 관심이 없었지만, 그래도 1960년대에
나온 꾸로니의 사상은 이용할 수 있었다. 그 당시 노동자보호위원회의 미
래의 지도자감이었던 꾸로니는 동유럽의 영구혁명을 지지하고 있었다. 곧
그는 혁명이 발전하여 인접국가들, 곧 체코슬로바키아, 동독 그리고 헝가
리의 상황이 바뀌기만을 꿈꾸고 있었다. 폴란드 노동운동이 비록 혁명을
택했지만, 그러한 과정이 성공을 가져다 주기는커녕 위험만 크게 키울 수
도 있다는 것은 명약관화한 사실이었다. 게다가 급진주의자들은, 드물긴
하지만 혁경전략의 최우선과제를 설정하려고 시도했을 때조차, 그러한 목
표를 어떻게 성취해야 할지를 세세하게 규정한 것이 아니라 일반론에 그쳤
다.

　미국의 언론인들은 "만약 폴란드 노동자들의 분규가 동유럽 어딘가에 지
속적인 영향을 끼쳤다고 한다면, 그것은 그 분규가 소련에 반대한 봉기였
기 때문이 아니라 체제 내에서 어느정도 자유를 성취한 것이었기 때문에
그랬다"[85]라고 올바르게 지적했다. 방식은 비록 혁명적이었지만, 그러한
상황에서 그것이 효과적일 수 있었던 것은 오로지 개혁주의의 성공을 통해

84) A. Touraine and others, *Solidarność*(솔리다리티), Milan 1982, 81면.
85) *Newsweek*, 8 September 1980, 11면.

서였을 따름이다.

다른 나라, 심지어 위기의 상태에 처한 국가(예를 들면, 루마니아에서는 경제적인 어려움으로 노동자들이 솔리다리티의 이념을 더 받아들일 태세였다)에 혁명의 '불을 지르기' 위해서는 한 나라의 불길만으로는 결코 충분하지 않다. 노동자들은 혁명의 실질적이고 확실한 결과를 맛볼 필요가 있지만, 폴란드의 경우에는 개혁주의적 타협만이 혁명적 투쟁의 성과물을 굳힐 수 있는 길이었다. 장기적인 관점에서 보자면, 이같은 폴란드 위기의 결과로 인해 다른 나라 계급세력들의 판도가 달라지게 되었고, 폴란드 자체 내에서는 혁명적 투쟁에 대한 새로운 가능성이 열리게 되었다. [86]

문제는 국가가 타협을 원하지 않을 뿐만 아니라 그럴 능력조차 없었다는 점이다. 국가는 다른 대안이 없을 때만 양보를 했다. 계속된 정치적 패배로 말미암아 관료기구도 붕괴되었다. 그렇게 해서 생겨난 정치적 공백을 노동자들의 조직들이 메웠다. 야루젤스끼 장군이 나중에 밝힌 바에 따르면, 그 당시에는 공식적인 국가기구가 사실상 움직이지 않고 있었으며, '반국가'단체들이 이 나라를 좌우하고 있었다. [87] 저명한 정부인사들도 이중권력의 존재를 인정하지 않을 수 없었다. 그러한 상황은 어느 혁명에서나 일반적으로 나타나는 전형적인 현상이지만, 개혁주의적 타협에는 좋을 것이 전혀 없었다. 꾸로니가 썼다시피, "현상황에서는 피할 수 없는 갈등이 주기적으로 나타나는데, 그럴 때마다 마치 폭발할 것만 같다." [88] 그러므로 국가가 우연히 전복될 위험성이 커졌다.

유일한 타개책은 지배계급에게 타협을 강요하는 것이었다. 그럴 목적으로 솔리다리티는 자신의 임무와 가능성들을 정확히 규정하고 조직의 차원에서는 결속과 규율을 유지함으로써, 과감하면서도 신중하게 행동할 수 있

---

86) 이 폴란드 사태는 동구권에서 가장 번영했던 헝가리에 가장 큰 충격을 주었다. 이로 인해 헝가리는 국내의 개혁과정을 가속화했고, 헝가리 개혁주의자들은 자유노조가 형성되는 과정에서 자유노조가 준비되지 않았는데도 전술적인 제휴를 희망하기까지 했다. 헝가리 공식노조 지도자 가스파르(S. Gaspar)도 자유노조와의 관계를 구축했다. 그는 1980년 12월 "우리는 독립성을 논할 수 없다. 자치는 예스이다"(*Weg und Ziel*, no. 12, 1980, 436면)라고 밝혔다.

87) *Izvestia*, 26 February 1982; *Pravda*, 14 December 1981도 보라.

88) *Robotnik*, no. 68~69, 23 November 1980.

었다. 그러나 이 노동조합 지도자들은 이러한 문제를 해결하는 데 관심을
보이기는커녕, 특정한 문제에 대해 쓸데없는 토론에 열중하고 있었다. 그
러는 사이에 이 나라의 상황은 계속 악화되었다. 경제는 위기가 아니라 파
국이라고 할 정도까지 무너져내렸다. "전쟁이나 다름없는 상황이 다반사였
다"고 『랄떼르나띠브』(L'Alternative)는 썼다. [89] 인플레이션은 생활수준의
급격한 하락을 가져왔다. 정부측 신문도 이 당시 폴란드에서는 300만명이
나 되는 사람이 최저임금(2400즐로띠)에도 못 미치는 봉급을 받았다고 시
인했다. 노동자들이 이 위기의 부담을 떠맡은 반면, 쁘띠부르조아지와 상
점주들은 투기를 통해 부자가 되었다. 대중의 흥분이 점차 고조되었다. 8
월에 임금은 상승했지만 그 가치는 곧바로 그만큼 떨어졌다. 정부당국자도
1981년 가을에 "폴란드에서 통용된 즐로띠 가운데 3분의 1은 상품거래에
쓰인 적이 없다"[90]는 점을 인정했다. 가축의 수는 1974년보다 줄었으며,
식량도 부족했다. 배급제로의 전환에는 합의가 이루어졌지만, 그 시행은
계속 미루어졌다. 그러다가 결국 배급카드가 도입되었지만 이번에는 배급
카드로 구입할 물품이 충분치 못했다. 가솔린과 자동차기름도 식량과 함께
판매금지되기에 이르렀다. 담배와 성냥도 귀했다.

혁명세력과의 싸움에 여념이 없던 정부로서는 경제적인 문제들을 돌볼
틈이 없었을 터이므로 그 점을 상기한다면, 이는 그리 놀랄 일이 아니다.
이 위기에서 빠져나가는 길은 오로지 노동자 자신들에게 달려 있었다. 많
은 경우에서 그들은 믿어지지 않을 정도의 통찰력을 보여주었다. 대대적인
투쟁에도 불구하고, 1980년 한 해 동안 파업으로 손실을 입은 노동시간은
24시간뿐이었다. 정작 중요한 것은, 경영기술의 부족으로 작업중단이 나타
나 더 많은 것을 잃었다는 점이다. 정부측 신문인 『지치에 바르샤비』
(Zycie Warszawy, 바르샤바의 삶)도 "이 나라에 혼란이 들끓는 것은 노동자
들의 영향력이 사라졌기 때문"이라고 인정했다. [91]

그렇지만 솔리다리티 지도부는 좀처럼 자신들의 경제강령을 발전시키지
못했다. 노동조합은 자신들이 경제적 결정에 참여할 기회를 가져야 한다는

---

89) *Pologne*, 61면.
90) *Sovremennaya Pol'sha*(현대 폴란드), no. 21, 1981.
91) *Zycie Warszawy*, 29 October 1980.

258

제대로 된 요구를 하긴 했지만, 노동운동의 지도자들도 자신들의 사고를
더이상 발전시킬 수 없었다. "우리에게는 무엇보다도 조언해줄 사람이 필
요하다"고 리스는 말했다.[92] 이러한 상황에서 경제개혁은 반드시 정부의
전략에 좌우되게 마련이었다. 변화를 막아낼 가능성을 찾지 못한 지배계급
은 전반적인 반혁명적·반노동자적 노선으로 변화를 꾀하고자 했다. 까니
아의 정책은 민영부문의 역할과 경제운용의 권리를 확대하긴 했지만, 노동
자들의 생활수준을 낮추는 것을 골자로 하고 있었다. 그러한 개혁을 실현
하는 방식도 중간층, 기술주의자, 중소부르조아지를 포함하는 새로운 반
(反)노동자적인 사회적 블록을 형성하는 데 그 기반을 두고자 했다. 간단
히 말해 이 '노동자'정당의 정부는 그 주된 적인 산업프롤레타리아트를 고
립시키기 위해서 다른 모든 사회계층과도 타협을 할 태세가 되어 있었던
것이다.

까니아 정부는 궁극적으로 진정한 민주화 대신 경제개혁을 제시할 생각
이었다. 서방의 우파 논평가까지 "정치적 자유는 아마도 현재 폴란드에 긴
급한 과제인 경제에 나쁜 영향을 줄지 모른다"[93]고 강조한 점은 흥미롭다.
지배집단은 노동계급의 지위를 약화시키고, 가격을 올리며, 노동자 생활수
준을 한층 더 떨어뜨림으로써 경제적 개혁을 시작하고자 했기 때문에(다시
말해, 그들은 이전 지배층의 정책이 붕괴한 데 대한 대가를 하층민이 지불
하도록 할 작정이었기 때문에), 이같은 개혁에서는 정치적 자유가 심각한
장애물이었다. 폴란드의 국가주의는 서방의 신보수주의자들과 똑같은 문제
에 봉착해 있었다. 그러나 장기적인 관점에서는 경제적 메커니즘을 근본적
으로 개혁하는 데에는, (1968년 체코슬로바키아와 1968~72년 헝가리의 경
험이 보여주듯이) 최소한 일정한 정도의 정치적 자유화가 전제되어야 했
고, '나사를 죄듯이' 경제개혁을 한다는 것은 불가능했다. 그러므로 지배집
단의 전략은 애초부터 해결할 수 없는 모순을 안고 있었다.

이 엘리뜨들의 사회정책이 비효과적임은 금방 드러났다. 정부의 경제정
책이 실현될 수 없다는 바로 그 이유 때문에, 반(反)노동자 블록을 형성하
는 것도 불가능했다. 정부는 농민(특히 부농층)과 중간층에 대해 양보하였

92) *Pologne*, 75면.
93) *Newsweek*, 15 September 1980, 14면.

지만, 이와 동시에 그들이 자체조직을 만들고 정치적 영향력을 행사하는 것은 극력 저지하고자 했다. 자신들의 사회적 중요성을 완전히 상실할까봐 두려워했던 지방 당기구의 중간층이 이에 유난히 강하게 반대했다. 정부는 농민조직, '농민 솔리다리티'를 인정하지 않으려 했지만, 그렇다고 해서 정부가 그 조직 안에서 나타난 대립적인 몇가지 경향들을 이용할 수 있는 처지도 못 되었다. 그 결과, 노동계급의 지지를 받는 농민들과의 심각한 대결을 피할 수 없게 되었다. 실질적인 사회발전이 이 반혁명적 구상을 망쳐놓았던 것이다. 반노동자 블록 대신 광범위한 반(反)관료 전선이 형성되었다.

다른 한편으로, 경제부문을 포함한 국가기구의 상당 부문은 이같은 위로부터의 개혁시도가 너무나 급진적이라고 생각하고 있었다. 새로운 상황에서는 기업을 성공적으로 이끌어나가기가 쉽지 않았기 때문에, 경영관리자들은 추가적인 권리와 책임을 떠맡기 위해서 결코 뛰어다니지 않았다. 그들은 저항했다. "어떤 의미에서는 이들이 장애물이다"라고 자유주의 신문 『뽈리띠까』(*Polityka*, 정치)의 한 기고자가 불평했다. "그들은 개혁에 반대한다. "[94] 앞서가는 기업의 경영자들은 더욱 과감한 조치를 요구했던 반면, 뒤처진 기업의 경영자들은 과거로의 선회를 주장했다.

이런 상황에서는 정부나 솔리다리티 모두가 경제개혁의 문제에 대해 더욱 명확한 입장을 취하지 않을 수 없었다. 가령 1980년 이전에는 도대체 그런 개혁을 수행해야 할지 말아야 할지 하는 것이 문제였으나, 1981년에는 반동적인 관료집단의 반대에도 불구하고 이 개혁을 실시해야 한다는 것이 당지도부에게도 분명한 사실이었다. 이제 문제는 어떠한 개혁이어야 하는가였다. 기술주의자들은 경영체제에 제한된 개혁만을 실시하자던 올셰프스끼(S. Olszewski)를 중심으로 뭉쳤다. 더욱 근본적인 조치를 주장하는 사람들은 솔리다리티를 지지했다. 그러므로 솔리다리티의 지도부는 원래의 뜻과는 상관없이 바로 사태의 추세에 밀려 경제계획안에 대한 준비작업에 들어가게 되었다.

이 개혁에 관련된 어려움들은 이론적인 노력이 부족해서가 아니라 정치

---

94) *Osteuropa-Info*, no. 3, 1981, 55~56면.

적 상황에 의해서 생겨났다. 알렉 노브가 지적했다시피, "폴란드에는 세
가지 특징적인 사회주의 경제학자들, 곧 랑게(Lange), 깔레츠끼, 리뻰스
끼가 있는 것이 큰 행운이었다."[95] 이들 모두는, 시장요소를 이용하고 계
획경제를 분산시키며 기업의 자율권을 신장시키는 것이 필요하다는 데 대
체로 일치하고 있었다. 그러나 과도기적인 모델이 빠져 있었다. 변화를 어
떻게 일으키고 어떤 특별한 조치를 취해야 하며 어떠한 순서로 해야 할지
에 대해서는 아무것도 아는 바가 없었다. 정부는 '작은 개혁'을 실시하기
시작했지만 '큰 개혁'은 다음 언젠가로 미루어놓음으로써 사소한 조치를 취
하는 길을 선택했다. 총산출량(val) 대신에 '기준순생산'(normed net prod-
uct, NNP)이라는 경제지표가 도입되었다. 세세한 문제는 중앙계획기구가
간섭하지 않고 기업들에 맡겨놓으며, 중앙계획기구는 원료의 기본적 형태
와 상품의 생산량을 정하는 일 그리고 수출에 관련된 업무만을 담당하기로
했다. 이러한 의미에서 이것은 기에레끄 행정부가 첫해에 시행한 방법으로
되돌아가는 것을 의미했다. 기에레끄는 그 방식을 첫해에 시행하고 나서
관료들의 압력을 받아 그것을 철회할 수밖에 없었다. 다음 단계에서는 아
마도 새로운 생산관계를 통제하고 그것을 더욱 안정시킬 필요가 있었을 것
이다. 1981년 봄까지 이 문제에 대한 토론은 정부측 신문과 솔리다리티 신
문 모두에서 이루어졌다. 가격개혁을 준비하고, 소득분배・고용규정・투자
에 관한 새로운 정책을 세우는 일이 필수적이었다. 국영산업의 여러 권리
와 재원들을 정확하게 규정하고, 협동조합에 진정한 자율권을 주는 것도
필요했다. 폴란드 특유의 소농보유 문제도 특별한 위치를 차지하고 있었
다.

경제학자들 —— 정부측 경제학자들을 포함하여 —— 이 제기한 이 안들은
아주 그럴듯한 것이었다. 많은 사람들은 '프라하의 봄'을 상기했다. 전문가
들은 한편으로 유고슬라비아 노동자들의 자주관리 경험을 이용하면서 다른
한편으로 헝가리 방식과 같은 시장계획경제 모델을 고안해내려고 애썼다.
이것의 어려움은 그 계획안이 분명 장점을 갖고 있음에도 불구하고 그것들
을 법률화하는 것이 쉽지 않다는 것이었다. 이러한 경제적 개혁의 논리가

---

95) A. Nove, *Economics of Feasible Socialism*, 145면.

국가주의의 계급이익과 모순된다는 것은 너무나 뻔했다. 폴란드 전문가 꾸친스끼(W. Kuczynski)도 이 나라는 "관료들이 아니라 소비자에게 유익한 경제"가 필요하다고 썼다. [96] 바로 이 점 때문에, 그러한 원칙에 바탕을 둔 계획은 계획으로 끝나게 되어 있었다.

이와는 별도로, 이같은 정부측 경제학자들의 구상에는 심각한 위험성이 도사리고 있었는데, 그것은 그들이 그 내용을 명확하고 분명하게 해놓지 않으려는 점이었다. 이 '불명료한 구절' 가운데 가장 중요한 부분은 기업위원회 설치에 관한 조항이었다. 이 위원회는 노동자집단의 대표, 공급자, 소비자 그리고 '협력업체 및 조직체들'로 구성하게끔 되어 있었다. 이 위원회를 관장하는 사람으로는 감독관이 있었다. 그런데 초안에는 이 감독관을 선출할 것인지 아니면 임명할 것인지 분명히 알 수 없도록 만들어놓았고, 이 위원회의 권한과 그 설치절차도 불분명했다. 그러나 이후 사회적 관계의 진전이 바로 이러한 문제들을 해결해줄 것이었다. 누가 생산의 주인이 될 것인가? 경영관료들인가 아니면 노동자들의 자주관리인가?

원래 정부당국도 생산에서의 노동자 민주주의라는 슬로건을 제시했다. 지난 1980년 8월에 기에레끄는 **노동조합의 대체물로서** 기업 내 자주관리를 제안했다. 이것의 목적은 분명했다. 노동자들이 통일된 계급조직을 갖고 있지 않고 정치권력과 최고 경제결정권이 관료들의 손안에 집중되어 있을 때, 노동자집단에 의한 자주관리란 노동자들을 분열시킬 뿐이다. 유고슬라비아의 경험이 보여주듯이, 공장위원회는 결코 자유노조의 대체물이 될 수 없다. 왜냐하면 공장위원회는 전국적인 문제를 해결할 수 없기 때문이다. 게다가 자주관리라는 슬로건은 폴란드에서 신뢰를 잃은 지 오래였다. 1956년과 1970년에 '노동자 민주주의' 기구가 기업체 내에 설치되었지만, 그때

---

96) Kuczynski, 앞의 책, 56면. 정부측 전문가들이 준비했던 계획에 대한 상세한 설명은 *Sovremennaya Pol'sha*, no. 3, 1981 참조. 이 최종안에 대한 서방 관측가들의 올바른 평가는 "경제 '보수주의'의 패배"였다(*Problems of Communisms*, no. 2, 1982, 8면). 그럼에도 불구하고 그 계획에는 중요한 점이 빠져 있었다. 기업체의 이익이나 수입 문제에 대한 완전한 해명이 빠져 있고, 농업문제에 대해서도 진지한 해결책이 없었다. 여기에서, 이 계획이 우리에게 흥미로운 것은 이론적인 문서로서가 아니라 정치적인 사실로서이다.

마다 그것은 점차 관료적인 행정부의 부속물로 전락했다. 그러한 '민주주의'에서는 노동자들이 결정하지 않은 것들조차 노동자들에게 그 책임을 묻기도 했다.

1980년 8월에 브루스는 "1956년에는 노동자위원회의 결성이 노동운동의 가장 중요한 요구였지만, 1980년에는 그 위원회에 대해서는 한마디도 없었다"[97]고 말했다. 그렇지만 그는 조만간 이 요구가 제기될 것임을 예상했다. 그리고 실제로 솔리다리티가 첫번째 전투에서 성공을 거두자, 노동자들 사이에서 산업민주주의에 대한 관심이 자연스럽게 다시 일어났다. 공장위원회가 전국적인 노동자조직을 대체하지는 못한다 하더라도, 사회적 자유의 폭을 크게 신장시킬 수는 있었다. 자주관리가 이루어지면 각 기업체 수준에서 결정되던 노동자들의 이해관계가 계획과정으로까지 발전할 수 있었고, 행정기구와 사회제도 전체가 관료화되는 것을 막는 보증서 역할도 할 수 있었다. 가로디(Roger Garaudy)는 자주관리가 "서구의 자본가들과 동구의 기술주의자 모두에게 하나의 악몽"[98]이 되었다고 올바르게 썼다. 이것은 소유권의 사회화와 직접 관련되어 있는 사회주의적 요구의 핵심적 내용 가운데 하나이다. 그것 없이는 "공동소유의 생산수단으로 일하는 자유인들의 집단"이라는 맑스의 말은 생각조차 할 수 없다.[99]

물론 자주관리는 (1960년대부터 1980년대까지 유고슬라비아 경험에서 확인되는 것처럼) 정치적 민주주의 없이는 힘을 제대로 발휘할 수 없다. 자주관리도 폭넓은 민주적 체제의 일부임에 틀림없다. 그러나 사회주의적 민주주의 또한 그 출발점으로서 생산의 자주관리가 필요하다. 왜냐하면 "공장위원회의 존재는 경제적 계획에 진지하게 참여할 수 있는 새로운 형태의 의회가 등장하는 데 필수적"[100]이기 때문이다. 프롤레타리아혁명의 논리로 보더라도 자주관리의 문제는 반드시 전면에 부각될 수밖에 없다. 바르샤바 노동자들에 대한 한 조사에 따르면, 기업체 중 68%에서 이러한 산업민주

---

97) Brus, "Prefazione," in Kuczynski, 앞의 책, 16면. *Marxism Today*, November 1980도 참조하라.

98) R. Garaudy, *L'Alternative*, Paris 1972, 231면.

99) Marx, *Capital*, vol. 1, 171면.

100) P. Ingrao, *Masses et pouvoir*, Paris 1980, 154면.

주의의 새 기관이 만들어지기 시작했고, 18% 경우에는 친정부적인 부문노
조까지도 이를 지지하고 있는 것으로 나타났다. 이러한 상황에서 정부당국
의 주된 목표는 그 위원회의 책임자를 임명하는 구제도를 그대로 고수하는
것이었다. 이 당시에는 이 문제가 결정적이었다. 만약 과거의 임명제 방식
이 그대로 효력을 발휘한다면, 이 노동자대표기관은 급속히 그 영향력을
잃고 행정부의 부속기관으로 전락할 것이다. 왜냐하면 사회학자들이 지적
한 대로, "그 책임자들은 자신들의 동료들에게 관심을 쏟는 것이 아니라
항상 협회나 장관이 자신들을 어떻게 평가하고 있는지에 더 관심을 쏟을
것이기 때문이다. 또한 그렇게 되면 자주관리의 감시기능이 … 순전히 형식
적인 성격으로만 남게 될 것이기 때문이다." 노동자집단과 갈등이 벌어질
때에도, 이들 책임자는 어김없이 "기업의 활동을 감독하기 위해 임명된 정
치권(국가 권력기관과 당)의 대리자로서" 활약했다.[101]

　1956~57년의 경험으로 폴란드 프롤레타리아트는 많은 환상을 깼다. 이
제 자주관리의 문제는 생산의 통제에 관한 문제, 곧 정부의 계급적 성격에
관한 문제가 되었다. 정부는, 산업민주주의를 신장하는 것이 효과적인 관
리를 위해 필수적인 '일인(一人)관리'(edinonachalie)의 원칙과 모순되는 것
이라고 주장함으로써, 이것을 순전히 기술적인 문제로 환원시키고자 했다.
그렇지만 '일인관리'의 원칙을 손상시킨 것은 바로 정부당국자들이었다. 왜
냐하면 그들이 노동자 대표와 관료적인 행정부가 동시에 존재해야 한다고
요구했기 때문이다. 만약 그 책임자와 고위 산업관리자들이 선출되었다면,
오히려 '일인관리'의 원칙이 더 철저히 지켜질 수 있었을 것이다.

　자주관리에 대해 노동자들이 보여준 관심이 크면 클수록, 정부는 그들과
타협하려고 들지 않았다. 솔리다리티의 지도부는 그 당시 그와 관련된 계
획안을 짜는 데 별다른 관심이 없었으므로, 대부분의 제안들은 노동자들
사이에서 나왔다. 1981년 5월 노바 후따의 철강노동자들은 '노동자 자주관
리에 대한 13가지 사항'을 승인했다. 그런 다음 바르샤바 노동자들은 '부활
된 노동자대표제를 위한 10가지 조건'을 규정했다. 두 문서는 입안된 경제
개혁에서는 자주관리가 핵심적인 요소가 되어야 한다는 점을 명확하게 지

101) *Sovremennaya Pol'sha*, no. 19, 1981, 2면.

264

적했다. 만약 이 계획안의 총론이 바뀌지 않는다면, 산업민주주의에 대한 논의는 무의미하다는 것이다.

솔리다리티는 아래로부터의 압력에 의해서 자주관리를 자신들의 요구사항에 집어넣었다. 그리고 나서 이 자유노조는 개혁의 핵심이 다음 3S, 곧 자주관리(self-management), 자기결정(self-determination), 자기회계(self-financing)라고 밝혔다. [102] 새로운 노동자위원회는 당과 솔리다리티와 무관하게 민주적이고 선거로 선출된 기관이어야 했다. 이것은 간부를 선택하여 임명하는 노멘끌라뚜라(nomenklatura, 지명관리) 원칙이 깨졌음을 뜻했다. 이 원칙 아래에서는, 지배관료집단의 구성원들은 당의 최고기관과 마찰을 일으키지 않는 한, 자신의 직책을 걱정할 필요가 없었다. 그러니 이같은 요구가 지배계급의 분노를 자아낸 것은 당연했다.

당의 전체 권력과 대치하고 있지만 이렇다 할 권한이 없었던 당시의 노동자위원회는 당 기관원들에게 그다지 크게 문제 될 것이 없었다. 그러나 각 노동자위원회가 노동자들의 단일한 전국적 계급조직인 솔리다리티와 연합하게 되면서부터 이 체제의 토대가 흔들렸다. 그러므로 당 기관원들의 방해공작은 단호했다. 그러나 그것은 성공하지 못했다. 솔리다리티는 파업을 불사하며 자주관리의 문제를 기업 내 투표에 부치겠다고 위협했다. 정부로서는 이 후자의 위협이 전자의 위협보다 더 두려운 것이었다. 그것은 투표과정에서 부문노조원들이, 심지어 몇몇 개별적인 하부노조들까지, 솔리다리티의 요구를 지지할 수도 있었기 때문이다. 노동운동의 분열 공작을 꾀하고 있던 당 기관원들로서는 이러한 사태발전이 극히 위험한 것이었다. 벼랑으로 몰리고 있다고 느낀 정부는 타협에 동의했다.

정부가 마련한 자주관리법안은 대부분의 산업부문에서 그 책임자를 선출하는 것으로 되어 있었다. 대체로 솔리다리티가 바라는 대로 되었다. 그럼에도 불구하고 많은 솔리다리티 활동가들은 이에 만족하지 않았다. 일반 조직원들은 훨씬 더 급진적인 경향을 가지고 있었다. 그러한 경우에 항상 일어나는 일이지만, 상부의 양보가 뒤늦은 바람에 요구가 커졌던 것이다. 바웬사가 타협을 지지하는 안을 솔리다리티의 최고회의 간부회에 제출했을

102) *L'URSS et L'Europe de l'Est en 1981~82*(소련과 동유럽 1981~82년), Paris, 22 June 1982, 180면.

때, 단 세 명만 이를 지지했다(한 명은 반대하고 일곱 명은 기권했다). 서방의 언론인들은 바로 그날 "바웬사 왕이 첫 굴욕을 맛보았다"[103]고 썼다.

바웬사를 기회주의자 혹은 '대중과 결별한 인물'이라고 비난하기는 아주 쉬웠을 것이다. 그도 그럴 것이, 솔리다리티 지도부는 투쟁적이었고 노동자들의 요구를 들어주자는 데에서는 단호했다. 솔리다리티의 큰 불행은 지도자들이 자신들의 독창적인 안을 제시하지도 못했으며, 대중들을 이끄는 것이 아니라 자발적인 운동에 끌려갔다는 점이다. 그러므로 솔리다리티는 사태의 추이에 영향을 주지 못하고 계속 그 뒤를 줄줄 따라다니며 슬로건을 다음으로 미루었던 것이다. 자주관리를 위한 투쟁이 한창일 때도 솔리다리티 지도부는 자신들의 구상을 제시하지 못했고 결국에 가서는 현행법을 다듬고 손질하는 데 그칠 수밖에 없었다.

아무래도 지도자들의 정치적 무능력이 솔리다리티를 위기로 몰아갔다. 도이처(Tamara Deutscher)가 지적한 대로, '이론적인 토대'가 부족하면 노동운동의 지도부는 초기단계에서 개혁안을 준비할 수가 없었다. 그 결과,

모든 문제는 상황의 영향 아래 자동적으로 결정되었다. 물론 노동조합이 '무거운 이데올로기적 부담' 없이도 결성될 수 있지만, 역사상 처음으로 진정한 사회주의를 성취할 기회를 맞은 나라에서 그러한 일을 하려고 하는 사람에게는 이러한 부담이 얼마쯤은 필요하다.[104]

투쟁의 첫번째 단계에서는 이론 없이 지나갈 수 있었지만, 1981년의 사태에서는 그람시의 말대로 전략에 대한 재야의 준비가 소홀했음이 드러났다. 많은 혁명인사들이 이제 새로운 이데올로기를 창출할 필요성을 이야기하기 시작했다. 솔리다리티 대회 전야에 마련된 '토론문건'도 솔리다리티가 "가장 좋은 인민의 전통, 기독교의 윤리원칙 그리고 민주주의의 정치적 원칙과 사회주의 사상"에 바탕을 두어야 한다고 역설했다.[105] 그러나 그러한

---

103) *Le Soir*, 4~5 October 1981, 3면.

104) *Marxism Today*, February 1982, 37면.

105) *Kierunki dzialania zwiazku w obecnej sytuacji kraju*, I. 솔리다리티의 실제 이데올로기는 기독교사회주의와 인민주의, 그리고 반(反)공산주의가 뒤섞여 있다.

이데올로기에 대한 추구가 이론적 탐구를 대체할 수는 물론 없었다. 현대 사회에서는 다소간 심오한 이론적 바탕 없이 새로운 이데올로기를 마련하기란 불가능하다. 사회, 그 모순 그리고 그 발전경향에 대한 진지한 분석 없이, 혁명적 전략의 문제들이 해결될 수는 없었다.

일반적으로 그러한 이론적 작업을 노동조합이 맡을 수는 없다. 계급적 기반 위에서 노동자들을 단결시키는 그러한 조직의 이데올로기는 가능한 한 폭이 넓어야 한다. 그러므로 노동조합의 투쟁안은 가장 보편적인 문제와 관련될 수밖에 없다. 그러나 실제 활동을 계속하다 보면 추가분석이 필요한 문제들이 전면에 부상하게 된다. 혁명을 성공적으로 발전시키려면, 광범위한 민중운동과 정확한 전략안을 갖고 있는 더 제한된 조직들이 서로 연계를 맺어야 한다는 것은 확실하다. 레닌은 "전위투사의 역할이 제대로 수행되려면 가장 급진적인 이론에 의해 움직이는 당이 있어야 한다"[106]고 말했는데, 이는 절대적으로 옳은 것이다. 이러한 사실을 용인한다고 해서 민주적 원칙을 거부하는 것은 결코 아니다. 비록 레닌의 당조직 이론을 거부하고 정치적 다원주의를 지지하는 사회주의자라도 이론과 정치적 실제를 통합할 필요성은 의식하고 있어야 한다.

폴란드 상황에서 정당의 형성은 불가능했다. 기껏해야 도당이나 파벌이 있었을 뿐이다. 혁명의 초기단계에서 문제가 되었던 것은 새로운 사회조직들, 곧 일종의 '예비정당'들이었다. 노동자보호위원회가 결성되었을 때 이러한 과정이 이미 시작되었음이 분명하다. 자발적인 운동과 조직화된 정치투쟁의 결합이 성공으로 가는 유일한 길이지만, 1980~81년에는 이러한 측면에서 취해진 새로운 조치가 없었다. 혁명 당시에 폴란드에 거주하고 있던 영국 노동조합주의자 맥셰인(Denis MacShane)이 지적했다시피, "솔리다리티는 합법적으로 존재하는 마지막날까지 노동조합주의의 한계란 한계는 모두 갖고 있었던 노동조합이었다."[107]

솔리다리티가 구조적 발전을 꾀하지 못했고 또 어떤 정치집단이 나서서 전략적 주도권을 쥐고 이 운동을 이끌어갔던 것도 아니기 때문에, 지도자들의 '인물숭배'가 조직의 원리가 되었다. 대중 동원과 통합의 유지를 위해

106) Lenin, *CW*, vol. 5, 370면.
107) *Socialist Register*, 1982, 106면.

서는 카리스마를 지닌 지도자가 절대적으로 필요했다. 바웬사가 이러한 역할을 잘 수행했지만, 애초부터 한 개인의 절대적인 권위는 혁명에 위험성을 드리우고 있었다. 폴란드인들은 바웬사가 "상징적인 인물이고, 이러한 운동에서는 특히 폴란드에서는 상징을 필요로 한다"[108]고 말했다. 그렇지만 바웬사는 실질적인 권력을 거의 갖지 못했고, 그의 위치는 그의 엄청난 개인적 권위에서 나온 것이었다. 많은 급진적 노동자들은 처음부터 지도자의 권력을 더욱더 제한시킬 것을 요구했다. 1981년 가을에 바웬사의 권위가 자주관리의 문제를 둘러싸고 터져나온 불화로 인해 흔들리기 시작했을 때, 솔리다리티는 분명 혼란에 휩싸였으며, 단합되고 단호한 행동을 취할 능력은 최하로 떨어졌다. 혁명의 반대자들이 이것을 이용했음은 당연하다.

폴란드 사회주의자들은 당의 건설을 이야기했지만, 그러한 방향에 대해 실질적인 조치를 취한 것은 아무것도 없었다. 게다가 조직에서나 이데올로기에서 이 나라 좌파의 핵심세력이었던 노동자보호위원회도, 그 지도자들이 확언했다시피, 1977~80년에 자신들이 내세웠던 주된 이념들을 솔리다리티가 모두 채택하고 나자 해산을 선언했다. 리띤스끼(J. Litynski)는 노동자보호위원회의 입장을 밝히면서, 폴란드 정치조류는 그 어느 것도 명확한 강령을 갖고 있지 않기 때문에 (비록 사회주의자들은 강령을 수정하려는 시도조차 하지 않았지만) 정당으로 전환할 수 없다는 점을 강조했고, 꾸로니도 자유선거가 불가능하기 때문에 정당결성의 시기가 "아직 도래하지 않았다"고 밝히면서, 폴란드인들의 "놀랄 만한 조급함"에 대해 불평했다. [109]

이같은 발언은 아주 의미심장하다. 폴란드 좌파가 그 조직과 강령에서 취약했던 이유는 바로 이론과 전략의 부재와 직접적인 관련이 있었다. 정당을 오로지 선거준비조직으로만 본다는 것은 정당의 실제 업무를 완전히 무시하는 것이다. 꾸로니, 미흐니끄, 모젤레프스끼 및 그외 사람들은 서방 좌파의 경험과 맑스주의 이론에 익숙해 있었다. 그럼에도 불구하고 애서슨이 올바르게 지적했듯이, 노동자보호위원회는 "맑스주의 집단이 아니었으며, 뭔가 형식적인 틀을 만들려고 하지 않았던 것과 마찬가지로 명확한 이데올로기도 피했다."[110] 한편으로 폴란드 혁명가들은 "먼 장래에 대해 생

---

108) *Osteuropa-Info*, no. 3, 1981, 76면.

109) *Pologne*, 166, 168면.

각할 시간이 없다"는 점을 힘주어 강조함으로써, 이론과 이데올로기에 대체로 무관심했다. 그리고 다른 한편으로 맑스주의와 사회주의 용어가 폴란드에서는 정부의 공식용어였으므로 그다지 평판이 좋지 않았다. [111] 만약 좌파가 자신들의 맑스 전통을 강조했다면, 가톨릭으로부터 경원당했을 것이다. 결국 폴란드의 민족적 독특함을 과장하다 보니까, 부분적인 상황에서는 총체적인 이론이 거의 아무런 도움이 되지 못하는 것인 양 과소평가되었다.

사실, 이 폴란드 위기로 인해 다시 한번 맑스주의적 분석의 필요성이 제기되었다. 이 혁명의 결과 확인된 바는, 프롤레타리아트의 해방은 프롤레타리트 스스로가 해야 할 일이라는 맑스의 생각이 옳았다는 것이다. 이 폴란드의 정치발전과정은 (20세기에서는 아주 드문 현상인) '고전적 맑스주의'의 구도에 따라 전개되었다. 폴란드의 독특함이 명확하게 드러난 것은 그곳의 계급투쟁이 전통적인 법칙, 말하자면 19세기 후반에 맑스나 엥겔스, 그리고 그 추종자들이 잘 알고 있던 방식에 따라 전개되었다는 사실에서이다. 폴란드 혁명가들은 프롤레타리아트가 패배를 당하고 난 이후에 비로소 그 점을 알아차렸다. 혁명이 한창 진행되던 때에는 그 누구도 이번 사태를 진지한 이론적 분석에 따라 규명하려고 시도하지 않았다.

분명 현실투쟁에 참여하고 있는 사람은 이론에 신경쓸 겨를이 없다. 그러기 때문에 계급세력의 배치에 대한 분석이나 혁명의 진전에 대한 전망 (그리고 또한 개혁주의적 변화의 가능성)은 노동자들이 행동으로 옮기기 전에 노동자보호위원회 지지자들이 만들어냈어야 했던 것이다. 그들도 이 점의 필요성을 알고 있었다. 왜냐하면 1976년 이미 꾸로니와 그 동료들은 위기의 불가피성을 인식하고 있었기 때문이다. 그런데도 왜 노동자보호위원회는 이러한 작업을 할 수 없었던 것일까?

폴란드에서 진보적인 재야세력을 대표하는 사람들은 이데올로기상으로 1956년 '10월좌파'의 후계자들이었다. 비록 정부가 이 10월좌파를 '수정주의자'라고 몰아붙였지만, 실제 그들은 맑스주의의 정통원칙으로 되돌아가

---

110) Ascherson, 앞의 책, 138면.

111) Pomian은 "폴란드에서는 공산주의자들이 사회주의를 죽였다"고 신랄하게 말했다(*Tribuna*, no. 2, 1983, 15면).

려는 생각을 품고 있었다. 1968년 학생운동이 실패한 후, 이 운동에 참여
했던 대부분의 사람들은 사회주의적 이상에는 변함이 없었지만 그 이론에
대해서는 흥미를 잃었다. 한 이딸리아 연구가는 "수정주의란 철저히 이데
올로기화된 사회라는 개념에서 나온다"고 썼다. 이 말이 1950년대 상황에
는 딱 맞아떨어지지만, "1970년대 폴란드는 이데올로기가 사라졌고 이데올
로기적 대립이 (1956년과는 대조적으로) 대중의 관심을 조금도 끌지 못하
던 상황이었다."[112] 재야 역시 국가에 사회주의적 원칙으로부터 이탈한 측
면을 들추어내 심각한 타격을 가하는 그런 방식은 삼갔다. 그런 점에서 기
에레끄의 통치 아래서 지배자나 피지배자 모두가 탈이데올로기화함으로써
궁극적으로 이익을 본 것은 국가였다. 1968년 이후 폴란드 좌파에서 정통
적인 이론을 찾아볼 수 없는 것은, 이러한 폴란드 사회의 전반적인 정신적
위기와 밀접한 관련이 있었다.

　폴란드의 경험은 "실제에서는 장군들을 만들어내기보다 군대를 만들어내
는 것이 더 쉽다"[113]는 그람시의 말을 확인시켜주었다. 솔리다리티는 헌신
적인 투사들의 군대였지만, 노련한 전략가와 전술가가 없었다. 개혁주의적
혁명이 붕괴한 것은 결국 혁명주의적-개혁주의적 안이 없었기 때문이다.
만약 폴란드의 노동운동이 지정학적인 공백상태에서 발전할 수 있었다면,
다시 말해 만약 이 혁명이 외부세계에서 일어나고 있던 일들과 무관하게
진행될 수 있었다면, 또다른 말로 하자면, 다른 나라들이 폴란드 사태에
영향을 주지 않았더라면, 이 노동운동은 새로운 사회계획을 자발적으로 만
들어낼 수 있었을 것이다. 그러나 20세기에 그러한 상황이란 그 어디에도
존재하지 않는다. 애초부터 폴란드혁명은 제한된 혁명으로서만 살아남을
수 있었다. 그리고 이렇게 제한된 혁명으로 남을 수밖에 없었던 것은 노동
자들의 요구 때문만이 아니다. 여기에서 또한 이 혁명과정이 얼마 동안이
나 방해받지 않고 진전될 수 있는가 하는 것도 문제가 되었다(1981년에 이
미 동독과 체코슬로바키아는 자신들의 인내심이 한계에 이르렀음을 소련
정부에 알렸다). 이러한 상황에서 혁명이 살아남기란 극히 어려웠다. 솔리
다리티의 활동은 국내에서 펼쳐지고 있는 상황을 그대로 반영해주고 있었

---

112) *Il fronte del dissenso polacco*, Milan 1979, 14면.
113) Gramsci, 앞의 책, 153면.

던 것이다.

폴란드 좌파가 당의 주도라는 스딸린식 교리를 따르고 싶어하지도 않았고, 대중운동을 너무 '과도하게 조직하여' 그 활력을 떨어뜨리는 잘못도 저지르지 않으려고 했던 것은 아주 이해할 만하다. 그러나 전략의 선구자들이 없이 이것을 완벽하게 해내기란 불가능했다. 그런 의미에서 인뗄리겐찌야는 이 혁명에서 자신들의 임무를 다하지 못했다. [114]

당국이 일상적인 의견교환과 자유로운 이론적 논의를 금지하는 곳에서는, 재야의 정치문화도 비교적 소수의 이론가집단(예를 들어, 노동자보호위원회의 원래 구성원 총수는 33명이었다)이 주도하여 형성된다는 점을 기억해야 한다. 이로 인해 이 사람들이 사회 전체에 져야 할 책임은 커져간다. 따라서 이들에게 요구되는 것은 개인적인 자기 희생과 확신뿐만 아니라, 전문가적 기질과 심오한 이론적 지식까지이다 —— 이는 필수적인 학문적 자유의 결핍을 어느정도 메우기도 한다.

폴란드 좌파 활동가들은 자신들이 용기있는 투사임을 보여주긴 했지만, 이론에는 약했다. 확신이 전략을 대신하지는 못한다. 탈이데올로기화된 폴란드 사회에서 사회주의적 인뗄리겐찌야는, 맑스주의의 이데올로기적 측면을 희생하는 대신 그 과학적 내용을 취하거나, 아니면 기존의 현실을 이론적으로 해석하려는 시도를 아예 거부하고 일상적인 정치적 문제를 해결하거나, 둘 중 하나를 선택할 수 있었다. 노동자보호위원회 활동가들은 후자를 선택함으로써, 이데올로기와 함께 과학을 희생시켰다. 이들이 치러야 할 대가는 비쌌다. 1981년에는 사회 저변의 움직임을 파악하지 않고서는

114) 혁명이라는 조건에서 인뗄리겐찌야를 논할 때, 이 개념을 '지적인 노동에 참여하고 있는 사람'이라는 사회학적 개념으로 환원시켜서는 안된다. 노동계급에도 나름의 인뗄리겐찌야가 있다. 이것은 그람시가 고찰한 것과는 또다른 문제이다. 아르헨티나 맑스주의자인 아고스띠는 노동계급의 혁명정당은 나름의 '지식인집단'을 갖고 있다고 주장한다(E. Agosti, 앞의 책, 358면). 필자의 견해로는 '지식인집단'이 항상 정당형태로 조직되는 것은 아니다. 다른 가능성도 존재한다. 프랑스대혁명 전야에 '지식인집단'은 디드로(Diderot)와 백과전서파의 활동으로 사회적 집단을 형성했다. 폴란드에서 문제는 바로, '지식인집단'이 노동자보호위원회와 경험과 미래(DiP)라는 형태로 존재했는데 이들이 자신들의 역사적 과업을 의식하지 못했다는 점이다.

급변하는 상황에 제대로 대처할 수 없었던 것이다.

좌파 인텔리겐찌야는 당시의 사태를 주로 사회와 국가 사이의 투쟁으로 보고 자신들이 사회의 이해관계를 대변한다고 생각했다. 그러나 그러는 사이에 그들은 이 나라에서 벌어지고 있는 일이 계급투쟁이며, 사회 자체가 둘로 쪼개졌고, 국가가 일정한 사회적 이익을 옹호하고 있음을 어렵지 않게 알아차릴 수 있었다. 솔리다리티의 형성과 발전을 연구한 사회학자들에 따르면, 이 조직은 처음부터 말하자면 '두 얼굴'을 지녔다. 그 한 측면은 "공장들에서 탄생한 노동자운동"이고, 다른 한 측면은 "사회의 민주화를 위해 싸우는 전국적인 운동"[115]이었다. 바꿔 말하면, 솔리다리티는 노동계급의 대변자로, 그리고 이와 동시에 독재권력으로부터 해방하려는 성장한 시민사회세력의 구체적 표현으로 등장했다. 그러한 이중성은 아주 자연스러운 현상이고 거의 모든 위대한 혁명들에는 이와 비슷한 상황이 있었다.

이러한 변화하는 사회구조는 변하지 않은 국가권력구조와 마찰을 일으키게 되었으며, 동시에 착취자와 피착취자 사이의 전통적인 모순도 악화시켰다. 이러한 혁명적 과정의 이중성은 자연스럽고 불가피한 것이었다. 유일한 어려움이라면, 솔리다리티의 주요 이론가로 활약하고 있는 좌파 지도자들이 필요한 정치적 결론을 내리지 않았다는 것이다. 더 깊이있고 정확한 분석이 필요한 때조차 그들은 기껏해야 노동계급의 이해관계가 사회 다수의 이해관계와 일치한다고 말할 뿐이었다. 폴란드 좌파는 사회와 국가의 대립이라는 관점에서만 사태를 평가함으로써, 사태를 너무 단순화시키고 일차원적으로 파악했기 때문에 유연한 정치노선의 수립 같은 것은 생각조차 못했다. 마치 과거 코민테른 노선으로 되돌아간 것 같은 느낌을 주었다. 다시 말해, 1930년대에는 공산주의자들이 모든 사회운동을 계급투쟁으로 환원시켰던 데 반해서, 솔리다리티의 전문가들은 계급투쟁을 대부분 사회운동으로 해석함으로써, 이 양자 사이의 현실적인 변증법은 조금도 생각하지 않았다.

정당이나 이제 막 등장하고 있던 소집단(groupuscule)들이라도 자발적인 대중운동을 곁에서 도와주었더라면, 이 문제는 해결할 수 있었을 것이다.

---

115) Touraine and others, 앞의 책, 94, 38면.

그러한 상황이었다면 기회가 많았다. 노조가 할 수 없던 일을 좀더 정치적
인 조직은 해낼 수 있었다. 그러한 조직만이 그 상황을 전체적으로 분석하
고 최선책을 공동으로 모색할 수 있었다. 1981년 말 솔리다리티의 한 정치
적 분파는, 홀쩌가 관측한 대로, "영국노동당을 본뜬" 폴란드노동당을 건
설하려는 시도를 했다.[116] 이 신당을 건설하려는 사람들은 대체로 젊은 급
진주의자 집단에 가까웠지, 종래의 좌파 지도자들과는 거리가 멀었다. 그
리고 이 폴란드 상황에 적합한 모델이 영국노동당이라고 하기도 어려웠다.

그람시가 이야기했듯이 정당이란 권력투쟁을 위해 만드는 것이지만, 그
러한 투쟁에서 승리의 사회정치적 조건들이 "최소한 마련되고 있고 또 그
로 인해 장래의 발전 —— 정상적으로 되어나가는 모든 일 —— 을 예견할
수 있을" 그런 순간에, 역사적으로 필요한 것은 오직 정당이다. 이 정치조
직을 통해 활동가, 이론가 그리고 사회운동 지도자들이 한곳에 모여 새로
운 과업을 준비해야 한다. "투쟁에서 패배란 항상 예견되기 때문에, 후속
수단을 준비하는 것이 승리를 위한 준비만큼이나 중요하다." 만약 이러한
상황이 된다면, "보통의 수단으로는" 정당을 "대신할 수 없다."[117]

꾸로니와 그 동료들은 정치조직의 필요성을 느꼈지만 어떻게 해야 할지
몰랐다. 그들은 노동자위원회가 정당을 대신해주기를 바랐다. 이러한 발상
은 명백히 비현실적이었다. 이 위원회가 노동계급의 민주적 자체조직의 중
요한 형태이긴 했지만, 하먼이 1956년 헝가리혁명에 대해 올바르게 지적했
다시피,

필요했던 것은 노동자위원회뿐만이 아니었다. 그 위원회를 도와 권력을 장악
할 하나의 조직, 곧 '정당' 역시 필요했다. 이 조직은, 과거의 정당들처럼, 다
른 조직들과의 입장의 차이점을 부각시키면서 고유한 이념을 전파했어야 했
다. 물론 이것은 다른 조직들과 달리 진정으로 민주적인 조직이었어야 했
다.[118]

) Holzer, 앞의 책, 353면.
117) Gramsci, 앞의 책, 152, 153면.
118) Harman, 앞의 책, 187면. 애서슨은 1981년 폴란드 사태에 대한 분석에서 이
와 비슷한 결론에 도달했다(Ascherson, 앞의 책, 245면).

1980~81년의 폴란드혁명은 라틴아메리카 혁명들과는 아주 대조적이었다. 후자의 경우는 정치적인 '전위'집단들이 자발적인 대중운동을 장악함으로써 대중운동의 활기를 크게 약화시켰다. 그런데 전자의 경우에서는 정치적인 전위가 아예 없어서 혁명이 교착상태에 빠졌다. 겉으로 드러난 이러한 차이 뒤에는 이 양자 공동의 문제가 자리잡고 있다. 양자에 모두 필요했던 것은 대중의 진취성과 혁명적 엘리뜨의 행동을 결합시키는 조직형태를 찾아내는 일이었다. 이러한 문제가 해결되지 않는 한, 종속국가에서 사회혁명을 실현하기란 불가능하다.

폴란드 사회주의자들이 전략적인 제안을 내놓지 못하자, 폴란드통합노동자당의 개혁주의 분파만이 이 '사회적 쇄신'의 과정에서 정치적인 지도부로 나설 수 있었다. 이 위기는 지배엘리뜨의 계층적 분화를 가져왔다. 국가주의적 계급기구는 나름의 사회적 구조를 갖추고 있지 않았기 때문에, 지배집단에게는 이 기구가 붕괴되고 관료적 결속력이 약화된다는 것은 항상 그들의 사회적 지위가 크게 낮아진다는 것을 의미했다. 이 강등된(déclassé) 관료들은 여러 분파로 나뉘어 서로 대립하며, 그러한 상황에서 지배집단의 몇몇 대변자들은 불가피하게 혁명의 편으로 넘어가게 되어 있다. 1956년 헝가리와 1968년 체코슬로바키아에서도 그랬다. 그러나 지배계급이 분열하기까지는 아직 시간이 필요했다. 1980년 여름까지는 이러한 과정이 그리 많이 진행되지 않았다. 아직 예전의 통합력을 유지하고 있던 당-국가기구는 역시 통합되고 위협적인 세력으로 등장한 노동계급과 대적할 만했다. 재야는 혁명에 찬성하거나 반대하면 되었으므로 간단했다. 거기에는 그 중간의 가능성은 없었다. 그러한 상황에서 개혁주의적 관료들은 자신들 계급의 편에 서기로 하고, 혁명에 반대했다. 아래로부터의 압력이 아직 성숙되지 않았기 때문에, 국가주의는 특히 1981년 봄에 오히려 더 통합되었다. 노멘끌라뚜라 전체가 보수진영에 합류했다. 혁명세력 쪽에서 좀더 유연한 전술을 구사했더라면 이것을 막았을지 모르지만, 솔리다리티는 그러한 정치적 유연성을 펼칠 수 없었다. 애초부터 솔리다리티는 자유주의자들에게 기회를 주지 않았으며 심지어 그들에게서 권력장악에 대한 실낱 같은 희망마저 빼앗아갔다. 바르샤바 신문인 『뽈리띠까』의 편집인인 미에체스와프

274

라꼬프스끼(Mieczeslaw Rakowski)는 기에레끄의 통치하에서 뛰어난 능력으로 상당한 인기를 모았으며 자유주의적 관료들의 지도자로 부상한 인물이었는데, 그는 1981년 가을 "더이상 대화할 이유가 없다"[119]는 점을 강조하면서 혁명의 진압을 공공연히 요구했다.

'체제 내에' 남아 있기를 바랐던 개혁주의 성향의 인뗄리겐찌야는 1980년 이전에는 '경험과 미래'(DiP)라는 집단을 중심으로 뭉쳤다. 이 집단은 노동자보호위원회와는 법적으로 유사한 조직이었다. 원래 이는 폴란드 사회의 기본적인 문제들을 사회학적으로 분석하고 실행에 옮길 수 있는 권고안을 지배집단에 제시하기 위해 조직되었다. 그렇지만 이들 전문가의 결론이 너무 급진적이라는 것이 곧 드러나게 되었다. 홀쩌가 지적한 대로, 8월사태 이후 '경험과 미래'의 지지자들은 솔리다리티와 정부 사이에 다리를 놓고, 또 동시에 체제의 근본적인 변화를 보장할 수 있는 "타협안을 만들고자"[120] 노력했다. 이들은 원래 당 관료조직의 자유주의 분파에 기대감을 표시했지만, 사태 진전으로 인해 오히려 노동계급과 더 가깝게 되었다. 1980년 10월, '경험과 미래'의 가장 저명한 인물인 브라뜨꼬프스끼(S. Bratkowski)는 대중신문인 『지치에 바르샤비』의 편집인이자 언론노조(Union of Journalists)의 지도자가 되었다. 그러나 이와같은 직책의 활동이 정부당국의 불만을 샀고, 종래는 폴란드통합노동자당에서 축출당했다.

관료적 자유주의가 붕괴되었다고 해서, 여당 내에서 개혁주의적 분위기가 완전히 사라진 것은 아니었다. 그러나 이 개혁주의를 대표했던 사람들은 계몽된 당지도부 인사들이 아니라 일반 당원들이었다.

폴란드 여당은 압제자와 피압제자, 곧 착취자와 피착취자 모두를 한 조직 내에 통합시키는 복잡한 수직적 구조를 갖추고 있었다. 정상적인 때에는 전자가 당의 도움을 받아, 민중이 이 정권을 지지하는 모습을 만들어냄으로써, 여론과 스스로를 속여서 후자를 성공적으로 다룰 수 있었다. 그러나 위기시에는 분열이 이 위아래로가 아니라 '좌우로' 일어나면서 일반 당원들이 그 속박에서 빠져나온다. 이 폴란드 당은 원래 아래서부터 위까지 전체를 장악하는 도구로서 만들어졌지만 이제는 일반 당원들이 정부에 영

119) *Süddeutsche Zeitung*, 7 October 1981, 11면.
120) Holzer, 앞의 책, 171면.

향력을 행사하는 데 이용되는 기구로 전환했다. 그 당시 폴란드에 있었던
프랑스 공산주의자들은 "사회에 존재하는 모순과 똑같은 것이 당에서도 나
타나고 있었다"[121]고 지적했다. 이 기구는 대중에 대한 통제력을 잃었다.
이 점은 혁명적 위기에서 예상할 수 있는 당연한 결과였다.

그람시는 『옥중수고』에서 다음과 같이 썼다.

전체주의적이라고 불리는 체제에서 왕권과 같은 전통적 기능은 사실 문제의
특정 정당이 넘겨받게 된다. 이 정당은 바로 그러한 기능을 시행한다는 점에
서 정말 전체주의적이다.

여기서는 뒤따르는 대중이 그저 '책략'을 위한 도구일 뿐이다. 그리고 이들
은 "도덕적인 설교와 감정적인 자극의 수단에 의해서, 그리고 현재의 모순
과 불행들이 자동적으로 해결되어 잘살 수 있기를 고대하던 황금시대에 대
한 메시아적 신화를 통해서 행복하게 된다."그러나 실제로는 그러한 조직
의 일반 당원과 지도자들을 결합해주는 것이 아무것도 없었으므로, "그러
한 정당은 결국에 시대착오적인 것이 될 것이며, 첨예한 위기의 순간에 그
사회적 내용물은 빠지고 마치 공중에 붕 뜬 것처럼 될 것이다."[122] 폴란드
에서 일어난 상황이 바로 이러했다.

공산당 내 노동자 가운데 60%가 솔리다리티에 가입했다. 『뜨리부나 루
두』지는 "7월과 8월에 그들이 비당원노동자들과 함께 파업에 참여했다"는
점을 인정했다. 그들은 "자진해서, 자신의 신념에 따라, 그리고 가장 중요
한 것은, 활기찬 노동조합 활동의 필요성 때문에" 새로운 노동조합에 합류
했다.[123] 심지어 폴란드통합노동자당 중앙위원회 위원인 뿌스뗄니아끄(E.
Pustelniak)도 파업자 가운데 한 사람이었다. 그다니스끄와 시체친 공장 내
의 파업위원회 대표들 가운데 약 3분의 1이 당에 가입한 사람들이었고, 어
느 작업장에서는 당위원회 서기가 파업을 주도하기도 했다.

그 당시 기에레끄 정부는 가장 활동적이고 교육받은 노동자들을 대량으

121) Dimet and Estager, 앞의 책, 205면.
122) Gramsci, 앞의 책, 147~48, 150, 211면.
123) *Trybuna Ludu*, 11 December 1980.

로 입당시키기 시작함으로써 그들을 진정시키고, 좋은 직업을 제공해준다
는 구실로 체제의 편으로 끌어들일 희망을 품고 있었다. 이것은 아무것도
이루어지지 않았다. 여당 내 노동자들은 결정적인 순간에 자신들 계급의
편에 섰다. 기에레끄의 정책은 심각한 당내 분쟁에 대한 전제조건을 만들
어냈을 따름이다. 1980년 여름에 공산당 내 노동자들은 파업에 참여했을
뿐만 아니라, 리띤스끼가 관측한 대로 "당에서 얻은 조직적 경험"[124]을 살
려 파업을 자주 주도했다. 폴란드통합노동자당의 일반 당원들은 이제 지도
부에 자신들의 존재를 부각시킬 수 있었다. 이러한 일이 공장이나 당조직
의 대다수가 노동자들인 곳에서만 일어났던 것은 아니다. "당회합에서 몇
년 동안 잠자던 사람들이 이제 깨어 일어났으며, 더욱 중요한 사실은 그들
이 말하고 있다는 점이다"[125]라고 미국 특파원은 전했다. 꾸로니의 말에
따르면, "혁명이 당까지 뻗쳤으며 이제는 당내에서 진행중이다."[126]

이 갈등은 특히 폴란드통합노동자당 임시전당대회를 준비하면서 첨예화
되었다. 처음에 노동자들은 그저 당대회 대표자들로 선출되는 것을 거부했
을 뿐이었다. 정부측 신문인 『지치에 바르샤비』는 "그들은 상황이 올바로
진행되고 있다고 생각하지 않았으며, 다른 사람들이 자신들을 가리켜 나라
를 위해 어떤 구체적인 일도 하지 못할 사람이라고 비난하기를 원치 않았
다"는 점을 인정했다. 그들은 모두 어떻게 해서 기본적으로 노동자에 적대
적인 정책이 여러번 노동계급이라는 이름으로 버젓이 시행되었는지를 생각
해보았다. "노동자들은 자신들이 말한 것에 대해서 아무도 거들떠보지 않
을까봐 그리고 모든 것이 전과 똑같을까봐 전전긍긍했다."[127] 이들 문제의
당원 가운데 50%가 지도부가 자신들을 무시했다고 밝혔으며, 당내 노동자
가운데 단지 39%가 그 반대의 답변을 했다. 바로 조사를 통해, "노동자들
이 당기구에 전혀 참여하고 싶어하지 않음"[128]이 드러났다.

전당대회가 가까워지면서 일반 당원들의 정치적 활동도 늘어났다. 보수

---

124) *Labour Focus on Eastern Europe*, November 1979~January 1980, 12면.

125) *Newsweek*, 8 September 1980, 7면.

126) *New Left Review*, May~June 1983, 37면에서 재인용.

127) *Zycie Warszawy*, 3 June 1981.

128) *Rinascita*, no. 25, 1981, 21면.

적인 인물들은 당내 모임 어디서든지 거부당했다. 당대회를 앞두고 열린 지역회의에서도 대의원들은 폴란드통합노동자당 규율과 구조의 변화를 요구했다. 하급 당조직에서는 '수평적 연계'가 자발적으로 등장했는데, 지도부는 이들을 비난했다. 이러한 움직임은 분명 당기구를 겨냥한 것이었다.

1981년 4월 또루니(Toruń)에서 비주류 공산주의자들은 당의 쇄신을 위해 '전폴란드모임'(All-Poland Forum)을 결성했다. 이 운동의 지도자인 이바노프(Z. Iwanow)는 당에서 추방당했지만, 그가 노동자들에 의해 당대의원으로 선출되는 것은 당으로서도 막지 못했다. 영국 공산주의 신문은 또루니모임을 반기면서 이것이 "당기구의 영향을 받지 않고 아래로부터 조직된 최초의 조치"라고 썼다. 대의원들은 당지도부의 언행이 일치하지 않는다고 비난했다. "우리는 어떤 사상을 위해 투쟁하고 있지만 지도부는 자신들의 직업을 위해서 투쟁하고 있다."[129] 또루니모임은 1960년대 서방의 신좌파의 강령과 어느정도 유사한 혁명적이고 반관료적인 강령을 만들었다. 노동자보호위원회의 구성원들에게는 그러한 행동이 너무나 급진적인 것으로 보였다. 리띤스끼는 "만약 당이 비민주적인 채 남아 있었으면 더 나았을 것"[130]이라고 말했다. 당내 비주류의 슬로건은 관료적 개혁가들의 온건한 염원보다 솔리다리티 급진주의자들의 요구에 더 가까웠다. 노동자보호위원회의 지도자들은 이러한 폴란드통합노동자당의 반관료적인 분파가 승리함으로써 국제적인 위기와 외국의 개입이 초래되지 않을까 노심초사했다.

이번에는 스딸린주의자들이 까또비체(Katowice)에서 자신들의 모임을 결성했다. 그곳에서는 정부가 파업노동자들을 만족시키는 데 골몰하고 있었다. 당은 명백히 분열되었다. 사업장 내의 일반 당원 조직은 폴란드통합노동자당의 중앙기관에서 내려온 지시에 따르기보다는 또루니모임의 결의사항에 비추어 행동에 옮겼다. 그러는 사이에 이제 분명히 대변할 사람이 없게 된 국가기구는 자신들의 특권을 수호하기 위한, 하나의 결집된 사회집단으로서 당과 무관하게 또는 당과 공존하거나 자주 대립하면서 과거와 같이 행동했고, 그럼으로써 자신의 계급적 본질을 입증했다.

---

129) *Morning Star*, 16 April 1981.
130) Taylor, 앞의 책, 77면에서 재인용.

또루니모임은 당 안팎에서 자신들의 권리와 이상을 위해 싸우는 공산당 내 일반 노동자들의 단호함을 보여주었다. 그럼에도 불구하고 이 당내 비주류측은 자신들이 말한 목표 가운데 한 가지도 달성할 수 없었다. '위로부터의' 지지 없이는 일반 당원들도 성공할 수 없었다. 당개혁을 지지하는 사람들은 오직 자유주의자들과 협력하고 보수주의 집단을 국가기구에서 고립시킴으로써만 폴란드통합노동자당 내에 실질적인 변화를 가져올 수 있었다. 당 기관원들의 연합전선에 부닥친 이들은 비록 대다수 하위조직으로부터는 지지를 받고 있었지만 당대회 결정에는 영향력을 행사할 수 없었다. 지도부는 준비과정에서 곤혹스런 패배를 연달아 맛보았음에도 불구하고 당대회를 자신들의 원안대로 성공리에 끝마쳤다.

'수평적 구조'가 국가기구와 투쟁할 수 있는 효과적인 수단에는 미치지 못함이 확인됐다. 이 운동은 솔리다리티와 좌파 인뗄리겐찌야들에게서 필요한 지지를 얻지 못해 점차 몰락하고 말았다. 브라뜨꼬프스끼와 그 지지자들은 폴란드통합노동자당 당대회 이후 곧바로 '르네쌍스'(Renaissance) 협회를 만들어냄으로써 당내 비주류를 부활시키려는 마지막 시도를 감행했다. 홀쩌의 말에 따르면, 브라뜨꼬프스끼의 생각은 "지도부와 다른 좌파 집단에 불만을 품은 당관료들과 협력할 수 있는 조직적 틀을 갖추자"[131]는 것이었다. '르네쌍스'는 당내 비주류와 이미 당에서 쫓겨난 공산주의적 개혁주의자들을 결합했다. 이것과는 별도로 브라뜨꼬프스끼와 그 동료들은 사회주의 및 모든 좌파 조류의 대변자들을 끌어들이기를 바랐다. '르네쌍스'는 전쟁 이전의 폴란드사회당(Polish Socialist Party, PPS)과 좌파 가톨릭, 그리고 또한 '10월좌파'의 전통들과의 연계를 강조했다. 이 협회의 창설자 가운데 한 사람이 뚜르스끼(R. Turski)였는데 그는 전설적 신문인 『뽀 쁘로스뚜』의 편집인이었다.

본질적으로 '르네쌍스'는 노동자보호위원회가 하지 못했던 정치적·이데올로기적·이론적 작업을 수행하고자 했다. 당내 비주류와 민주주의적 좌파 사이의 협력을 꾀하려는 방침은 의심할 바 없이 아주 효과적이었으나, 시기를 놓친 뒤였다. 당내 비주류는 '르네쌍스' 창설 이전에 이미 투쟁에서

---

131) Holzer, 앞의 책, 175면.

졌으며, 이 단계에서 민주주의 운동의 활동가들과의 협력은 분파주의와 해당(害黨)행위라는 비난만 초래함으로써, 당내에 머물러 있기를 바라는 사람들의 입장만 어렵게 할 뿐이었다. 그러므로 혁명의 막바지에 이르러서야 비로소 폴란드의 진보적인 인뗄리겐찌야들은 자신들의 투쟁에 조금 더 적합한 기구를 만들어낼 수 있었다. 불행하게도 어떤 상황에서도 지나간 시간을 보상해줄 수 있는 것은 아무것도 없다. "늦느니 차라리 안하는 것이 낫다."

국가기구를 통제할 가능성이 없자, 노동자들은 폴란드통합노동자당을 떠나거나 아니면 형식적인 당원으로 남아 있으면서 희망을 오로지 솔리다리티에 걸 수밖에 없었다(이 새로운 노동조합의 대회에서 9.4%의 대의원들이 폴란드통합노동자당 당원이었고 7.1%가 최근에 당을 떠난 사람들이었다). 6월 폴란드통합노동자당 전당대회 이후 노동자들은 대거 그 당을 떠났다. 1980년 5월에서 1981년 5월 사이에 탈당한 수는 30만 6천 명(그중 18만명이 노동자)이었고, 81년 7월부터 12월까지는 공식적인 통계에 따르면 50만명에 이르렀다.

이 당의 위기 그리고 심지어 실질적인 분열로 인해 국가기구의 존립을 위한 정통성 자체에 문제가 생겼지만, 그 위상은 거의 약화되지 않았다. 1981년 가을까지 폴란드의 계급투쟁은 명백히 교착상태에 빠졌다. 정부는 더이상 후퇴할 수 없었고, 솔리다리티 지도자들도 지배계급으로부터 새로운 양보를 얻어낼 수도 없었으며, 동시에 정부에 결정적인 공세를 가하자고 주장하는 대중을 자제시킬 수도 없었다. 주지하다시피, 어떤 혁명에서든지 결정적인 문제는 권력이다. 이 경우에서는 이 문제가 해결되지 않았다. 비록 솔리다리티가 대외정책의 어려움에 따른 두려움을 떨쳐버리고 정부를 무너뜨린다고 하더라도, 이 새로운 임무를 어떻게 처리해야 할지 분명치 않았다. 권력은 정당이나 정치연합체가 잡는 것이지 노동조합이나 자발적인 대중운동이 잡는 것이 아니다. 국가는 흔들리고 있었지만 그 대안이 없었다. 이 체제의 위기가 솔리다리티의 위기를 고조시켰는데, 이 점은 1981년 10월에 열린 노조대회에서 극명하게 드러났다. 그다니스끄에서 선출된 대의원들은 무엇인가 다른 선택을 해야 했다. 폴란드 자유노조의 장래가 그들에게 달렸다. 그런데도 이 대회에서는 전략의 문제가 논의조차

되지 않았다. 대신 특정한 문제에 대해 여러 노선들이 날카로운 논쟁을 펼쳤지만, 전반적인 결론은 이끌어내지 못했다. 노동자보호위원회 지지자들은 저명한 역사가이자 민족주의 경향의 '폴란드 독립을 위한 연맹'(Confederation for an Independent Poland, KPN) 창설자인 모출스끼(L. Moczulski) 추종자들 및 다른 민족적·민주주의적인 집단들과 논쟁을 벌였다. 우익 경향의 경제학자인 꾸로프스끼(S. Kurowski)는 (비록 사적 소유권으로 되돌아가자는 요구는 없었지만) 19세기 노선에 서서 시장경제의 이점을 주장했고, 좌파 대표인 부가이(R. Bugai)는 이 이론을 논박하고 사회주의적이고 계획된 시장경제를 지지했다. 바웬사는 분파를 떠나 대중적인 지도자로서의 위치를 다지려고 시도하면서도 전반적으로는 노동자보호위원회에 동조했다. 대의원들은 1906년 이래 사회주의 운동에 참여해온 리뻰스끼의 연설을 열렬히 지지했다. 리뻰스끼는 그 연설에서 폴란드 지배체제가 "반혁명적이며 반사회주의적"[132]이라고 말했다.

이 대회에서 채택된 솔리다리티의 강령은 본질적으로 1968년 체코의 개혁적 공산주의자들이 '행동강령'(Action Programme)에서 내걸었던 요구들을 되풀이했다. 솔리다리티는 공공생활의 민주화, 검열의 폐지, 계획적인 시장경제, 그리고 생산의 자주관리를 위해 투쟁할 것을 약속했다. 핵심적인 직책에 적용되던 노멘끌라뚜라 원칙도 날카로운 비판의 대상이었다. 그밖에도 이 강령은 정치적 다원주의와 자유선거를 명백히 요구하고 있었다. 비록 생산의 사회화를 이야기하고 핵심강령들이 서구 사회주의자들의 원칙과 일치하긴 했지만, 이 문서에는 '사회주의'라는 말이 한번도 들어가지 않았다. (여기서 솔리다리티 지도자들은 이미 신뢰를 잃은 의사맑스주의적인 공식언어는 피하고 싶어했다) 결국 이 강령은 노동자보호위원회의 바람과 완전히 일치했고, 그들도 이 대회를 성공적인 것으로 간주할 수 있었다.[133]

---

132) *Pologne*, 173면.

133) 맑스주의 용어들이 지배계급에 의해 침탈당했기 때문에 언어를 바꿀 필요성에 대해서는 전적으로 이해할 수 있다. 문제는 노동자보호위원회가 이데올로기적 영역에서 폴란드통합노동자당과 싸워 관료적인 의사사회주의와 민주사회주의의 차이를 그리려는 시도조차 하지 않았다는 점이다. 그래서 야루젤스끼 장군이 사회주의

그렇지만 대다수 대의원들은 강령문제를 둘러싼 사회주의자들과 민족주의자들 사이의 이데올로기적 대립보다는 국가에 대해 더 강경한 투쟁을 요구하고 있는 급진주의자들과 바웬사 사이의 전술적 논의에 더 관심이 있었다. 지도자 선출 투표에서 바웬사는 투표자 수의 정확히 55%를 획득했다. 비록 그가 1차투표에서 승리했지만, 그의 영향력은 분명 감소하고 있었다. 이제부터는 이 지도자를 공개리에 비판할 수도 있게 되었다.

바웬사에 대한 '개인숭배'는 주요한 조직적 요소였다. 이러한 숭배에 대해 많은 노동자들이 항의했다는 것은 그들의 사회의식이 성장했다는 증거이지만, 이는 통합을 깨뜨리고 있었다. 솔리다리티 창설자인 그는 솔리다리티 구조에서 기구의 역할을 최소한으로 축소하는 대신 이 운동을 이끄는 개인들의 역할을 최대한으로 강화했는데, 이제 이러한 개인들의 위치가 약화됨으로써 전체 조직이 분열될 징후를 보였다. 어느 누구도 그리고 그 어느 것도 바웬사를 대신할 수 없었다. 그의 개인적인 실패는 솔리다리티의 위기를 의미했다.

바웬사는 대의원들에게 "분란을 일으키는 것을 자제하고 직무에 충실하자"고 요구했지만 소용이 없었다. 그는 "더욱 중앙집중화된 조직방침"[134]을 주장했다. 그는 지도자로 선출됐지만, 급진주의자들은 기본적인 전술결의안에서 모두 승리했다. 이제 그들이 바로 노조 중심부에서 다수를 차지하고 솔리다리티의 정책을 결정할 사람들이었다. 결의안을 작성하는 위원회와 연단은 그들의 독무대였다. 그들은 자유선거, 폴란드 외교정책의 재고, 그리고 타협의 거부를 주장했다. 이 혁명은 제한된 혁명에 그치지 않았다. 이 혁명은 절정에 다다랐지만, 동시에 그동안 얻은 성과를 훼손하고 있었다. 솔리다리티는 개혁주의를 거부함으로써 실패할 운명에 놓였다.

급진주의자들의 이같은 성공은 폴란드 프롤레타리아트의 의식에 변화가 있음을 뜻했다. 역설적이게도, 혁명이 가장 성공을 거둔 시기인 1980년 여

원칙의 옹호자로 자처할 수 있었던 것이다. 솔리다리티 지지자 가운데 반(反)사회주의적 견해를 갖고 있는 사람은 실제 아주 소수였음을 잊지 말아야 한다. 어떤 대중운동에도 반동적인 사람이 있게 마련이라는 카우츠키의 견해는 이런 점에서 상기해봄직하다. 문제는 누가 우세한가이다.

134) *Le Soir*, 4~5 October 1981.

름과 가을에 대중은 자신들의 행위가 개혁주의적 성격을 지닌 것이라고 확신했다. 그러나 개혁주의적인 후퇴를 할 수 있는 유일한 실질적인 탈출구가 생기자, 프롤레타리아트는 도리어 지금 진행되고 있는 것이 혁명임을 마침내 깨달았고 혁명적 환상에 사로잡혔다.

바웬사는 이 대회 이후 노조가 최소한 두세 달은 혼란에 빠질 것으로 생각했고 그런 다음에 상황을 다시 장악할 수 있을 것으로 보았다. 불행하게도 솔리다리티에게는 시간이 없었다. 비록 대회 이후 두 달 동안 개혁주의적 지도자들이 다시 자신들의 입지를 강화하고 지방노조 조직에 대한 상대적인 통제권을 확보할 수 있긴 했지만, 때가 이미 너무 늦었다. 곧 평화적인 해결책의 가능성은 지나가버렸다. 1981년 11월 8일, 보수주의 신문인 『현실』(Reality)은 공개적으로 "두려운 루비콘강을 건너 반란을 진압하라"고 요구했다.[135] 유일한 문제는 어느쪽에서 노동운동에 타격을 가할 것인가 하는 점이었다.

솔리다리티는 대회기간중에 그 통합력을 강화하지 못했을 뿐만 아니라 유일한 당면문제를 해결할 수도 없었다. 혁명세력은 분열되었고, 정확한 관점, 효과적인 조직, 정치적 전략 그 어느 것도 없었다. 교착상태가 나타났다. 체코의 망명객인 가이슬러(Z. Geisler)가 폴란드 경험을 자기 나라의 경험과 비교하면서 표현한 대로, 혁명은 이제 '종지부'를 찍게 되었고, "누가 승리할 것인가"(kto kogo?)라는 문제는 어떻든 결판이 나게 되어 있었다.[136] 한편에서 지배계급은 반격할 유리한 기회를 가지고 있었는데, 만약 이들이 이 기회를 놓치면, 솔리다리티가 결국 다시 단결할 것이고 더 강해질 것이었다. 다른 한편에서는 당기구 자체가 위기에 처해 있으며 정상적으로는 노동자운동을 진압할 수 없었다. 제3의 세력이 필요했고 그러한 세력이 등장했다. 그것이 곧 군대였다.

단순히 지배계급이 자신들의 지배권을 되찾기 위해서 군사력으로 민중에 대항키로 결정했다는 사실만 가지고 폴란드 정치에 군부가 개입한 것을 설명할 수 없다. 당기구가 재기불능의 패배를 당했던 1980년 8월이나 '11월에는 노동자들을 진압하는 데 군대를 사용할 수 없었다. 군대를 투입하여 혁

---

135) *Rzeczywistnost*, 8 November 1981.

136) *Problemy Vostochnoi Evropy*, no. 7~8, 1983, 142면.

명을 진압한다는 생각은 사회정치적 상황 때문에 어쩔 수 없이 그렇게 해야 할 때 하는 법이다.

군사쿠데타는 지배집단에게 마지막 남은 선택이었다. 그들은 오랫동안 그것을 착실하게 준비해왔다. 결국 그들은——다른 후보인 모차르 (Moczar) 장군과는 달리——반동적인 관료적 경향과 공공연히 결탁하여 몇년 전부터 타협을 거부해왔던 야루젤스끼 장군을 택했다. 칠레의 삐노체뜨와 달리 야루젤스끼는 정치에 가담하지 않는 양심적인 정규군인으로서 명성이 자자했다. 우선 까니아가 사임하고 야루젤스끼가 세 요직, 곧 폴란드통합노동자당 제1서기, 수상 그리고 국방장관직을 직접 장악했다. 그런 다음 이른바 공공질서를 해쳤다는 이유로 솔리다리티 활동가들을 해산시킴으로써 대중탄압을 위한 연습이 막을 올렸다(칠레에서는 군대가 쿠데타 전날 노동자들을 무장해제시킴으로써 이러한 역할을 맡았다). 야루젤스끼의 권력을 향한 도정은 대체로 그의 선배 격인 루이 보나빠르뜨(Louis Bonaparte)를 강하게 연상시킨다. '위로부터의 혁명'을 성취하기 위한 준비 과정에서 사용된 방식이 아주 똑같았던 것이다.

솔리다리티 활동가들이 쿠데타 준비상황을 전혀 눈치채지 못했다는 것은 기묘한 일이다. 논평가들이 말했듯이, "노동조합의 모든 활동가들은 군대가 아니라 당내의 '강경'분자들을 주시했으며, 군의 중립성을 의심하지 않았다."[137] 이러한 환상은 혁명의 초기단계에서 군대가 계급투쟁에 개입하지 않음으로써 증폭되었는데, 결국 이러한 환상이 치명적인 결과를 낳았다. 1981년 12월 13일, 군대가 거리에 투입되자 솔리다리티의 저항은 필사적이었으나 역부족이었다.

헌법상의 보장책도 철폐되었고, 노조활동은 금지되었으며, 수천명의 활동가들과 대다수 솔리다리티 지도자들은 감옥에 갇혔다. 쿠데타 이후 전국을 휩쓸었던 파업들은 빠르게 그리고 성공적으로 진압되었다. 12월 15일자 폴란드 신문의 보도에 따르면, 아직 49개 지역 가운데 19개 지역의 180개 작업장에서 파업중이었다. 공식적인 통계에 따르면, 다음날 9명이 죽었고 4만 5천 명이 체포되었다. 12월 17일, 파업중인 작업장 수는 이미 49개 지

---

137) *L'URSS et L'Europe de l'Est en 1981~82, Notes et Etudes documentaires*, no. 4673~4674; *La Documentation français*, Paris, 22 June 1982, 12면.

역에서 5개 지역으로 크게 줄어들었다. 장군들이 승리했다.

그 자체로만 본다면, 그러한 상황에서 군사쿠데타가 누구에게나 놀랄 만한 일일 리가 없다. 지배계급은 고전적인 시나리오를 펼쳐 보였던 것이다. 문제는 왜 그러한 쿠데타가 그렇게 성공적이었던가 하는 점이다.

영국 공산주의자인 몬티 존스턴(Monty Johnstone)은 폴란드가 이미 "1926년 삘수드스끼(Pilsudski) 원수의 쿠데타로 보나빠르뜨 지배를 경험했다"[138]는 점을 상기시켰다. 그렇다면 폴란드 혁명가들의 무감각은 더욱 이해하기 어렵게 된다. 어느 모로 보나 진보세력이 군대를 신뢰했다는 것은 군대가 폴란드 사회와 계급투쟁에서 무엇인가 특별한 역할을 했다는 것으로 이해된다. 여기에서 우리는 다시 그람시의 『옥중수고』를 살펴야 한다.

투쟁하고 있는 두 세력이 파국적인 형태로 균형을 이루고 있는 상황을 시저리즘(Caesarism)으로 표현할 수 있다. 다시 말해 그들은 서로 균형을 유지하고 있기 때문에 투쟁을 계속하면 쌍방이 다 파멸로 나갈 뿐이다. 진보적인 세력인 A가 반동세력인 B와 투쟁할 때, A가 B를 패배시킬지 아니면 B가 A를 패배시킬지 모르지만, A도 B도 서로를 패배시키지 못하는 상황이 벌어질 수도 있다. 곧 쌍방이 모두 출혈이 심하면 제3의 세력인 C가 외부로부터 개입하여 A와 B의 잔존세력을 모두 복속시키는 것이다. … 시저리즘은——이것이 비록 세력균형이 파국으로 치닫는 것으로 특징지어지는 역사적·정치적 상황에 대한 '중재'임무를 위대한 인물에게 맡기는 특정한 상황을 표현한 것이지만——어느 경우에서건 똑같은 역사적 의미를 갖고 있지 않다. 시저리즘에는 진보적인 형태와 반동적인 형태 모두가 있을 수 있다. 곧 그 각각의 형태가 정확히 무엇을 의미하는지는 결국 구체적인 역사를 통해서만 재현될 수 있는 것이지, 어느 사회학적인 주먹구구식으로는 할 수 없는 것이다.[139]

시저리즘이나 보나빠르띠슴이 폴란드 상황에서는 자연스러운 결과이다. 이것이 1848년 프랑스혁명으로 표출되었던 난국의 상황에서 생겨났던 루이 보나빠르뜨의 쿠데타와 야루젤스끼의 그것이 그처럼 놀랄 만큼 유사한 이유이다. 이것은 또한 칠레 상황과의 유사성도 설명해준다. 그렇지만 폴란

138) *Marxism Today*, February 1982, 14면.
139) Gramsci, 앞의 책, 129면.

드의 특이성은 군사정권의 장래 성격이 처음에는 그 반대자들이 보기에도 불명확했다는 점에 있었다. 많은 사람들은 진보적인 시저리즘에 계속 희망을 걸었다.

대중의 관점에서 보자면, 폴란드 군대가 서로 투쟁하는 계급들을 관리하는 '중재자'의 역할이나 제3의 세력이 되기를 바랐다는 것은 아주 자연스럽다. 야루젤스끼 정권은 당 기관원들의 이해관계를 옹호했지만, 그들로서도 이 권력에 따르지 않을 수 없었다. 야루젤스끼는 당을 구하기 위해 하나의 사회적 존재인 노멘끌라뚜라를 정치적으로 무력화시킨 것이다. 이 독재자는 첫 연설에서 당을 딱 한번 언급했을 뿐 나중에는 그냥 지나쳤다. 군대는 정치적 위상에서 중요한 요직들을 독점했으며, 폴란드통합노동자당은 순전히 얼굴마담의 역할로 전락했다. 쿠데타 이후 첫 한 달 동안, 주요 당 기관의 활동에 대해 정부측 언론들조차 거의 아무것도 보도하지 않았다. 일군의 프랑스 사회학자들이 지적했듯이, 폴란드는 "절대적인 권력" 아래 놓여 있지만, "전체주의적이기보다는 오히려 훨씬 반동적이다. 이런 관점에서 보면, 히틀러나 스딸린이 아니라 프랑꼬나 삐노체뜨가 생각날 것이다."[140] 1980~81년 사태는 폴란드에 심층적인 구조적 변화를 가져다 주었는데, 이것들은 장군이 명령을 내린다고 해서 완전히 사라질 것이 아니었다. 야루젤스끼 정권의 주요 인물 가운데 한 사람인 우르반(Jerzy Urban)조차도 이러한 과정들을 "돌이킬 수 없는"[141] 것으로 인정했다.

야루젤스끼 쪽에서도 스스로 전임자들과 거리를 두었다. "지배집단들의 잘못과 죄는 명백하다"고 그는 선언했다. 혁명 이전의 정권(기에레끄의 정권을 포함하여)들을 이끈 인사들은 재판을 받을 것이라고 약속하기도 했다. 물론 이러한 약속은 지켜지지 않았지만, 이 정권의 초기에 새로운 권력의 위상을 높이는 데는 일조했다. 야루젤스끼는 다음과 같이 말했다.

---

140) Touraine and others, 앞의 책, 235면. 브루스는 야루젤스끼 치하에서는 군부가 정부 내뿐만 아니라 지방에까지 중요한 모든 직책을 독차지했고, 당기구는 '부차적인 기관'으로 전락했음을 강조했다(*Problemy Vostochnoi Evropy*, no. 9~10, 1984, 169면).

141) *Pojedynek, Wtorkowe konferencje rzecznika prasowego rzadu, 1981~85*, Warsaw 1985, 35면.

군대가 나쁜 의도나 무능력으로 현재의 위기를 조장한 사람들, 이러한 준엄한 교훈에서 아무것도 배우지 않은 사람들, 그리고 예전대로 행동하려는 사람들까지 보호할 수는 없으며 또 그렇게 하지도 않을 것이다. [142]

군대는 사태가 "피할 수 없는 파국으로 치닫자", [143] 개입할 수밖에 없었다. 총사령관은 민족적·민주주의적 전통에 호소했고 해방운동이라는 말도 사용했다(그러나 결국에 가서는 맑스주의 용어가 신뢰를 잃었던 것과 똑같이 이 말을 타락시켰다). 당 자체에 대해서 야루젤스끼는 자신을 '외부인사'로, 관료적인 분파 위에 군림하는 민족적 지도자로 내세웠다. 비록 상부의 대표적인 인사들은 모두 노동자들을 증오하는 계급으로서 단결되어 있었지만, 그 아래 다양한 분파들 사이에서는 합의에 도달하기란 거의 불가능했다. 야루젤스끼는 모든 분파들에 타협을 강요함으로써 외부로부터 당내 통합을 이루고자 했다. 총사령관이 당기구를 축소시켜 정치판에서 너무나 미미한 존재로 만들어놓았기 때문에, 이러한 작업은 실제로 가능했다. 중대한 문제들에서 소외된 당의 각 부서 책임자들은 이제 달리 할 일이 없었기 때문에 훨씬 더 격렬하게 서로 싸우기 시작했다. 심지어 당 내부의 일조차 실제로는 그들의 통제권에서 벗어났다. 12월 13일 이후 폴란드통합노동자당 조직은 빠른 속도로 붕괴하고 말았다. 1984년 중반까지 공공기관들은 "당을 떠나는 노동자의 수가 줄고 있다"[144]고 즐겁게 보고했는데, 여기서 쿠데타 이후 2년 동안에도 비록 그 수가 줄어들었지만, 노동자들이 계속 당을 떠나고 있었음을 짐작할 수 있다.

폴란드 상황의 특이성은 시저주의적 정권이 서로 대립하던 계급들을 화해시킬 수 없었으며 심지어 그들에게 타협을 강요할 수도 없었다는 점에

---

142) *Izvestia*, 2 January 1982.

143) *Pravda*, 14 December 1981.

144) *Prolemy Mira i Sotsializma*, no. 6, 1984, 57면. 이 혁명적 시기 말과 야루젤스끼의 '정상화' 기간(1981~86) 동안에 폴란드에서 일어난 사회적 과정은 뮈나르(Z. Mlynar)가 기획한 '소비에뜨 체제의 위기'라는 연구계획에 참여한 사람들에 의해 상세히 분석되었다(*The Crisis —— Problems in Poland. Parts I-II*, Cologne 1986 참조).

있다. 야루젤스끼 정권은 자신들이 직면한 문제 가운데 어느 하나도 처리
할 수 있는 힘이 없었다. 엥겔스는 프랑스의 보나빠르뜨 지배에 대해서
"이제 프랑스를 뒤덮은 군사독재에 의한 계엄상태를 틈타 사회의 서로 다
른 계급이 이전보다 더 격렬한 투쟁을 벌이고 있다"[145]고 쓴 바 있다.
1980년대 폴란드에 대해서도 똑같은 말을 할 수 있다. 사회적 위기를 극복
할 수 없는 이 정권의 무능력이 (루이 보나빠르뜨에서의 경우처럼) 반동
쪽에서의 쿠데타를 예정하고 있었다.

　'제3의 세력'인 야루젤스끼 장군으로 인해 노동운동이 당관료와 타협하지
않을 수 없게 됨으로써 후자에게 유리한 상황이 전개되었다. 그러나 혁명
을 경험한 민중들은 그러한 해결책을 쉽게 받아들일 수 없었다.

　군사지배는 주기적인 탄압에 의해 유지될 수밖에 없었다.[146] 폴란드가
1970년대 중반에 경험한 고도로 발전한 산업사회가 계속적인 공포의 상황
에서는 정상적으로 기능할 수 없기 때문에, 탄압의 물결 뒤에 부분적인 유
화조치가 나오곤 했지만, 그것은 곧바로 또 새로운 추방과 체포로 바뀌었
다. 이 나라의 정치적·사회적 삶은 극도로 불안정해졌다. 이 정권도 정신
이 없었다. 이 정권은 지속적인 장기전략이라는 것을 세울 처지가 아니었
다. 심각해진 경제위기, 당국이 추진하는 일마다 뒤따르는 노동자들의 저
항, 관리상의 혼란과 무능력, 군사정부 스스로 제시하는 명백한 강령의 부
재, 이 모든 것으로 인해 야루젤스끼가 그토록 큰 모험을 건 경제적 개혁
도 붕괴되었다. 군사정부는 경제분야의 성공이 생활수준을 끌어올리고 정
치적 안정도 가져다 줄 것으로 기대했다. 야루젤스끼는 이러한 측면에서
헝가리에 있었던 카다르의 진보적 시저리즘의 경험을 되풀이하고 싶어했
다. 불행하게도, 폴란드 상황은 전혀 달랐다. 브루스가 지적했듯이, 카다
르가 그 개혁을 추진했을 순간에는 "정치적 타협이 이미 이루어졌고 정부
에 대한 국민들의 지지가 대단했다."[147]

---

145) Marx and Engels, *Collected Works*, vol. 11, 215~16면.

146) 경찰이 노동자들을 살해한 사건에 대해서도, 정부측 언론은 그 사태의 책임이
　　노동자들에게 있는 것으로 보도했다. "긴장과 불안정을 획책하는 사람들이 계엄령
　　에 위배되는 행위로 인간의 생명을 위협하는데, 그러기에는 인간의 생명이 너무나
　　고귀하다"(*Izvestia*, 19 December 1982). 이런 야만적인 휴머니즘이라니!

폴란드에서 국가기구는 심각한 패배를 맛보았지만, 파국에 이를 정도는 아니었다. 이 국가기구는 양보하고 싶은 생각이 없었다. 더욱이 경제적 사정도 1960년대 헝가리보다 크게 나빴다. 군사정부는 (솔리다리티가 공장에서 확고한 자리를 유지하고 있었다는 것을 가정하면) 국영부문의 재조직화가 극히 어렵고 정치적으로 위험한 사안이라는 것을 알고 있었기 때문에 중소규모 민간기업들에 대한 지원에 모험을 걸었다. 이러한 과정의 주된 결과는 사회적 불평등의 심화였다. 1980년 중반까지 평균 생활수준은 1978년에 비해 26%나 떨어진 반면, 부유한 사람들의 생활수준은 오히려 높아졌다. 1985년에는 인구의 30%가 저축액의 70%를 차지했다. 노동계급과 달리 신부유층은 체제에 아무런 문제도 제기하지 않았다. 서방 언론인들이 지적한 대로, "그들은 정치에 관심이 없고, 더 부유해지기 위해서 법률과 법령, 경제적 무질서와 타락, 궁핍과 미덕까지 이용했다."[148] 이 신흥부르조아지는 정권의 기반이 되었지만, 그 역사적 미성숙으로 말미암아 그 정권의 경제문제까지 해결할 수는 없었다.

이 개혁이 벽에 부딪히자, 군대는 '중재자'에서 보수적인 의사개혁주의의 도구로 선회했다. 이러한 폴란드 군대의 정치적 역할의 변화는 아주 자연스러운 것이었다. 사실 지난 1981년 11월에는 군인들과 심지어 많은 솔리다리티 활동가마저 사태가 달리 전개될 것으로 예상했다. 대다수 서방 전문가들은 재야인사들과 똑같이 외국이 개입할 경우 폴란드 군대는 민중의 편에 서서 싸울 것으로 보았다. 이것은 군대가 공산당에 덜 종속되어 있었으며 다른 동유럽 국가들보다는 서방의 형태에 가까웠기 때문이다. 바르샤바에는 군인들이 예배 보는 특별한 군대교회도 있었다. 민족적인 가톨릭 전통이 아주 강했던 반면, 당조직은 거의 발전하지 못했다. 브루스가 지적하듯이, 이 모든 것 때문에 폴란드 군대는 1950년대 중반부터 "소련 지도부로부터 특별히 의심을 받아왔다."[149]

---

147) *Problemy Vostochnoi Evropy*, no. 9~10, 1984, 173면.

148) *Panorama*, 22 September 1985, 118면.

149) Brus, 앞의 책, 26면. 1973년 칠레에서 일어난 쿠데타의 원인으로 소련 전문가들이 "칠레 군부의 비정치적인 성격"(*Komsomol'skaya Pravada*, 7 September 1983 참조)을 거론했던 것은 기묘한 일이다.

1981년 군대는 비정치주의(apoliticism)와 당으로부터의 독립을 표방함으로써 폴란드통합노동자당의 구세주가 되었는데, 이것은 바로 솔리다리티 활동가들도 열렬히 주장하던 것이었다. 만약 군대가 당과 훨씬 더 밀접한 관계를 가졌더라면, 당과 함께 균열이 가고 심지어 분열되었을 것이다. 사실 당기구 내의 이 위기와 폴란드통합노동자당 하위조직의 해체는 군대 내에 아무런 반향도 불러일으키지 못했다. 정부측 이데올로기의 실패 역시 군대가 나름의 이데올로기적 전통을 갖고 있었기 때문에 어떠한 영향을 미치지 못했다. 게다가 이러한 전통은 대체로 솔리다리티가 호소했던 것과 관계가 있었다. 그러한 상황에서 군대의 통합은 더욱 강화되었다.

노동자들 못지않게 많은 군인들도 군대의 중립성을 믿었다. 이것은 바로 군대가 '조국을 구한다'는 이름 아래 떳떳하게 정권을 장악할 수 있었던 이유이기도 했다. 쿠데타 이후에도 많은 재야인사들이 12월사태를 이처럼 해석할 것을 주장했다. 미흐니끄는 만약 철저한 스딸린주의자들이 권력을 잡았다면, 폴란드 국민들로서는 더욱 나쁜 상황을 맞이했을 것이라고 강조했다. 실제로는 폴란드통합노동자당의 스딸린 분파는 권력을 유지하기는커녕 그것을 장악할 힘도 없었다. 여기에 문제의 핵심이 있다. 곧 반혁명적인 쿠데타는 시저적 정책에 기반을 두어야만 성공적일 수 있었다. 그런데, 미흐니끄에 따르면 이 시저적 정책이 차라리 나았다. 그는 1981년의 사태를 분석하면서 이 나라 계급세력의 실질적인 판도는 생각지 않고 '체제'와 '조직된 사회' 사이의 투쟁을 이야기했다. 그의 개념에서는 구체적인 사회학적 분석 대신 근사한 공식만 있었다. 그래서 그러한 접근이 잘못된 결론을 낳았다는 것은 그리 놀랄 일이 아니다. [150]

솔리다리티는 불시에 습격을 당해 패배했지만, 뿌리째 뽑힌 것은 아니었다. 활동가 가운데 중요한 사람들은 지하로 숨어들었다. 이따금 노동자들은 시위를 벌여 정부에 도전했다. 불온문서들이 계속 다량으로 뿌려지곤 했다. 공공운송을 거부하는 것과 같은 새로운 항의형태도 등장했다. 주교단의 유화적인 입장에도 불구하고 상당수의 사제들이 노동자들의 지하조직들과 밀접한 관계를 유지하고 가능한 모든 수단을 동원하여 그들을 지원했

---

150) *Eros*, 16 December 1983, 45면 참조.

다. 시저적 타협이 무위로 돌아가게 된 이유 중의 하나도 이러한 대중적 저항이 갖고 있던 효과였다. 지배계급기관 내 사람들의 분열은 더욱 깊어만 갔다. 야루젤스끼가 '질서를 회복하여' 혁명 이전 상태로 완전히 돌아가지 못하게 됨으로써, 지도부와 억압기구들 사이의 불안은 고조되었다. 1984년 10월 노동자이자 사제인 예지 뽀삐에위스꼬(Jerzy Popieluszko)가 국가 공안당국에 의해 살해된 이후 공공연한 정치적 위기가 이 나라에 생겨났다. 야루젤스끼는 살인자들을 재판에 회부할 수밖에 없었다. 수천명의 사람들이 다시 거리로 뛰쳐나왔다. 그럼에도 불구하고 솔리다리티는 자신들에게 주어진 이 기회를 이용할 수 없었다. 이 노동조합 지도자들은 어떻게 해야 할지 몰랐으며 활동가들은 새로운 상황에 대해 특별한 강령도 없었고 이를 명확히 파악하지도 못했다.

쿠데타 직후 지하조직 내에서는 군사정권의 성격과 그에 대항하는 방법을 놓고 열띤 토론이 전개되었다. 결국 문제는 노동운동 자체를 근본적으로 다시 조직하고 새로운 조직적·정치적 형태를 만들어내는 것이었다. 점차 원칙들, 곧 솔리다리티의 합법적 활동기간에 혁명가들이 지침으로 삼았던 원칙들이 그 타당성을 의심받기 시작했다. 저항파 지도자들 대다수는 '지하단체'(underground society)라는 개념을 옹호했다. 이 용어는 사실 극히 애매하고 정치적으로도 막연했다. 바웬사가 자택연금을 당했을 때 솔리다리티를 이끈 부야끄는 '지하단체'에 대해 많은 말을 했지만, 이 용어를 명확히할 수 없었다. 문제는 모든 생활영역에서 국가와 무관한 비공식적인 구조들을 만들어내는 것이었다. 이러한 과정은 1968년 이래 폴란드에서 자연스럽게 발전했다. '지하단체'의 존재가 지배계급의 위상을 위협했던 것은 분명하지만, 정치적 대안으로서는 신중히 고려되지 못했다. 솔리다리티의 약점이 '지하단체'에서 심화된 형태로 다시 드러났다.

1981년의 교훈을 훨씬 더 잘 이해한 꾸로니는 다른 해결책을 제시했다. 그는 일관되고 효과적인 정치적 투쟁을 수행할 수 있는 중앙집중화된 혁명적 조직을 건설하자는 주장을 폈다. 이것은 어떤 의미에서 레닌의 혁명주의적 전략으로 돌아가는 것을 뜻했다. 그러나 꾸로니는 이 점을 깨닫지 못했으며, 그가 제안한 조직이 어떤 강령과 이데올로기, 또 어떤 구조를 가져야 할지에 대해서도 더 심도있는 논의를 펴지 못했다.

지도자들이 내세운 이 제안들의 약점이 일반 활동가들에게도 점점 분명해졌다. 그중 한 사람이 지적했듯이, 솔리다리티 지도부는 '긴 길'에 대해서 이야기하지만, "길에는 끝이 있어야 한다."[151] 지하에서 활동중이던 사람들도 이론에 대한 흥미를 다시 느꼈다. 많은 사람들은 맑스와 로자 룩셈부르크의 저작들이 있음을 기억해냈다. 좌파 활동가들은 '투쟁하는 솔리다리티'(Fighting Solidarity)라는 조직으로 단결했다. 지하신문들 ──『로보뜨니끄』『프론뜨 로보뜨니치』(Front Robotniczy, 노동전선), 『볼니 로보뜨니끄』 (Wolny Robotnik, 자유노동자) ── 은 폴란드사회당의 재결성에 대한 논의를 시작했고 주된 쟁점은 (1981년 때와 같이) 당이 기본적으로 필요한가 하는 것이 아니라 당이 어떤 구조와 강령을 가져야 하는가에 대한 것이었다. 『로보뜨니끄』지는 사회민주주의적 경향을 위해 싸운 반면, 다른 몇몇 집단들은 강력한 뜨로쯔끼주의의 영향을 받아 폴란드 사회주의 운동이 혁명주의와 맑스주의를 확고하게 견지할 것을 기대했다.

현대 세계에서 대중의 지지를 얻고 진정으로 근본적인 사회주의 조직을 실현하려고 노력하는 사회주의적 조직 가운데 개혁주의적인 정책 없이 잘 해나가는 것은 경험상 보지 못했다.

1988~89년에 야루젤스끼 정권은 계엄령으로 '얻었던 것' 모두를 잃는 새로운 위기에 들어섰다. 다시 한번 1980년과 같이 파업과 시위가 있었다. 또다시 솔리다리티는 공개활동을 시작했다. 전후 처음으로 정부당국은 독립노조의 합법적인 지위를 인정할 수밖에 없었을 뿐만 아니라, 반(半)자유선거를 실시하지 않을 수 없었다. 정부와의 합의에 따라 솔리다리티는 폴란드 국회(Sejm) 의석수 가운데 35%와 상원의 전의석에서 경선할 수 있는 기회를 잡았다. 그 결과 솔리다리티는 경선한 의석 **모두**를 차지했다. 민중의 인기를 얻기 위해 여태껏 노력했던 정권으로서는 선거에서 이보다 더 비참한 패배는 상상하기 어려웠다. 그러나 이러한 어려운 상황에서 야루젤스끼는 예기치 못한 방면에서 지원을 받았다. 곧 솔리다리티 지도자들은 사실상 정부의 방침을 지지했고 그렇게 함으로써 정부가 몰락하지 않도록 하는 데 일조했다.

---

151) *Inprecor*, no. 200, 1985, 16면.

이때에는 위협적인 소련의 개입이라는 문제도 없었다. 솔리다리티 지도부는 그 권위를 그대로 지닌 채 그리고 더욱더 전문성을 띤 채 지하생활에서 벗어났다. 그러나 그들을 지지하고 떠받쳤던 사람들과의 관계는 상당히 상실했다. 재야의 기술주의자들이 정부의 기술주의자들에게 대항하여 제기할 수 있는 요구는 단지 한가지뿐이었다. 곧 우리가 그 지위에 앉으면 하는 일이야 똑같겠지만 좀 나을 것이다.

수익성이 나쁜 경제분야——이러한 분야는 또한 솔리다리티의 사회적 기반이기도 했다——를 축소하고 폴란드를 가장 번영되고 경쟁력이 있는 제3세계 국가들 가운데 하나로서 서방 경제와 연결하려는 준비작업이 솔리다리티 지도자들을 깜짝 놀라게 했다. 그렇지만 정부가 그러한 작업——이러한 것은 분명 대다수 폴란드인들을 파멸과 사회적 강등으로 몰아갔을 것이다——을 감행하려고 하면 노동자들의 거센 저항에 부딪힐 것이 뻔했다. 바로 이러한 저항에서 1988~89년의 위기가 생겨난 것이다. 그러나 그 순간부터 솔리다리티 지도부는 그 모든 도덕적 권위로 이러한 정부의 생각 없는 작업을 거들도록 요구받았다. 미흐니끄는 상당했던 자신의 모든 영향력을 이용하여 이 채택된 길 이외에 '다른 대안이 없다'는 것을 그의 동료 시민들에게 납득시켰다. 새처 수상의 핵심적인 주장과 같은 이러한 발언이 이제 폴란드에서조차 인기가 있었다. 물론 '대중'을 배반하는 '지도자'라는 식의 전통적인 상투적 표현으로는 이것을 거의 설명하지 못한다. 솔리다리티 지도부가 사태를 뒤쫓아가고, 솔리다리티가 정부당국의 기술주의적인 방식이나 금융상의 방식에 대해 다른 대안을 제시하지 못하는 무능력을 보이는 것은 그들의 전반적인 이데올로기적 취약성과 관련이 있다.

폴란드 사회의 이같은 심각한 변화의 결과로써만 민주주의적 대안이 성공적으로 형성될 수 있었다는 점은 아주 분명하다. 민주주의적 대안이란, 말하자면 민주적인 계획메커니즘의 창출, 그리고 아주 가능할 법한 것으로, 이를 바탕으로 하여 '소기업'의 현대식 경제를 창출하기 위한 국영기업체의 시자치체로의 전환, 그리고 새로운 직업의 마련과 함께 대부분 노후한 기업에 종사하는 노동자들의 점진적인 재교육 등을 그 내용으로 하고 있었다. 이 위기의 탈출구를 위한 민주주의적 전략의 구축은 쉬운 문제가 아니었다——성공이 자동적으로 보장될 수 없었다. 그러나 민주주의적 대

안의 문제를 솔리다리티 지도층은 제기조차 하지 않았다. 그 지도자들은
정부의 전문가들을 따라서 '자유시장'의 필요성에 대한 의미없는 일반론만
기계적으로 계속 반복하고 있었다. 자주관리를 겨냥했고 심지어 1980년 솔
리다리티 강령에 있었던 대안의 요소들조차 아예 무시되거나 잊혀졌다.

   어떤 의미에서 1989년의 기회주의는 1980년의 자발성에 대한 응보라고
이야기할 수 있다. 독자적인 전략도 이론도 없이 솔리다리티 지도자들은
자신들의 모든 삶을 걸고 싸운 지배계급에 몸을 내맡기다니! 이론과 실제
사이의 관계를 과거에는 어떻게 생각하고 있었는지를 살피는 데에는 이보
다 더 나은 예가 별로 없다. 동유럽의 진정한 쇄신을 위해 노력하는 민주
주의 운동에는 맑스주의 이론이나 혁명적 전략이 필수불가결하다. 그렇지
않으면 우리의 성공이란 성공은 모두 수치스러운 패배로 변할 것이다.

제 5 장

개혁 대신 안정: 브레즈네프주의와 기술주의

역사가 보여주듯이 사회의 근본적인 모순을 위로부터의 개혁으로 충분히
해결하는 경우는 드물지만, 그래도 이것은 지배계급이 최소한 그 나라가
당면하고 있는 문제의 심각성을 제대로 느끼고 있다는 증거는 된다. 개혁
을 거부하는 경우는 대체로 그 반대의 증거이다. 완고한 보수적 지배집단
이 제때에 양보를 하지 않아 파국에 이르는 경우도 많다. 물론 때로는 이
러한 위기를 성공적으로 극복하기도 했다(러시아 알렉싼드르 Alexander 2
세가 선언한 농노제의 폐지를 생각해보면 안다). 그렇지만 어쨌든 보수적
지배체제가 시간을 질질 끌면, 지배층과 그 나라 전체가 희생을 치러야 했
다.

1950년대의 소련 지도층은 사회적 상황의 변화에 시기적절하게 대처하는
상당한 유연성과 능력을 보여주었다. 1953~57년에 흐루시초프(Nikita
Khrushchev)가 행한 제한된 변혁은 이 나라의 발전수준에 완전히 부합한
것이었다. 이 당시 소련에는 산업사회가 등장했는데, 이에 비하면 스딸린
통치방식은 이미 시대에 뒤떨어진 것이었다. 1953년 이후 새 지도부는 국
가를 통치하는 방식뿐만 아니라 소련 국민의 생활방식까지 모두 바꾸는 작
업에 착수했는데, 여기에는 이렇다 할 주저함이나 심각한 저항이 없었다.

이 개혁이 진척되자 관료층의 반동집단들이 불만을 터뜨리기 시작해서 1957년 스딸린의 '구 근위대'(old guard) 핵심이 흐루시초프에 반대함으로써 그 절정에 달하긴 했지만, 이러한 저항이 스딸린격하운동을 저지할 수는 없었다. 그 결과, 1950년대 말에 소련은 서방의 산업민주주의와 비견할 만한 과학기술혁명 시대에 들어서게 되었다. 소련의 우주공학은 가장 앞서 나갔으며, 다른 많은 분야에서도 선두대열에 끼게 되었다. 그러나 1960년 대에는 이 흐름을 역전시키는 새로운 문제가 등장하기 시작했다.

스딸린 체제하에서 러시아는 이미 산업강국으로 변모했다. 그래서 스딸린 이후의 시기는 이 '원시적' 산업화를 고도의 산업생산 형태로, 외연적 발전을 내포적 발전으로, 신기술법칙을 이용하는 제1단계 과학기술혁명에서 이 나라 모든 생산기관을 혁신시키는 다음 단계로 전환해야 하는 문제에 직면했다. 여기에서 필요했던 것은 무엇보다도 스스로 통제하고 발전할 수 있는 역동적이고 유연한 경제관리체제의 창출이었다.

흐루시초프는 분명 이러한 문제들의 중요성을 인식했다. 그가 선택한 길은 각 지역에 경제협의회(Sovnarkhozy)를 두어 경제관리를 부분적으로나마 분권화시키는 것이었다. 이와 동시에 1962년부터 각 시(市)와 지방 당조직의 '활동영역을 제한하는' 정책이 시행되기 시작했고, 많은 사람들은 이것을 당의 이원화를 위한 준비작업으로 해석했다. 또 제20차 당대회부터 제22차 당대회까지 진행되었던, 스딸린에 대한 가차없는 비판도 원래 제시되었던 한계를 훨씬 뛰어넘었다. 곧 스딸린뿐만 아니라 스딸린주의까지도 비판의 대상이 된 것이다. 흐루시초프가 선택한 이러한 방향은 필연적으로 이데올로기적·정치적 개혁을 수반하였다.

이러한 급진적인 변화에 대해 당기구는 전혀 대비가 없었다. 스딸린 '개인 우상화'의 잔재들이 극복되어가고 있던 1950년대에 흐루시초프는 당지도부의 압도적인 다수를 자기편으로 끌어들이는 데 성공했다. 1953~57년에 이루어진 이 정치적 근대화의 첫 단계는 스딸린의 숙청에 지치기도 하고 변화의 필요성도 느낀 당료 다수의 지지를 받았다. 그러나 제22차 당대회에서 스딸린에 대한 여러 차례의 비판이 있고 난 다음 이 나라의 향후 발전에 대한 문제가 제기되면서, 흐루시초프를 지지하던 이러한 대연합도 깨어지기 시작했다. 보수적·개혁주의적·기술주의적 경향들이 관료적 분위기 속에서 서로 각축을 벌였다. 그후 당기구의 안정을 해쳤던(반면 어느 정도 활력을 불어넣기도 했던) 스딸린 숙청의 종결은 지배계급의 사회적 유대를 강화시키고 그들만의 특수한 이해관계를 의식하게 하였으며, 결국 은 이러한 이해관계를 지켜줄 수 있는 지도자들을 중심으로 뭉치게 만들었 다. 이런 식으로 흐루시초프의 탈스딸린 정책은 결국 흐루시초프 자신을 파멸로 몰고 갈 상황을 연출했던 것이다.

관료제 내에서 보수주의 지지세력은 주로 지방의 당원들이었는데, 그들 의 주된 관심사는 자신의 지위를 안정시키는 것이었다. 이들은 주위의 많 은 사람들이 스딸린의 숙청으로 희생당하는 것을 보았기 때문에, 공포시대 의 종말에는 쌍수를 들어 환영했다. 그렇지만 사회경제적 개혁, 더욱이 정 치적 개혁이란 그들이 전혀 생각하지 않았던 것이다. 흐루시초프가 당내 모든 핵심 당직자의 쇄신을 요구하고 나서자, 이 사회계층은 더이상 그에 게 지지를 보내지 않았다. 그 순간부터 이들은 흐루시초프를 당지도자가 아니라 위험인물로 보았다.

기술주의 집단을 지지했던 사람들은 중앙 당기구와 경제 및 국가 관리기 구의 관료들이었다. 만약 지방 주(州)위원회(obkoms)의 사람들이 브레즈 네프(Leonid Brezhnev)와 쑤슬로프(Mikhail Suslov)를 자신들의 지도자로 삼았다면, 기술주의자들은 분명 꼬씨긴(Aleksei Kosygin)에게 공감을 표시 했다. 이 두 경향에 비해 개혁주의적 흐름은 취약했다. 이를 대표한 사람 들은 주로 흐루시초프의 해빙기 시절에 경력을 쌓았던 전문가와 이론가들 이었다. 이 흐름이 당기구에서는 확고한 지지를 받지 못했다. 자신의 정치 적 성패가 급진적 개혁에 달려 있던 흐루시초프의 운명이 이러한 상황에서 는 비관적일 수밖에 없었다.

1964년 10월, 흐루시초프의 실각은 이 보수집단과 기술주의 집단의 합작 품인 셈이다. 그래서 10월 전체회의에서 새로 선출된 지도부는 집단지도체 제의 성격을 분명하게 드러냈다. 브레즈네프는 당 서기장이라는 직책을 지 녔지만, 국가기구의 어떤 요직도 맡지 않았다. 수상자리는 꼬씨긴이 차지 했다. 그러므로 처음부터 새 정부의 정책은 이 두 파의 타협(세력균형)으 로 정해졌다. 이 두 집단은 모두 자신들이 보기에 너무 급진적이고 방향감 각을 상실한 흐루시초프의 실험을 중지시켜야 한다고 믿었다. 전체회의에

서 보수적인 지방관료들은 당 기관원들이 더이상 간부들의 직책에 위협을
가하지 못하도록 하는 신분보장을 요구하여, '간부의 안정화' 정책을 선언
하는 데 성공했다. 기술주의자 쪽에서 원했던 것은 지속적인 변혁정책이었
지만, 그것은 개혁주의자들의 생각과는 전혀 다른 것이었다. 이들의 생각
에 변혁이란 관리체제의 완성을 뜻했다. 말하자면 이들이 문제삼은 것은
사회구조의 변혁이 아니라, 사회구조를 규제하는 것이었다.

곧바로 '꼬씨긴' 개혁으로 널리 알려진 1965년 경제개혁은 이 기술주의자
들의 발명품이었다. 이 개혁안의 제안자들은 흐루시초프가 지난 10년간 행
한 정치적 근대화에다 경제적 근대화를 덧붙여야 한다는 필요성에서 출발
했다. 그런데 이들은 분명 이것이 지나치게 진행되는 것을 우려했다. 따라
서 이 개혁의 한계는 그 출발부터 뚜렷이 정해져 있었던 것이다. 흐루시초
프의 실험 대신 이들이 제안한 것은 바로 계획적인 조치들, 즉 모든 것을
하나의 목적에 종속시키자는 것이었다. 말하자면 이 계혁에는 경제관리과
정을 단순화하는 것 이외에 다른 의도가 없었다. 이에 따라 분권화 과정은
유지되었지만, 지역 경제협의회를 만들려는 흐루시초프의 생각은 물거품이
되었다. 흐루시초프가 택한 길은 지방의 사회정치적 핵심을 모스끄바로부
터 독립시키려는 것이었다. 그러나 꼬씨긴의 기술주의 분파는 주로 모스끄
바의 당-국가기구에 토대를 두고 있었기 때문에, 이러한 해결책에는 관심
이 없었다. 이것은 국가기구에 떠맡겨진 경제적 부담을 덜고 그 능률을 높
이자는 시도였을 뿐, 그 권력을 줄이자는 것은 절대 아니었다.

스딸린의 계획체제는 후진국 상황에 맞게 짜여진 것이었다. 따라서 중앙
에서 모든 산업화 과정을 지휘하기란 쉬웠다. 이를 통해 가장 중요한 산업
에 자원을 집중적으로 투입할 수 있었다. 그러나 산업사회가 더 복잡한 경
제구조를 갖게 됨에 따라 다른 방식이 필요했다. 중앙에서 모든 문제를 다
해결할 수 없게 되었던 것이다. 중앙에서는 가장 중요한 것과 부차적인 것
을 구별할 수 없었다. 또 계획기구로는 각 방면에서 올라오는 수많은 정보
의 흐름에 대처할 수도 없었다. 말하자면 중앙기구 자체의 부담을 덜기 위
해 권력을 지방의 경제기관에 어느정도 나누어줄 수밖에 없는 상황이 도래
했다.[1]

1940년대 말에 15개년계획이 짜여졌는데, 1965년은 바로 이 계획이 끝나

298

는 시점이었다. 브레즈네프와 그 동료들이 이 계획의 목표와 실제의 결과를 비교해서 내린 결론은 딱 한가지였다. 계획 전체로 보자면, 목표량을 30%나 초과달성했다. 곧 석유생산량은 100%, 전기생산량은 56%, 가스생산량은 48% 등 초과달성이었다. 그러나 농업생산은 38% 미달이었고, 농촌의 노동생산성은 목표의 67%에 불과했다. 경공업 또한 원래 계획한 목표에 도달하는 데 실패했다. 그 어떤 것도 100%를 이룬 것이 없었다. 목표가 높게 설정되었거나 낮게 설정되었던 것이다. 그리고 그같은 경우에는 모두 그 차이가 컸다. 15개년계획을 분석한 결과, 스딸린의 계획체제는 효과가 없었음이 밝혀졌다. 이후 장기적인 계획들을 제아무리 철저하게 잘 짠다고 해도 이 첫번째 계획과 비슷했을 것(1960년대 장기계획과 비교할 때 유일한 차이점이라면, 스딸린 시대에는 대체로 계획이 초과달성되었다면 이때에는 전반적으로 미달되었다는 것이다)이라는 점은 예상할 수 있다. 그런데 이러한 계획의 실패에 대해서 그 직후 몇년 동안은 그냥 보아넘겼으나, 1965년에는 이 계획의 실패가 큰 문젯거리로 떠올랐다. 언론에서도 스딸린의 경제관리방식에 대한 전반적인 비판이 시작되었다. 많은 사람들이 강조한 것은 중앙집중화된 계획경제가 "사회주의 건설의 경험이 없고 국가와 당 생활에서 민주적 규범이 없는 상황"[2]에서 이루어졌다는 점이

---

1) 1960년대와 80년대 사이의 소련 경제의 어려움을 종종 자원부족 탓으로 돌리곤 하지만, 많은 경제학자들이 이야기하듯, 이것은 "이론상으로나 실제로나 사실이 아니다"(*Voprosy Ekonomiki*, no. 2, 1982, 4면). 소련과 같이 부유한 나라에서 자원부족 현상이 나타난다면 이는 관리방법에 문제가 있는 인재(人災)일 뿐이다. 알렉 노브가 지적하다시피, 흐루시초프는 "변화의 필요성과 변화의 필수적인 방향까지도 얼마간 알고 있었고, 산업과 농업의 자치관리, 경제적인 기준, 합리적 투자정책 등을 종종 거론했다." 그럼에도 불구하고 노브의 주장에 따르면, "흐루시초프가 추구한 방법은 성공하지 못했고 '전통적이었다'"(Nove, *An Economic History of the USSR*, London 1980, 368면). 그래도 흐루시초프의 수단이 브레즈네프의 그것보다는 더 창의적이고 단호했다는 점은 부인하기 어렵다.

2) *Voprosy Ekonomiki*, no. 10, 1966, 131면. 1950년대에 이미 싸르트르는 스딸린주의의 계획경제과 그것의 권위적·관료적 사고방식 사이에는 연관관계가 있음을 강조했다. "잘못을 인정하지 않으려는 관료들이 국가의 미래와 생산을 좌우하기 때문에 이들이 수행하는 계획경제는 현실을 왜곡하게 된다." 게다가 그것은 "절대적인 관념론으로, 처음부터 인간과 사물은 이념에 종속되어 있고, 이러한 이념을 거

었다. 반면 분권화와 관련된 어려움과 문제점은 여전히 알려지지 않았다. 따라서 당지도자들은 모두 똑같은 수준은 아니라 할지라도 처음에는 경제 개혁을 지지했다.

이렇게 변화의 기틀이 잡히자, 다시 개혁주의의 분위기가 되살아났다. 많은 전문가들이 나서서 기존의 제도를 공공연하게 비판하고 아주 급진적 인 생각들을 피력했다. 이 체제가 계획량을 채우는 데 따라 기업의 성과를 측정하기 때문에 계획량이 적게 책정된 기업들만 유리하게 되어 경제성장 률이 낮아진다는 주장이 각지에서 나왔다. 기업이 최종생산까지 더 관심을 갖도록 하고, 부차적이고 사소한 문제는 중앙기구의 직접적인 개입 없이 해결하도록 하며, 지방이 주도권을 잡아야 한다는 것이 이러한 주장의 골 자였다. [3]

그후 일군의 학자들도 기존에 채택한 방식이 분명 적당치 않았다는 사실 을 강조했다. 자슬라프스끼(Victor Zaslavsky)는 연속된 실패의 원인이 "독 립성 부족과 비효율성, 그리고 개혁 자체의 보수적 성격"[4]에 있다고 썼다. 이 개혁안을 기술주의자와 보수주의자들이 함께 짰다는 사실이 그 궁극적 인 결과에 반영되어 나타나지 않을 리가 없었다. 그러나 이 1965년 결정이 첫 단계로 계획되었을 뿐이라는 점을 망각해서는 안된다. 그 개혁이 나름 의 역동성을 찾아내고 다음 조치들을 이끌어낼 기회를 조성할 수도 있었 다. 그러나 현실은 예상과 달랐다. 경제기구와 지방 당료층의 중간층이 중 앙기구보다 개혁에 더 관심을 보이지 않았다. 이 중간층은 새로운 정책을 사실상 거부했다. 사업장 감독관의 권리가 확대된다는 것은 분명 자신들의 이해관계를 침해하는 것이었다. 순전히 조직상의 재편을 위해 고안되었던

부하는 관행은 잘못으로 선언된다"(J.-P. Sartre, *Critique de la raison dialectique*, vol. 1, Paris 1960, 25면).

3) 필자는 이미 1965년 개혁의 준비 및 그 실행에 대해 『희망의 변증법』(*Dialektika Nadezhdi*)과 『생각하는 갈대』(*Myslyashchii trostnik*)에서 상세하게 논했다. 이 주 제에 대해서는 문헌이 광범위하다. 그 당시 급진적 개혁주의자들의 사상이 남긴 인상에 대해서는 G. Lisichkin의 저서 『계획과 시장』(*Plan i rynok*, Moscow 1966) 을 참조하라. 이 책은 깊이가 있으면서도 읽기 쉽게 쓰여졌다. 흥미롭게도 이 책 은 체코슬로바키아에서 '프라하의 봄' 직전에 출간되었다.

4) V. Zaslavsky, *Il consenso organizzato*(조직된 합의), Bologna 1981, 32면.

것이 점점 사회정치적인 문제로 비화되고 있었다.

브레즈네프와 다른 보수주의자들은 지방 당 기관원들의 영향으로 이 개혁에 더욱더 유보적인 태도를 취하기 시작했다. 이제 보수주의자와 기술주의자 연합체 사이의 세력판도가 분명히 후자에 불리한 쪽으로 바뀌었다. 메드베제프가 지적했듯이, "반동적 경향"이 당기구 상부를 지배했다. [5]

이에 반해 소련과 마찬가지로 1960년대 초부터 개혁바람이 불고 있던 동유럽 국가들은 그 발전속도에서 소련을 앞지르기도 했고 민주적 전통도 더 풍부하게 되었다. 여기서는 이러한 개혁의 진전으로 심각한 사회적 분열이 발생하기도 했고, 폴란드와 체코슬로바키아에서는 정치를 변혁하려는 대중운동까지 일어났다. 개혁바람과 대중의 정치운동은 처음부터 서로 명백한 관련성이 있었다. 체코청년동맹(Czech Youth)의 1968년 선언에는 다음과 같은 구절이 있다. "가장 중요하고 긴급한 문제의 하나는 모든 결정이 익명으로 이루어지고 그 결정의 책임소재가 분명치 않은 체제를 무너뜨리는 것이다." 이러한 내용은 '프라하의 봄'이 절정에 달했을 때 나온 '체코공산당 중앙위원회의 행동강령'에도 나온다. 이들 개혁주의자는 경제적 변혁을 성공적으로 수행하기 위해서는 정치적 민주화가 동시에 이루어지지 않으면 안된다고 주장했다.

폴란드와 체코슬로바키아의 개혁주의 운동이 진압된 후에도, 브레즈네프와 그 동료들을 불안하게 만들었던 원인은 사라지지 않고 있었다. 이러한 정치적 요구들이 위로부터 추진된 경제적 과정과 밀접하게 관련되어 있다는 사실이 특히 이들의 마음에 걸렸다. 사실 헝가리의 경험이 보여주듯이, 경제개혁과 불가분의 관계에 있는 정치적 자유화는 여러 경우에서 보듯 원래 규정한 한도 내에서 진행될 수도 있었다. 그런데도 '프라하의 봄'이 나타날 수 있었던 것은 지배계급이 그 개혁의 발전을 곧바로 통제하지 못했기 때문이었다. 특히 기술주의자들과의 타협을 바라지 않는 보수적 관료집단이 개혁을 완강하게 거부함으로써 오히려 개혁을 키우는 결과를 낳았다. 그 결과, 한편에서는 모스끄바 지도부가 승인해준 것보다 더 급진적인 조치를 취하고자 하는 개혁주의자-기술주의자동맹이 나타나고, 다른 한편에

---

5) R. Medvedev, *Kniga v sotsialisticheskoi demokratii* (사회민주주의에 대한 책), Amsterdam-Paris 1972, 294면.

서는 관료집단간에 공공연하고 치열한 싸움이 벌어지게 되었다. 이러한 투쟁에 결국 중간층과 노동자들까지 휘말려들어감으로써 개혁이 곧 혁명과 같은 것으로 변하기 시작했다. 이에 반해서 보수적 저항이 아주 약했던 헝가리(스딸린주의자들은 이미 1956년에 패배를 맛보았다)에서는 그러한 일이 전혀 일어나지 않았다. 이곳에서는 관리자들의 권한이 확대되었지만, 프롤레타리아트가 공공생활에 더 참여하게 된 것은 아니었다. 한 서독 특파원이 1975년에 지적했듯이,

> 헝가리 개혁에서 승리한 사람은 출세한 관리자와 기술주의자, 농민과 소상인, 곧 생산, 무역, 가격을 통제하는 사람들이었다. 유일하게 한 계급만 패배했다. 바로 사회주의 건설을 위해 당과 국가가 우러러받드는 그 계급, 곧 노동자계급이다. [6]

이 개혁이 진행되면서 다양한 사회계급에 더 많은 이익이 돌아가기 시작했다. 1970년대 초반에 노동자들은 이 개혁에 의심의 눈초리를 보내고 곳곳에서 파업까지 불사했지만, 70년대 말이 되자 이들의 생활수준도 크게 향상되었다. 정치적 자유화도 진행되긴 했지만 통제받은 채 느리게 진행되었다. 제때에 양보를 함으로써, 곧 노동조합의 역할과 생산에 대한 노동자의 권리를 확대함으로써, 헝가리는 세계적인 불황으로 경제적 어려움이 들이닥쳤던 1980년대에도 첨예한 사회적 갈등은 피할 수 있었다.

이론상으로는 '헝가리 모델'이 소련의 상황과 맞아떨어진다. 1960년대 소련 노동자계급의 발전수준을 감안하면, 개혁과정에서 나타날 수도 있는 심각한 대중소요에 겁을 낼 필요가 없었다. 당 최고지도부가 변혁에 대한 통제력을 확실하게 장악하고 있었던 것이다. 그러나 역시 개혁이 수행되기 위해서는 이러한 객관적인 가능성도 중요하지만, 정치적 의지 또한 필요하다. 이러한 정치적 의지를 브레즈네프는 갖고 있지 않았고, 가질 수도 없었다. 1964년 그가 정권을 잡는 데 결정적인 ·힘이 되어준 것은 바로 보수적인 지방의 당 기관원들이었다. 18년의 지배기간 동안 그의 손발이 되어준 것도 바로 이들이었다. 이들은 사회계층 가운데 개혁을 가장 단호하게

---

6) *Der Spiegel*, no. 10, 1975, 108면.

거부하는 사람들이었다. 경제학자들에게는 '헝가리 모델'이 매력적이었지만, 이데올로그들은 여기에서 '프라하의 봄'과 비슷한 어떤 수상쩍은 냄새를 맡았다. 이것이 어떤 이들에게는 이단으로 끝날 것이지만, 다른 어떤 이들에게는 자신의 지위를 위협하는 것이었다. 브레즈네프와 그 정권은 헝가리에서 벌어졌던 변화에 대해서는 지배엘리뜨 가운데 기술주의자들의 영향으로 관용적인 태도를 취했지만, 자기 나라에서까지 이와 비슷한 변화를 실현할 의도는 분명 전혀 없었다.

브레즈네프 체제 18년 동안, 경제정책에서 기술주의자들의 영향력은 서서히 줄어들었고, 대신 가부장적이고 보수적인 원칙들이 승리를 거두었다. 그러므로 이들간의 타협 조건은 항상 재조정되었다. 물론 1970년대 초만 하더라도 기술주의자들이 전략적인 결정을 내리는 데는 여전히 영향력을 행사하고 있었다. 그러므로 그후에 일어난 모든 사태에 대해 기술주의자들도 책임을 같이 져야 한다.

경제개혁을 거부함으로써 대안이 될 만한 다른 어떤 전략이 필요했다. 처음에는 그러한 전략이 없었지만 1970년대 초를 기점으로 만들어지기 시작했다. 이때부터 강령에서 보수적이고 체제수호적인 목표가 기술주의적 요소를 완전히 압도했다. 이와 동시에 브레즈네프가 꼬씨긴과 다른 동료들을 제치고 유일한 지도자가 되었다. 또 이데올로기 영역에서는 안정이라는 슬로건이 나왔다. 그렇다고 해서 혁명적인 용어의 사용을 거부한다는 뜻은 물론 아니었지만, 안정이라는 요소가 점차 지배하게 되었다. 마찬가지로 자슬라프스끼가 주장했듯이, 브레즈네프 시대에는 공식연설에서 공산주의라는 말보다 "쏘비에뜨 생활방식"이라는 말이 더 자주 쓰였다. [7]

전반적인 경제개혁을 포기함으로써 계획경제라는 구체제의 근본 원칙들이 재확립되기에 이르렀다. 예컨대 '총산출량(val)계획'이 이제 '판매계획'이란 이름으로 바뀌어 다시 등장했다. 브레즈네프 지도부는 사회의 생산관계는 바꾸지 않은 채 생산력의 발전을 이루고자 했다. 이러한 작업은 분명 실현될 수 없는 일이다. 왜냐하면 새로운 상황에서 나타난 문제를 옛날 방

---

7) Zaslavsky, 앞의 책, 97면. 1974년 6월 9일자 『쁘라브다』지는 판에 박은 강령을 발표했는데, 이에 따르면 쏘비에뜨 체제의 큰 장점은 "정치적으로 안정된 상태에서 사회적 진보를 수행하는 것이다."

식으로 그대로 해결하기란 불가능하기 때문이다. 맑스를 조금이라도 알고
있는 사람이라면, 그것은 자명한 이치이다. 그러나 '현실정치가'는 원칙상
불가능할 것 같은 그러한 일을 실행 가능하게끔 수많은 각각의 개별적인
일로 나눌 수 있는 것도 사실이다. 헝가리 경제학자인 베렌드(J. Berend)는
그러한 정책에는 "부분적인 성공과 함께 모순의 악화가 동시에"[8] 따라다니
게 될 것이라고 했다. 이러한 방식을 사용해서 개별적인 성공이 있게 되면
그것을 전반적인 노선이 옳다는 증명으로 받아들여, 어떤 문제가 발생하면
그것이 전반적인 노선 때문이 아니라 그 담당자의 무능력 때문인 것으로
돌려졌다. 모든 실패는 개인적인 잘못이나 지역의 조건으로 설명되고, 그
들이 일단 택한 길의 타당성에 대해서는 추호의 의심도 없었다. 그러나 사
실 실패의 원인이, 채택된 조치들의 '부분적 특성', '불완전성', 상호협조
실패 등이었음이 명백해지고 있었다. 언뜻 보기에 이것은 가치를 재평가하
는 출발로 보이지만, 문제는 전략을 재검토하는 정도가 아니라 (이것은 브
레즈네프의 사망 때까지 전혀 변하지 않았다) 복합적인 '포괄적 강령들'을
만들어야 하는 것이라는 사실이 점차 분명해졌다. 베렌드가 예상했듯이,
이러한 모순이 쌓이고 더욱 복잡하게 얽히게 되었다. 막다른 상황, 곧 '절
망'에 빠진 느낌까지 받게 되었다. 정부는 애매한 입장을 고수하고 있었
다. 정부는 한편으로 생산력을 발전시키고 주민의 생활수준을 향상시키며
생산의 질을 높이고자 노력했다. 그러나 다른 한편으로 이러한 것을 유도
하는 결정뿐만 아니라 정반대의 결과를 내는 결정도 내리곤 했다. 역사에
서 이와 비슷한 상황은 비일비재하다.

  엥겔스는 한때 국가는 경제발전을 지원할 수도 있고 방해할 수도 있다고
쓴 적이 있다. "국가는 어떤 방향에서는 경제발전에 장애가 되기도 하지
만, 어떤 방향에서는 그것을 추진하기도 한다." 그는 계속해서 말하기를,
이렇게 "정치권력은 경제발전에 가장 큰 장애가 되어 대규모의 힘과 물질

---

8) *Vengerskie novosti*(새로운 헝가리), no. 9, 1983, 10면. 소련 경제학자 미꿀리스
   끼도 비슷한 이야기를 했는데, 예를 들어 그는 경제적 전략 대신에 "경제적인 목
   표"를 제시함으로써 해악이 나타났고 "경제발전의 전체적인 방향성"이 상실되었다
   는 점을 지적했다(K. I. Mikul'skii, *Ekonomicheskii rost pri sotsializme*[사회주의에
   서의 경제성장], Moscow 1983, 13면).

적 손실을 가져올 수 있다"고 했다. [9] 결국 엥겔스의 견해에 따르면, 이 모든 것에 책임이 있는 사회계층은 자신의 자리를 포기해야 한다.

개혁의 거부가 항상 변화의 거부를 의미하는 것은 아니다. 혜르쩬(Herzen)은 러시아 관료주의가 모든 혁신에 반대한 것은 결코 아니라는 점을 강조했다. 브레즈네프 지도부는 그저 전반적인 몇가지 조치로 개혁을 대신하고자 했을 뿐이다.

그 가운데 가장 중요했던 것이 선진기술의 수입이었다. 과학 연구를 제대로 적용하지 못함으로써 많은 산업부문이 뒤처지는 결과가 초래되긴 했지만, 새로운 장비는 해외에서 들여올 수 있었다. '개혁을 수입으로 대신'하려는 이 원칙은 서방과의 무역에 활력을 불어넣고 국제적 긴장을 줄이는 자극제가 되는 등 긍정적인 요소로 비치기도 했다. 그러나 실제로는 서방의 기술이 너무 비싸다는 사실이 곧 드러나게 되었다. 원자재와 그에 필수적인 반(半)제품의 수입에 대한 수요도 늘어났다. 처음에는 선진기술의 수입이 몇몇 분야에 한정되었지만 이러한 관행은 곧 널리 시행되기에 이르렀다. 그 결과, 1970~80년에 소련은 선진자본주의 국가와의 무역을 6배로 늘렸다(그리고 이것은 계속 급속히 상승했다). 이에 따라 무역적자와 대외부채가 동시에 증가했다. 1970년에서 1977년까지 부채는 19억 달러에서 112억 3천만 달러로 늘었다. [10] 게다가 1978년 이후에는 서방과 동구의 관계가 또다시 악화되었다. 아프가니스탄 전쟁과 미국 미사일의 유럽 배치로 브레즈네프 말년에는 데땅뜨의 위기가 가속화되었다. 그래서 1980년 이후에는 서방의 기술을 도입하는 문제가 더욱더 복잡해졌다. 1980년대 전반기에 소련은 무역적자와 부채의 문제를 해결하는 데에는 대체로 성공적이었으나(비록 이러한 상황은 1985년 이후 다시 어려워졌지만), 기술혁신의 문제는 여전히 남게 되었다.

그 가운데 가장 좋지 않았던 것이 새로운 기술의 도입에는 성공했으나 그에 맞는 생산관계가 존재하지 않아서 필요한 만큼의 성과를 거두지 못했던 점이다. 브레즈네프 전략의 중요한 측면은 컴퓨터화였다. 이를 통해 중

9) Marx and Engels, *Sochineniya*(저작집), vol. 33, 417면.
10) *SSSR v tsifrakh v 1979 godu*(소련 통계연감 1979년), Moscow 1980; *SSSR v tsifrakh v 1984 godu*(소련 통계연감 1984년), Moscow 1985 참조.

앙집중화된 정책결정과정의 수준을 질적으로 높여보자는 의도였다. 그러나 유감스럽게도 컴퓨터는 사람들이 던져주는 문제만을 해결하고, 사람들은 사람들대로 자신들의 분야에 관련된 목적만 추구한다. 컴퓨터 도입에 따른 효과는 정보의 신빙성에 좌우된다――그런데 소련의 상황에서는, 경제학자들이 지적한 대로, 정보가 "쉽게 구해지지 않았다."[11] 1980년대 중반까지 컴퓨터의 도입은 대부분의 경우 의도했던 결과는 낳지 않았고, 몇몇 경우에서만 "기대했던 것의 4분의 1이나 5분의 1 정도의 효과를 낳았을 뿐이었다."[12] 이러한 상황에서는 컴퓨터화가 때때로 적자를 낳는 주범이기도 했다. 생산에서 기술 및 조직의 현대화 그 자체만으로는 능률과 질의 문제를 해결하지 못할 뿐만 아니라, 때로는 그러한 문제를 도리어 악화시키기도 한다는 것이 분명해졌다.

브레즈네프와 그 동료들은 이제 유능한 간부진의 교육에 가장 큰 기대를 걸었다. 이를 위해 특별히 모스끄바에 경영연구소가 세워졌으며, 소련 관리자들의 경험을 비교하고 그들의 기술숙련도를 높일 수 있는 수많은 조치들이 시행되었다. 또한 서방의 경영문화를 연구하는 데 많은 관심을 쏟기도 했다. 비록 영국의 한 전문가가 강조했듯이, "이러한 기술이 그와 다른 사회에서 적용될 수 있을지는 미지수"[13]였지만 말이다. 사실 새로운 관리자들의 일처리가 과거 관리자들보다 오히려 미숙하기도 했는데, 그것은 이들이 현장에서 직접 지도해본 경험이 없거나 자신들의 지식을 실제로 써볼 기회가 없었기 때문이다.

낙후된 산업의 발전을 촉진시키기 위해서는 추가투자가 필요했다. 1970년대에는 운송과 농업에, 그리고 그후로는 석탄산업, 핵에너지, 석유채굴 등의 산업에 자본을 대규모로 투여했다. 이러한 자본투자는 증가만큼 효과를 보지 못했다. 전후 소련 경제의 특징이 자본산출비(capital-output ratio)가 낮다는 것이지만, 브레즈네프 집단지도체제하에서도 그것이 높아지기는커녕 오히려 사실상 계속 낮아졌다. 공식적인 수치에 따르면, 자본산출비는 제10차 5개년개혁 동안에 물질생산 면에서 14%나 떨어졌다. 만약 제9

---

11) *EKO*, no. 8, 1980, 99면.
12) 같은 책, no. 8, 1985, 131면.
13) R. Hutchings, *Soviet Economic Development*, Oxford 1982, 153면.

차 5개년개혁이 원안대로 실시되었다면, 상황은 훨씬 더 나빠졌을 것이다. 1981년에 『경제문제』(*Voprosy Ekonomiki*)는 다음과 같이 썼다.

기본 자본의 루블(rouble)당 국가수입이 이제 28%나 줄어들었다. 만약 자본산출비가 1980년에 1970년의 수준을 유지했다면, 소비와 자본축적에 1660억 루블의 국가재원을 추가로 더 지출할 수 있었을 것이다. 그 액수는 그해 자본투자 총액의 24%를 넘는 것이다. [14]

그 결과, 자본을 낙후된 분야에 대량으로 직접투입하는 것도 마땅치 않았다. 추가투자가 필요했지만, 그것 역시 기대만큼 효과를 거두지 못했던 것이다…… 투자된 루블당 생산량의 증가폭은 1959년부터 1982년까지 내내 떨어졌는데, 가장 나빴던 것은 그것이 계획입안자가 예상한 것보다 훨씬 더 빠르게 떨어졌다는 것이다.

브레즈네프 경제노선에서 가장 중요한 측면은 경제지표체계와 조직상의 구조를 완벽하게 만들려는 시도였다. 당지도부는 관료적 계획경제라는 원칙을 고수하면서도 다양한 수정과 개선을 통해서 그 효율성을 높이고 싶어했다. 이에 따라 여러가지 '질적인 지표'들이 도입되었다. 이러한 정책으로 장부에 기입하는 품목이 추가되었고, 관료적인 서류사무도 늘어났다. 이로 인해 여러 경우에서 부분적인 개선은 있었지만, 그러한 전략적 목표는 달성하지 못했다.

---

14) *Voprosy Ekonomiki*, no. 8, 1981, 20면. 브레즈네프와 그 지지자들은 흐루시초프가 주의주의적이며, 소련 경제에 비현실적인 목표를 제시했다고 비판했다. 그러나 1970년대 중반에 이들도 자신들의 전략이 "미래에 커다란 경제발전을 보장하고 1인당 생산량과 소비수준에서 소련을 세계 최고의 자리에 올려놓을 것이라고 확언했다"(*Voprosy ekonomicheskogo rosta v SSSR*〔소련의 경제성장 문제〕, Moscow 1974. 학술원 회원 T. S. Khachaturov가 편집한 판). 흐루시초프도 똑같은 것을 약속했던 것이다. 이 브레즈네프 경제전략가들의 진단이 얼마나 현실과 모순된 것인지는 1974년에 이들이 다음과 같이 약속한 데에서 잘 드러난다. 이들은 1976～80년에 자본산출비가 "안정될 것이고 각각의 분야도 얼마간 성장할 것"이라고 약속했던 것이다. 이 5개년계획에서 대표적인 목표가 바로 이 "자본산출비의 증가"였다(같은 책, 148면). 이 약속에도 불구하고 그 비율은 14%나 떨어졌다.

결국 나머지 어려움들은 바로 이러한 계획경제를 개선하려는 시도가 실패로 끝났다는 데서 나왔다. 일반적으로 스딸린식 관리체제에서는 모든 힘과 관심을 몇몇 중요한 분야에 집중시켰다. '우선순위의 경제'(economy of priorities)는 그렇게 해서 나타났던 것이다. 여기서는 전체 사슬을 이어주는 결정적인 연결고리를 찾는 일이 중요했다. 때때로 이것은 정말이지 성공을 거두기도 했다.

그러나 브레즈네프 치하에서 이 방법은 더이상 효과적이지 않았다. 경제가 확대되어 중앙에 앉아서 그 모든 것을 다 장악할 수 없었던 것이다. 말하자면 가장 중요한 분야를 결정하기가 불가능했다. 이제 기본적인 재원은 낙후된 분야들(대체로 스딸린이 중요하게 보지 않았던 바로 그 분야들)을 발전시키는 데 투입되었다. 그러나 그동안에 다른 분야가 필요한 재원을 받지 못해 또다시 낙후되었고, 여기에 또다시 추가재원이 필요하기 시작했다. 이들 분야에 대한 관리 및 투자 과정을 중앙이 다 틀어쥐고 있었기 때문에, 그러한 어려움을 스스로 해결할 수도 없었다.

재원이 풍부하다면야 그리 중요하지 않다고 생각되는 분야들까지도 얼마간의 실질적 투자를 기대할 수 있었다. 그런데 1970년대에 들어오면서 상황은 명백히 악화되었고, 1980년대 초에는 제한된 재원 때문에 이 '우선순위의 경제'는 전산업분야, 심지어 가장 기본적인 품목을 다루는 산업의 요구조차 들어줄 수 없었다. "가장 우선시되는 분야에 모든 것을 제공하고, 다음으로 중요한 분야에는 상당한 양을, 그리고 나머지 분야에는 그 나머지를 제공하거나 아니면 아무것도 제공하지 못했다."[15]

경제정책 입안자에 의해 주도적인 분야로 분류되지 않은 산업들(예를 들어 석탄산업)은 정체와 만성적인 어려움에 빠져 있었다. 1970년대 중반에 이들의 후진성이 전체 경제발전에 걸림돌로 작용하기 시작했다. 그래서 1970년대 말에는 이들 분야에 모든 노력을 집중했다. 그러자 이번에는 이전에 중요하게 취급되었던 분야들이 관심 밖으로 밀려나 급속히 뒤처지게 되었다. 1970년대 말에 투자는 채취산업을 중심으로 이루어졌다. 그 결과 금속, 몇몇 기계 및 건축자재 생산은 하락을 면치 못했다. 끊임없는 악순

15) I. Birman, *Ekonomika nedostach*(결핍경제), New York 1983, 34면.

환이 되풀이될 뿐이었다. 그런데 이것은 브레즈네프주의를 궁지로 몰아간 요인 중 하나에 불과했다. 왜냐하면 인생에서 어려움은 대개 하나로도 충분하지만, 정치에서는 여러 어려움이 한꺼번에 닥칠 수 있기 때문이다.

미국의 한 경제학자는 브레즈네프의 투자정책을 "생각조차 할 수 없는 모순덩어리"[16]라고 했다. 브레즈네프가 이 분야에서 내린 몇가지 조치들은 도무지 이해할 수 없는 것이었다. 그러나 이러한 그의 이상함에도 한가지 방식은 있었다. 우선 분명한 것은, 각 부문에 대한 투자재원의 분배가 결코 최적이지는 않았지만 이것 때문에 실패한 것은 아니라는 점이다. 그보다는 오히려 경영관리자들이 이 재원이나마 자신들 재량껏 효과적으로 이용할 수 없었기 때문이었다. 1970년대 말부터 소련 경제에 투자되는 자본의 양은 미국에서 투자되는 양과 거의 비슷했다. 소련의 경제규모가 미국보다 더 작다는 것을 생각한다면, 같은 자본으로 규모가 더 작은 경제를 유지하는 소련이 미국에 뒤져 있음이 분명하다. 그러므로 소련에서 국가가 쓸 수 있는 재원은 **모든** 분야를 발전시키기에 충분했다고 할 수 있다. 그런데도 그렇게 하지 못했다면, 재원을 적절하게 분배하지 못했다는 것 외에도 다른 이유가 있을 것이다.

표 1에 나타난 수치들은 아주 인상적이지만, 안드로뽀프(Yuri Andropov)가 권력을 장악하면서 그 당시 상황을 설명한 것에 따르면, 자본투자는 '당연한 성과'를 내고 있지 않았다.[17] 1959년부터 국민총생산의 성장률은 계속 떨어졌다. 1976~80년의 경제계획에 따르면, 연평균 성장률은 4.7%였다. 1978년에는 이 수준을 넘어섰지만, 전반적으로 원래 계획했던 수치를 따라잡지 못했다. 1979년 성장률은 원래 계획한 4.3%에 못 미치는 2.6%였다. 게다가 이 5개년계획 전기간을 통틀어 산업생산을 계획대로 증가시켜본 적이 단 한번도 없었다. 브레즈네프 시대 말에는 2~3%의 성장도 만족스러운 것이었다.

16) *Problems of Communism*, no. 5, 1982, 68면.
17) Yu V. Andropov, *Uchenis Karla Marksa i nekotorye voprosy sotsialisticheskogo stroitel'stva v SSSR*(맑스의 가르침과 소련 사회주의 건설의 몇가지 문제), Moscow 1983, 10면.

〈표 1〉 **소련 경제의 자본투자 증가**   (단위: 10억 루블, %)

	1961~65	1966~70	1971~75	1976~80	1981~85
투자규모	243.5	347.9	493	643.1	842
물가	100	143.2	202.5	264.1	345.7
증가율*	—	43.2	41.7	30.4	17

자료: *Politicheskoe Samoobrazovanie*(정치자습서), no. 1 1982, 64면; 제27차 소련공
    산당 대회 리즈꼬프(N. I. Ryzhkov)의 보고서(*Izvestia* 4 March 1986).
    * 이전 5개년계획 대비임.

망명 경제학자인 비먼(Igor Birman)이 지적했다시피, 서방의 기준에서
볼 때는 연평균 성장률 2~3%는 그저 그만한 정도이지만, "소련 경제에서
는 이 정도의 성장으로도 거의 모든 문제가 크게 줄어들고 덜어졌다"[18]는
점을 잊어서는 안된다. 가장 다양한 지표로 살펴보자면, 이러한 성장률의
하락은 경제의 불균형, 새로운 어려움의 등장, 그리고 마지막으로 표 2에
서 보는 것처럼 성장률의 재감소를 의미했다.[19] 1970년대 말 브레즈네프
투자정책의 비효율성이 분명해지자, 다시 기술주의 경향이 강해졌다. 이제
조직과 관리의 문제에 더 많은 관심이 집중되기 시작했다. 1976~80년은
"능률과 질의 5개년계획"[20]이라고 선언되었다. 우선 강조되었던 것이 더
과학적인 새로운 지표의 도입과 전문적인 '전국산업협회'(All-Union Indus-
trial Associations, VPO)의 창설이었다.

이러한 협회들이 창설되기 시작하자, 서방에서는 그것을 관료주의적 방
식이 기술주의적 방식으로 전환하는 하나의 징후로 받아들였다. 1973년에
『슈피겔』(*Der Spiegel*)지는 "권력이 경영관리자들의 수중으로 넘어가고 있
다"고 썼다.[21] 사실, 기술주의자들은 전국산업협회의 창설에 큰 기대를 걸
었다. 이 새로운 조직은 산업관리기구의 중간층을 강화시켰지만, 중앙

---

18) Birman, 앞의 책, 201면.
19) Mikul'skii, 앞의 책, 63면.
20) L. I. Brezhnev, *Otchet TsK KPSS XXIV s'ezdu*(소련공산당 제24차 당대회 중
    앙위원회 보고서), Moscow 1976, 53면.
21) *Der Spiegel*, no. 15, 1973, 102면.

기구의 기술주의자들은 자신들의 권한을 이 기구에 양도하고 싶은 생각이
추호도 없었다. 따라서 전국산업협회는 자율적인 결정권을 가진 영역이 거
의 없었다. 또 기업체의 관점에서 보더라도, 이미 다른 감독관청이 존재하
고 있었다. 서방 관측가들은 통제하는 관청이 "더 명확해짐"에 따라 사업
체의 자율권이 오히려 줄어들었다고 지적했다.[22] 소련의 논평가들도 대체
로 이에 의견을 같이했다. 까라게도프(R. G. Karagedov)가 지적한 대로,
"전반적인 경영방식, 그 기본틀과 조직상의 구조를 바꾸지 않는다면 관리
의 전반적인 효율성을 실질적으로 높일 수 없다."[23]

〈표 2〉 소련의 경제성장률 (단위: %)

	1957~60	1961~70	1971~80	1981~85
연평균 국민소득 성장률	10.2	7.1	4.9	3.1
연평균 산업생산 성장률	11.8	8.5	5.9	3.7

자료: K. I. Mikul'skii, *Ekonomicheskii rost*(경제성장), 379면; 제27차 소련공산당 대회
리즈꼬프의 보고서(*Izvestia*, 4 March 1986).

경제지표체계를 마련하려는 시도는 브레즈네프 체제 전시기에 걸쳐 행해
졌지만, 이것도 실효를 거두지 못했다. 1950년대에 이미 꼬르나이(Janos
Kornai)는 '좋은' 지표를 만들어낸다는 것이 원칙적으로 불가능하다는 것을
보여주었다. 어떤 문제든지 통합적인 측면과 다양한 측면이 같이 있게 마
련이다. 전체를 구성하고 있는 각 부분과 특징들은 통일성 속에서만 존재
한다. 문제의 측면이 다르면 그것을 나타내는 지표도 다르지만, 각 지표들
은 개별적이면서 일차원적이다. 일차원적인 지표의 합이 전체를 말해주는
것은 아니다.[24] 계획입안자들은 그 지표들이 서로를 보충해주기를 바라지
만, 이것은 혼란만 가중시킬 뿐이다. 소련 경제학자인 라찌스(Otto Latsis)
는 다음과 같이 썼다. "지표가 많아지면 분별력이 없는 지도자는 때로 국

---

22) *L'URSS et l'Europe de l'Est en 1982~83*, 31면.

23) *EKO*, no. 8, 1983, 61면.

24) J. Kornai, *Over-centralisation in Economic Management*, Budapest 1957 참조.

가에 더 중요할 수도 있는 다른 지표들을 무시하고 대신 특정한 지표로 결
정해버리기 십상이다. "[25] 지표의 수가 늘어나면 자동적으로 관리의 과정도
복잡해진다. 1981년, 한 경제계획 입안자가 『경제신문』(Ekonomicheskaya
Gazeta)에 불평한 바에 따르면, 재가를 받기 위해서는 기술서류 6권 분량
과 300개의 서명과 관인(官印)을 준비해야 했다. 이 잡지 편집진은 오히려
그가 불평한 것은 아무것도 아니라는 투로 이야기했다. 왜냐하면 다른 협
회는 "1981년에 서류는 6권이 아니라 총 49권 분량을 준비하고 … 서명과
관인은 300개가 아니라 900개(!)나 받아야 했기"[26] 때문이다.

산업화의 시기, 곧 석탄, 강철 및 간단한 기계의 생산을 증가시키는 것
이 중요했던 때에는 양적 지표가 생산과정을 조절하는 데에 어느정도 신빙
성 있는 자료로 이용되었다. 그러나 발전된 산업사회의 복잡한 경제에서는
이것이 통용되지 않는다. 개혁주의 경향의 경제학자들은 '최적의 지표'를
끊임없이 추구하는 이론가들을 영구운동을 창안해내는 사람들에 비교했다.
알렉 노브가 말했듯이,

> 만약 측정단위가 미터톤이라면, 이것은 무게에 따라 측정되는 것으로 자재경
> 제에는 불리하다. 만약 측정단위가 루블화 총액이라면, 비싼 재료를 사용하여
> 비싼 제품을 만드는 것이 유리하다. 킬로미터톤으로 계산하면 운송기업은 무
> 거운 제품을 더 멀리 떨어진 곳으로 운반하려 한다. 계획달성을 위해 낭비나
> 또는 비합리적인 관행들이 고안되고 … 그렇게 해서 몇가지 필요한 양은 채울
> 수 있다. 이 모든 사례는 소련 간행물에서 따온 것이다. [27]

'총산출량'이 여전히 중요한 지표였기 때문에, 집을 지을 때는 자본의 집약
도를 높이는 것이 유리해졌다. 그래서 예를 들어, 농장에서 '축사'를 짓는
데 드는 비용은 1968년에서 1978년 사이에 "암소 한 마리당 콘크리트 8㎥,
송아지 한 마리당 금속이 400kg이 필요할" 정도로 서너 배씩 올랐다. [28] 불

---

25) *Literaturnaya Gazeta*, 3 August 1983, 13면.

26) *Ekonomischeskaya Gazeta*, no. 45, 1981, 24면.

27) Alec Nove, *The Economics of Feasible Socialism*, 73면.

28) *Voprosy Ekonomiki*, no. 2, 1982, 18면; *Kommunist*, no. 10, 1978, 38면.

쌍한 가축만 총산출량에 희생되었다.

게다가 건축에서는 초기단계에 더 비싼 재료들이 소비되기 때문에, 건물을 완성하기보다는 계속 시작하는 편이 더 나았다. 그 결과, 짓다가 만 건축물들이 계속 늘어났다. 1979년까지 미완성된 작업에 들어간 총액은 1064억 루블에 달했다(이 양은 그해 투자된 자본량의 91%에 달했다).[29]

이렇게 허점이 많은 지표들을 교정하기 위한 노력도 계속됐다. 브레즈네프 치하 말년에는 '총산출량' 대신 '표준순생산'(normative net output, NNO)을 채택하기로 했다. 그후 각 사업체는 판매된 제품의 총액으로가 아니라 새로 생산한 가치의 양으로 평가되었다. 실험단계에서는 이 지표가 아주 잘 '작동되었지만', 이 표준순생산이라는 지표도 새로운 형태의 총산출량에 불과하다는 사실이 곧 명백해졌다. 전통적인 총산출량이란 지표 아래에서는 사람들이 비싸고 무거우며 원료집약적인 생산을 고집했는데, 이제 표준순생산 아래에서는 노동집약적인 일만을 고집했을 뿐 도구와 원료 면에서 경제성을 따지는 일은 전혀 없었다. 표준순생산으로 각 사업체를 평가하는 것과 노동생산성의 향상은 아무런 관련이 없다는 사실이 곧 분명해졌다. 그것은 노동생산성이 높으면 그만큼 그에 수행된 작업의 가치가 떨어져 '순생산' 양도 떨어졌기 때문이다. 이와는 별도로, 서방의 경제학자들은 다음과 같이 예측했다. 이 새로운 지표가,

이미 과도한 정보 속에 파묻혀 있는 체제, 곧 중앙기획원(소련 국가계획위원회 Gosplan 와 국가조달청 Gossnab) 및 각 부문 행정부서 모두에 새로운 부담만 안겨줄 것 같다. 이로 인해 각 사업장에 대한 산출 및 공급 계획에서 그처럼 빈번하게 발생하던 모순이 줄어들기는커녕 오히려 늘어날 것 같다.[30]

표준순생산 도입의 초기단계에서조차 입안자나 전문가 모두가 이 새로운 지표가 "많은 새로운 문제들을 일으키고" 있다는 점을 강조하고 있었다.[31] 그들은 더이상 표준순생산의 긍정적인 측면들을 언급하지 않았고, 1980년

---

29) 더 자세한 사항은 *Voprosy Ekonomiki*, no. 2, 1982, 10면 참조.

30) P. Hanson, in *Soviet Studies*, vol. 35, no. 1, January 1983, 4면.

31) *EKO*, no. 2, 1982, 75면.

대 중반에는 이것이 총산출량을 대신하지 못했음이 널리 인정됐다. '순'생산에 초점을 맞춤으로써 생산의 효율을 자극하려는 시도는 실패로 돌아간 것이다.

'품질표시'나 (신상품에 대한) 'N 표시제', 그리고 질적 수준을 향상시키려는 다른 일단의 조치들도 마찬가지 운명이었다. 어떤 지표들은 원래 의도한 것과 정반대의 효과를 보이기도 했다. 예를 들어 생산가격을 낮추기 위해 새로운 지표를 도입했으나 오히려 원가가 오르기도 했다. 나중에 생산가격을 무리없이 낮추기 위해 미리 계획단계에서 원가를 올려잡음으로써 쉽게 계획을 달성하려는 풍조가 생겨났던 것이다. 목표량을 설정하여 자재의 소비를 줄이려는 시도나 에너지 사용을 제한하려는 시도에서도 똑같은 상황이 벌어졌다. 새 지표가 성공적이었던 곳에서도, 그것이 어떤 개별적인 문제에 대해서는 더 나은 해결책이 되긴 했지만 다른 측면에서는 부작용을 낳았다.

오직 소비자만이 품질에 대하여 객관적인 평가를 내릴 수 있다. 그런데 이러한 평가는 생산자와 소비자 사이에 정상적인 시장관계가 작동되지 않는 상황에서는 이루어질 수 없다. 맑스는 다음과 같이 썼다. 소비재는,

그 가치를 실현할 수 있기 전에 사용가치로서 검증을 거쳐야 한다. 왜냐하면 거기에 노동력이 투입되었다는 것은 바로 그 노동력이 다른 사람들에게 유용한 형태로 투입되었다는 뜻이기 때문이다. 그렇지만 그 노동력이 다른 사람들에게 유용한지 그렇지 않은지, 따라서 그 생산품이 다른 사람들의 욕구를 만족시킬 수 있는지는 교환활동만이 증명할 수 있다.[32]

분명 이것이 자본주의에만 적용되는 것은 아니다. 어떤 정치체제에서든지 모든 상품은 사용가치를 갖게 마련인데, 소련 경제학자들이 인정하다시피, "시장만이 그 유용성을 보장한다."[33] 불행이라면 1970년대 소련의 계획경제가 능률을 검증하는 그러한 메커니즘을 하나도 만들지 않았으며 그럴 수도 없었다는 점이다. 전문가들이 강조했다시피, 소련 경제는 '강제교환'이

32) Marx, *Capital*, vol. 1, 179~80면.
33) *Voprosy Ekonomiki*, no. 12, 1982, 86면.

라는 원칙에 의해 지배되었다. 이러한 '강제교환'은 전반적인 물자부족 때문에 특히 엄격하게 실시되었다. 논평가들의 지적대로, 이러한 상황에서는 "생산의 질을 향상시키는 문제가 해결될 수 없게 되었다."[34] 생산량을 증가시킨다고 해서 이 문제가 해결될 수 있었던 것도 아니다. 또 이것은 사실 공급과잉이라는 다른 문제를 빚어내기도 했다. 그리고 어떤 제품이 부족해서 다른 제품조차 생산하지 못하는 경우도 비일비재했다. 이 두 경우에서 역시 질은 떨어지는 점이 많았다. 화가 난 한 독자는 『문학신문』(*Literaturnaya Gazeta*) 1985년 9월 18일자에 쓸모없는 제품——예를 들어 도면을 그릴 수 없는 제도용 필기구, 잠가지지 않는 열쇠, 물이 따라지지 않는 주전자, 금방 떨어져나가는 손잡이, 금세기가 다 가도록 팔리지 않을 옷, 만지기만 하면 목숨을 앗아가는 진공청소기 등——만 잔뜩 생산하고 있다고 썼다. 안드로뽀프도 이와 똑같은 말을 여러번 되풀이했다.

생산력의 많은 부분이 **사회적으로 무용한 노동력의** 형태로 투입되었다. 한 정치경제학자는 이를 두고 "사회가 이용하지 못하는 생산품목은 엄격히 말해서 사회경제적 의미에서의 생산이 아니다"[35]라고 지적했다. 바꿔 말하면, 그러한 경우는 소비재의 생산이 아니라 자원의 파괴, 에너지의 낭비라고 말할 수 있을 것이다. 일반 시민이라면 쓸모없는 상품은 사지 않을 수도 있었겠지만, 기업체는 대체로 그럴 선택의 여지마저 없었다. 그들은 '주는 대로 받아야' 했다. 이 모두가 가격상승이나 사회 전반의 품질하락에 따른 대가였다. 1960년대에 이미 개혁주의 성향의 경제학자들은 "시장의 필요성을 고려하지 않을 수 없다"[36]고 경고했다. 객관적 법칙을 무시한 결과가 그러했다.

엥겔스는 다음과 같이 썼다.

---

34) *EKO*, no. 2, 1982, 75면.

35) *Voprosy Filosofii*, no. 11, 1980, 53면. 맑스의 말대로, "직조와 뜨개질에 필요하지 않은 실을 뽑아내는 일은 솜만 낭비한다"(Marx and Engels, *Sochineniya*, vol. 23, 294면). 소련 경제의 상황을 제대로 평가하기 위해서는 생산량 증가에 관한 자료와 소비재 판매에 관한 자료를 비교하는 일이 필수적이다. 그 결과 나오는 '차이'가 바로 효율과 비효율의 기준이다.

36) Kaganov, *Sotsialisticheskoe Vosproizvodstvo i Rynok*(사회주의적 재생산과 시장), Moscow 1966, 41면.

상품생산사회에서 생산자들은 상품을 교환하면서 누구나 노동시간을 통해 가치가 결정되기를 바라는데, 여기에서 이들은 이러한 노동시간을 통한 가치결정을 경쟁을 배제하고 유일한 가치결정의 수단으로 여겨질 법한 가격을 강조함으로써 이루어내고자 한다. 이러한 사실에서 입증되는 바는, 상품생산자들도 공상주의자들 못지않게 적어도 이 영역에서만큼은 경제법칙을 경멸하고 있다는 것이다.

엥겔스가 강조했던 바는 "사회가 무엇을 그리고 얼마나 필요로 하는지"를 알기 위해서는 가격변동이 필수적이라는 것이다. 만약 고정가격의 체제를 고집함으로써 이러한 가능성을 배제한다면, 사회의 요구를 충족시키는 것은 말할 것도 없고 경제의 균형이나 능률이 전혀 고려될 수 없다. 엥겔스의 예언적인 말을 다시 들어보면, "우리는 … 감자로 만든 술에 취해 있으면서도 곡식과 고기에 굶주려서는 안된다."[37]

러시아의 경험을 통해 보면 엥겔스의 생각이 옳았다. 소련의 한 논평가가 올바르게 지적했다시피, 소련과 서방의 경제체제는 서로간의 차이에도 불구하고 공통된 한가지 주요한 특징을 갖고 있다. 곧 "생산자들은 그 사회적 환경이 다를지라도 모두 상품생산자라는 똑같은 특성을 갖고 있다."[38] 결론적으로 시장관계는 다른 경제에서와 마찬가지로 소련 경제에서도 그 정상적인 발전을 위해 긴요하다.

스딸린 치하에서는 절대적인 부족에 시달렸다. 문자 그대로 모든 것이 부족했다. 그래서 행정규제가 가장 큰 힘을 발휘했고 시장요소가 때로는 무시될 수도 있었다. 스딸린 이후의 시기에는 상황이 변했다. 개혁주의의 주도적인 이념가인 빠벨 부니치(Pavel Bunich)는 소련에서는 "공급자가 소비자를 지배하고" "공급자의 독점"까지 유지되었지만, 소비자도 자기 스스로를 방어하고 "그러한 의존관계로부터 탈피하기 위해 온 힘을 다해 노력할" 방식을 찾았다고 말했다.[39] 그러한 소비자의 방어에 가장 효과적인 형

---

37) Marx, *The Poverty of Philosophy*, Moscow 1956, 21면의 엥겔스 서문.
38) *SShA*, no. 12, 1983, 15면.
39) *Literaturnaya Gazeta*, 2 December 1981, 11면.

태는 매점이었다. '사재기 원칙'(hamster principle)에 따라 행동하는 사업체들은 장래에 쓸 원자재와 장비를 비축했다(사적인 개별기업체도 이와 비슷하게 비축했다). 이렇듯 각 부서들과 협회들, 사업체들은 누군가로부터 조달받는 것에서 가능한 한 독립하고자 노력했다.

이런 식으로 각 기업체는 필요한 자원을 제때에 조달받지 못하더라도 '숨겨놓은 자재' 덕분에 일을 계획대로 수행할 수 있었을 것이다. 만약 창고에 원자재, 부품, 장비가 부족하면 물물교환을 통해서라도 그것들을 항상 구할 수 있었다(이럴 목적으로 '조달자', 더 정확히 말하면 그러한 기능을 수행하는 직업인, 곧 해결사 tolkachi가 있었다). 이론적인 관점에서 보자면, 물물교환은 그때그때 이루어진다. '가치 대 가치'로 물건을 교환하거나 그렇지 않으면, 뜨빌리씨(Tbilisi)의 한 해결사가 필자에게 이야기해준 대로, '물건 대 물건'으로 교환이 가능했다. 정치경제적인 관점에서는 후자가 불합리하지만, 이들 조달자들은 시장법칙이 아니라 부족분의 법칙에 따라 행동한다는 사실을 기억해야 한다. 비공식적이고 비조직적인 교환과정이 법대로 질서있게 '교정'될 수 없었다. 기업들 사이의 관계도 뒤죽박죽이고 제모습을 갖춘 시장은 하나도 없었다. 그 결과 잉여물이 교환되는 과정에서 터무니없는 협상도 가능했다. 우리는 여기서 일반법칙으로서는 도저히 불가능한 수백만가지 사례를 갖고 있다. 기업체 사이의 비공식적인 물물교환은 원시적이고 시장 이전의 수준이었으며, 경제메커니즘에서 파생되는 공급부족을 메울 수 없었다. 이들 조달자들은 브레즈네프 사회에서는 가장 활발한 사회집단이었지만, 이들 역시 서방의 의미에서 진정한 기술주의자나 관리자가 될 수는 없었다.

생산의 기본적인 문제들을 전혀 해결하지 못한 이러한 비공식적인 물물교환은 추가비축을 조장함으로써, 문제를 오히려 더 복잡하게 만들었다. 이것 역시 물자부족을 도리어 악화시켰다. 브레즈네프 시대 말기에 전문가들은 "총비축분 가운데 80%가 소비자의 수중에 있음"[40]을 인정했다. 이것을 막으려는 시도는 아무런 성과를 거두지 못했다. 신문들도 이 문제를 되풀이해서 떠들어댔다. 께메로보(Kemerovo) 지역만 해도 해마다 1만 5천

---

40) *EKO*, no. 1, 1983, 41면.

회에 걸쳐 온갖 종류의 검사와 사찰이 실시됐고, 검사관들이 1년에 150∼200일 가량 사업체에 들이닥쳤음에도 불구하고 성공한 예는 "거의 들어보지 못했다. "[41]

이러한 사재기 원칙이 항상 가능했던 것도 아니고 비공식적인 연계를 통해 물건을 다 구할 수도 없는 노릇이었기 때문에, 기업체 관리자들은 모든 것을 스스로 생산하려고 애썼다. 그 결과 한쪽에서는 창고에 생산물이 쓸데없이 남아 넘치거나 버리기 일쑤인데(이것은 추가로 토지와 인력을 필요로 한다), 다른 쪽에서는 똑같은 물건이 반수동식으로 다시 생산되고 있었다(그래서 또 한번 여분의 노동자들까지 바쁘게 하고, 자원과 에너지를 낭비하며, 장비를 비효율적으로 사용한다). 맑스의 말로 쉽게 풀이하면, 이 것은 **무질서의 확대재생산**이라 할 수 있다. 경제메커니즘의 한 연결점에 모여 있던 문제들이 다른 연결점으로 점차 옮겨져서 체제 전체가 일련의 어려움에 빠지게 된다는 것이다. 공급부족 사태로 인해서 공식구조 내의 형식적 관련성이 취약해졌고, 비공식적인 관계가 강화됐다. 이러한 구조가 점차 복잡해짐에 따라, "많은 비용이 들게 되고, 비축분이 늘어가며, 사업체의 공급이 더욱더 취약해졌고, 정규적인 작업과 생산을 행하기가 더욱 어려워졌다. "[42]

정부측 언론에서 '부서주의'(departmentalism)와 '지방주의'(localism)라고 이름붙인 한 쌍의 현상도 이같은 상황에서 나온 자연스런 결과였다. 이들 개념의 내용은 대체로 밝혀지지 않았던 것인데, 여기서는 주의깊게 분석될 것이다. 예를 들어 각 부서에는 나름의 계획이 있고, 마찬가지로 각 주(oblast)도 자기들의 성과를 정규적으로 보고하게 된다. 한 부서의 노동자가 다른 부서의 계획을 실현시키는 데 관심을 갖거나 거기에 기여해야 할 이유는 아무것도 없다. 한 지방의 지도부는 이웃한 지역에 도움은 되겠지만 자신들의 계획에 차질을 빚는 일은 결코 하지 않으려고 한다. 누구의 생산이 이 나라에 더 중요한가는 아무런 의미가 없다. 관료제도는 '각자 알아서'라는 원칙에 따라 움직이고 있다. 모든 생산품을 분배할 때 통용되는 원칙은 '누구나 각자 알아서'라는 것이다. 이로 인해 한 공장에서 그 공

---

41) *Izvestia*, 11 May 1983.

42) *EKO*, no. 1, 1983, 42면.

장의 생산품을 인접해 있는 가까운 공장에 보내는 것이 아니라 이 나라 저 편 끝에 보내는 유명한 '역(逆)운송'이 등장했다. 왜냐하면 가까운 곳의 공 장은 그 공장과 다른 부서 소속이지만, 멀리 있는 공장은 바로 자기와 같 은 부서의 공장이기 때문에 그곳으로 생산품을 보내는 것이다. 부서가 다 르면 서로 의존하는 관계가 아니기 때문에, 필요한 물건이 있으면 자기 부 서 내에서도 다른 부서에서 만들어내는 것과 똑같은 형태의 생산품을 또 만들어내게 되는 것이다. 어떤 생산품을 기차로 브레스뜨(Brest)에서 블라 지보스또끄(Vladivostok)로 수송하는데, 도중에 반대방향에서 똑같은 생산 품을 실은 기차와 마주치는 일이 허다하다. 신문에서 불평하는 대로, 사업 체가 "수많은 부문별 장벽으로 나누어져 있다."[43] 전문가들이 인정하듯이, 결국에는 이것이 "이 나라의 생산구조에도 영향을 끼친다."[44] 추가적인 수 송뿐만 아니라, 빈번한 비효율적 추가투자 때문에도 더욱더 그렇게 된다. 가령 1981년까지 소련의 공작기계는 미국, 일본 그리고 서독의 그것을 합 친 것보다 더 많았지만, 그렇다고 생산의 양과 질 모두에서 그랬던 것은 아니다. 지역적인 경제구조를 형성하는 것은 아주 어려운 일이었다. 서로 다른 사업체들을 부문별 또는 지역적 수준에서 하나의 통일된 복합체로 통 합시키는 데는 성공했지만, 이를 뛰어넘지는 못했다.

　스딸린의 산업화 시기에는 중앙부서가 그리 많지 않았기 때문에 이 '부 서주의'가 심각한 문제가 될 수 없었다. 그러나 경제가 복잡해지면서 늘어 가는 정보의 흐름을 중앙에서 더이상 어떻게 해볼 도리가 없었다. 하나의 부서가 모든 결정을 내린다는 것이 이미 불가능했다. 1965년 개혁이 실시 되고 난 이후에는, 그 결정권을 일부나마 '아래로', 곧 사업장이나 협회로 이양하자는 이야기는 꺼내기조차 어려웠다. 그 결과 '전문화'라는 개념이 등장했다. 브레즈네프는 몇몇 유사한 중앙기구를 통합하여 문제를 전문분

43) *Pravda*, 27 May 1983.

44) *EKO*, no. 8, 1983, 58면. 저명한 경제학자인 헤인만(S. Kheinman)은 다음과 같 이 지적했다. 실제 소련에서 "기계제작은 세 가지 형태로" 이루어진다. 그중 한가 지만 진짜이다. 두번째 형태의 기계제작은 기계제작관리부에 속하지 않는 공장에 서 하는 것이고, 세번째 것은 다른 분야에 있는 정비 및 수리 공장에서 하는 것이 다(*Voprosy Ekonomiki*, no. 8, 1981, 26~27면 참조).

야별로 나누어 전담하도록 하는 데 총력을 기울였다. 그런데 불행히도 이
번에는 이러한 조직체 각각이 다시 과도한 정보라는 문제에 곧바로 봉착하
게 되었고, 그래서 다시금 몇몇 자율적인 단위로 나닐 수밖에 없었다. 게
다가 전문화 자체도 실제로 성공하지 못했다. 왜냐하면 각 부서와 부처는
자구책 마련에 발벗고 나섰기 때문에, 이들은 자신들의 기본 사업에 유용
한 아주 다양한 형태의 생산품을 만들어냈고, 따라서 자신들만의 사업에
전력을 기울이는 것이 아니었기 때문이다. 이렇게 등장한 **부서별 자연경제**
(departmental natural economy)는 진정한 전문화의 가능성을 완전히 막아
버렸다. 즉 각 부서는 자신들의 계획에 따라 움직였다. 그러나 상황은 갈
수록 더 나빠졌다. 지표들을 작성할 때 사람들은 "주로 부서의 이해관계
를"[45] 고려했고, 수많은 부서들이 우후죽순처럼 생겨나기 시작했다. 예를
들면 1983년 깔리닌(Kalinin) 주에서는 건설조직에 관련된 부서 및 부처만
해도 무려 30개나 되었다! 또 사업체간의 수평적 연계도 깨어졌다. 공장
감독관들은 동종업체와의 협력보다는 상급부서와의 협력에 더 관심을 기울
였다.

　지방주의란 주 차원에서 이와 비슷한 관계가 나타났음을 의미한다. 여기
서의 초점은 공산당 주위원회(obkoms)와 그 산하 국가기관들은 중앙기구
들의 입장은 고려하지 않은 채 지방의 이해관계만 적극적으로 방어했다는
사실이다. 지방 당조직들에 등록된 사업체의 지도자들은 주위원회가 자신
들을 어떻게 평가할지에 관심을 기울일 수밖에 없었고, 그들의 지시를 모
두 따라야만 했다. 반면, 주위원회의 활동이 때로는 (부서활동이 지방의
활동을 능가했던 것과 똑같이) 부서간 장벽을 뛰어넘는 데 도움이 되기도
했다. 서방 평론가들이 지적했다시피,

　지방 당위원회의 업무는 해당 지역이나 구 외부로부터 자재를 조달하는 데 도

---

45) *Problemy truda v sel'skom khozyaistve*(농업에서의 노동문제), Moscow 1982,
　35면. 소련 계획입안자들이 거대함에 대해 광적인 집착을 보이는 것도 부서주의와
　직접적인 관련성이 있다. 각 부서장은 보통 크기의 공장 다섯보다는 큰 공장 하나
　를 짓는 쪽을 아주 쉽게 택한다(계획입안자들에 따르면 후자의 대안이 비록 더 적
　합하다고 할지라도).

움을 주고, 해당 지역 내에서 자재, 노동 그리고 설비를 재조정하는 것이 거의 대부분이다.

결론적으로 당 주위원회 서기는 "시장메커니즘을 대신"(!)할 뿐만 아니라, "관리자이자 사업주"이다.[46]

당 주위원회의 활동은 정말이지 아주 중요했다. 비록 지방이익의 총합이 국가 전체의 이익으로 그대로 나타나는 것이 아닌데도, 이들은 경제에서 지방 이해관계의 중요성을 강화시켰다. 이들의 이해관계가 서로 엇갈리는 곳에서는 분쟁이 발생했고, 그 결과 대체로 지방주의의 승리로 끝났다.

이는 무엇을 말해주는가? 무엇보다도 지방 관료제가 브레즈네프 집단의 주된 버팀목으로 남았다는 뜻이다. 스딸린은 지방의 당지도부 일부를 계속해서 갈아치웠고, 흐루시초프도 당간부들을 이 지방에서 저 지방으로 순환시켜서 이들을 당활동으로부터 배제하거나 멀리했다. 그러나 브레즈네프 하에서는 '간부안정화 정책'이 승리를 거두었다. 노멘끌라뚜라 원칙이란, 당간부가 만약 자리를 옮길 경우 이전의 직위보다 반드시 더 높은 자리를 보장받아야 한다는 것이다. 브레즈네프는 노멘끌라뚜라 원칙을 파기할 수 없는 법칙으로 만든 것뿐만 아니라, 더 나아가 모든 핵심 당직자들이 자리 바꿈하는 데에 반대했다. 한 지역의 당기구 지도자들은 오랫동안 그 자리에 머물러 있었다. 이 기간이 지나면 그 지도자는 당 주위원회의 일선 관료들과의 연계를 공고히하여 안정된 이익집단을 형성했다. 이러한 맥락에서 지방주의는 분명 결정적인 경제적 요소로 작용했다.

게다가 부서주의와 지방주의는 또한 사회적 요소이기도 했다. 정책입안자들이 가장 밀접한 관계를 맺고 있던 사람은 그들의 동료집단이 아닌 그 부서의 중앙기구나 당 주위원회였기 때문에, 기술주의자들이 공동의 이해관계를 갖는 특수한 집단으로 안정될 수 없었다. 기술주의자들은 각기 분산되어 있었다. 행정-경제기구의 중하층도 서로 유대를 만들어낼 수 없었다. 그 결과, 최상층 기술주의자 집단은, 브레즈네프가 의도했던 대로 하급관리들에게서 안정적이고 의식적인 지지를 받지 못했다. 게다가 이 세력

46) G. Grossman, "The Party as Manager and Entrepreneur," in Guroff and Carstensen, 앞의 책, 297면.

관계가 점차 보수주의자에게 더 유리하게끔 변했다. '간부안정화' 정책이
시행되면서 기술주의자에 대한 사회적 지지가 줄어들고, 소련 지도층에서
기술주의적 경향이 더이상 두드러지지 못하게 되었다. 이에 반해 보수주의
집단들은 점차 가부장적 형태로 결속했다. 지방주의의 성장으로 브레즈네
프를 배경으로 한 기관원들 사이의 관계가 봉건적인 것으로 바뀌었다('지
방주의' mestnichestvo라는 말이 봉건적인 러시아에서 나온 것도 우연은 아
니다). 개인적인 관계가 지방집단, 부서집단, 비공식(종종 혈연적) 집단의
이익을 바탕으로 행정적인 관계와 혼합되었다. 안정적인 비공식구조가 등
장하여 지방권력을 실질적으로 좌우했다.

근대적 산업사회의 상황에서 추진된 이러한 브레즈네프의 봉건정책은 반
드시 부패를 낳게 마련이었다. 비시장 교환관계 속에 들어 있고 당과 부서
책임자와 비공식적인 관계를 맺고 있는 경제지도부의 중간층은 무력감으로
인해 사기가 떨어져 유혹을 뿌리칠 수 없었다. 여기서는 사기의 문제가 상
당히 크게 작용했다. 경제적 실패가 분명해지자 이들은 정부측 언론에 이
러한 실패에 대해 글을 쓰기 시작했다. 소련 국가계획위원회 잡지는 "부서
체제라는 원칙이 제10차 5개년계획에서는 작용하지 않았다"[47]고 솔직히 표
명했다. 관리자들은 자신들에게 권리가 없다는 것을 뼈저리게 느꼈고 자신
들의 주도권이 줄어든 데 대해 불만을 터뜨렸지만, 동시에 이들은 자신들
의 주도권을 빼앗아가고 지방이익과 부서이익으로 가득 찬 바로 그 조직과
깊은 관계를 맺고 있었다. 이런 입장에서 이들은 상황을 변화시키는 기회
를 잃었을 뿐만 아니라, 그렇게 할 실질적인 필요성도 느끼지 못했다. 관
리자들의 사기저하는 부패의 한 원인이었고, 부패는 '최고위층'이나 '최하
층' 모두에서 널리 퍼졌다. 브레즈네프는 자신이 '간부안정화' 정책을 추진
했기 때문에 이를 과감하게 수술할 처지가 못 되었다. 이 때문에 그는 이
부정적인 경향을 조기에 수습할 수 있는 조치를 취할 기회를 놓쳤다. 상황
이 심각해졌을 때에 비로소 중앙 당기구가 개입했을 뿐, 그밖의 모든 경우
에는 지방 관료집단의 순수성과 비이기심에 그냥 맡겨두어야 했다.

그 사이에 정직하고 청렴했던 관료들까지도 부패에 물들게 되었다. 오랫

---

47) *Planovoye khozyaistvo*(계획경제), no. 6, 1983, 44면.

동안 소련의 부패상을 연구한 영국의 논평가 램퍼트(Nicholas Lampert)는
이러한 현상의 원인을 아주 정확히 설명했다. 그에 따르면, 이러한 부패의
원인은 어떻게 해서든지 계획을 달성하려는 마음에 있었던 것이다.

> 관리과정에서 나타나는 여러가지 불법행위는 바로 그러한 목적을 달성하기 위
> 한 수단이다. 공급자에게 선물이나 뇌물(그 차이가 무엇이란 말인가)을 준다
> 든지, 장래에 자신의 사업에 유용하게 될 사람들에게 주기 위해서 귀중품이나
> 자재를 따로 떼어놓는다든지, 임금을 부당하게 지불한다든지, 특정 고용인에
> 게 보너스를 더 많이 준다든지, 건축업의 경우 수의계약을 한다든지 하는 이
> 모든 일들이 사업을 성공으로 이끄는 비결로 여겨질 수도 있다. [48]

브레즈네프 정책이 야기한 이러한 문제들이 악화되면서 밀매꾼, 뇌물, 선
물, 부당한 임금지불 그리고 지표조작(pripiska) —— 실행한 일을 과장해서
보고하는 일 —— 없이 '정상적인' 방법으로 계획을 수행하기란 더 어렵게
되었다. 이것은 정부측 문서에서도 자주 지적되던 사항이었다. 저명한 소
련 사회학자인 자슬라프스까야(Tatyana Zaslavskaya)는 1970년대 말에 "'지
하'경제의 규모가 커지고 '공적인' 인간관계도 '은밀한' 요소에 의해 좌우되
는 경향"이 나타났다는 점을 강조했다. 결국 "이는 경제를 관리하기가 어
려워졌음을 입증한다."[49]

흥미롭게도 똑같은 과정이 1965년의 경제개혁 직전에도 있었다. 그러나
그때는 적극적인 억압책과 관리체계의 변화를 통해서 이 문제를 성공적으
로 해결했다. 안드로뽀프도 권력을 장악한 후 이와 비슷한 노선을 추구했
다. 그러나 이때에는 상황이 1960년대 초보다 훨씬 악화되어 있었다. '지
하'경제와 부패가 눈에 띌 정도로 만연했던 것이다. 사회학자들이 올바르
게 강조한 대로, 이러한 것들이 브레즈네프 시대에는 점점 더 '구조적' 요
소가 되었다.

램퍼트는 다음과 같이 썼다.

---

48) Nicholas Lampert, "The whistleblowers: corruption and citizens' complaints in
the USSR," in *Corruption*, M. Clarke, ed., London 1983, 279면.
49) *EKO*, no, 10, 1983, 42면.

소련 집행부는 분명 옴짝달싹할 수 없는 처지에 빠져들었다. 만약 그들이 '법을 어기'면서까지 일을 추진하려 든다면, 최소한 법을 집행하는 기관으로부터 어떤 제재를 당할 가능성이 있다. 하지만 이들에게는 법보다 더 무서운 상위법이 존재한다. 곧 일의 성공, 계획의 달성이다. 관리자가 성공하려면 '계획을 무시'할 수는 없다. … 그래서 소련 관리자의 관점에서 보자면, '국가 전체의 이해관계'를 충족시키기 위해서는, 곧 계획을 달성하기 위해서는 자신들의 이해관계를 추구할 수밖에 없고, 그러자니 그 과정에서 수많은 법과 규제, 게다가 종종 형법까지 어기게 된다는 것이 문제이다. 더 작은 악, 더 작은 범죄를 택하는 길만이 남아 있다. [50]

문제는 부패를 막기 위해 수많은 조치가 시행되었음에도 불구하고, 기록상 경제범죄의 수는 날로 증가했으며 그 정도가 더욱 심각해지고 있다는 점이다. 브레즈네프주의의 발전과정에서 새로운 단계로 나아갈 때마다 부패가 갈수록 심해지고 있었다. 경제범죄 가운데 가장 널리 퍼져 있고 그나마 '악의없는' 형태가 바로 지표를 조작하는 것이었다. 램퍼트가 지적하듯이, 이런 행위 때문에 정확한 정보를 바탕으로 수립되어야 할 전체 계획에 차질이 빚어졌다. 자슬라프스까야가 지적했듯이, "경제를 관리하는 것"이 어려워졌을 뿐만 아니라, 하지도 않은 생산을 한 것처럼 조작하는 사람과 또 그것을 눈감아주는 사람들 사이에 새로운 부패사슬이 생겨났다. 1985년 우즈베끼스딴(Uzbekistan)에서는 수확량을 보고할 때 정기적으로 수천톤의 면화를 더 생산한 것처럼 조작했다. 그리고 이 면화는 모두 다 팔린 것으로 처리되었다. 국가는 이에 대한 값을 치렀으며, 계획의 달성 및 초과달성에 따른 보너스까지 지급했다. 물론 이러한 사기극은 이 일을 담당하는 관리기구에 종사하는 수많은 관리들이 한꺼번에 가담하지 않았다면 일어날 수 없었을 것이다. 이들이 서로 짜고서 법을 어겨가며 여러 이득을 챙겼다.

이러한 가벼운 지표조작에서 좀더 심각한 범죄로 넘어가는 일은 아주 쉬

---

50) Lampert, *Whistleblowing in the Soviet Union: Complaints and Abuses under State Socialism*, London 1985, 25~26면.

였다. 장부정리에서 사소한 잘못을 눈감아주는 대가로 뇌물을 제공하는 것이나, '비밀금고'——고위관리에게 뇌물을 줄 여러 종류의 선물을 구입하는 데 필요한 재원——를 설치하는 것은 필수적이었다. 그러한 재원을 마련하기 위해 그 스스로도 뇌물을 받거나 국가재정을 횡령해야 했으며, 그렇지 않으면 생산품 일부를 높은 가격으로 암시장(nalevo)에 내다 팔아야 했다(대개는 이 세 가지 방법을 동시에 사용했다). 이렇게 법을 어기는 사람들도 자기 호주머니에는 단 한푼도 챙겨넣지 않았기 때문에, 자신들의 도덕적 순수성을 믿고 있었다(필자도 1982~83년에 레포르또보 Lefortovo 감옥에서 그렇게 생각하는 두 사람을 만난 적이 있다).

정부측 신문도 이 사태의 심각성을 인정했다. 『이즈베스쩨야』는 "감독관들이 한편으로는 국가의 이익을 위해 기업을 운영하지만, 그럼에도 불구하고 기존의 경제법규에 저촉되는 행위를 하고 있으며 그 때문에 때로는 처벌까지 받는다"[51]고 썼다. 영국의 소련학 전문가들과 소련 언론인들이 제시한 진단이 거의 일치하고, 그 묘사까지 아주 명확하다.

그러나 한가지 점은 분명히해야 한다. 우선 처음에는 계획을 수행한다는 명분 아래 거리낌없이 행해지던 이런 불법행위가 조만간 자신의 목적을 위한 사악한 거래로 전락할 수밖에 없었다는 점이다. 만약 한 개인이 사업의 성공을 위해 계속 모험을 감행하고 법을 어긴다면, 그는 조만간 자신의 치부를 위해서도 이와 아주 똑같은 일을 저지를 것이다. 대부분의 경우 부패한 입안자들은 이 두 가지 목적을 동시에 염두에 두고서 일을 저질렀다(계획을 성공적으로 수행하면 그만큼 그것이 그 자체로 하나의 보호막이 될 수 있다). 부패와 지하경제 모두가 이처럼 공공경제와 밀접하게 관련되어 있다면, 이것들을 어떻게 파악해낼 수 있을지의 문제가 불가피하게 제기된다.

이러한 지하경제로 인해 기존의 모순들이 오히려 더 완화되고 부족분이 사라졌으며, 그 결과 이것이 안정화 요소의 하나였다고 강조하는 사람들도 많다. 이러한 관점에서 보면, 부패는 사람들이 하지 않으면 안되는 필요악일 뿐이다. 어떤 사람은 램퍼트의 책을 인용하여 바로 이러한 관점을 옹호

---

51) *Izvestia*, 12 July 1983.

했다. 즉 그는 '지하'경제의 결과가 "주민들에게 그다지 나쁘지 않았다"고 강조했는데, 이 의미는 "잘 나가고 있는 배를 괜히 흔들어놓지 않는 것"이 더 좋다는 것이다. [52] 브레즈네프 자신이나 그 측근들도 이러한 견해를 가졌을 수 있다. 때로는 이와 비슷한 생각이 조심스러운 어조로나마 정부측 언론에 나타나기도 했다. 어쨌든 불법적인 사영업이 수요를 충족시키는 데 도움이 되고 있으며, 법을 준수하지 않는 공장책임자일수록 계획을 더 잘 달성한다는 점이 강조되었다. 이것은 또한 망명자들의 출판물에서도 자주 다루어지던 단골주제였다. 부꼬프스끼(Vladimir Bukovsky)는 공장책임자들이 기록에도 없는 생산품을 만들어내기 위해 비밀리에 '비공식'(levye) 작업장을 세웠던 수많은 사례들을 열거했다. 그의 견해에 따르면, 이것은 바로 자본주의가 재등장한다는 표시이다. '지하'경제는 효율적인 데 반해 비공식 경제는 비효율적이므로, 이쪽의 성공이 저쪽의 실패와 좋은 대조가 된다는 것이다.

그런데 사실은 전혀 그렇지 않다. 즐로빈(A. Zlobin)이 옳게 지적한 대로, 불법적인 사영업 행위는 공식체제의 핵심부에서 배태된 것이며, 따라서 그 체제 조직의 일부였고 바로 "이 공식체제 때문에 존재할 수 있었다." 이들은 국가재원을 불법적으로 전용하여 자본가들도 만져보기 힘든 일확천금도 만들어냈다. 이 사영(私營)부문은 국고로부터 "보조를 받는데", 바로 이러한 '보조금'은 도둑질을 통해서만 얻을 수 있다! 즐로빈은 계속해서 "사영부문은 국영부문에 기생하고 있다. 이러한 국가재원의 전용(轉用)은 제품이나 원자재의 형태로서가 아니라 토지, 난방, 전기 및 운송수단을 몰래 이용하는 형태로 이루어졌다"고 지적했다. (제품이나 원자재 역시 대개는 세금을 물지 않는 지하자본에서 빼돌린 것이라고 말하는 사람도 있다.) 이로부터 즐로빈이 이끌어낸 올바른 결론은 "불법전용된 이러한 공금"이 극히 비효율적으로 이용되었다는 사실이다. 만약 이 불법 사영업자로 하여금 그 모든 것에 대한 값을 제대로 치르게 했더라면, 그들이 만든 상품은 국가에서 제조한 상품보다 품질은 훨씬 더 형편없으면서도 값은 훨씬 더 비쌌을 것이다. [53]

52) Lampert, 앞의 책, 182, 188면.
53) *Literaturnaya Gazeta*, 31 July 1985, 11면.

다른 형태의 지하경제 역시 효율성과는 아주 거리가 멀었다. 밀매꾼들을 통해 부족한 공급물품과 설비를 메웠지만, 결핍의 문제가 완전히 해결된 것은 아니었다. 뇌물을 써서 계획을 달성할 수는 있겠지만, 그렇게 되면 그 사이에 법을 제대로 지키고 있던 누군가가 곤란한 처지에 빠진다. 누구나 똑같은 선택을 하라는 법은 없을 테니까! 게다가 부패상이 어느정도 '심각한 수준'에 이르면, 반드시 공적인 관리구조를 파괴하기 시작하고 그 활동을 마비시킨다. 따라서 우리가 보아온 대로 지하경제와 부패는 서로 불가분의 관계에 있다.

바꾸어 말하면, 지하경제는 몇몇 문제들을 해결하는 데에 보탬이 되기도 했고 브레즈네프 시대 동안 경제메커니즘에서 파생하는 개별적인 단점을 보완해주기도 했지만, 동시에 새로운 자원의 낭비 및 비효율성의 원천이 되고 물건을 제대로 공급하지 못하는 등(이것이 다른 특정 분야의 부족을 악화시키기 일쑤이다) 새로운 문제를 낳았다. 이는 안정화를 가져오는 요소이자 또 안정을 깨뜨리는 요소였다. 그리고 무엇보다도 부패의 사슬이 널리 퍼져 있음으로 해서, 계획입안자들 사이에서 더이상 개혁의 목소리가 나오기 힘들게 되었다.

안드로뽀프의 측근들은 브레즈네프 생전에 이러한 사실을 알아차렸다. 게다가 1980년대 초에는 부패가 더욱 만연하여 경제를 더이상 관리하기 어려워졌을 뿐만 아니라 중앙기구의 권력조차 유명무실해졌음이 확실해졌다. 부패척결이 국정을 좌우하는 문제로까지 대두하였다. 1981년 겨울, 수많은 사건에 대한 진상조사가 시작되었다. 이와 동시에 계획을 달성하는 것보다는 법을 어기지 않으면서 계획을 수행하는 것이 일반적으로 더 낫다는 의견이 언론에 등장하기 시작했다. 그러자 개혁주의적 경향이 다시 고개를 들었다. 만약 법률에 따라 행동하면 성공을 거둘 수 없고 그렇다고 법률을 어기는 것도 안 된다면, 그 법률을 재검토하자는 의견도 나왔다.

지배집단의 일부에서도 당기구에까지 미치고 있는 부패의 악영향에 대해서 크게 걱정하고 있었다. 우리가 이미 말한 대로, 부패의 원천은 당기구 밖에 있었지만 지방 당료들은 부패한 입안자들과 항상 한통속이었으며, 이들이 때로는 그같은 일에 물들기도 했다. 이 사람들에게는 다른 선택의 여지가 없었다. 그 결과 누적된 불만이 점차 모습을 드러내기 시작했다.

지하경제와 부패사슬의 옹호자들은 이러한 상황이 누구에게나 해당되는 것이었다는 점을 강조하고 싶어한다(이것은 램퍼트의 책에도 아주 정확히 기술되어 있다). 노동자들도 종종 불법적으로 보수를 받았다. 가벼운 도둑질 정도는 생산현장에서 너무나도 흔한 것이어서, 이제는 그것이 더이상 죄가 아닐 정도였다── 말하자면 사람들은 자신들에게 필요한 물건을 훔치는 것이 아니라 '가지고 가는' 것이었다. 노동자들은 상사의 예를 따랐을 뿐이고, 그 상사들은 자신들이 떳떳하지 못하기 때문에 그러한 하급자들의 가벼운 비행을 눈감아주지 않을 수 없었던 것이다. 생산에서 "일종의 '비밀법', 곧 특이한 불문율과 관습법이 만들어지기 시작했다."[54] 이 비밀법의 기본 원칙은 노동자와 관리자 사이의 상호양해, 다시 말하면 상호묵인이라는 원칙이다. 법을 어겨가면서까지 관리는 자진해서 "노동자들에게 은밀하게 편의"를 봐주는 것이다. 결국 이 비밀법은 노동관계와 생산규율의 거의 모든 문제에 해당되었다. "비밀법으로 노동자들의 '죄'가 용서되는 대신에, 노동자 쪽에서는 참기 어려운 자신들의 열악한 작업환경을 때때로 눈감아주었다."[55]

이러한 타협은 경제적 성장이 그나마 약간씩 계속되던 시기에는 모든 이에게 다소 만족스러운 것이었다. 그러나 1970년대 후반 경제성장률이 급속히 떨어지고 그것이 주민들의 생활수준에 반영되자, 노동자들은 이 비밀법이라는 규범에 대해 비판적인 태도를 취하기 시작했다. 이 상호양해로부터 더 많은 이득을 보았던 쪽은 아무래도 노동자들보다는 관료들이었음이 분명했다. 이런 부정이 명백해지는 만큼, 부패와 위법행위에 대한 불만도 커졌다. 세상 돌아가는 것을 잘 모르는 부패한 관리들은 자신들의 부를 공공연히 자랑했고, 대중들은 자신들의 운명을 쥐고 있던 이들과 점차 사이가 벌어졌다.

이러한 불만이 처음에는 고위 당기관에 보내는 편지로 표출되었다. 1972년 소련공산당 중앙위원회는 35만 2500통의 편지를 받았지만, 1980년에는 67만 1600통을 받음으로써 제9차 경제5개년계획 기간 동안에는 연평균 40만 1660통을 받은 데서 제10차 경제5개년계획 기간에는 연평균 63만 368통

54) *EKO*, no. 7, 1984, 72면(L.V. Nikitinskii). 이 법은 지금도 여전히 살아 있다.

55) *Sovietskaya Kul'tura*(소련의 문화), 6 July 1985.

328

으로 늘어났다. 신문에 보내는 편지의 수도 늘어났다. 언론인들이 인정하는 바이지만, 편지에 나타난 비판은 "직설적이고 어느정도 날카로운 표현이 주종을 이루고 있었다."[56] 더욱 심각한 것은 1977년부터 자유노조를 세우려는 시도가 일어났다는 점이었다. 신문에 의례적인 편지를 쓰는 것으로 출발했지만, 이 조직의 참여자들은 모두 점차 결정적인 행동을 취할 생각까지 하게 되었다. 물론 그들의 노력은 저지당했다. 그러나 그 사실 자체만큼은 주목할 만했다——특히 폴란드에서처럼, 저항의 기폭제 역할을 한 것은 바로 최고위층에 만연한 부패상이었기 때문이다.

1981년, 안드로뽀프에 의해 시작된 고위권력층의 부패에 대한 단속은 브레즈네프의 가족까지 조사할 정도로 단호하고 엄격하게 실시되었다. 브레즈네프의 딸인 갈리나(Galina)도 국가곡예단(State Circus Administration)의 뇌물수수를 조사하는 과정에서 드러난 비리에 연루되었다. 서방 언론들은 워터게이트 사건과 유사한 이 "모스끄바의 서커스게이트"[57]를 놓치지 않았다. 물론 브레즈네프는 자신의 직위를 유지했으나, 이 모든 사건들은 그의 정책이 실패했고 지도부 내에서 새로운 불화가 싹트고 있음을 입증하는 것이었다.

〈표 3〉 1인당 기본 식량소비량 (단위: kg, %)

	과학적으로 추정한 기준량	소비량 1979	1980	기준량 대비
육류와 육류제품	83	57	58	68.7~69.8
우유와 유제품	430	321	314	73.0~74.6
채소와 멜론류	290	230	239	79.3~82.4
과일과 장과(漿果)류	113	41	38	33.6~36.3

자료: *Prodovol'stvennaya Programma SSSR*(소련 식량강령), 11면; *EKO*, no. 10, 1981, 117면.

---

56) *Pravda*, 7 July 1985. 편지 수량에 대한 기록은 *Spravochnik partiinogo rabotnika*(당일꾼 안내서), no. 21, Moscow 1981 참조.
57) *Newsweek*, 8 March 1982.

안드로뽀프는 부패분자를 처벌함으로써 주민들을 달래려고 했다. 이 과정에서 그는 개인적인 인기를 얻음으로써 그 의도는 큰 성공을 거두었다. 그렇지만 부패가 불만의 유일한 원인은 결코 아니었다. 대다수 소련인들은 커져가는 산업상의 혼란 및 식량부족에 분노하고 있었다. 후자가 특히 중요했다.

식량부족에 따른 어려움은 우연적인 것이 아니다. 그것은 스딸린 농업정책의 논리적 귀결이며, 흐루시초프와 브레즈네프가 상황을 유지하고 교정하기 위해서 취한 조치들의 논리적 결과였다. 1982년, 소련공산당 중앙위원회 5월 전체회의에서 브레즈네프는 "소련 시민들의 식량배급은 생리적 기준에 의거한다"[58]고 선언했다. 그렇지만 전문가들은 이에 동의하지 않았다. 그들은 실질적인 소비가 "권고된 규정에도 못 미친다"[59]고 주장했다. 여하튼 브레즈네프는 통치 말기에 이르러서는 식량문제의 심각성을 인정하지 않을 수 없었으며, 소련이 특별한 '식량강령'을 필요로 하고 있다고 밝혔다. 그렇지만 이러한 식량강령에 나타난 지표는 전형적으로 맞지 않는 것이었다.

〈표 4〉 식량강령에 따른 1990년까지의 추정 소비량   (단위: kg, %)

	소비량	기준량 대비
육류 및 육류제품	70	84.3
우유 및 유제품	330	76.7
계란	260	89.6
채소 및 멜론류	126	86.3
과일 및 장과류	66	58.4

자료: *Prodovol'stvennaya Prograrmma SSSR*, 11면; *EKO*, no. 10, 1981, 117면.

---

58) *Prodovol' stvennaya programma SSSR na period do 1990g. i mery po ee realizatsii, Materialy maiskogo Plenuma TsK KPSS 1982g.*(1990년 이전 시기 소련 식량강령과 그 실현 정도, 소련공산당 중앙위원회 5월 전체회의 자료), Moscow 1982, 8면.

59) *Sotsiologicheskie Issledovaniya*(사회학 연구), no. 1, 1983, 46면.

식량강령 원년의 결과는, 표 4에서 볼 수 있듯이, 그 목표를 성공적으로 달성할 수 없었다. 곡물생산은 1979~84년 내내 1억 6천만 톤에서 2억 톤으로 1976년 수준을 크게 밑돌았다. 그처럼 심각한 상황을 빚어낸 원인은 무엇일까? 서방 전문가들조차 소련 농업은 3,4억 국민을 먹여살릴 만한 것으로 생각했다. 소련은 이미 트랙터 수와 전체 능력에서 미국을 능가했다. 1970년대 중반 농업에 투여된 자본의 양은 소련과 미국이 같은 수준을 보였지만, 1977년 이후 소련이 앞서기 시작했다. 그렇지만 소련의 노동생산성은 엄청나게 낮았다. 유럽에서는 헥타르당 곡물생산이 3천kg이 못 되면 적자로 보고 있다. 자연조건이 러시아와 거의 다르지 않은 헝가리에서도 헥타르당 곡물수확량은 4천kg 이상이다. 그런데 소련에서는 브레즈네프 전시기에 걸쳐 2천kg도 수확하지 못했다! 유명한 논평가인 체르니첸꼬(Yu. Chernichenko)는 "가장 성공적인 해인 1978년에 밀가루 수확량이 평균 1800kg 정도였다"[60]고 말했다.

흉작은 항상 기후 탓으로 돌려졌다. 자연의 이상현상이 생산량에 심각한 영향을 준 것은 사실이지만, 그 사실 자체가 소련 농업이 그처럼 '취약하다'는 이야기로밖에 들리지 않는다. 적어도 선진국이라면 가능한 한 수확이 기후에 좌우되지 않도록 해야 한다. 이러한 목표는 이미 1960년대에 설정되었지만, 아직도 성취하지 못하고 있다. 사실 전문가들도 인정하듯이, 1970년대 말에는 "이와 반대현상이 나타나기 시작했다."[61] 농업에 따른 국가수입의 양은 종잡을 수 없을 정도로 그 변동폭이 크지 않았던가! 만약 순수입으로 따져본다면, 1959~69년의 16.8%에서 1970~80년의 31%로 거의 두 배나 올랐다.

---

60) *Novyi Mir*(신세계), no. 3, 1983, 171면(Yu. Chernichenko). 콤바인은 곡식을 베기도 하지만 탈곡도 한다. 소련의 정부측 선전가들은 항상 기후조건이 소련보다 나은 미국과 비교함으로써, 소련의 기후조건으로는 현재 소련에서 수확하는 것보다 더 나은 결과를 기대할 수 없음을 증명했다. 그렇지만 그동안 소련의 개인농장이 이러한 논리를 반박해주었다. 1982년 에스또니아에서 Edasi 집단농장은 상대적으로 척박한 토지와 아주 나쁜 기후조건에도 불구하고 헥타르당 4950kg을 수확했다. 그 이듬해 이 농장에서 젖소 한 마리당 평균 우유생산량은 5316kg이었다. 그런데 이 나라 전체 평균은 2258kg이었다(*'Edasi' kolhoos*, Tallinn 1984 참조).

61) *Voprosy Ekonomiki*, no. 1, 1984, 75면.

호루시초프에 의해 시작되었고 나중에 브레즈네프 경제정책에서 핵심사
항이었던 '추가투자를 통해 낙후된 분야를 집중공략하는' 정책은 표 5가 보
여주듯이 농업에서는 거의 효과가 없었다.

〈표 5〉 농업 투자 효과   (단위: %)

	1966~70	1970~75	1975~80
이전 5개년계획 대비 투자증가율	57.9	65.9	29.6
노동생산성 증가율	30	22	15
생산증가율	21.2	13.2	8.7

자료: *Problemy truda v sel'skom khozyaistve*, 6, 9면; *SSSR v tsifrakh v 1979g*, 116면;
EKO, no. 10, 1981, 133면.

이 모든 어려움의 근본 원인이 1930년대 스딸린 정책에 있다는 것은 주
지의 사실이다. 정부측 경제사가는 "실책과 과도함"이라는 애매한 표현으
로 이야기했지만, "당과 정부에 의해 비난을 받은" 다음에는 이 표현마저
도 "재빨리 수정했다."[62] 스딸린의 농업정책은 (특히 1960년대에) 정부의
많은 전문가와 심지어 관료들에게서까지도 크게 비난을 당했지만, 불행하
게도 그 결과를 교정하기란 쉽지 않았다. 호루시초프와 브레즈네프가 마련
한 대책도 어쨌든 분명 적당하지 않았다.

농촌에서는 여러 해 동안 모든 잉여가치뿐만 아니라 생계비의 일부까지
빼앗겼다. 그것은 바로 스딸린이 산업화에 필요한 재원을 농민들에게 떠맡
겼기 때문이었다. 그 결과, 농업 자체가 심각한 재원부족에 시달리기 시작
했고, 농촌의 생활수준은 도시의 생활수준에 크게 못 미치게 되었으며, 농
민들의 법적 지위도 애매해졌다. 젊은이들은 도시로 떠나기 시작했으며,
이로써 전통적인 농촌의 사회적 유대가 깨어졌다. 이 과정이 스딸린 시대
에는 행정조치로 인해 억제되었지만, 이제 농민들이 결국 도시민과 동일한

---

62) *Istoriya sotsialisticheskoi ekonomiki v SSSR*(소련 사회주의 경제사), vol. 3, 374
면.

법적 평등을 지니게 되자 그들을 더이상 억누를 수만은 없게 되었다. 이를 막기 위해 무엇인가 조치를 빨리 취하지 않으면 안되었다. 그래서 산업을 재정비하고 생활수준을 향상시키기 위해 대규모 기금이 농업에 투입되었다. 1918년부터 1982년까지 전시기에 걸쳐서 5560억 루블이 농업부문의 발전에 소요되었는데, 그중 1710억 루블이 제10차 5개년계획 기간 동안에 사용되었다. 브레즈네프 정부는 혁명 이후 농업분야에 충당된 전체 재원 가운데 30% 이상을 1976~80년에 투자한 것이다. 1961~65년에는 전체 투자 가운데 23.4%가 농업에 소요되었고(이는 스딸린 시대의 수준을 크게 웃돌았다), 1976~85년에는 그 비율이 27%였다. 그러나 불행하게도 스딸린 시대에 저질러놓은 일 때문에 소련 농업이 그러한 투자유입을 '소화할' 수 있는 상태가 아니었다. 미국 경제학자 골드먼(Marshall Goldman)은 "나중에 더 많이 투자한다고 해서 좀더 일찍 투자했어야 할 것이 보완되지는 않는다. 이것은 마치 어릴 때 굶주렸던 사람에게 나중에 성인이 된 뒤, 그 어릴 적의 무관심을 보충하기 위해 과다하게 먹이는 것과 같다"[63]고 말했다.

본질적으로 브레즈네프 시대의 모든 경제적 모순은 농업에 몰려 있었던 것처럼 보인다. 이 분야를 발전시킬 목적으로 대량의 재원이 투입되었지만, 낡은 조직구조의 틀 내에서는 이 재원마저 효과적으로 이용될 수 없었다. 신문들도 인정했다시피, 처음에 농촌의 관리들은 "어떻게 이용해야 할지도 모르면서 대규모 단지들만 잔뜩 건설했다."[64] 나중에 이 돈은 아주 여러가지 계획——그중 어느 것도 제대로 고안된 것이 없었다——에 따라 골고루 나누어졌는데, 이로 인해 어떤 특별한 성과를 기대하기란 힘들었고 결국 재원만 낭비한 꼴이 되었다. 집단농장에 성능 좋은 기계를 공급하려는 계획도 결코 완벽하지 않았다(산업생산에서의 어려움과 과학기술의 진보에 대한 적절한 유인동기가 없었다는 점이 큰 원인이었다). 1982년, 『쁘라브다』(Pravda)지 경제칼럼 기고가는 "전체 농업기계 가운데서 쓸모없고 생산성이 낮은 트랙터가 차지하는 비율이 아주 높다"[65]고 썼다. 그해

---

63) Goldman, *U.S.S.R. in Crisis: The Failure of an Economic System*, 78면.

64) *Sovietskaya Rossiya*, 27 January 1984.

65) *Stroki, rozhdennye poiskom. Sotsial'no-ekonomicheskie obozreniya 'Pravdy'* (탐색이 낳은 글들, '쁘라브다'지의 사회경제평론들), no. 2, Moscow 1984, 197~98면.

초 이것들이 기계 전체에서 차지하는 비율은 44% 가량이었다. 국가과학기술위원회(State Committee on Science and Technology)의 추산에 따르면, 그 당시 생산중인 운송기계 272종 가운데 131종은 현대화가 필요했고, 40종은 대체로 전혀 쓸모가 없었다. 그러는 가운데 농업기계부 장관은 1983년에는 12종의 기계를, 그리고 그 다음해는 다른 5종을 교체하겠다고 했다. 이는 계획체계를 흔들어놓을 정도로 무모한 재편인 것 같지만, 생산자들은 독점적인 지위를 누리고 있었기 때문에 낡은 기계에서 문제가 발생한다고 해서 곤경에 처하지는 않았다.

이러한 기술이라도 농촌기업들이 이를 효과적으로 이용할 태세가 되어 있었느냐 하면 그렇지도 않았다. 능력있는 기술자들은 계속 도시로 떠나버려 기술자 또한 문제였다. 비록 기업이 새로운 설비를 아주 손쉽게 갖추었다고 하더라도, 과다한 가동 및 수리비용 때문에 가동을 하긴 하지만 손해만 보고 있었다. 그렇다고 기업이 문을 닫은 것도 아니다. 그 손실이 국가로 이전되었을 뿐이다. 저명한 경제학자인 리씨치낀(G. G. Lisichkin)은 트랙터를 비유할 때 리무진을 거지에게 준 꼴이라고 말하곤 했는데, 이 거지는 세금, 기름, 주차장 그리고 수리 등의 비용이 자신의 재산을 훨씬 상회하는데도 그 리무진을 되팔 수조차 없다…… 가장 좋은 방법은 이 기계를 그저 가만히 놔두고 썩이는 것이다.

생산자들은 총산출량에 의지해서 계획량을 달성하려고 했기 때문에 아주 강력한 기술만을 필요로 했다. 작은 말 한 마리로 일을 해낼 수 있는 곳에서도 이들은 60마력짜리 트랙터를 이용해야 했다. 여러 해 동안 소련 설계자들에 의해 값싼 새 트랙터가 개량되었지만, 생산공정에까지 이르지는 못했다(리뻬쯔 Lipets LT3-145와 하르꼬프 Kharkov T-150 트랙터도 마찬가지의 신세를 면치 못했다). 다른 농업기술에서도 이와 똑같은 일이 벌어졌다. 체르니첸꼬는 콤바인이 "생산된 지 얼마 되지 않았는데도" 질이 나빠서 사라지게 될 판이라면서 "1970년대에 생산된 콤바인 100만 대가 원래 계획보다 빨리 사라졌다"고 유감스럽다는 듯이 썼다.[66]

젊은이들의 이농 현상으로 브레즈네프의 농업정책에 새로운 문제가 생겨

---

66) *Novyi Mir*, no. 3, 1983, 173면.

났다. 정부당국은 자본의 추가투자를 이용하여 농촌의 이러한 사회적 변화를 막아보려고 노력했지만, 오히려 모순만 가중되었을 뿐이었다. 농민들의 생활수준은 빠르게 향상되었지만(1960년대 말까지 농촌사람들의 예금액은 도시 수준에 육박했고, 1984년에는 농촌의 평균 예금액이 12%나 높았다), 사람들은 계속 도시로 떠나갔다. 농촌의 사회적·인구통계학적 균형이 무너졌으며, 노동자들의 수입이 증가함에 따라 이러한 균형이 회복되기는커녕 실상 더 악화되었다. 사회학자들은 문화적 문제가 전면에 나타났다고 주장했다. 농민 대다수에게도 라디오와 텔레비전을 이용할 수 있게 한다면 문화적 박탈감의 문제를 덜 수도 있다는 주장이 나왔으나, 이것 역시 도시 생활의 이점만 부각시켜 그 박탈감을 도리어 악화시킬 뿐이었다. 해마다 농촌에 클럽을 수천여 개씩 세웠으나 그것으로도 도움이 되지 않았다. 또 수많은 건물이 세워졌지만, 주민들의 욕구가 이것으로 채워지지는 않았다. 더욱 힘들어진 노동과 명백히 비효과적인 직업상의 조직 때문에 사람들은 농촌생활을 등졌다. 과도한 집중화로 인해 더이상 사회적·인구통계학적 정책이 성공할 수 없게 되고, 때로는 지역마다 질적으로 다른 해결책이 필요하게 되었다. 전문가들도 인정했다시피, 천편일률적인 사회정책이 "마을의 독특한 특징을 모두 사라지게 만들었다."[67]

농업 우선정책을 부분적으로 재검토하려는 움직임이 없었던 것도 아니었다. 기술주의자들의 영향을 받아 브레즈네프는 두 번씩이나 사영부문——'개인 텃밭'——에 이윤동기를 부여함으로써 농업의 개선을 꾀하고자 시도했다. 그 첫번째 시도는 1965년 개혁기간중에 나타난 것으로, '사영업자'를 전면 근절하려고 했던 흐루시초프의 노선을 일부 수정한 것이었다. 1965년 1월 1일까지 흐루시초프는 개인들이 소유하는 가축의 수를 410만 마리로 줄였고, 총생산량도 1958년에 비해 8% 떨어지게 만들었다. 1961~63년에 집단농장 시장에 내다 판 생산물의 양도 16% 감소했다. 주민들은 이러한 '성공'을 환영하지 않았는데, 브레즈네프 집단이 실시한 첫번째 조치가 바로 개인경지에 대한 기존의 정책을 재검토하는 것이었다. 그 이후 국가 전역에서 제반 조치에 의해 이 개인경지의 생산이 장려되었다. 그럼에도 불

---

67) *Voprosy Ekonomiki*, no. 8, 1984, 93면.

구하고 사영부문의 쇠퇴는 그 속도만 늦추어졌을 뿐 계속되었다.

두번째 시도는 1982년에 있었다. 개인경지를 활성화시키려는 제반 조치들은 얼마간의 성과는 낳았지만 오래가지 못했다. 1982년부터 1984년까지 개인경지의 가축 수와 생산량은 약간 상승했으나, 그 이후 다시 하락하여 평균 잡아 1979년 수준을 유지했다. 육류와 우유의 생산량은 1975년은 말할 것도 없고 1979년보다도 훨씬 줄었다. [68]

사영부문을 자극하기 위한 시도가 실패했다는 것은 그것이 농업구조상 부차적인 존재에 지나지 않았다는 점과 관련이 있다. 사영부문은 국영부문으로부터 독립적으로 존재하지 않았으며, 개인경지에서 일하는 사람들도 농장주가 아니라 국영 또는 반(半)국영 기업에 고용된 노동자나 농민이었다. 그렇기 때문에 이러한 사실이 결국은 이들의 행동까지 결정했다. 이들은 개인경지에서 생산을 높이고 시장을 위하여 자율적으로 움직이는 영리기업으로 전환할 시간도, 합법적인 기회도 갖지 못했다. '텃밭'이라는 그 말 자체에 딱 어울리는 정도였다. 소련의 '사영업자'들은 때때로 서방의 각종 사영업자들과는 정반대의 행위를 한다. 가격이 오르면 이들은 노동력과 시간을 적게 들이면서도 동일한 수입을 올리기 때문에, 생산을 늘리는 것이 아니라 오히려 줄이려는 경향이 있었다. 그러한 일이 농촌에서는 비일비재했다. 식료품 부족으로 시장가격이 계속해서 오른 뒤로도 개인경지의 생산을 자극할 만한 유인책이란 없었다. 게다가 사영부문은 기본적으로 일

68) 극우파 견해를 대변하고 있고 소련의 정치적 혹은 경제적 변화에 대한 유일한 희망을 사영부문의 발전에 걸고 있는 미국의 소련학 전문가 Richard Pipes조차 "농업의 사영부문은 정부당국이 더 많은 활동의 자유를 보장한다고 하더라도 커다란 성과를 내기는 힘들 정도로 이렇다 할 전망이 없다는 점을 인정하지 않을 수 없었다. 지난 10년간 개인경지의 생산력은 증가한 것이 아니라 떨어졌음을 보여주는 보고도 있다(Pipes, *Vyzhit' nedostatochno*〔부족하게 살다〕, New York, 166면). Pipes를 식견있는 학자로 부르기 어려운 것은 사실이다. 예를 들어 그는 현대 소련의 농촌을 "비참한 생존조건과 저임금"으로 묘사했다(같은 책, 142면 참조). 이는 사실과 모순될 뿐만 아니라 그가 실제 경제과정을 이해하지 못하고 있다는 증거이기도 하다. 국영부문에서 농민의 수입은 부당할 정도로 크게 올랐는데, 바로 이러한 국영부문 때문에 개인 텃밭이 사라지고 더 필요없게 되었던 것이다. 역설적이게도 러시아 소농층은 상대적으로 물질적인 번영을 누리던 브레즈네프 시대보다는 참혹하게 가난하던 1940년대에 더 열심히 일했다.

하는 사람의 수에 좌우되는 것이어서, 이농현상 때문에라도 쇠퇴하게 마련이었다. 국영농업의 문제에도 손을 못 대고 있는 마당에 '사영업자'를 도울 수 있는 일은 아무것도 없었다.

브레즈네프는 말년에 이러한 상황을 변화시키고자 많은 노력을 쏟았다. 1982년에 나온 식량강령이 하나의 전환점이 될 만했다. 이 강령의 골자는 자본투자를 새로이 증대시키고 화학비료와 기술공학을 추가로 제공하는 것이었다. 식량 구매가도 크게 늘려 이를 위해 국가는 해마다 특별계정으로 160억 루블을 지불할 계획이었다. 집단농장의 부채 가운데 97억 루블은 탕감되었고, 110억 루블은 지불이 유예되었다. 농촌 관리자와 전문가의 봉급도 30% 올랐고, 동시에 몇몇 관리조직을 재편하려는 계획은 그 실시를 미루었다. 이것은 경제정책에서 기술주의자들의 영향력이 커가고 있다는 증거였지만, 기술주의자와 보수주의자 사이에 성립된 이 타협마저 성공을 거두지 못했다.

기술주의자들은 군(郡)농공협회(regional agro-industrial associations, RAPOs)의 창설에 희망을 걸었다. 원래 에스또니아(Estonia)에서 나온 이러한 발상은 그 자체만 보면 나쁜 것이 아니었다. 기술주의자 집단들은 브레즈네프가 이것을 기본적인 공식노선으로 발표하기 이전에 이미 에스또니아의 경험을 하나의 모델로 주목하고 있었다. 다양한 부서로 나누어져 각각 나름의 계획을 수행하는 수많은 사업장들을 '한지붕 아래에' 있게 한다면, 이들을 성공적으로 통합할 수 있을 것이라는 생각이었다. 군농공협회가 이러한 '공동의 지붕'이 되었다. 바꿔 말하면, 이것은 부서주의를 '아래로부터' 타파하자는 시도였다.

문제는 기술주의적 개혁가들이 순전히 조직상의 조치에 너무 많은 기대를 걸었다는 점이다. 기본적인 사업장들의 권리가 제한된 채로 남아 있었기 때문에, 이것이 군농공협회의 손발을 묶어버렸다. 상급부서들도 "군농공협회가 하는 대로 그대로 따라가지는"[69] 않겠다고 공공연히 떠들어댔다. 게다가 재원조차 확보하지 못했던 군농공협회도 많았다. 그러한 경우, 신문이 밝히고 있듯이, 그 협회들은 "교회의 쥐처럼 가난하기 짝이 없었다

---

69) *Sovietskaya Rossiya*, 27 January 1984.

──그들은 단돈 몇푼도, 못 하나도 없었다. "70) 이러한 '협회들'의 경우 몇줄 끼적거리는 것으로 활동이 끝이었다. 이들 군농공협회 지도부가 더 많은 일을 하려고 든다면 상급기관과 충돌할 수밖에 없었다. 협회를 관리하는 책임이 상급단계로 가면 각 부서별로 다시 '나누어져' 있었기 때문이었다. 따라서 협력부서간에 상호이해나 긴밀한 협조가 이루어질 리 없었다. 주요 국영농장의 책임자인 야루신(B. Yarushin)은 『쏘비에뜨스까야 로씨야』(Sovietskaya Rossiya)지와의 대담에서 그러한 재편 이후에도 "아무것도 변하지 않았다. 모든 것이 이전 그대로이다. 지역단체에서 단일 책임자는 없다"71)고 말했다. 물론 이때 기술주의자들이 예전의 방법과 전혀 다를 바 없는 아주 온건한 제안조차도 할 수 없었다는 점은 짚고 넘어가야 한다.

브레즈네프의 식량강령은 1982∼83년에 약간의 생산량을 높이는 데 기여했으나, 1984∼85년이 되면 이미 이 조치의 긍정적인 효과는 사라지기 시작했다. 1986년에 전문가들은 상황이 "나아지지 않고 있으며, 1980년과 비교할 때 오히려 악화되고 있다"72)고 주장했다. 브레즈네프의 조치들은 항상 이와 똑같았다. 처음에는 상황이 약간 나아진 듯싶다가, 그 이후에는 다시 예전 수준으로 떨어지고 만다. 그리고 그 결과는 어쨌거나 재원만 낭비한 꼴이 되었다.

이러한 고질적인 농업문제말고도 소련 경제는 1970년대 중반에 일련의 새로운 문제에 직면하기 시작했다. 이 문제들은 분명 브레즈네프 집단이 해결할 수 없는 것들이었다. 첫째, 러시아 역사상 처음으로 모든 종류의 자원 부족사태가 벌어졌다. 에너지와 원료가 더욱 비싸졌고 노동력의 공급도 부족했다. 물론 이 모든 것이 완전히 불가피했던 것은 아니다. 소련은 이러한 어려움에 직면하고 있음에도 불구하고 여전히 세계에서 가장 자원이 풍부한 국가 가운데 하나였다. 문제는 기업들이 이러한 자원을 절약하려는 동기를 전혀 갖고 있지 않았다는 데 있다. '총산출량'이라는 지표하에서 이들은 오히려 정반대의 일에 열중했다. 잉여자원만 있으면 (그리고 스딸린과 흐루시초프 시대에 이루어졌던 방식 그대로) 미래에 대한 아무런

---

70) *Izvestia*, 31 July 1983.

71) *Sovietskaya Rossiya*, 22 March 1983.

72) *Izvestia*, 21 February 1986.

생각 없이 '총산출량'을 추구할 수 있었다. 이런 경우가 잦아지자 곧바로 심각한 부족현상이 나타났다. 가치있는 원료를 과도하게 사용하고 있다는 사실이 드러난 것이다. 가격이 상승하고 있는 석유를 분별없이 낭비했다는 사실도 밝혀졌다. 석탄산업의 어려움에 대한 문제도 되풀이하여 제기되었다. 절약을 장려할 수 있는 새로운 지표의 도입도 논의되었다(가장 중요한 것이 표준순생산이었는데, 그것의 운명에 대해서는 이미 언급했다). 그 어느 것도 경제메커니즘의 근본적인 변화 없이는 효과적일 수 없었다. 그러나 그러한 경제적인 변화란 최소한 지배엘리뜨의 세력판도를 바꾸는 것이고, 그리고 이것은 필연적으로 브레즈네프 집단의 안정화를 해칠 것이기 때문에 기피되었다.

기존 정책에서 벗어나지 않으면서 자원부족 문제를 해결하기 위해서는 원료와 에너지의 새로운 공급원이 끊임없이 필요했다. 그러나 이것도 기본적으로 낭비에서 생겨난 손실분만 메울 뿐이었다. 채취산업 분야에 대한 투자는 전체의 40%까지 차지했고, 제10차 5개년계획 동안에는 이것의 자본산출비가 4.9%나 떨어졌다(산업 평균은 2.9% 하락이었다). 많은 분야에서 노동생산성 또한 하락하기 시작했고, 이것이 생산량에 영향을 끼쳤다. 원료와 에너지 양을 똑같이 사용하면서도 완제품을 1.3~1.5배까지 더 생산할 수 있다고 전문가들이 인정할 만큼 낭비가 심했다.

노동력에서도 이러한 사정은 더 나을 것이 없었다. '과다한' 노동력에 대한 요구로 1980년대 초에는 '불필요한' 자리만 약 200만 개에 달하는 상황이었다. 분명 노동력이 부족한 상황인데도, 각 사업장에는 계획을 달성하기 위해 필요한 수보다도 항상 더 많은 사람이 고용되어 있었다. 기술 및 계획된 목표량은 그대로 둔 상태에서 각 사업장에서 일하는 사람의 수를 얼마만큼 줄일 수 있는지에 대해서는 경제학자들 사이에 의견이 분분했다. 어떤 사람은 12%라고 했고, 또 어떤 사람은 20%라고 주장했으며, 3분의 1은 줄여도 된다는 사람까지 있었다.[73]

---

73) 더 상세한 것은 *Osnovy planirovanya i sotsial'nogo razvitiya SSSR*(소련의 경제계획 및 사회발전의 원리), Moscow 1983, 61~63면을 보라. *EKO*, no. 2, 1982, 76면; Voprosy Ekonomiki, no. 2, 1982, 51면. 자원의 과소비에 대해서는 *EKO*, no. 1, 1984, 4면 참조.

이렇게 모순된 상황이 어떻게 생겨났을까? 각 부서의 경제정책 입안자들은 노동생산성을 높이거나 일자리를 줄이는 것보다 노동자 수를 최대화시키는 데 더 관심이 있었다. 노동력 고용에 대한 관리자의 권리는 확실히 극히 제한되어 있었다. 노동력 감축은 임금예산의 즉각적인 삭감을 가져오고 때로는 이로 인해 사업장이 낮은 부류로 떨어지기조차 했다(이에 따라 그 책임자의 활동범위도 좁아진다). 또 소련 경제의 구조상 생산의 불규칙성으로 말미암아 다양한 '혼란'이 나타날 수 있기 때문에, 관리자는 물질적 비축분뿐만 아니라 보충할 수 있는 노동력까지 만들어놓지 않으면 안되었다. 매월, 매분기 또는 매년 말, 상대적으로 어려운 상황에서도 가동할 수 있는 노동력을 모두 동원하여 계획을 달성할 수 있는 정도는 되어야 했다. 노동력이 좀더 정상적으로 조직되었더라면 더 적은 수의 노동자로도 해결할 수 있었겠지만, 실제 상황에서는 다른 대안이 전혀 없었다. 다른 곳에서와 마찬가지로 여기서도 양이 질을 대신해야 했다. 전문가들의 추정에 따르면, "어떤 사업장에서는 한 달 생산량 4분의 3이 그달 후반기에 생산된다. 이것은 그 사업장의 경우 최소한 노동력의 3분의 1이 충분히 이용되지 못하고 있다는 것을 의미한다."[74] 게다가 공장노동자들은 추수를 '지원'한다는 형태로——불만에 가득 찬 소련 관리자들은 이것을 부역노동(barshchina)이라고 불렀고, 이 용어는 중요한 출판물에까지 널리 퍼졌다——농촌에 파견되었다. 이 때문에 공장에서는 이를 대비한 예비노동자까지 보유하고 있어야 했다. 이 모든 것이 과다한 노동력의 요구로 귀결될 수밖에 없었다. 사업체 책임자들은 기회가 닿는 대로 수많은 예비자리를 '감추어'두고자 했다. 이러한 요구에 해당 부서야 반대하고 싶었지만——비록 모든 경우는 아니라 할지라도 몇몇의 경우에서는——증빙서류를 완전히 갖추어 들이미는 데야 별수없이 허가할 수밖에 없었다.

노동력 및 임금 문제와 관련한 이러한 기술주의적인 조치들은 기존의 경제기제 때문에 실패로 끝났다. 노동생산성의 향상을 위해 노동관계를 조절하고 추가적인 이윤동기를 만들어내려는 시도는 계속해서 시행되었다——그리고 적어도 실험적인 수준에서 그 결과는 항상 만족할 만한 것이었다.

---

74) *EKO*, no. 2, 1982, 76면.

1978년 이후 지배층은 더욱더 혁신에 관심을 보였고, 기술주의자 집단은 자신들의 생각 가운데 몇가지를 실현할 기회를 갖기도 했다. 이들 가운데 가장 잘 알려져 있는 것이 '시체끼노(Shchekino) 실험'과 '조별협약' (brigade contract)이었다. 첫번째 경우는 사업체가 임금예산의 가감 없이 노동자 수를 감축할 수 있는 권리를 갖는 것이었다. 그러한 감축으로 남은 돈은 다양한 방식으로 쓸 수 있었다. 노동자가 감축된 사람의 몫까지 대신 하는 경우에는 보너스를 받았다. 그러므로 이전에는 세 명이 하던 일을 이 제는 두 명이 하면 그 둘이 과거 세명분의 임금을 받았다. 그러나 불행하 게도 실제에서는 이렇게 간단하지 않았다. 우선, 계획을 달성할 수 없는 위험성이 항상 컸기 때문에 어느 누구도 '부역노동'을 폐지하지 않았다. 더 욱 결정적인 것은 시체끼노 제도의 채택으로 남은 재원을 각 부서가 전용 할 수 있도록 한 점이었다. 『이즈베스찌야』지는 "그해 말까지 사용하지 않 은 임금예산의 절약분이 사업장으로부터 사라지고 있다"[75]고 보도했다. 노 동자와 관리자들은 사기당한 느낌을 받게 되었고, 따라서 그 실험에 대한 흥미도 사라졌다. 『에꼬』(EKO)지는 "누군가 의도적으로 시체끼노 방식에 대한 관심을 줄이려고 한다는 인상을 풍겼는데, 그럼에도 불구하고 이러한 시도는 적지 않은 성공을 거두었다"[76]고 썼다. 이 개혁주의적 잡지는 이것 을 보수적 관료제가 어떤 변화, 그것이 비록 위로부터 승인된 것이라 할지 라도, 변화를 거부하는 아주 실질적인 투쟁방식이라고 말했다. 그렇지만 실패의 주원인은 그래도 역시 경제메커니즘을 움직이는 객관적 법칙이었 다.

조별협약도 더 나을 것이 없었다. 이것은 노동자들의 조(組)에 어느정도 자율권을 주자는 제안이었다. 서방 논평가들은 이것을 "일반 대중에게 자

---

75) *Izvestia*, 25 October 1983.

76) *EKO*, no. 8, 1981, 122면. 서방 연구자들은 솔직하게 각 부서가 시체끼노의 실 험에 대해 반대했다고 썼다. 슈뢰더는 이 실험을 무효화할 수 있는 유일한 방법은 그 행동을 규정하는 복잡하고 모순된 수많은 주문을 하는 일이었다고 지적했다. 정부가 일방적으로 작성한 이 규칙은 "이루 다 말할 수 없을 정도로 복잡하다"(G. Schroeder, "The Soviet Economy on a Treadmill of 'Reform'," in *The Soviet Economy in a Time of Change*, vol. 1, Washington 1979, 334면).

율권을 주되 상층부에는 거의 전통적인 계획경제체제를 유지하여 이 양자를 혼합한 형태"[77]라고 올바르게 특징지었다. 이제 각 작업조원들은 자신들끼리 작업을 나누어 분담할 수 있었고, "관리자의 간섭 없이 재량껏" 임금도 나누어 가질 수 있었다.[78]

좀더 급진적인 조별협약인 '깔루가 형태'(Kaluga variant)는 분명 기술주의적 재편의 한계를 넘어설 정도였다. 이 실험은 깔루가 터빈공장에서 이루어졌는데, 여기에서 조장은 각 조원들끼리 독자적으로 선출하도록 되어 있었으며, 책임자 휘하에 있는 조장위원회에 더 많은 권한이 부여되었다. 곧 노동자들이 생산관리에 실질적으로 참여하게 되었던 것이다. 이 '깔루가 형태'는 기술주의자들에게는 별다른 흥미를 끌지 못했지만, 개혁주의적 경향을 지지하는 대다수 사람들에게는 얼마 동안 최고의 관심사였다. 개혁주의자 좌파는 조별협약을 생산의 민주화에 대한 기대와 연결시켰던 반면에, 기술주의자들은 이를 노동을 조직하는 새롭고 더 효과적인 방법으로만 보았다. 조별협약에 대한 기술주의자들의 이러한 해석이 승리를 거두게 되자, '깔루가 형태'의 민주적 원칙이 다른 사업체에서는 아예 잊혀지거나 있더라도 허울좋은 형식으로만 남게 되었다. 이에 대해 노동자측에서도 비슷한 반응을 나타냈다. 소련 사회학자들에 따르면, "많은 노동자들은 정부가 노동자들에게 관리에 대한 실질적인 권리를 넘겨주고 싶어하지 않는다고 생각했다."[79] 조사된 노동자 가운데 8.7%만이 각 조원들의 의견이 경영에 항상 반영된다고 대답했다. 이 새로운 방식은 대체로 "기존의 모순을 심화시킬"[80] 뿐이었다. 조원과 관리자 사이에 분쟁이 생기면 조장은 재선출될 수밖에 없었다. 수많은 공장에서 이러한 사례를 분석한 막씨모바(N. Maksimova)는 이 '조별방식'에 대한 노동자들의 불만이 더해가고 있다는

77) Leorard Schapiro and Joseph Godson, eds., *The Soviet Worker —— Illusions and Realities*, London 1982, 59면.

78) A. Levikov, *Kaluzhskii variant*, Moscow 1982, 65면.

79) L. A. Gordon and A. K. Nazimova, *Rabochii klass SSSR: tendentsii i perspektivy sotsial'no-ekonomicheskogo razvitiya*(소련의 노동계급: 사회경제적 발전의 경향과 전망), Moscow 1985, 155면.

80) *Sotsiologicheskie Issledovaniya*, no. 3, 1982, 114면.

결론을 내렸다.

관리자들은 조를 오로지 계획을 수행하기 위한 도구, 말하자면 전체 집단에 관련된 몇몇 문제들을 독자적으로 결정하려는 강한 성격과 욕구라는 돌출된 측면들을 '누그러뜨리는 도구'로 생각한다. 그러나 이러한 관리상의 압력은 저항을 불러일으킨다. 어떤 사람은 굴복하기도 하지만, 또 어떤 사람은 용기를 잃지 않고 대담한 문제를 제기하기도 하고 미래를 생각하며 도덕적 미로에서 출구를 찾고 있다.[81]

이 조별체제는 노동자들의 사회활동 그리고 생산현장에서의 갈등 수준을 어느정도 증폭시켜놓았다. 이 수단으로는 더이상 성취될 것이 없었다. 기술주의자들의 제안으로 착수된 다른 조직상의 조치들도 열의가 따르지 않아 마찬가지로 결과가 좋지 않았다. 예를 들면 1979년의 '작은 개혁'이 이 경우에 해당되는데, 이는 책임자의 권리를 약간 확대하고 사업체간의 관계를 규정했던 것이다. 이 1979년 법령의 많은 조항이 대체로 시행되지 않았는데, 그것은 관료들이 각 부서와 지방당국의 자리를 차지하고 있었기 때문이었다.

대체로 기술주의적 조치는 한결같이 단기적인 효과만 냈다. 이것의 성과는 시간이 지남에 따라서 점차 줄어들었다. 1965년 개혁, 식량강령, 조별협약 그리고 시체끼노 방법에서도 똑같은 일이 벌어졌다는 것이 아주 명백해졌다. 개혁주의적 추진력은 점차 사라졌고, 그에 따라 이미 추진한 조치들의 효과도 줄어들었다. 지난 20년간 지배집단이 자신들의 약속, 즉 조방(粗放)적이고 노동 및 자원 집약적인 경제를 집중적이며 과학집약적이고 역동적인 경제로 전환시키겠다는 약속을 지키지 못했던 것은 보수적-기술주의적 접근방법 자체에 모순이 있다는 것을 뜻한다. 상황은 점점 더 악화되었다. 과거의 모순들이 해결되지 않은 채 새로운 모순과 겹쳐 더욱 복잡해졌다. 영국 공산주의자인 존스턴(Monty Johnstone)은 브레즈네프 아래에서는 "안정이 아예 정지상태로 변했다"[82]고 말했다. 사실 사회와 경제 모

---

81) *EKO*, no. 8, 1985, 179면.
82) *Marxism Today*, March 1985, 14면.

두 발전을 계속했지만, 항상 최적의 방향은 아니었다. 브레즈네프는 안정을 유지하는 데 성공했지만, 대신 커다란 대가를 치러야 했다. 이 해결되지 않은 문제들이 경제의 구조 및 기능에 영향을 끼쳤다. 어떤 사람은 『문학신문』에 기고한 글에서 "잘못된 관리 자체가 특수한, 그리고 아주 고도로 규제되고 민감한 형태의 경제활동이었다"[83]고 촌평했다. 그러한 명령과 같은 주문, 잘못된 관리방식의 논리가 관리기구에 소속된 수천 노동자들에게는 점차 일종의 규범으로 작용하게 되었다는 것이 이 상황의 본질이었다. 이런 상황에서는 미봉책이 기대한 결과를 낳을 리 없었고, 그것은 또한 현실과 완전히 동떨어진 것이었기 때문에 애초부터 그렇게 될 운명이었다. 중앙기관들은 규정에 제시된 실현 가능한 주문에서 출발했지만, 실질적인 경제적 관행에는 다른 주문——더 정확히 말하자면 정반대되는 주문——이 나왔다.

이 모든 것에서 희생되었던 사람은 다름아닌 소비자였다.

주민의 생활수준을 향상시키고자 마련한 정부의 사회강령과 노동력 부족사태, 이 두 요소는 노동자들의 화폐수입을 양적으로 증가시켜놓았다. 사회강령은 생산강령보다 더 잘 시행되었고 사업체 책임자들도 기회가 닿는 대로 임금을 높여주고자(이것이 예비노동자들을 끌어들일 수 있는 유일한 방법이었다) 했기 때문에, "임금은 기계적으로 상승하는데 노동생산성은 상승하지 않는 곳"[84]이란 바로 이런 상황을 가리키는 것이었다. 그 결과 임금과 소비 사이에 현저한 불균형이 나타났다. 이 상황에서 물질적 이윤동기는 효과가 없었다. 『쁘라브다』지의 한 기고가는 "소비재와 써비스보다 루블화가 더 많이 유통되는 형편인데도" 노동생산성은 크게 개선되지 않았으며, "사람들은 이미 화폐가치가 떨어졌다는 것을 안다"고 썼다.[85] 이와는 별도로, 양적인 지표를 선호하는 경향 때문에 "사회에 유익한 것을 아무것도 생산하지 않아도 노동력에 대한 대가는 나오게끔 되어 있었다."[86] 노동력의 사회적 유용성을 평가하는 기준이 없다는 것은 많은 사람들이

---

83) *Literaturnaya Gazeta*, 2 February 1983, 13면.
84) *Pravda*, 2 September 1983.
85) *Stroki, rozhdenie poiskom*, 177면.
86) *Literaturnaya Gazeta*, 11 August 1982, 11면.

'시지프스의 원칙에 따라' 노동해야 한다는 뜻이다. 고대전설 속의 이 영웅이 풍자적인 신문기사에 항상 등장하게 된 것은 우연이 아니다. 노동력에 대한 대가는 그 결과에 달려 있는 것이 아니라 그 참여에 달려 있었다. 이 때문에 유용한 재화는 대부분 사라졌다. 대체로 주민들의 소득이 그처럼 극적으로 증가하지 않았던 것은 사실이다. 임금이 가장 크게 올랐을 때가 경제개혁이 이루어지던 시기였다. 1965년부터 1970년까지 생활수준은 급격하게 상승했다. 그때 이후 주민들의 소득은 끊임없이 증가했지만, 상승률 (표 7에서 보여주듯이)은 이전에 오르던 것과 거의 같은 속도로 떨어졌다 (사회적 소비액의 상승률을 분석하는 데에서도 비슷한 경향이 나타난다).

〈표 6〉 제10차 5개년계획중 노동생산성과 평균임금 증가율　(단위: %)

	평균 노동생산성	평균임금
제조업	3.4	2.2
농 업	3.0	3.12
건 설	2.2	2.4
철 도	0.1	2.2

자료: *SSSR v tsifrakh v 1979g.* 172~73면; *Voprosy Ekonomiki,* no. 2, 1982, 6면.

헝가리에서는 1976~80년에 평균임금이 43% 올랐지만, 불가리아에서는 24%, 체코슬로바키아에서는 15% 올랐다. 이러한 지표로 보자면, 소련은 동유럽에서 꼴찌였다. 같은 기간 동독의 최저임금은 400마르크였는데, 이를 공식환율로 치면 133.3루블로서 소련의 평균임금에 크게 뒤지지 않으며 재화공급도 더 나았다.

　그렇지만 사람들의 분노를 일으킨 것은 임금상승률의 감소(화폐수입은 아직 상승하고 있다)라기보다는 화폐량과 그것으로 구매할 수 있는 상품의 차이가 커진다는 점이었다. 기본 필수품의 가격이 고정되어 있고 가격을 형성하는 모든 체계가 역동적이지 않다면, 그 격차는 커질 수밖에 없었다. 게다가 소비재를 생산하는 분야는 분명 중공업이나 방위산업에 비해 뒤져 있었다.

〈표 7〉 노동자와 피고용인의 평균임금 상승률 (단위: %, 루블)

	1950~55	1955~60	1960~65	1965~70	1970~75	1975~80
이전 5개년계획 대비 증가율	11.8	12.2	19.7	26.4	19.5	15.9
증가액	6.4	8.8	15.9	27.5	23.8	23.7

자료: *SSSR v tsifrakh v 1979 g.* 171면; *SSSR v tsifrakh v 1984 godu*, 191면.

이런 상황에서 노동자들은 화폐를 사용하기가 극히 힘들었기 때문에 화폐를 쓰지 않고 모아두기 시작했다. 경제학자들은 이것을 가리켜 '강제예금'을 유발하는 '거치수요'(deferred demand)라고 불렀다. 이 문제의 심각성은 1980년 초의 인구 1인당 실질임금은 1960년에 비해서 95% 올랐지만, 같은 기간에 은행저축액은 7배 이상 되었다는 사실에서 잘 나타난다. 제9차 5개년계획에서는 임금이 1루블 오를 때마다 61까뻬이까(kopeck)를 저축했는데, 제10차 5개년계획에서는 90까뻬이까를 저축했다. 그 결과 임금상승이 수요상승으로 이어지지 않았다. 1983년 말에 은행저축액은 1869억 루블에 달했다. 전문가들은 이것이 상품유통량의 "거의 일곱달분"에 맞먹는 것이라고 추정했다.[87] 1984년에는 저축총액이 2021억 루블에 달해 7.5% 증가했지만, 소비상품의 유통은 전부 합해야 고작 3.1% 상승에 그쳤다. 여기에다가 1970년대 말 소련 시민들 수중(저금통)에 쌓여 있는 돈, 곧 서방 전문가들의 추정에 따르면 600억 루블에 이르는 돈이 추가될 수 있다. 그리고 이 수치는 아마 너무 낮게 추정되었을 수도 있다.

거치수요의 존재를 이용한 사람은 투기꾼들이었다. 정부측 연구자들이 확인한 바에 따르면, 바로 이들이 국영부문의 재화로 전환되지 않는 화폐의 대부분을 축적하고 있었다. "성실히 일하는 사람은 항상 과다한 돈을 소유하고 있지 않다. '쉽게 번 돈'은 불로소득이 있는 사람들, 투기꾼, 그리고 이 부족사태를 교묘하게 이용하는 사람들 수중에서 볼 수 있다."[88]

---

87) *EKO*, no. 1, 1985, 33면; *SSSR v tsifrakh v 1984 g.* 215, 224면; Birman, 앞의 책, 70~72면 참조.
88) *Stroki, rozhdenie poiskom*, 177면.

이어 자발적인 재분배가 시작되었다. 1980년 초 소련 사회학자들은 "미조 직화된 소득재분배의 영역"이 크게 늘고 있고, 이것이 점차 사회집단간의 불평등을 심화시키고 있다는 데 동의했다. [89] 1970년 중반 이후 캐나다에서 일해온 소련 사회학자 자슬라프스끼도 브레즈네프 시대에 "특권 집단 및 계층의 수는 다소 늘었지만, 이와 동시에 특권층과 비특권층의 간격은 커 졌다"[90]는 점을 강조했다. 1982년에 라뜨비아(Latvia)의 예금고를 조사한 결과도 이러한 사실을 뒷받침한다. 곧 "전체 예금계좌 수의 약 3%가 전체 예금액의 절반을 차지했다."[91] 소련의 평균 예금주는 1982년 전체 예금액 에 대한 이자로 25루블(그루지야 Georgia는 40루블)을 받았던 반면, 앞에서 언급한 3%는 500루블로 약 20배나 높게 받았다.

어떻게 이러한 3%가 만들어졌는가? 당기관원, 고위 군장성, 유명한 예 술가와 저명한 학자 들은 별도로 하더라도, 상업적인 의사(擬似)부르조아 지의 대변자들이 이 중간층 대부분을 차지하고 있었다. 사실 1970년대만 하더라도 몇몇 사회집단은 투기꾼의 도움 없이도 그럭저럭 살아갔고 이들 에게 의존하는 경우는 아주 드물었다. 사람마다 진귀한 물건을 '합법적으 로' 구하는 방법이 달랐다. 곧 이 '미조직화된 재분배'에 참여하지 않으면 서 자신들의 소득(완전히 합법적이며 노동력의 대가로 벌어들인 소득을 포 함하여)을 유지하는 사람도 있었다. 이 집단이야말로 이 시기의 임금상승 으로부터 가장 큰 혜택을 받은 사람들이었다.

물론 투기꾼들이 이러한 사람들로부터 '초과'수입분을 모두 빼앗을 수는 없었다. 게다가 그들도 자신들의 불로소득으로 무엇인가를 구입해야만 했 다. 그 결과 잉여현금의 상당부분이, 아주 특이한 방식을 통해서이지만 국 영부문으로 되돌아갔다. 사회학자들은 1970년대 후반에 나타난 일련의 '소

---

89) *Sotsiologicheskie Issledovaniya*, no. 1, 1982, 11면 참조.

90) Zaslavsky, 앞의 책, 89면.

91) *EKO*, no. 6, 1982, 122면. 흥미롭게도 1979년에 필자와 꾸디우낀(P. Kudiukin) 이 편집한 지하출판물 『좌회전』(*Levyi Povorot*)은 예금주 4%가 전체 예금액 가운 데 40%를 차지하고 있다는 점을 지적했다. 우리는 나중에 "이 수치를 날조했다" 는 비난과 함께 우리가 중상모략하고 있다는 소리를 들었다. 정말이지 우리가 잘 못했다는 점을 인정한다. 공식적인 수치에 의하면, 상황은 우리가 묘사한 것보다 **훨씬 더 나빴다.**

비증(消費症)'에 대한 원인을 다음과 같이 지적했다. "합리적인 필요에 따라 돈을 쓸 기회가 없는" 사람들이 "아주 비싼 사치품 등에 돈을 사용했다."[92] 소비증은 양탄자, 보석, 세공유리제품, 가죽재킷류에서 일어났다. 이러한 상품을 기다리는 장사진, '체면치레 상품'을 얻기 위해 입고 있던 셔츠마저 벗어줄 태세가 되어 있는 비교적 가난한 많은 사람들, '어떤 대가를 치르고서라도' 그것을 구입하려는 구매자의 명백한 욕구——잘 알려진 이 모든 사실이 1970년대 말에는 정책수행에까지 영향을 끼쳤다. 브레즈네프 정부는 기본 필수품의 가격은 높이고 싶지 않았기 때문에 가격을 선별해서 올렸다. 주로 소비증의 대상이 되었던 상품의 가격이 올랐다. 그러한 방식을 고안한 사람들의 견해에 따르면, 이 방법이 대중의 불만을 야기하지 않으면서 그리고 빈민층의 이해관계에 영향을 주지 않으면서 소득과 소비재 사이의 불균형을 줄일 수 있었다. 이렇게 해서 채택된 방식이 처음에는 효과가 있는 듯 보였다. 그러나 가격의 상승에도 불구하고 '체면치레 상품'에 대한 수요는 유지되었다. 주류도 비슷하게 더욱 비싸졌다. 그런 다음 담배가격이 올랐다. 그렇지만 이 모든 것이 소비에는 아무런 영향을 주지 않고, 그 결과 사회적 문제를 야기함이 없이 국고의 수입만 늘려가고 있는 듯이 보였다. 그렇지만 곧 가격을 상승시킬 품목을 더이상 찾지 못하게 되었다. 1980년대 초가 되자 '체면치레 상품'의 가격은 천정부지로 뛰어올랐고 그에 대한 수요는 급속히 떨어졌다. 시장메커니즘이 지체는 되었지만 결국은 작동했던 것이다. 소비증은 곧 치료되었다. 양탄자가격은 떨어질 수밖에 없었다. 세공유리 화병은 선반 위에 얌전히 놓여 있었다. 술꾼들은 값싼 술을 선택했다. 몇몇 사람은 담배를 끊었다. 국가는 백화점에 쌓여 있는 지난날의 품귀상품 재고를 팔아치우기 위해서 다시 가격을 낮출 수밖에 없었다. 은행의 예금고는 계속 늘어나 1984년에는 2천억 루블을 상회했다(선별적인 가격상승의 정책이 최고조에 달했던 1979년에 비해서 33.2%가 증가했고, 이런 정책이 폭넓게 시행되기 시작했을 때인 1975년에 비해 2배 이상 증가했다). 기묘하게도 예금구좌 수는 (1979년에 비해 22% 상승하여) 오히려 더욱 천천히 증가했다.[93] 이것은 추가예금액 대부

---

92) *Sotsiologicheskie Issledovaniya*, no. 1, 1982, 11면.

93) 경제활동에 참여하는 사람들, 학생 그리고 연금생활자를 포함한 총활동인구는

분이 몇몇 극소수층의 소유였으며 '성공한' 사람과 '뒤처진' 사람들의 간격이 눈에 띄게 넓어졌다는 것을 의미한다.

1975~82년에 모든 상품에 대한 국가의 소매가격은 8.3% 증가했고 식료품 가격은 8% 증가했다. 연구자들은 또한 1970년대 전기간을 통해서 자유시장의 "가격 상승을 부채질하는 경향"이 있었음을 지적했다.[94] 정부측 전문가의 추정에 따르면, 사영부문의 야채가격은 1981~85년의 기간(이 기간은 식량강령이 시행되던 시기이다)에 비하면 8%, 과일가격은 6%, 감자가격은 1% 상승했다. 이와는 별도로 각종 공산품 도매가에서, 또 1983년에는 농산물 구매가격에서 급격한 상승이 있었다. 원료가격은 더욱 비싸졌는데, 석탄이 42%, 석유는 230% 그리고 가스는 33%(산업소비에서는 45%) 상승했다. 철금속의 도매가격은 평균 20% 증가했다. 가격상승은 다른 부문에서도 나타났다.[95] 대체로 브레즈네프 지도부는 공개 인플레이션 정책은 피하면서 사회안정을 유지하는 데 성공했다. 그러나 해결되지 않은 문제들이 실제로는 크게 악화되었다. 경험이 말해주는 것처럼, 과거의 경제 메커니즘이 가치와 사용가치, 양과 질 사이의 이러한 모순을 해결해줄 수 없었다. (가치와 양이 중요한) 생산자와 (사용가치와 질이 중요한) 소비자의 이해관계가 조정되기란 불가능했다. 이 모든 모순은 시장에 의한 역동적 방식으로만 풀 수 있다. 그러나 경제적 관계에 참여한 사람들의 자율성을 전제로 하고 있는 시장은 정치적으로는 위험스러운 것처럼 보였다. 사업체의 자율성이 신장된다는 것은 지배집단의 권력을 재편한다는 것을 의미했다. 그리고 결국 그러한 과정이, 카다르 치하의 헝가리에서 일어난 것처럼, 전반적으로 새로운 요구를 야기하고 심화시키기 시작할 것이다. 안정화 정책을 추구하고 있는 상황에서 브레즈네프 집단은 그것을 허용할 수 없었다.

1984~85년에 약 1억 8900만이었다. 사람마다 통장을 하나씩만 갖고 있다고 가정해도 총활동인구의 15% 이상은 통장을 하나도 갖고 있지 않다. 실제로는 이 수치가 훨씬 더 높을 것이다. 왜냐하면 많은 사람들이 동시에 여러 개의 통장을 갖고 있기 때문이다. 통장 수는 또다른 문제이다.

94) *Izvestia*, 21 February 1986.

95) *EKO*, no. 9, 1982, 20~21면과 *EKO*, no. 1, 1985 참조.

이 사회적 안정은 선택된 모델의 틀 내에서 경제성장에 의해 유지되어야 했다. 그래야만 상층부의 이해관계에 영향을 주지 않으면서도 하층부를 만족시킬 수 있을 것이었다. 그러나 실제 시행된 정책은 성장률의 점진적인 하락을 낳았다. 1980~81년에는 상황이 갑자기 나빠졌다. [96] 성장률은 최소가 되었다. 마셜 골드먼은 다음과 같이 썼다.

> 1980년 소련 경제는 최근 몇년 동안에 가장 암담한 결과를 냈다. 수확량은 계획된 산출량에서 15%나 밑돌았을 뿐만 아니라, 실제 철강·석탄·육류·감자류와 같은 중요한 품목의 생산량도 1979년보다 떨어졌다. [97]

그럼에도 불구하고 보수주의자들은 아주 강경한 노선을 택했다. 미국 정치학자인 스티븐 코헨(Stephen Cohen)은 다음과 같이 말했다.

> 1980년에 나타난 이 신보수주의 철학은, 반(反)개혁주의 정신이 위세를 떨쳐가는 브레즈네프 정부의 러시아 국가 민족주의에서 힘을 얻었으며 정부측 언론기관을 통해 널리 퍼졌고 수많은 유력 신문 및 잡지들에서 편집자의 세계관이 되었으며, 심지어 검열받지 않는 지하출판물에까지도 나타났다. [98]

코헨은 이를 소련 사회, 심지어 공장노동자들 사이에서 보수주의가 확대되어나가고 있기 때문인 것으로 풀이했다. 사실 신보수주의 물결은, 현실과의 연계를 상실하고 이 체제의 온건한 지지자들까지도 받아들일 수 없는

---

96) 소련 통계자료의 특수성 때문에 정확한 수치는 알려져 있지 않다. 스위스공산당 신문은 이 시기 소련 국민총생산의 성장률이 "0.1% 정도였다"고 썼다(*Vorwärts*, Basle, 7 July 1983, 8면). 내 생각으로는 이것 또한 과장이다. 더 사실적인 평가를 하자면, 그 성장률은 적어도 2%는 되었다. 1980~81년에 일어난 이 과정에 대해 더 상세한 것은 J. Kosta and F. Levcik, *Wirtschaftskrise in den Osteuropäischen RGW-Ländern*(동유럽 코메콘 가맹국의 경제위기), München 1985, *Forschungsprojekt "Krisen in den Systemen Sowjetischen Typs" Studie No.8*("쏘비에뜨 체제 형태의 위기"에 대한 연구계획 제8권)을 보라.

97) Golcman, 앞의 책, 11면.

98) Stephen F. Cohen, *Rethinking the Soviet Experience: Politics and History since 1917*, New York-Oxford 1985, 140면.

이념을 공공연히 옹호하는 브레즈네프 지지자들이 점차 고립되고 있다는 증거였다.

가부장적인 보수주의 집단이 기술주의자들을 권좌에서 몰아내면서 이 양자의 타협은 더욱더 불안정해졌다. 1980~81년의 경제적 실패와 그에 따른 무의미한 선전활동 이후, 이 타협은 더이상 존재하기 힘든 듯이 보였다. 폴란드 위기와 아프가니스탄 사태는 이러한 안정을 위협하는 또다른 요소였다. 이 모든 것이 지배층 내의 분열을 가속화했다. 브레즈네프 체제 말기에는 다시 크게 부상한 기술주의자들과 개혁주의자들 사이에 화해가 성립되어 새로운 정치적 블록이 형성되기도 했다. 보수주의자들은 1964년 개혁주의자들이 그랬던 것처럼 이제 자신들이 고립되어 있음을 발견했다. 브레즈네프파는 이러한 새로운 블록에 대해 심각한 그리고 때로는 성공적인 저항을 할 수도 있었지만, 마침내 이 세력은 그것을 더이상 감당하지 못했다. 타협의 시기가 종말을 고한 것이다.

제 6 장

안정에서 개혁으로: 브레즈네프주의의 사회적 결과

유리 안드로뽀프는 권력을 장악한 후 첫 연설에서, 우리는 아직도 우리가 살고 있는 사회를 거의 모르고 있다고 했다. 이 발언의 의미는 아주 명백하다. 곧 거의 70년을 지내오는 동안 제도권 사회학은 사회 전체에 대한 진지한 이론적 분석을 회피한 채 개별적인 문제에만 관심을 보여왔다는 것이다. 이것은 놀랄 일이 아니다. 놀라운 일은 오히려 지하출판물조차 사회발전의 문제에 거의 아무런 관심도 표하지 않았다는 사실이다. 대다수 소련학 연구자들도 이와 마찬가지였는데, 이들은 정치, 문화, 민족 문제에만 관심을 갖고 있었을 뿐 사회문제는 등한시했다. 따라서 이것은 단순히 연구상의 공백으로 끝난 것이 아니라, 소련의 전체상을 왜곡시켜놓았다.

『워싱턴 포스트』(*Washington Post*)지의 전(前) 모스끄바 특파원인 로버트 케이서(Robert Kaiser)는 소련에 대한 미국인의 글들이 "소련 사회의 실상에 대해 충분한 주의"를 기울이고 있지 않다고 불평했다.[1] 그러나 아쉽게도 이러한 불만스러운 상황을 고쳐보려고 한 케이서 자신의 글도 소련의 생활방식과 문제점, 그리고 그 전망의 기본적인 모습을 진지하게 분석하려

---

1) R. Kaiser, *Rossiya: vlast' i narod* (러시아, 권력과 민중), 'Ardis', 1976, 566면.

는 시도를 보여주지 못했다. 소련의 사회구조에 대해서는 그 역시 일말의 관심조차 보이지 않은 채, 그 자신도 제대로 이해하지 못한 러시아 사람들의 일화만 나열하는 데 그쳤다. 그의 동료인 나고르스끼(A. Nagorski)가 드디어 소련에 관한 서방 언론의 모든 취약점을 극복하는 책을 쓰기로 약속했지만, 그가 펴낸 책은 예전의 상투어와 사소한 부정확성으로 가득 차 있고, 놀랍게도 —— 가장 중요한 점인데 —— 중요한 것과 부차적인 것, 곧 우발적인 것과 근본적인 것을 구별하지 못했다. 더욱 유감스러운 일은 케이서의 책과 같은 것을 통해서 자국에 관한 정보를 얻는 지식인들의 이야기를 듣는 것이다(이 책이 서방에서 러시아어로 출판되었던 것은 우연이 아니다).

그러나 어쨌든 제도권 사회학도 1970년대에 들어와서 사회발전의 기본 경향에 대한 진지한 논의를 진행할 만큼 충분하고 구체적인 자료들을 수집했다. 그 논의가 적당한 시기에 일어나지 않았던 것은 사회학자들의 잘못이 아니라 정치적 상황의 잘못 때문이었다.

서방 관측자들과 반정부인사들은 항상 브레즈네프 시대를 정치적 정체와 경제침체의 시기로 보아왔다. 이 시기에 대한 이론적 연구가 취약한 이유도 물론 이러한 정치적 안정과 관련되어 있는데, 정치적 안정을 꾀하기 위해 언론을 통제하던 상황에서는 대담한 생각을 언론에 표출하기란 용이한 일이 아니었다. 그러나 이렇게만 이야기하면, 우리는 진실의 반만을 말하는 것이 된다. 1970년대는 소련 역사에 커다란 파장을 몰고 올 중요한 사회적·사회심리적 변화의 시기였다. 그 중요성으로 말하자면, 이때 일어난 과정은 러시아 알렉싼드르 3세의 '안정화' 시기에 일어나 1905년 혁명의 전조가 되었던 사회적 변혁에 비견될 만하다.

서방의 어떤 이들은 1970년대 소련 사회의 새로운 경향을 인정하면서도 그것이 순전히 양적인 변화의 문제일 뿐 질적으로는 아무것도 변하지 않았다고 주장했다. 쏘호르(L. Sokhor)는 심지어 "양적 변화에서 질적 변화로의 전화라는 변증법은 더이상 작동하지 않았으며", 사회적 관계들은 "거의 정지상태로 남아 있었다"고 썼다.[2] 브레즈네프 시대의 정치적 안정은 사실

---

2) *Problemy Vostochnoi Evropy* (동유럽의 제문제), no. 11~12, 1985, 90면.

소련에서 모든 활력이 사라졌고 그러한 상황에서는 새로운 것이란 아무것
도 나타날 수 없다는 환상을 심어주었다. 그렇지만 구체적인 요소들을 분
석해보면, 이것 모두가 바로 환상이었다. 소련 사회는 새로운 역사적 단계
로 나아가기 위해 활기차게 발전해가고 있었던 것이다.

1970년대에는 소련에서도 분명히 산업사회가 성립했고, 도시화 과정이
완성되었으며, 유럽화된 도시생활 조건에서 새로운 세대가 자라났다.

농촌에서 도시로의 대량이주는 집단화 이후 전시기의 특징이었다. 1980
년대 초에 인구학자들은 "지난 50년 동안(1927~76) 소련의 도시인구는 6
배 이상 증가했고, 오늘날에는 이 나라 총인구의 62%를 차지한다"고 했
다. 그렇지만 이 과정은 사회적 중요성과 그 결과에서 다른 시기와 구별된
다. 1970년대에는 도시와 농촌의 노동력 비율이 전자에 유리하게끔 질적으
로 변화했다. 곧 "도시와 농촌의 고용 분배에서 중요한 변화가 일어났다.
1959년에는 전인구의 절반 이상이 농촌지역에 살았지만, 1970년에는 약
40%만 농촌지역에 살고 있었다."[3] 이는 역사적인 중요성을 지닌다. 즉 전
반적인 사회구조와 생활방식이 질적으로 변화하고 있음을 뜻한다. 도시는
모든 측면에서 농촌을 압도하기 시작했다. 대다수 사람들의 전반적인 생활
조건이 '평균적인 유럽 사람들'의 조건과 같아지고 있었으며 심리상태도 그
러했다.[4]

이보다 더 중요하게 보이는 다른 특징도 있다. 1959년 전까지만 하더라
도 도시민 자체의 자연증가보다는 농촌으로부터의 이주에 따른 증가가 3배
이상 많았다. 그후 12년 동안(1959~70) 도시민들의 자연증가와 농촌으로
부터의 유입에 따른 결과의 비율은 전자에 현저히 유리하게 바뀌었다. 물
론 이주에 따른 증가가 자연증가를 여전히 20% 정도 앞지르고 있었다.
1960년대 전반기에는 농촌 젊은이들이 대거 도시로 유입되었지만, 농촌의
관습, 사고방식, 행동은 그대로 유지되고 있었다. 이것이 어느정도는 오히

3) *Regional'nye osobennosti vosproizvodstva i migratsii naseleniya v SSSR*(소련 주
민의 재생산 및 이동의 지역적 특성), Moscow 1981, 48, 47면.
4) '평균적인 유럽식 생활양식'을 필자는 서구의 '평균적인 생활수준'뿐만 아니라 유
럽 전체——동구 및 서구——에 공통된 것, 곧 동서독, 프랑스와 체코슬로바키
아, 오스트리아, 헝가리에 모두 똑같은 정도로 특징적인 것으로 이해했다.

354

려 도시화를 도운 셈이 되었다. 왜냐하면 농민들이 대가족제도를 더 선호해 초반에 도시의 출생률이 급격히 상승했기 때문이다.

도시민의 자연증가율은 1961~65년에 가장 높았다. 그후의 5개년계획 기간중에는 자연증가율이 상당히 둔화되었다. 곧 농촌으로부터의 이주민의 증가가 더 많았다. 나중에 1976년에는 다시 도시민의 자연증가가 차지하는 비중이 결정적이 되고 절정에 달해 거의 47%까지 육박했다. 앞으로는 이것이 주된 요인이 될 것이며, 농촌에서 도시로의 인구유입이라는 요소는 그 비율이 낮아질 것으로 보인다. [5]

이번에는 농촌주민들이 도시적인 생활규범을 획득했다. 농촌인구의 자연증가가 낮아졌고, 도시 이주자도 일정하게 감소하기 시작했다. "농촌에서 도시로, 농업사회에서 산업사회로 가는 이 드라마는 거의 막을 내렸다"[6]고 한 서방의 논평가는 지적했다. 이로부터 어떤 결론을 내릴 수 있는가?
러시아 역사상 처음으로 도시인구가 농촌인구보다 많아졌으며, 특히 중요한 것은 도시주민 내에서도 제2세대 도시민들이 주도적인 역할을 하게 되었다는 점이다. 쏘호르의 견해와는 반대로, 여기서는 양이 질로 변화했다. 사회의 특징이 변화하고 있는 것이다. [7]
1970년대에 모스끄바는 예외적인 존재였지만, 그 사회적 발전은 농촌 각지에서 대거 유입된 사람들로 참으로 복잡했다. 상황은 계속 나빠지고 있

---

5) *Regional'nye osobennosti*, 51면.
6) Robert F. Byrnes, ed., *After Brezhnev: Sources of Soviet Conduct in the 1980s*, London 1983, 190면. 물론 소련 각 지역마다 변화의 정도는 다르게 나타났다. 우리는 여기서 주로 러시아공화국에서 일어난 과정을 다루고자 한다. 서방 연구자들의 평가에 따르면, 다른 공화국에 대해서는 "지역적인 불평등이 그 시기 내내 존재했다"(Jan Ake Dellenbrant, *Soviet Regional Policy*, Stockholm 1980, 124면).
7) 민주주의의 고향은 항상 도시였다. 이는 고대 그리스를 떠올리는 것으로 충분하다. 로마가 광범위한 농촌지역을 병합함으로써 얻은 것은 도시공화국의 몰락이었다. 19세기 프랑스 민주주의가 불안정했던 것도 농촌이 도시보다 우세했기 때문에 생긴 일이다. 러시아도 마찬가지였다. 도시화는 민주화에 유리한 조건을 형성한다. 그러한 조건이 러시아에는 1905년이나 1917년에도, 아니 그 이후에도 존재하지 않았다.

었다. 1980년대 중반까지 정부당국은 모스끄바가 "통제할 수 없는 덩어
리"[8]로 전락하고 있다는 점을 인정했다. 그럼에도 불구하고 위와 같은 사
회적 과정이, 약간 지체되긴 했지만 다른 곳과 마찬가지로 모스끄바에서도
일어나고 있었다.

1960년대에는 농촌에서 도시로 간 대다수 사람들이 '진짜' 도시민이 되는
데에는 오랜 시간이 걸렸다. 이들의 문화수준은 아주 낮았다. 1982년, 이
런 상황에 관해 실시한 설문조사는 "설문에 응한 사람들(이 대다수는 노년
층이다) 가운데 절반이 극장이나 박물관 혹은 전시회에 단 한번도 가보지
못했다"[9]는 사실을 밝혀주었다. 그러나 새로운 세대는 이보다 훨씬 더 빠
르게 동화되었고, 이 제2세대 도시민들 대다수의 생활방식은 일반적으로
인정되고 받아들일 수 있을 만큼 수적으로도 충분히 우세했다. 도시문화가
승리를 거둔 것이다. "1970년에는 도시민 1천명당 748명, 농촌주민은 1천
명당 499명이 고등교육 내지 2차교육을 받았던 반면에, 1979년에는 그런
사람이 도시민은 863명, 농촌주민은 693명이었다."[10] 변화는 명백하다. 농
촌에서 교육을 많이 받은 젊은이일수록 도시생활에 더 빠르게 적응할 것이
다.

소련의 도시화가 갖는 세번째 측면은 주요 도시의 성장이다. 1981년에는
인구 10만 이상의 도시에 사는 도시민들의 수가 전체 도시민 수의 72%를
차지했다. 여기에서 나오는 결론은 한편으로 일련의 소도시, 특히 중앙러
시아의 도시들이 상대적으로 쇠퇴하고, 다른 한편으로 프롤레타리아트(노
동자와 인뗄리겐찌야) 대중이 주요 산업도시로 집중되었다는 사실이다. 이
곳에서는 도시 출신 주민의 비율이 가장 크다. 우리는 나중에 이러한 사실
의 중요성을 평가할 수 있을 것이다.

노동계급과 관련해서 보자면, 1970년대는 이들의 구성과 구조가 크게 개
선되었다. 사회학자들이 인정하다시피, 새로운 세대로 내려올수록 노동자
들은 "더욱더 동질성을 띠게 되었다."[11] 일련의 지식(더욱 정확히 한다면

8) *Vechernyaya Moskva*, 25 January 1986.

9) *Sotsiologicheskie Issledovaniya*, no. 4, 1982, 116면.

10) Zh. Toshchenko, *Sotsial'noe planirovanie v SSSR*(소련의 사회적 계획화), Moscow 1981, 139면.

기술 engineering) 직업인들, 말하자면 대중화되면서 임금을 비교적 적게 받은 이들 지식직업인(intellectual profession)들의 권위는 하락한 반면, 상대적으로 노동자계급은 안정되었다. 기술자들이 대량으로 '과잉생산'되었다는 점도 브레즈네프 전시기의 특징이었다. 정부에서 나오는 문건도 전문가 수와 그에 대한 수요 사이에 불균형이 나타나고 있음을 인정했다. 교육의 질도 눈에 띄게 떨어졌다. 한 감독관은 젊은 전문가를 지켜보고는 화를 내며 다음과 같이 말했을 것이다. "5년 동안이나 연구소는 그에게 무엇을 가르쳤단 말인가?"[12] 상황이 이러할진대 기술자가 노동자보다 노동력에 따른 대가인 임금을 적게 받는다고 해서 누가 놀라겠는가. 그러한 상황에서 자격증 있는 전문가가 노동자계급으로 대거 전락하는 것은 당연한 귀결이었다. 공식통계에 따르면, 1969년에 2만 8천 명의 기술자들이 이미 "노동자로 고용되었다."[13] 그 이후 이 '전락자'의 수는 급속히 늘기 시작했다.

1960년대에는 학생의 80~90%가 연구소에 가려는 꿈을 갖고 있었다. 1980년대의 통계에 따르면, "조사대상 학생들 가운데 단 46%만이 그러한 희망을 나타냈다."[14] 사회학자들은 고등교육의 쇠퇴 추세(특히 기술전문주의와 관련해서)에 이구동성으로 동의했다.

졸업생들이 고등교육을 받아야 하는 직업으로부터 노동하는 직업으로 옮겨가는 것이 일반적인 현상이다. 이러한 사실은 이 나라 거의 전지역에 대한 선별 조사에서도 나타났고, 일련의 사례에서는 그 역동성이 상세히 드러나기도 했다.[15]

11) *Sotsiologicheskie Issledovaniya*, no. 2, 1982, 12면.
12) *Sovietskaya Rossiya*, 6 April 1984.
13) *Voprosy planirovaniya i prognozirovaniya vysshego obrazovaniya v SSSR: Tezis soobshchenii na vsesoyuznoi nauchnoi konferentsii, aprel' 1973g.*(소련 고등교육에 대한 계획과 진단의 문제, 1973년 4월 전연방학술대회 보고서), Moscow 1973, 66면.
14) *Sotsiologicheskie Issledovaniya*, no. 2, 1982, 14면.
15) *Sovietskaya intelligentsia i ee rol' v stroitel'stve kommunizma*(소련 지식인과 공산주의를 건설하는 데 있어 이들의 역할), Moscow 1983, 201, 202면. 이 책이 이러한 사실을 특별히 언급하지 않을 리 없다 —— 이는 소련 사회학의 가장 큰 거짓

공학자의 권위 하락과 함께 1970년대 후반에 사회의 수직이동이 감소한 것도 이에 영향을 끼쳤다. 자슬라프스까야에 따르면, "모스끄바 학교 중 가장 좋은 몇몇 제한된 학교의 졸업자들만"[16]이 가장 권위있는 연구소에 들어갈 기회를 잡았다. 1960년대에는 대다수 젊은이들이 자신들에게 무한한 길이 열려 있다고 생각했지만, 1970년대 말에는 실질적인 기회의 불평등을 깨닫게 되었다. 정부인사도 지식인 자녀가 고등교육기관에 들어가는 데 명백히 유리한 점을 지니고 있었다는 것을 인정했다. "이 모든 것으로 인해, 마치 인뗄리겐찌야가 스스로를 재생산하듯이, 인뗄리겐찌야의 자리는 대부분 인뗄리겐찌야 집안의 자녀들이 차지하게 되었다."[17]

이러한 상황은 브레즈네프의 안정화 정책의 논리적 귀결이다. 비록 사회 발전의 역동성은 덜하지만, 사회적 유대는 더 안정적이 되었다. 이 모든 것의 긍정적 측면은 노동계급 출신의 가장 지적인 젊은이들이 이전에는 인뗄리겐찌야가 되려는 절대적인 욕구를 갖고 있었지만, 이제는 자신의 사회적 배경에 더 매달리게 되었다는 점이다. 이러한 사실은 이 나라 전반적인 상황에 엄청난 중요성을 갖고 있다. (1950년대는 말할 것도 없고) 1960년대만 하더라도 소련의 노동계급은 주로 농촌으로부터 충원되었지만, 1970년대와 80년대에는 많은 부분을 자체 재생산하게 되었다(또는 인뗄리겐찌야에게서 떨어져나온 사람들로도 강화되었다).

전에는 농촌 출신의 이들 '새로운 세대'가 노동계급을 약화시켰다. 왜냐하면 "이 새로운 충원자들이 노동자 환경에 조직적으로 통합되기란 어려운 문제였고, 그것을 한 세대의 기간으로는 대부분 이루어낼 수 없었기(혹은 완전히 이룰 수 없었기)"[18] 때문이다. 이들 노동자들의 사회적 수동성, 말

말 가운데 하나이다.

16) *EKO*, no. 3, 1986, 19면.

17) *Sovietskaya intelligentsia i ee rol' v stroitel'stve kommunizma*, 186~87면. *Trudyashchayasya molodezh': obrazovanie, professiya, mobil'nost'* (청년노동자들: 교육, 직업, 그리고 이동성), Moscow 1984; *Molodezh' i vysshee obrazovanie v sotsialisticheskikh stran* (사회주의 국가의 청소년과 고등교육), Moscow 1984 참조.

18) *Sotsial'noe razvitie rabochego klassa v SSSR* (소련 노동계급의 사회적 발전), Moscow 1977, 24면. B. Kagarlitsky, *Dialektika nadezhdi* (희망의 변증법), ch. III

하자면 반정부지식인들과 때로는 정부인사들까지 한탄해 마지않았던 이 수
동적인 태도는 1960년대와 70년대 초반에는 아주 자연스러운 것이었고 쉽
게 설명될 수 있는 것이었다. 브레즈네프 시대 말기가 되자 이런 상황은
변했다. 1980년대 초 유명한 사회학자인 고르돈(L. Gordon)과 나지모바(A.
Nazimova)가 소련 프롤레타리아트에 대한 연구논문에서 "새로운 증원군은
노동자 환경에서 자라났고 상대적으로 소수였던 '정상적인' 인자들이다(그
리고 이제부터는 항상 이들로 구성될 것이다)"라고 내린 결론은 근거가 있
었던 것이다. 이것은 이제 소련 산업프롤레타리아트가 성장의 초기 현상에
서 나타나는 '소아병'을 극복할 수 있게 되었다는 것을 의미한다. 1980년대
에는 농촌 출신자들이 "산업화 초기단계에서 도시로 이주했던 농민들과는
사회적 전망이나 문화적 수준에서 근본적인 차이를 보이기"[19] 때문에 더욱
더 그러하다. 브레즈네프 시대 말기에는 제2세대 프롤레타리아트가 노동자
의 70%를 점하고 있는 도시들이 많았다. 이들은 자신들의 이해관계를 잘
알고 있었으며 그것을 지킬 태세가 되어 있었다. 노동분쟁의 수도 늘어났
는데, 그것은 처음에는 "대체로 중간관리자에 대한 항의형태로 나타났
다."[20] 그럼에도 불구하고 1983년 깜차까(Kamchatka)에서 운전기사들이
노동조직의 개선을 요구하는 파업을 벌이는 등 놀라운 사건들이 벌어지기
도 했다.

(발췌본은 *Problemy vostochnoi evropy*, no. 7~9, 1983의 "Industrial'naya des-
potiya"); *Across Frontiers*, Spring-Summer, 1986에 실린 A. Zorin의 글 참조.

19) Gordon and Nazimova, *Rabochii klass SSSR: tendentsii i perspektiv sotsial'no-
ekonomicheskogo razvitiya*, 41면.

20) *Sotsiologicheskie Issledovaniya*, no. 2, 1982, 171면. 소련 노동계급의 사회생활에
일어난 변화에 관해서는, V. Dobizhev and V. Lel'chuk, *Nekotorye problemy izu-
cheniya rabochego klassa SSSR perioda razvitogo sotsializma; Istoriya SSSR*(사회
주의 발전 시기 소련 노동계급의 교육에 관한 몇가지 문제: 소련의 역사), no. 5,
1982 참조. 이 저술가들은 또한 이로부터 나온 결과를 통해 1970년대의 주된 경
향이 "토대의 재생산, 곧 원래 도시거주자를 포함하여 세습노동자 비율이 증가한
것"이었다는 점을 지적했다(47면). 1977년부터 83년까지 소련 사회학에서는 분명
한 전환이 일어나, 그때까지는 거들떠보지 않았던 소련 노동계급의 사회적 구조를
더 구체적으로 분석하려는 경향이 나타났다. 서방에서는 이 문제를 레온하르트
(W. Leonhard)가 다루었다.

브레즈네프 시대 말기에는 1960년대와 달리 노동계급도 달라졌고 국가도 달라졌다. 모든 것이 변했다. 사람들도 변했고 생활방식도 변했다. 이러한 변화의 결과는 분명 1980년대 후반과 90년대 초반, 이 새로운 관계와 구조가 완전히 성숙했을 때 특히 예리하게 감지될 것이다.

주지하다시피, 더 나빠지려고 변하는 것은 없다. 브레즈네프 시대는 나름의 긍정적인 측면을 갖고 있다. 지배층은 소련 국민 대다수의 복지가 1960년대 후반과 70년대 초반에 눈에 띄게 나아졌다는 데 큰 자부심을 느끼고 있다. 그러나 이것은 동전의 한 면일 뿐이다. 사람들이 텔레비전, 트랜지스터 라디오, 온수, 심지어 자동차를 갖게 되었다는 것은 중요한 사실이 아니다. 문제는 서방과 비슷한 새로운 생활방식과 새로운 심리가 형성되었다는 점이다. 그리고 이는 외국상품이 가게의 진열대 위에 등장한 데서, 아니면 미국영화나 해외여행에서 비롯된 것이 결코 아니다. 실제로는 더 지적이고 세련된 노동력을 필요로 하는 현대적인 생산으로 인해 사고방식의 유럽화가 불가피했던 것이다.

생산조건에 따라 결정되는 새로운 산업사회의 상황에서 노동력의 가치가 증가하고 그 결과 프롤레타리아트의 생활수준이 향상되는 것은 하나의 객관적 경향이다. 서방 프롤레타리아트에 대한 소련의 연구에서도,

> 현재의 과학기술혁명으로 노동자들의 일반적인 그리고 전문적인 훈련에 대한 요구가 크게 늘어났다. 이제는 노동과정에서 가장 단순하고 틀에 박힌 생산기술 행위인 육체적인 기술뿐만 아니라 지식까지 포함한 자질을 갖춘 노동자들이 보편화되는 추세이다. 그러한 노동력의 재생산을 위해서는 더욱 폭넓고 깊이있는 전문교육에 더 투자해야 할 뿐만 아니라 노동, 주거, 영양상태, 그리고 다양한 여가생활에도 투자하여 그 여건을 크게 개선하는 것을 전제로 해야 한다."[21]

소련 사회에서도 이와 똑같은 경향이 활발하게 나타나고 있다. 소련 프롤레타리아트에 대한 연구는 다음과 같이 말하고 있다.

---

21) *Stachki: istoriya i sovremennost'*(파업: 역사와 현대성), Moscow 1978, 15면.

이제 생산과정을 성공적으로 발전시키기 위한 주요한 선결요건은 산 노동 (living labour)의 효율성과 그 생산성을 급속히 또한 계속적으로 증가시키는 것이다. 최근 몇십년 동안 노동계급의 기술 및 문화 수준을 향상시켜온 경제적 근거가 바로 여기에 있다.

그렇지만 이 저자는 "문화 및 기술의 향상, 점차 복잡해지는 노동 그리고 작업상의 스트레스로 인해서 노동자들의 요구도 크게 늘어가고 있다"[22]고 불만을 토로했다. 그밖에도 정부이데올로기의 관점에서 보면 '비합리적이고' '과도하며' '위험스럽고' '해악을 미치기'까지 할 것 같은 요구들도 등장했다. [23]

몇몇 경우에서는 국가가 이것을 미연에 방지하고자 했다. 소련은 유행에까지 공식적인 비난을 퍼붓던 세계 유일의 국가였다. 처음에 그들은 꼭 끼는 바지를 입는 것에 반대했다. 그런 다음에는 그 정반대의 것도 막았다. 곧 펑퍼짐한 바지의 착용과 긴 머리도 반대했다. 서방 대중문화의 여러 표현물은 말할 것도 없고 록음악까지도 비난의 대상이었다. 그러나 이 모든 것이 실패했다. 유행이 변했는데도, 당국은 과거 규범에 집착한 나머지 어리석게도 젊은 신세대를 억누르려고 할 뿐이었다.

데땅뜨도 러시아의 전통적인 편견 가운데 많은 것을 깨뜨리는 데 나름의 역할을 했다. 전통적인 러시아적 편견은 일찍이 스딸린주의자들에 의해서 아주 성공리에 개발되었다(곧 우리는 적들로 둘러싸여 있다, 서방은 우리를 어떻게든 파멸시킬 궁리만 하고 있다, 외국 것은 모두 우리에게 해롭다 등등). 1970년대의 선전은 사실 그 개념의 정체를 폭로해주었다. 흐루시초프 체제에서는 제국주의적 공포의 대명사처럼 이야기되던 코카콜라가 브레즈네프 시대에는 소련 시장에 상륙하게 되었다.

미국의 소련학자인 비얼러(Seweryn Bialer)는 데땅뜨가 아무것도 변화시키지 않았다고 주장했다. 소련 사회는 "마치 데땅뜨의 시대가 도래하기 이전과 같이"[24] 남아 있다는 것이다. 물론 데땅뜨 자체는 외부적인 요소이지

---

22) *Sotsial'noe razvitie rabochego klassa v SSSR*, 134면.

23) 한 소련 사회학자는 얄궂게도 이를 『리어왕』(*King Lear*)에서 인용했다(*Znanie-sila*〔아는 것이 힘이다〕, no. 9, 1984, 19면).

만, 이것은 소련 사회 내부 저 밑바닥에서 일고 있는 변화과정을 흔들어놓
았다. 『더 타임즈』지 모스끄바 특파원인 오웬(Richard Owen)은 아주 세밀
한 관찰을 통해 지배층 가운데 보수주의적 분파는 "유행과 팝뮤직 등을 포
함한 서방의 생활방식이 러시아 젊은이들에 끼치는 영향 그리고 그것들로
인해 일어나는 반권위주의적 태도에 아주 당황해했다"고 지적했다. 이에
대응하고자 보수집단은 체르넨꼬(Chernenko) 행정부 시대에 외국인들과의
접촉을 제한하고자 했으며 "과감한 고립주의 분위기"[25]가 주류를 이루었
다. 사실, 오웬은 이러한 움직임이 성공했다고 말하지 않았다. 그리고 이
경우에 보수주의자들은 대충 보아도 그다지 성공을 거두지 못했으므로, 이
말에 놀랄 것은 아무것도 없다. 외국의 유행, 영화 그리고 음악에 대한 강
한 압력에도 불구하고 모든 것은 예전 그대로였다. 신문은 "우리는 빌려온
열정과 빌려온 영웅은 필요하지 않다"고 써댔지만, 서방의 영화는 계속 상
영되었다. 이는, 그 저자도 인정했듯이, "이것들이 대성공을 거두었고 소
련의 영화제작자들은 그것들을 모방하고자 했기" 때문이다. 스딸린 시대의
영화전통을 되살리려는 노력은 관객들의 무관심 때문에 무위에 그쳤다. 이
관객들에게는 30년대에 유행한 영화가 "분명 너무 단순"[26]했던 것이다. 여
기에서 문제는 확실히 서방의 영향력이 아니라, 소련의 생활 자체가 변하
고 있다는 사실이었다. 소련 생활 자체의 변화로 인해 사람들은 이제 과거
스딸린 시대의 사람들보다는 동시대 서방 사람들에게 더 친근하고 더 공감
을 느끼게 되었다. 극단적인 스딸린주의자인 싸포노프(V. Safonov)조차도
『소련의 문화』(Sovietskaya Kul'tura)라는 책에서 이러한 사실을 과감하게 인
정했다. 그는 "외국의 누더기"나 "자기들 사이에서 알아주는 외제상표가
붙은 청바지나 디자인도 조잡한 작업복 같은 옷"을 걸치고 있는 젊은이들
에 대한 혐오감을 감출 수 없었다. 그러나 결국 "친애하는 동지들, 이것이
누더기의 문제인가? 이것은 이 — 데 — 올 — 로 — 기의 문제이다 !" 그는
분명 자신의 무겁고 절망적인 분위기를 다시 부추기려고 이 단어를 한음절
한음절 끊어서 썼던 것이다. 젊은이들이 "구세대와 하나가 되었던"[27] 그의

24) Byrnes, 앞의 책, 14면.
25) *The Times*, 28 June 1984, 12면.
26) *Sovietskaya Kul'tura*, 28 July 1984.

세대와는 다르게, 현재의 젊은이들은 더이상 구세대의 가치를 믿지 않는다. 그러한 차이는 불가피하다. 이전에는 젊은 세대나 구세대 모두 똑같은 사회적 조건에서 성장했다. 이제 그들은 서로 다른 사회의 발전단계를 체험했다.

문화영역에서 일어나는 이러한 변화는 정신적인 영역에서도 나타나게 마련이다. 정부측 언론도 주민 문화의 성장에 대해 언급하는 가운데, 고등교육을 마친 사람들의 증가, 또 신문과 책 등의 유통 증가에 대해 많이 떠들어댔다. 주민의 실질적인 문화수준을 순전히 양적인 지표로만 결정하기란 물론 어렵다. 이들이 무슨 책을 어떻게 읽는지, 극장에서는 어떤 것을 보는지, 텔레비전에서는 무엇을 보는지를 아는 것이 중요하다. 그럼에도 불구하고 순전히 양적인 지표를 내팽개칠 수만은 없다. 소련 예술사회학의 주요한 전문가인 다다먄(G. G. Dadamyan)은 다음과 같이 썼다.

사회의 문화적 지평이 넓어짐으로써 문화행위의 형태에도 변화가 생겼다. '가보고' '보고' '듣고'자 하는 수백만 사람들의 욕망에서, 다양한 예술'붐'이 일어났다. 지난 15년 내지 20년을 특징짓는다면, 모든 시각예술에 대한 참여가 급속하게 늘어났다는 것이다.[28]

그러므로 1950년에서 78년까지 극장 관람객 수는 1.8배, 박물관 관람객 수는 5.5배, 공연장 관람객 수는 2.1배가 늘어났다. 박물관을 찾는 사람들의 수가 늘어난 것이 특히 의미심장한 대목인데, 박물관이 제공하는 것은 문화적 가치가 분명한 것이기 때문이다(극장과 공연장에는 좋은 예술작품만이 아니라 아주 나쁜 예술작품도 선을 보일 수 있지만, 박물관의 소장품은 여러번 검증된 것이기 때문이다). 게다가 1950년에는 박물관 관람객 수가 극장과 공연장 관람객 수보다 뒤졌지만, 78년에는 이미 선두로 올라섰다.

---

27) 같은 책, 23 August 1984. 특이한 점은 이 논문이 모스끄바가 아니라 랴잔(Ryazan')을 다루고 있다는 점이다. 랴잔은 '서방의 영향'을 직접 받기는 어려운 곳이다.

28) G. G. Dadamyan, *Sotsial'no-ekonomicheskie problemy teatral'nogo iskusstva*(연극학의 사회경제적 문제), Moscow 1982, 81면.

"지금 젊은이들은 정신적인 가치에 대해 흥미와 매력을 크게 느끼고 있다." 이러한 사실은 사회학적 문헌들에서도 널리 인정되고 있는 바이다.[29] 그리고 이러한 변화는 도시뿐만 아니라 농촌에서도 일어나고 있었다.

1970년대에 일어난 '독서열풍'도 이에 못지않게 흥미로운 것이다. 공식기록에 따르면, 1983년까지 소련 사람들은 개인 소장도서가 3천만 권에 달하는 "엄청난 책의 축적"을 이루어냈다.[30] 전형적인 현상이지만, 다양한 이데올로기 문헌들은 책방의 서가를 지키고 있었던 데에 반해, (안내서를 비롯한) 다른 출판물들은 대부분 심각한 부족현상을 빚었다.[31]

텔레비전도 중요한 역할을 했다. 텔레비전의 전파에 따른 사회적 결과에 대해서는 다른 곳에서도 논의가 있었다. 여기서 가장 중요한 것은 그 결과들이 아니다. 소련에서는 텔레비전의 대량생산이 1955년에 시작되었다. 이후 텔레비전이 전주민에게 거의 80만 대나 공급되었다. 텔레비전은 사치품목이었다. 그러나 1966년까지 이미 6배인 5백만 대(그리고 라디오 2780만 대)로 증가했다. 1966년부터 79년 사이에는 상황이 다시 한번 바뀌었다. 1979년 한 해만도 644만 대의 텔레비전이 생산되었고, 그것은 1966년의 국가 전체 보유 수치보다 훨씬 많았다.[32] 생산은 계속 증가했다. 1971년부터 80년까지 "문화홍보 및 경제적 목적에 필요한 상품의 생산이 전반적으로 2.3배나 성장한 것과 함께, 컬러텔레비전의 생산은 거의 5배나 증가했다."[33] 그렇게 높은 성장률이 가능했던 것은 단지 비교기준이 극히 낮았기

---

29) *Problemy truda v sel'skom khozyaistve*(농업에서의 노동력 문제), 72면.

30) *Knizhnoe obozrenie*(서평), 19 August 1983, 11면.

31) 같은 곳. 앞에서 이야기한 스딸린주의자 싸포노프는 현대의 젊은이들이 20년, 30년, 40년 전의 같은 또래 젊은이들보다 책을 덜 읽는다고 주장했다(*Sovietskaya Kul'tura*, 23 August 1984). 이것은 사실이다. 그러한 변화는 문화적 수준이 향상되고 있음을 보여주고 있다. 왜냐하면 사람들은 더이상 고골리의 『백치』(*Petrushka*)와 같이 오래된 것은 읽으려 하지 않기 때문이다. 읽고 쓸 줄은 알지만 아주 낮은 일반적 문화를 갖고 있는 사람들에게 전형적으로 나타나는 '백치 효과' 대신에, 발전된 산업사회 시민들의 욕구에 알맞은 독서선정이 이루어졌던 것이다.

32) *Voprosy Ekonomiki*, no. 12, 1982, 125~26면; *SSSR v tsifrakh v 1979 godu*(소련통계연감 1979년), 19면.

33) *Voprosy Ekonomiki*, no. 1, 1983, 100면.

때문이었다고도 할 수 있겠지만(1955년 미국은 텔레비전을 갖고 있는 사람이 1천명당 318명이었던 데 반해 소련은 4명에 그쳤으며, 라디오의 경우에는 미국의 974명에 비해 66명이었다.[34] 그리고 소련은 1971년 이전에는 컬러텔레비전을 전혀 생산하지 못했다), 이러한 수치가 말해주는 것은 그만큼 일상생활에서 텔레비전이 차지하는 비중이 커졌다는 점이다. 텔레비전이 단지 공공선전에 필요한 하나의 도구일 뿐이라고 일축하는 회의론자가 있기도 하지만, 이는 사실과 다르다. 사람들은 선전 그 자체를 위해서 텔레비전을 보지는 않는다. 그러나 만약 그들이 텔레비전 앞에 앉아 있고 싶어한다면 그것은 정말이지 무엇인가 볼 만한 것이 있기 때문이다. 다른 말로 하자면, 여러가지 프로그램, 영화, 쇼에 대한 시청자들의 관심을 조사한 통계가 보여주는 것처럼, 시청자들이 주로 텔레비전을 보는 이유는 바로 국가의 선전노력 때문이 아니라 그것이 문화의 정보원 노릇을 하기 때문이다. 이는 공영방송 프로그램이 인기가 적었던 데 반해 외국영화는 점점 인기를 끌게 되었다는 점 등등에서 알 수 있다.

그런데 다다먄에게 되돌아가보자. 그는 다음과 같이 썼다.

> 출간된 책과 팸플릿, 그리고 축음기 레코드, 카세트 테이프의 수(1978년에 이 수치는 각각 1억 7800만, 2억 790만, 290만이었다)를 갖고 판단해볼 때, 1960년대와 70년대에 소련에는 기본적으로 새로운 문화적 상황이 등장했다고 결론을 내릴 수 있다.[35]

이러한 자료를 근거로 사람들의 실질적인 문화수준이 얼마만큼 높아졌는지를 판단하기란 극히 어렵지만, **전체적인 문화적 상황은** 분명히 변화했다.

이런 점에서 보자면, 사람들이 대거 도시로 이주한 것이 크나큰 구실을 했던 것이다. 도시에 있으면——최소한 원칙적으로는——문화적 가치에 접근하기가 용이하다. 비록 이 새로운 문화가 얼마나 **깊숙이** 대중 속에 파고들었는지는 의심스러운 측면도 있지만, 대중들이 이 문화와 같이 **호흡했**

---

34) J. Elleinstein, *Storia del fenomeno staliniano* (스딸린주의의 역사), Rome 1975, 203면.

35) Dadamyan, 앞의 책, 81면.

다는 것은 의심할 바 없다. 이 사회학자가 올바르게 지적한 대로, 러시아
에 그 역사상 유례를 찾아볼 수 없을 정도로 질적으로 새로운 상황이 등장
했으며, 1970년대에는 지배엘리트의 문화수준보다 대중의 문화수준이 평균
적으로 약간 더 높아졌다.

  브레즈네프가 실시한 이 '안정화 정책'은 생산의 개혁은 가로막을 수 있
었지만, 사회 저변에서 일고 있는 자연적 과정까지 가로막을 수는 없었다.
그 결과 소련에서는 사회적·문화적 수준이 경제적 수준을 따라잡기 시작
했으며, 그에 따라 새로운 모순의 발생이 불가피하게 되었다.

  1970년대 말까지 전체 노동자의 거의 5분의 2(젊은 사람들 가운데 절반
이상)가 온전한 중등교육이나 그 이상의 교육을 받았다. 고등교육이나 고
등교육의 맛을 본 노동자들의 수도 늘어났다. 1984년까지는 노동계급 가운
데 18%만이 교육을 제대로 받지 못했는데, 이들은 대부분 나이가 정년에
가까운 사람들이었다. 고용구조 및 노동의 성격도 이와 마찬가지로 변했
다. 고르돈과 나지모바의 지적에 따르면, 1960년대 소련의 부문별 고용구
조는 서유럽의 1900∼10년대 고용구조와 비슷했지만, 1980년대에는 1960년
대 서유럽의 발전된 산업국가 및 체코슬로바키아와 거의 비슷한 양상을 보
였다. 이것은 소련과 서구의 격차가 아직도 그만큼 크다는 설명도 되지만,
소련 사회가 질적으로 새로운 발전단계에 들어섰다는 증거도 된다.

  고르돈과 나지모바는 숙련도, 기술공학, 노동의 복잡성에 따라 노동자들
을 몇가지 범주로 나눔으로써 중요한 변화를 확인했다. 1950년대 말 소련
에서는 1930년대와 40년대의 수준과 (그리고 몇몇 경우에는 러시아혁명 이
전의 수준과도) 별반 차이가 없는 초기 산업기술이 여전히 지배적이었다.
바꿔 말하면, 소련 산업의 기술설비는 기본적으로 스딸린 시대와 똑같았
다. 노동자 가운데 52%가 원시적인 육체노동에 고용되었다. 그러나 1979
년에는 상황이 전혀 달랐다. 노동자들의 52%가 발전된 산업생산 분야에
고용되었고, 13%는 새로운 과학기술 분야에 고용되었다. 스딸린 시대 형
태의 원시적인 기계류 분야에 고용된 노동자들은 고작 35%(젊은이들 가운
데는 24%)였다. 노동의 복잡성이라는 측면에서는 훨씬 더 두드러진 변화
가 있었다. 1950년대 말에는 노동자 가운데 57%가 전문 직업훈련이 필요
한 복합노동에 종사하고 있었지만, 1970년대 말에는 이 수치가 70%로 늘

366

어났다. 소련에서도 (서방에서와 마찬가지로) 진보적이고 현대적인 산업프
롤레타리아층과 전통적인 집단 간에 차별성이 뚜렷해졌다. 그러므로 한편
으로 고용구조에서 질적인 전환이 일어났고, 다른 한편으로 사회는 훨씬
더 급진적인 전환을 요구했다.

고르돈과 나지모바는 교육의 성장이 기술의 성장을 다소 앞질렀다고 지
적했다. 1970년대에는 "교육을 제대로 받은 다수"가 존재했지만 브레즈네
프 정책으로 인해 자신의 지식을 펼쳐 보일 기회를 박탈당했다. 이로 인해
경제성장률이 하락하고 기술진보의 속도가 느려졌던 것이다.

> 1970년대에 가장 단순한 미숙련 산업노동의 형태에 종사하는 사람 수는 고작
> 2% —— 32%에서 30%로 —— 만 줄었다. 그 대신에 대중교육은 이전의 비율
> 만큼 계속 증가되었고, 따라서 기본교육이나 초등교육만 받은 사람의 비율은
> 1979년에 19%까지 떨어졌다. 이러한 차이가 전에는 볼 수 없었던 상황을 연
> 출했다. 종래에는 이 교육받은 노동자들이 일자리를 쉽게 구할 수 있었지만,
> 이제 처음으로 자신들보다 뒤처지는 비숙련 직업에 종사하게 되었다.

이것이 이 나라의 사회적·심리적 상황을 근본적으로 변화시켰다.

> 대다수 노동자들이 전(前)산업적 기술을 소유하고 있었을 때 이들은 자신들
> 의 자리를 정상적이고 받아들일 만한 것으로 간주했다. 그러나 그러한 기술을
> 가진 사람이 소수가 되었을 때 이들은 사회적 긴장의 원천이 되는 것이다.[36]

그렇게 해서 노동자들은 기본적인 두 집단으로 나뉘게 되었다. 그 하나는
숙련노동자 집단인데, 이 집단은 현대의 생산체계에서 기술공학 인텔리겐
찌야와 노동자가 서로 결합함으로써 서서히 형성되었다. 일상적인 삶의 방
식, 비슷한 사회적 상황, 그리고 공통된 이해관계로 인해 이들 집단은 점
차 함께 뭉치게 되었다(기술자의 임금이 아주 낮아지면 기술자가 노동자로
전락하는 일이 다반사여서 기존의 결속관계가 훨씬 더 강화되었다). 이 숙
련노동자 집단의 특징은 상당한 정도의 사회적 안정을 누린다는 점이다.

---

36) Gordon and Nazimova, 앞의 책, 130, 81면.

이들에 대한 연구가 보여주듯이, 노동자로 시작하여 다른 사회직업집단으로 옮겨간 숙련노동자 가계(家系) 출신의 젊은이 가운데 상당수가 "나중에 자신들의 출신 사회층으로 되돌아왔다."[37]

이와 동시에 중요한 **미숙련노동자 대중**도 여전히 존재했다. 이 집단은 사회적인 유대가 취약하고 구조적인 조직화 수준도 아주 낮아 '사회집단'이라고 말하기도 힘들다. 이 대중의 상당 부분은 농촌을 떠난 사람들이다. 모스끄바 거주권을 갖고 있지 못한, 이른바 할당노동자(limitchiki)로 불리는 이런 이주자들이 많아지면서 많은 노동공동체는 아주 복잡한 상황에 직면했다. 사회적 의식과 존재의 불안정성이라는 측면에서 이들과 비교될 수 있는 사람은 오직 제3세계의 주변인들뿐이다. 1986년 1월, 임명된 지 얼마 안 되는 모스끄바 당조직 서기였던 보리스 옐찐(Boris Yeltsin)은 이 문제에 대해 아주 솔직하게 말했다. 할당노동자라는 단어가 비록 사전에는 없지만, 모스끄바인들은 그 의미를 알고 있었다. '할당량에 따라'(po limitu) 사업체들이 노동자들을 다른 도시로부터 모스끄바에 유입시켰던 것이다.

> 할당노동자는 싸구려 아파트를 약속받으며, 대체로 '특별' 증명서를 가지고 전국 각지에서 몰려든다. 숙소를 얻게 되면 이들은 떠난다. 그러면 사업체는 다른 '할당량'을 요구한다. 그럼으로써 악순환이 계속되는 것이다. 사업체 구성원들은 여전히 불안정한 상태이고 숙소도 제대로 제공받지 못한다.[38]

이러한 할당노동자의 이주지역은 무법천지이고, 이들은 모스끄바의 본토 거주민들보다 적은 임금을 받으며, 사회적으로 출세할 수 있는 전망도 제한되어 있다. 고도로 발전한 발떡 공화국들에 재이주한 러시아 노동자들도 비슷한 상황에 처해 있었다. 에스또니아 사회학자들이 지적한 대로, 별로 숙련되지 못하거나 숙련되었다고 하더라도 뛰어나지 못한 러시아 본토 노동자들은,

> 같은 사회직업 에스또니아 노동자들과 비교하면 그러한 사회적 지위에서 벗어

---

37) *Trudyashchayasya molodezh'*, 167면.
38) *Vechernyaya Moskva*(석간 모스끄바), 25 January 1986.

나는 일이 훨씬 드물었다. 동일한 집단인 에스또니아 노동자는 거의 절반이 5
년 이내에 대체로 더 높은 사회직업층으로 유입되어 그곳을 떠났다. 또 이러
한 에스또니아 노동자들의 상황은 비육체노동자 집단, 주로 인뗄리겐찌야에
속한 집단에서 더욱더 두드러졌다.

이에 반해서 숙련노동자 집단에 속하는 에스또니아인과 러시아인은 모두
전형적으로 "사회적 지위에서 고도의 유사성"을 보이고 있다.[39]

반(半)숙련노동자 대중은 소련 프롤레타리아트의 과거인 듯이 보이고,
숙련노동자 집단은 미래인 듯하다. 그러나 이미 반숙련노동자들 사이에도
상위 노동계층의 생활방식 그리고 부분적으로는 그들의 사회적 가치를 따
르려는 뚜렷한 경향이 있었다. 1960년대에 이들은 자신들의 지위를 스딸린
이후 시대의 가난한 농민들에 비교하여 성공한 편이라고 생각했겠지만,
1980년대에 이르러서는 더 많은 보수를 받는 좋은 일을 할 권리가 있다고
생각하여 자신들의 지위에 만족하지 못했다.[40] 숙련노동자 집단으로서도
자신들의 지위를 더 강화할 수 있고 의사결정과정에 참여할 수 있는 일련
의 변화를 추구했다. 이 집단의 주된 목표는 경제의 구조적 개혁——이는
이후 정치적 결과를 가져올 것이다——을 성취하는 것이었다. 이러한 상
황에서 '시장사회주의'라는 슬로건이 많은 지지를 받았다. 그러나 반숙련노
동자들은 즉각적인 지위상승 및 임금인상, 못사는 사람들에게 유리한 소득
분배에 관심을 보였다. 이들에게는 사회적 재편보다는 평등이 더 관심이
가는 대목이었다. 이 두 집단은 전개되는 상황에 대해 모두 불만스러워했
지만, 그 표현방식은 달랐다.

이러한 상황에서 서방과 제3세계의 경험은 소련에 아주 중요했다. 소련
노동자들은 자신들을 어느정도 동질적인 대중으로 간주하지만,[41] 1980년대

---

39) *Sotsial'naya struktura. Osobennosti popolneniya osnovnykh otryadov intelligentsii*
(사회구조. 주요 지식인단체 충원의 특수성), Tallin 1981, 79면.
40) 미숙련노동자들이 지위를 향상시킬 기회는 그리 많지 않다는 점을 기억해야 한
다. 사회학자들의 평가에 따르면, 그들은 "아주 제한된 유동성"만 갖고 있을 뿐이
다(*Trudyashchayasya molodezh'*, 182면).
41) B. Kagarlitsky, *Dialektika nadezhdi*, part 1, ch. 3(*Problemy Vostochnoi Evropy*,
no. 7~8, 1983 V. Krasnov라는 필명으로 실린 글) 참조.

에는 상황이 아주 복잡했다. **소련에서 개혁의 운명은 궁극적으로 변화의 전략이 기본적인 이 두 노동자집단의 이해관계에 맞추어 성공적으로 짜여지고 그 효과를 발휘하는 데 달려 있다.** 이들의 이해관계가 비록 동일하지는 않지만 전반적으로는 그래도 일련의 공통된 특징을 갖고 있다.

브레즈네프 행정부 시기 동안 주민 대다수는 유럽식 규범, 생활수준, 문화를 즐기게 되었다. 말하자면 하나의 유럽식 욕구가 형성된 것이다. 물론 이것이 소련 전역에 해당되는 것은 아니지만 가장 중요한 지역에는 해당된다. 흐루시초프 시대에 젊은이들은 '볼셰비끼' 공장의 바지를 입었다. 그러나 브레즈네프 시대에 이들은 미국 청바지를 입기 시작했다. 어떤 이들에게는 이러한 사실이 정치적 의미를 거의 담고 있지 않은 듯이 보이지만, 이것은 반정부세력의 등장 못지않게 중요하다. 게다가 이러한 두 사실은 기본적으로 관련성이 있다.

이 문제의 본질은 1965년부터 75년까지 국민들의 생활수준은 이미 말한 바대로 비교적 높아졌을 뿐만 아니라 **전통적인 형태의 욕구가 사라졌다**는 점이다. 이것의 역설적인 결과는 분명히 생활수준이 향상되고 있음에도 불구하고 많은 사람들이 자신들의 사회적 지위에 더욱더 불만을 느끼기 시작했다는 점이다. 언뜻 보기에 이것은 생각할 수 없는 일 같고, 또 편협한 관료의식이 젖어 있는 사람들은 이 배은망덕함에 절망까지 느낀다. "그들은 이제 자신들이 갖지 못한 것에 대해 탐욕스럽게 달려든다." 그러나 실제로는 이보다 훨씬 간단했다.

1977년이는 다음과 같이 생각했다.

> 소련 경제학자들의 추산에 따르면, 합리적인 가계(家計)에서 현재 개인의 합리적인 욕구에 필요한 소득량은 소련 주민 1인당 월평균 200루블 정도이다.[42]

같은 해 평균임금은 월 155루블이었다——덧붙이자면 이는 1946년 이래 세 배 이상 증가한 것이다.[43] 보통의 노동자는 임금이 상당히 인상되었음에도 그것으로는 자신의 '합리적인 욕구'를 완전히 충족시킬 수 없는 처지

---

42) Toshchenko, 앞의 책, 107면.
43) *SSSR. v tsifrakh v 1979 godu*, 171면.

였다. 게다가 국민들의 소득과 물질적인 구매력 사이에는 차이가, 그리고
소비자의 수요와 공급 사이에는 불균형이, 혹은 다른 말로 하자면 농촌의
구매력과 그보다 적은 시장의 매력적인 상품 사이에는 격차가 존재했다.
또 여기에 덧붙일 것은 많은 상품이 투기꾼들에게서 나와야만 했으며, 일
반 주민은 필요한 써비스를 받기 위해 그것을 제공하는 온갖 모리배들의
다양한 '부당가격'과 불법적인 초과금액의 요구를 번번이 감수해야만 했고,
국영상점에는 고기나 다른 필수품이 없기 때문에 시장가격의 두 배를 지불
해야만 했다는 점이다.[44] 마지막으로 덧붙이자면 '합리적인' 욕구와는 무관
한 '비합리적인' 욕구가 존재하며, 또 무엇보다도 200루블이라는 수치가 분
명 아주 낮고, 둘째 그 수치를 받아들인다고 하더라도 1977년 일반 소련
노동자들은 자기 욕구를 기껏해야 70%만 충족시킬 수 있다는 확신이 커가
고 있었다.

그럼에도 불구하고 1946년에 평균임금은 48.1루블(새로운 '흐루시초프'
루블화로 환산했을 경우), 1955년에는 71.8루블, 1965년에는 96.5루블이었
다. 한데 국민들의 소득이 더 낮았던 1946년에는 굶어죽은 사람이 없었
다! 게다가 그들은 아주 만족스러워했다. 그렇다면 이것은 어찌 된 일인
가? 사람마다 사는 방식이 다를 수 있는 것이다.

1975년 리뚜아니아에서 나온 한 사회학적 조사의 결과에 따르면,

조사대상 가정의 40%에 아직도 냉장고가 없었으며, 63%는 진공청소기, 62%
는 예술품(이 통계학자에 따르면 예술품이나 진공청소기나 마찬가지이다—인
용자), 74%는 카세트를 갖고 있지 않았다. 그렇지만 응답자의 30%만이 가계
의 부족으로 이를 갖고 있지 못하다고 응답하고 있고, 43%는 그것 없이도 살
수 있다고 생각하고 있다. 이들은 돈을 저축할 생각이지 가까운 장래에 이런
물건들을 살 계획은 없었다.[45]

---

44) 비교를 통해서 보면, 1977년에 버터 1kg이 모스끄바의 국영상점에서는 평균 2
루블이었는데, 볼로꼴람스끄(Volokolamsk) 시장에서는 4~5루블이었다. 모스끄
바에 가까우면 가까울수록 가격은 낮아졌다! 서방 학자들이 이름을 밝히지 않은
소련의 소식통을 인용하면서, "집단농장 시장의 가격이 국영농장의 가격보다 1965
년에는 37%, 1970년에는 55%, 1975년에는 75%, 1979년에는 100% 더 높았다"
고 주장했다(Byrnes, 앞의 책, 196면).

필자는 독자들에게 이런 형태의 문체와 이와같은 다른 인용문에 대해서 사과해야만 할 것이 있다——불행히도 정부문서의 작성자들이 모두 러시아어를 제대로 구사할 줄 모른다는 점이다. 그러나 물론 이것은 비단 문체의 문제만은 아니다. 위에서 언급한 바에 따르면, 조사대상 가정 가운데 43%는 1940년대 생존규범에 적합한 과거의 전통적 형태의 소비자로 묘사되고 있다. 이들은 분명히 다른 사람보다 더 행복하다고 느껴야 한다. 어떤 집단은 150루블을 버는 대신 생활비로 200루블이 필요하지만, 이 집단은 130루블을 벌지만 100루블이면 살아갈 수 있기 때문이다. 전자의 집단은 생활이 불만이지만, 후자의 집단은 이와 달리 이에 만족하고 있다. 이처럼 개인소득의 증가가 '합리적인 욕구'의 상승으로 자동적으로 이어지는 것은 결코 아니다. 후자의 집단에서는 조금만 있으면 충분하다. 이들은 무슨 육신의 고행에 관심이 있는 불교신자나 탐미주의자가 아니라, 그저 스탈린 시대의 가난을 일상적인 상황으로 간주하는 사람들이며 최소한의 욕구충족마저 부유함이나 사치라고 여기는 사람들이다. 문제는 이처럼 전통적인 관리체계에 알맞는 전통적 형태의 소비자들이 점차 사라지고 있었다는 점이다.[46]

1960년대 초에는 전통적인 소비자들이 아직 우세했다. 그 당시의 통계에 따르면, 가족구성원 각각의 한달 평균 생활비는 50루블에서 55루블이었다(이러한 기준이 소련공산당 제24차 당대회 사회강령의 핵심이었다).[47] 그러나 소련인들 대부분은 경제계획 기간 동안에 이러한 소득수준을 달성할 수 없었다. 소련 프롤레타리아트에 대한 공식 연구를 수행한 한 학자는 다음과 같은 점을 인정했다.

이러한 수치와 위에서 인용한 자료를 비교하는 것만으로도, 우리는 1940년대

45) Toshchenko, 앞의 책, 156면.
46) 1978년의 대규모 조사에서 나온 자료에 따르면, 전통적인 소비형태와 관련이 있는 사람들은 20%에 불과하고 이 집단에서 "대부분을 차지하는 사람은 40세 이상인 사람들이었다"(Znanie-sila, no. 9, 1984, 20면). 그러므로 이것은 아직 많이 남아 있긴 하지만, 역시 사라지고 있는 사회적 형태임이 분명하다.
47) Materialy XXIV s'ezda KPSS(제24차 당대회 자료), 43, 274면.

372

와 50년대에 일반적인 노동자 가족과 대다수 소련 국민들이 그만한 양의 돈을 지출할 수 없었다는 사실을 확신하게 된다. 1950년대 초에 월급으로 50루블 (현재 가치로 환산할 때)을 받는 것이 전형적이었다고 볼 때, 2명이 일한다고 해도 4인 가족에게 필요한 액수의 절반밖에 안 되는 것이다. 50년대 말까지 임금은 상당히 올랐지만 평균 4인 가족을 기준으로 할 때 그것은 여전히 필요한 수입의 80~90%에 불과했다.[48]

그리고 이것은 주로 육체적 생존에 필요한 것만을 말하는 최저생계비 수준이었다. 노동자들과 고용인들의 평균임금이 한달 기준 95루블에서 100루블까지 올랐던 때인 1965~66년이 전환점이었다. 공식적인 수치에 따르면, 이것은 일반 노동자 가족이 '최저생활' 수준이었다는 것을 의미한다.[49]

서방의 소련학 학자들은 주된 변화가 1960년대 말에 일어나고 있었다는 점을 인정했다.

수입은 1950년대와 60년대가 70년대보다 실질적으로는 더 많았고, 그것이 공화국마다 상당히 달랐지만, 1978년을 전후로 한 시기에 소련의 1인당 소비는 대체로 해마다 평균 3.2%씩 증가했다. 소련의 가정, 특히 농촌가정에서는 더 좋고 더 많은 집을 소유했으며, 개선된 식품을 즐겼고, 폭넓은 상품 및 써비스 공급, 특히 내구소비재를 공급받을 수 있었다.[50]

소비가 감소하기 시작한 것은 바로 1970년대인데, 1978년 이후 서방 전문가들은 더이상 소비가 증가했다는 징후를 찾을 수 없었다. 그렇지만 이와 동시에 복지의 사회적 개념이 변하기 시작했다. 옛날 소비자들은 수중에 무언가 갖고 있다는 것만으로도 완전히 만족했다──그들은 사실 욕구 자체가 별로 없었기 때문에 물질적 풍요 속에 살고 있다는 느낌을 받았다. 즉, 그들은 아주 많은 돈을 남겨 저축을 하고 불행에 대비하기도 한 것이

48) *Sotsial'noe razvitie rabochego klassa v SSSR*, 146면.
49) 같은 곳. 스딸린 시대에 강력한 국가를 옹호하는 사람들은 '위대한 지도자' 아래 일반 인민의 삶이 행복할 수 있다고 고상한 말들을 떠들어댔지만, 현실은 그 말들과는 전혀 무관했다.
50) Byrnes, 앞의 책, 188면.

다. 주민들의 수입은 급속히 늘었다. "1965년에는 주민 가운데 4%만이 일인당 월소득 100루블을 넘었지만, 1970년에는 이 수치가 18%였고, 제10차 5개년계획이 끝났을 때는 50% 내외가 되었다."[51] 물론 100루블은 1970년대 말에 이야기되는 200루블에는 절반 수준이지만, 흐루시초프 시대의 기준으로 볼 때 '정상적인 생활'에 필요한 50루블에 비해 2배였다. 이제 사회적 조화가 달성되었고, 소련 국민들의 행복이 보장된 것처럼 보였다. 그러나 불행히도 옛날 소비자들은 새로운 소비자와 접촉하지 않을 수 없었고, 나쁜 예가 그들에게 전염될 수밖에 없었다. 새로운 형태의 욕구가 점차 보편적인 규범으로 자리잡아갔는데, 이것은 과학기술혁명의 발전 및 더욱 지적인 형태의 노동과 밀접하게 관련을 맺고 있는 특별한 사회집단들에서 가장 먼저 형성되기 시작했다.

"대다수의 가정이 자신들만의 아파트로 이주함으로써 욕구의 구조가 근본적으로 변했다"[52]고 사회학자들은 주장했다. 흐루시초프 시대에 확대되었고 비록 덜 효과적이었지만 브레즈네프 시대에도 계속된 이 대규모 주택건설 계획은 노동자들의 생활조건을 개선하는 것뿐만 아니라 이들의 생활방식과 심리를 변화시켜 유럽의 보통 사람들과 비슷하게 만들어놓는 데도 중요한 역할을 했다. 이 '시위효과'는 큰 의미를 지니고 있다. 즉 당신이 거리에서 자동차를 보고, 진열장의 아름다운 물건을 보고, 당신의 친구 집에서 텔레비전을 보고, 이웃집 방에서 흘러나오는 카세트 테이프의 소리를 듣는다……. 이 모든 것은 당신에게 영향을 끼친다. 나이든 사람들은 아직도 자신들의 방식을 고수한 채 '배부른' 사람들, 곧 자식에게 오렌지(감자를 주어도 아무 탈이 없는데도)나 수입된 놀이기구(전통적인 러시아 인형인 마뜨리오슈까 Matrioshka를 사주면 뭐가 잘못되었단 말인가)를 사주거나, 냉장고에 음식을 보관하거나(창문 밖에 음식을 걸어놓을 수 있는데도) 텔레비전을 보고(거리의 확성기에서 흘러나오는 이야기를 들을 수 있는데도) 싫어하는 사람들을 욕하고 있다. 그러나 젊은이들은 처음부터 유럽식 기준을 택했다. 이들은 그저 존재하고 싶다는 것이 아니라 인간답게 살고

---

51) *Osnovy planirovaniya ekonomicheskogo i sotsial'nogo razvitiya SSSR*(소련의 경제발전 및 사회발전 계획의 기본 원리), Moscow 1983, 134면.

52) *Znanie-sila*, no. 9, 1984, 18면.

싶다는 것이고, 현대문명의 유익함을 이용하고 싶어한다. 이 새로운 소비형태로 전환한 사람들은 처음에는 축적해놓은 재산——자발적으로 절제했던 이전 시기가 헛된 것만은 아니었다——에 의존할 수 있었다. 이러한 재산이 오래가지는 못했지만, 사람들은 처음으로 만족했다. 이들의 생활은 이전보다 나아졌다. 실질적인 임금상승은 이전의 5개년계획 때보다 1970~76년에 분명히 낮았지만, 그래도 저축에 대한 약간의 희망은 있었다.

그렇지만 얼마 후, 오렌지를 사기 위한 행렬이 감자를 사기 위한 행렬과 똑같이 생겨났고(그러고도 후자가 사라지지 않는다), 마음에 들지 않는 말이나 이전에 거리의 확성기에서 흘러나오던 말도 이제는 텔레비전에서 똑같이 흘러나오고 있다. 과거의 문제가 사라지지 않고, 더욱더 첨예한 형태가 되어 더 높은 수준에서 재생산되었다. 지하출판물 연감인 『변종』(Varianty)에서 체르네쯔끼(V. Chernetsky)와 하프낀(Yu. Khavkin)은 소비재의 만성적인 부족이 특징인 소비사회에 대해서 빈정대는 글을 썼다.[53] 여러가지 점에서 상황은 더 나빠진 것처럼 보인다. 이전에는 돈이 없었지만, 이제는 돈이 있더라도 상품이 없다. 이것이 훨씬 더 곤란하지 않은가! 사람들은 격노하게 되었다.

소비사회의 슬로건——"우리 아버지들에게 사치품이었던 것이 우리에게는 일상품이다"——이 무색할 지경이다. 나이든 사람들에게는 불필요한 사치품이었던 것이 젊은이들에게는 없어서 못 가지는 것이다. 소비의 규범은 질적으로 변화했지만 기본적인 생활조건, 곧 그 모순은 이전 그대로이다. 새로운 갈등이 등장하고 있다.

우리가 유럽의 전반적인 욕구에 대해서 이야기했지만, 이러한 욕구들이 충족된 것은 아니라는 사실을 기억해야만 한다. 우리가 유럽식 생활문화에 대해 이야기했지만, 이런 문화가 많은 사람들의 생활조건 및 물질적 구매력과 모순되어 있다는 사실을 잊어서는 안된다. 다른 말로 하자면, **물질적 생존의 차원에서도 이상과 현실의 모순**——반정부인사들이 정치적으로 표현하려고 했던 것처럼——이 많은 대중들 사이에서 나타나고 있는 것이다. 이것은 매우 중요하다. 정부 선전물도 이를 해명하고자 했다. 국가는

---

53) *Varianty*, no. 3, 1979에 실린 N. Abrikosov와 E. Vol'nyi의 글 "Dvizhenievse!"(운동이 전부이다!)를 보라.

국민의 예외적인 욕구까지 충족시킬 시간이 없다는 이론이 바로 그것이다. "너무 앞서가는 욕구"라는 말이 나오기도 했다. 욕구의 증대가 "복지의 상승보다 훨씬 빠르게 일어난다"[54]는 것이다. 무엇인가 없다고 느낀다면 그것은 대중 자신의 책임이다. 사람들은 너무 많은 것을 원해서는 안된다.

이러한 이론은 소박할 뿐만 아니라 가장 중요한 것을 무시한, 일관성이 전혀 없는 주장이다. 우리는 이미 1975년 리뚜아니아의 조사자료에서 이 이론이 어떻게 잘못되었는지를 살펴보았다. 심지어 몇몇 정부측 저술가들도 최근에 "이러한 단순한 구도"는 논박되어야 한다면서 이에 대해 문제를 제기하고 나섰다. [55] 욕구가 증대된 것이 아니라 욕구의 **형태**에서 질적인 변화가 생겼다. "앞서가는 욕구"이론을 주장한 몇몇 연구가들조차 이러한 사실을 간접적으로 시인했다. 이들은 1970년대에 "새로운 종류의 욕구가 생겨났다"[56]는 점을 지적했다. 다른 말로 하자면, 전반적인 욕구가 이제는 유럽(더 정확하게는 유럽화된) 사람들의 영향을 받아 만들어졌다. 우리의 관점에서 보자면, 기존의 체제는 솔직히 이러한 욕구를 완전히 충족시킬 수 없다.

임금의 상대적 상승 그 자체만으로는 사람들은 행복할 수 없었다. 온수, 심지어 자가용이 인생의 목표가 될 수는 없다. 『문학신문』에서 한 작가는 "안락감 및 임금으로는 넉넉한 생활, 곧 선과 악을 측정할 수 없다"고 했는데, 이는 얼마간 맞는 말이다. 마치 '지굴리'(Zhiguli) ── 가장 인기있는 소련제 차 ── 를 굴리면 못사는 것은 아니라는 식으로 말이다. [57]

소련의 사회학자들은 "충족되지 않은 기대감의 모순"이 1970년대 말과 80년대 초 소련 사회의 특징이라는 사실을 깨달았다. [58] 정부문헌에도 사회 및 생활 즈건에 대한 주민들의 불만이 아주 잘 나타나 있다. 연구자들이

---

54) *Sotsicl'noe razvitie rabochego klassa v SSSR*, 179면.

55) *Znanie-sila*, no. 9, 1984, 18면.

56) *Sotsicl'noe razvitie rabochego klassa v SSSR*, 177면.

57) *Literaturnaya Gazeta*, 14 September 1983, 4면.

58) *Politicheskoe samoobrazovanie*(정치적 자각), no. 4, 1983, 119면. 새로운 상황의 모순은 특히 젊은이들이 첨예하게 느낀다. 왜냐하면 그들이야말로 "소비의 첨단을 걷는 사람들"이기 때문이다(*Znanie-sila*, no. 9, 1984, 19면).

조사한 바에 따르면, "주택, 의료혜택, 조직화된 레저, 그리고 미취학아동의 교육"이 모두 "충분하게 충족되지 못한 욕구사항"[59]이다. 그리고 주민들의 불만은 이러저러한 기관들이 없어서뿐만 아니라, 이 기관들의 업무방식에 대해서도 생겨난다. 예를 들어, 소련에는 전반적으로 의사가 아주 많다. 1970년에 미국의 전문의 수는 48만 4천 명인 데 비해, 소련은 95만 명을 넘어섰고, 서독은 이보다 5만명이 더 적었다. 인구 1만명당 의사의 수는 소련이 36.2명, 미국이 22.5명, 서독이 25.1명이었다. 프랑스와 일본에서는 의사의 수가 이보다 더 적었다. "전세계 의사 가운데 3분의 1 이상이" 소련에 있었다.[60] 그럼에도 불구하고 서독인과 미국인들은 소련인들보다 아주 높은 수준의 의료혜택을 받고 있다. 소련의 진료체계는 대체로 아주 낮은 것으로 정평이 나 있다. 주민의 문화적·사회적 욕구, 그리고 생활상의 욕구까지 충족시키기 위한 다른 체계와 마찬가지로, "이 조직도 1930년대에 창설되어 그 이후 아주 조금 변화했을 뿐이다."[61]

주민들의 생활수준이 극히 낮고 개인적 소비에 거의 관심이 없었던 스딸린 시대에도 국가가 직접 통제하는 집단적 소비체계는 비교적 빠른 속도로 발전했다. 이는 전반적인 정책의 일부였다. 1953년 소련 일반 시민의 실질임금이 1928년과 비교하여 높아지지 않았거나 심지어 낮아지기조차 했다고 주장하는 서방의 전문가들마저도 "인적 자본에 대한 투자로 간주되던 교육과 의료혜택만큼은 실질적으로 향상되었다"[62]는 점을 인정한다. 이에 해당되는 소련의 기관들은 1950년대 그리고 60년대 초만 하더라도 세계에서 가장 발전된 것으로 여겨졌다. 60년대와 70년대 초에 서방에서는 자유주의적 좌파정부와 사회민주주의 정부(특히 이러한 소련의 경험에서 영향을 받은 정부)만이 이러한 사회보장체제를 강화하고 확대시키기 시작하여 인상에 남을 만한 성공을 거두었다. 반면, 소련 지도자들은 서방측 모델에 기울어져 개인적 소비에 더 많은 관심을 기울이기 시작했는데, 그 때문에 때로는 이 사회적 써비스의 현대화를 무시하기도 했다. 처음에 주민들은 자신들의

---

59) *Sotsiologicheskie Issledovaniya*, no. 1, 1982, 11면.

60) *SSSR v tsifrakh v 1979 godu*, 83면.

61) *Sotsiologicheskie Issledovaniya*, no. 1, 1982, 11면.

62) Byrnes, 앞의 책, 192면.

처지가 진정 향상되었기 때문에 행복해했으나, 이들이 정작 수준 높은 혜택을 기대할 때에 이르자 (1930년대에 아주 높았던) 사회적 써비스는 급격한 하락을 면치 못했다. 이런 점에서 보자면 집단적 소비라는 이상으로 되돌아간 것이 분명한 사실이지만, 그 수준은 새로운 것이었다. 게다가 소련에서는 '개인소비'사회가 결코 나타날 수 없었다. 1970년대에 사회구조가 안정되자 사람들은 더욱더 집단적 욕구를 자각하게 되었다. 이와 동시에 정부의 언론보도에서조차 사람들이 교육 및 의료써비스의 질에 점점 더 공공연한 불만을 느끼고 있다는 증거가 나타났다. 1983년 『이즈베스찌야』(295~296호)는 '감자에 둘러싸여 있는 외과의사'라는 놀라운 제목의 기사를 실었는데, 이에 따르면 지방당국은 농업노동력을 충당하기 위해 의사들까지 동원했다. 그 결과, 많은 환자들이 제대로 치료를 받지 못하고 있으며 수술이 잘못 되는 경우까지 있었다. 이 보도가 나간 이후 이 신문사에 쇄도한 편지들이 이러한 사실을 웅변적으로 말해주고 있다. 이 정부측 신문은 "유감스럽게도 이처럼 의사들까지 그 본업을 제쳐두게 하는 일이 많은 곳에서 이미 관행으로 굳어졌다"는 사실을 밝히지 않을 수 없었다. 문자 그대로 누구나 가을걷이에 참여해야 했고, 심지어 외과과장조차 예외가 아니었다. 그 지방관료는 "의사나 환자라는 점은" 안중에 없었으며, 공공연히 "주민들을 희생시켰다."[63] 진찰을 받으려면——만약 진찰을 받을 수 있다면——사람들은 몇시간이고 기다려야만 했다. 어쩌면 의사는 하루에 180명까지 환자를 보게 될지도 모른다! 급한 수술이 생기면 '앰뷸런스'는 "들판에 나가 있는 외과의사"에게 달려간다.[64] 이런 편지를 써보냈던 독자들이 특히 분개했던 것은 나라가 극심한 경제적 곤경에 처해 있었던 1940년대조차 그러한 상황이 일상적이진 않았다는 점이다. 의사들 자신도 "현재 펼쳐지고 있는 이러한 병폐가 사라질 수 있을 것"[65]이라고 믿지 않는다. 그리고 이 신문 스스로가 인정하듯이, 이 의사들이 정확히 파악한 대로 그러한 부조리가 신문에 공개된다고 해서 그것이 반복되지 말라는 법은 없었다.

---

63) *Izvestia*, 28 January 1984.

64) *Sovietskaya Rossiya*, 29 July 1984.

65) *Izvestia*, 28 January 1984.

이러한 상황은 우연이 아니다. 이것은 오로지 정치체제의 우선순위가 실제로 바뀌면서 의료기관의 사회적 중요성이 떨어지면서, 그리고 사회 발전수준과 사회적 써비스의 조건 사이의 모순이 커지면서 나타나게 되었다. 소련의 상황에서는 여러 국가기관들을 어떻게 조직할 것인가 하는 문제가 정치 일반의 문제와 동떨어져 있는 것이 아니다. 특정 분야에서의 일시적인 수단 가지고는 그 문제가 해결되지 않는다. 그러므로 의료써비스의 문제는 제약산업의 상태, 과학 및 교육 기관, 국가예산의 분배문제 등과 관련이 있다.

그러나 여기서 깨달아야 할 가장 중요한 문제는 사람들이 의료혜택의 질이나 공공 운송수단의 운영에 대해서가 아니라 자신의 일에 불만을 느끼고 있다는 점이다. 이러한 불만은 숙련노동자와 미숙련노동자 모두에게 널리 퍼져 있다. 1970년대와 80년대 소련 국민에게서도 "노동을 통한 자아실현의 욕구"가 서서히 증대되고 있다고 『사회학연구』는 지적하고 있다.[66] 관리가 제대로 이루어지지 않고 "생산의 리듬이 깨지며" 경제관료화가 진행된 곳에서는——이 모두가 지난 5년간 브레즈네프 시대에 특히 전형적인 것이다——불행하게도 사람들이 자신의 노동에 대하여 전혀 만족할 수 없다. 전에 조립공장 작업반장을 지낸 데먀니신(V. Demyanishin)은 '나는 당신에게 왜냐고 묻습니다'라는 도발적인 제목으로 『이즈베스찌야』에 편지를 내었다. 이 편지를 쓴 사람은, 왜 우리는 쓸모없는 생산품을 만들어내야 합니까——아무도 사지 않는 '베가'(Vega) 냉장고를 말이에요? 하고 물었다. "우리는 값비싼 금속과 페인트, 그리고 폴리스티렌을 헛되이 버리고 있다. 그리고 이처럼 쓸모없는 일에 쏟아붓는 노동에서 우리는 도덕적으로나 물질적으로나 만족을 느끼지 못하고 있다." 이 공장은 '용기가 아니라 범죄'일 따름인데도 그 계획을 기어코 수행한다. 노동자들은 떼지어 떠나가고 있다. 한 해에만 22%가 떠났다——그리고 이들은 "가장 숙련된 노동자들"이었다.[67] 『이즈베스찌야』 특파원 지노비예프(A. Zinoviev, 저술가와 혼동하지 말라!)는 우파(Ufa)에 있는 한 의류공장에서 똑같은 상황을 발견했다. 그의 보도에 따르면, 여성 노동자들은 자신들이 만든 외투를 그

66) *Sotsiologicheskie Issledovaniya*, no. 1, 1982, 20면.
67) *Izvestia*, 24 September 1983.

누구도 사고 싶어하지 않는다는 "사실에 우울해하고 있었다." 십장인 갈리
아모바(M. Galliamova)는 비록 그 계획이 달성되고 또 초과달성되더라도
"그로부터 만족을 느끼는 사람은 좀처럼 없다"고 말했다. 그러자 재봉사인
니꿀리첸꼬(V. Nikul'chenko)는 화를 벌컥 내며 말했다. "왜 우리 기술자들
은 그처럼 말도 안 되는 물건을 생산하는데도 가만있죠? 우리가 만든 것
과 비슷한 그런 외투는 우리라도 입고 싶지 않아요. 무엇 때문에 우리는
그런 것을 손님들에게 제공하는 걸까요? 나는 이런 일을 해야 한다는 게
창피해요."

작업반장인 데먀니신은 다음과 같이 불만을 토로했다.

누구에게도 필요없는 물건을 만들어내고 있다는 사실을 오래 전부터 알고 있
는 노동자들에게 내가 어떤 억지 같은 규범을 권유할 수 있겠습니까? … 노동
하는 존재 그리고 사람들에게 유용한 존재라는 내가 노동자인 나 자신에게 심
한 모욕을 안겨주는 그러한 상황을 왜 마감하지 못했을까요?[68]

『이즈베스찌야』는 이 전(前) 작업반장의 편지에 붙인 논평에서 명확하게
── 그리고 전형적으로 ── "우리 편집진은 당신이 제기한 문제에 답하는
데 어려움을 느낍니다"[69]라고 썼다. 나중에 이 신문은 데먀니신과 장관의
만남을 주선했지만, 장관 역시 전 작업반장의 질문에 명쾌한 답변을 할 수
없기는 마찬가지였다.

이는 잘못된 일이다. 데먀니신이 『이즈베스찌야』에 썼던 것은 그의 개인
적인 문제가 아니라 사회적인 문제이다 ── 그리고 앞에서 지적한 대로,
"노동의 내용에 더욱 관심을 쏟게 되는 것"이 현대 프롤레타리아트의 전형
이기 때문에 더욱더 그러하다.[70] 덧붙여 이야기하자면, 자신을 '직업과 일'
로 평가할 기회가 거의 없다는 것 역시 소비재에 대한 심각한 불만을 야기
하는 원인이라는 사실은 사회학자가 인정하는 바이다.[71] 생산자로서 만족

---

68) 같은 책, 13 October 1983.

69) 같은 책, 24 September 1983.

70) *Sotsiologicheskie Issledovaniya*, no. 1, 1982, 21면.

71) *Znanie-sila*, no. 9, 1984, 20면.

을 느끼지 못할수록 소비자로서 사회로부터 보상받고자 하는 욕구는 더욱 더 커지며, '현실주의적'이고 공식적으로 인정된 규범의 테두리에서 보면, 그러한 요구는 그만큼 더 과도한 것처럼 보인다……. 서방의 사회학자들은 이러한 현상을 이미 1970년대 초에 알아차렸고, 자본주의 사회의 분석을 통해서 노동에 대한 '이같은 불만의 폭발잠재력'은 자본주의 전체제에 위협적인 것이라는 결론에 도달했다. [72] 어쨌거나 이 문제는 중요한 것으로 그것이 꼭 서방에만 해당하는 것은 아니다.

많은 서방 학자들은 소련 체제에서는 "거의 모든 사람이 이 체제의 단점을 이용하여 개인적인 이익을 채우는 방법을 알고 있는 것 같다"[73]고 했다. 이 전통적인 결론에 따르면, 소련에서는 심층적인 변화가 불가능하다. 주민들이 이 생활조건에 익숙해지고 가장 매력없는 측면까지 이용할 줄 안다는 것은 정말이지 사실이다. 그러나 주민들이 그런 상황을 반기고 있다는 것은 아니다. 비록 노동자들이 공장에서 '남은' 부속품이나 재료를 '가져가지만', 그렇다고 그들이 슬쩍 챙기는 것을 미덕이나 심지어 규범으로 삼고 있다는 뜻은 결코 아니다. 오히려 그와는 정반대이다. 1980년대에 소련의 한 작가는 '사회적 불만'의 증가에 대해 다음과 같이 단도직입적으로 말했다.

날조된 것이 아니라 실제 존재하고 있는 문제 때문에, 그리고 사회적으로 지나치지 않은 정당한 욕구 때문에, 또 정치적으로 뒤떨어지지 않은 성숙한 견해 때문에, 마지막으로 사회적 의존성을 키우려는 것이 아니라 사회발전에 공헌하려는 자세 때문에 이 '사회적 불만'은 생겨나는 것이다. [74]

그렇지만 여기에서 고려되지 않은 사실은 이러한 불만이 주로 체제에 대한 것이지만 그뿐만 아니라 자신에 대한 불만이기도 하다는 점이다. 이것은

---

72) Harold L. Sheppard and Neal Q. Herrick, *Where Have All The Robots Gone ?*, New York 1972, x면.

73) Schroeder, in *Soviet Economy in Time of Change*, vol. 1, 313면.

74) K. I. Mikul'skii, *Ekonomicheskie zakony sotsializma i sotsial'naya aktivnost' trudyashchikhsya*(사회주의의 경제법칙과 노동자들의 사회적 주도성), Moscow 1983, 91면.

매우 중요한 측면이다. 소련학 연구자나 소련 정부의 저술가 모두 수많은 사람들이 후회한다는 사실이 갖는 사회적 중요성을 적절하게 고려하지 않았다. 맑스가 말했듯이, "수치는 이미 일종의 혁명이다. … 수치는 자기 내부에 대한 일종의 분노이다. 그리고 만약 전국민이 수치심 같은 것을 정말 느낀다면, 이것은 덮치기 위해 웅크리고 있는 사자와 같다."[75]

새로운 노동계급 세대는 앞선 세대보다 더 많이 배웠다. 이들은 자신의 처지가 안고 있는 모순과 사회적 문제의 의미를 더욱 명확하게 인식하고 있다. 정부측 사회학자들은 이들이 "수많은 사회적 문제들을 야기하고 있다"고 생각하고 있다. 갈등도 발생한다. "'너무 앞서나간' 젊은이들은 종종 사업체에서 수많은 문제를 일으키고 말썽꾼으로 낙인찍힌다." 그들은 "자신을 한 개인으로 대접해주지 않는 한계에 봉착하면", 자신들의 권리를 옹호하며 항의한다.[76] 노동규율도 악화되었다. 대체로 정부측 언론은 이러한 사람들을 비난하지만, 다른 목소리가 없는 것도 아니다. 노보씨비르스끄 (Novosibirsk)의 잡지 『에꼬』(EKO)에서 야도프(V. Yadov)는 "예로부터 부정적인 것으로 간주되던 몇가지 경향들도 사회학자인 내가 보면 낙관적인 것이다"라고 말했다. 노동자들, 특히 젊은이들 사이에서 "건강하고 비판적인 토대가 건설되고 있다." 그들은 "더욱더 자신감 넘치고 독립적이며 합리적으로 되어가고" 있으며, "경영에 적극적으로 참여하고자"[77] 한다. 이 마지막 사항이 가장 민감한 문제이다. 그저 임금을 올리고 관료기구의 활동을 어떤 규제 속에 종속시키는 것만으로는 이 상황을 변화시키기에 충분치 않다. 오히려 필요한 것은 **노동자들의 권리를 질적으로 확대시켜주며 생산관계 전체를 인간화하고 민주화해야** 한다.

---

75) Marx and Engels, *Collected Works*, vol. 3, 133면.

76) *EKO*, no. 8, 1983, 114, 115면. 이 잡지의 저자들은 계획된 목표를 달성하지 않는 것도 이러한 '부분적' 파업의 특이한 형태라고 지적했다(같은 책, 118면). *EKO*, no. 8, 1985에서 N. Maksimova가 회상한 바에 따르면, 작업장의 모든 이들이 법에 명시된 특권을 누리기 위해 수혈을 핑계로 일터에 나가지 않은 예도 있었다.

77) *EKO*, no. 6, 1983, 117~18면.

1985년 『문학신문』은 젊은이들을 대상으로 사회학적 조사를 실시한 적이 있다. 그 조사결과에 따르면, 분명 불만이 높아지고 있었다. 젊은이들은 기성세대보다 비합리적인 생산목표에 더욱 날카롭게 반응하고 잔업을 거부하며, 무엇보다도 불만의 원인을 이해하고자 했다. 1970년대에 들어와 노동력의 질은 급속히 향상되었지만, 노동자들이 자기를 실현할 수 있는 기회는 확대되지 못했던 것이다.

경영관리의 방식 및 방법이 아주 많이 시도되고 검토되었지만, 이것들이 이제는 효과가 없는 것으로 확인되었다. 젊은 노동자들은 비록 초보적인 감각이긴 하지만 직관적으로 자신들의 객관적 가치를 깨닫고 자존심을 내세운다—— 곧 이들은 자신의 노동력이 잘 조직되고 지적으로 이용되며 일상적인 상황에 적용될 것을 요구한다.

사회와 생산의 자연적 발전에 의해 만들어진 이러한 형태의 개인은 조작행위에 굴복당하지 않고 바로 개인으로서의 자존심을 내세운다. 『문학신문』은 또한 다른 요소, 곧 브레즈네프 시대 말기에는 소련에서 수직이동이 적어지고 있다는 점도 지적했다. 이러한 수직이동의 감소가 폭넓은 사회계층에 환멸과 분노를 안겨주고 있다는 것이다.

이제는 숙련노동자가 신분상승을 꾀하려면 평균 7년이 걸린다. 그리고 전형적인 엔지니어가 한 단계 더 높은 책임있는 자리를 맡으려면 10년이 걸린다. 일부는 '일반' 연구원이나 준(準)연구원의 단계조차 뛰어넘지 못하고 정년을 맞이하는 경우도 있다.[78]

이러한 상황은 브레즈네프의 '간부안정화 정책', 그리고 경제성장률의 하락에 따른 결과인 것이다. 본질적으로 이러한 과정은 모두 기본모순을 드러내주는 부분적인 예이다. 레닌이 지적했듯이, 인민이 사회의 주된 생산력이며, 생산력과 생산관계의 모순은 바로 그들에게 일차적으로 반영된다. 노동력이 질적으로 향상됨으로써 이제는 과거의 조직적 구조와 양립할 수

---

78) *Literaturnaya Gazeta*, 20 November 1985, 12면.

없게 되었다.

야도프가 강조했듯이,

비록 간접적이라고 하더라도 경영관리에 대중이 참여하는 일이 늘어나는 것은 본래 객관적인 필연의 문제이다. 경제의 근본 문제와 생산의 민주화를 서로 관련시키지 않을 수는 없다.[79]

그러나 민주주의에 대한 욕구와 그것을 실제 실현한다는 것은 별개의 문제다.

지노비예프(A. Zinoviev, 『이즈베스찌야』통신원과 혼동하지 말라)는 이 체제가 수백만명을 일정한 형태의 인간형으로 찍어내듯이 하고 있다고 여러번 말했다. 이것은 사회학적인 공리이지만, 이 풍자가는 핵심을 놓쳤다. 곧 핵심은 어떤 단계에 이르면 이 체제로서는 완전히 만족시켜줄 수 없는 인간형까지 만들기 시작한다는 사실이다. 이런 사회학적인 역설을 발견한 사람 역시 맑스이다. 국가가 필요로 하는 어떤 인간형이 있다――이것 없이는 근대적인 생산을 결코 이루어낼 수 없다. 그러나(여기서 문제는 이것이다) 어떤 종류의 국가가 이러한 사람들을 필요로 하는가?[80]

문제는 이제 갑자기 그렇게 간단치 않게 되었다. 소련에서 경제적·정치적 관계가 상대적으로 안정되었음에도 불구하고, 브레즈네프 시기의 사회적 관계는 변화했고 더욱 복잡하게 되었다. 이 사회적 조직체는 자기발전 법칙에 따라 모든 곳에서 계속 발전해나갔다. 말하자면 **정적인 발전인** 셈이다.

1970년대의 중요한 사회적 요소는 **소규모 특권**의 형성이다. 이 현상은 거의 연구되지 않았다. 그 본질은 대략 다음과 같다. 일반적으로 국민의 평균월급에 가까운 120~180루블을 받는 사람을 특권집단에 속한다고 하기 어렵다. 그런데 만약 이것을 벌어들이기 위해서 그가 하는 일이 없거나 혹

---

79) *EKO*. no. 8, 1983, 125면.

80) 맑스의 다음 말과 비교해보라. 부르조아지는 "제 무덤을 파는 무기를" 스스로 만들어낼 뿐만 아니라, "그 무기를 휘두를 사람까지 만들어낸다"(*Manifesto of the Communist Party*, 73면).

은 20 내지 30루블의 가치만 있는 노동을 한다면, 사실상 그 임금은 불로소득의 형태를 띠고 있음이 분명하다. 이를 과장해서 말한다면 게으름뱅이가 특별 사회집단으로 전환되었다고 할 수 있다. 이 집단은 극히 보수적이며, 체제의 효율성을 높이려는 가장 온건한 시도까지도 적대감을 갖고 바라본다(왜냐하면 그러한 시도는 우선 자신들의 특별한 지위를 위협하기 때문이다. 그들은 어떠한 상황에서도 일할 수 없다——그들은 그 역할을 잃어버렸다). 게다가 이 집단은 주로 관료조직 하부 내에 존재한다(공공업무는 질적으로 평가하기 어렵다). 이 때문에 이들은 중앙에서 내려오는 모든 개혁주의적 제안을 대체로 적극적으로 기피하게 되는 것이다. 브레즈네프 시대에 반(反)개혁주의 경향이 널리 퍼져 있었던 것은 물론 사실이지만, 이와같은 이유에서 대중들마저 개혁주의적 경향뿐만 아니라 이 반개혁주의적 경향에도 얼마간 지지를 보냈던 것이다. 그렇지만 결정적인 것은 이 보수적인 하부관료들이 변화를 꾀하려는 '위로부터'의 가장 온건한 노력마저 처음부터 성공적으로 거부할 수 있었다는 점이다. 브레즈네프 직후의 경험이 보여주듯이, 이들 집단과 맞서 싸우기란 극히 어렵다. 이들의 저항을 분쇄하는 길은 간부의 수를 크게 줄여서 국가기구의 말단 '한직'을 없애버려야만 가능하다. 그런데 각 국가기구 내 고위 관료층은 실제로 정반대의 일을 하고자 했다. 관료의 수를 삭감하는 과정은 매우 힘들고 느리게 진행되었다. 게다가 이들을 해고시킬 때 어떤 원칙을 적용시켜야 하는지의 문제도 결정되어 있는 것이 아니었다. 아주 유능한 사람까지 해고당한 경우도 있었다.

개인의 욕구와 사회적 기회가 서로 일치하지 않는 문제로 되돌아가서 우리가 우선 짚고 넘어가야 할 사항은 어느 누구도 이러한 모순을 인식하지 않고 있다는 점이다. 많은 사람들은 이 문제를 의식하고 있지 않다. 그래서 그 파급효과는 그만큼 더 해롭다. 이 점에 대해서는 정부 선전가들도 부분적으로나마 깨닫고 있다. 그들의 큰 두려움은 "불신, 의심 그리고 불만을 조장하는 부정적인 감정들이 사람들의 무의식 속에 쌓여가는 것"[81]이다. 그렇지만 그들은 그러한 현상의 원인이 서방 라디오의 영향——마치

81) *Komsomolets Donbassa*(돈바쓰의 공산주의청년동맹원), 27 September 1983.

소련의 생활 그 자체는 그러한 불만의 원인이 전혀 될 수 없는 것처럼
—— 때문이라고 보고 있다. 그러나 사실 이러한 불만은 대부분 서방의 라
디오를 전혀 듣지 않는 사람들에게서 특징적으로 나타난다. 이같은 일은
선전한다고 해서 생겨나는 것도 아니고 그럴 수도 없다. 이 불만은 생활
그 자체에서 생겨나며 그것을 반영하고 있다. 이것은 소련 사회의 객관적
인 사회적 갈등을 드러내 보이고 있다. 융(C. G. Jung)이 말했듯이, "무의
식이 천성이고, 천성은 거짓말을 하지 않는다."[82] 역사가 보여주는 것처
럼, 무의식적인 불만이 때로는 놀랍고 무서운 형태로 나타날 수도 있으며,
그래서 더더욱 위험스럽다. 한 심리학자는 "어느 중대한 시점에서는 무의
식이 인간을 움직이고 그 결과 그들의 의식까지 움직인다"[83]고 말했다. 이
것은 기본적으로 수백만 사람들을 동시에 움직이는데, 여기에는 종종 자연
재해와 같은 가공할 파괴력과 숙명적인 불가피성이 담겨 있다. 태풍에는
눈이 달려 있지 않지만, 눈이 없다고 해서 잘못 가는 법도 결코 없다. 곧
태풍은 어디나 간다.

  우리는 이것을 아주 일반적인 용어로 표현했지만, 그럼에도 불구하고 브
레즈네프 시기가 바로 무의식적인 불만요소들이 쌓여갔던 때라는 점은 분
명하다. 때로는 언론에까지 거론되기도 했던 것처럼, 간부들의 무능력과
가벼운 태업행위가 널리 횡행했다. '살캥이' 파업이 곳곳에서 나타났으며,
법률위반 사례가 증가하기조차 했다. 이 모든 것은 사회적 상황이 점차 복
잡해지고 있다는 증거였다. 많은 사람들에게는 이제 무의식적인 불만이 의
식적인 불만이 되었다. 여기서 가장 중요한 역할을 한 것은 경제적 혼란에
대한 분노나 배고픔에 대한 반감보다는 관료화, 재발된 집행부의 독주사
태, 부정부패 등에 대한 항의였다. 여기서는 러시아 민족의식의 중요한 특
징 가운데 하나를 상기해야 한다. 서방 사람들이 자유를 믿듯이, 러시아인
들은 정의를 믿는다. 브레즈네프 체제 말년에 부패가 수백만 사람들에게
퍼져 있었다는 것은 기존 체제가 가장 중요한 인간의 가치와 모순되며, 그

---

82) C. G. Jung, *Analytical Psychology: its Theory and Practice*, London 1968, 186
    면.

83) A. Sheroziya, *K probleme soznaniya i bessoznatel'nogo psikhicheskogo*(의식과
    무의식 심리의 문제에 대하여), Tbilisi 1973, 18면.

렇기 때문에 그것이 변해야 한다는 징후였다.

이 새로운 사회적 상황은 필연적으로 대중의식의 전환을 야기하고 있다. 그러나 여기서 대단히 주의를 기울여야 할 필요가 있다. 이때까지 우리가 이야기한 것은 아주 심층에서 일어나고 있는 과정이었다. 그것은 **사회적 무의식이 사회적 의식보다 훨씬 민감하게 작용하기** 때문이다. 인간의 의식에는 관성이 상당히 작용한다. 사람들은 때때로 변화를 전혀 감지하지 못하거나, 엄밀히 말하면 변화를 아주 뒤늦게야 알아챈다. 심리학자들이 관찰한 바에 따르면, "새로운 상황을 받아들이고 그것을 평가하는 데에는 시간이 필요하다."[84] 심리적 과정은 대개 사회적 과정보다 늦게 일어난다. 사람들이 변화를 의식하지 못하면 심리적 타성이 사회를 지배하게 되어, 그들은 마치 과거에 살고 있는 것처럼 행동한다. 분명한 것은 이것이 무한히 계속되지는 않는다는 점이다. 결국 결정적인 것은 심리적 요소가 아니라 사회적 요소인 것이다. 그러나 이런저런 요소로 분리시키는 것이 옳지 못할 수도 있다. 가장 확실하고 명백한 변화에서조차 사람들이 상황을 제때에 못 쫓아갈 수도 있기 때문이다. 한 사회학적 연구는 이렇게 지적했다.

> 기술적인 재설비 비율 및 재교육을 받은 노동자 비율 사이에 생기는 격차에 대해 주목했다. 여기서 문제는 혁신된 분야의 노동자 가운데 11%만이 새로운 설비에 대한 연구과정을 마쳤고 24.6%는 생산기술 과정을 마쳤지만, 62%는 어떠한 재교육도 받지 못했다는 사실이다.[85]

만약 기술혁명의 가장 기본적이고도 중요한 결과에서조차 이러한 지체가 생겼다면(노동계급이 기술 면에서 향상되었다는 것은 다른 무엇보다도 그들의 지적인 수준이 향상되었다는 뜻이다), 장기적인 심리적 · 문화적 · 이데올로기적 영향이란 측면에서는 그러한 지체가 더 심했을 것이다. 그렇다고 해서 그러한 영향을 아예 무시해도 좋다는 뜻은 아니다. 이러한 영향은 존재한다. 이른바 아예 없는 것보다는 늦은 것이 낫다.

---

84) *Politicheskoe samoobrazovanie*, no. 4, 1983, 120면.
85) *Sotsiologicheskie Issledovaniya*, no. 1, 1982, 89면.

사람들이 실제 무엇을 생각하고 있는지를 분명하게 말하기는 어렵다. 검열을 거친 소련 문헌들이 최근 일련의 흥미로운 자료를 제시하고 있지만, 그들의 결론에 문제가 없다고도 할 수 없다. 이 자료의 작성자 스스로도 조사대상 대다수한테서 "설문에 올바른 답을 해도 될까 하는 공포나 그것을 내키지 않아하는 심리상태"가 전형적으로 나타났다는 점을 인정했다. [86] 우편을 통한 설문으로 '풍문'에 관해서 조사해본 결과, 조사대상 가운데 약 절반은 몇몇 물음에 대해 딱 잘라 답변을 거부했다. 사람들은 자신들의 견해를 감추고 싶어한다(그러나 이것 또한 의미가 있다. 왜냐하면 이는 그들이 감추고자 하는 그 무엇인가가 그래도 있다는 것을 뜻하기 때문이다). 이들은 공적인 일에 어떤 특별한 의미를 부여하지 않은 채 그것을 기계적으로 수행한다. 그래서 실제로 어려운 것은 사람들이 가면을 쓰고 있다고 생각하는 것 자체가 아니라, 사람들이 그 가면 뒤에 감추고 있는 것을 알아채는 것이다.

브레즈네프 시대의 위대한 시인인 블라지미르 비쏘쯔끼(Vladimir Vysotsky)는 다음과 같이 노래했다.

> 상냥한 얼굴을 잃지 않으려면 어떻게 해야 할까?
> 어떻게 하면 우연하게 그들이 정직하다는 것을 알아낼까?
> 그들은 가면을 쓰기로 했다.
> 바위 위에 얼굴이 깨어지지 않도록. [87]

정부 여론조사에서 무엇을 끄집어낼 수 있을까? 검열당한 조사자들도 1970년대에는 국가 선전기관의 활동이 전혀 효과적이지 않다는 점을 인정했다. 이 문제는 사실 1983년 6월에 열린 소련공산당 중앙위원회 전체회의에서 핵심과제였다. 잡지 『정치독학』(Politicheskoe Samoobrazovanie)은 "선전활동에 부정적인 상황이 벌어질 수 있고 벌어지고 있다"고 불평했다. 이

---

86) V. A. Losenkov, *Sotsial'naya informatsiya v zhizni gorodskogo naseleniya*(도시주민의 생활과 사회정보), Leningrad 1983, 80면.

87) 비쏘쯔끼가 엄청난 인기를 누린다는 것은 중요한 사회학적 현상이다. 그의 시는 민중들이 무엇을 생각하고 있는지 잘 드러내주었다.

388

잡지의 설명에 따르면, 그러한 상황은 선전방식이 "이전과 현재의 경제활동"이 일구어낸 실질적 성과를 따라가지 못해서 일어난다.[88] 우리는 여기서 새로운 사회경제적 상황에서 나타난 옛 슬로건의 분명한 '윤리적 약화', 그리고 말과 행동 사이의 아주 분명한 괴리를 목격하게 된다.

1970년대와 80년대 초에 등장한 이러한 여러가지 새로운 어려움들에 대해 선전활동 종사자 대다수가 불만을 갖게 되었던 것도 무리가 아니었다. '엘렉뜨로씰라'(Elektrosila) 공장 출신의 한 전국노동조합 대의원은 『노동』(Trud)이라는 신문에, 다음과 같이 말하는 노동자들의 행위를 '수치스런' 것으로 묘사했다. "노동조합이 나를 위해 해주는 것도 없는데, 나는 조합비만 물고 있다!" 이 어리석은 대의원의 불만은 이렇다. 즉 노동자들은 ── "'엘렉뜨로씰라' 사업장의 노동자만이 아니라고 감히 말할 수 있다" ── "노동조합이 그들을 위해 해주었던 일(!)은 까맣게 잊어버렸기" 때문에, "노동조합이 모든 노동조합원과 그들 가족을 위해 얼마나 많은 일을 하고 있는지 그들이 깨닫도록 하기 위해, 우리는 이에 대해 더 많이 이야기하고 더 많이 써야 한다"[89]는 것이다. 실제로는 이 불만이 오히려 이상하다. 만약 노동자들이 ── 다름아닌 노동조합원이! ── 일상생활에서 노동조합의 가치를 느끼지 않는다면, 그 신문기사를 결코 믿으려 하지 않을 것이다. 말하자면 사람들은 이차적으로 주어지는 정보보다 개인의 사회적 경험에 더 신뢰를 보내는 법이다. 만약 이 두 가지가 서로 상반될 경우에는, 신문기사가 의심스러운 것이다(노동조합이 노동자의 권리를 지키지 못할 정도로 무능력했다는 것은 안드로뽀프조차 공공연하게 인정할 정도였기

---

88) *Politicheskoe samoobrazovanie*, no. 4, 1983, 119, 120면.

89) *Trud*, 1 October 1983에 실린 Yu. Sidorov의 글 "Ya ─ chlen profsoyuza"(나는 노동조합원이다). 이 글은 아주 시사적인데, 그것은 의도적이든 그렇지 않든간에 이 저자가 노동자들과 공식 노동조합 관료들 사이의 알력을 잘 인식하고 있기 때문이다. 저자가 인정한 대로 만약 많은 노동자들이 노동조합의 일원이라는 것에서 별다른 의미를 찾을 수 없다면, 왜 그들이 노동조합을 떠나지 않는 것일까? 정부당국은 노동조합에 가입하는 것은 자발적인 일이라고 선전하고 있다. 그렇지만 씨도로프의 글에서는 다른 결론을 내릴 수도 있다. 게다가 씨도로프는 노동조합이 노동자들의 휴가비용 일부를 부담했다는 점을 지적했다. 그러나 그 돈은 주로 조합회비에서 지출되는 것이 아닌가!

때문에 더욱더 그러하다).

일상의 경험은 보수주의적 슬로건과는 전혀 달랐다. 램퍼트는 소련 신문에 난 노동쟁의 70건을 분석했는데, 그의 지적에 따르면 노동조합이 관리자 편이 아니라 그들에게 불만을 터뜨린 노동자 편을 들었던 경우는 겨우 2건에 불과했다. "대다수의 경우에는" 노동조합과 관리자들의 입장이 똑같았던 것이다.[90] 이러한 사실을 노동자 스스로가 모를 리 없다. 그럼에도 불구하고, 1970년대 말까지 이러한 상황에 대한 노동조합 간부들의 대응방식은 전혀 변화할 줄 몰랐다. 노동자들은 자신의 권리에 대해 높은 의식을 갖고 있지는 않았지만 최소한 어떤 **권리는 요구할 줄 알게** 되었다. 사람들은 자신들의 권리를 지키는 데 더욱 단호한 태도를 취하기 시작했다. 불만과 항의를 표시하는 횟수가 크게 늘어나 관료적 기제가 작동되기 힘들 정도였다. "중앙일간지, 시 쏘비에뜨, 그리고 지역위원회에 불만이 산더미처럼 쌓여갔다. 훨씬 더 많이!" 그리고 이미 "전혀 다른 차원에서 문제를 해결하자는 수준 높은 불만도 나타나기 시작했다." 그러나 이러한 불만은 "부당한" 것이라기보다는 "지극히 정당한" 것이었다.[91] 불만에 찬 사람들, 곧 '사절단'이 지방에서 모스끄바로 몰려들었고, 담당기관에 가서 온갖 수단을 다 강구했다. 지방당국이 신뢰를 잃은 이상, 이러한 원정데모는 피할 수 없었다. 노동자들은 사법부조차 그러한 불만을 객관적으로 조사할 권한이 없다고 생각했다. "법원은 논거와 그에 딸린 증거물을 항상 검토하지 않는다."[92] 관료들은 꿈쩍도 하지 않았고, '진리를 밝히려는 사람들'도 물러서지 않았다. 『이즈베스찌야』 통신원은 다음과 같이 불평했다. "애초에 국민들의 호소에 대해 무관심과 무성의, 형식주의, 관료주의로 대응했기 때문에, 수백 킬로씩 떨어진 방방곡곡까지 이러한 사태가 벌어질 수 있었다."[93] 이 '진리를 밝히려는 일'에 대한 사람들의 관심이 점차 고조되면서, 이 일의 사회적 의미가 달라지고 관료적인 행동에 대한 환멸감이 언제 폭발할지 모를 정도로 커져갔다. 1970년대 반정부 인권운동가들이 이처럼 새

90) Lampert, 앞의 책, 159~60면.
91) *Izvestia*, 28 July 1984.
92) *Sotsialisticheskaya zakonnonst'* (사회주의적 합법성), no. 6, 1984, 19면.
93) *Izvestia*, 28 August 1984.

로 불타오르는 정의감을 완전히 도외시하고 그 역사적 의미에 조그마한 중
요성도 부여하지 않았던 것은 좀 의외이다. 이들 양자가 겉으로는 비슷한
요구를 하고 있었음에도 불구하고 말이다(차이가 있다면 지식인 몇백명이
'권리보호'를 위해 벌이는 행동보다 '진리를 밝히려는' 대중이 사회적으로는
더 중요한 징후이다).

이제 앞서 언급한 우편 설문서로 되돌아가자. 그 자료의 분석은 분명 흥
미롭다. 그 조사과정에서 대중들이 '자발적인 사회적 정보 형태', 소문 등
등에 대해 어떻게 생각하는지, 또 대중매체에 대해서는 어떻게 생각하는지
가 드러났다. 우선 이 조사결과를 분석한 로쎈꼬프(V. Losenkov)의 이야기
부터 들어보자. 그는 "설문 응답자들이 대중매체에 아주 비판적인 경향을
나타냈다"는 점을 강조했다. [94] 이상하게 보일지 모르지만, 정치에 관한 경
우 사람들은 국내 사건보다는 외국의 사건에 더 흥미를 갖고 있었다. 오히
려 반대의 경우여야, 말하자면 자신들과 직접 관련이 있는 사건들에 더 흥
미를 느껴야 자연스러울 것이다. 로쎈꼬프는 다음과 같이 썼다. "긴장된
국제상황이 국내의 일상적인 화젯거리보다는 설문 응답자들에게 더욱 흥밋
거리가 될 수 있다. "[95] 이러한 설명은 만족스럽지 못하다. 그 답은 의외로
아주 간단하다. 사람들은 해외에서 들어오는 보도를 국내 정치상황에 대한
신문, 라디오, 텔레비전 보도보다 더 믿는 것이다. 이는 과거 원초적인 러
시아 민족의식을 상기시키는데, 즉 러시아 국내정치에 대해 부정적인 태도
를 갖고 있는 사람은 밖으로 눈을 돌렸던 것이다. 이는 과거 러시아에서는
아주 전형적이었다(뿌슈낀 Pushkin 같은 작가 또는 헤르쩬 Herzen까지가
어느정도 그 예에 속한다). 1970년대 소련에, 최소한 노동자들 사이에 무
엇인가 비슷한 일이 발생했다고 필자는 생각한다.

로쎈꼬프의 견해에 따르면, '소문'을 일으키는 요인은 "국내사건에 대한
공식정보의 부족과 부적절함"과 "대중매체 및 선전수단 활동의 비일관성",
정부의 사건해석에 대한 사람들의 불신이다. [96] 이것말고도 그가 든 이유로

---

94) Losenkov, 앞의 책, 46, 75면.

95) 같은 책, 48면.

96) 같은 책, 76~78면. 어떤 사태에 대한 정부 발표를 믿지 못하는 전형적인 예는
    바로 1986년 5월 체르노빌 원자력발전소 사고 때 사회 전체의 반응에서 볼 수 있

는 "주민들의 이데올로기적 미성숙"이 있다. 이것을 정부당국의 말로 표현하자면, 정부의 이데올로기적 목표와 여론 사이의 괴리이다. 당이나 생산현장 모임에 대한 노동자의 태도를 분석하면, 이러한 모순은 특히 분명하게 드러난다. 생산현장의 모임에서 '비판적 주장'을 편 노동자들에게 설문지를 돌렸는데, 그 조사결과가 놀라울 만큼 인상적이었다. 이렇게 비판한다고 해서 부족현상이 완전히 해소될 것으로 믿고 있는 사람은 전체 설문응답자 가운데 단 3%에 불과했다.[97] 당에 소속되지 않은 젊은 노동자 가운데 70%는 대체로 이러한 모임이 별 의미가 없다며 거기에 나가지도 않는다. 이러한 부정적 평가가 "불쌍한 상사" 개인에 대한 차원을 넘어 "다양한 사회제도에까지 퍼져가고 있다"[98]는 사실을 우리는 『사회학연구』에서 확인하게 된다. 노동자들은 이제 문제가 '개별적인 일시적 부족사태'가 아니라 더욱 심층적인 모순이라고 믿는다. 물론 이 잡지는 이러한 '주관적인 판단'들이 현실과 일치하는 것은 아니라고 주장한다. 이러한 주장의 진위는 저자 양심에 맡겨야 할 것이다.

소문들을 분석해보면 또한 아주 기묘한 결과가 나온다. 로쎈꼬프의 책에서는 교육수준이 높으면 높을수록 소문을 더 신뢰한다고 되어 있다. 남성이 여성보다, 젊은 사람이 나이든 사람보다 더 소문을 믿는다. 특히 소문은 학생들과 대학생들에겐 가장 흥미가 있으며 은퇴한 사람들에게는 가장 재미가 없는 것인데, 이들 은퇴한 사람들은 일반대중 가운데 '분명 유일하게 예외적인' 존재이다. 이 저자는 이러한 예외적인 경우가 생기는 것을 '연금생활자'가 젊은이보다 행동반경이 좁고 집중적이지 못하기 때문이라고 풀이했다.[99] 이는 신빙성이 없는 이야기이다. 게다가 그는 이에 대한 아무런 증거도 내놓지 못하고 있다. 연금생활자들이나 젊은이들 모두 다양한 친구모임을 갖고 있으며, 연금생활자들이 시간상으로 더 자유롭고 따라서 그 모임에 나갈 기회도 더 많다. 대체로 이러한 조사의 결론에 당황하지

다. 정부신문들은 익명의 '소문 발설자'들과 수많은 논쟁을 치러야만 했다. 그런데도 커다란 성공을 거두지 못했다.

97) *Sotsiologicheskie Issledovaniya*, no. 2, 1982, 167면.

98) 같은 책, no. 3, 1982, 108면.

99) Losenkov, 앞의 책, 80면.

않을 수 없다. 모든 것은 그 정반대이다. 비쏘쯔끼의 시 몇 구절을 더 들어보자.

> 소문은 집안을 맴돌아
> 파리처럼 여기저기를 돌아다닌다.
> 그때 이빨 빠진 노파가
> 소문을 우리 마음속에 심어놓는다.

이빨 빠진 노파들은 그렇지 않았던 것이다. 이상한 일이다. 무엇인가 잘못되었다. 로쎈꼬프는 "대중매체의 근대적 발전이라는 관점에서 보자면, 소문은 물론 시대에 맞지 않는 것"이라고 얘기했다. [100] 그러나 이러한 "시대에 맞지 않는" 사회적 행동이 늙은 사람들에게는 더 전형적이다. 이 점에서 로쎈꼬프는 분명 혼동을 일으키고 있다.

　이와같은 설명은 셰르꼬빈(Yu. Sherkovin)의 논문 「정보유통의 자발적 과정」(Spontaneous processes of transmitting information)에도 나온다. 이에 따르면, "역선전을 조직하는 일"이 "소문에 적극적으로 대항하는" 수단이 된다. [101] 그러한 이유에서 정부문헌에서는 모든 비공식 정보들을 사실상 소문의 범주로 다루고 있다. 이들이 보기에, 비공식 정보를 제공하는 것으로는 서방의 라디오 방송, 지하출판물, 개인적 경험, 국가기관의 정보누설 등이 있다. 이렇게 되니까 이제 이야기의 앞뒤가 들어맞는다. 스딸린식으로 교육받은 연금생활자들이 정부선전을 더 신뢰하는 경향이 있다는 사실에 놀랄 것은 아무것도 없다.

　여기서 한가지 중요한 문제는 비공식 정보에 대한 신뢰도이다. 일반적으로 대다수 사람들은 이에 답변하기를 꺼려 하지만, 조사대상자 가운데 상당수가, 특히 30세 이하의 사람들은 "때로는 소문이 더 사실이다"라고 밝혔다. 연령에 관계없이 노동자 가운데 이렇게 답변한 사람은 19%, 지식인들은 20%였다. 로쎈꼬프가 인정하다시피, '소문' 가운데 상당부분이 실제로 사실이었고, 사실이건 아니건간에 소문은 "어떤 경우에나 정말 실제로

---

100) 같은 책, 76면.
101) *Sotsial'naya psikhologiya*(사회심리학), Moscow 1975, 193면.

있는 문제, 대개는 아주 복잡하고 심각한 문제와 관련되어 나온다"[102]는
점은 주목할 만하다. 그럼에도 불구하고 정부 대변자들은 소문을 일소해야
한다고 주장한다. 보수주의자들은 특히 '악질적인 소문'이 아주 폭넓게 퍼
져 있다는 데 놀라고 있다. 사실 많은 정부 대변자들도 이에는 아주 회의
적이다. 널리 퍼져 있는 비공식 정보를 차단하려는 노력은, 셰르꼬빈의 말
을 빌리자면, "없애야 할 소문을 오히려 늘리는 꼴이다."[103] 로쎈꼬프는
훨씬 더 비참한 결론을 내렸다. "신문을 읽고 텔레비전을 보며 라디오를
듣는 것이 소문의 진위를 판가름하는 데에는 아무런 도움도 되지 않는다."
국가의 대중선전수단 가운데는 '입에서 입으로' 전해지는 비공식 정보를 차
단할 만한 효과적인 방법이 없다. 이런 상황은 더 나빠지고 사람들은,

> 자신들이 언제라도 시사적인 문제에 대해 바로 충분한 설명을 들을 수 있는
> 정보체계를 갖고 있다고 생각하지 않는다. 보도된 많은 정보에 대해 이들은
> 흥미를 갖기는커녕 아예 불신하고 있다.

바로 그렇기 때문에, 외국의 정치 소식(우리 대부분은 개인적 경험을 통해
이것의 진위를 입증할 수 없다)에 비교적 높은 관심을 쏟는 데 비해, 국내
소식은 거의 신뢰하지 않는다는 사실을 덧붙여야 한다. 후자의 진위를 판
가름하기가 더 쉬운데도 말이다. 그러므로 사람들의 흥미를 끌 때 문제가
되는 것은 그런 '사태'의 파장이 아니라 내용의 진실성이다. '정보의 진공
상태'와 신문에 대한 불신은 무성한 '소문'만 키울 뿐이다. 이러한 '소문'은
정부측 언론이 무시한 문제들에 대해 답을 해준다. "이러한 소문을 통해
주민들은 '침묵을 지키는' 이러한 지방매체의 권위를 더욱더 불신하고," 로
쎈꼬프의 말을 빌리자면, "독자가 될 가능성을"[104] 상실하게 되는 것이다.

---

102) Losenkov, 앞의 책, 81, 83면.

103) *Sotsial'naya psikhologiya*, 193면.

104) Losenkov, 앞의 책, 83, 85면. 소련공산당 제27차 대회 이후 실시되기 시작한
    대중매체의 '개방정책'으로 일부 주민들은 신문과 텔레비전에 관심을 보였다. 그러
    나 이것은 새로운 모순을 가져다 주었다. 우선, 언론은 이제 몇년 동안 절대적으
    로 부정되어오던 일련의 사실들을 확인했다―― 게다가 최근에도 지하출판물을 통
    해 그러한 사실을 유포한 사람들을 감옥에 가두었다(예를 들어, 1987년 4월 15일

394

정부의 사건보도에 대한 의심이 증폭되기 시작하면서, 사람들은 이제 무슨 일이 일어났는지 혼자 생각하게 되었다. 그러는 사이에 언론인들의 입장은 갈수록 어려워졌다. 사회생활이 변화하면서 사회적 의식과 정보에 대한 태도에서도 변화가 일어났다. 1985~86년에 발표된 '개방정책' —— 글라스노스찌(glasnost) —— 으로의 전환은 이러한 변화의 논리적 귀결인 동시에 대중들로 하여금 공공기관에 호감을 갖게 하는 유일한 방책이었다.

1970년대 및 80년대 초에 사회학자들이 본 사회상은 스딸린 시대와는 그야말로 천양지차다. 의식의 획일적인 통합은 그야말로 과거지사가 되었다. '획일성'이라는 말도 더이상 존재하지 않는다. 비공식적인 정치집단의 반정부인사들과 활동가들이 사회적 불만을 갖고 있는 유일한 사람들이 아닌 것도 분명하다. 반정부인사의 분위기와는 거리가 먼 사람들도 종종 똑같은 기분을 느낀다(그렇지 않았다면 반정부라는 문제 자체가 생기지도 않았을 것이다).

이 문제는 더욱더 폭넓게 제기되고 있는데, 이것이 꼭 소련의 상황과 특별히 관계되어서 그런 것만은 아니다. **어떤** 체제에서든지, 의식적인 불만과 무의식적 불만이 사회적 투쟁의 과정에서 합쳐지면 지배집단에게는 커다란 위협이 된다. 무의식적인 저항은 파괴적인 힘이지만, 의식적인 저항은 창조적 힘이 될 수 있다. 고도의 내부적 조직을 갖춘 사회계층은 가장 높은 정치의식을 형성할 수 있는 반면, 그동안 많은 나라에서 그랬듯이 광

자 『문학신문』은 소련의 유아사망률 수준이 바베이도스 Barbados 다음인 세계 15위라는 사실을 보도했다). 이러한 솔직함으로 사회기관으로서의 언론에 대한 신뢰가 항상 회복되는 것은 아니었다. 그러한 사실을 보도함으로써 언론인들은 자신들이 과거에 거짓말을 했고 따라서 정치적 상황에 따라서는 다음에도 얼마든지 거짓말을 할 수 있다는 것을 인정한 셈이 되었다. 둘째, 독자들은 신문이 정부의 입장만 되풀이하는 것에 익숙해져 있었는데, 갑자기 언론이 제각기 목소리를 내자 어떤 것이 '지도자의 대변지'인지 가려내기 힘들게 되었다. 셋째, 언론인 스스로도 커다란 자유가 생겼으나 진정한 사회적 책임감을 느끼지 못했다. 검열통제는 크게 완화되었지만, 새로운 상황에서 언론인들의 임무는 불명확했다. 이제 정부당국의 눈치를 보는 것은 줄어들었지만, 그것이 누구의 눈치도 보지 않는다는 것은 아니었다. 그 결과 모든 언론이 거의 예외없이 발행부수를 늘리고 폭로성의 선정적 기사 등에만 신경을 쓰면서 사회적 가치에 대해서는 무관심했다.

범위한 대중은 비록 본능적인 불만의 수준을 벗어나지 못하지만 행동을 통해서 진보적인 계층이 정치적 대안을 마련하는 데 중요한 자극을 줄 수 있었다. 의식적인 것과 무의식적인 것이 합쳐졌을 때 혁명은 일어났다. 1789년에 프랑스가 그러했고, 1905년과 1917년에는 러시아가, 그리고 1956년에는 헝가리가, 1980년에는 폴란드가 그러했다.

다시 현재 소련의 상황으로 되돌아올 때 우리가 놓쳐서는 안될 사실은, 소련 주민의 중요한 부분이 아직도 유럽의 정신과 일상적인 문화에 영향을 받지 않고 있다는 점이다. 이 부분은 이미 소수이다. 그러나 그런 사람이 아직도 꽤 많다. 이들이 만족하고 있다고 생각해서는 안될 것이다. 곧 이들은 자신들이 나머지 사람들보다 더 가난하다는 사실을 점점 더 인식해가고 있다. 모스끄바와 러시아 '오지' 사이에는 엄청난 격차가 있다. 소련에서 낙후된 지역은 제3세계와 비슷하게 '제3국가'로 지칭된다. 이들의 문제는 형태는 다르지만 더욱 심각해지고 있다. '제3국가'에 사는 사람들은 생존에 힘을 너무 쏟은 나머지 자신들의 권리를 지키기 위해 큰소리로 싸울 기력조차 없는 사람들이다. 그러나 이들은 사회가 정의롭지 못하다고 아주 강하게 느끼고 있다.

이러한 요소들이 결합하여 위험한 상황이 나타나고 있다. 소련 역사는 그 누구도 장담할 수 없다. 오랜 보수적 집행부의 시대가 끝난 후 위로부터 개혁을 실시하는 사람들 대부분은 마치 마귀가 들어 있는 호리병 앞에 앉아 있는 사람을 닮아가고 있다. 어떻게 하면 그 호리병 마개를 아주 조심스럽게 제거할 수 있을까 하고…….

1982년 브레즈네프가 죽은 후 안드로뽀프가 권력을 장악한 것은 보수주의자들에게 커다란 패배였다. 대중들은 이 새 지도자에게서 상황을 적극적으로 타개하여 과거와의 단절을 꾀할 수 있는 면모를 확인했다. 안드로뽀프는 5개년계획 초기계획을 달성하지 못했으며 소련이 심각한 지경에 빠져 있다고 솔직하게 시인했다. 별다른 '해결책'이 없다는 것을 확인한 그는 새로운 해결책을 찾는 데 동의했다.[105] 그리하여 이제 근본적인 경제개혁의 필요성뿐만 아니라 아주 민감한 문제까지도 거론할 수 있게 되었다. 안드

---

105) *Material Plenuma TsK KPSS*(소련공산당 중앙위원회 전체회의 자료), 22 November 1982, Moscow 1983, 11면.

로뽀프는 "정치이데올로기적인 상부구조를 근본적으로 전환하는 데에도 찬성한다고 강조했다."[106] 그러나 안드로뽀프의 권력장악은 오래가지 못했다. 1984년 그가 죽고 나자 완고한 브레즈네프파인 꼰스딴찐 체르넨꼬 (Konstantin Chernenko)가 서기장직에 올랐고, 개혁은 다시 위협받기 시작했다. 게다가 안드로뽀프가 구축해놓은 연합체가 그리 동질적이지 못하다는 것이 금방 드러났다. 이 연합체에는 브레즈네프주의에 불만을 품고 있던 모든 종류의 지배엘리뜨 대표자——개혁주의자, 기술주의자, 그리고 '안정화 시기'에 생겨난 부패상에 항의하는 보수적 도덕주의자까지——가 속해 있었다. 안드로뽀프가 살아 있을 때에는 그의 엄청난 개인적 권위와 정치경험, 그리고 강철 같은 의지로 이 연합체의 통합을 유지시킬 수 있었다. 그러나 이들 사이의 대립은 객관적 요소에 의해 생겨난 것이었다. 안드로뽀프 시대에도 이것은 막 시작된 변혁을 가로막는 중요한 장애물이었다. 14개월간에 걸친 체르넨꼬의 '신브레즈네프주의'는 경제 및 정치권의 정체로 특징지을 수 있다. 그러나 변화를 피하기란 이미 불가능했다. 사실 문제는 개혁을 하느냐 마느냐가 아니라 그것을 어떻게 그리고 어떤 세력이 추진하는가였다.

1985년 봄에 지도자가 다시 교체됨으로써, 새로운 노선을 지지하는 사람들이 권력을 쥐게 되었다. 미하일 고르바초프(Mikhail Gorbachev)는 체르넨꼬 사후 안드로뽀프 연합체의 지지를 받아 권력을 장악했다. 브레즈네프 모델을 지지하는 보수주의자들은 정치무대에서 축출당했다. 브레즈네프주의는 변화를 멈추게 하지는 못했지만, 그것을 지연시킬 수는 있었던 것이다. 그 안정화 정책이 1970년대 초에는 존재하지 않았던 문제를 새로이 만들어냈다. 무엇보다도 사회적 상황과 경제적 환경이 변화했다. 브레즈네프는 그 후계자들에게 엄청난 어려움을 남겨주었다. 동시에 그 때문에 근본적 개혁을 위한 노력이 불가피해졌다.

1965년 정신에 따른 기술주의적 조치나 위에서 주장하는 온건개혁주의는 이제 국가 최상층부 지도자들에게조차 전혀 매력적이지 못했다. 고르바초프는 제27차 당대회에서 '사회민주화'에 바탕을 둔 '근본적인 개혁'이 필수

---

106) 같은 책, 14~15 June 1983, Moscow 1983, 15면. 흥미롭게도 안드로뽀프는 전체회의에서 똑같은 생각을 두 번이나 되풀이했다.

적이라고 선언했다.[107] 계획 및 시장을 통한 경제관리, 그리고 더 자유로운 정치적 절차를 지향하는 개혁주의 분파의 이념이 공식적인 교리로 자리잡았다. 정치범들이 수용소에서 풀려나기 시작했다. 대중매체도 이전에는 단호하게 그런 일은 없다고 주장했을 문제들에 대해 솔직하고 날카로운 비평을 가함으로써 독자들의 관심과 때로는 신뢰까지 되찾았다. 그럼에도 불구하고, 1985~87년까지의 실제 경제해결책은 여전히 아주 모순되는 측면이 많았다. 이 해결책은 기술주의자와 개혁주의자의 타협의 산물이었는데, 이것은 양편 모두에게서 자주 불만을 샀다. 보수주의자 가운데 브레즈네프 시대에 가장 혐오의 대상이었던 인물들이 제거되고 이제 기술주의자와 보수주의자 사이에 새로운 합의가 성립되었음은 아주 분명하다. 그런데 이렇게 지도부 절대다수의 승인을 얻어 시행된 조치들이 중간관료층에 의해 강력히 거부당했다. 고르바초프는 이것을 '메커니즘의 중단'이라고 적절하게 불렀다. 국가기관 도처에서 그 세력이 대단했던 이들 보수집단들은 그럼에도 불구하고 서기장에 공공연하게 도전할 수는 없었다. 그러한 도전은 체제 전체를 불안정 속에 밀어넣어 결국은 자신들의 위치가 위협받게 될 것이기 때문이었다. 고르바초프 역시 이 불안정의 위험은 피해야만 했다. 상황이 이렇게 진척되자, 광범위한 인민대중의 역할이 변혁과정에서 훨씬 더 큰 중요성을 띠게 되었다. 오직 이들 대중의 정치참여만이 구조적인 개혁에 진정한 승리를 가져다 줄 것이었다.

1980년대 초 정부의 개혁주의 이념가들은 견해상 중대한 급진화를 경험했다. 브레즈네프 시대 말기에 변화를 지지하는 사람들에게 관심의 초점이었던 노보씨비르스끄 잡지인 『에꼬』는 1986년 학술원 회원인 자슬라프스까야의 글을 실었는데, 이 글이 개혁주의 전문가들의 입장에 심각한 변화가 있었음을 입증해주었다. 원래 자슬라프스까야는 대중의 역할을 위로부터의 제안을 지지하는 것에 국한했는데, 이제는 사회적 정의가 오직 "다양한 집단과 계층 사이의 이해관계가 서로 충돌하면서" 성취될 뿐이라는 사실을 깨달았다. 다른 한편 "어떤 이유에서건 특권을 소유하게 된 사회집단은 그것이 근거 없는 특권일지라도 스스로 포기하려 하지 않는다"[108]는 점도 잊

---

107) *Materialy XXVII s'ezda KPSS*(소련공산당 제27차 당대회 자료), Moscow 1986, 33, 54면.

지 않았다. 그래서 시급한 과제로 떠오른 것이 계급정책을 제시하고, 서방 및 제3세계에서 가장 진보적인 좌파조직의 혁명적-개혁주의적 전략에 견줄 만한 새로운 급진적 개혁전략을 수립하는 것이었다. 자슬라프스까야는 "정의로운 사회"를 만드는 데는 광범위한 세력의 통합이 필요하다고 이야기했다.[109]

그러나 불행하게도 자슬라프스까야와 그 측근들이 추진한 개혁안은 해결해야 할 일에 비해 너무나도 한정된 것이었다. 이들의 요구사항은 주로 중간계층 가운데 최상부를 차지하는 사람들, 곧 가장 활동적인 관리자와 과학분야 엘리뜨의 이해관계를 대변하고 있었다. 이들은 시장을 이상화한 나머지 뻬레스뜨로이까의 '희생자'인 하층민의 생활수준을 크게 떨어뜨리려는 심산이었다. 헝가리 모델에 바탕을 둔 이러한 분배의 시장메커니즘은 중간계층 최상부가 자신들의 정의관을 실현해준다고 본 것이었다. 이러한 개혁주의적 기술주의의 제안 가운데 몇가지는 분명 통화주의적 처방을 연상케 한다. 자슬라프스까야, 부니치(Bunich), 뽀뽀프(Popov) 등 이들 집단을 대

---

108) *EKO*, no. 3, 1986, 25면.

109) *Izvestia*, 18 April 1986(T. I. Zaslavskaya, "Taktika Peremen〔변화전술〕"). 1980년대 중반에 서방 맑스주의자들의 문헌들을 중심으로 동유럽국가의 정부주도 개혁주의를 놓고 논쟁이 전개되었다. 어떤 이들은 개혁주의 전문가들이 갖고 있는 시장에 대한 생각이 비록 주어진 역사적 상황에서는 진보적인 특징을 갖고 있음을 부정할 수 없지만 그래도 그것에 대해 의심쩍어했다. 한 급진좌파 경제학자가 인정하듯이, "우리가 제아무리 시장사회주의와 현실상태 모두에 대해 불만스러워한다고 해도, 현재의 이 역사적 선택──다른 진정한 대안이 없는 상황에서는── 도 여전히 이 불완전한 모델 사이에 놓여 있다(Peter Bihari, "Hungary: Towards a Socialist Market Economy ?," in *Studies in Political Economy──A Socialist Review*, no. 18, Fall 1985, 35면). 그러나 완전한 모델 역시 불가능하다, 아니 더 정확히 말해서 그것이 삶에는 맞지 않는다는 점을 덧붙여야 한다. 모든 문제를 해결해줄 수 있는 그러한 방안이란 찾을 수 없는 것이 거의 분명하다. 시장사회주의는 최종적이고 이상적인 사회제도가 아니다. 그러한 제도는 이상사회에서나 존재한다. 20세기 말 동유럽에서 진정한 대안은 계획과 시장 사이에서 찾아야 할 것이 아니라, (시장의 방식에 따라 이윤을 뽑아내는 사람들을 포함해서) 관료 및 기술주의자가 통제하는 경제와 노동자들의 민주적 자주관리의 경제 사이에서 찾아야 한다. 이 경제는 스스로 시장을 필요로 하지만, 시장의 사회적 역할이나 계획경제와의 관계 및 구조는 이 선택된 모델에 따라 아주 다르게 될 것이다.

표하는 사람들이 전통적인 관료적 조치에 대해 가했던 비판은 아주 그럴듯
해 보였지만, 이들의 사회적 입장이 한정된 것이었음은 분명했다.

사회에서는 실질적인 변화가 일고 있었다. 검열관이 가끔 모습을 드러내
기는 했지만, 언론은 더욱더 눈에 띄게 자유로워졌다. 사람들이 생각한 바
를 거리낌없이 토해내는 새로운 정치문화가 등장하기도 했다. 역사가와 이
론가들은 소련의 과거에 대해 솔직하고도 흥미로운 토론을 펼쳤으며, 많은
시민들이 해외로 여행할 수 있게 되었다. 그렇지만 이 모든 변화는 지식엘
리뜨와 기술주의자들에게만 직접적인 영향을 주었다. 대다수 주민들은 자
신들의 생활이 근본적으로 개선되었다는 느낌을 받지 못했으며, 게다가 경
제적 상황은 계속 악화되었다. 1988년 소련공산당 제19차 대회에서 학술원
회원인 아발낀(Leonid Abalkin)이 인정했다시피, "경제에서 근본적인 전환
은 일어나지 않았으며 정체상태를 벗어나지도 못했다."[110] 성장률은 브레
즈네프 시대보다 훨씬 더 떨어졌고, 인플레이션 경향은 계속되었으며, 소
비재는 여전히 예전만큼 부족했다── 많은 경우에서 더욱더 부족했다.

이러한 경제적 어려움은 여러가지 요인으로 설명되지만, 중요한 것은 시
행된 조치들이 일관되지 않고 모순적이었다는 점이다. 기술주의자들은 이
것이 보편적인 선에 도달하는 유일한 길이라고 선전하면서, 자신들의 권한
을 확대하는 데 가장 관심을 기울였다. 개혁주의자들은 '정치적 균형'을 유
지하기 위해 관료기구에서 가장 보수적인 집단에까지 양보를 거듭하지 않
을 수 없었다. 물론 이러한 양보가 때로는 개혁 자체를 수포로 돌아가게
했다. 총체적 개혁은 없었던 것이다. 새로운 법령(예를 들면, 국영기업에
대한 법)이 시행되었지만, 규정상의 모순 때문에 그것이 실현되기는 극히
어려웠다. 과거 브레즈네프 시기의 경제메커니즘은 그 불합리성에도 불구
하고 20년을 지탱하다가 결국 재조정되고 부분적으로 해체되었다. 그러나
그것을 대신할 만한 새로이 조정된 메커니즘은 떠오르지 않았다.

경제에서 투자의 전반적인 구조를 조심스럽게 변화시키려는 시도나 수요
와 축적의 관계를 재검토하는 작업은 개혁과정에 들어 있지도 않았다. 이
러한 조치들은 분명 여러 국가기구들 사이의 균형을 무너뜨릴 것이기 때문

---

110) *Izvestia*, 30 June 1986.

에, 지도부(이러한 균형 위에서만 이들의 안정도 보장된다)는 과거의 틀 안에서 실험을 계속했다——그렇게 하면 이러한 실험은 이미 분명 실패한 것이나 마찬가지라는 사실을 깨닫지 못하고서.

기술주의자나 개혁주의적인 지식엘리뜨들은 아주 애매한 입장에 있었다. 관료적인 보수세력과의 갈등으로 인해 이들은 지지를 '아래로부터' 구하지 않을 수 없었다. 그러나 자발적인 대중운동이란 이들 개혁가들이 보기에 기대하기 어려웠다. 따라서 개혁가들은 관료제와 싸우면서도 관료제와 관계를 끊지 않았으며, 관료기구의 체계를 이용하는 쪽을 택했다. 동시에 이들은 노동자들을 강력한 동맹자로 보고자 했지만, 아래에서 자발적으로 제기하는 요구와 타협하는 데에는 반대하기로 했다. 개혁주의 엘리뜨들이 소유권을 더 크게 차별화하려는 목표를 내걸었던 데 반해, 대중들은 더 많은 평등을 요구했다. 이 엘리뜨들은 자유화를 실시했지만, 하층민들은 주로 민주주의를 원했다.

점차 개방정책이 등장하기 시작하고 자유주의자들은 대중들이 더 적극적이기를 요구했는데, 이것들이 때로는 자유주의자들에게 오히려 더 불리하게 작용했던 것은 놀랄 일이 아니다. 1987년 1월 중앙위원회 전체회의가 시민적 자유를 확대하는 방침을 선언한 이후, 수많은 좌파집단들이 등장했다. 이들은 처음에 정부 개혁주의의 급진적인 동맹자로 자처했으나 일년 후 그러한 경향은 변했다. 좌파는 자신들 나름의 이념을 발전시켜나갔던 것이다. 시장을 완전히 풀어놓는 것에 모든 것을 걸고 있는 자유주의 전문가들과는 달리, 이들은 모든 문제를 해결할 수 있는 것은 시장이 아니라 집중화된 계획경제라고 주장했다. 이 좌파는 노동자 사회보장정책의 유지와 환경보전투쟁을 가장 중요한 임무로 삼았다. 경제정책에서도 이들은 자유시장 이데올로기 대신 민주적으로 규제되는 경제라는 이념을 내세웠다. 이러한 규제는 시장을 바탕으로 할 수 있고 또 그렇게 해야 하는 것이지만, 그것에 종속되어서는 안된다. 사회의 목표가 시장의 상태에 따라 달라져서는 안되며, 다양한 사회적 이해관계를 고려하여 시장은 민주적으로 규제되어야 한다. 이런 조건에서는 정치적·경제적 민주주의, 대중들의 자체조직, 그리고 자주관리가 핵심문제로 떠오르는 것은 아주 당연한 일이다.

소련공산당 제19차 대회가 이 새로운 개혁주의의 실현을 위한 결정적인 장이었다. 이 대회는 희망과 기대감을 갖도록 했기 때문에, 사람들은 적극적이고 자발적인 행동을 취하게 되었다. 그러나 대의원 선출이 어디서건 국기기구의 통제하에서 실시되고 하부 당조직은 기껏해야 자문권만 행사하게 될 것이 확실해지자, 전국은 항의의 물결로 뒤덮였다. 이 운동이 민중 전체의 이해관계를 지켜줄 수 있는 새로운 대중조직인 인민전선(Popular Front)을 형성하자는 것으로 발전했다. 야로슬라블(Yaroslavl), 옴스끄(Omsk), 뀌비셰프(Kuibyshev), 끄라스노야르스끄(Krasnoyarsk), 모스끄바, 레닌그라드에서는 대중집회가 열렸고, 유즈노사할린스끄(Yuzhno-sakhalinsk)에서는 파업사태까지 있었다. 예전에는 느슨하고 불안정한 조직 ── 사회주의클럽연맹(Federation of Socialist Clubs, FSOK)과 전국사회정치 클럽연합(All-Union Socio-Political Club, VSPK) ── 으로 묶여 있던 좌파집단들이 드디어는 통합되고 강력한 운동을 전개할 기회를 맞이하게 된 것이다.

소련에서 민주사회주의를 위한 투쟁의 전망은 이제 인민전선에 달려 있게 되었다. 이 러시아 좌파가 전시기를 통틀어 처음으로 대중들을 지도하고 나름의 전략을 마련할 수 있는 독자적인 정치세력임을 다시금 보여주었다. 이 전선은 진보적 엘리뜨들의 개혁주의에 대항하여, 대중들의 자체조직과 노동자들의 계급적 이해관계가 결합하여 구축된 것이다. 이는 곧 국가기구와 손잡으려는 정책에 반대하는 일반 국민들의 운동, 기존의 서방식 치유방식에 반대하는 자주관리 이념, 기술주의의 무책임성에 반대하는 새로운 생태학적 인식, '현실자본주의의 성과물'에 대한 찬양에 반대하는 서방 사회주의 세력과의 연대운동을 추구하려는 움직임인 것이다.

이러한 개혁주의적 혁명은 이제 막 시작하고 있는 데 지나지 않으며 성공한다는 보장도 없다. 인민전선의 수많은 조직적·이론적·전술적 문제들도 아직 해결되지 않은 채 그대로 남아 있다. 그렇지만 역사적 교훈이 어디로 가는 것은 아니다. 이 소련 좌파는 솔리다리티의 중요한 실책, 곧 이론적 분석과 이데올로기의 결여, 그리고 그 조직적 취약점을 모르는 바 아니다. 또한 이들은 제3세계 혁명가들의 오류, 곧 대중들을 권위주의적인 '혁명적 전위'의 의지에 종속시킨 오류를 되풀이하지 않으려 한다. 자발성과 조직, 총체적인 민주주의적 요구와 사회주의적 이데올로기 사이의 균형을 찾는 일이 지금은 가장 중요한 일이다. 이것은 이미 일상생활에서, 우리의 구체적인 행동에서 해결되어야 할 실제적인 일이 되어버렸다.[111]

---

111) 뻬레스뜨로이까에서 좌파세력의 문제는 제2부 1장에서 더 상세히 고찰할 것이 다(이 번역서에서는 2부를 생략했음. 이에 대해서는 '옮긴이의 말'을 참고하기 바 람— 옮긴이). *New York Times*, 7 September 1988에 실린 "Different Perestroi-kas for Different Folks"(민족간에 서로 다른 뻬레스뜨로이까)란 기사도 참조하 라.

결 론

20세기 후반 좌파진영에서는 '개혁'이라는 말이 '혁명'이라는 말과 거의 똑같은 정도로 자주 사용되었다. 이로써 개혁주의적 원칙은 명예회복이 된 셈이지만, 그렇다고 해서 그것이 올바른 길을 찾았다는 뜻은 아직 아니다. 우리가 필요로 하는 것은 바람직한 몇가지의 변화나 온건함과 상식에 대한 호소가 아니라, 현실주의적인 개혁안이다. 급진개혁가나 온건개혁가들 사이에선 바로 이러한 개혁안이 종종 결여되어 있다. 변화를 지지하는 사람들도 일관된 전략을 세우려는 시도는 내팽개친 채 자신들의 원칙만 선언하기에 바쁘다. 그 결과 실제 현실로 나타나는 것은 정치적 무능력, 기회주의, 그리고 혁명적 공상주의나 거의 다를 바 없는 개혁주의적 공상주의이다.

역사에서 확인되는 것처럼 민주사회주의가 점진적인 개혁의 결과로 실현될 수 있는 것은 아니지만, 그렇다고 해서 개혁주의 활동이 쓸모없다는 뜻은 아니다. 아니 오히려 그 반대이다. 개혁주의 활동은 혁명적 투쟁에서 필수불가결한 단계로서, 이것이 있어야만 계급세력간의 판도가 바뀌고 새로운 사회정치적 상황이 마련될 수 있다. 좌파는 개혁주의가 만들어놓은 이런 기회를 잡아야 하는데, 그때는 그 기회가 제한된 것임을 잊지 말아야 한다.

　과거 개혁주의의 출발점은 사회주의를 향한 점진적 운동이라는 생각이었다. 이에 반해 새로운 개혁주의는 새로운 사회적 관계를 만들어내기 위해서는 혁명적인 위기가 필요하다는 인식에서 출발했다. 그럼에도 불구하고 1980년대에는 민주사회주의로의 즉각적인 이행이 실현될 것 같지 않다. 서구에서는 프롤레타리아혁명이 지연되고 대중들이 체제 내의 변화를 지향했기 때문에 그러하고, 제3세계에서는 생산력의 불충분한 발전과 경제적 종속 때문에, 그리고 폴란드와 같은 나라에서는 지정학적 위치 때문에 그러하다……. 이러한 상황이 영원히 계속되지는 않겠지만, 이것이 우리의 현실이다. 한편으로 사회주의에 대한 필요성이 증대하고 있지만, 다른 한편으로는 혁명적 변혁을 위한 기회가 여전히 제한되어 있다. 이 상황에서 위기로 점철된 구래의 사회구조와 여전히 '도달할 수 없는' 새로운 세계 사이의 역사적인 간극을 메워야 하는 것이 개혁주의이다. 개혁주의 활동이 성공을 거두어야만 그것을 바탕으로 지금의 좌파가 혁명적인 투쟁의 단계로 전환할 가능성이 열린다.

　이것이 쉬운 일이 아니라는 것은 두말할 나위가 없다. 우선 좌파 자체의 과감한 개편이 필요하다. 그러나 자기비판이 자기부정으로 빠져서는 곤란하다. 1980년대 중반 서구의 많은 좌파조직은 그러한 개편을 적시에 실시하지 못했고 그 결과 사태의 꽁무니만 따라다녔기 때문에 심각한 위기를 자초했던 것이다.

　우익세력은 초기 자본주의 정신으로 복귀할 것을 주장했다. 사실, 우리는 전후에 신자본주의 형태의 소진, 그것의 붕괴, 그리고 케케묵은 모델로의 복귀를 목도하고 있다. 이것은 발전의 증거가 아니라 쇠퇴의 증거이다. 그렇지만 좌파는 이 새로운 상황을 이용하지 못한 채 많은 경우 양보까지 했던 것이다. 그 이유는 위에서 언급한 모순에서 찾아야 한다. 한편으로 서구 사회는 이미 완전히 성숙하여 사회주의적 변혁이 '너무 무르익어' 있을 정도이다. 다른 한편으로 혁명은 지연되었고 '순수한' 사회주의 정책에는 대중들이 지지를 보내지 않는다. 이로 인해 사기가 저하되고 혼란이 생겨났다.

　동유럽 사태도 서구에 영향을 끼쳤다. 스딸린주의의 잔악함보다는 브레즈네프주의의 침체가 서구 좌파의 사기를 오히려 더 떨어뜨렸다(일반적으로 스딸린과 전체주의에 대한 토론은 1970년대에 특히 유행했다. 스딸린에 대한 새로운 관심 이면에는 거기에서 브레즈네프주의가 성공하지 못한 근본적인 원인을 찾아보려는 노력이 숨어 있다). 그러나 브레즈네프주의가 소련의 모든 발전과정을 마감하는 소련 역사의 마지막 장은 아니다. 소련 사회는 계속 존재하고 살아남았으며 사회적·역사적 경험을 쌓아가고 있다. 만약 자본주의 세계에서 좌파가 이데올로기적 위기를 극복하려 한다면, 소련의 이러한 새로운 경험이 아주 절실하다는 것이 명백해지고 있다. 그러나 이제는 이 경험이 지배집단의 정치적 행동에 그쳐서는 안되고 대중의 사회적 활동까지 포함하는 것이어야 한다.

브레즈네프주의는 소련만의 특이한 현상은 아니었다. 1960년대와 70년대는 전세계적으로 안정된 타협의 시기였다. 지속적인 경제성장이 지배집단의 이해관계에 영향을 주지 않으면서도 하층계급들을 만족시킬 수 있었다. 그 성격이 서로 달랐던 부르조아지와 관료집단도 평화롭게 공존할 수 있었다. 그러나 다양한 계급과 사회계층간의 만족스런 화해는 자원의 제한적인 속성과 전통적 경영방식의 위기가 경제성장에 영향을 끼치기 시작하면서 더이상 가능하지 않게 되었다. 이것이 어떤 나라에서는 불안정하게나마 살아남기도 했고, 또 어떤 나라에서는 완전히 종말을 고하기도 했다. 브레즈네프주의와 기에레끄 정책의 실패, 그리고 서구에서 중도파의 실패, 제3세계의 어려움의 증가, 이 모든 것이 입증하듯이 이러한 과거의 처방은 더이상 약효가 없었다. 이제 화해의 시대 대신에 대립의 시대가 등장했으며, 전세계가 똑같은 선택, 곧 급진적 개혁 아니면 반동이라는 선택에 직면하게 되었다.

문명국가인 영국에서는 새처주의(Thatcherism)라는 반동이 나타났었다. 영국은 신자본주의적인 케인즈식 발전경로를 채택한 첫번째 국가이기도 했지만, 이제는 이 새로운 위기의 문제까지 최초로 맞이하게 되었다. 여기서는 첨예한 계급갈등 대신 보수당과 노동당 정부가 교대로 지원하는 자본과 노동의 전통적인 타협이 등장했다.

새처주의가 현실로 나타날 수 있었던 것은 무엇보다도 영국 부르조아지가 심각한 위기를 겪었기 때문이다. 영국 부르조아지는 그 계급적 단결성과 역사적 전통을 잃었던 것이다. 새처주의는 초국적기업들과 룸펜부르조아지의 결합으로 생겨났다. 이들은 달리 말하자면 사회구조의 변경(邊境)에 놓여 있으면서 전후 영국 사회의 기반이 된 타협을 파괴하려고 한 세력이었다. 윌슨과 캘러헌이 떠맡은 근대화에 대한 기술주의적 시도는 단순한 실패로 끝난 것이 아니라(이로써 이들 정부도 무너졌다), 기존 체제 내에 편입할 수 없는 상당한 룸펜부르조아층을 형성시켰다. 윌슨 정부의 기술주의는 이란 왕의 기술주의처럼 반대파를 형성하는 계기가 된 것이다. 한가지 차이라면, 전자에서는 근대화의 실패가 룸펜부르조아지의 부상을 가져왔는데, 후자에서는 룸펜프롤레타리아트의 부상을 가져왔다는 점이다. 근대화가 실패하자 모든 책임을 노동조합과 국가에 떠넘겼던 이들 부르조아지는, 기존의 제도들을 폐기하고 자신들의 권리와 사회적 자원에 대한 몫을 챙겨 잃어버렸던 것을 다시 찾으려는 희망에 부풀었다(물론 국가의 사회적 기구를 폐기한다는 것이지 억압기구를 폐기한다는 뜻은 아니다. 후자에서는 오히려 될 수 있는 한 가장 강력한 보강책이 필요했다).

초국적기업 쪽에서도 이 룸펜부르조아지의 상승을 자신들의 목적에 이용했다. 그래서 희생을 본 것은 국유화된 산업, 노동계급, 교육제도 등이다. 근대화에 대한 논의는 계속되었지만, 영국은 그 경쟁국들에 비해서 훨씬 더 뒤처졌다. 국제자본의 이익을 위해 역시 전통적인 국가기구를 붕괴시키려는 초국적기업 쪽의 정책이 룸펜부르조아 민족주의와 화려하게 결합했다. 1980년대 중반 새처 정부는 옥스퍼드 대학을 시작으로 하여 상원, 영국 국교회, 왕실과 잇따라 충돌했다. 상원의원이나 주교들에게 좌파급진주의란 딱지를 붙일 수 없지만, 그들의 역사적 보수주의조차 새처 수상의 반(反)사회적 우익급진주의와는 양립할 수 없었다.

그 과정에서 노동당이 영국 내의 모든 진보세력을 결합해서 새처주의에 대항하기에는 역부족이었다. 아니 최소한 근대적인 프롤레타리아층조차 동원할 수 없었다. 이러한 급진적 개혁주의 구상이 없는 가운데에서 반동의 승리가 가능했던 것이다.

뿌리깊은 민주적 전통, 발전된 정치문화, 그리고 (그 모든 어려움에도 불구하고) 충분할 만큼 강력한 경제가 존재하던 영국에서는 반동의 승리가 단지 상대적인 것일 뿐이라고 생각하기 쉽다. 그러나 급진적 개혁과 반동

사이에서의 선택은 전세계적인 것이다. 영국만큼 풍부한 민주적 경험을 갖고 있지 않은 나라에서 반동적인 해결책의 결과는 얼마간 더 심각할 것임에 분명하다.

과거로의 회귀라는 이러한 위험은 서구만큼이나 동구에서도 심각하다. 야루젤스끼 장군 정권은 솔리다리티 이전에 폴란드에 존재했던 질서를 재건하려다가 실패했는데, 이는 하나의 징후인 셈이다. 새 정권은 훨씬 더 나빴다. 현재의 조건에서는 쏘비에뜨 형태의 사회에서 개혁주의 정책이 실패하면 그 사회는 스딸린주의로 복귀할 가능성도 있다.

고르바초프 측근들은 기술주의적-개혁주의적 조치를 추진했지만 보수관료들을 제거하지는 않았다. 이들 보수관료들은 단지 사회정치적 경계 밖으로 쫓겨났을 뿐이다. 이 새로운 구조에서 배제된 이들 룸펜관료들은 룸펜부르조아만큼이나 위험스럽다. 브레즈네프파는 붕괴되었지만, 변화에 대한 보수적 저항은 계속되고 있다. 이들이 브레즈네프주의적인 경제정책을 다시 시도할 수는 없을 것이다 ── 지금의 변화과정이 이 정책의 붕괴로 인해서 생긴 것이니까. 그래서 보수집단들의 복수는 공공연한 신스딸린주의적 반동의 형태를 띨 수밖에 없는데, 이는 소련으로서는 완전히 비극이다. 브레즈네프 사후 권력을 장악한 기술주의적이고 온건한 조류가 이러한 저항을 견뎌낼 수 있을까? 이같이 의심하는 데는 그럴 만한 이유가 있다. 온건한 정책에는 모순되는 점이 너무나 많고, 그것의 사회적 기반은 꼭 집어 어떤 것이라고 말하기 너무 어려우며, 그것을 지지하는 사람들은 너무나 많은 것을 두려워한다. 대중의 지지를 받는 급진적 개혁만이 신스딸린주의에 대한 진정한 대안을 내놓을 수 있는 것이다.

여러 나라의 역사적 경험을 비교해보면, 그 차이에도 불구하고 많은 공통점을 발견할 수 있다. 그 때문에 전세계의 좌파는 공통된 경험을 이용할 수 있을 뿐만 아니라, 가장 중요한 전략적인 문제에서 확실한 통합을 기할 수도 있다. 이 새로운 개혁주의적 구상은 물론 나라마다 그 특징이 다르다. 서구 산업사회에서 사회주의자들은 개혁을 혁명으로 발전시킬 것을 주장하는 반면(아주 비관적인 결론에 도달하곤 하지만), 제3세계에서는 혁명을 개혁으로 전환시키는 것이 문제이다. 다른 나라에서도 지대한 관심을 보이고 있는 폴란드의 경험은 혁명과 개혁의 특성이 단일한 사회과정 속에서 합쳐질 수 있다는 것을 입증해준다.

　이러한 모든 역사적 경험에서 확인되는 바는, 이 급진적 개혁주의 구상의 바탕이 될 수 있는 가장 일반적인 원칙을 규정하는 일이 가능하고 필요하다는 사실이다. 이들 원칙이란 과연 어떤 것일까?

　1. 새로운 급진주의와 전통적인 사회민주주의 정책 사이에 존재하는 원론적인 차이점이라면, 급진적인 개혁은 분배의 영역뿐만 아니라 생산·관리·소유의 영역까지를 포괄한다는 점이다. 여기에서 지향하는 목표는 사회구조에 있어 **되돌릴 수 없는** 변화를 보장하는 일이다. 그렇지만 이러한 개혁주의적 변혁을 되돌릴 수 없도록 하는 일이 항상 가능한 것은 아니라는 식의 환상에 빠져서는 안된다.

　2. 계급투쟁이라는 현실에서 출발해야 한다. 일상적인 정책에 있어 갈등은 계급들 사이에서 직접 발생하는 것이 아니라, 계급을 기반으로 하여 형성되었지만 그 계급과는 동일하지 않은 사회적 블록 사이에서 일어난다. 여기서 필수적인 일은 변화를 주도하고 역사적인 상황에 따라 발전하고 변신할 수 있는 혁명적-개혁주의적 블록을 형성하는 것이다. 모든 강령상의 요구와 슬로건은 몇가지 추상적 합리성이나 이데올로기적 '순수성'만을 고려해서 만들어져서는 안되고, 바로 이러한 과업에 따라 만들어져야 한다. 근대적인 숙련된 프롤레타리아트만이 이 구조적 개혁을 위한 운동에서 중추적인 역할을 할 수 있다. 그들의 임무는 변화를 지지하는 다른 사회계층과 이해관계를 조정하여 그 주위에 폭넓은 노동계층을 통합시키는 일이다.

　3. 이런 개혁주의적 블록을 형성하는 데서나 그리고 실질적인 변화를 시행하는 데 모두 일련의 이행단계가 필요하다는 생각을 해야 한다. 개혁주의 강령 전체를 한꺼번에 실현하려는 시도나 처음 예비단계의 한계를 뛰어넘지 못하는 무능력은 똑같이 파멸을 불러일으킬 뿐이다.

　4. 이것의 출발점은 폭넓은 의미에서 맑스주의적인 민주주의 전통이어야 한다. 이것을 꼬뮌국가를 위한 변명으로 축소해석해서는 안된다. 이 전통

에는 대중이 국가행정에 민주적으로 참여하는 모든 형태, 곧 직접적인 노동자지배에서부터 의회주의까지 모두가 포함된다.

5. 사회주의 경제에서 시장은 중요한 요소로 간주되지만, 그것이 시장물신주의로 흘러서는 안된다. 사회주의적 계획경제라는 개념은 기본적인 시장의 힘을 숭배(부르조아의식에서 전형적인 것이다)하자는 것이 아니라, 더 공정한 사회와 노동자의 자주관리체제를 만들기 위해서 시장의 힘을 이용하자는 것이다.

혁명적-개혁주의적 과정의 통일성과 그 과정의 다단계식 특성을 이해한다면, 우리는 일시적인 후퇴의 필요성 또한 인정해야 한다. 민주주의 좌파는 전세계 각지에서 이러한 문제에 직면했다. 프랑스 사회주의자들, 니까라과의 쌴디니스따(Sandinista), 폴란드의 솔리다리티는 모두 혁명적 개혁주의에 진지한 노력을 쏟았다. 이 투쟁의 첫 단계에서 제한적이지만 급진적인 변화를 추구한 이러한 세력들이 직면했던 공통된 문제는 후퇴란 있을 수 없다는 것이었다. 이들 모두는 몇가지 이유에서 처음에 일단 성공을 거두면 이후에도 계속해서 승리를 거둘 것으로 생각했다——그 반대편도 사태의 발생, 재결집, 반격으로부터 교훈을 이끌어낼 것이라는 사실을 망각한 채. 개혁도 혁명과 같이 '휴식시간'을 주지는 않는다. 그러나 전술적인 책략 없이 성공이란 생각할 수 없다. 그런데도 그러한 상황에서 후퇴할 준비가 되어 있지 않다는 것은 싸움을 승리로까지 이끌 수 없다는 것을 의미한다. 그러므로 어느 순간에 이르면 반드시 승리가 패배나 위기로 바뀐다.

그렇지만 이때의 패배도 처음 얻은 승리처럼 제한된 것이었다. 프랑스 사회주의자들은 1986년 선거에서 졌지만 우익의 심한 저항에도 견딜 수 있는 안정된 위치는 유지했다. 솔리다리티는 금지되었지만 소멸되지는 않았다. 니까라과에서는 친스딸린주의 분파가 계엄령을 도입할 수는 있었지만, 사회를 꾸바화하는 데에는 확실하고 돌이킬 수 없을 정도로까지 나아가지 못했다——혁명 때까지 민주적 결과를 위한 이러한 투쟁은 계속된다.

지금 세계는 위기에 처해 있다. 전세계에서 벌어지고 있는 투쟁의 결과를 미리 예상할 수는 없다. 그러므로 이 책, 특히 소련에 주로 할애된 장

(章)들은 많은 독자들에게 부족하기 짝이 없다. 이 책은 실제로 아주 흥미로운 시점에서 중단하고 있다. 그러나 이론이 어떤 지점에서 멈추어야 하는 것은 사실이다 ── 아니 그보다는 실천으로 변해야 한다. 이론으로 연구하는 것보다는 변혁의 과정에 실제 참여하는 것이 더욱 흥미롭다는 레닌의 말을 상기하자. 과거의 이론적 분석이 오늘날의 실천적인 결과로 보완되어야 한다. 그외 다른 방법은 없다.

지금의 세계적 위기의 결과는 진보세력이 진정한 대안을 갖고 인류애를 보여줄 수 있는가에 달려 있다. 현시기의 이점은 그 어려움과 불행에도 불구하고 진정한 변화의 기회가 있다는 점이다. 이것이 이 위기(危機)의 긍정적인 측면이다. 이러한 생각을 한자로 풀이해보아도, '위험〔危〕'과 '기회〔機〕'라는 뜻이 혼합되어 있지 않은가. 문제는 어느 것이 성공하느냐는 것이다.

옮긴이의 말

이 책의 저자인 보리스 까갈리쯔끼(Boris Kagarlitsky)를 여기서 새삼스럽게 다시 소개할 필요는 없을 것이다. 이미 계간 『창작과비평』을 통해 까갈리쯔끼 본인의 생각이나 활동상이 널리 소개되어 있거니와(까갈리쯔끼·김수행 대담 「뻬레스뜨로이까의 좌절과 사회주의의 장래」, 1991 봄; 「러시아에서의 민주주의와 독재」, 1991 겨울; 「옐쩐 이후의 러시아」, 1994 봄; 「위기에서 파국으로」, 1994 겨울), 그의 저서 가운데서도 두 권이 한국어로 번역되어 읽히고 있기 때문이다(*The Thinking Reed: Intellectuals and the Soviet State from 1917 to the Present*, 한글본 『생각하는 갈대』; *The Disintegration of the Monolith*, 한글본 『소련 단일체제의 와해』, 창비신서 122).

까갈리쯔끼의 글을 접해본 독자라면, 사회주의적 변혁운동에 대한 그의 확고한 신념과 통찰에 고개를 끄덕이는 경우가 많았을 것이다. 이번에 독자들에게 선보이는 이 『변화의 변증법』(*The Dialectic of Change*, Verso 1990)도 예외는 아니다. 이 책에서도 저자는 일관되게 사회주의적 변혁운동을 주장한다. 그렇지만 여기에서 저자의 관심은 역사적이며 구조적이다. 저자는 이 책에서 20세기에 일어난 모든 사회주의적 운동, 곧 과거 소련 및 동구의 변화뿐만 아니라 서구의 사회주의적 변혁운동을 전반적으로 검토하고 있다.

이 책에서 저자가 강조하는 것은 새로운 개혁주의이다. 그런데 역사적으로 살펴보면, 개혁주의가 사회주의 변혁운동에서 새삼스러울 것은 전혀 없다. 아니 오히려 진부하기까지 할 정도이다. 사회주의에서 개혁주의가 처음 모습을 드러낸 것은 사회주의가 현실적인 운동의 형태로 자리를 잡아가던 금세기 전환기였다. 상당한 위세를 떨치던 이 개혁주의의 흐름은 러시아혁명 이후 소련에서 성립한 혁명적 사회주의에 밀려 사회주의 운동에서 점차 주도권을 상실하게 되었다. 그러나 소련에서 스딸린주의가 성립하자, 이에 대한 반발로 개혁주의는 서구 산업사회에서 사회민주주의라는 독자적인 흐름을 구축하여 이후 1960년대 말 서구를 휩쓴 사회변혁의 물결과 더불어 확고하게 입지를 굳혔다.

그러나 저자가 이 글을 쓰기 시작하던 1980년대 중반 서구의 사회민주주의는 심각한 위기에 처해 있었다. 서구의 좌파 정당들은 80년대 들어서면서 보수주의나 신자유주의 물결에 밀려 좌초하고 있었던 것이다. 그리고 이러한 개혁주의의 실패는 서방 자본주의에 국한되지 않았다. 소련에서도 개혁주의는 체제의 안정을 도모하는 정책으로 인해 결국 실패하고 만 것이다. 그럼으로써 개혁주의는 지금 양대 진영에서 심각한 위기에 직면해 있다.

그럼에도 까갈리쯔끼는 여전히 개혁주의를 내세운다. 위기에 처한 개혁 대신 혁명으로 되돌아가자고 주장하지 않는 것이다. 그런데 그가 주장하는 개혁주의는 과거의 개혁주의가 아니라 새로운 급진적 개혁주의이다. 그의 진단에 따르면 서구에서 개혁주의의 위기는 혁명적인 대안이 역력하게 퇴색하기 시작하면서 일어났다. 이는 곧 혁명적 이상이 소진되자 개혁주의가 활력을 잃었다는 뜻이다. 따라서 저자가 말하는 새로운 급진적 개혁주의란 우선 혁명적 이상을 불어넣어 사회적 관계를 변화시킬 수 있는 것이어야 한다. 다시 말하면, 새로운 개혁주의는 과거의 개혁주의처럼 사회주의를 향한 점진적인 운동이라는 발상에서 출발할 것이 아니라, 아래로부터의 대중운동을 기반으로 하여 기존의 성과를 되돌릴 수 없는 것으로 만들고 현재의 사회적 관계를 바꾸어 혁명적인 상황으로 나아간다는 발상에서 출발해야 한다는 것이다. 서구와 소련에서 개혁주의가 잇따라 실패했음에도 불구하고, 최근 폴란드의 경험은 이러한 개혁주의가 어떻게 성공할 수 있는

가를 보여주고 있다.

이것을 단순화시켜보면 혁명과 개혁의 과정이 통합되어야 한다는 것인
데, 어쩌면 지극히 당연하다고밖에 할 수 없는 이런 주장은 조레스를 비롯
한 몇몇 사회주의자들이 이미 귀가 따갑도록 떠들었던 것이다. 그러나 유
감스럽게도 그러한 발상이 이후 사회주의를 향한 변혁운동에서는 현실화되
지 못했다. 결국 이러한 전통의 단절로 인해 80년대 이후 서구 사회민주주
의는 새로이 맞이한 위기로부터 단 한발짝도 빠져나오지 못하고 있다는 것
이 저자의 주장이다.

그렇다면 이러한 새로운 개혁주의에서 핵심적인 내용은 무엇인가? 저자
는 생산에서의 민주주의와 시장메커니즘의 필요성을 끊임없이 강조하고 있
다. 그에 따르면 새로운 급진적 개혁은 분배의 영역에서뿐만 아니라 생산
과 관리, 그리고 소유의 영역에서도 이루어져야 한다. 특히 생산에서의 민
주주의는 향후 변혁의 핵심적 요소로, 이것이 이루어지면 새로운 사회적
구조가 성립하여 그야말로 개혁이 혁명으로 전환할 계기가 마련되는 것이
다. 이 과정에서 시장메커니즘은 필수불가결한 존재이다. 시장은 더 공정
한 사회를 만들고 노동자의 자주관리체제를 확립하는 데 매우 중요하기 때
문이다. 그러나 저자는 이것이 시장물신주의를 의미해서는 안된다고 경고
하고 있다.

이 책이 출간되는 과정에서 일어난 소련 및 동구 사회주의권의 붕괴는
서구 사회민주주의의 위기를 더욱 증폭시켜놓았다. 이러한 위기의 결과로
역사의 종말과 자본주의의 최종적인 승리를 외치는 목소리가 아주 드높다.
이제는 사회민주주의가 지난날 이룩해놓았던 기본적인 개혁, 예를 들어 복
지국가의 개념마저 위협받고 있다. 사회민주주의가 이러한 위기에서 탈출
하려면 저자의 주장에 귀를 기울여볼 필요가 있다.

현재 우리의 경우도 이러한 세계적인 흐름에서 크게 벗어나 있지 않다.
물론 그 구체적인 모습에서는 서구와 우리는 다르다. 서구에서는 이미 기
본적인 변화를 성취했지만 그 결과가 다시 위협받고 있는 반면, 우리는 그
기본적인 변화마저 아직 성취하지 못하고 있는 실정이다. 현재 우리에게
계속되고 있는 위기는 이러한 기본적인 변화의 부재와 무관하지 않다. 그
럼에도 불구하고 새로운 변화의 흐름은 여전히 도달할 수 없는 곳에 있다.

이 간극을 무엇으로 메울 것인가? 급진적인 변화에 휩쓸려 개혁의 필요성을 전혀 거들떠보지 않던 때가 바로 엊그제임에도 불구하고, 이번에는 반대로 개혁의 수사(修辭)에 빠져 근본적인 변화는 아예 꿈도 꾸지 않고 있다. 이런 형국이라면, 저자가 강조한 대로, 이미 획득한 것조차 무(無)로 되돌아갈 위험이 크며, 바로 여기에 이 책을 번역하는 이유가 있는 것이다.

이 책은 원래 2부로 구성되어 있는데, 현재 번역된 것은 1부이다. 2부는 뻬레스뜨로이까 이후 소련의 변혁에 대한 대담과 논문이 실려 있으나, 중복되는 부분이 많고 시사적이어서 한국어판에서는 번역하지 않았으며, 그러하더라도 저자의 논지가 전달되는 데에는 별 무리가 없으리라 생각한다. 또한 영어로 번역된 글을 다시 한국어로 번역하여 피치 못한 어려움이 많았음을 변명삼아 고백하지 않을 수 없다. 아무쪼록 독자 여러분의 양해를 바랄 뿐이다.

이 자리를 빌려 이 책의 한국어판 서문을 기꺼이 번역해주신 이채욱 선생과 번역에 많은 도움을 준 박상철 학형께 감사드린다. 그리고 역자가 유학중인 관계로 여러가지 번거로운 일이 많았는데, 교열·교정 등 실무과정에서 수고해준 여러분께도 감사의 뜻을 전한다.

1995년 8월 16일
송 충 기

찾아보기

창비신서 • 139
변화의 변증법

1995년 9월 1일 초판 인쇄
1995년 9월 5일 초판 발행

지은이 보리스 까갈리쯔끼
옮긴이 송 충 기
펴낸이 김 윤 수
펴낸곳 (주)창작과비평사
121-070 서울 마포구 용강동 50-1
전화 718-0541•0542(영업)
718-0543•0544(편집)
716-7876•7877(독자관리)
FAX. 713-2403
지로번호 3002568
대체구좌 010041-31-0518274
등록 1986. 8. 5. 제10-145호
조판 東國電算株式會社／인쇄 경문인쇄

ISBN 89-364-1139-x 03300   값 9,500원